Architecture
DE
PHILIBERT
DE L'ORME,

CONSEILLER ET AVMOSNIER
ORDINAIRE DV ROY, ET ABBE' DE
sainct Serge lez Angers.

OEVVRE ENTIERE CONTENANT ONZE LIVRES,
augmentée de deux; & autres figures non encores veuës, tant
pour desseins qu'ornemens de maisons;

AVEC VNE BELLE INVENTION POVR BIEN
bastir, & à petits fraiz.

Tres-vtile pour tous Architectes, & Maistres Iurez audit Art, vsans de
la Regle & Compas.

DEDIE'E AV ROY.

A PARIS,
Chez REGNAVLD CHAVDIERE, ruë sainct Iacques,
à l'Escu de Florence.

M. DC. XXVI.

AV ROY.

IRE,
Du temps du feu Roy vostre tres-honnoré pere & Seigneur, de qui Dieu ait l'ame, apres que i'eus monstré l'experience pour les bastiments, auecques plusieurs choses vtiles & necessaires pour la perfection d'Architecture, il luy pleut, aimant le profit de son peuple & decoration de son Royaume, me commander en faire vn liure : à fin que chacun peust entendre les façons & moyens d'y proceder, pour s'en pouuoir seruir & tirer quelque commodité. Ce que ie fis le plus diligemment qu'il me fut possible. Mais (helas!) bien tost apres que ie l'eus faict, suruint ce grand desastre & insupportable perte de sa mort : qui me causa vn tel mal & infortune, que ie fus empesché de pouuoir, pour lors, faire imprimer & publier ledict liure. Depuis ayant recouuert telle quelle liberté de mon esprit, pour n'estre tant opprimé des solicitudes & tourmentes du monde, comme i'estois, & aussi que plusieurs Seigneurs & personnages tres-doctes m'importunoient: pour satisfaire à la volonté & commandement de mondict souuerain Seigneur & bon maistre, cognoissant le grand profit qui en pourra aduenir, & aussi que i'ay veu & voy tous les iours aucuns qui se veulent seruir de mesdictes Inuentions, n'y pouuoir si bien paruenir qu'ils ne facent quelques fautes: comme ordinairement il aduient, lesquelles ne peuuent estre si bien cogneues du commencement, qu'on n'y commette quelques erreurs. Ce consideré, & sur tout desirant le profit de ma Patrie & singulierement faire chose qui soit aggreable à vostre Maiesté, SIRE, i'ay bien voulu lascher (comme on dict) la voile aux vents, & permettre que mesdictes Inuentions soient soubz vostre Royal nom publiees, & à tous de bon vouloir communiquées. Estimant, tout ainsi que vostre tres-honoré pere & Seigneur à aymé la vertu, les vertueux, & toutes choses bonnes, que Dieu continuant les graces, inclina-

A

EPISTRE

tions & dexteritez que nous commencons à veoir en vous, ne pouuez faillir d'estre successeur de la mesme vertu & bonté. A quoy vous solicitent les bons & vertueux enseignemens que vous receuez iournellement, tant de la Maiesté de la Royne vostre tressage & vertueuse mere, que de mes-Seigneurs les Princes qui sont ordinairement prés vostre personne: estre autres que tres-vertueux, tres-bon, & tres accomply, ne doutant que si Dieu vous donne la grace de viure & vouloir continuer, que vous n'aurez faute de sagesse & bon conseil pour l'entretien des sages & bien aduisez, qui veillent & trauaillent pour le bien des affaires de vostre Royaume: de magnanimité & hardiesse, pour l'estime, honneur, & remuneration des vaillans & experimentez au faict des armes : de sçauoir & vertu, pour la cognoissance & merite des doctes & vertueux, qui en leurs honnestes labeurs tascheront à vous complaire & faire seruices. Brief, vous n'aurez faute d'amitié pour attirer les cœurs de vos subiects & les aimer (estant reciproquement aimé d'eux) veu que vous mesmes estes la vraye force d'amitié, qui conuie ceux qui ne vous virent iamais à vous aimer & reuerer. Pour tant de graces, SIRE, & tant de perfections que le Createur vous a departies, & accroistra encore : vous pouuez recognoistre qu'il vous aime, & conduit par sa saincte bonté, tenant vostre cœur en sa main, qu'il tournera où bon luy semblera, comme escrit le sage Salomon: Croyez asseurément qu'il oste aux Roys & Princes, qu'il n'ayme point, l'esprit, auec les gens de bien, sages, vertueux & doctes, qui ont bonne ame, & bon conseil, substituant en leur lieu personnages vicieux, mauuais & deprauez: lesquels à la fin il met en confusion & perdition. Donc vous voyez, SIRE, comme la diuine bonté vous tient la main, & donne toutes choses vtiles & profitables, tant à vous qu'à vostre peuple : vne mere, en laquelle reluit la sagesse de Hester, la magnanimité de Iudict, & la prudence de ceste tant bonne & tant renommee mere de sainct Louys, vn de vos ancestres & predecesseurs. Il vous donne pareillement des Princes qui vous peuuent seruir d'exemple & miroir, sages comme vn Auguste, belliqueux comme vn Cesar, & heureux comme vn Alexandre, tous bien aduisez, & desirans vostre grandeur, auec l'entretenement de vostre Royaume en paix & vraye Religion. Que reste il, SIRE, sinon loüer Dieu & le remercier de tant de biens qu'il vous enuoye & distribuë, voire en telle abondance que chacun croit qu'il veut faire quelque grande œuure en vous. Mais entre vne infinité d'excellences, lesquelles il vous donne, nous auons en admiration, que si vostre tres-honnoré pere & Seigneur a esté bon, voire la bonté mesme, aimant son peuple & faisant bien aux hommes qui le meritoient; vous monstrez, par imitation de ses vertus, estre son legitime fils & vray heritier. Et quant à ceste mienne œuure, que ie vous presente en toute humilité, faut que ie confesse, SIRE, que s'il y a quelque chose de bien, ce n'est de moy, ains de la grace de Dieu, sçachant tres-bien, que de moy ie ne puis inuenter, excogiter ou faire chose quelle soit sans estre preueu de luy. Et d'autant que la Maiesté du feu Roy, prenoit vn singulier plaisir & contentement à ceste Architecture, & que plusieurs fois de sa propre bonté & volonté, il m'en tenoit propos auec admirations de l'artifice qui y est : de sorte qu'il me commanda en faire l'experience en son chasteau, & le vostre. Cela, SIRE, me faict penser que ladicte Inuention ne sera moins aimée de vous qu'elle a esté de luy. Vous suppliãt derechef tres-humblement, SIRE, si i'ay pris la hardiesse de publier le present œuure soubs vostre nõ,

& sauuegarde

AV ROY.

& sauuegarde de vostre Maiesté, ne le trouuer mauuais, & vous persuader que ie l'ay fait, me consiāt que tout ainsi que vous aymez vertu vous la prēdrez en protection. Suppliant l'Omnipotent, Dieu de tout bien, toute consolation & misericorde, seul Createur de toutes choses, qui sçait donner les graces où il luy plaist, qu'il vous vueille departir la sagesse de Salomon, la magnanimité de Charlemagne, vn de vos predecesseurs, la dexterité de Cesar, la force de Sanson, le sçauoir de Platon, l'eloquence de Ciceron, la prudence d'Aaron, la constance de Socrates, la felicité d'Auguste, & auecques accroissement d'aage, accroissement de toutes graces & vertus, à son honneur, & repos non seulement de vostre France, mais de toute la Chrestienté: de laquelle vous & vos predecesseurs, iusques icy, portez le nom de Treschrestien. Lequel, Dieu, par sa diuine bonté, vous vueille continuer, & donner la grace purement & sainctement le soustenir, representer & defendre, à l'exaltation de sa gloire, entretenement de la vraye Religion, repos de vostre peuple, & immortalité de vos vertus.

De vostre Majesté le tres-
humble & tres-obeyssant
subiect & seruiteur.

PHILIBERT
DE L'ORME.

AV LECTEVR DE BON VOVLOIR.
Salut.

MY Lecteur, apres auoir par plusieurs iours pensé vne infinité de belles Inuentions d'Architecture, tant pour satisfaire à la Maiesté du Roy, que complaire au vouloir & commandement de plusieurs Princes & Seigneurs, souuentesfois ie suis demeuré tout coy, & presque en arriere, apres auoir faict mes deseins. Pour autant que ie voyois leurs excellences, desirer gráds & excellents edifices (comme il est tresraisonnable) pour leur grandeur & multitude de gentils hommes & seruiteurs. Aussi que ie considerois la necessité & peine qui est auiourd'huy, & sera desormais, pour trouuer si grands arbres qu'il faut pour faire poutres, sablieres, pannes, cheurons, & autres telles pieces requises pour les logis desdicts Princes & Seigneurs: d'auantage que ie preuoyois grande defaillance non seulement desdicts grands arbres, mais aussi des moins, tels qu'il faudroit pour faire les couuertures de si grands logis. Qui m'a faict penser de longue main comme lon y pourroit remedier, pour satisfaire aux entreprises de leurs Maiestez: & s'il seroit possible en telle necessité trouuer quelque inuention de se pouuoir ayder de toutes petites pieces & se passer de si grands arbres que lon à de coustume mettre en œuure. Surquoy il m'aduint vn iour d'en toucher quelque mot à la Maiesté du Roy estát à table. Mais quoy? les auditeurs & assistás pour n'auoir oüy parler de si nouuelles choses & si grande inuention, tout à vn coup me reculerent de mon dire: comme si i'eusse voulu faire entendre au Roy quelques menteries. Voyant doncques faire vn iugement si soudain de ce qui n'estoit encores entendu, & que la maiesté du Roy pour lors ne disoit mot, ie deliberay ne plus rien mettre en auant de tels propos, commandant de proceder aux bastiments comme lon auoit accoustumé. Quelques temps apres la Royne, mere delibera faire couurir vn ieu de Palmaille à son chasteau de Monceaux, pour donner plaisir & contentement au Roy. Et voyant qu'on luy en demandoit si grande somme d'argent, cela me fit reparler de ceste inuention: & fut ladicte Dame seule cause que ie la voulus esprouuer: desirant grandement pour lors, luy faire tres humble seruice. Doncques i'en fis l'espreuue au chasteau de la Muette, ainsi que plusieurs ont veu & en autres diuers lieux selon la façon que i'escris

EPISTRE AV LECTEVR.

cris en ce present liure. Laquelle espreuue se trouua si belle, & de si grande vtilité, que lors chacun delibera en faire son profit. Laquelle chose estant venuë iusques aux oreilles du Roy, qui auoit veu & grandement loüé ladicte espreuue, il me commanda en faire vn liure pour estre imprimé, à fin que la façon fust intelligible à tous, pour la decoration de son Royaume. Auquel commandement ie n'ay voulu faillir. I'espere que les hommes vertueux, bons & pacifiques qui sçauent considerer & priser le bien, trouueront mon intention & inuention bonne. Mais voirement qu'elqu'vn me voyant commencer à escrire d'Architecture en ceste façon, dira que ie resemble celuy qui a vne belle statuë d'or ou d'argent, & pour l'amitié qu'il portent à la Republique, il luy donne toute entiere, comme ie fais à tous; & n'eust esté que plusieurs Seigneurs, & hommes doctes, mes amis, m'ont tant pressé de mettre tout en lumiere, ainsi que ie voyois chacun se vouloir ayder de ceste Inuention, pour le grand profit & commodité qu'ils y trouuent, & s'en aydant, errer en plusieurs choses, par faute de la bien entendre. Pour satisfaire doncques à tous, comme aimant le profit d'vn chacun, ie me suis accordé faire imprimer le present liure entier & parfaict qui declare bien, & au long la façon de ladicte Architecture. De sorte que tous ceux qui font profession de ladicte Architecture, comme aussi tous ouuriers, & autres qui voudront faire bastiments, en tireront profit inestimable, auecques grande commodité, dont ie seray fort aise.

LE PREMIER LIVRE DE
L'ARCHITECTVRE DE PHILIBERT
de l'Orme Lyonnois, Conseiller & Aumosnier
ordinaire du Roy, & Abbé de sainct Eloy
lez Noyon, & S. Serge les Angers
& n'agueres d'Iury.

PREFACE ACCOMPAGNEE DE SINGVLIERS
aduertissements pour ceux qui legerement entreprennent de bastir sans l'aduis & conseil des doctes Architectes: & des fautes qu'ils commettent, & inconuenients qui en aduiennent.

DEVANT qu'entrer bien auant en matiere, ie vous *L'Auteur auoir* aduertiray, que depuis trente cinq ans en ça, & *de long temps* plus, i'ay obserué en diuers lieux, que la meilleure *tions en l'Ar-* partie de ceux qui ont faict, ou voulu faire basti- *chitecture.* ments, les ont aussi soudainement commencez, que legerement en auoient deliberé: dont s'en est ensuiuy le plus souuent repentance & derision, qui tousiours accompagnent les mal-aduisez: de sorte que tels, pensans bien entendre ce qu'ils vouloient faire, ont veu le contraire de ce qui se pouuoit & deuoit bien faire. Et si par fortune ils demandoient à quelques vns l'aduis de leur deliberation & entreprise, c'estoit à vn maistre Maçon, ou à vn maistre Charpentier, comme l'on a accoustumé *La façon de fai-* de faire, ou bien à quelque Peintre, quelque Notaire, & autres *re de plusieurs* qui se disent fort habiles, & le plus souuent n'ont gueres meilleur *qui deliberent* iugement & conseil que ceux qui le leur demandent. Et qui pis est, *bastir.* ils s'arrestêt, pour toutes choses, à vn seul plã de l'œuure qu'on veut faire, estant figuré par ledit maistre Maçon, ou bien par vn autre, qui y procedera cõme il entend, & peut estre bien à l'auenture, se promettãt toutesfois estre bien expert en l'art d'Architecture, &

LIVRE I. DE L'ARCHITETVRE

auoir reputation de quelque grand Architecte, jaçoit qu'il ne sçache quel nom est Architecte. Et si l'œuure est commencée soudainement, plus soudainement plusieurs veulent qu'elle soit faicte, auec bien peu de patience. Aussi i'ay veu que toutes les œuures de ceux qui font ainsi soudains, n'estoient pas à moitié conduictes qu'ils se repentoient beaucoup de fois, soit pour n'auoir bien tour- *Repentance accompagner tousiours les mal-aduisez.* né leurs bastiments (pour le peu de iugement qu'ils auoient) ou pour n'y auoir fait quelque chose d'auantage, ou pour auoir esté trompez des pris & marchez qu'ils auoient fait, ou pour autre incommodité que le temps leur faisoit cognoistre, & les amis & ennemis remarquer en deuisant des bastiments, ou les venant visiter, ou bien qu'ils n'estoient assez discrets pour pouuoir iuger de toutes les opinions qu'on leur proposoit. Et comme ils auoient commencé fort legerement, plus legerement ils se repentoient, & encors plus facilement reçoiuent nouuelles fascheries. Qui estoit vne grande derision, grande faute, & grand vitupere pour eux, & pour leur honneur. I'ay veu d'auantage, que la plus-part *Obseruations de l'Auteur sur les entreprises de bastir.* de ceux, qui sont prompts à reprendre les œuures des autres, & en dire leur aduis, depuis qu'ils voyent qu'on leur accorde quelque chose, ils presument incontinent beaucoup d'eux, & se persuadent estre fort bien entendus, parquoy ils font estat de vouloir corriger; mais pas vn de tous ne sçauroit conseiller ce qu'il faut bien faire, ne dire comment, ne monstrer la raison pourquoy ils trouuent à dire quelque chose, ne comme il faut amender l'œuure. Souuentes fois aussi i'ay veu de grãds personnages qui se sont trompez d'eux mesmes, pour autant que la plus part de ceux qui sont aupres d'eux, iamais ne leur veulent contredire, ains comme desirants de leur complaire, ou bien à faute qu'ils ne l'entendent, respondent incontinent tels mots: *C'est bien dict, Monsieur, c'est vne belle inuention, cela est fort bien trouué & monstrez bien que vous auez tres-bon entendement: iamais ne sera veu vne telle œuure au monde.* Mais les fascheux pensent tout le contraire, & en discourent par derriere, peut estre, tout autrement. Voyla cõment plusieurs *Les Seigneurs voulans bastir se tromper, & estre tompez.* Seigneurs se trompent, & sont contentez des leurs. Dictes-moy, ie vous prie, quand celuy qui fait bastir voit qu'il est repris, & que lon trouue tant de fautes aux œuures qu'il faict faire, n'a-il pas occasion d'auoir grande fascherie & ennuy en son esprit, maudissant quelque fois & les ouuriers & ouurages? S'il a sentiment ne doit il pas auoir peur d'estre mocqué des hommes, & encores estre plus marry de son argent qui est mal employé? certes ie croy qu'il ne sçait à qui s'en prendre, ou à luy, ou à ses ouuriers: n'entendant que s'il auoit vn proces pour dix liures de rente, il feroit plus de deux & trois consultations pour en auoir l'aduis des sçauants: & quand il veut despendre vingt ou trente mille escus, plus ou moins, se doit-il fier à soy-mesme, ou à vn maistre Maçon, sans sonner la

trompette

DE PHILIBERT DE L'ORME.

trompette, c'est à dire, sans demander l'aduis de plusieurs sages & sçauans en telles choses, par le conseil desquels ne luy aduiendroient telles repentances, & ne se feroient si grandes faultes ny si enormes. A dire verité on doit craindre merueilleusement de faillir à vne grande entreprinse, & signamment de bastiments, lesquels on voit tousiours durant la vie, & en reçoit-on ou plaisir, ou grand regret. Ie ne veux icy obmettre, qu'on iuge l'entendement du Seigneur, & la sagesse par les œuures qu'il faict faire, & la prudence, pour bien sçauoir choisir les hommes & donner bon ordre à tout, afin que ce qu'il desire soit bien faict. Il aduient aussi vne faute tres-énome, pour mal considerer son entreprinse, laquelle bien souuent est si grande, & la depense si excessiue, que le Seigneur n'y peut satisfaire, & est contraint que l'œuure demeure du tout imparfaite, ou bien long-temps suspenduë & entrerompuë: de sorte qu'il est necessaire, ou de vendre quelques terres, ou bien les engager, & aller aux emprunts: Le tout par faute d'y auoir preueu en temps, & preconsulté auec les doctes Architectes. Telles entreprinses de bastimens ainsi legerement faites, & poursuiuies, sous espoir d'y pouuoir commodément loger, de s'y maintenir en santé, y prendre plaisir & le donner aux amis, en auoir honneur, & estre tenu pour sage & bien-auisé; tants s'en faut qu'elles apportent quelque resiouïssance aux Seigneurs, qu'elles sont accompagnées de repentance tout le temps de la vie, auecques grand regret des excessiues depenses: Qui faict qu'au lieu d'estre bien accommodez, ils se voyent fort discommodez, & mal logez; & qui pis est, la plus-part du temps ennuyez & malades, pour ne prendre aucun plaisir en tels logis, n'y aussi le pouuoir donner à autruy. I'ay veu aussi qu'aucuns, pour demeurer trop de temps à commencer de bastir, ne se pouuoient resoudre, & demandoient l'opinion de plusieurs, iusques à leur commander faire force desseings & modelles, mais ils ne sçauoient choisir les bons, ny le temps propre pour besongner, ny moins les gens. De sorte qu'ils n'ont rien fait en leur vie digne de memoire, ains sont morts, auecques leurs entreprises, desseings & richesses, sans laisser aucun tesmoignage d'eux, par quelque singulier edifice, au profit & commodité de leur posterité. Il y en a aucuns qui rencontrent fort bien, soit pour leur bon entendement, ou par l'ayde des hommes experts, desquels ils ont receu conseil, & par leur moyen faict faire quelque edifice qui se trouue plaisant & agreable. Mais cela est souuent cause de leur ruine, ou des leurs pour le moins, principalement quand ils bastissent d'autre sorte que les autres, & font plus grande depense que leur qualité ne requiert: ainsi qu'on a veu aduenir par experience, depuis vingt-cinq ou trente ans en ça, voire en ce païs de France & ailleurs. D'autres bastissent si mal-à-propos, que leurs maisons se trouuent sujettes

Consultation & deliberation, estre necessaires deuant que bastir.

Vn chacun deuoir examiner sa bourse & ses facultez deuant que bastir.

Mal-auisez estre tousiours en peine.

Election de temps & de gens, necessaire à ceux qui veulent bastir.

b

LIVRE I. DE L'ARCHITECTVRE

à plusieurs accidents, d'angers, & incommoditez, dont ils en reçoiuent desplaisir & fascheries en diuerses sortes. Autres inconueniens aduiennent par faute de bien pouruoir aux affaires, & demander l'aduis de ceux qui sçauent l'Architecture, & l'entendent. Veritablement quand ie pense aux entreprises, faictes quelques fois trop inconsiderément, & aux œuures de plusieurs, ainsi precipitées & mal conduictes, ie ne sçay qu'en dire ny penser. Considerant doncques tant d'incommoditez suruenir à la plus part de ceux qui bastissent, & si grandes fautes se commettre à l'Architecture, ie me suis bien voulu ingerer pour le grand desir que i'ay de faire profit au bien public, & signamment à ma Patrie, de mettre par escrit ce que i'ay cogneu de l'Architecture, tant par liures, que par l'experience que i'en ay euë en diuers lieux, & aussi par diuerses œuures que i'ay faict faire & conduites en mon temps. Lesquelles (Dieu aydant) i'allegueray cy apres auec leurs façons, ornements & mesures, ainsi que les choses viendront à propos; & monstreray d'auantage comme lon doit proceder desormais pour se garder d'y faire faute, tant qu'il sera possible. Car ie sçay que tous les hommes faillent, les vns plus, les autres moins, ainsi que les graces leur sont données de Dieu le Createur, lequel les bons & sages sçauront bien prier, à fin de pouuoir faire chose qui soit à sa gloire & honneur, & au profit d'eux, & de leur posterité.

Le conseil des doctes Architectes estre le vray fondement de bien bastir.

Les causes qui ont meu l'Autheur d'escrire le present œuure d'Architecture.

Certaines considerations & preuoyances, desquelles doiuent vser ceux qui desirent faire bastiments, à fin qu'ils ne soient mocquez, & n'en reçoiuent dommage auec desplaisir.

CHAPITRE I

LE sage Entrepreneur ayant choisi lieu & temps propre pour bastir, ainsi que nous dirons cy apres, considerera premierement ses forces & commoditez; puis, quelle lignée & enfans il a, ou bien peuuent venir des siens, à fin que son entreprise ne soit cause d'inimitiez entr'eux apres sa mort, & leur engendre dissentions & proces, presque tousiours accompagnez de ruine & destruction de maisons, au lieu de bonne amitié & paisible edification. S'il faict bastir par necessité de logis, ou pour donner plaisir à plus grand que luy, il faut qu'il considere, comme i'ay dict, ses forces, & la depense qu'il veut faire: semblablement qu'il regarde le temps qui peut aduenir, le danger des guerres, & sur tout qu'il pense que beaucoup de personnes parleront de luy, & que par là on cognoistra son bon en-

Quelles choses doit preuoir & considerer celuy qui veut bastir.

DE PHILIBERT DE L'ORME.

tendement, & s'il est digne d'entreprendre grandes charges. Il faut aussi que le Seigneur qui pretend de bien bastir, ne face rien, comme nous auons dit, sans bon conseil, par plusieurs raisons pertinentes, & entr'autres, pour-autant qu'il pourroit acquerir reputation d'estre leger, en quoy il feroit vne tresgrande playe à son honneur. Il doit semblablement estre curieux d'entendre de l'Architecte son desseing & entreprinse, à fin que les œuures ne se facent auec ignorance, & qu'aucunes fautes ne s'y commettent: car cela produict dommage & mocquerie trop cuisante. Les blasmes ou loüanges, honneurs, ou deshonneurs, communément accompagnent les grands bastimens & grandes œuures, & specialement celles qui sont publiques. I'adiousteray qu'ordinairement les personnes sont plus promptes à mesdire quand quelque chose va mal, qu'à en bien parler, & bien estimer le labeur, fust il en toute perfection. Si vous voulez lire le premier chapitre du second liure de l'Architecture de Leon Baptiste Albert, vous verrez le sage conseil qu'il donne à ceux qui veulent bastir, lequel s'adresse aussi bien aux Seigneurs qu'aux Architectes. Doncques apres auoir consideré tout ce qui est requis pour l'honneur, pour le profit, pour la santé & bien des habitants, comme aussi pour leur contentement; si les logis sont pour les Roys ou Princes, il faut regarder à leurs auctoritez, grandeurs & commoditez, à fin de faire chose qui soit digne d'eux, & d'acquerir vne memoire & renommée immortelle. Mais il ne faut aussi oublier d'accommoder les logis pour tous ceux qui auront affaire auec eux, selon leurs qualitez, à fin qu'ils en soient mieux seruis & aymez, & que l'on n'endure mal en leur faisant seruice, & estant à leur suitte, ou poursuitte de leurs affaires. Ainsi que ie le monstreray cy apres tant aux Maisons Royales, qui doiuent estre accompagnees pour ce fait, de vestibules, peristyles, portiques, & autres choses, qu'aussi aux maisons des Princes, Grands Seigneurs Prelats, & semblables; voire iusques aux marchands, bourgeois, gens de mestier & laboureurs, qui doiuent tousiours considerer ce qui est facile & possible à leur force & moyens, selon la qualité d'vn chacun, à fin qu'ils ne dependent tant, qu'il faille emprunter, & exposer d'auantage que leur reuenu ou traffiq ne rapporte. Aussi que le marchand ne rompe & laisse le train de sa marchandise pour bastir sa maison, car ce ne luy seroit sagesse, ains plustost temerité, indiscretion, follie & ruine, tant de luy que des siens.

Ceux qui veulent bastir ne deuoir rien faire sans bon conseil.

Bastimens estre accompagnez de blasmes ou loüanges.

L'Architecte deuoir estudier à acquerir bon bruit & renommée.

Vn chacun deuoir mesurer ses forces & moyens deuant que commencer à bastir.

b ij

LIVRE I. DE L'ARCHITECTVRE

*De l'eſtat & office de celuy qui veut faire baſtir, comme auſſi de
l'Architecte, & quelle aſſiette ou aſpect doiuent auoir les logis,
& dequoy il les faut accompagner: ſemblablement
de la nature des eaues, & de l'air*

CHAPITRE II.

Bon & ſage conſeil pour ceux qui veulent baſtir.

YANT vn chacun ainſi meſuré ſes forces, & conſideré ſagement ce qui luy pourroit aduenir, & pourquoy il veut baſtir, il appellera vn ou deux, ou plus, des experts Architectes du pays, & leur monſtrera le lieu auquel il veut edifier, & pour ſon profit ne leur donnera aucune ſubiection ne contrainte apres autres vieils baſtiments: ſi ce n'eſtoit que quelques fois on les veut faire ſeruir & s'en ayder. Quoy faiſant on cognoiſt le gentil eſprit de l'Architecte, pour ſçauoir bien accommoder le vieil baſtiment auecques le nouueau, ſoubs vne telle grace & dexterité, que tous les membres de la maiſon s'y puiſſent trouuer bien à propos & ſans aucune ſubiection. Qui n'eſt

grande dexterité à l'Architecte de ſçauoir bien accommoder les vieux logis auec les nouueaux.

pas peu de choſe pour le ſeruice du Seigneur, car il ne ſçauroit recompenſer l'Architecte du grand profit qu'il luy faict en cela, & peut faire ailleurs quand il entend bien ce qu'il ordonne. Le Seigneur doncques l'aduertira ſeulement de ce qu'il veut dependre & quel baſtiment il deſire auoir. Mais ſur tout il ne faut rien entreprendre qui ſoit par deſſus l'opinion des hommes doctes, ny auſſi faire choſe en quoy il faille combatre la nature du lieu, qui a tant de force, qu'encores qu'on la contraigne par l'artifice & inuentions humaines, ſi eſt-ce qu'elle ſe faict touſiours faire place. Doncques il faudra prendre garde que l'aſſiette de voſtre baſtiment ne ſoit en tel lieu, que quand les torrens ou riuieres viendront à croiſtre & ſe desborder, elles le puiſſent offenſer, ou bien quelque rauine deſcendant des montagnes, par laquelle les riuieres

Les baſtiments deuoir eſtre loing des torrens & rauines d'eau, ou ſubiection des vents.

s'enflent & eſtant enflées ſe reſpandent & apportent grandes incommoditez. Dauantage il faut regarder, ſi l'impetuoſité des vents, ou d'aucun d'iceux, y peut cauſer quelque dommage, ou engendrer maladies. Ie ne voudrois aucunement baſtir en la crouppe d'vne montagne difficile & malaiſée à monter, ny en vne campagne ſterile & deſerte, mais bien en vn lieu qui ſoit fertile & habité, ayant ſes elements bien à propos, & eſtant accompagné de bonnes terres, bonnes eaux, auec vn air libre & ſalubre tout autour, ſans aucun empeſchemét ny aucune ſubiection de broüillats extraordinaires, ou vapeurs immundes & contagieuſes, s'il eſt poſſible. Il n'y faut auſſi obmettre la commodité des bois pour

DE PHILIBERT DE L'ORME.

bastir & brusler, au moins qu'ils n'en soient loing, à fin qu'il ne conuienne faire grands charrois. Faut d'auantage que le lieu & assiette ne soit incommode pour apporter les prouisions conuenables & necessaires à la maison, soit par basteau, charroy, voiture, ou autrement. Et que le terroir ne soit trop moitte & humide par surabondance d'eaües; ne trop dur & sec, par defaut d'icelles, ains moyennement temperé: ou s'il ne peut ainsi estre, aumoins que la region soit plustost peu froide & seiche, que trop chaude, ou trop humide, parce que l'on remedie bien au froit par bonnes murailles, bons feus, vestements, & autres moyens; mais non si facilement aux chaleurs intemperées. Noz Autheurs d'Architecture disent, conformément auec les Medecins, que la meilleure region & situation est celle qui se trouue temperée en chaleur mediocre & humidité, ou bien en approche: car elle produit de beaux & grands personnages, n'estans comme point molestez de maladies, & viuants longuement, Sur tout il faut garder de s'enclorre entre deux montagnes, ou bien entre quelques fondrieres & vallées, où s'engendrent de tres-mauuaises vapeurs, par les boües & fanges qui y croupissent, & n'ont lieu de s'éuacuer & escouler: Autrement seroit se faire prisonnier, & s'assuiectir à la misericorde des immondices, fascherie du chemin, & autres incommoditez qui en peuuent suruenir. La meilleure situation & plus plaisante, est ne vne petite colline, qui ne soit ny trop haute ny trop basse, & batuë par fois de quelque douce haleine de vent suaue. Mais principalement il faut prendre garde à la bonté des eaües, car c'est chose de bien grande importance pour la santé, veu qu'il en prouient plusieurs maladies, mesmement quand lesdictes eaües sont vicieuses, comme grauelles, coliquelles, gouttes, grosses gorges, oppilations, hydropisies & autres: ainsi que vous pouuez voir au chapitre de la nature des eaües en Vitruue, & Leon Baptiste, sans y omettre les beaux discours qu'en font les Medecins. Ce temps pendant ie vous declareray ce que i'ay cogneu, tant par experience que par liures, touchant lesdictes eaües. La bonne eaüe, ainsi qu'enseignent les Medecins, Philosophes, & Architectes, sera de tresgratieuses saueur, n'aura aucun goust facheux, & representera à l'œil vne belle couleur (iaçoit que proprement on ne luy en puisse assigner aucune) bref, elle sera estimée parfaicte si on la voit claire, pure & subtile, de sorte qu'estant mise sur quelque linge blanc, elle n'y laisse aucune tache, & apres auoir bien tost & incontinent boüillu, facilement. & plustost elle se refroidit, ne laisant aucun limon en son vaisseau. Dauantage, elle n'engendre aucune mousse, ou limon, au canal par lequel elle passe, si c'est fonteine: & ne souille ou tache aucunement les calloux sur lesquels elle court si c'est riuiere; ains s'y monstre tousiours belle; claire & fort legere. Voila les signes des

Beau discours & digne de noter sur la commodité & incommodité des lieux.

Lieux entre deux montagnes, ou vallées, mal propres pour bastir.

Plusieurs maladies prouenir des mauuaises eaues.

Choses dignes de noter, & de grande importance, touchant les bônes eaux.

b iij

LIVRE I. DE L'ARCHITECTVRE

tres-bonnes & falubres eauës, entre plufieurs, ainfi que vous le pouuez voir aux Autheurs cy deffus alleguez, & autres. Mais pour reuenir au propos delaiffé, ie dy qu'il conuient prendre garde, que rien ne croiffe à l'entour du lieu où vous voulez baftir, qui foit corruptible, puant, & peftilent. Quand la terre & l'eauë ont quelque vice en elles, cela fe peut corriger par induftrie: mais quand l'air eft vicié & corrompu, il eft difficile par art humain de le meliorer. Donc l'air eft vne des chofes que nous deuons le plus confiderer; car s'il eft pur & net, nous le fentons eftre merueilleufement profitable: au contraire, s'il eft infecté, ne fe trouue rien qui foit plus dangereux. Il le faut doncques bien choifir veu qu'il eft tant requis pour la fanté, nourriture & conferuation de toutes creatures. C'eft chofe veritable que les hommes qui viuent en air ferain & falubre, font de beaucoup meilleur efprit, que ceux qui croupiffent foubs vn gros air n'eftant efuenté, & bien peu agité. Il faudroit auffi cognoiftre, fi les hommes qui font au reffort & lieu où lon veut baftir & demeurer, fouftiennent longueur de vie, quelles font leurs couleurs, leurs mœurs, leurs maladies, & autres accidents du corps. Pareillement quelles herbes profitent au pays, tant pour les hommes que pour les beftes, & fi le foye des moutons & brebis y eft fain; car veritablement de telles chofes & femblables, on vient à la cognoiffance de la temperature ou intemperature, falubrité ou infalubrité de la region, affiette ou terroir, où lon veut édifier. Quand vous aurez confideré ce que deffus, & entendu le rapport des Sages, des Philofophes, & Medecins, qui cognoiffent la nature des lieux de l'air, & des eauës, ainfi qu'Hippocrates en a fait vn liure, lors vous penferez à chercher vn Architecte tel que ie vous le defcriray cy apres, à fin de bien ordonner & conduire voftre baftiment.

Autres confiderations pour la cognoiffance d'vn pays & lieu falubre.

Le confeil des Medecins & Philofophes eftre profitables à ceux qui veulent baftir.

DE PHILIBERT DE L'ORME, 10

Qu'on doit choisir vn expert Architecte, & de quelles sciences il doit estre accompagné, & que sa liberté doit estre exempte de toute contrainte & subiection d'esprit.

CHAPITRE III.

Pres auoir aduerty ceux qui veulent édifier, quelles choses ils doiuent considerer & preuoir deuant que mettre la main en œuure, & aussi apres leur auoir faict recognoistre la situation & assiette du lieu où ils doiuent bastir, à fin qu'ils se sçachent garder des choses incommodes & s'ayder des bonnes & commodes: consequemment ie les veux icy aduertir qu'ils doiuent choisir vn sage, docte, & expert Architecte, qui ne soit du tout ignorant de la Philosophie, des Mathematiques, n'y aussi des Histoires, pour rendre raison de ce qu'il faict, & cognoistre les causes, & progrez d'vne chacune chose appartenant à l'Architecture; & aussi qui entende la protraicture, pour faire voir & donner à entendre à vn chacun, par figures & deseins, les œuuures qu'il aura à faire. Semblablement qui cognoisse la perspectiue, tant pour faire ses protraicts, que pour sçauoir donner la clarté aux edifices, selon les regions & naturel de chacune partie d'iceux. Aucuns on dit qu'il doit aussi entendre la Medecine, mais ie ne trouue point que cela luy soit fort requis, comme nous l'auons discouru en l'Epistre adressée aux Lecteurs; mais bien plustost qu'il cognoisse aucunes regles de Philosophie naturelle, pour sçauoir discerner la nature des lieux, les parties du monde, la qualité des eaües, les regions, assiettes & proprietez des vents, la bonté des bois, des sables, & le naturel des pierres, à fin de les faire tirer en temps propre, & cognoistre celles qui sont bonnes à faire la chaux, & la tuille; & comme il faut mettre le tout en œuure. Il y en a aussi qui disent estre necessaire que l'Architecte soit Iurisconsulte, ou si vous voulez, qu'il sçache les Loix, à cause qu'il aduient souuent qu'en bastissant se peuuent mouuoir proces: mais cela à mon iugement ne luy est requis, quelque chose qu'en escriue Vitruue; car il suffit qu'il entende les Ordonnances & Coustumes des lieux pour faire son rapport au Iuge, qui puis en ordonne selon les Loix, au proffit de ceux à qui il appartient. Aussi telle charge est plus propre aux maistres maçons & officiers (comme sont les maistres des œuures & maistres iurez des Roys & Seigneurs) qu'à l'Architecte, qui a autre profession & beaucoup plus grande & honorable: jaçoit qu'il en peut aussi parler quand il y est appellé. Ledict Vitruue veut d'abondant, que l'Architecte soit grand Rhetori-

Briefue recollection des precedents Chapitres.

De quelles sciences & disciplines doit estre accompagné le bon & expert Architecte.

L'Architecte n'auoir que faire des Loix & science du Iurisconsulte.

Office des maistres maçons & autres officiers iurez.

LIVRE I. DE L'ARCHITECTVRE

cien, pour sçauoir bien deduire & rapporter éloquemment son entreprise deuant les Seigneurs, & gens qui le mettent en besongne & l'employent. Ie suis d'opinion, auec Leon Baptiste Albert, que cela ne luy est necessaire, car il suffit qu'il donne seulement son conseil, & monstre sa diligence n'aïfuement, & dise ce qui sera expedient pour paruenir à son entreprise & intention. Cela est la principale Rhetorique & éloquence d'vn Architecte. Toutesfois quand il en sçauroit quelque chose, il en auroit beaucoup meilleure grace pour bien deduire son faict. Mais qu'il ne luy aduienne ainsi qu'à plusieurs qui s'estudient plus à discourir & bien parler, qu'à bien faire & ordonner: laquelle chose sert plus stost à surprendre les hommes, que bien entendre à leur faict. Plusieurs ne sçauent parler beaucoup, mais ils sont fort studieux & curieux de leur estat, & trop plus à loüer que ceux qui sont grands parleurs & font longs discours, auecques ostentations de beaux protraicts & bien peincturez; mais leurs œuures ne sont en rien semblables. I'en voy & ay veu infinis qui ne sçauent rien dire, toutesfois ils sont merueilleusement heureux à bien faire ce qu'ils entreprennent. I'en sçay d'autres qui sont seulement nés pour vn faict, lequel ils conduisent trop plus dextrement que ceux qui y ont beaucoup plus estudié qu'eux. Oyez Ptolomee sur ce propos au quatriesme Aphorisme de son Centiloque, ainsi escriuant: *Anima ad cognitionem apta, veri plus assequitur, quàm qui supremum in modum se in scientia exercuit.* L'ame apte & née à la cognoissance de quelque chose, l'aura beaucoup plus facilement & aysément, que celuy qui n'y est né, jaçoit qu'il en aye la science, & s'y soit exercé de toutes ses forces & pouuoir. Mais nous laisserons ce discours à fin de reuenir à nostre propos, qui est que le Seigneur se doit enquerir diligemment de la suffisance de l'Architecte, & aussi entendre quelles sont ses œuures, sa modestie, son asseurance, preud'homie, gouuernement, & bon-heur en ses entreprises. Semblablement s'il est né pour bien conduire vn œuure, s'il est sage, & s'il a les parties qui sont requises à vn bon Architecte. Cela est de grande importance, car s'il est fol, glorieux, fier, presumptueux ou ignorant, il entreprendra vn grand œuure auquel il ne pourra dignement satisfaire, & consumera en frais le Seigneur, pour mal considerer & preuoir les choses necessaires. Tels ne veulent communement estre repris, ne moins remonstrez, & s'opiniastrent de tout faire à leur fantaisie, en danger de commettre grandes fautes par leur temerité & precipitee inconsideration. Il seroit tres-bon que l'Architecte eust esté nourry de ieunesse en son art, & qu'il eust estudié aux sciences (outre celles que nous auons dict) qui sont requises à l'Architecture, comme entendre bien l'Arithmetique, ie dy en sa pratique & theorique, la Geometrie aussi en theorique, mais plus en

Estre beaucoup meilleur de bien faire que de bien parler.

Le Seigneur se doit enquerir de la suffisance & ouurage de son Architecte.

pratique, pour les traicts, qui sont le vray vsage d'icelle: pareille- *Arithmeti-*
ment l'Astrologie, Philosophie & autres disciplines, comme i'ay *que & Geome-*
dict, & sur tout entendre bien la raison des symmetries, pour don- *faires à l'Ar-*
ner les mesures & proportions à toutes choses, soient fassades *chitecte.*
des maisons, ou autres parties des bastiments, ainsi que nous le
monstrerons cy apres. Il sera aussi fort bon, qu'il ne soit du tout
ignorant de la theorique de Musique, pour sçauoir representer
l'Echo, & faire resonner, & ouyr la parole & voix, aussi bien de
loing que de pres. Qui est chose requise aux Temples & Eglises
pour les Predications qui s'y font, & Psalmes ou autres choses qui
s'y chantent & proferent. Semblablement aux Auditoires où lon
plaide, aux theatres où se recitent & iouent comedies, tragedies,
histoires & semblables actes, à fin que ceux qui sont loing puissent aussi bien ouyr que ceux qui sont pres. Le Seigneur doncques
ayant rencontré vn Architecte, accompagné de tant belles singularitez, & sur tout d'vne bonne ame, s'en pourra asseurer, & luy
commettre hardiment son œuure. Mais aussi il regardera qu'il ne *Que l'Archi-*
soit faché par les domestiques ou parents de sa maison, car veri- *tecte ne doit*
tablement cela detourne beaucoup ses entreprinses, inuentions *les parents &*
& dispositions, comme ie l'ay veu par experience en diuers lieux. *domestiques du*
De sorte que le Seigneur se faict beaucoup plus de dommage en *Seigneur.*
cela, qu'il ne sçauroit penser. Ie diray d'auantage que i'ay cogneu
bien souuent que les seruiteurs ne veulent ce que les Seigneurs desirent, & trouuent communement mauuaises ce qui plaist ausdicts
Seigneurs: comme aussi font les parens, & mesmes la Dame de la
maison, estant communement marrie de ce que son mary entre-
prend, & grongnant contre celuy qu'il ayme, & à qui il porte faueur: & autant en fait le mary enuers sa femme. Lesquelles choses causent beaucoup de troubles & empeschements qui rompent les grandes entreprises, si les conducteurs, & mesme les Seigneurs ne sont sages. Il faut doncques estre bien aduisé & prudent
pour se garder de tels inconuenients, & donner pouuoir & liberté *La liberté*
à l'Architecte de choisir les maistres maçons & ouuriers tels que *qu'on doit don-*
bon luy semblera, à fin qu'ils luy soient obeyssants autrement s'ils *chitecte.*
ne le reuerent, & ne veulent faire son commandement, l'œuure ne
se pourra iamais bien conduire, & en aduiendra grand dommage
au Seigneur.

LIVRE I. DE L'ARCHITECTVRE

Pour quelles personnes se doit employer l'Architecte, & comme il se doit garder d'estre trompé ou empesché à ses entreprises.

CHAPITRE IV.

'Ay monstré au Seigneur comme il doit eslire vn sage & sçauant Architecte, ie voudrois aussi conseiller au nouueau Architecte, comme il se doit conduire & conseruer enuers ledit Seigneur, à fin de luy paracheuer proprement & diligemment ses œuures. Ie ne suis d'aduis en premier lieu, qu'il se presente & offre à tous ceux qui veulent bastir, si ce n'est à grands Seigneurs pour leur donner conseil ou faire quelques de-

L'Architecte deuoir prendre la totale charge de l'œuure.
uis & protraictz, quand il en est requis ou prié; mais non pour prendre la totale charge de l'œuure, comme n'y pouuant satisfaire, pour les grands labeurs & grandes cogitations qu'vne chacune chose requiert. Faut donc qu'il attende que ceux qui voudront vser de son conseil l'appellent, & se fient totalement en luy, autrement il n'auroit que faire de communiquer ses belles inuentions sans en estre requis, car elles luy pourroient reuenir, à mocquerie & sans profit. C'est vn vray acte de sagesse à l'Architecte, de sçauoir bien entretenir sa reputation & donner bon & fidele conseil, auec exhibition de protraictz, modelles & deuis, proportionnez de leur mesure & parfaicte symmetrie, à fin qu'on cognoisse qu'il y procede en vray homme de bien, & qu'il est tresdocte en son art. Aussi ie luy conseille de choisir Roys, Princes, Seigneurs, Prelats, ou Gouuerneurs de Peuples & Prouinces, qui soient liberaux, quand ce sont grandes entreprises;

Quelles gens doit choisir l'Architecte en grandes entreprises.
& encores pour hommes mediocres, pourueu qu'ils ayent bon entendement, & bon iugement des œuures qu'on faict, & qu'ils prennent plaisir à ce qui sera bien, auec saine cognoissance de tout, s'il est possible. A tels, faut faire chose digne d'eux; car ils ne manqueront à donner bonne recompense, & ne seront iamais ingrats enuers les vertueux, pour leur liberalité & honnesteté. Qui plus est, ils estimeront non seulement les œuures, mais aussi aymeront l'Architecte, & luy feront beaucoup de biens. Il y a des Seigneurs, comme i'ay cogneu, qui aiment & reuerent l'Architecte, & estiment beaucoup les œuures qu'il conduit pour eux; mais par ie ne sçay quelle ialousie, ou crainte qu'ils ont de le perdre, iamais ne luy font bien, que le plus tard qu'ils peuuent, & de ce-

là sorte vne grande hayne à la fin. Car volontiers les Grands haïssent tousiours celuy de qui ils ont tiré seruice, s'ils ne luy ont faict du bien, & se faschent quand ils le voyent (principalement quand ils n'en ont plus affaire) comme si c'estoit vn crediteur qui importune pour luy estre satisfait. Et au contraire s'ils vous ont faict beaucoup de biens, plus ils vous commandent, plus se fient en vous, & plus vous chargent & rechargent, comme on le voit tous les iours. De sorte que si on vous ayme, iamais on ne cesse de vous commander, & donner infinité de charges & recharges pour la fiance qu'on a en vous, & grande diligence dont vous vsez. Qui faict que pour la crainte qu'on a de faillir, & le vouloir de satisfaire à tout, on prend tant de peine qu'on se tuë & consume. I'ay cogneu qu'auoir trop grand credit auec les Grands, est autant grand mal que n'en auoir point, à cause des enuies : mais se sçauoir maintenir auecques vne mediocrité autour d'eux, est vne grandissime loüange & sagesse. Il suffit doncques estre homme de bien, & monstrer que lon faict droictement & vertueusement son deuoir. Souuentesfois on a veu qu'aux riches maisons, la femme, les enfants, les parents & seruiteurs, en veulent à l'Architecte, & ne sçauent pourquoy, sinon qu'ils ont peur que la marmite se diminuë, & que lon ne face si grande depense qu'on a accoustumé, pour le soing que le Seigneur a de dependre, à fin de faire depescher tous ses bastiments. Il peut aussi estre que pour lors lesdicts parens & seruiteurs ne peuuent pas tant pratiquer qu'ils voudroient, & sont regardez de plus pres pour l'espargne qu'il faut faire. Cela aduient souuent à ceux qui font grandes entreprinses, & pour ceste cause retranchent leurs depenses superfluës, lesquelles ils ayment beaucoup mieux employer à leurs bastimens, qu'à nourrir l'oysiueté de plusieurs, qui ne seruent qu'à regarder, & bien souuent reprendre la vie de leurs Maistres. Pour reuenir à nostre propos, l'Architecte donnera ordre de ne fascher personne n'y aussi de s'estre faché d'aucuns, pour autant qu'estant trauaillé d'autruy, iamais il ne peut rien faire ny ordonner qui soit à propos. De s'en vouloir plaindre au Seigneur chacune fois, ne seroit iamais faict, & de là se pourroit engendrer telle querele qu'on seroit contraint de laisser l'entreprinse, qui causeroit vn grand mal pour le Seigneur & l'Architecte aussi : car on l'estimeroit estre indiscret, leger & indigne d'auoir charge. Ie sçay par moy combien en telles choses on endure de facheries, ie dy autant grandes qu'il est impossible de croire. Mais il faut prendre patience, & ne faire semblant de le cognoistre. Ie vous aduise que le plus du dommage en reuient tousiours au Seigneur & à ses œuures, pour autant qu'on se recule desdictes œuures, & y reuient on le plus tard qu'on peut. Et qui pis est, au retour on trouue beaucoup de fautes que les ouurieres ont faictes, & beaucoup

Beau discours & plus que veritable.

Raisons pourquoy les parents & domestiques en veulent souuent à l'Architecte.

Querelles en bastissant estre dommageables au Seigneur.

LIVRE I. DE L'ARCHITECTVRE

d'inuentions obmises, lesquelles ce-tempendant on eust pratiquées au grand contentement du Seigneur. Le Chasteau d'Annet & plusieurs autres, s'en pourroient iustement plaindre; auquel si on ne m'eust tant trauaillé qu'on a fait, i'eusse excogité beaucoup de plus belles œuures qu'il n'y a, & croy que la Dame iamais n'en sceut rien, ou bien elle faisoit semblant de ne le sçauoir, & moy encores moins.

L'Architecte ne deuoir manier l'argent de ses entreprises, ny se rendre comptable.

CHAPITRE V.

OVTRE les choses susdictes, il faut que l'Architecte (desirant auoir l'esprit libre, & se voulant garder d'estre outragé & calomnié) ne manie iamais autre argent que le sien, & ne soit comptable à personne du monde : comme i'ay tousiours voulu faire, & m'en suis bien trouué. Faut d'auantage qu'il ne prenne iamais presents, ne chose que ce soit, des Ouuriers, afin qu'il aye liberté de les tenser, & reprendre quand ils font faute, & les chasser de l'œuure, s'il en est de besoin : quoy faisant, ils ne luy pourront rien reprocher. Il sera aussi tres-bon qu'il n'ordonne point les deniers, s'il est possible, & ne fasse les marchez des œuures. Toutesfois pource qu'il peut mieux entendre, que tous autres, les façons & la quantité de l'œuure, auec leurs valeurs; ie suis bien d'aduis qu'il en die son opinion fidelement : & encores qu'il ayde à ceux qui sont commis pour faire les marchez, & qu'il prenne garde au Tresorier, Controoleur, & autres qui distribuent les deniers, afin de sçauoir comme ils les employent; de peur qu'ils ne luy facent receuoir vne honte, en donnant à entendre aux Seigneurs & autres, que l'Architecte faict vne trop grande depense, & qu'il adhere par trop aux Ouuriers, & expose beaucoup plus qu'il ne doit ; & aussi afin qu'ils ne luy persuadent que ce qui ne couste que mille écus, en couste deux mille. Tels Officiers qui manient les deniers des Seigneurs, pour en farcir leurs bouges, & les pratiquer en diuerses sortes, trouuent plusieurs mauuaises inuentions pour couurir leur auarice, tant sur les voitures qu'autres matieres; & rançonnent les ouuriers, de sorte qu'il leur en faut donner pour estre payez, qui est cause que les ouurages en coustent beaucoup plus. Voila comme bien souuent ils remettent toute la faute sur l'Architecte, & disent qu'il est mauuais mesnager pour l'œuure qui couste tant; soubs ombre d'infinies depenses & collusions qui se font extraordinairement par eux

L'Architecte ne doit prendre presents des ouuriers.

Bons enseignemens à l'Architecte, & dignes de noter.

& sont

DE PHILIBERT DE L'ORME.

& font reiectées toutes fur les baftiments: ainfi que ie l'ay veu faire, qui eft au deshonneur de l'Architecte, mefme quand l'œuure coufte plus qu'il ne conuient. Car il ne luy doit eftre affez de bien accommoder toutes chofes, fçauoir donner toutes mefures, & fymmetries bien ordonnées, & proprement difpofer le tout, s'il ne monftre par effect, qu'il eft bon mefnager, & qu'il entend bien la valeur & prix des œuures: à fin que le Seigneur ne foit trompé, & que l'œuure ne coufte plus qu'il n'appartient; & auffi qu'outre l'honneur qu'il en receuera, il en ayt digne recompenfe. Par ainfi il doit prendre garde à tout, auecques vne grande modeftie & prudence. Mais pour obuier à tant de peines, il doit auffi choifir vn bon & fage Seigneur qui le fouftienne, qui le garde des enuieux, & qui l'aime & conferue: vous aduifant que s'il faict autrement, iamais ne fera faicte chofe digne de grande loüange. Ie fçay trefbien cela par experience: de forte que iamais homme n'a tant enduré que ie penfe auoir faict, & principalement aux inuentions nouuelles, où les enuies font fi grandes, qu'il femble que toutes chofes doiuent nuire à l'Inuenteur, s'il neft fort vertueux & conftant pour y refifter. Il faut auffi que l'Architecte foit fidele à fon Seigneur, & qu'il faffe les œuures, comme fi elles eftoient pour luy mefme, donnant à cognoiftre par épreuue, fa fidelité en tout ce qu'il fera entierement, à fin qu'il ayt la feule charge, & le credit de faire ce qu'il voudra. Car s'il a vn compagnon, ou autre qui l'obferue, ou qui fe vueille mefler d'ordonner, il ne fçaura iamais rien faire qui vaille. Ie l'ay veu & experimenté au Chafteau d'Annet, auquel lieu pour me laiffer faire ce que i'ay voulu, en conduifant le baftiment neuf, ie luy ay proprement accommodé la maifon vieille, qui eftoit chofe autant difficile & fafcheufe qu'il eft impoffible d'excogiter. Bref, i'ay faict ce qui ma femblé bon, & de telle forte & telle difpofition que i'en laiffe le iugement à tous bons efprits qui auront veu le lieu, & entendu la fubiection & contrainte qui s'y prefentoit à caufe des vieils baftiments. Et n'euffent efté les grandes enuies, & haines que m'en portoient les domeftiques & autres, l'on y eut faict encore des œuures trop plus excellentes & plus admirables que celles qu'on y void: s'il y a quelque chofe finguliere & rare, loüange en foit à Dieu. Pour conclufion, Meffeigneurs & amys, qui defirez faire édifices, & vous qui defirez faire profeffion d'Architecture, ie vous prie de vouloir bien entendre, retenir, & pratiquer le prefent difcours, & vous aperceurez le fruict, accompagné de plaifir, qui vous en reuiendra & aux voftres.

L'Architecte denoir prendre garde que le Seigneur ne foit trompé.

Inuentions nouuelles eftre fubiectes à enuie & calomnie.

Le Chafteau d'Annet conftruit par l'ordonnance de l'Autheur.

Aduertiffemét de l'Autheur en forme de conclufion.

c

LIVRE I. DE L'ARCHITECTVRE

Que l'Architecte doit auoir cognoiſſance des quatre parties du Monde, & des vents qui en procedent, à fin de bien planter ſon logis, & l'accommoder à la ſanté des habitans, & reſerue des prouiſions de la maiſon.

CHAPITRE VI.

ONDVISANT quaſi par la main noſtre Architecte, à la cognoiſſance des choſes qui luy ſont neceſſaires de preuoir & ſçauoir, deuant que commencer ſes œuures; ie ne veux oublier de l'aduertir qu'il a entr'autres choſes, grand beſoing de la cognoiſſance de quatre angles ou partie du monde, pour bien planter & ſalubrement aſſeoir ſon baſtiment, & accommoder ſes ouuertures, c'eſt à dire les portes, feneſtres, & ſouſpiraux des caues bien à propos. Leſdictes parties, ainſi que plus amplement nous le déduirons cy apres, ſont, Orient, Occident, Midy, & Septentrion. Il prendra doncques garde, ſi entre Orient, & le lieu où il veut baſtir, ſe trouue riuiere limonneuſe, paluz, ou marécage: car ſe ſeroit choſe fort mauuaiſe, ſi la maiſon, eſtant baſtie, les regardoit, pour autant que le Soleil ſe leuant, il reiecteroit & repouſſeroit contre ladite maiſon, de groſſes & puantes vapeurs épuiſées de telles eauës crouppies qui ſont fort d'angereuſes, pour les beſtes venimeuſes qui y habitēt touſiours, accompagnées d'exhalation peſtilente, qui donne facilement dedans la maiſon, & offenſe incontinent les habitans. Lors il faut ſçauoir tourner ladicte maiſon, ou bien la mettre plus haut, ou plus bas, ou à coſté pour éuiter telles incommoditez. Et faut, s'il eſt poſſible, qu'entre l'Orient & le baſtiment n'y ayt que terre ſeiche, ou petites collines, ou prairies, & point de riuiere, ſi ce n'eſt qu'elle ayt ſon cours à trauers. Il faut auſſi diligemment prendre garde à vne choſe qui eſt la pire de toutes, ainſi que i'ay cogneu par pluſieurs experiences, & principalement en France: c'eſt que les maiſons qui ſont ſituées en la crouppe d'vne montaigne, ou en vne vallée qui regarde entierement l'Occident, & ont l'Orient, & Septentrion couuerts & empeſchez, communément ſont mal ſaines: ce que ie dy pour en auoir veu infinies ſituées en lieux ſemblables, & ſoubs tel aſpect, auſquelles on ne pouuoit demeurer ſans eſtre malade, & offenſé en la ſanté, voire bien ſouuent iuſques à la mort. Les parties de Midy en aucuns lieux ſont ſalubres, aux autres inſalubres & fort mauuaiſes, comme en aucuns lieux de la Prouence, de Languedoc, d'Italie, & ailleurs. Celles de Septentrion ſont tres-bonnes en ce païs, & neceſſaires pour la

Les baſtiments ne deuoir eſtre ouuerts contre lieux aquatiques.

Quelles ſont les ſituations des maiſons malſaines.

DE PHILIBERT DE L'ORME, 14

conseruation des corps, & de beaucoup de choses qui sont requises pour la vie des hommes. Voila quant à la generalité : mais pour plus particulierement en philosopher, & parler pour l'vsage de nostre Architecture, il ne faut auoir seulement la cognoissance des susdictes parties & angles du monde, mais aussi des vents qui nous en sont enuoyez, soient principaux & cardinaux, ou bien sous-principaux & collateraux (ainsi qu'on les appelle) qui nous peuuent aider ou offenser, selon le lieu & nature d'vn chacun: pour autant qu'ils alterent l'air, l'air les humeurs des corps, & esprits auec le sang, & par consequent la santé, si ledit air n'est corrigé ou empesché par son contraire. Comme quoy? s'il regne vn vent chaud, ainsi qu'en Esté, il conuient changer la chambre & habitation chaude, ou, si vous voulez, Estiuale, en celle qui sera froide & Hyuernale: & la froide, en chaude. Ainsi que nous enseignent faire les arondelles & gruës, lesquelles nous voyons se retirer de nous & laisser nos pays froids, quand l'Hyuer s'aproche, & se retirer vers ceux qui sond chauds: de rechef quand il y fait froid, reuenir à nous. Ie ne suis d'auis que nous omettions icy ce que Vitruue escrit, du profit & vtilité qu'on reçoit de la bonne situation d'vn logis, pour la conseruation & recouurement de la santé de ceux qui y sont malades. Car il veut que ceux qui seront affligez de fiéures ardentes & chaudes, soient logez aux parties Septentrionales & chambres froides; & ceux qui auront maladies froides, humides & catarreuses, habitent aux parties Meridionales, où sont les chambres chaudes, & ainsi des autres. Il est donques tres-bon & fort expedient à l'Architecte de cognoistre les contrées & regions des vents, auecques leurs qualitez & temperatures, afin de s'en sçauoir bien ayder, selon ce que nous en proposerons cy apres. Et notez ie vous prie, que cecy ne seruira seulement pour la santé des habitans, mais aussi pour la conseruation des biens & viures de la maison. Qui me faict dire hardiment, que la cognoissance des vents est de plus grande importance & consequence qu'on ne pourroit penser. De sorte qu'il vaudroit trop mieux à l'Architecte, selon mon aduis, faillir aux ornements des colomnes, aux mesures & fassades (où tous qui font profection de bastir, s'estudient le plus) qu'en ces belles reigles de nature, qui concernent la commodité, l'vsage, & profit des habitans, & non la decoration, beauté, ou enrichissement des logis, faicts seulement pour le contentement des yeux, sans apporter aucun fruict à la santé & vie des hommes. Ne voit-on point, ie vous prie, qu'à faute d'auoir bien approprié, tourné & accommodé vn logis, il rend les habitants tristes, maladifs, desplaisants, & accompagnez de toutes disgraces & incommodites, desquelles on ne peut le plus souuent rendre raison, ne moins sçauoir d'où elles viennent? Il ne fut donques iamais mal dit, qu'il est

Nature des arondelles & gruës, digne de noter; auecques vn bel enseignement de Vitruue.

Les reigles de nature passer les enrichissements d'Architecture.

c ij

LIVRE I. DE L'ARCHITECTVRE
permis à plusieurs de donner de beaux ornements à vn logis: mais le sçauoir bien dresser & commodément tourner, c'est œuure & industrie de peu d'Architectes. Pour doncques obuier à telles necessitez, nous donnerons cy apres, Dieu aydant, claire intelligence, non seulement de la temperature & naturel du lieu auquel on veut bastir, mais aussi des quatre parties du Monde, & de leurs vents domestiques; tant principaux que moitoyants, ou, si vous voulez, collateraux, auecques les natures & temperatures des chambres & lieux qui les regardent.

Ordre, lieu, & qualité des huict vents, qui nous sont familiers, & comme l'Architecte s'en doit ayder.

CHAPITRE VII.

NOVS auons dit nagueres que les quatres parties du Monde sont, Orient, Occident, Midy, & Septentrion. Orient est le lieu où se leue le Soleil au temps des deux Equinoxes, peu deuant la my-Mars, & my-Septembre: Occident, où il se couche audit temps; Midy, où il est au milieu de son cours, c'est à dire entre son leuer & coucher, qui faict le iour artificiel. Septentrion est le poinct & partie opposite de Midy, où le Soleil ne paruient iamais. De ces quatre parties principales du Monde, soufflent directement quatre vents nommez principaux ou cardinaux, sçauoir est du poinct d'Orient, Subsolanus, marqué en la figure ensuiuante par A, duquel la qualité & nature est chaude & seiche: d'Occident, vente Fauonius, noté par C, sa qualité estant froide & humide: de Midy, Auster, signé B, ayant nature & qualité humide & chaude: & de Septentrion, Boreas, marqué D, duquel la qualité est froide & seiche. Voyla quand aux quatre, parties & angles du Monde, auecques leurs propres vents domestiques. Il faut consequemment noter, que les Anciens ont encores diuisé également, en quatre, vne chacune espace qui est entre les susdicts vents principaux, & donné à vne chacune de superabondant vn vent propre. Parquoy entre Subsolanus & Auster, c'est à dire entre Orient & Midy, où, si vous voulez, entre A & B, également, ils ont situé le vent appellé Eurus, marqué par E. entre Midy & Occident, Africus noté par F. entre Occident & Septentrion; Caurus signé par G, & entre Septentrion & Orient,

Les noms, lieux & qualitez des quatre vents principaux.

Excuse de l'Autheur touchant le nō des vents.

DE PHILIBERT DE L'ORME.

Aquilo, marqué par H. Si nous ne donnons en François les noms des Vents, c'est pour autant qu'ils n'y ont encores esté proprement & generalement specifiez, au moins que ie sçache ; jaçoit que chaque Nation & Prouince les designe & nomme à sa mode. Mais voirement pour appliquer à nostre Architecture ce que iusques icy nous auons escrit, il faut noter que les lieux & chambres qui declineront du vray Orient, bien peu vers Septentrion, & seront ouuertes contre telle partie du monde, elles seront tousiours fraiches pour l'Esté. Celles du costé de Midy, chaudes pour l'Hyuer. De la partie Occidentale, excessiuement chaudes, & font propres à faire cuisines, buanderies, estuues, poisles, & baigneries. Vers Septentrion, les lieux seront tres aptes pour faire cryptoportiques, galleries, bibliotheques, greniers & caues. Il faut ainsi juger des autres membres & parties du bastiment, lesquelles on pourra tourner & accommoder vers le lieu & vent qui leur sera propre, selon la situation de la place où l'on voudra bastir. L'entrée du bastiment ou logis, sera propre au droit du vent, lequel nous auons nommé Caurus, également situé entre le Septentrion & Occident, ainsi que nous auons dict, & le pouuez voir par la figure ensuiuante. Car vne partie du lieu d'où procede ledict vent estant chaude & l'autre froide, temperera la fassade de la maison. *Application des vents collateraux & entremoyés aux parties des bastimens.*

La partie regardant le vent nommé Africus, entre Occident & Midy, est propre à construire chambres & lieux contre l'injure du froid, pour l'aspect & ouuerture qu'elles auront contre la partie chaude du monde. Et telles sont ou doiuent estre, les ouuertures & aspects des salles pour se trouuer temperées. Entre l'espace de Subsolanus & Boreas, ou, si vous voulez, entre Orient & Septentrion, où nous auons situé le vent Aquilo, sont les vraies habitations d'Esté, pour estre fraisches, à cause du regard qu'elles ont vers les parties froides, qui resistent aussi à corruption & putrefaction. Parquoy elles sont fort bonnes, & propres pour garder les bleds, huiles, vins, fruicts, grains, lards, & choses semblables pour la prouision de la maison. Vous voyez par ce peu de discours combien est necessaire & profitable à vn docte & expert Architecte, la cognoissance des quatre parties du monde, & de leurs vents. Laquelle les anciens Autheurs d'Agriculture & Medecine, ont tant estimée qu'ils y ont rapporté, ie ne diray l'assiette des terres pour les vignes, bleds, bois, & semblables; mais aussi la meilleure partie de la santé & conseruation des hommes, bestail, & prouisions domestiques: ainsi que vous en pourrez juger, si vous lisez les liures Rustiques de M. Caton, M. Varron, Virgile, Columelle, Pline, Pallade, & autres. Et des Mede-

Choses fort dignes de noter, pour bien disposer toutes les parties d'vn logis.

LIVRE III. DE L'ARCHITECTVRE

cins le liure de ce grand & incomparable Hippocrates, lequel il a intitulé, Des lieux, de l'air, & des eauës. Bref ce qu'en ont escrit presque tous les Medecins, comme aussi les Philosophes, Poëtes, & Architectes, Lesquels ie vous propose pour les voir, à fin que ie continue & poursuiue le fil de nostre entreprinse.

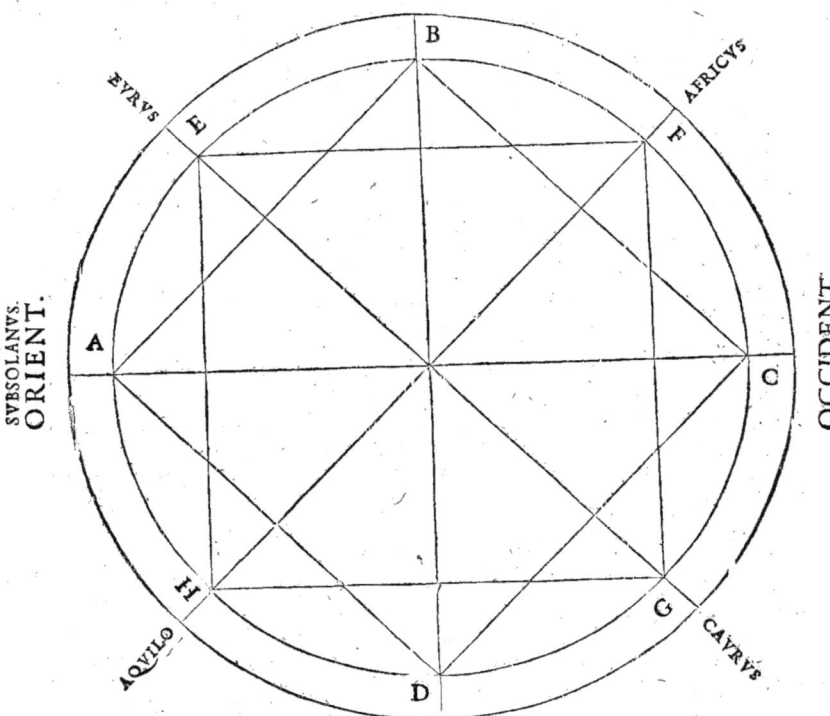

I e feray encores icy vn bref discours de la situation & aspects des vents, afin de monstrer quelle difference il y a de planter & percer vn édifice vers les parties Meridionales, & contre les Septentrionales, ou bien Orientales & Occidentales, & autres qui leur sont entremoyennes. Iaçoit que la chose semble estre petite, si est-ce qu'elle est de plus grande importance & consequence qu'on

DE PHILIBERT DE L'ORME, 16

n'eſtime: voire beaucoup plus que tout le reſte de l'œuure, afin de bien accommoder les habitations, donner propres & commodes ouuertures aux portes, feneſtres & ſouſpiraux des caues, bien aſſeoir les cheminées, & conſtruire vn chacun lieu ainſi que ſa nature & temperature le requiert; & l'auons cy deuant dict, & dirons plus à plein cy apres, Dieu aydant. La cauſe qui m'induict de pourſuiure ceſte matiere bien au long, c'eſt pour-autant que ie voy la pluſ-part de ceux qui baſtiſſent faillir lourdement, pour ne pas prendre garde & ne ſe ſoucier de l'vtilité & ſanté des habitans, par faute de ne cognoiſtre & entendre la ſituation des vents, afin de les accommoder proprement aux parties des logis. On cognoiſtra par le diſcours du preſent œuure le dommage qu'on reçoit quand l'édifice n'eſt planté & percé comme il doit, & ſelon le lieu où il eſt ſitué. Pour vous monſtrer donques la difference qu'il y a, & comme on s'y deura conduire, i'ay faict encores vne figure, en laquelle ie décris les huict vents (ainſi qu'à la precedente) & forme quatre quarez parfaicts touchans & monſtrans par leurs extremitez & angles, les lieux d'où departent les vents qui y ſont deſignez par leurs propres noms, & marquez de lettres conuenables. Ce que i'en ay faict, c'eſt pour autant qu'aucuns baſtimens veulent eſtre plantez & percez en vne ſorte, & les autres en vne autre, & bien ſouuent au contraire. De ſorte qu'on void certaines maiſons qui deſirent auoir ouuerture, *Verbi gratia*, vers l'Orient Eſtiual marqué K en la figure enſuiuante, & les autres vers l'Hyuernal ſigné L. De rechef, aucuns vers la partie de Septentrion, declinant vers l'Orient Eſtiual marqué H, & les autres vers ledit Septentrion, inclinant à l'Occident Eſtiual ſigné G: Et ainſi des autres vents & parties du monde, deſignées en la figure par leurs propres lettres, lignes & angles; comme la nature & ſituation du lieu le permettra, & le docte Architecte l'aduiſera. Les raiſons ſe pourront cognoiſtre par le diſcours du preſent œuure, ſans en faire plus longue eſcriture. Mais voirement quelques-vns ſe pourront émerueiller, pourquoy c'eſt qu'en la figure prochaine des quatre quarez entrelaſſez, ie décris XVI vents, contre l'opinion & aduis tant des Anciens que Modernes, qui en ont mis quatre premierement, puis huict, qui ſont en ſomme douze: ainſi qu'Ariſtote, Senecque, Pline, Vegece, & autres les ont fort bien deſignez. Ie reſpondray, que l'Architecte eſt en meſme liberté que le marinier, qui ſe propoſe & conſtitue trente deux vents pour dreſſer ſon cours en toutes les contrées & parties du monde par les adreſſes des vents. Ainſi l'Architecte qui doit conduire ſon baſtiment dextrement, & luy donner

L'obſeruation des vents eſtre de grande importāce à l'Architecte.

Grandes incommoditez enſuiure les logis mal percez & dreſſez.

Obiection à laquelle reſpond fort dextremēt l'auteur.

c iiij

LIVRE I. DE L'ARCHITECTVRE

ouuerture en lieux diuers, selon la nature & situation de la place, où il veult edifier, & la commodité des habitans peult diuiser l'Horizon du lieu en tant de parties qu'il voudra, veu que de tous les poincts & lieux d'iceluy, peuuent proceder vents, qui ne font autre chose qu'vne exhalation, vapeur ou fumée, conduite & agitée lateralement sur la terre, & procedant de diuerses parties de l'Horizon, ainsi que les Philosophes le nous décriuent. Et de là vient que Vitruue Autheur d'Architecture, le nompareil, faict & constituë xxiiii vents. Ce que n'ont faict tous les autres Autheurs, soient Latins ou Grecs. Mais de ce propos sera assez, sinon qu'encores ie veux mettre cy-apres deux ou trois autres figures pour exemple, & plus facile intelligence du present discours des vents.

Que c'est que vent & de sa generation.

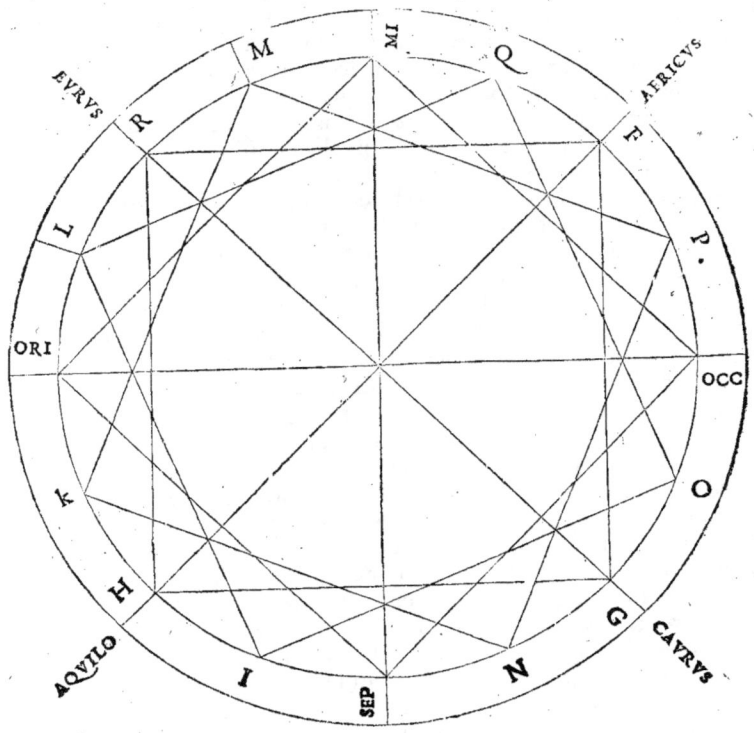

DE PHILIBERT DE L'ORME.

A fin qu'vn chacun puiſſe auoir la cognoiſſance de bien tourner ſon baſtiment, ſelon le lieu & aſſiette où il voudra édifier; ie propoſe ce plan qui eſt cy apres, quaſi ſemblable à celuy que feu Monſieur le Cardinal du Bellay me fait faire, commençant le Chaſteau de ſainct Maur Des-foſſez, pres Paris, qui eſt auiourd'huy à la Maieſté de la Royne mere, qui le faict acheuer & conduire auecques vne grande magnificence, ſuyuant le bon eſprit & iugement qu'elle a treſ-admirable ſur le faict des baſtiments; comme il ſe voit non ſeulement audit lieu de ſainct Maur, mais auſſi à ſon Palais qui ſe conſtruit pres le Louure à Paris: ainſi que plus amplement nous le donnerons à cognoiſtre en ce preſent diſcours d'Architecture, & ailleurs. Vous voyez qu'audit plan l'Orient équinoxial regarde droit ſur l'angle du baſtiment marqué A, de la partie du vent Subſolanus: & l'autre angle marqué B, regarde droict ſur la partie de Midy, vers Auſter. Le tiers angle ou coing marqué D, regarde la partie de Septentrion où eſt ſitué Boreas. Et le quart regarde l'Occident du coſté où eſt marqué F, de la part du vent Fauonius; ainſi que vous le pouuez cognoiſtre & remarquer à la figure du quarré parfaict A B C D, deſcrite cy deuant. Par ainſi on voit audit plan de ſainct Maur, & en l'œuure propre, que la chambre marquée D, eſt fraiſche pour l'Eſté, eſtant perſée & ouuerte du coſté de Septentrion, & celle qui eſt marquée H, eſt chaude pour l'Hyuer, à cauſe du regard qu'elle a vers les parties Meridionales, & ainſi ſe peuuent accommoder tous autres édifices.

Loüange de la Royne Mere du treſ-Chreſtien Roy Charles.

Situation & diſpoſitiō du Chaſteau de ſainct Maur, pres Paris.

LIVRE I. DE L'ARCHITECTVRE

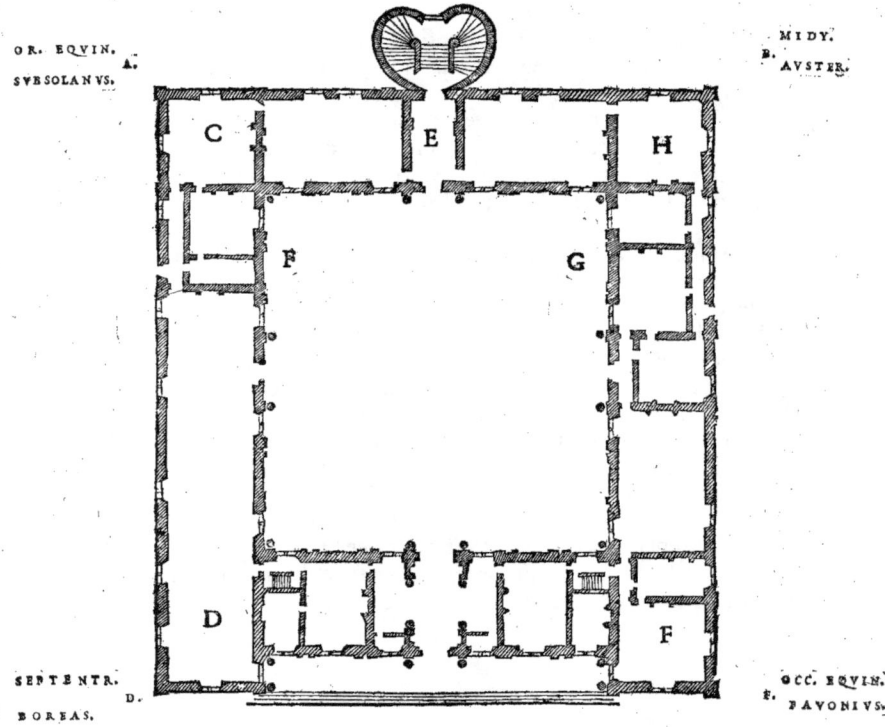

Description d'vn autre bastiment auec ses vents.

En tel lieu pourrez vous estre, qu'il faudra planter & tourner vostre bastiment tout au contraire de celuy lequel vous voiez cy-deuant, & le pouuez considerer en la figure du quarré parfaict des vents, au lieu marqué H R F G. Et d'abondant en la suiuante figure du plan d'vn bastiment quasi semblable à celuy de sainct Maur, lequel cy dessus ie vous ay proposé, fors que ie mets quatre pauillons sur les quatre coings en forme de Chasteau, ausquels vous voyez sur la partie de H, le vent Aquilo, qui estoit en la figure precedente, le vent Subsolanus, & sur la partie de R, le vent Eurus qui estoit Auster en la precedente : de rechef sur la par-de G, le vent Caurus, qui estoit en l'autre, Boreas, & sur le quatries-me angle, ou partie, marqué F, le vent Africus. De sorte que les quatre faces de tels bastiments regardent tousiours les quatre angles du Ciel, sçauoir est, Orient, Occident, Midy & Septentrion; ainsi que vous le pouuez iuger par la suiuante figure.

DE PHILIBERT DE L'ORME. 18

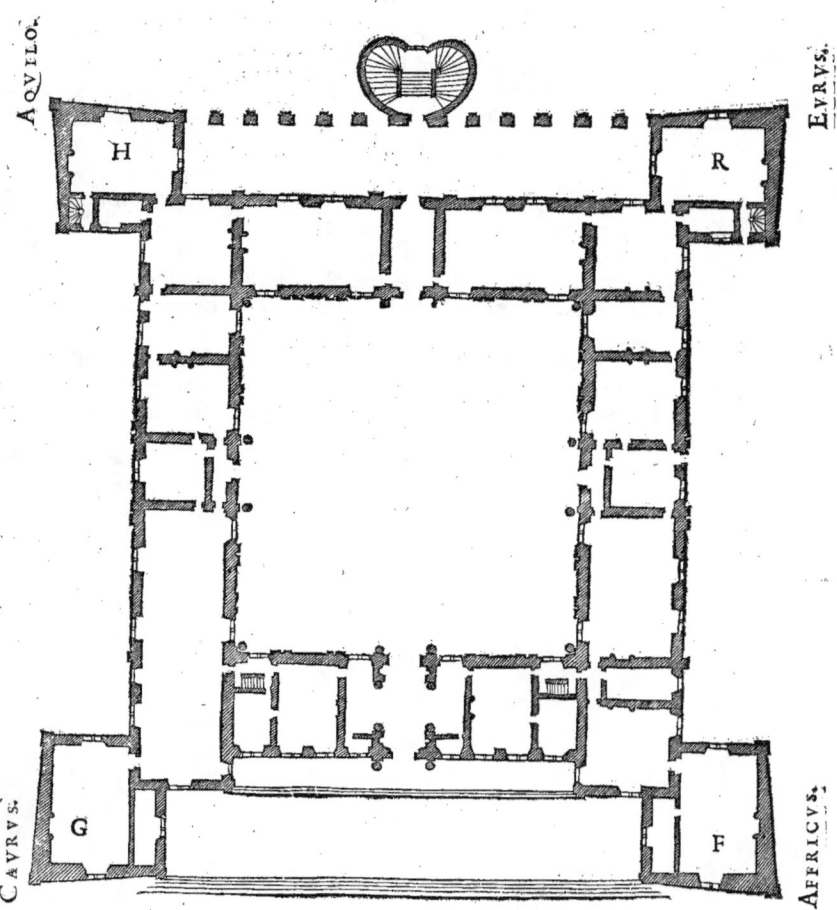

Ie mettray encores icy vn autre plan de baſtiment, en forme d'vn pauillon quarré, ayant terraſſes tout autour, bouleuart, & foſſez, ainſi que vous pouuez iuger par la figure ſuiuante, ſans en faire plus longue eſcriture en ce lieu, pour autant que ie le propoſe ailleurs plus amplement. Ioinct auſſi que ne ie ne me veux ayder pour ceſte heure des figures & plans d'édifices que vous voiez,

LIVRE I. DE L'ARCHITECTVRE

sinon pour vous monstrer la differente façon de tourner & planter les bastiments. Car les vns veulent estre d'vne sorte, & les autres d'vne autre; ainsi que vous auez veu que l'vn des angles du bastiment de sainct Maur regarde l'Orient équinoxial du costé du vent Subsolanus: & à l'autre plan ensuyuant, ce mesme angle regarde la partie du vent Aquilo. Quant à ce dernier, ie le figure comme s'il estoit planté suyuant le quarré parfaict, ainsi que vous le voiez en la figure des vents marqué K M P N. Par ainsi vn de ses angles seroit entre Subsolanus & Aquilo: & l'autre du costé de M, entre le vent d'Eurus & Auster: & ainsi des autres, comme vous le pouuez comprendre par la figure vniuerselle & generale des vents qui precede ces trois plans. Doncques en obseruant la nature & situation des lieux, vous pouuez tourner vos bastiments en telles sortes qu'auez ouy, ou autres ; & faire non seulement habitations propres pour y demeurer en temps d'Hyuer, mais aussi pour y loger en Esté : & lieux commodes pour garder les grains, & ainsi consequemment des autres parties de la maison, selon ce qui leur sera requis & propre, au naturel des personnes & prouisions du logis. Ainsi que plus amplement vous le pourrez cognoistre par le discours du present œuure : car ie ne faudray point d'en parler & en aduertir le Lecteur ainsi qu'il viendra à propos. Parquoy il me semble qu'il suffit quant à ceste matiere.

Discours d'vn autre bastiment accommodé cōme les precedēs, à ses vents & parties.

Les beaux

DE PHILIBERT DE L'ORME

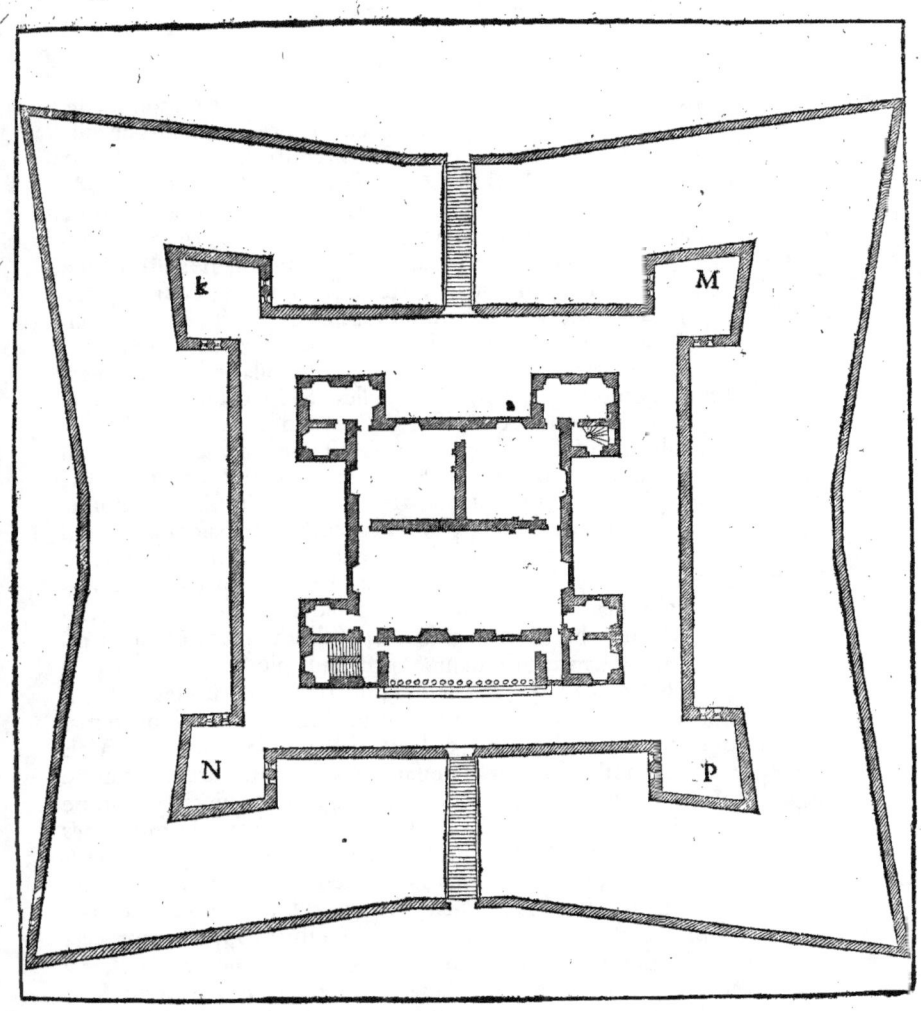

Les beaux ornements, belles façons, & enrichissements des logis, n'estre tant necessaires que la bonne situation d'iceux, & ouuerture bien accommodée aux vents.

LIVRE I. DE L'ARCHITECTVRE

CHAPITRE VIII.

I'AY toufiours efté d'auis, ainfi que nous difions nagueres, qu'il vaudroit mieux à l'Architecte, ne fçauoir faire ornements, ny enrichiffements de murailles ou autres, & entendre bien ce qu'il faut pour la fanté & conferuation des perfonnes, & de leurs biens. Ce qu'auiourd'huy eft pratiqué tout au contraire: car plufieurs qui font profeffion de baftir, & fe veulent dire Architectes & conducteurs des œuures, ne s'eftudient à cela, pour autant peut eftre, qu'ils ne l'entendent; & fi on leur en parle, ils le trouuent fort nouueau. Et qui pis eft, ie voy quelquefois que nos Seigneurs qui font édifier, s'arreftent plus à vouloir faire de beaux ornements, enrichis de pilaftres, colomnes, corniches, moulures, frifes, baffetailles, & incrutations de marbre, & autres, qu'à cognoiftre la fituation & nature du lieu de leurs habitations. Ie ne dy pas qu'il ne foit conuenable & fort bon de faire tres-beaux ornements & faffades enrichies pour les Roys, Princes, & Seigneurs, quand ils le veulent ainfi. Car cela donne vn grand contentement & plaifir à la veuë: principalement quand telles faffades font faictes par fymmetrie & vraye proportion, & les ornements appliquez en vn chacun lieu, ainfi qu'il eft neceffaire & raifonnable. Par ainfi les chofes dilicates feront aux cabinets, eftuues, baigneries, galleries, bibliotheques, & lieux où les Seigneurs hantent fouuent, & prennent plus de plaifir, & non aux faffades des logis, veftibules, portiques, periftyles & lieux femblables. Ie ne fçache homme qui ne dife, qu'elles feroient mal conuenables en vne cuifine, & lieux où logent les feruiteurs. Mais lefdictes chofes doiuent eftre faictes auec grand art & maiefté d'Architecture, & non point de fueillage, ny baffe-taille, qui ne r'amaffent qu'ordures, villennies, nids d'oyfeaux, de moufches & femblable vermine. Auffi telles chofes font fi fragiles & de fi peu de durée, que quand elles commencent à fe ruiner, au lieu de donner plaifir, elles donnent vn grandiffime defplaifir & trifte fpectacle, accompagné de grand ennuy. I'appelle tout cela depenfe perduë, finon pour feruir de melancholique defpit à l'aduenir. Pour-ce ie confeille à l'Architecte, & à tous qui font profeffion de baftir, qu'ils s'eftudient pluftoft à cognoiftre la nature des lieux, qu'à faire de tant beaux ornements, qui le plus fouuent ne feruent que de filets à prendre les hommes, ou ce qui eft dans leurs bourfes. Veritablement il eft trop plus honnefte & vtile de fçauoir bien dreffer vn logis & le rendre fain, que d'y faire tant de mirelifique, fans aucune raifon, proportions, ou me-

La pratique d'Architecture eftre en ce temps mal exercée par plufieurs.

Iugement de l'Antheur furles faffades & ornements.

Fueillages & baffe-taille eftre vn ramas & referue l'ordure.

DE PHILIBERT DE L'ORME.

sures, & le plus du temps à l'aduenture, sans pouuoir dire pourquoy. Combien que ie confesse qu'il faut sçauoir l'vn & l'autre, & mettre chaque chose par bon ordre & ornement, ainsi qu'on la demande; afin de rendre les habitations saines & belles. Ie ne dis point toutesfois cecy pour empescher ou vouloir conseiller que lon ne fasse les bastimés à la volonté des Seigneurs qui les commandent; car il est raisonnable qu'ils soient seruis comme ils le veulent & comme il leur plaist. Ainsi qu'on void aujourd'huy estre fait au Palais de la Majesté de la Royne Mere, à Paris, laquelle pour son gentil esprit & entendement tres admirable, accompagné d'vne tres-grande prudence & sagesse, a voulu prendre la peine, auec vn singulier plaisir, d'ordonner le department de sondit Palais, pour les logis & lieux des salles, antichambres, chambres, cabinets, & galleries, & me donner les mesures des longueurs & largeurs, lesquelles ie mets en execution en sondit Palais, suyuant la volonté de sa Majesté : d'abondant elle a voulu aussi me commander faire faire plusieurs incrustations de diuerses sortes de marbre, de bronze doré, & pierres minerales; comme Marchasites, incrustees sur les pierres de ce pays, qui sont tres belles, tant aux faces du Palais, & par le dedans que par le dehors, ainsi qu'il se peut voir; & auec tel artifice qu'il n'y a celuy, qui ait quelque iugement, qui ne trouue les œuures de ceste tres-bonne & Magnanime Princesse, tres-admirables & dignes de sa grandeur : voire trop plus grandes (s'il plaist à Dieu luy donner la grace de paracheuer) que Roy ny Prince en ayent encores faict faire en ce Royaume; comme vn chacun de ceux qui en sont capables le pourra juger, voyant le commencement dudit Palais. Mais pour reuenir à nostre propos delaissé, il faut que les ornemens & decorations de fassades soient à propos, & correspondantes au dedans du logis, & que les separations des salles, chambres, & ouuertures des fenestres & croisees, ne donnent aucune difformité à la face de la maison qui est par dehors. Aussi ie ne voudrois point que lesdits ornements des faces, empeschassent qu'on ne peust donner les vrayes mesures qu'il faut à vne salle ou chambre, & aussi qu'on ne peust mettre les portes, fenestres & cheminees, aux lieux plus commodes & necessaires, sans y rien faire par contrainte; ains plustost par les moyens de l'art & de nature. Si plusieurs qui conseillent de bastir, & en veulent faire profession, ne le sçauent, & n'entendent les dimensions & mesures d'Architecture, auecques les regles de nature qui donnent à cognoistre ce qui est profitable & salubre, ie les prie amiablement & fraternellement, d'y vouloir penser & estudier. Il faut donc que l'Architecte soit diligent de noter & voir par experience ce que nature fait d'elle-mesme, sans y estre contrainte, laquelle en aucuns lieux il est tres-malaisé & presque impossible de combatre. Sur tout il faut bien pouruoir, ainsi que

Digression de l'Autheur, sur l'excellent & diuin esprit de la Maiesté de la Royne Mere.

L'Architecte deuoir estre obseruateur de nature, laquelle ne veut estre contrainte.

d ij

LIVRE I. DE L'ARCHITECTVRE

nous auons dit, aux nuisances des vents, des palus, marais & offense de la mer: semblablement aux vapeurs qui en prouiennent, comme aussi aux riuieres, montaignes, & autres empeschemens, qui se peuuent cognoistre par certaines reigles & obseruations qui seroient longues à reciter: iaçoit que nous en ayons touché quelque chose cy deuant, & en pourrons parler cy apres, comme il viendra à propos.

Instruction pour l'Architecte quand il est contrainct de planter ou tourner son logis autrement qu'il n'appartient, & contre la raison des vents & commodité de l'air.

CHAPITRE IX.

Discours sur l'affection des Seigneurs, qui donne quelque fois peine & contraincte à l'Architecte.

S Vil aduiendroit que l'Architecte fust contrainct de planter son bastiment en autre sorte qu'il n'appartient, soit par la subiection du lieu, ou volonté du Seigneur qui fait bastir, pour autant, parauenture, qu'il ne se soucie point de toutes reigles & raisons, pour ne les entendre & n'en auoir iamais ouy parler, ou bien pour l'affection qu'il auroit de vouloir regarder sur quelque prairie, riuiere, montaigne, forest, ou sur vn grand chemin, ou bien qu'il voudroit qu'on tournast son bastiment comme il l'aura pensé, ou pour autre subiection qui y pourroit estr epar quelque vieux bastiment, lequel il y voudroit accommoder, ou autrement. Pour ce regard il faut que l'Architecte ait grandes considerations & grands iugements d'vne chacune chose, pour remedier aux inconueniens & fautes qui pourroient aduenir: ainsi que nous l'auons veu plusieurs fois par experience, & en plusieurs beaux bastiments, lesquels on faisoit edifier pour auoir la commodité d'aucuns autres vieux: mais apres qu'ils ont esté faicts, on a cogneu l'erreur, nuisance & incommodité qu'ils portoient à la santé. Parquoy on a esté contrainct de les abbatre, ou refaire, ou bien les contemner, & n'y loger aucunement ne prendre plaisir, apres auoir cogneu les facultes irreparables, & accompagnées d'vn regret durant toute la vie: mais

Bon conseil deuoir preceder les entreprises plustost que les suiure.

il n'estoit temps de penser à l'erreur, ains eust esté beaucoup plus expedient & meilleur d'auoir sceu eslire gens experts, & prins bon conseil deuant l'entreprise, à fin de s'ayder de choses propres, selon le lieu, le temps, l'art, & la saison qu'ils les faut prendre, ainsi que ie le deduirois plus amplement n'estoit que ie serois trop prolixe, pour les grandes matieres qui s'y presentent à descrire, & aussi que cecy ne peut gueres seruir à nostre discours. Il faut que l'Architecte se voyant estre ainsi contraint par le Seigneur, & que l'assiette de son bastiment ne vient à propos pour le bien tourner côme il faut, que lors il monstre sa dexterité & bon esprit à faire tout seruir, & accommoder le vieil bastiment auecques le neuf, & trouuer quelques inuentions sur ce qu'il y conuient faire soit en forme quarrée, ronde, ouale, triangulaire ou de quelque autre façon qui s'y puisse bien adapter: en donnant par tout les aspects & veuës propres & regardant qu'vne chacune chose soit droictement en son lieu. Mais sur tout il sera plusque bon de chercher ce qu'il faut pour la santé des habitants, & quant on ne peut mieux, il conuient changer les veuës des fenestres qui peuuent estre mauuaises, & les portes, ainsi que fit Marc Terence Varron, en Corse, comme il le témoigne en ses liures d'Agriculture, par lequel moïen il preserua de peste plusieurs de la garnison & compagnie en la quelle il estoit. Faut aussi changer les places des licts, des cheminées, des passages & autres, ainsi que le bon Architecte sçaura bien faire. Ie vous puis aduiser, que promptement y remedier n'est peu de cas, ny peu de labeur. Les choses qui sont ainsi de côtrainte, & ausquelles on ne peut tousiours donner ordre, mesures & proportiôs, ne moins tourner les bastiments comme il faut, requierent vn sçauoir, & cognoissance laquelle s'aprend par longue experience & pratique d'auoir mis plusieurs edifices en œuures, & non par les mesures & proportions, lesquelles on y pourroit donner. Et pour mieux l'entendre, il faut que l'Architecte sçache bien toutes les regles & preceptes de l'art, non tant par liures, que par long & grand vsage, ainsi que nous auons dit: car lors il trouuera les remedes & aydes incontinent qu'il en aura affaire. Ie luy conseille estant appellé ne dire son opinion legerement, comme plusieurs ont accoustumé de faire. Car estant sur vne place il verra que chacun donne son aduis promptement, sans considerer ny comprendre le faict, sinon que bien peu: de sorte qu'en vn instant sont proposez plusieurs deuis. Ie me suis trouué souuent aux lieux, où i'estois contraint de dire soudainement mon aduis comme les autres, pour me vouloir accommoder auec tous. Mais quand i'auois en apres diligemment consideré le lieu pour lequel i'estois appellé, & pensé à ce qui luy estoit necessaire, il me failloit faire mes desseings tout autrement que ie n'auois dit, ny ouy. Parquoy c'est grande sagesse & prudence de ne rien mettre en auant & ne deliberer aucunement, que premierement lon n'aye bien examiné la nature du lieu, & pésé à tout ce qui luy est necessaire. Car ainsi non seulement on fera vn grand profit pour le bien du Seigneur, mais aussi pour la conseruation de sa santé & de tous les siens, qui est chose la plus requise.

L'Architecte deuoir regarder sur tout à la santé des habitans.

La cognoissance d'Architecture s'aprédre par longue experience.

d iij

LIVRE I. DE L'ARCHITECTVRE

L'Architecte deuoir manifester ses inuentions par desseings & protraits, tant de plates formes & montées, qu'autres, & signamment par vn modelle qui representera au naturel tout le bastiment & logis.

CHAPITRE X.

IL me conuiendroit icy escrire vn tres-grand volume, si ie voulois deduire les erreurs & fautes que i'ay veuës aduenir aux bastiments non seulement des Roys, Princes, & grands Seigneurs, mais aussi des mediocres & petits, par la seule negligence, de n'auoir bien consideré l'entreprise, & n'auoir fait de bons & suffisans modelles pour cognoistre ce qu'on vouloit bastir: comme aussi pour les tromperies & abus qui sont ausdits modelles, le plus souuent faicts par gens ignorants. De sorte que tous les iours se voyent plusieurs donneurs de protraits & faiseurs de desseins, dont la pluspart n'en sçauroient bien trasser ou descrire aucun, si ce n'est par l'ayde & moyen des peinctres, qui les sçauent plustost bien farder, lauer, ombrager, & colorer, que bien faire & ordonner auecques toutes leurs mesures. Ie dy asseurément que tous Architectes & maistres Maçons faisants ainsi, sont comme perroquets, car ils sçauent bien parler, mais ils ne cognoissent ce qu'ils disent, ny moins la fin de ce qu'ils promettent, qui est de bien faire. Mais quoy? par leurs beaux protraits, & vne ie ne sçay quelle temerité accompagnée de grand nombre de paroles & arrogance, aucuns d'eux deçoiuent les hommes, & corrompent par presents ceux qui ont authorité & charges pres des Seigneurs, à fin qu'ils ne leur nuisent. Bref ils patelinent si bien que leursdicts tant beaux protraits & desseings, seruent de filets à prendre ceux qui sont trop credules & eschauffez de faire bastir sans y rien cognoistre. I'ay veu auenir d'autres grandes fautes & abus, c'est qu'apres que les maistres Maçons ont fait entendre ce qu'ils peuuent aux Peintres pour en faire leurs protraits, lesdicts Peintres se promettent incontinent estre grands Architectes, ainsi que nous auons dit, & sont si presomptueux qu'ils veulent entreprendre les œuures de maçonnerie; comme aussi font aucuns Menuysiers & Tailleurs d'images. Car pour auoir ouy parler les Maçons, ou veu mesurer quelque fassade de

Plusieurs de ceux par protraits fardez & bien colorez, plustost que bien faicts.

DE PHILIBERT DE L'ORME.

baſtiment, ſoit antique ou moderne, ou auoir faict quelque modelle ſous la conduite de quelque Architecte ou maiſtre Maçon, ils ſe perſuadent & promettent incontinent eſtre les primes du monde, & auoir merité d'eſtre reputez grands Architectes. Laquelle choſe a eſté cauſe qu'aucuns d'eux ont prins charge de conduire baſtiments dont il en eſt auenu vne infinité d'erreurs & fautes, qui ont cauſé grands dommages, deſplaiſirs & mocqueries aux Seigneurs qui faiſoient baſtir, & euſſent beaucoup mieux faict de continuer leur eſtat. Ie ne dy pas que quelques honorables hômes n'ayent eſté trouuez auoir conduict de belles œuures, mais pour vn, bien faiſant, il y a beaucoup d'abuſeurs. Ie conſeille doncques aux Seigneurs qu'ils ſe ſeruent des hommes, & les employent ſelon leur qualité & l'eſtat qu'ils ont bien pris dés leur ieuneſſe, s'ils ne veulent eſtre trompez, ainſi que ie l'ay veu aduenir à pluſieurs qui ne s'en oſent vanter, ne dire les grandes fautes qu'ils ont faites, & ſe voyent encores tous les iours. Donques le Seigneur regardera qu'il ne ſoit trompé & abuſé de tels ignorans, & que ſes deniers ſoient bien employez : qui ſe fera lors qu'il ſçaura choiſir les hommes pour bien dreſſer ſes modeles, auec toutes leurs proportions & ſymmetries, qui ne ſe peuuent faire ſans grand ſçauoir & grande intelligence. I'ay bien auſſi cogneu quelquesfois des hommes, leſquels combien qu'on eſtimaſt ignorans, ſi eſt-ce qu'ils auoient par vn inſtinct de nature, le iugement ſi grand, que ſi en vn œuure y auoit quelque choſe de bon ou de mauuais, ils en diſoient incontinent leur aduis, & ne ſe pouuoient bien contenter des fautes, jaçoit que l'œuure fuſt autrement fort riche & orné de tous beaux ouurages, voire tels qu'on euſt peu deſirer ; pour cela ils ne pouuoient auoir contentement : car la veuë eſt d'autre iugement & de beaucoup plus grande efficace en cecy, que tous les autres ſentimens & organes de l'eſprit. Afin qu'aucune reprimende n'aduienne à l'Architecte, il faut qu'il ſoit ſage & bien aduiſé, pour preconſiderer toutes choſes de peur qu'il ne die deuant qu'acheuer ſon œuure, ou quand elle ſera parfaite, qu'il l'euſt deſiree autrement, & que c'eſt le maiſtre Maçon ou l'Appareilleur qui en a fait la faute. Ceux qui vſent de telle façon de faire & excuſe, ſont ignorans, & ne font rien qu'à l'aduenture & par le conſeil deſdits maiſtres Maçons. Ainſi qu'il ſe void pratiquer en diuers païs, auſquels pluſieurs apprennent aux deſpens des Roys & des Grands-Seigneurs, ſans ſçauoir cognoiſtre la fin de l'œuure, ny ce qu'ils font & cherchent : ains comme borgnes, cheminent à l'aduenture & ſous la conduite d'autruy. Qui ſe faict au grand meſpris & contemnement de l'Architecture, & encores plus au grand dommage & deriſion de l'œuure des Seigneurs, quand on y trouue des fautes & erreurs ſi enormes qu'elles ſont repriſes d'vn chacun. Ie ſuis doncques d'auis que nous ſuiuions

La temerité de pluſieurs contrefaiſans les Architectes.

Pluſieurs bien iuger naturellement d'Architecture ſans en ſçauoir l'art.

Pluſieurs apprendre l'Architecture aux dépens des Roys & Grands-Seigneurs.

d iiij

les bonnes couſtumes de ceux qui ſouloient anciennement bien edifier, & ne s'arreſtoient, comme eſcrit Leon Baptiſte Albert, aux protraicts de plantes peintures ou autres. Croiez (dict il) que ceux qui ſe ſont amuſez à faire de beaux deſſeins, ont eſté ceux qui moins ont entendu l'art. Il ſuffit donc à l'Architecte de ſçauoir bien faire ſes lignes pour dreſſer proprement vn plan, & vne montée faicte nettement auec toutes ſes proportions & meſures, à fin que le Seigneur l'entende. Puis dreſſer ſes modelles qui ſeront de boys ou papier, ou de charte, ou d'autre maniere, ainſi qu'elle luy viendray à propos. Ie ne dy pas que ce ne ſoit vne fort belle grace à l'Architecte de ſçauoir bien protraire & peindre, mais il a tant d'autres choſes beaucoup plus neceſſaires à cognoiſtre, qu'il luy doit ſuffire de protraire mediocrement, proprement & nettement. Car pourueu que les meſures ſoient bien gardées, ſes protraits ne ſçauroient faillir à ſe bien monſtrer.

L'art & induſtrie de protraire, et peindre appartenir à l'Architecte.

Qu'il ne ſe faut arreſter à vn ſeul modelle de tout l'œuure & baſtiment, ains en conuient faire pluſieurs concernans toutes les principales parties de l'edifice: & des grandes commoditez qui en prouiendront

CHAPITRE IX.

VOVS ſerez icy aduertis, qu'il ne ſe faut arreſter à vn ſeul modelle de tout l'œuure, qui n'y veut eſtre trompé, ainſi que i'ay veu aduenir; car pour en dreſſer vn ſeul on y voit bien la forme de ce qu'on veut faire, mais toutes les parties y ſont ſi petites & ſi cachées qu'il n'eſt facile d'en iuger, ny cognoiſtre ce que doit eſtre au baſtiment, & comme le tout ſe comportera apres que l'œuure ſera faicte. Laquelle communément ne reſemble en beaucoup de parties au modelle qui pour ce en a eſté faict. Auſſi les Seigneurs y pourroient eſtre trompez ſoit de la deſpence ou autrement, pour autant que le modelle de tout l'œuure ſe monſtre trop petit, & ne repreſente en tout la maieſté du baſtiment: ou bien que les ouuriers l'enrichiſſent & decorent tellement, qu'il ſemble que l'œuure doiue eſtre de plus grande valeur, & de plus excellente beauté, qu'elle ne ſe trouuera quand elle ſera faicte. Ie ne veux omettre que pluſieurs choſes

DE PHILIBERT DE L'ORME.

mises en petit modelle ou volume, iamais ne correspondent à ce qu'elles representent & promettent, estans mises en plus grand & en œuure. Comme quoy? vous voyez plusieurs modelles d'engins à faire monter l'eau, ou pour autre chose, qui font bien leur effect en petit volume & modelle, mais quand ils sont mis en œuure, en plus grand, pour s'en seruir, c'est tout autre chose, & ne s'en peut-on ayder. Pourquoy il faut que l'Architecte ayt grande consideration & grand iugement en ce qu'il a à faire. Ie suis bien d'auis que vous faisiez vn modelle general de tout l'œuure que vous desirez faire, pourueu qu'en apres il en soit faict plusieurs autres des principales parties dudit œuure, à fin qu'on y puisse voir & cognoistre les ornements & mesures d'vne chacune chose à part. Vous ferez doncques particulierement vn modelle du vestipule, vn autre du portique, autre des peristiles & portaux, des estuues, baigneries, escaliers, chappelles, cheminées, lucarnes, & autres parties s'il est de besoing: & par tout où vous voudrez faire ornements, ils y seront figurez. Quelques vns me pourront dire qu'il faudroit beaucoup de modelles, & que ce seroit grande despense & frais pour les Seigneurs qui desirent faire bastir au moins à aucuns. Ne vaudroit il pas mieux, ie vous prie, despendre cent escus, voire deux cens s'il est expedient, que d'en mettre dix ou vingts mille à l'auenture, plus ou moins, ainsi que vous voudrez despendre, à fin de vous exempter de repentance, laquelle autrement vous accompagnera toute vostre vie? Quand vos modelles seront ainsi faicts, il sera facile à tous bons esprits qui ont sain iugement, de cognoistre si vostre entreprise est raisonnable ou non, & si elle est telle que vous la desirez, & bien commode pour les choses necessaires à vostre bastiment, & si les ornements y seront bien decents & à propos. Certainement l'vne des principales choses à quoy seruent les modelles, c'est qu'on cognoist par iceux si l'Architecte est capable & suffisant de conduire vne grande œuure, car on verra par là s'il entend bien son art. Vous cognoistrez aussi par iceux si la despence n'est point excessiue, & si elle surpasse ce que vous y voulez employer. D'auantage combien en vostre bastiment y aura de portes, fenestres, croisées, cheminées, colomnes, chapiteaux, & autres. De sorte que vous sçaurez particulierement la valeur d'vne chacune chose, & colligerez facilement toute la despense que le bastiment pourra couster. A laquelle sera facile adiouster ou diminuer, & cognoistre le nombre des toises de la maçonnerie, & quantité des pierres de taille qu'il y faudra employer, comme aussi du moillon & & des ouurages & ornements que vous y voudrez mettre, auec les grosseurs, largeurs, & hauteurs des murs. Vous y cognoistrez aussi les voûtes & planchers, le pris des fenestres & portes, auecques la valeur des cheminees. Bref vous entendrez toutes choses

L'Autheur respond aux obiections de quelques vns sur la multiplicité des modelles.

Discours des profits qui reuiennent des bons modelles.

LIVRE I. DE L'ARCHITECTVRE

par vostre modele, lesquelles vous ne sçauriez cognoistre par protraicts & peintures. Premier donc que de commencer l'œuure, vous considererez toutes ces choses, & n'y serez aucunement trompez, ains grandement asseurez auec vn contentement, profit & honneur, tout le temps de vostre vie, & encores apres vostre mort. Car de là on jugera la prudence, sagesse, & bon ordre lequel vous aurez tenu, & gardé en toutes vos entreprises, tellement que l'honneur en redondera tant à vous qu'à l'Architecte, duquel se ressentiront aussi les vostres, auec joye, plaisir & contentement, de voir tant de belles maisons basties & faictes par le moyen d'vn prudent & sage Seigneur, bien-auisé & bien conseillé, & aussi par vn tres-expert, & fort ingenieux Architecte. Car, à dire la verité, en cela reluit la sagesse du Seigneur, & industrie de l'Architecte, auec vne singuliere marque de la suffisance de l'vn & de l'autre, voire pour conduire vne meilleure & beaucoup plus grande entreprise. Ie veux encores dire dauantage, qu'vn bon Architecte desirant representer au naturel vn bastiment, ne doit iamais faire (comme nous auons desia dict) vn modele fardé, ou (si vous voulez) enrichy de peinture, ou doré d'or moulu, ou illustré de couleurs; ainsi que font ordinairement ceux qui veulent tromper les hommes. Car leurs œuures ne sont en apres semblables à leurs modeles, lesquels ils fardent ainsi pour l'auarice, & pour deceuoir les hommes, auec vn cœur si malicieux, que tousiours ils taschent d'attirer les yeux des regardans, afin de destourner leurs jugemens de la vraye consideration de toute l'œuure, & de ses parties & mesures. Ie suis donques d'auis, auec d'autres Architectes, qu'on doit proposer les modeles simplement vnis, & plustost imparfaicts que polis & mignons, pourueu que leurs proportions & mesures y soient bien obseruees. Car il suffit que l'on y puisse cognoistre le bon esprit & entendement de l'Architecte, & que ses subtiles inuentions y soient plus loüables que la mignardise; & aussi afin qu'ils soient du tout differents à ceux des Peintres, desquels ne vous aydez iamais en cet affaire. I'ay beaucoup conduit de grands & petits edifices en mon temps, & de diuerses sortes, voire autant ou plus qu'homme que ie cognoisse, comme aussi plusieurs forteresses de guerre, quoy faisant i'ay veritablement aperceu que par tout il n'y a chose tant necessaire & de plus asseuré qu'vn bon modele: & ne se trouuera homme assez sçauant qui puisse conduire vne grand' œuure sans iceluy, sinon qu'à la fin de ladite œuure, ou la poursuiuant, il se vueille repentir de plusieurs choses; ou bien s'aduiser qu'il eust mieux fait, s'il eust premierement consideré son œuure par vn bon modele. Car il n'y a si gentil esprit, qui ne soit bien empesché quand il faut accommoder les faces des maisons auecques les colomnes, pilliers, & autres ornemens qui se doiuent approprier aux salles, chambres, & au-

Le Seigneur auec l'Architecte, & la Posterité, se ressentir de l'honneur prouenant d'vn bastiment bien faict.

Quels doiuent estre les modeles qu'on propose & fabrique.

DE PHILIBERT DE L'ORME.

tres parties du dedans des logis, principalement quand on a quelque vieil bastiment en subiection, lequel il faut faire seruir, ainsi que nous auons dit, & accommoder auecques vn neuf. Quelquefois vous trouuerez vn Seigneur qui voudra qu'on bastisse à sa fantaisie, & lors pour accommoder toutes les mesures qui sont requises & luy donner contentement, parauenture il conuiendra approprier le vieil bastiment à celuy qu'il veut faire de neuf, qui n'est vn petit labeur, ains vn tres-grand rompement de teste ; car il y faut veiller & songner beaucoup de fois, & faire plusieurs esquiches, pour apres dresser ce qui est tres-requis par le modelle qu'il faut voir. Pourquoy ie dy qu'il s'y trouue beaucoup plus de labeur que pour autre œuure qu'on sçache commencer de neuf.

Les Seigneurs quelquefois vouloir qu'on bastisse à leur fantaisie.

Pour cognoistre combien pourra couster l'édifice que vous voudrez faire bastir, & ce par le moyen d'vn modelle que en sera legitimement faict.

CHAPITRE XII.

APRES qu'on aura consideré les choses cy dessus proposées par les modelles bien faicts, il faut consequemment voir si on aura aisément toutes les matieres necessaires pour l'édifice qu'on voudra faire. Car il me semble qu'il ne seroit sagement faict, ny bien aduisé, de se vouloir ayder de ce qui est difficile à recouurer, & peut trop couster. Parquoy il faut que l'Architecte s'ayde non seulement de la nature du lieu, mais encores de ce qui s'y peut trouuer. Et outre ce, qu'il cherche les inuentions de bien & sobrement appliquer les matieres & à propos, ainsi qu'on les peut recouurer. Cela bien veu & preueu, il sera facile de mesurer vne toise de chacune chose, comme aussi la grosseur des murs, & cognoistre combien il y entrera de pierre de taille, de moillon, de chaux, bricque, & autres matieres auec la façon. En apres il faudra regarder la totalité des toises qui seront en l'œuure : mais d'vne chacune chose à part, comme de la maçonnerie & du moillon à part, de la pierre de taille & bricque aussi à part, & ainsi des autres. Ayant sceu leurs valeurs particulierement, il les faudra adiouster ensemble, qui sera chose facile,

Enseignement fort digne de noter pour preuoir les besongnes deuant que bastir.

LIVRE I. DE L'ARCHITECTVRE

principalement quand le modelle est bien faict par mesure. Puis
suiuant la toise accoustumée, vous cognoistrez incontinent combien le tout doit couster, non seulement en maçonnerie, mais encores en ornements, lesquels vous desirez auoir. Cela faict, si vous
ne voulez tant despendre, vous diminuerez de l'œuure, ou bien
vous y adiousterez, s'il vous plaist d'auantage despendre. Si vous
y procedez en ceste sorte, vous ne ferez rien à l'auenture, & vous
sera grand contentement de voir la fin de vos entreprinses premier qu'elles soient commencées, qui sera acte d'vn homme tressage & prudent, qui doit tousiours preuoir & precogiter ce qu'il
veut faire deuant que commencer. Il reste à monstrer comme
vous deuez faire les preparatifs des matieres, & en quel temps &
saison il les faut choisir pour en faire bonne prouision, auant que
de commencer l'œuure quelle qu'elle soit.

Pour auoir co-
gnoissance con-
bien doit couster
vn bastiment.

Qu'il conuient faire bonnes prouisions de toutes sortes de matieres
necessaires, premier que de commencer à bastir, à fin
que l'edifice se paracheue sans discontinuation.

CHAPITRE XIII.

IL n'y a celuy qui ne soit aduerty qu'on ne peut
bien faire vn bastiment, soit grand ou petit (si ce
n'estoit vne loge de berger, ou semblable) sans
pierre de taille, moilon propre à maçonner les
murs, & pierres pour faire la chaux, de laquelle
il faut auoir tres-bonne quantité pour faire gran-
de masse & assemblée de mortier, auecques bon & suffisant sable.
Faut aussi auoir quantité de bois pour la charpenterie & menuiserie. Quand on veut faire quelques ouurages delicats, comme
cabinets, estudes, bibliotheques, & autres, on faict communément prouision de bois sec & assaisonné, & quelquefois coloré,
principalement si on veut faire marquetterie, comme de bois iau-
ne, & bois de deluge, qui est chesne, aient demouré longues années dedans l'eauë, & deuenu noir, comme l'Ebene, lequel aussi
y est tres bon, ainsi que le Bresil, & autres sortes de bois qui seroient longues à reciter, qui les voudroit de nombre toutes par le
menu. Il faut aussi penser de bonne heure aux ferrures, serrures,
vitres, ardoises, tuilles, plomberies, terres propres à faire la bricque, & le carreau de terre cuitte & plombée qui voudra, pour
les poisles & incrustations auecques peintures par dessus, & generalement se fournir de toutes choses requises pour la perfection
d'vn beau & tres-excellent bastiment. Mais pour bien dresser ce
mesnage,

Bois propre
pour les ouura-
ges delicats.

mesnage, & amasser tout ce qui y est necessaire, il n'en faut donner aucune peine au Seigneur; car c'est vn si grand soin que mal-aisément le pourroit-il faire, ne moins y donner ordre: sinon de commander en aucune chose, comme pour auoir commodité des bois qui seront en ses forests, & des pierres lesquelles on pourra tirer de ses carrieres à moins de dommage des terres labourables qu'il sera possible. Il pourra aussi faire composer & cuire sa chaux, sa brique, & autres choses ausquelles coustumierement les Dames, qui sont bonnes mesnageres, donnent bon ordre, tant pour employer leurs cheuaux, que faire manger les foins & auoines qu'ils ont trop. Mais pour ceux & celles qui n'y voudront prendre peine, il faut que l'Architecte sçache choisir toutes sortes d'ouuriers qui y seront propres. Et si par fortune le Seigneur en a aucuns qui l'ayent accoustumé de seruir, il ne les faut changer s'il est possible, mais bien monstrer & donner à entendre à vn chacun par estat ce qu'il doit faire, quelles matieres il doit traiter, & en quel temps il les faut choisir, soit pour tirer pierres, couper bois, ou faire autres choses, ainsi que nous le monstrerons cy-apres, Dieu aydant.

Le mesnage des prouisions pour le bastiment n'appartenir au Seigneur.

Le Seigneur na deuoir changer ses ouuriers accoustumez.

En quel temps il faut faire prouision de pierres, & les tirer des carrieres, semblablement comme il les faut choisir & mettre en œuure: & aussi pour cognoistre leur bonté.

CHAPITRE XIIII.

TOVTES sortes de pierres, soit pour la taille ou pour la maçonnerie, se doiuent tirer en temps d'Esté, principalement celles qui sont subiettes à la gelee, lesquelles il faut retirer des carrieres incontinent, & les exposer au Soleil, afin que la chaleur attire toute leur superfluë humidité glutineuse. Estans ainsi bien seiches, & ayant enduré les chaleurs du Soleil, les pluyes & les vents, il sera mal-aisé qu'elles se puissent geler l'Hyuer ensuiuant, ou autres, si ce n'estoit quelque nature de pierre spongieuse, qui ne vaut rien qu'à receuoir toutes sortes de pluyes, vapeurs ou humiditez, & s'abreuer si fort d'eau qu'elle est tousjours à recommencer de se seicher. Telles pierres sont de tres-mauuaise nature, & ne s'en faut aider principalement pour la taille. Il y en a de tant diuerses sortes qu'il faudroit faire vn grand discours pour les expliquer. Les vnes se mettent promptement en œuure ainsi qu'elles viennent de la carriere, les autres ny veulent estre mises d'vne annee apres qu'elles sont tirees, & signamment que l'Hyuer ne soit passé. Il y en a d'autres sortes que combien

Les pierres spongieuses estre mauuaises pour la taille & bastimens.

e

LIVRE I. DE L'ARCHITECTVRE

qu'elles soient tirées à propos, ce neantmoins elles ne peuuent endurer la pesanteur de l'œuure, ny moins les ligatures auecques le fardeau : principalement si vous les mettez en œuure ainsi qu'elles sortent des carrieres. Ie vous reciterois bien au long ce que i'en ay cogneu par experience, n'estoit que vous en trouuerez beaucoup plus en Pline, & en nos Autheurs d'Architecture qui en parlét assez au long; toutesfois ie ne laisseray d'en dire quelque chose, comme il viendra à propos. Il suffit que l'Architecte donne vn moyen aux maistres Maçons pour les faire tirer de telle longueur & largeur, qu'elles puissent faire grandes liaisons & propres à l'œuure qu'on veut faire, & qu'elles se trouuent tousjours sur leur lict, ainsi que Nature les a fait croistre. Quant à la bonté ou malice, il n'y a celuy des Ouuriers qui n'en puisse juger, & sçauoir comme il s'en faut ayder par la longue experience qu'il en a euë, & voyant tous les jours comme elles se maintiennent en œuure. Faut seulement prendre garde qu'en tirant les pierres des carrieres, que les Carriers en ostent tout le bousin qui ne vaut rien, mesmement de celles qu'on veut tailler. Il y a en ce païs de France vne façon de terre ou lict de pierre, que Nature a voulu côuertir en pierre parfaicte; mais elle n'est encores assez cuitte, ny dure comme il faut. Il se trouue semblablement du bousin qui se delecte (ainsi que parlent les Ouuriers) sur le lict & couche des pierres, entre les bancs & assietes des filieres des carrieres, lequel quand les Carriers veulent tromper le laissent auec la pierre, afin qu'ils y trouuent plus grande quantité de pieds, pour en receuoir beaucoup plus d'argent. Telle matiere de bousin ne vaut rien, estant d'vne façon tendre & molasse comme de la craye, & se destrempe & dissoult quand il demeure en l'eau & est humecté. Vray est qu'ayant esté long temps dans le ventre de la terre ausdites carrieres, il deuient dur & se conuertit en nature de pierre, comme tres-bien le cognoissent par experience ceux qui frequentent les carrieres. Le bousin, à dire verité, sert autant, mis en œuure auec la bonne pierre, comme fait l'aubour trouué en vn bon bois, & mis aussi en œuure auec ledit bois: car non seulement il le mange & consume en poudre, mais aussi il gaste ce qui est bon en luy. De mesme en fait ledit bousin, ne gastant pas seulement les bonnes maçonneries, ains est cause souuent de leur ruine; ainsi qu'il se void journellement quand il est appliqué en œuure, tant par la malice des Maçons, que par le facile moyen qu'ils ont d'incontinent tailler telles pierres bousinieres, & sans grande dépense & peine pour estre fort tendres, & aussi qu'ils ont aduantage pour la maçonnerie qui s'en hausse pluftost, & s'y trouue plus de toises. Mais tel bousin se mange & consume auec le temps, delaissant en son lieu vne grande ouuerture, qui faict prendre coup & fendre les murailles, dont il aduient grand dommage & difformité

Quelles pierres on doit choisir pour faire bons bastimens.

Que c'est que bousin, & côme les Carriers en abusent & trompent.

Belle conferêce du bousin des pierres, à l'aubour du bois.

aux

DE PHILIBERT DE L'ORME.

aux logis. Et combien qu'il semble que ce soit petite chose, si est ce qu'elle est de tresgrande importance & consideration, qui est la cause que i'en ay bien voulu donner icy aduertissement, à fin qu'on se garde d'y estre trompé. Les marbres & toutes pierres de semblable nature, c'est à dire, tres-dures, ne sont point subiettes à receuoir tels bousins. Ie n'aurois iamais faict si ie voulois descrire bien au long la nature, difference & qualité des pierres : entre lesquelles s'en trouuent d'humides, seiches, spongieuses, caverneuses, frangibles, ou fragiles, aigres, qui s'esclattent, qui se delictent, qui sont pleines, pesantes, legeres, trouées, molles, ou dures: d'autres de la nature du feu, pourautant qu'elles le iectent quand on les taille : d'autres qui sont propres pour porter fardeau en tous sens, voire sans se delicter, & pour seruir en tous costez de parements & de licts : d'autres qui ne veulent estre mises en œuure que sur leur lict, ainsi que nature les a faictes, & non autrement : & d'autres encores qui portent lustre & poliment comme Marbre, & d'autres qui representent minieres d'or, d'argent, de cuyure & couleurs fort admirables, lesquelles nature a informé en elles. Veritablement qui se voudroit amuser à descrire toutes les susdictes sortes de pierres, il n'entreprendroit vn petit labeur. Les Architectes & maistres Maçons peuuent auoir au pays où ils habitent, certaine experience & cognoissance de toutes pierres qui y sont, pour les auoir mises en œuure : mais il ne faut obmettre que si les vnes sont bonnes en vn pays pour y estre posées en œuure d'vne sorte, elles seront tout autrement en vn autre. Les vnes veulent estre mises en œuure auec moyen mortier, les autres auec moins ou plus. Aucunes sont gastées par le vent marin qui les mange, ou par la lumiere de la Lune : les autres s'y fortifient, tout au contraire : aucunes resistant contre le feu, d'autres y bruslent, & y sont calcinées ainsi que la chaux à la fournaise. De ce propos ie ne veux parler d'auantage, craignant d'outre passer les limites de ma deliberation & entreprinse. Quant aux pierres de moillon pour construire murailles, ou faire fondement & maçonneries hors terre, on les prend volontiers au dessus des carrieres, qui sont descouuertes premier que trouuer la pierre à faire taille. Car plus on va foüillant ou creusant au bas desdictes carrieres, on les trouue meilleures : de sorte que le meilleur moillon est celuy qui est le plus dur, plus pesant, plus aspre, & se rencontre le plus plat, & de hauteur raisonnable : celuy qui est vn peu long, est plus propre pour faire les liaisons des murailles. Les pierres de vraye roche sont bonnes à faire maçonneries, & mesmes les plattes, mais non les cailloux (principalement à vne muraille qui est hors de terre) s'ils ne sont trouëz & comme spongieux, pourautant qu'ils ne peuuent promptement receuoir & garder la graisse & substance de la chaux, ainsi qu'on l'apperçoit lors que la muraille est seiche.

Marbres & pierres dures n'estre subiettes à bousins.

Nature admirable des pierres sous diuerses couleurs & qualitez.

Pour cognoistre & sçauoir choisir le bon & loyal moillon.

e ij

LIVRE I. DE L'ARCHITECTVRE

Mais aux fondemés, ou en grande espesseur de muraille, lesdits cailloux sont fort propres & bons, pour les raisons que vous pourrez oüyr lors que nous parlerons de la façon d'emplir les fondements.

Des pierres de marbre qui se trouuent en France fort bonnes, sans en faire venir des pays estranges.

CHAPITRE XV.

EN escriuant des pierres propres pour bastir & maçonner, ie me suis aduisé de la grande curiosité de plusieurs de nostre pays de France, lesquels i'ay veu depuis quelque temps desirer auoir des marbres, & ne les trouuer bons s'ils ne venoient d'Italie, ou de quelque pays estrange, ou pour le moins des monts Pyrenées : & non pour autre respect, que pour le plaisir d'en orner leurs chambres & autres lieux. Ie ne me puis contenter d'vn plaisir accompagné de desplaisir. Dites-moy, ie vous prie, quel plaisir trouuerez vous de coucher & habiter entre les pierres fort froides, jaçoit qu'elles soient bien madrées & diaprées de diuerses couleurs, sans auoir esgard à la santé, & au pays où nous sommes, tant suiet à longues froidures, humiditez & morfondures, voire en Esté le plus souuent? Que diriez vous que ceux qui en ont faict faire bonne prouision, n'ont iamais sceus'en ayder ny les faire mettre en œuure. Peut estre aussi qu'ils n'ont eu le moyen & temps conforme, à la volonté de les pouuoir employer pour l'enrichissement de leurs belles maisons. Ie trouuerois fort loüable & salubre à ceux qui sont dignes de telles parade, s'ils faisoient seulement faire de marbre quelque incrustations, comme pour cheminées & autres lieux semblables, principalement pour les logis d'Esté qui doiuent estre frais, & pour ceste cause situez contre vents froids, ainsi que nous l'auons escrit cy deuant. Semblablement pour cryptoportiques, lesquels on doit tenir les plus frais que faire se peut pour les habitions d'Esté, qui se font coustumierement vers les parties de Septentrion, comme vous l'auez oüy quand nous parlions des vents. Les incrustations & ornemens de marbre, au dedans des logis, comme aux salles, chambres, & lieux où l'on couche, sont plus propres en Espagne, Italie & pays chauds, qu'en ce pays de France & lieux Septentrionaux. Et iaçoit que nous tirions vers les parties Occidentales, si est-ce

Nul contentement estre en vn plaisir accompagné de desplaisir.

En quelles parties des logis sont propres les marbres.

DE PHILIBERT DE L'ORME. 27

que pour le voisinage du Septentrion nous sommes suiects à grandes froidures, qui nous durent quelque fois, ie ne diray quatre & cinq mois, ains apres l'Hyuer, bien souuent, tout le Printemps & bonne partie de l'Esté: ainsi que nous le voyons ceste presente année 1565, & l'auions veu en plusieurs autres precedentes, signamment en l'année 1555. qui fut toute entierement froide & pluuieuse, laquelle chose causa que les vins y furent si verds, qu'on n'en pouuoit boire, & furent pour ce appellez Ginguetz, dont le nom dure encores. Il sera doncques tres-bon & fort vtile, de regarder en ce pays à qu'elle habitation on appliquera les Marbres: lesquels il ne faut d'icy en auāt chercher ou enuoyer querir hors du Royaume, veu qu'ils en trouue en diuers lieux de France, & mesmes à Angers, aux terres & vignes de nostre Abaye de sainct Serge, qui sont fort beaux, & en telle quantité qu'elle pourroit satisfaire aux bastiments d'vn Paris. Lesdicts Marbres sont autant bons qu'il est possible, & prennent aussi beau lustre & poliment que tout autre marbre estranger. Mais quoy? les singularitez de son propre pays & Royaume sont tousiours moins prisé, principalement en France, que celles des estrangeres. Ie croy certainement qu'il ne se trouuera Royaume ne pays, quel qui soit, mieux meublé & garny de diuersité de pierres pour bastiments, que cestuy-cy. De sorte que nature y a si bien pourueu qu'il me semble qu'on ne sçauroit trouuer Nation qui ait plus beau moyen de bastir que les François. Mais la pluspart d'eux ont telle coustume, qu'ils ne trouuent rien bon (ainsi que nous auons dit) s'il ne vient d'estrange pays & couste bien cher. Voyla le naturel du François, qui en pareil cas prise beaucoup plus les artisants & artifices des nations estranges, que ceux de sa patrie, iaçoit qu'ils soient tres-ingenieux & excellents. C'est la mobilité de l'esprit Mercurial des François, mais non de tous, car il y en a grand nombre de sages & tres prudents qui sçauent fort bien regarder le profit du Royaume, y faisant laisser l'argent qui se transporteroit aux estrangers, à fin de le faire gaigner à ceux du pays, & s'ayder de tout ce qu'on y trouue, sans aller chercher dehors autres singularitez que celles que nous auons en grand nombre, & sçauons (graces à Dieu) bien orner & disposer. Ie ne veux pas dire qu'il ne soit permis aux Roys, Princes, & grands Seigneurs, d'auoir ce qu'ils desirent pour decorer leurs Chasteaux & Palais: car à eux il appartient, & non à ie ne sçay qu'elles personnes, qui sont si desbordées & si mal aduisées, qu'incontinēt qu'ils ont apperceu quelque chose singuliere en la maison du Roy, comme quelque beau iardin, quelque belle cheminée, ou autres façons, ils veulent incontinent le representer en leurs logis, & contre faire le Roy: voire beaucoup plus entreprendre que leurs qualitez & facultez ne portent, sans se sçauoir aucunement mesurer, ny moins considerer le cours du temps auec la fin de leur

Les froidures estre de longue durée en ce pays Septentrional de France.

Nulle nation auoir plus beau moyen de bastir, que la Françoise.

L'esprit de plusieurs François mercurialiser en inconstance & mobilité.

De plusieurs qui follement veulent contrefaire les Roys en bastissant.

LIVRE I. DE L'ARCHITECTVRE

entreprife. Par ce moyen telles perfonnes bien fouuent fe ruinent, & laiffent leur pofterité en grand danger: pour autant qu'il aduient le plus fouuent que les grands Seigneurs ayant veu leurs belles maifons & beaux chafteaux, les appetent & defirent. Dictes moy, ie vous prie, ne s'eft il pas veu plufieurs fois, que les braues maifons & beaux chafteaux ont efté caufe de rechercher la vie de plufieurs & de faire faire leurs proces? Sans en efcrire d'auantage ie reprens mon propos, & dy qu'on trouuera en France toutes fortes de marbres, de pierres, & matieres pour y faire les plus beaux baftiments & plus excellents qu'on pourroit penfer. On y trouuera auffi artifants pour les conduire & perfonnes admirables pour les bien deuifer & inuenter, fans aller aux nations eftrageres pour en chercher d'autres. Ie crains d'auoir icy trop extrauagué en delaiffant noftre propos des prouifions & matieres qui font neceffaires deuant que commencer à baftir, qui eft caufe que i'en reprens le chemin.

De la chaux & pierres propres pour la faire, & de quels fables
& eaux il faut vfer pour preparer les mortiers, auecques
la difference & nature defdicts fables.

CHAPITRE XVI.

De quelles pierres eft faicte la bonne chaux: & comme fe doit cognoiftre la meilleure.

AVANT à la pierre qu'il faut auoir pour faire la chaux, ie dy que la meilleure eft la plus dure, car la chaux s'en trouue plus graffe & glutineufe. Celle qui eft faicte de marbre, ou de pierre de femblable nature, eft merueilleufement bonne. De forte que l'employant toute chaude, comme fortant du four, auecques cailloux & gros fable de riuiere qui porte autres petis cailloux, elle fe conglutine merueilleufement bien auecques le temps, & de telle façon que le tout enfemble eft ainfi qu'vne roche & maffe d'vne piece: comme vous l'entendrez par le Chapitre fuyuant. Ce temps pendant ie vous aduertiray que la meilleure chaux fe cognoift, pour eftre la plus pefante, & quand on la frappe, elle fonne comme vn pot de terre bien cuict. On la cognoift auffi eftre bonne, fi eftant moüillee, fa vapeur & fumée efpeffe, monte incontinent & foudainement contremont: d'auantage, fi elle fe lie au rabort duquel on la broye. I'ay auffi de long temps ouy dire, & me femble eftre veritable, que la chaux

DE PHILIBERT DE L'ORME

d'vn lieu se comporte beaucoup mieux pour estre employée en maçonnerie auec les pierres de sa mesme patrie & carriere, qu'autrement: c'est à dire, du mesme lieu duquel a esté tirée la pierre de la chaux. Parquoy il sera beaucoup meilleur à ceux qui feront bastir, de faire la chaux, s'ils ont la commodité, de mesme pierre qu'ils voudront maçonner, plustost que la faire venir d'autre lieu & païs. Quant au sable duquel il fault aussi faire bonne prouision, soit pour garder la chaux, ou la mixtionner pour en faire mortier, ie ne vous en feray icy plus long discours, veu que nos Auteurs d'Architecture en ont si bien traicté & si au long descrit, que ce ne seroit qu'vne redicte. Bien vous veux-ie aduertir que les sables sont de diuerses natures, sçauoir est masles & femelles, & aussi de diuerses bontez: de sorte que les vns sont plus de profit & se lient mieux auec la chaux, que les autres. Aucuns sont si gras & si bons qu'il en faut cinq parties pour vne de chaux, voire sept. I'en ay veu d'autres qui n'en peuuent porter deux ou trois parties, & d'autres qui sont si mauuais, qu'il y faut autant de chaux que de sable. Outre ce il conuient cognoistre qu'aucuns sables sont tresbons & propres pour les murailles hors de terre, les autres pour les fondements, autres pour faire les enduits, & autres pour faire le cyment, ou pour s'en seruir comme de vray cyment, ainsi que pourcelane, qui est vn sable noir, duquel on vse à Rome, & a la nature d'vn vray cyment. Voyez sur ce propos Pline, parlant de la diuersité des terres & du sable de Putzoli, & de plusieurs autres sortes de terres qui s'endurcissement come pierre. Le meilleur sable en ce pays de France, & beaucoup d'autres lieux, c'est le terrain: non qu'il soit proprement terre, mais pour autant qu'il se prend au milieu d'vn champ dedans les terres: pourquoy il est beaucoup meilleur que celuy des riuieres & faict bruict quand on le manie, ayant de gros grains par dedans, comme petis cailloux, qui est cause qu'il faict vn fort bon mortier. Il en y a qui porte de la terre auecques soy, duquel il ne faut vser. Mais il ne conuient icy omettre que les sables sont de diuerses couleurs, de sorte que les vns sont blancs, les autres iaunes, les autres rouges, & les autres noirs. Vous cognoistrez leur bonté quand ils sont mouillez, car ils ne tachent ou souillent vn drap, comme faict la fange, & si ne rendent point les mains salles, ainsi que font les mauuais sables en les maniant. Voyez sur ce propos Vitruue qui en escrit bien au long, sans en chercher ailleurs. Quant aux eaux qui sont le troisiesme element de la composition du mortier (car il y a feu à la chaux, terre au sable, eau pour leur agglutination, & en la fumée forme d'air nubileux, qui respondent aux quatre elements du monde) ie dis que l'eau de mer ne vaut du tout rien à faire mortier, car elle ne le desseiche aucunement estant en œuure, ains le laisse tousiours humide, & empesche qu'il ne s'agglutine, ou lie

Chose fort digne de noter.

Prouision de sables necessaire pour la conseruation & garde de la chaux & mortier.

Beau discours sur la diuersité des sables.

De diuerses couleurs de sable & de leur bonté.

e iiij

LIVRE I. DE L'ARCHITECTVRE

auec les pierres. Les eaues pareillement des palus & marais n'y sont bonnes pour leur grosseur & immundicité, mais celles des riuieres, puits & fontaines, y sont fort bonnes & propres: ainsi que nous pourrons monstrer ailleurs.

Maniere de bien destremper la chaux, tant pour durer long temps en œuure, que pour estre longuement & seurement gardée, & de l'vsage d'icelle pour les Peintres.

CHAPITRE XVII.

POVR AVTANT quen faisant prouision (ainsi que nous auons dict) de toutes matieres, i'ay veu plusieurs personnes qui ne sçauoient garder leur chaux, & y estoient si fort empeschez, que quand il la failloit mettre en œuure, elle auoit quasi perdu sa force, pour auoir esté mal destempée & faicte autrement qu'il ne falloit: pour ce est il que ie vous veux bien aduertir icy comme vous la deuez garder, auecques la diuersité d'en vser veu que les vns s'en aydent d'vne sorte, & les autres d'vne autre. Laquelle chose ne prouient d'ailleurs que de la nature de la chaux, laquelle aucuns destrempent ainsi comme elle vient du four, auecques de l'eau, sans y mettre sable, & en font vne grosse masse; mais s'ils n'entendēt le moyen, ils se mettent en dāger de la brusler ou noyer, pour y mettre trop d'eau ou trop peu; car cela diminue beaucoup de sa force. Estant destrempée ils l'accumulent & ramassent en vn monceau, puis quand ils en ont affaire pour mettre en œuure, ils la destrempent & rebroyent auecques du sable, lequel ils y meslent à leur fantaisie. Les autres, ainsi que la chaux vient du four, tout aussi tost ils la destrempent auecques vn peu de sable & d'eau, & en font vne masse pour garder, puis quand ils la veulent mettre en œuure, ils y meslent du sable d'auantage, & la rebroyent bien fort. Ceste façon est meilleure que la premiere, mais celle que ie vous veux icy descrire sera encores trouuée beaucoup meilleure, pour autant que la chaux y peut long temps bien garder sa force & graisse: de sorte qu'vn pied de muraille estant maçonné de ceste chaux, vaudra mieux que trois des autres, & si la pouuez garder longuement sans qu'elle se gaste, ou perde sa force. La façon est telle: Ainsi qu'on apporte la chaux du four, vous l'essemblerez en vne grande place bien droicte, & la mettrez d'vne mesme hauteur, comme de deux ou trois pieds, en telle longueur & lageur que vous voudrez. Apres

Diuers moyens de garder la chaux.

Façon seconde meilleure que la premiere.

DE PHILIBERT DE L'ORME.   29

cela vous la couurirez de bon sable terrain, ou de riuiere, enuiron vn pied ou deux de hauteur, ou si vous voulez égalemēt par tout. Cela faict vous iecterez de l'eau par dessus en assez grande quantité, & telle que le sable en soit si fort moüillé & abreuué, que la chaux se puisse fuser par dessous, sans se brusler aucunement. Si vous voyez qu'en quelque lieu le sable se fende & face voye pour la fumee qui en sort, recouurez le incontinent, à fin que la vapeur & fumée n'en sorte. Estant ainsi le sable bien moüillé & destrempé, toutes les pierres de la chaux se conuertiront en vne masse de graisse, laquelle quand vous entamerez pour faire du mortier au bout de deux ans, trois, ou dix, il semblera que ce soit comme fromage de cresme, & en sera la matiere si grasse & glutineuse, qu'on n'en pourra quasi tirer le rabot, duquel on d'estrempe le mortier; & mangera grande quantité de sable, & fera si bon mortier, qu'il s'aglutinera auecques les pierres tout ainsi comme si c'estoit vn vray & bon cyment. Mais sur tout il faut bien prendre garde qu'en moüillant le sable, la chaux soit par tout bien couuerte dudit sable, & qu'elle ne prenne l'air, comme i'ay dict; pour autant que la chaleur & fumée de la chaux faict ouurir & separer le sable, qui pourroit estre cause de son éuaporation & éuentement: par ainsi il faut prendre garde à la bien couurir tousiours. Telle nature de chaux ainsi temperée & gardée, est encores merueilleusement bonne, pour faire quelque ouurages d'incrustatiōs, comme aussi pour enduire les murs à faire estuf, & pour seruir aux Peintres qui besongnent à fiez contre les murs, quand ils veulent faire quelques histoires & ouurages, où ils appliquent leurs couleurs sur le mortier, comme sur cyment. Estant ainsi detrempée de longue main ladicte chaux, elle ne faict rompre l'enduit, ou mourir les couleurs, comme font les autres mortiers. Il s'est trouué quelque fois qu'à faute d'auoir ainsi destrempé la chaux quand le Peintre pensoit auoir faict quelque belle œuure de son estat de peinture, au bout de quelque temps apres, ses couleurs se mouroient & perissoient. Car la force & vehemence de la chaux les mangeoit & les faisoit changer autrement qu'elles n'estoient quand elles furent mises en œuure: ou bien faisoit fendre tout l'enduit & peinture, de sorte que quelque fois aucunes pieces en tomboient, ou bien s'y leuoient comme petites ampoules: qui estoit dommage & perte pour le Seigneur qui faisoit faire l'œuure, & grand deshonneur au Peintre.

Beaux enseignemens, & ... de nota... façon ... sa.ion ... chaux.

La chauxne deuoir prendre air, ne s'euaporer.

La cause de l'endommagement de beaucoup de peintures.

LIVRE I. DE L'ARCHITECTVRE

*Des prouisions de bois, tant pour la charpenterie que menuyserie, &
des terres pour la bricque, carreaux, tuilles, & autres; semblablement des serrures, clefs & ferrures.*

CHAPITRE XVIII.

TOVCHANT les bois pour la charpenterie & menuiserie, desquels il faut faire bonne prouision, & les coupper & debiter quatre & cinq ans, ou plus, deuant que de les mettre en œuure (principalement pour s'en seruir à la menuyserie, à fin qu'ils soient en leur bonté & bien secs, & qu'ils ne se puissent retirer. (Ie vous renuoiray à ce que nous en auons escrit & enseigné, au premier & second Chapitre du liure que nous auons faict imprimer n'agueres, de la nouuelle Inuention pour bien bastir & à petis frais, lequel pour la cötinuation du present œuure vous trouuerez sur la fin) pareillement à plusieurs Autheurs qui en
Pourquoy l'Autheur n'escrit bien au long des terres. ont traicté, ainsi que i'ay allegué cy deuant, & specifié plus à plein en nostredit liure. Quant à la nature de la bonne terre à faire la bricque, carreau, tuille, & autres choses, comme aussi au temps propre pour tirer ladicte terre, & la mettre en œuure, ie ne vous en feray plus long discours, pour autant que plusieurs en ont escrit, & aussi qu'en ce Chapitre, mon principal but est de seulemēt mōstrer les matieres desquelles on a affaire pour commencer, conduire, & paracheuer les bastiments qu'on aura entrepris. Et pour autant que plusieurs des susdictes choses & matieres se trouuent toutes formés & prestes, comme la brique, le carreau, la tuille, poisles, vases, & autres, pource est il que ie ne me trauailleray d'en faire plus long recit. Mais bien i'aduertiray le diligent Architecte de donner son aduis au Serrurier, & luy faire entendre les façons comme il doit faire les serrures & ferrures, tant des portes que des fenestres, & autres choses qui y seront necessaires, auecques les differences des vnes aux autres, comme sont serrures à demy tour, & à tour & demy, des passe-par tout sous vne clef, pour fermer toutes serrures &
Des clefs appellées passepar tout, & de leur vtilité. les ouurir ainsi qu'on veut, qui est vne chose propre pour le Seigneur de la maison, à fin d'aller par tout, & fermer où il luy plaira. Aussi il faut que le Serrurier sçache combien il luy faut de fiches, de couplets, & de targettes, & que l'Architecte face son calcul & cōte si dextremēt, qu'il puisse faire entendre le tout audit Serrurier, & principalement au Seigneur, auquel il dira le nombre des portes, fenestres, & serrures qu'il faut pour tout l'edifice, auecques la valeur: & ainsi le Serrurier se tiendra prest de toutes choses qui seront necessaires de son estat. Semblablement le Menuysier fera de son costé diligence à faire toutes les portes, fenestres, & lambris, tant

des planchers que des cabinets, voire iusques aux meubles, s'il plaist au Seigneur, afin que tout soit prest si tost que les maçonneries seront acheuees.

Du Vitrier, Plombeur, Couureur, & autres Artisans necessaires pour fournir les matieres de leur estat, pour l'accomplissement du logis.

CHAPITRE XIX.

L FAVT que l'Architecte fasse encores ce seruice au Seigneur, de faire vn deuis pour toutes les vitres qui seront necessaires en tout le bastiment, soit de verre blanc, ou de verre peint, ou en façon d'émail, comme sont les vîtres que i'ay faict faire au Chasteau d'Annet, qui ont esté des premieres veuës en France pour émail blanc. Aussi il donnera les deuises & histoires pour y mettre; mais telles qu'il plaira au Seigneur. Dauantage il donnera la façon, & la grosseur du plomb lié, auecques tant de verges de fer & barres qu'il y en pourra entrer, selon la grãdeur des fenestres. Il faut bien specifier toutes ces choses, afin que le Seigneur ne soit trompé par les Artisans & ouuriers. Et encores y mettre la quantité des pieds, pour mieux cognoistre le prix & valeur de toute l'œuure, afin qu'en faisant prouision de tels ouurages, l'on n'aduance trop d'argent ausdits Artisans & ouuriers, & s'en ensuiue ce que plusieurs fois i'ay veu aduenir; c'est que la pluspart d'eux sont beaucoup plus attentifs à prendre grand argent, qu'à bien faire & tenir parole de ce qu'ils promettent. Il conuiendra aussi faire prouision d'ardoise & plomberie, en monstrant la nature, forme, qualité & quantité, tant de ladite ardoise que du plomb, auecques leurs grosseurs, longueurs & largeurs. Il faut de tout faire bon deuis, & specifier ce qui est necessaire pour le profit & vtilité du Seigneur. L'Architecte ayant donné ainsi tel ordre & telle preuoyance, s'il s'est bien aduisé de toutes choses, son bastiment ne demeurera en arriere d'aucun cas, & se fera tout d'vne venuë sans discontinuation, qui sera vn grandissime bien & grand contentement au Seigneur de voir parfaire son œuure tout d'vne venuë, & auec vne bonne diligence: non point que ie vueille qu'il y procede trop hastiuement, ny aussi tardiuement, ains plustost auecques vne meure diligence, afin que toutes choses se conduisent comme elles doiuent. Sur toutes autres matieres il faut auoir en ses prouisions grande quantité de pierres & de bois pour en choisir & mettre en œuure, ainsi que les lieux le requierrent: car souuentesfois faute d'auoir vne longueur

Les vitres du Chasteau d'Annet premieres en France pour émail blanc.

L'Architecte ne deuoir trop precipiter ne retarder son œuure.

LIVRE I. DE L'ARCHITECTVRE

& largeur telle qu'elle feroit neceffaire, les ouuriers font feruir ce qu'ils ont, laquelle chofe les fait fouuent retarder, non fans grand dommage pour l'œuure, & plus encore pour le Seigneur qui la fait faire. Apres toutes ces chofes on donne ordre aux peintures & ornemens, à la volonté du Seigneur. Voila ce que ie voulois efcrire pour l'ordre, façon & moyen de recouurer, & tenir preft ce qui eft neceffaire, pour conftruire & édifier tels baftimens que vous defirerez faire. A laquelle chofe toutes perfonnes bien-aduifees & fages doiuent penfer deuant que commencer leurs baftimens, afin qu'il n'y furuienne interruption & difcontinuation à faute d'auoir les matieres bien choifies & toutes preftes. Refte de paffer plus outre & commencer de mettre la main à l'œuure, c'eft de monftrer comme il conuient faire les fondemens, & creufer les terres pour cognoiftre fi elles font bonnes pour fonder, ainfi que vous le verrez cy-apres, moyennant la grace de noftre Seigneur, laquelle nous a conduit iufques icy.

Preparation de matiere, pour le liure enfuyuant.

LE

LE DEVXIESME LIVRE
DE L'ARCHITECTVRE DE PHILI-
BERT DE L'ORME LYONNOIS, CONSEIL-
ler, Aumosnier ordinaire du Roy, Abbé de sainct Eloy
lez Noyon, & de S. Serge lez Angers, & n'agueres
d'Iury.

PROLOGVE EN FORME D'ADVERTISSEMENT.

AR le discours du precedent liure, nous auons suffisamment aduerty l'Architecte & le Seigneur, ou autre qui veut faire bastir (comme les deux chefs principaux de la conduicte & entreprise) quel est leur office & deuoir, qu'elles cósiderations, preuoyances, sçauoir & suffisance sont necessaires, tant à l'vn qu'à l'autre; & finalement qu'elles sortes de matieres doiuent estre preparez deuant que mettre la main à l'œuure, & donner fondement au logis qu'on pretend edifier. Reste en ce second liure tourner nostre plume & propos vers les troisiesmes personnes, sans lesquelles vn édifice ou bastiment ne peut estre parfaict. Ce sont les maistres Maçons Tailleurs de pierres, & Ouuriers (sur lesquels l'Architecte tousiours domine) qui aussi ne doiuent estre frustrez icy de nostre labeur & instruction, telle qu'il a pleu à Dieu la nous impartir & donner. Ils seront donc aduertis en ce liure, de quels instruments & moyens ils se doiuent principalement ayder pour les mesures, tant des Orthographies que Scenographies, c'est à dire tant des plans, que des montées & fassades des bastiments, à fin de proprement cognoistre quelles seront les œuures, premier que d'y proceder par aucuns desseings ou modelles. Ils seront d'auantage enseignez comme il faut fonder, dresser & planter toutes sortes de bastiments, soient Chasteaux, Palais, Temples, maisons Royales, bourgeoises,

Somaire & recapitulation des principaux traicts du liure precedent.

Largument & sommaire de ce present liure.

f

LIVRE II. DE L'ARCHITECTVRE

rustiques ou autres: le tout prenāt ses principes & commencemens de petites reigles & preceptes d'Arithmetique & Geometrie, ainsi qu'on le pourra colliger par le discours du present liure & autres qui l'ensuiuront. Mais deuant qu'entrer plus auant en propos, ie desire que l'Architecte & maistre Maçon, entende aucunement la pratique de Geometrie & Arithmetique, autrement il ne se pourra ayder des traicts & figures que nous deliberons luy proposer, ny moins d'autres choses necessaires & requises pour le vray vsage & pratique d'Architecture. Il ne pourra aussi trouuer les dimesions & denombrements de ce qui luy est necessaire, sans l'ayde desdictes disciplines. Mais ie voudrois que non seulement il sceust les quatre parties vulgaires d'Arithmetique, qui sōt, adiouster, soustraire, multiplier, & diuiser, ains aussi la reigle de proportion, autrement dicte la reigle de trois, ou bien, la reigle dorée, pour les grandes commoditez qu'elle apporte : dauantage ie voudrois aussi que nostre Architecte fust prompt à entendre les nombres roupts, appellez des Mathematiciens fractions, auecques les racines cubes & quarrées, à fin d'accommoder le tout aux proportions & dimensions, desquelles s'ayde necessairement l'Architecture. Pour ceste cause ie prie tres-affectueusement ceux qui n'auront estudié aux sudictes disciplines, y vouloir employer quelque temps, à fin de droictement, & tant que faire se pourra, parfaictement pouuoir exercer ladite Architecture. N'estoit qu'auiourd'huy plusieurs en tiennent escholes, & font profession de les enseigner, ie mettrois peine d'en escrire plus au long, & m'arresterois à beaucoup de demonstrations lesquelles ie passeray legerement pour les susdictes causes. Ioinct aussi que nous auons plusieurs liures, non seulement Latins, mais aussi François, Italiens, & en toutes autres langues, qui en traictent doctement & familierement. Parquoy ie n'en feray icy plus long discours, à fin de continuer nostre entreprise & methode. Nous disons donc que les Architectes & maistres Maçons ne sçauroient bien commencer vn œuure, soit pour faire vn plan ainsi qu'ils le desirent, ou pour faire modelles, ou pour commencer à trasser & marquer les fondements, que premier ils ne tirent sur vne ligne droicte, vne autre perpendiculaire, ou traict d'équierre (comme l'appellent les ouuriers) soit simplement, ou dedans la circonference d'vn cercle. Ils y peuuent semblablement, proceder par deux lignes paralleles, pourueu que tousiours au bout d'icelles, ou bien au milieu, on en tire vne perpendiculaire. On peut aussi tirer la ligne perpendiculaire sur le bout de la ligne droicte, comme quelquesfois il vient à propos, quand on veut trasser les fondements d'vn bastiment, ainsi que vous en verrez cy apres la façon. Toutefois la tirer sur le milieu de la ligne (pourueu que vous n'ayez empeschement de pierres ou de montaignes en la trassant sur ter-

L'Architecte & maistre Maçon deuoir entendre l'Arithmetique & Geometrie en toutes leurs parties.

Exhortation aux Professeurs & amateurs d'Architecture.

Du traict d'équierre, ainsi que les ouuriers le nomment.

DE PHILIBERT DE L'ORME.

re) c'est le plus aisé, & le plus facile en toutes choses que vous aurez à faire, non seulement pour planter édifices, mais encores pour faire toutes sortes de figures, soient protraicts ou desseings, pour les traicts Geometriques, & ornements d'architecture, pour la perspectiue, Musique theorique, instruments d'art militaire, engins ou autres choses, ausquelles il faut tousiours commencer par vne ligne perpendiculairement tirée sur vne droicte: laquelle represente & figure vn charactere de croix, qui est si admirable, que ie ne puis passer outre sans escrire ce que i'en ay appris de Marsile Ficin, & autres excellents Philosophes, qui disent que la figure de deux lignes droictes, qui s'entrecouppent par le milieu à angles droicts, & representent le charactere de la croix, a tant esté honorée & estimée des Anciens (voire long-temps auparauant l'aduenement de Iesus-Christ) que les Egyptiens, comme chose tres-saincte, tres-sacrée & miraculeuse, l'auoient engrauée sur la poitrine de l'idole Serapis, laquelle ils adoroient pour leur Dieu. Il se trouue d'auantage que les Arabes, tres-sçauants en la cognoissance d'Astrologie & toute Philosophie, faisoient plus de cas de ce signe de la croix que de tous autres: & l'auoient en si grand estime & reuerence, qu'ils luy attribuoient plus de force, vertu & & heur, qu'à toutes autres figures & characteres, voire iusqu'à le tenir auec tres-grand hõneur & saincteté en leurs maisons, & lieux sacrez. Mais laissons à part l'honneur & reuerence que nous deuons tous auoir en general à ceste Croix, pous la satisfaction qui a esté faicte pour nous en icelle, par la mort de Iesus-Christ nostre seul iustificateur, & la prenons & considerons comme vne des premieres & parfaictes figures de Geometrie. Nous la trouuerons en egales longueurs & angles bien droicts, ainsi que Dieu, autheur de toutes choses, l'a faicte & ordonnée premierement, en creant le ciel & la terre, & la mettant au milieu de la circonference de ses œuures. Car apres auoir crée, de sa seule parole , toute la machine de l'Vniuers, sous vne forme ronde & spherique, il diuisa la circonference d'icelle en quatre parties egales, moyennant deux lignes droictes qui s'entrecouppent au centre & milieu, ou si vous voulez, au poinct de la diuision, qui est la terre. Lesdictes parties sont figurées par vne croix, & diuisent tout l'vniuers par leurs extremitez, en quatre parties, appellez Orient, Occident, Midy , & Septentrion ; ainsi que vous le pouuez voir par la prochaine figure. Quand les estoilles sont venuës aux extremitez de la figure ainsi croisée, ou, si vous voulez, de la croix du monde, par le mouuement vniuersel du ciel, elles ont trop plus grande force & vertu qu'ailleurs, comme nous le voyons iournellement aduenir : de sorte que s'il se trouue vne Eclipse de Soleil ou de Lune, ou bien quelque grande conionction des Planetes , qui nous promettent fertilité, guerre, mortalité, cherté de

Du charactere & figure de la Croix.

Les Arabes auoir porté grand honneur & reuerence au signe & figure de la Croix.

La figure de la Croix auoir esté inuentée des la creation du monde.

Les extremitez & angles de la Croix du monde estre de grande efficace.

f ij

LIVRE II. DE L'ARCHITECTVRE

viures, ou bien changement de Monarchie, ou Religion, comme nous la voyons à present : si telles contellastions se trouuent aux extremitez du signe de la Croix, ou si vous voulez, aux angles du ciel & monde (ainsi appellez d'aucuns) elles ont effet merueilleux & incroyable : voire beaucoup plus que si elles se faisoient ou rencontroient aux lieux metoyans & qui sont entre lesdicts angles. Autant en peut-on dire des estoilles fixes, quand elles se trouuent iustement leuer, coucher, ou tenir le milieu du ciel auecques les deux luminaires ou Planettes, au temps des susdictes Esclypses & conionctions. Qui n'est autre chose qu'estre droictement sur le poinct d'Orient, Occident, Midy, & Septentrion ; ou bien en la premiere, septiesme, dixiesme, ou quatriesme maison du ciel, ainsi que parlent les Mathematiciens. Lesquelles quatre maisons ne sont autre chose que les extremitez de ladicte croix, ou des deux lignes qui s'entrecroissent, ainsi que nous auons dict. Vous voyez docques & cognoissez par ce petit discours quelles sont les antiquitez, excellences, dignitez, & prerogatiues de la figure & charactere de la Croix, qui est autant & plus admirable, que autre figure quelle qu'elle soit, veu les merueilleux secrets qui l'accompagnent, & ont esté fort bien preueuz & cogneuz des Egyptiens, ainsi que sçauent les Doctes. Parquoy il n'est de merueilles si lesdicts Egyptiens colloquoient ledit charactere de la Croix au lieu le plus eminent & singulier de tout le corps de leur dieu Serapis, qui est la poictrine, au milieu de laquelle reside le cœur, source & fontaine de la vie. Parauanture pour figurer que la vie & le salut deuoit aduenir aux hommes, par la mort d'vn seul mediateur Iesus-Christ, qui seroit attaché au bois, portant figure de Croix, qui est la premiere que Dieu son pere a figuré au monde. Mais nous laisserons tels propos aux Theologiens, & reprendrons nos lignes & traicts de Geometrie, en tant que l'Architecte s'en peut ayder. Le discours precedent se cognoistra par les figures qui ensuiuent.

Beau discours Astrologique sur les quatre angles de la Croix du monde.

Belle Philosophie, ou plustost Theologie.

DE PHILIBERT DE L'ORME. 33

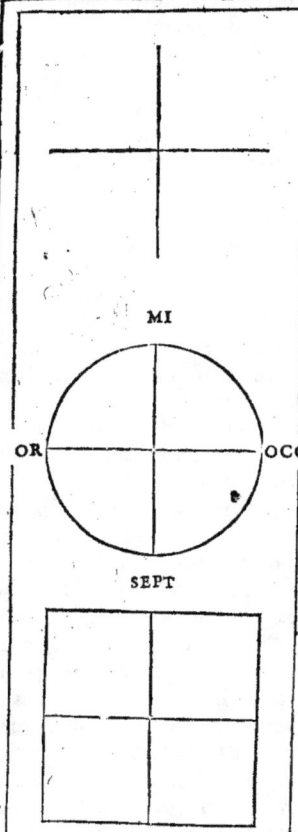

Comme on peut traſſer les fondements d'vn baſtiment, par le moyen d'vn perpendicule au bout d'vne ligne droicte.

CHAPITRE I.

E croy qu'il n'y a hô-me, ſe meſlant de con-duire baſtiments, qui n'entende bien, qu'il faut équarrer la terre & place où il veut fai-re les fondements de ſon œuure, s'il n'eſt de lourd eſprit & beſongne à l'aduéture, comme vn ignorant & gros animal, ainſi que i'en ay co-gneu quelques vns. Si pour ce fait on ſe veut aider d'vn équarre, bien ſouuét il s'y trouue ſi petits brâches & bras, que ſi l'œuure eſt grande, ladicte équarre donne peu de iuge-ment: & auſſi que le plus ſouuent les équarres ne ſont bons. Et s'il s'en trouue de grands qui ne va-lent rien, plus grande erreur ils font faire. Pour doncques euiter tels in-cóuenients ie monſtreray cy apres la façon comme il les faut eſpou-uer, & s'en ſçauoir ayder prompte-

Qu'on ne ſe doit trop fier à vn équarre.

ment, combien qu'ils ne valuſſent rien du tout. Ainſi il vous ſera facile d'équarrer tres-bien voſtre place, comme vous cognoiſtrez cy apres. Toutesfois ie veux premierement monſtrer vne autre façon de traſſer les fondements par le moyen d'vn perpendicule dreſſé ſur le bout d'vne ligne droicte, ainſi que i'ay parlé cy deſ-ſus. Qui eſt choſe tres-neceſſaire d'entendre, principalement quád on veut commencer d'vn coſté le baſtiment, & qu'on n'a le loi-ſir, ny le temps à propos, de mettre à niueau toute la place où il conuient baſtir, pour le grand nombre des matieres qui ſont ſur les lieux, & peuuent donner empeſchement. Pour doncques em-ployer le temps, & eſpargner l'argent, il faut commencer par vn bout auecques bonne diligence & aduiſement. Car le commen-

f iiij

LIVRE II. DE L'ARCHITECTVRE

cement est de si grande importance, que si les premiers fondemens ne sont bien droicts, & à l'équarre, le reste de l'édifice ne sera iamais sans auoir quelque deformité, ou dans la court, ou dans le corps du logis, & telle faute en amenera plusieurs autres. Il est vray que tous n'ont pas le iugement de le bien cognoistre. Si est ce qu'entre plusieurs il me souuient d'en auoir veu quelques vns estre de si bon iugement, que si tost qu'ils entroient en vn lieu accompagné de telle erreur & faute, fust-ce dedans vn iardin, maison, ou ailleurs, soudainement ils la remarquoient, & notoient la deformité tant petite qu'elle fust, s'en trouuans offensez à la veüe, & disant la faute incontinent, tant ils estoient de bon esprit. Pour doncques bien équarrer vn fondement, vous prendrez vne ligne ou cordelle qui soit faicte d'escorce d'arbre, comme de til (pour autant que la ligne de chanvre ne retient sa mesure quand elle est moüillée) & la ferez de telle longueur que vous voudrez, lors qu'on ne peut auoir vn si grand compas qu'il seroit de besoing. Au lieu de ladicte ligne, on pourroit vser de longues reigles & estroictes en forme de compas, le tout selon la commodité du lieu où vous serez. Soit en vne sorte, ou en l'autre, vous prendrez ladicte ligne, ou reigle, de trois, quatre ou six toises (la plus longue a le plus de iugement) & en vserez ainsi que si c'estoit vn compas, ayant vne broche ou pointe à chacun bout. Comme quoy ? prenez le cas qu'on aye donné la ligne marquée I H, & l'vne des broches ou pointes du compas soit au point de I, l'autre marquera le point de H, & doit tourner la ligne ou reigle iusques à tant que vous faisiez la ligne K. Puis vous remettez la pointe sur H, & faictes vn autre petite ligne au lieu marqué L. Les lignes de K L, sont entre-coupées au lieu & poinct marqué B, auquel vous mettez la pointe du compas, & en tirez vn autre petite ligne sans ouurir ny fermer ledit compas comme celle qui est au lieu marqué M. Cela faict vous prenez la reigle, & là mettez à l'vn des bouts au poinct de H, & l'autre au poinct de B, & là vous tirez vne ligne si longue, qu'elle entre-coupe la ligne M: de rechef vous tirez vne autre ligne dudit poinct de M, iusques au poinct de I, comme vous la voyez marquée N, & ainsi se trouuera faict vn angle droit, sur le bout d'vne ligne comme de I H, & celle de I M, qui sont iustement le traict d'équarre, ou la perpendiculaire. Cela faict vous pourrez équarrer toute la place, comme vous voyez par la ligne parallele N O, & H P; apres quoy vous ferez tous vos fondemens ainsi qu'en aurez affaire, leur donnant espesseurs & largeurs comme vous voudrez qu'ils soient. Vous pouuez iuger de tout par la presente figure, & non seulement par ceste façon, mais encores par la ligne perpendiculaire au droit de P, ainsi que vous le voyez dans ce quarré parfait.

La deformité d'un edifice de prendre bien souuent des fondemens.

La maniere d'équarrer vn fondement.

Conclusion de l'inuention du trait d'équarré ou perpendiculaire.

DE PHILIBERT DE L'ORME. 34

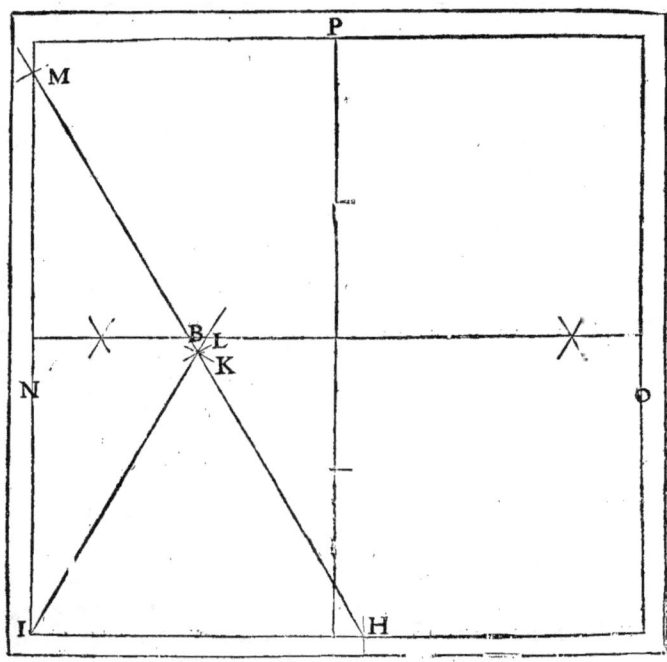

Ie vous veux encores mieux donner à entendre le precedent. Prenez le cas que vous ayez tiré la ligne R Q, & sur icelle fait vn triangle équilateral, c'est à dire aussi grand d'vn costé que d'autre, comme vous voyez R S T, du point où est T, vous tirez encores vne ligne courbe marquée Z, sans remuer ny serrer le compas: & faut que la distance de S T, soit semblable à celle de T Z. Cela faict vous trassez vne ligne droicte du poinct de S à T, iusques à ce qu'elle entrecouppe la ligne Z, & de ce lieu, comme vous voyez au poinct marqué X, vous tirez vne autre ligne iusques au poinct de R: qui fera iustement la perpendiculaire sur la ligne R Q, ainsi que vous le pouuez iuger par la figure ensuiuante.

Autre maniere pour iustement trouuer la ligne perpendiculaire au traict d'équarre.

LIVRE II. DE L'ARCHITECTVRE

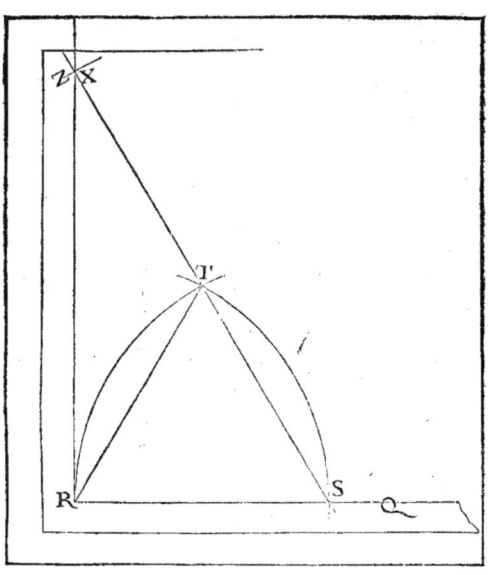

Autre maniere pour trouuer ce que dessus.

Vous y pouuez proceder en autre sorte: Prenez trois lignes desquelles l'vne soit diuisée en trois, l'autre en quatre, & la troisiesme en cinq parties toutes égales, & d'vne mesme proportion. Soit par exemple A B, la premiere ligne diuisée en cinq parties egales, la seconde C D, diuisée en quatre, & la troisiesme E F, diuisée en trois. Si vous mettez la ligne diuisée en quatre, pour celle sur laquelle vous voulez tirer vostre perpendiculaire, comme vous voyez I G, puis vous prenez celle qui est diuisée en trois, & la dressez auecques le compas sur la precedente ainsi que du poinct I H, & de celle qui est proportionnée de cinq parties, vous faictes la transuersale come de G H, où les deux lignes de cinq & de trois s'assemblent, ainsi que vous le voyez au poinct de H : si vous tirez vne ligne tant longue que vous voudrez, de I H, cela vous fera iustement le traict d'équarre, ou la ligne perpendiculaire sur la ligne G I, suiuant laquelle vous tirerez les lignes paralleles pour rendre les fondements de vostre edifice tous quarrez. La figure ensuiuant vous fera cognoistre & entendre nostre dire.

DE PHILIBERT DE L'ORME.

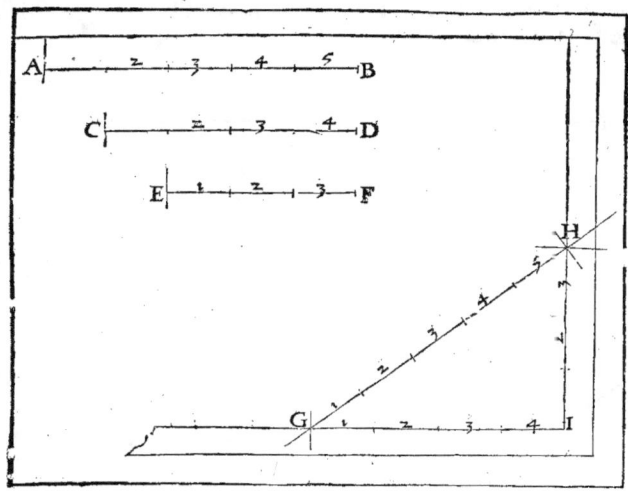

L'inuention de faire l'equarre par le moyen d'vn triangle est venuë, de Pytagoras, ainsi qu'il se voit au neufiesme liure de Vitruue, Chapitre 11. Et ne sert tel triangle & proportions de lignes seulement pour faire ledit equarre, mais aussi pour plusieurs autres choses, & autres figures & instruments de Geometrie nessaires & requis pour ayder à construire bastiments, & mesurer, ie ne diray les superfices, mais encores toutes hauteurs & largeurs; comme ie le monstreray quand il viendra à propos. Vous pouuez voir ladicte figure en Vitruue, laquelle i'ay mise cy dessous, semblable & de mesme proportions, comme si c'estoient trois lignes, l'vne ayant longueur de cinq pieds, l'autre de quatre, & la troisiesme de trois, lesquelles estants assemblées par leurs extremitez font l'angle droit & traict d'équarre, comme vous le voyez cy apres. Si vous multipliez separément & par soy vne chacune de ces lignes ou parties egales, vous trouuerez que leurs deux superfices moindres *verbi gratia*, D F, ne contiendront non plus que la grande superfice de E. comme quoy? multipliez la superfice de D, qui est de trois pieds de large, par soy mesme, en disant trois fois trois, vous trouuerez neuf pieds: & l'autre de F, qui est de quatre pieds de largeur multipliez aussi par soy mesme, en disant quatre fois quatre, vous aurez seize pieds. Puis la grande superfice quarrée qui est dessous, large de cinq pieds & marquée E, sera pareillement multipliée par soy mesme, en disant cinq fois cinq, font vingt-cinq pieds. Qui est tout ce que contiennent les deux superfices de D & F, conioinctes, sçauoir est neuf & seize,

Inuention de l'équarre, par le moyen d'vn triangle, estre deuë à Pythagoras.

Belle demonstration de l'équarre triangulaire & de ses parties.

LIVRE II. DE L'ARCHITECTVRE

qui rendent pareillement ving cinq pieds, ou telle autre mesure que vous voudrez. Ainsi que le pouuez cognoistre par la figure cy dessous descrite.

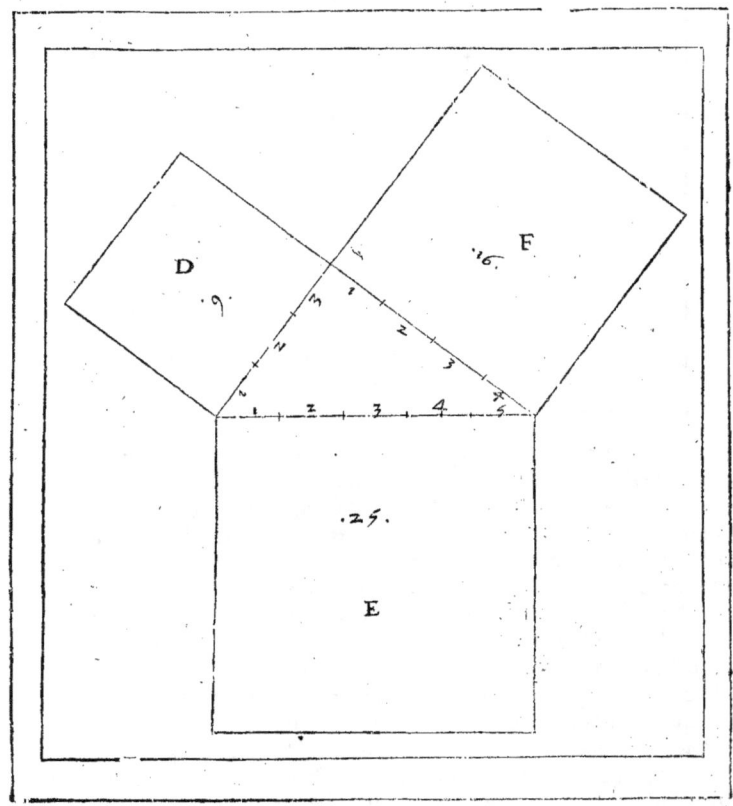

DE PHILIBERT DE L'ORME. 36

La maniere d'examiner & amender vne équierre.

CHAPITRE II.

PAR les façons precedentes il faut esprouuer vne grande équierre de bois propre à équarrir & marquer les fondements, à fin que vous cognoissiez si elle est iuste, & si elle ne s'est point iectée hors de son angle droit. Aussi par les mesmes lignes & proportions deuant proposées vous le cognoistrez fort bien. Comme si vne des branches de l'équierre, laquelle vous voyez cy apres marquée AB, est diuisée en cinq parties esgales (ainsi qu'elles y sont marquées) & d'icelles vous en prenez trois, lesquelles vous mesurez par l'ayde de vostre compas, & transportez depuis A, iusques à C, puis vous prenez la longueur de toutes les cinq parties auec ledit compas, & du poinct ou bout de la quatriesme diuision au lieu marqué D, vous transportez ladicte longueur vers la marque de C, si l'équierre est bonne & loyale, la fin tombera iustement au poinct de C: mais si la poincte du compas monte plus haut que ledit C, l'équiere est fermée & ne fait angle droit, ains tend à le faire acut. Semblablement si la poincte du compas demeure ferme & fixe au poinct de D, & l'autre poincte qui est mobile descend plus bas que le poinct de C, c'est signe que l'équierre est ouuerte & tend à faire l'angle obtus & ne vaut rien. Quand cela aduient, & que vous n'auez loisir d'amêder vostredicte équierre, vsez de la façon & proportion precedente sur l'extremité de la branche de l'équierre marquée EF, & tirez la ligne qui est diuisée en trois, sur ladicte branche au lieu que voyez marqué F, & conduisez vostre ligne apres celle la, & les proportions qui vous sont monstrées, vous ne faudrez de tirer le traict d'équierre & perpendicule, duquel vous vous pourrez ayder à équarrir vostre place, aussi bien que si l'équierre estoit bonne: voire quand se ne seroient que deux aix, qui ne fussent ny dressez ny taillez. Car vous vous en pourrez ayder par ce moyen, autant bien que d'vne équierre faicte à propos. La figure ensuiuant expliquera le discours du Chapitre.

Beau discours sur la demonstratiō de l'examen & iustification d'vne équierre.

Traict d'équierre & perpédicule pour équarrir vne place.

LIVRE II. DE L'ARCHITECTVRE

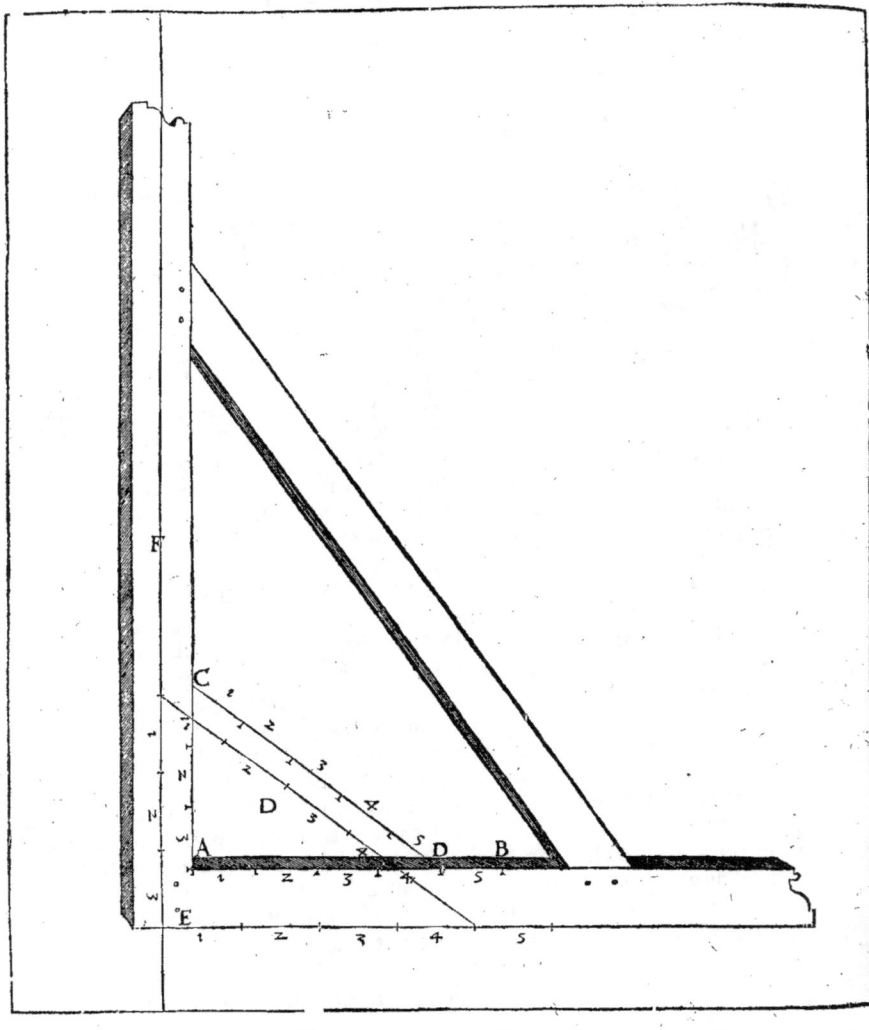

A ce propos Platon trouua vne inuention pour mesurer vne piece de terre, qui est quasi d'vne mesme façon, & mesme figure que celle de Pythagoras; comme vous le pourrez voir au premier Chapitre du neufuiesme liure de Vitruue où il figure vne plate forme toute quarrée, & tire deux lignes diagonales par le milieu qui font deux superfices, dont chacune est la moitié du quarré: qui donne à entendre que c'est la moitié du superfice quarré correspondant

DE PHILIBERT DE L'ORME.

ligne CD, il contiendra en son quarré autant que font les deux quarrez E F, ainsi qu'il a esté dit en l'autre figure cy deuant. Par exemple, posez le cas qu'vne chacune superfice du quarré de E F cy apres figuré, contienne dix pieds en chacune face, multipliant ce nombre de dix par soy mesme, en disant dix fois dix, il rendra cent : par ainsi les deux superfices E F, contiendront d'eux cents pieds, qui est autant, & non plus, que le grand superfice quarré G contient luy seul, sçauoir est deux cents pieds.

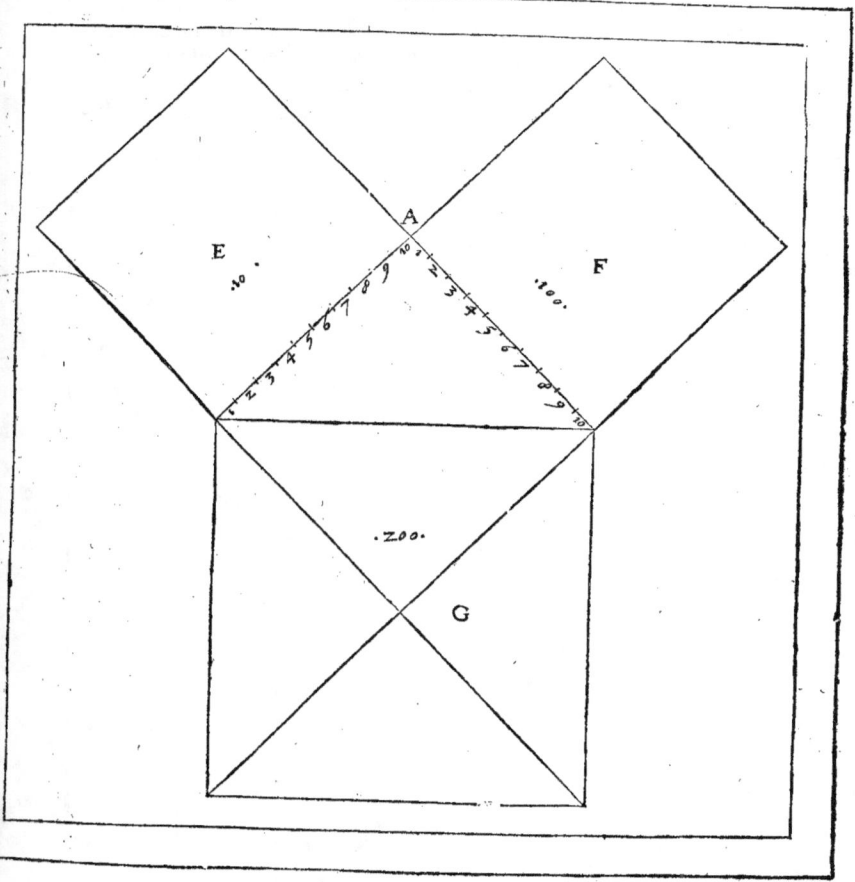

LIVRE II. DE L'ARCHITECTVRE

Si eſt-ce que pour le meſurer auecques le compas, il ne ſe peut faire ſi iuſtement, qu'il ne s'en faille quelque peu, combien que la pointe dudit cōpas ſoit fort ſubtile, car elle en emporte touſiours quelque quantité, qui eſt cauſe que le rapport ne ſe peut trouuer iuſtement. Comme vous le pouuez voir par vne autre diuiſion que i'ay faicte à la figure ſuiuante, où la largeur & ſuperfice de AD, & de AC, ſont de ſept parties egales, leſquelles ſi vous multipliez par elles meſmes, en diſant ſept fois ſept, ſont 49. pour vne ſuper-

Demonſtration fort ſinguliere de ce que deſſus. fice, & pour les deux enſemble, ſçauoir EF, 98. Cela fait vous re- uenez à la grande ſuperfice de deſſous, diuiſée par ſa largeur en dix parties egales & ſemblables à celles de AD, & de AC, leſquelles ſi vous multipliez quarrément, c'eſt à dire par elles meſmes, en di- ſant dix fois dix, vous aurez cent, qui eſt peu plus que ne contien- nent les deux ſuperfices de EF, qui rendoient enſemblément 98. il s'en faudroit doncques deux parties, ou bien deux pieds (vn ſur chacune) qu'elles ne contiennent autant que le grand quarré, ou ſu- pefice.

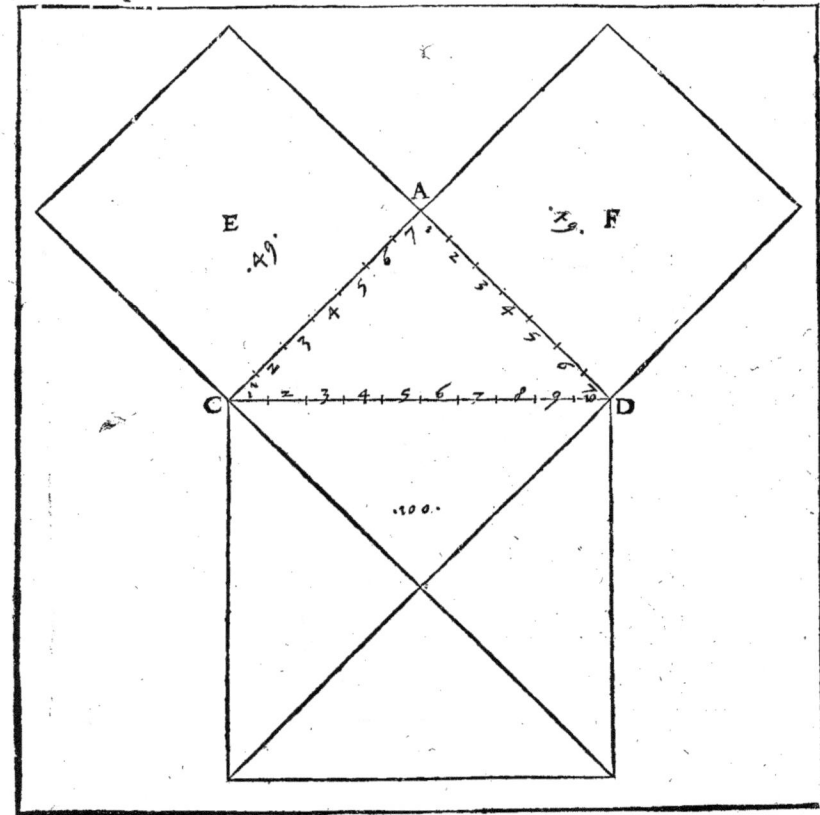

DE PHILIBERT DE L'ORME. 38

Autant en aduient-il quand on proportionne & mesure le diametre d'vn cercle auecques sa circonference & rotondité, laquelle communément contient trois fois ledit diametre, & presque vne septiesme partie d'iceluy. Comme si le diametre est de sept pieds, la circonference en aura vingt & deux, non du tout, toutefois plus que vingt & vn; ce qu'on ne peut bien iustement trouuer par le compas. Voila la difference qui est entre la mesure du compas & des nombres quant aux longueurs, iaçoit que les largeurs soient de mesme quantité. Quoy que ce soit, si vous faictes que l'angle droit iustement tombe sur le milieu, aux costez du grand quarré, tousiours les deux petits quarrez qui en viendront ne seront ny plus ny moins grands ensemblément, que la grande quadrature de dessou : comme vous le pourrez cognoistre en prenant plaisir & loisir de mesurer auecques le compas la figure que nous venons d'expliquer presentement : comme aussi toutes autres ou se trouuent triangles équilateraux. I'ay voulu faire ce petit discours pour donner à entêdre aux ouuriers qu'ils doiuét estre diligens à bien diuiser & iustement compartir leurs œuures par le compas, tant pour trouuer les proportions & mesures qu'il faut donner aux pierres lesquelles ils doiuent tailler, que pour les rempants & desgauchissements qu'il conuient faire. Il ne se faut amuser tousiours au traict, mais bien donner la certaine mesure qui se trouuera, en leuant les paneaux ou moules apres lesquels se trassent & moulent les pierres. Lesquelles iaçoit qu'apres la taille on ne trouue telles qu'il semble qu'elles doiuent estre, si est-ce qu'estants mises en œuure, elles se trouuent tresiustes & bien à propos. Ainsi qu'il aduient souuent quand lon met à execution quelque traict de Geometrie, comme en quelque voûte rempante, & autres en façon de trompe, & en tous traicts desquels il conuient vser auecques vne fort grande dexterité de sçauoir bien manier le compas. Car tant iustement ne sçauroit faire l'ouurier lesdicts traicts, ny si bien trasser ses pierres, qu'il n'y ait tousiours quelque chose à dire aux commissures, qui se trouuent en vn lieu plus larges qu'en l'autre. Ce qui peut bien aduenir aussi quelquefois, quand les Tailleurs ne taillent bien iustement leurs pierres. Deuant que me departir du present discours & propos, ie reciteray la question que ie fis quelque iour à vn maistre Escriuain tres-docte en l'Arithmetique. Ie luy demandois qu'il me donnast la racine quarrée de deux cents, c'est à dire vn nombre lequel estant mulripliée par soy mesme, me feist deux cêts iustement. Et à fin de le faire mieux entendre à ceux qui n'ont apprins l'Arithmetique, ils seront aduertis, que racine quarrée est vn nombre, lequel se multipliant par soy mesme rend vn nombre entier. Comme quoy ? si vous multipliez six par six, vous aurez trente six, desquels la racine quarrée est six. Ainsi la racine quar-

De la proportion du diametre d'vn cercle à sa circonference.

Raison des discours precedés de l'Autheur.

Question proposée par l'Auteur, à vn certain Escriuain & Arithmeticien.

g ij

LIVRE II. DE L'ARCHITECTVRE

rée de quarante neuf, font fept; la racine de foixante quatre, huict: la racine d'octante-vn, neuf: & la racine de cent, dix: car, comme ie vous ay dit, le nombre qui fe multiplie par foy-mefme eft la racine de celuy qui en eft produict. Or ie vous demande à cefte heure, puis que vous entendez que c'eft que racine, donnez moy vn nombre qui fe multiplie par foy-mefme & face iuftement deux cents, & non plus ny moins. Aucuns penferoient, puis que dix eft la racine de cent, il faut que vingt le foit de deux cents, qui eft faux, car vingt fois vingt font quatre cents: quinze fois quinze, n'y feroient encores propres; car ils rendent deux cents vingt-cinq. Qui diroit quatorze fois quatorze feroit trop peu, pourautant qu'ils ne font que cent nonante fix. Difcourez par autre nôbre tant que voudrez, vous n'y fçauriez venir, & ne fe peut trouuer telle racine, autrement que par la figure de Pithagoras ou de Platon, telle que vous l'auez veuë cy deuant marquée, eftant de deux fuperfices quarrées defquelles chacune contient dix, & fe multipliants par eux, rendent deux cents, comme vous le voyez aux deux fuperfices E F, qui ne contiennent non plus que le grand fuperfice quarré deffous, fçauoir eft, deux cents. Par ainfi il faut trouuer telle racine & quantité, ou grandeur de fuperfice, par le moyen de ladite figure, veu que vous n'y pouuez paruenir iuftement par le calcul & racine d'Arithmetique, ny moins par la diuifion auecques le compas, ainfi que tous bons & gentils efprits le pourront iuger par les fufdites figures.

La racine quarrée de deux cens, ne fe pouuoir touuer que par la figure de Pythagoras ou Platon.

Comme deux lignes perpendiculaires eftant tirées fur les bouts d'vne droicte au contraire l'vne de l'autre, & fi vous voulez, l'vne deffus & l'autre deffous, monftrent à diuifer toute ligne de longueur, en tant de parties égales que vous voudrez, par nombres impairs.

CHAPITRE III.

EVCLIDE, ainfi qu'efcrit Charles de Boüelles, n'a faict, comme auffi tous les anciens Geometres, aucune mention du moyen de pouuoir diuifer vne ligne droicte en tant de parties égales qu'on voudra. Qui eft chofe fort neceffaire pour promptement marquer le plan d'vn édifice & faire les fondements par lignes, lefquelles il faut quelquefois diuifer pour feparer les murs & groffeurs def dicts fondements. Qui eft la caufe que ie delibere icy en propofer la methode & demonftration, combien que fe foit petite chofe, mais neceffaire. Soit doncques la

DE PHILIBERT DE L'ORME.

ligne assignée A B, laquelle ie veux diuiser en cinq parties égales, pour autant que toute diuision est plus difficile par nombre impair, que par celuy qui est pair: il est fort facile de la diuiser en deux, par deux cercles s'entre-couppans sur elle, ainsi qu'il se faict en cherchant la ligne perpendiculaire: semblablement de la diuiser en quatre en six, ou dix parties qui sont egales. Mais la diuiser en trois, en cinq, en sept, ou neuf, cela est plus long & facheux, que difficile à s'en ayder sur vne grande place pour marquer les fondemens, comme dit est. Ie fais doncques sur les deux bouts d'icelle ligne, sçauoir est A B, deux angles droicts en contraire partie, l'vn en haut C A B. l'autre en bas A B D, par les deux lignes A C, & B D, egales l'vne à l'autre. Puis ie diuise chacune d'icelles en quatre parties egalement, & par chacune diuision ie produis quatre lignes diametrales & obliques, comme CF, GH, IK, LD. Ie concluds que par lesdictes quatre lignes, celle de A B, sera diuisée egalement en cinq parties, comme il appert en la presente figure.

Façon de diuiser vne ligne droicte en tant de parties egales qu'on voudra.

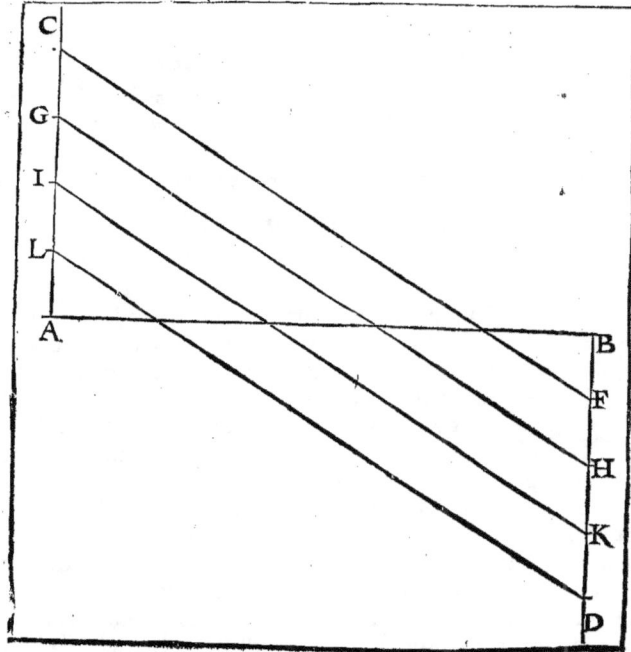

LIVRE II. DE L'ARCHITECTVRE

Si vous voulez diuiser ladicte ligne en sept parties, il faut diuiser les deux perpendiculaires A C, B D, en six parties, & faire comme deuant: si vous desirez la diuiser en trois, il faut partir lesdictes deux perpendiculaires chacune en deux, & ainsi des autres. Il se trouue plusieurs autres façons pour ainsi diuiser les mesures, & aussi pour reduire les figures Geometriques, en autres; comme vn parallelogramme en vn quarré parfait, vn triangle équilateral, ou vn quadrangle longuet & lozange, ou ce que lon veut, en plusieurs autres belles figures; ainsi qu'vn chacun peut lire en diuers liures. Qui fait que delaissant tels propos, nous continuerons le cours de nos bastiments. Ie mettray bien cy apres quelque figure necessaire pour niueler & cognoistre en cheminant, combien est haut ou bas le lieu où vous serez, & voudrez édifier. Qui est le vray niueau, & se faict de la figure du triangle équilateral, lequel ie veux bien descrire, premier que de passer outre, pource que c'est vne chose, tres necessaire, soit pour commencer à eriger vn edifice, & faire les fossez d'vne maison ou chasteau, ou pour conduire fontaines ou riuieres, & amasser toutes les eauës d'vn païs en vn seul lieu, ou bien les en oster.

Plusieurs façons pour reduire les mesures & figures en autres.

Les commoditez d'vn vray & bon niueau.

La forme d'vn niueau, sur la figure d'vn triangle équilateral, & comme il s'en faut ayder pour dresser les plans des édifices qu'on voudra bastir, & cognoistre les pantes d'vn païs, ou amasser les eaux pour s'en sçauoir ayder, ou garder qu'elles ne nuisent.

CHAPITRE IIII.

IE suppose que vous ayez vn triangle équilateral, c'est à dire, duquel les trois costez ou angles soient iustement d'vne mesme longueur, comme celuy que ie figure cy apres marqué A B C : & qu'il soit de bois assemblé, comme lon fait vne grãde équierre, & du plus leger que faire se pourra, car il en sera meilleur & beaucoup plus aisé. Il faut que les branches D E, ne soient point plus larges que de trois pouces, d'épaisseur vn pouce: les trauerse & assemblages F G (qui sont mis pour tenir le triangle en raison) de mesme largeur, sçauoir est, de trois pouces, & d'vn pouce d'espesseur. Si vous pouuez faire le tout de moindre grosseur, pour estre plus leger & plus facile à conduire, sera le meilleur: comme i'ay dict cy dessus, le tout selon la nature du bois que vous aurez à propos. Par dessus les trauerses F G, vous mettrez quatre petites tablettes, sçauoir est, deux sur vne chacu-

Description d'vn niueau sous la figure d'vn triangle, & de quel bois il doit estre.

DE PHILIBERT DE L'ORME.

ne, cóme vous le voyez aux lieux marquez H I, & K L. Lesdites tablettes seront trouées & precées (ainsi qu'ils'y voit marqué) pour y mettre des petites cheuilles qui seruiront à tenir le nombre des mesures, à fin de cognoistre les hauteurs, ainsi que vous cheminerez auec ledit niueau: De sorte que vous pourrez iustement tenir les mesures sans rien escrire. Et par ainsi ne vous faudra encre ny papier, iusques à ce que vous ayez tout niuelé. Encores quand vous auriez à cheminer trente voire cinquante lieuës, où il faut que vous alliez quelquefois en montant, autrefois en descendant, vous retiendrez fort bien par ledit niueau, tant ce que vous aurez monté, que descendu. Par dessous le triangle vous ferez vne barre qui sera demy ronde, & non pas droicte, comme celle qui est tirée & vient du point A, ainsi que si vous vouliez faire vne circonference, en laquelle se trouue comme vne septiesme ou sixiesme partie de tout le cercle entier. Il faudra diuiser la largeur de ladicte barre, en trois ou quatre separations par lignes, à fin d'y marquer les pouces, demy pouces, & quarts de pouces, & en vn autre endroit les pieds, cóme deux, trois, quatre, cinq pieds: car l'instrument ne peut monter ne se leuer, que iusques au sixieme pied, comme vous le cognoistrez mieux en pratiquant l'vsage, & le pouuez aussi voir à la brache de dessous, marquée M: ladicte barre my ronde sera de mesme largeur (qui voudra) & espesseur, que sont les branches D E, & sera le tout assemblé à tecques tenons & mortaises. Mais il ne faut oublier de mettre vne autre barre par le milieu tombant perpendiculairement sur la ligne de la basse B C, comme vous la voiez au lieu marqué N. Quoy faisant, toute la forme du triangle & niueau, sera si bien assemblée qu'elle ne se pourra ouurir, ny fermer, ny desgaucher; autrement vous ne pourrez auoir ledit niueau bien iuste. Le tout se peut voir par l'instrument que trouuerez apres le chapitre suiuant. Reste monstrer comme il faut marquer la barre qui est my-ronde au droit de M, & comme il se faut ayder dudit instrument pour niueler toutes choses.

Continuation de la descriptiõ des parties du susdit niueau.

L'vsage & pratique dudit niueau triangulaire, auec l'explication de ses parties.

CHAPITRE V.

Ous mettrez vostre triãgle sur vn lieu bien droict & à niueau, comme est la ligne B C, lequel aura vn plombet pendu au bout d'vne petite cordelete, ou ficelle, attachée au poinct de A, qui se trouue droitte & iuste à la ligne du milieu; ainsi que vous le voiez au lieu de P. Cela móstre que la bas-

g iiij

LIVRE II. DE L'ARCHITECTVRE

se B C, est bien à niueau. Apres ce vous tirerez iustement vne ligne perpendiculaire sur vn bout du triangle, où vous mettrez vne
reigle, si vous voulez, ou bien la colloquerez contre vne muraille bien droicte & à plomb, comme vous voyez la ligne representée par O B, où vous marquerez les hauteurs par pouces & pieds,
comme aussi à la barre circulaire marquée M, ainsi que vous voyez
que i'ay faict. Quand vous voudrez pratiquer & auoir l'vsage du
present niueau, vous leuerez la pointe dudit niueau marquée Q,
contre ladicte ligne O B, & l'autre poincte demeurera tousiours
sur la ligne qui est à niueau au lieu B C. Et quand ladicte poincte
de Q, sera de la hauteur d'vn pouce, de deux, de trois, de quatre,
de cinq, ou d'vn pied & demy, de deux pieds, ou si vous voulez,
de toute la hauteur, iusques à ce que la barre de A & C, soit à plomb
ou perpendiculaire, vous marquerez tous ces nombres entre les
lignes sur la barre signée M, au droit où se trouuera iustement le
fillet du plombet, & separerez les marques du pouce, de demy
pouce, quart, tiers de pouce, & en telle diminution que voudrez. Chacunes choses seront marquées à part en leurs interualles de lignes, qui seront tirées en ladicte barre circulaire marquée
M, comme i'ay dit. Et quand le plombet se trouuera au droit d'vn
des costez du triangle bien à plomb, ou si voulez à perpendicule
de la ligne A C, vous trouerez que l'autre poincte Q, sera plus
haute de six pieds que celle de C, faisant vn triangle équilateral contre la ligne B O. Apres que vous aurez marqué ainsi vne
moitié de la barre M, vous marquerez l'autre costé auecques le
compas, en prenant les separations aux lieux où vous auez reperé l'endroit ou se trouuoit la ligne du plombet, & y mettrez autant de pieds, demis pieds, pouces, & autres: ou bien vous tournerez le niueau de telle sorte que la poincte C, se puisse leuer contre la ligne perpendiculaire B O, ainsi que vous auez faict de l'autre costé, & marquerez ceste autre moitié comme vous auez fait
par cy deuant. Vous cognoistrez plus facilement le tout en le pratiquant, parquoy ie n'en feray icy plus grande demonstration.
En retenant combien de fois vous tournerez vostre niueau en ni-
uelant, vous sçaurez par mesme moyen combien vous aurez faict
de chemin: car autant de fois que vous l'aurez tourné, seront autant de toises. Quant à la cognoissance de la hauteur d'vn lieu,
pour conduire riuieres & fontaines, ou pour amasser plusieurs
eauës ensemble, ou bien pour les vuider, & aussi pour sçauoir la
hauteur de l'aire où vous voulez édifier, à fin de faire le bastiment
plus haut, pour le rendre sain & salubre, si vous en voulez auoir
la pratique, vous prendrez vostre niueau à la main & le tournerez en cheminant, ainsi comme l'on manie vn compas, & aurez
vn nombre de petites cheuilles auecques vous. Si vous voyez qu'à
chacune fois que vous le tournez, il soit plus haut, ou plus bas

DE PHILIBERT DE L'ORME. 41

d'vn pouce, ou de deux, pour tant qu'il s'en trouuera, vous mettrez autant de cheuilles aux petits pertuis de la tablette marquée H. Et quand le nombre de douze (qui feront pouces si vous voulez) y fera complet, vous les osterez toutes, pour autant que les douze pouces font vn pied: parquoy vous mettrez vne cheuille à l'autre tablette marquée I, où il n'y a que six trous. Et quand ils feront pleins tous six, ils feront vne toife qui vaut six pieds: parquoy vous en osterez toutes les cheuilles, comme vous auez faict à l'autre, & au lieu d'icelles vous en metrez vne à la tablette K, où il y a dix pertuis, desquels vn chacun represente vne toife, & continuent iusques à dix, qui est la derniere toife: à laquelle quand vous ferez paruenus vous leuerez toutes les dix cheuilles, & en mettrez vne à la tablette marquée L, de laquelle vn chacun trou vaut dix toifes. Voyla pour cognoistre combien vous aurez monté. Si vous voulez maintenant sçauoir combien vous aurez descendu, estants en vn lieu auquel se trouuent des collines & vallées, vous vserez de semblable façon, & vous ayderez des mesures, marquées à l'autre costé de vostre instrument, pour retirer à part ce que vous aurez descendu, au regard du lieu où vous estiez. Quand vous aurez en cheminant niuelé toute la longueur du pays ou lieu que vous cherchez, vous mettrez à part ce que vous aurez trouué qu'il monte & excede, ou bien qu'il abaisse & descend. Car vous cognoistrez par là combien vous estes plus haut ou plus bas, que n'est le lieu dont vous estes party, & quelles tranchées & profondeurs il faut faire aux montaignes & collines que vous pourrez auoir trouué, pour en faire vuyder les eaux, ou bien y conduire fontaines. Par ainsi vous voyez les commoditez du trangle équilateral, & comme il vous peut ayder à faire vn niueau de telle vtilité & profit que vous pouuez bien iuger, soit pour amasfer les eaux d'vn pays en vn lieu, pour seruir en vn camp, pour coupper & oster les riuieres autour d'vne ville, & les conduire ailleurs; & pour assés d'autres commodites, lesquelles ie laisse à penser aux ingenieux & subtils. Mon principal scope a esté de le descrire, pour autant qu'il est necessaire quand il faut planter vn edifice. Ie pourrois icy monstrer plusieurs autres sortes de niueau, mais pour autant que les ouuriers en ont l'vsage, soit auec eaux, ou autrement pource est il que ie me deporteray de plus en escrire. Mais ie vous veux bien encores proposer vn autre triangle équilateral, lequel i'ay inuenté il y a plus de trente ans, & m'en suis aydé en tous temps, pour prendre toutes sortes de destours, soit de villes, chasteaux, maisons, ou ce que vous voudrez; comme vous verrez par le Chapitre suyuant.

Des cheuilles & petits pertuis de la tablette, & pour cognoistre cõbien on aura monté.

Pour cognoistre combien lon aura descendu.

Vne autre façon de triagle équilateral inuenté par l'Autheur.

LIVRE II. DE L'ARCHITECTVRE

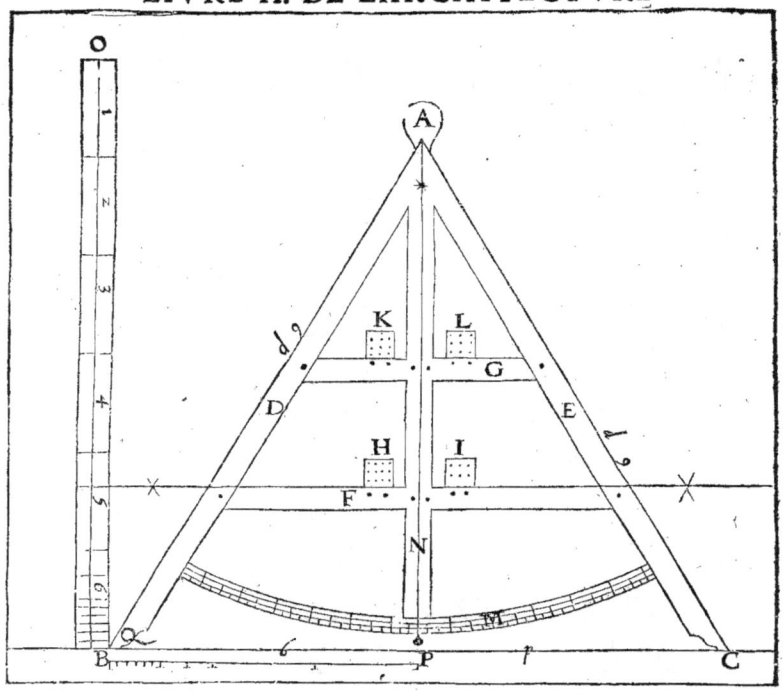

La compoſion & vſage d'vn triangle équilateral, duquel on ſe peut ayder pour prendre tout deſtours, & toutes ſortes d'angles, ſoient droicts, poinctus, obtus, ou de quelque façon que ce ſoit: comme auſsi pour meſurer iuſtement vne ville, Chaſteau, ou autre place, auec ſes deſtours; à fin d'en pouuoir repreſenter ſur le papier ou parchemin, la vraye forme & figure, auec ſes meſures.

CHAPITRE VI.

SOIT donné vn triangle équilateral de telle largeur que vous voudrez, comme A B C:plus il ſera grand, plus il aura d'aſſeurance & bonté. Si eſt-ce que ie ne me ſuis point voulu ayder d'vn plus grand que celuy lequel vous voyez cy apres figuré: pour autant que ie le faiſois porter plus ayſement en mes coffres, & n'allois point ordinairement ſans iceluy, vn Aſtrolabe, & Ephemerides, auecques quelques autres liures, eſtuis garnis de compas, & ce qu'il faut pour protraire. Dedans ce triangle, figurez vne circonference telle que vous la pouuez voir marquée E F G H (quaſi ainſi que ſi c'eſtoit vn quadran à mon-

DE PHILIBERT DE L'ORME.

ſtrer les heures) & la diuiſez en tant de parties que voudrez, comme vingt-quatre, trente deux, quarante huict: le plus qu'il y en a, c'eſt le meilleur. I'ay diuiſé ceſte-cy en trente d'eux, & faict mettre au milieu vne eſguille aymantée, ainſi que celle des quadrants marins & buxoles, ou bien des petis, dont on s'ayde pour trouuer les heures au Soleil: mais notez que ladite eſguille doit eſtre fort bōne & bien mouuante. Quand vous voudrez vous ayder du triangle, vous regarderez par vn des coſtez tel qu'il vous plaira, comme par celuy qui eſt la figure marquée D. Cela faict vous iecterez voſtre veüe ſur la ville, chaſteau ou place, de laquelle vous voulez prendre la forme & figure, & en ferez premierement vn eſquiche marqué ſur du papier groſſement, ainſi que voſtre iugement le peut comprendre. Puis vous ferez le deſtour du tout. Si vous voulez il ne faut que tenir en memoire ou par eſcrit vne chacune face & deſtour des murailles pour la meſure des longueurs comme vous verrez cy apres. Ayant faict cela, vous pouuez commencer par vn bout du chaſteau, ville, ou place, mettant voſtre triangle contre le premier pan de mur, auecques vne reigle pour auoir plus grand iugement, contre laquelle doit eſtre voſtre triangle, ainſi que vous le voyez marqué K. Cela faict vous regarderez où s'arreſte l'eſguille, & ſur quel nombre: ſi c'eſt ſur dix ou ſur quelque autre nombre, quel qu'il ſoit, vous le marquerez à l'eſquiche de voſtre papier, au droit du lieu contre lequel auez preſenté voſtre triāgle. En apres vous irez à vn autre deſtour de pan de mur, & ferez comme vous auez faict, preſentant la reigle & voſtredit triangle contre ledit pan de mur, & regardant le nombre ſur lequel s'arreſte la poincte de l'eſguille: lequel vous mettrez auſſi ſur l'eſquiche qu'auez faicte pour la place toute ainſi qu'auparauant, & continuerez en ceſte façon toute, l'enceinture & tour de la ville, ou d'autre lieu; mais marquant touſiours à chacun pan de mur & deſtour, les nombres ſur leſquels s'arreſtera l'eſguille de voſtre triangle, comme i'ay dict: ſemblablement la longueur que contiendra vn chacun pan de mur. Tout cela bien ordonné, quand vous voudrez mettre au net le plan de voſtre ville ou chaſteau, vous eſtendrez ſur vne table le papier ou parchemin ſur lequel vous voulez protraire, eſtant bien collé & attaché par les bords tout autour. Mais vous ferez que la table ſoit ferme, & ne puiſſe tourner ça ne là, pour le moins iuſques à ce, que toutes les lignes du tour ſoient tirées. Puis vous regarderez combien de toiſes a voſtre ville en longueur & largeur: s'il y en a cent, ou deux cents, vous diuiſerez en tant de parties & nombres toute la longueur de voſtre papier, les reduiſant en petites toiſes, par leſquelles vous donnerez toutes meſures à voſtre deſſeing qui cōmence par vn bout, ſur lequel faut mettre le triangle duquel vous vous eſtes aidez, & le tourner tant que l'eſguille

Vſage du triangle de l'inuentiō de l'Autheur.

Continuation de l'vſage du triāgle de l'Autheur.

La façō de mettre au net le plā du lieu pretendu.

LIVRE II. DE L'ARCHITECTVRE

se trouue iustement sur le nombre qu'elle estoit quand vous l'auez presentée contre le mur de la ville. Mais il ne faut oublier de mettre les longueurs que vous aurez trouuées à vn chacun pan de mur sur leur propre endroit. Cela faict vous tirerez la ligne tout au long de vostre triangle du costé de D, par lequel ledit triangle a tousiours esté presenté. Pour le mieux il faut que tel triangle soit faict de quelque matiere qui ne soit gueres espesse, comme de cuyure, de laiton, d'argent, ou de bois bien delié, à fin qu'on *De quelle matie-* y puisse tirer aisément la sudite ligne, ainsi que l'on a accoustumé *re doit estre* de faire auec vne reigle. Vous presenterez ledit triangle ainsi que *f. ist le triangle.* deuant pour parfaire tous les autres pans de murs, & le tournerez iusques à ce que l'esguille se trouue iustement sur le nombre auquel elle estoit quand il a esté presenté contre le mesme endroit de la ville. Et ainsi continuant par tout, vous representerez iustement la forme de tous les angles & destours de la ville. Par mesme moyen vous pourrez dresser les ruës, & les quarrefours qui sont dedans ladicte ville, auecques les bastiments. Quand vous aurez faict cela tout autour de vostre desseing, il n'y a plus de danger de remuer vostre papier ou parchemin, soit pour enrichir le protraict, où pour faire plus à vostre aise. I'ay vsé autresfois de sauterelles & buueaux qui sont en façon d'equierre, & s'ouurent & ferment comme l'on veut, pour prendre les destours des places, en faisant les angles qui se trouuent droicts, ou autrement ainsi qu'on s'en *Quels instru-* veut ayder. Ie sçay plusieurs autres instruments de bonne façon, & *mens sont Sau-* qui sont fort aisez pour prendre lesdicts destours & formes des *terelles & Bu-* places, mais ie ne trouue chose plus prompte que nostre triangle *ueaux.* équilateral, ny instrument aucun auec lequel on puisse besongner plus diligemment ny mieux à propos. Il peut estre qu'aucuns ne l'entendront si bien, ny si facilement comme s'ils l'auoient veu pratiquer, mais la plus part des ouuriers en sçauront bien iuger, & s'en ayder, ainsi que ie l'ay descrit facilement, & expliqué (comme il me semble) tres-familierement. Ie pourrois bien aussi donner & enseigner quelques instruments sous figures octogones & quadrangulaires, mais ie ne les trouue si à propos, sinon pour les Arpenteurs qui veulent mesurer quelque grande quantité de terre ou bois, ou bien dresser quelques chemins & allées, ou équarrir vn lieu, & faire toutes sortes d'angles qu'on veut. Tels instruments auecques le quarré Geometrique sont aptes & propres pour mesurer toutes longueurs, largeurs, hauteurs ou profonditez, comme aussi les équarir, & en faire telle forme & figure qu'on vou-
La cognoissance dra. Ie me mettrois volontiers à en descrire la fabrique auecques *des traicts Geo-* la pratique, mais ie me détournerois de ma principale entreprise *metriques estre* qui est de parler des bastiments, & des traicts de Geometrie, des-*plus que neces-* quels la cognoissance est plus que necessaire à vn Architecte. Qui *saire à vn Ar-* faict que cy apres i'en escriray diligemment ainsi qu'il viendra à *chitecte.* propos

& sera requis pour le subiect des œuures. Icy i'ay seulement voulu parler de quelques instruments & figures Geometriques propres & necessaires pour bien planter, fonder & dresser les edifices: comme aussi pour accommoder les vieux bastiments auecques les neufs. Par ainsi i'ay bien voulu parler clairement & facilement de ces petites façons des lignes & triangles, pour mieux les faire entendre à ceux qui auront charge de conduire bastiments. Car à dire verité combien que telles choses semblent estre petites & vulgaires si est-ce que peu de gens qui font profession de bastir ne les sçauent, ou s'ils les sçauent ils n'en vsent point, comme il se cognoist aux grandes fautes qu'ils font iournellement en leurs œuures. Mais de ce propos sera assez, auquel nous mettrons fin apres auoir exhibé la figure du triangle d'escrit en ce present Chapitre, telle que vous la voyez en la page suyuante.

h

LIVRE II. DE L'ARCHITECTVRE

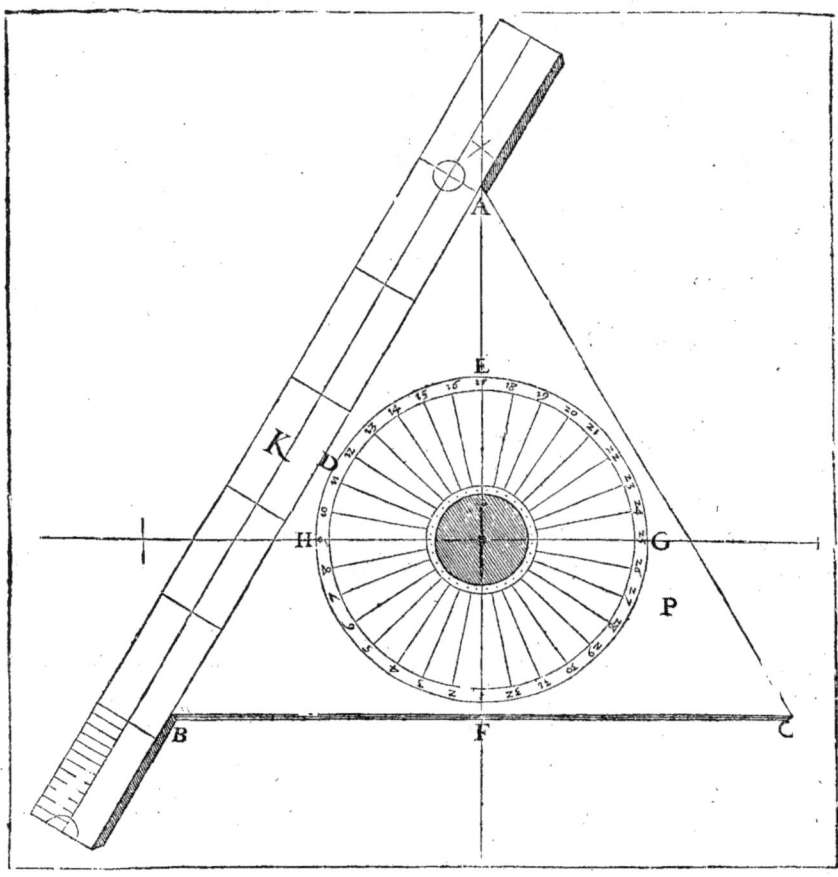

Tous ces difcours Geometriques obmis, ie reprendray la fin du liure precedent, en laquelle i'ay laiffé le Seigneur qui doit faire baftir, comme ayant faict prouifion de toutes matieres neceffaires pour commencer, continuer, & paracheuer fon logis: & l'Architecte, accompagné de fes ouuriers, preft de mettre la main à l'œuure, c'eft à dire de faire ouurir la terre pour donner fondemens à fon édifice. Refte doncques cy apres parler comme il faut proceder aufdits fondemens, veu que c'eft le commencement de tout l'œuure, auquel gift vn grandiffime foin, & induftrie, de la part de l'Architecte, & dommage nompareil de la part du Seigneur, fi ledict fondement n'eft faict ainfi qu'il appartient.

Reprife & continuation du difcours fuiuãt le premier liure.

DE PHILIBERT DE L'ORME 44

*Quelles largeurs & espesseurs sont requises aux fondements, selon
les grosseurs & hauteurs des murs qu'on aura à faire,
auecques l'ordre & façon qu'on y doit garder
pour l'asseurance du logis & des habitans.*

CHAPITRE VII.

 Pres auoir monstré la façon de bien tracer les fondements, & les sçauoir reduire à l'equierre, par le moyen d'instruments idoines, icy consequemment ie delibere monstrer comme il faut fonder, ou, si vous voulez, comme il faut donner commencement à vn edifice, quelle largeur doiuent auoir les fondements, & comme on pourra cognoistre la nature des terres, quand elles sont bonnes & fermes pour y asseoir la premiere pierre fondamentale. Les largeurs & espesseurs des murs qu'on faict dans terre se doiuent considerer selon la profondeur qui sera aux fondements. Si c'est vn bastiment commun, ainsi que sont ceux des villes, & qu'il ait deux pieds d'espesseur au dessus de terre, ou dix huict ou vingt pouces, vous ne sçauriez luy donner moins (pour le bien faire) qu'vne moitié de largeur d'auantage: comme à celuy qui a deux pieds d'espesseur hors de terre, trois dedans terre. Celuy qui a vingt pouces d'espesseur & trente dedans les fondements, il ne peut estre de moins que d'vne quatre partie de retraicte, tant dedans que dehors. Ie voudrois que selon la profondeur du fondement le maistre Maçon eust ce iugement de faire le mur plus large par le bas que par le haut, en le conduisant tousiours auecques vne petite retraicte, principalement par le dehors de l'edifice. Et si c'est vn mur qui ait quatre pieds d'espesseur par sus terre, ie voudrois qu'il en eust six dedans. Si vous voudriez planter vn grand edifice qui d'eust auoir aux façades de la maison des xylobastes, ou piedestas (ainsi que le vulgaire les appelle) ou quelque parastate, pilastre ou empatement, pour faire vn talu, il faut que le sage Architecte considere & monstre au maistre Maçon de luy donner tousiours vn fondement de telle façon, que l'œuure qu'il y erige pardessus terre, ait son fondement plus large que l'œuure qui doit estre plantée par dessus. Et quelquefois si le mur a quatre pieds de large, & la saillie des piedestas deux, il faut que le fondement d'ouuerture soit de 8 ou 10 pieds dedans les terres. Ce qu'on cognoist par vn bon iugement accompagné d'experience, & qui sçache bien considerer les fardeaux & pesanteurs que l'on veut mettre dessus ledit fondement, selon

*Des largeurs &
espesseurs des
murs qu'on fait
dans terre.*

*Fort bon conseil
& enseignemēt
proposé par
l'Auteur.*

h ij

LIVRE II. DE L'ARCHITECTVRE

qu'il le faut esleuer, auecques bonne prouision de tout ce qui y est requis: & s'il est necessaire, y faire d'aussi grands talus comme aux forteresses, ou a soustenir les terres qui poussent fort, mesme quand elles sont subiectes à estre humides ou mouuantes, ou bien à receuoir les eaux & pluyes, ou autrement, ainsi qu'on pent entreprendre les edifices. A ceux qui sont ronds, ou qui ont de grãds portiques où se fondent plusieurs colomnes, il faudroit faire les fondements tous massifs, & aussi larges ou plus, que toute l'œuure: ie dis fonder la largeur & longueur de toute l'œuure, autant que contient le plan de tout l'edifice qu'on veut faire. En aucuns edifices, il ne faudroit faire que des trauerses, pour tenir en ordre & liaison les fondements: Icy ie vous veux bien aduertir que vous ne deuez iamais endurer, si vous voulez que vostre œuure soit bië faicte & asseurée, que les Maçons facent les fondemens par espaullettes, c'est à dire qu'ils ne parracheuent point vn fondement à vn bout de la hauteur qu'il doit estre, & que le reste demeure plus bas, en faisant ledit fondement par lopins & pieces. Il le faut donques tellement faire, que lon meine les assiettes des pierres de maçonnerie toutes à niueau, si faire se peut, & que n'ayez aucun empeschement, soient de moilon, ou autres. N'endurez iamais qu'vn bout se hause plus que l'autre, & par ainsi vous ferez que vos fondements seront comme s'ils estoient tous d'vne piece. Il est malaisé qu'vne maçonnerie se puisse bien lier l'vne auecques l'autre, si elle n'est faicte toute ensemblément. Asseurez vous qu'estant toute comme d'vne masse, & de mesme hauteur, elle s'entretiendra si bien qu'il n'en auiendra point de faute, & ne pourra prendre coup ny se corrompre, ainsi qu'elle peut faire estant conduicte par lopins. Vous n'ignorez que la maçonnerie faicte dans terre ou dehors, en quelque nombre de iours se deseiche, & deseichant se r'abaisse, comme font toutes choses humides lesquelles on voit se reserrer & retirer en deseichant. Doncques si vous faictes vn autre mur contre celuy qui est ja faict, quelque liaison que vous y sçachiez donner, ainsi qu'il deuiendra sec il se retirera en soy, comme aura faict l'autre, & s'abaissera. Et l'autre partie qui est seiche, ou n'a tant d'humidité, tiendra coup & demeurera comme elle est pour estre deseichée & retirée de long temps, & longue main. Par ainsi l'assemblage & liaison se dissipera, ou pour le moins les commissures ou ioincts du mortier se rompront. Et iaçoit que quelquefois cela ne se monstre gueres, si est ce qu'il n'est bon de faire ainsi maçonnerie par pieces & espaullettes. Cela se cognoist fort bien aux forteresses, car quand le canon a donné contre vn pan de mur ainsi faict, vous voyez fendre & separer les vieux murs des nouueaux, s'il y en a. Quand il est force de faire les fondements en telle façon, il les faut maçonner autrement qu'aucuns Maçons n'ont accoustumé de faire, c'est auec grande re-

Les fondements deuoir varier selon les logis qu'on pretend construire.

Auertissement sur les fondemës faits par espaullettes.

Choses fort digne de noter, & bien pratiquer.

DE PHILIBERT DE L'ORME 45

traicte, comme qui voudroit faire des degrez ou marches sur l'espesseur des murs, auecques aucunes longues pierres des plus grandes que lon peut recouurer. Mais, pour reuenir à mon dire, coustumierement on voit que les Maçons font ainsi par pieces les maçonneries, ce que i'ay bien voulu aduertir, à fin d'y prendre garde, & cognoistre la fermeté d'vn fondement, de laquelle il nous conuient escrire.

Pour cognoistre la fermeté d'vn fondement, & terres qui sont bonnes à fonder.

CHAPITRE VIII.

LA fermeté d'vn lieu pour faire fondement, se peut voir & cognoistre en diuerses sortes, & signamment par la nature des terres. Car si c'est vne terre qui n'a point esté remuée, quãd vous la frappez du pied ou de quelque instrument, ou d'vne piece de bois de bout, elle faict vn son sourd, & sans aucune resonance. D'auantage la terre s'y esleue par petites pieces massiues, comme si c'estoit sur vne carriere, où lon tire la pierre: & si vous moüillez lesdictes pieces, elles ne se destrempent facilement: telle terre doncques est bonne pour fonder. D'ailleurs vous cognoissez les terres propres pour bon fondement, quand elles sont trop plus pesantes que deux ou trois fois autant d'autres, pour estre reserrées & massiues. Il y a diuersité de bonnes terres sous diuerses couleurs, selon les lieux & païs où lon est. Volontiers la bonne terre pour fonder est solide & noire, en aucuns lieux elle est comme argille plombeuse, parquoy aussi est tres-bonne. Il s'en trouue de blanche (qui est la pire) estant comunément moite ou humide & sallissant les mains quand on la manie, cõme si c'estoit fange ou boüe, ce que ne font les autres bonnes terres: parquoy il ne se faut asseurer ny fier à semblable. On trouue des terres aux fondements, qui sont cõme petis cailloux & gros grauiers de riuieres conglutinez ensemble, & tenants quasi comme si c'estoit quelque façon de cyment: telles terres sont tres bonnes pour fonder. On trouue aussi de bons fondements sur vne veine, & nature de terre qui n'est gueres espesse, & represente du gros sable blanc ou rouge fort amassé ensemble, & bien meslé de petis cailloux. I'ay veu quelques vns qui pour vouloir trouuer meilleur fondement que sur ledit sable, ouuroiẽt la terre de plus en plus, a fin de r'encontrer mieux, de sorte qu'ils foüilloient encores trois ou quatre pieds plus profond, mais ils

La nature des terres monstrer la fermeté d'vn fondement.

Beau discours sur la cognoissance des bõnes terres pour bien fonder bastiment.

h iij

LIVRE II. DE L'ARCHITECTVRE

ne rencontroient terre qui valuſt pour fonder, voire vingt-cinq ou trente pieds plus bas, ou moins, parquoy ils ſe trouuoient trópez pour ne s'eſtre arreſtez où il falloit ; & quelquefois eſtoient contraincts d'y mettre des pieux, & piloter pour les fondemens, qui n'eſtoient ſi bons que ceux leſquels ils auoient laiſſez. Pour concluſion, il ſe faut arreſter quand on trouue telle ſorte de gros ſablon rouge, autrement les Maçons feroient grands deſpens, & dommage au Seigneur ſans aucune neceſſité; ainſi que i'ay veu aduenir pluſieurs fois. Pource eſt il que ie conſeille à ceux qui ſe voudront ayder de noſtre aduis, d'y prendre garde. Encores ſe peuuent cognoiſtre les terres des bons fondements quand vous les prenez & maniez, ſoient qu'elles ſe trouuent ſeiches, ou moittes & humides : car quand vous les mettez ſur vn linge blanc, ou drap de laine, ou de ſoye, & apres vous le ſecoüez, s'il ne s'y fait aucune tache, ou que le drap n'en ſoit rendu ſalle, telle nature de terre eſt bonne pour fonder : mais ſi elle tache le drap ou linge d'aucune fange, ne vous y fiez aucunement, car le fondement n'en vaudra rien.

Autre maniere de cognoiſtre les terres pour bons fondemēts.

La façon d'amender vn fondement, quand on ne trouue terre ferme pour le bien aſſeurer.

CHAPITRE IX.

Maniere d'aſſeurer & accommoder vn fondement qui n'eſt en terre ferme.

QVAND vous ne pouuez trouuer terres fermes pour aſſeurer vn bon fondement, elles ſe peuuent amender en diuerſes ſortes : cōme par pilotis, plattes-formes, & autres manieres, ſelon la commodité & nature du païs où lon eſt. Si vous en doutez, vous y pourrez mettre aucuns pieux par deſſus peuplez de grandes pieces de bois, ſciez de l'eſpeſſeur de cinq & ſix pouces, tant longues & larges que permettra l'arbre ou poutre deſquels vous les ſcierez : mais vous les mettrez ſi également qu'il n'y en aye plus en vn endroit qu'en l'autre, principalement ſi l'œuure ſe faict ſur vn lieu paluſtre ou mareſcageux : à fin que s'il faut que la peſanteur & charge de l'edifice s'abaiſſe (comme il peut aduenir) que ce ſoit également par tout. Car ſi vn endroit tenoit coup, & l'autre non, l'edifice qui ſeroit deſſus ſe fendroit & ouuriroit en diuers lieux, & peut-eſtre pancheroit, ou tomberoit. Par deſſus telles plattes formes, les Maçons pourront faire leurs maçonneries de grandes libes de pierre de taille, bien liees les vnes auecques les autres. Ce que i'en dis eſt pource que les An-

Raiſon pourquoy les anciens édifioient en lieux paluſtres & mareſcageux

DE PHILIBERT DE L'ORME.

ciens ont autant ou plus aymé edifier en lieux paluſtres & mareſcageux, que ſur terre ferme, pour les ſujections des tremblements
de terre, qui s'engendrent des exhalations, & vents ſe mouuans &
agitants dedans les entrailles & conduicts de ladicte terre, à fin de
trouuer iſſue. Qui ſont ſi grands quelquefois, que non ſeulement
ils font fédre l'edifice, mais auſſi le renuerſent & precipitent. Ce
qui ne peut aduenir en vn lieu paluſtre & mareſcageux pour les
exhalations & věts qui ne s'y engendrět & n'y peuuent demeurer
facilement. Qui ſeroit contrainct de baſtir en tels lieux de palus, il
faudroit que l'Architecte monſtraſt par ſon bon eſprit les moyens
& inuentions de vuider les eaux deſdicts palus, & rendre le lieu
ſec, à fin que les beſtes venimeuſes n'y puiſſent habiter. Ce qui eſt
facile à faire, & en diuerſes ſortes, ſignament par petis canaux, eſ-
quels s'amaſſent les eaux pour les conduire où lon veut, & y faiſant telles figures & formes qu'on deſire pour donner plaiſir, &
encores pour en tirer profit par la nourriture des poiſſons, ou autrement. Ainſi que i'ay faict faire par neceſſité au parc du chaſteau
d'Annet, auquel le lieu eſtoit ſi aquatique, qu'on n'y pouuoit aller:
ce neātmoins ie l'ay rendu autāt delectable & plaiſant que parc ou
iardin qu'on puiſſe voir, pourueu qu'il ſoit bien entretenu. Mais
pour reprendre le propos des terres pour faire fondements, il s'en
trouue quelquefois qui ſont ſi mouuātes, que qui voudroit y chercher ſolidité, le fondement couſteroit plus que l'edifice. Ainſi que
i'ay trouué & experimenté long temps y a au baſtimět & chaſteau
de S. Maur des Foſſez, duquel i'ay cy-deuant parlé. Ledit chaſteau
à eſté baſty ſur vne colline ou petite montaigne qui eſtoit faicte de
la terre qu'on auoit autrefois oſtée des foſſez qui ſont autour de
l'Abbaye qui depuis a eſté redigée en Egliſe Collegiale de Chanoi-
nes. En faiſant faire les fondements, ie trouuois toute la maſſe
mouuante, pour les pierres qu'on auoit tiré autrefois des carrieres. Et pour paruenir iuſques au ferme, il me falloit aller plus
de quarante pieds plus bas, qui eſtoit vne deſpenſe exceſſiue, &
qui ne fuſt venuë gueres à propos pour le Seigneur Cardinal,
qui n'auoit pour lors beaucoup d'eſcus de reſte. Pour doncques
euiter vne ſi grande deſpenſe, ie fis faire pluſieurs trous ou pertuis, comme ſi i'euſſe voulu faire des puis de quatre ou cinq pieds
de large, autant que portoit le fondemět, & eſtoient quarrez: i'en
faiſois autant de douze pieds en douze pieds de la meſme largeur
du fondement, & tant profonds que i'y trouuois lieu ſolide: &
où ie ne le trouuois aſſez ferme comme ie le demandois, i'y faiſois mettre des pieux de la largeur dudit fondement, & faiſois
remplir leſdicts trous ou puis de bonne maçonnerie: en apres
d'vn trou à autre, ie faiſois faire des voûtes par deſſus dans les terres, qui ne ſe voyoient aucunement: & ſur icelles ſe continuoit la
maçonnerie. Quoy faiſant il s'y trouuoit vne grande eſpargne, tāt

Conſeil quand on eſt contraint de baſtir en lieu mareſcageux.

Le chaſteau & baſtiment de S. Maur des Foſſez, pres Paris.

Cecy doiuent cognoiſtre les maiſtres Maçōs, & le bien prati-quer.

h iiij

LIVRE II. DE L'ARCHITECTVRE

des matieres, que d'autres defpenfes, foit pour ofter les terres, ou pour les façons, qui euffent coufté quafi la moitié d'auantage qu'il n'a faict, s'il y euft fallu proceder autrement. Vous pouuez iuger facilement du tout par la figure que i'en ay faicte deffous.

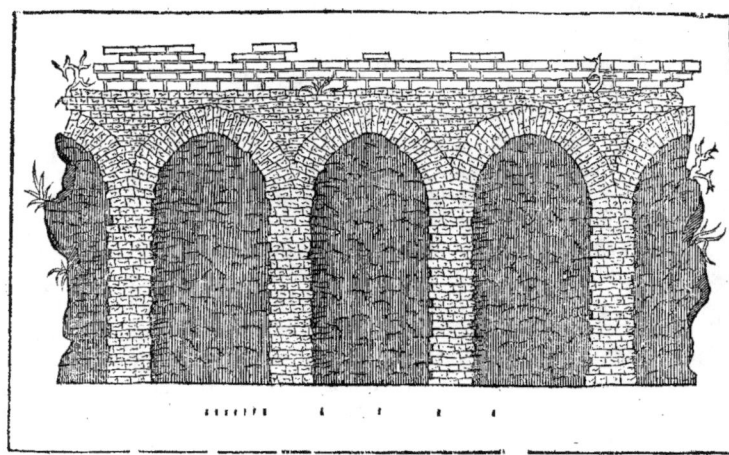

Belle inuention pour cognoiftre fi vn fondement fera meilleur eftant creusé & fouillé d'auantage.

CHAPITRE X.

Vand lon eft contrainct de beaucoup creufer & foüiller les fondements, pour autant qu'on doute qu'ils ne foient affez bons, & qu'on efpere de les trouuer meilleurs, ou bié que lon eft contraint d'aller plus bas qu'on ne voudroit, pour les caues & offices qu'on veut faire quelquefois dedans terre, on cognoiftra fi le fondement fera meilleur pour eftre creufé d'auantage en cefte forte. Il faut faire vn trou ainfi qu'vn puits, & non pas de grande profondeur: de quatre ou fix pieds il fuffira: en apres proceder comme quand on veut experimenter s'il y a fources d'eaux en quelques lieux & païs, qui fe pratique en cefte forte. Prenez deux cruches de terre cuitte, ou deux pots de quelque forme & capacité que vous voudrez, (il fera bon toutefois qu'ils tiennent enuiron vn feau d'eau) & les empliffez de laine, bourre, ou cotton, puis les couurez d'vne tuille ou aix, & regardez quelle eft la pefanteur & poids de tout enfemblément, lequel gardez à part. Cela faict mettez l'vn defdicts pots au plus bas du fondement & à vn coing, eftant bien couuert de quelque

Maniere de cognoiftre fi vn fondement fera meilleur pour eftre creufé d'auantage.

DE PHILIBERT DE L'ORME.

autre chose, comme qui voudroit garder que les vapeurs & exhalations n'en puissent sortir. L'autre pot sera mis dedans la fosse faicte en façon de puits (qui est le plus profond du fondement) estant couuert d'ais, & de terre par dessus, ainsi que vous pouuez auoir faict de l'autre. Cela estant ainsi accomply, vous les y laissez vn iour ou deux, ou plus, & en apres les ostez, & regardez lequel est plus pesant des deux. Si celuy qui à esté mis dedans la fosse du puits poise d'auantage que celuy qui est à la tranche ou coing du fondement, il monstre que si vous creusez plus bas ledit fondement, il sera pire, pour y auoir plus d'humidité & de terre boüeuse. Mais si vous voyez qu'il ne poise gueres d'auantage, & que seulement sur la ligne y ait comme de petites gouttes d'eau, ou de rosée, c'est signe qu'il y a quelque petit ruisseau passant & coulant par dessous, ou que les terres sont fort humides & abreuuées d'eau, laquelle est encores assez profonde. Mais si vous trouuez toutes les cruches & vases d'vn mesme pois, ou bien que le pot qui estoit dans le puits soit plus leger que l'autre, estant mis à la tranche du fondement, c'est signe que tant plus vous creuserez la terre & irez plus bas, tant plus vous trouuerez meilleur fondement. Si les deux pots sont iustement, ou enuiron, de mesme poids, c'est à dire s'ils ne poisent non plus qu'ils faisoient quand on les y a mis, il se faut arrester là; car vous ne trouuerez meilleur fondement, la terre y estant par tout solide, bien ferme, & bien conglutinée, auec competente humidité. Les vrais fondements & plus asseurez sont sur la roche, comme chacun sçait, ou sur le tuf, ou sur vne cartiere. Cela donne grand plaisir au Conducteur, quand il trouue telle asseurance de son œuure. Ie ne voudrois icy oublier à dire que les fondemens se doiuent accommoder à la nature des lieux & païs où lon est. Car, comme i'ay dict, aux lieux qui sont subiects à tremblemens, les terres solides & lieux les plus fermes, n'y sont pas les meilleurs. Qui peut estre cause, ainsi que nous auons dict, que les Anciens cherchoient les paluds & marests pour bien fonder, pourautant que les vapeurs & vents sousterrins facilement s'y escoulent & éuaporent, sans pouuoir aucunement esbranler les edifices. Mais, comme nous disions n'agueres, il faut aussi rendre le lieu ferme & solide par pieux, plattes-formes, charbons, & laine qu'on met par dessus, pour garder que le bois ne s'eschauffe ou pourrisse. Par mesme cause on à accoustumé de brusler le bout des pilotis pour les rendre quasi comme charbons, afin de les conseruer longuement dans l'humidité de la terre. Ie croy que cecy suffira pour cognoistre la nature de la bonne terre pour y assoir & poser fondements. Qui desirera en voir d'auantage, il luy est libre de lire Vitruue, auecques plusieurs autres qui en escriuent, & aussi entendre l'aduis de ceux qui en ont bonne experience. Ie vous aduise que tout ce que ie vous en propose & escris, a esté experi-

Beau discours pour l'inuention des eaux.

Subtils moyens pour cognoistre si on doit creuser & profonder d'auantage vn fondement.

Des paluds & lieux marescageux, esquels il faut quelquefois faire fondemens.

LIVRE II. DE L'ARCHITECTVRE

L'Auteur n'escrire rien, qu'il n'en ait eu bōne experience.

menté en diuers lieux par mon ordonnance, aduis & commandement. Ie desirerois tout d'vne venuë monstrer icy les engins necessaires à tirer les eaux d'vn fondement (puis que le propos & occasion s'y presente) soit par pompe, rouë, ou autre sorte d'instrument, comme aussi enseigner diuers organes & instruments, tant pour planter pieux aux fondemēts, que pour cōduire toutes sortes de pierres, bois, & autres matieres: semblablemēt pour edifier dans l'eau, soit en mer, riuieres, ou paluds: mais ie remettray le tout à nostre liure des engins & varieté d'instrumens, desquels se peut ayder l'Architecte: lequel nous mettrons en lumiere quelque iour, s'il plaist à Dieu le permettre. Icy seulement ie m'esforceray de rendre les edifices parfaicts en toutes leurs façons & matieres, n'y omettant les symmetries, mesures, & proportions qu'il y pourroit failloir, selon mon aduis. Ayant doncques par ordre & methode iusques icy conduit le Seigneur qui veut bastir, & l'Architecte qui le veut seruir, il me semble que toutes matieres estans preparées, ainsi que nous auons enseigné, il n'y reste sinon mettre la main à l'œuure. C'est de poser opportunément & en temps idoine, la premiere pierre fondamentale de tout l'edifice, puis continuer la structure par dessus, ainsi que nous dirons.

Les Anciēs auoir eu grand respect à l'assiette de la premiere pierre fondamentale d'vn bastiment.

Et pour autant que les Anciens ont eu grand respect à la position & assiette de ladicte pierre, icy volontiers i'en ferois vn fort beau discours & escrirois ce que i'en ay leu aux liures des Anciens, & entendu des gens doctes tant en Architecture qu'Astrologie, & aussi ce que i'en ay peu colliger des obseruations de plusieurs, cōformes aux traditions des Anciens, pour satisfaire à plusieurs qui se delectent en la cognoissance des secrets de Nature & faicts de Dieu plus qu'admirables: mais pour autant que c'est vne nouuelle façon (quant à nostre temps & nouueaux Architectes) pource est-il que ie remettray le tout à nostre nouueau liure des Diuines Proportions, si l'occasion s'y presente, ou bien à quelqu'autre Opuscule, venant à propos. Auquel, Dieu aydant, nous monstrerons bien au long le grand danger où se mettent & precipitent

Les elections negligées en l'Architecture, causer grands dommages.

ceux qui commencent leurs bastimens, sans auoir preueu & premarqué l'occasion & temps conuenable pour ce faire: semblablemēt les disgraces & infortunes ausquelles ont esté suiets plusieurs logis pour telle negligence; ainsi que nous le confirmerōs par raisons, auctoritez, & exemples tant antiques que modernes, & n'y omettrons, moyennāt la grace de Dieu, certains preceptes & enseignements qui conduiront les Architectes & autres, à choisir & eslire temps propre pour heureusement commēcer & fonder toutes sortes de bastimens. Remettant doncques le tout à nostredict liure des Diuines Proportions, ou autre, ie poursuiuray le propos delaissé, qui estoit de bien commencer la maçonnerie des fondemēts, pour continuer sur iceux le corps de tout le bastimēt.

Comme c'est qu'à faute de grandes pierres on doit remplir les fondements pour edifices, pour ponts sur riuieres, pour ports de mer, pour construire sur paluds & autres lieux aquatiques.

CHAPITRE XI.

DONCQVES le fondement estant prest à maçonner, s'il est grand & large, & que vous ne puissiez trouuer de grandes pierres pour mettre au fond, soit pour édifices, ou pour fonder vn port de mer, ou faire ponts sur vne riuiere, ou bastir dans vn palus, ou encores dans la terre; la meilleure chose & plus prompte sera de preparer le mortier ainsi que la chaux vient du four (comme nous l'auons declaré au premier liure) auecques du sable qui soit de riuiere, & portant plusieurs sortes de cailloux de telle grosseur qu'ils se trouueront, pourueu qu'ils n'excedent la grosseur du poing pour le plus, ou la grosseur d'vn œuf, & soient accompagnez de plusieurs autres petits cailloux & grauois, comme on les trouue dedans les riuieres. Telle matiere destrempée & meslée auecques la chaux sert de pierre & de mortier : pour autant que tel grauois porte du sable quant & soy, & se iecte tout à vne fois dedans les fondements, sans que les Maçons ayent peine d'y besongner auecques leur truelle, car il suffist le dressant vnimentauecques la paelle. L'ayant ainsi respandu, iusques à vn demy pied d'espesseur, vous y pouuez iecter & entremesler par cy, par là, plusieurs grosses pierres seules, ainsi qu'on les peut trouuer à propos, sans toutesfois quelles se touchent : les plus dures y seront les meilleures, comme sont roches ou cailloux. Apres cela vous reiectez encores par dessus dudit mortier faict de cailloux & grauois, comme vous auiez faict auparauant. Il faut ainsi continuer iusques à ce que le fondement soit plein, iectant le tout d'enhaut auecques toutes sortes de petits cailloux. Telle matiere ainsi disposée s'endurcit & reserre si fort dedans les fondements, cu'estant accumulée & liée ensemblement, deuient comme vne seule masse & roche, laquelle nature auroit faicte toute d'vne piece, estant si forte & massiue, quand elle est seiche, qu'on ne la peut rompre auecques le pieu, ou autre instrument, n'aussi arracher les cailloux du fondement, qu'ils ne se mettent en pieces. La raison est, pour autant que telle matiere ainsi iectée dedans les fondements larges, & participants de quelque humidité d'eau & moiteur, détrempe le mortier, qui demeure ainsi fort long temps à se deseicher : de sorte que le gros grauois & cailloux durant ce temps, s'abreuuent & attirent la graisse & force de la chaux, voire iusques au centre & milieu d'eux, comme ie l'ay veu par experience : Car les cailloux qui estoient mis ainsi en œuure estans rompus, se trou-

En necessité de grandes pierres comme on se doit gouuerner pour remplir les fondements.

Belle compositio d'vn mortier seruant de pierre.

Merueilleuse matiere de mortier, s'endurcissant en pierre ou roche.

LIVRE II. DE L'ARCHITECTVRE

uoient par le dedans iufques au milieu tous blancs, & de mefme couleur que ladicte chaux: ce qu'on ne voit à ceux qui ne font ainfi mis en œuure. Autant en font les pierres de roches, car elles attirent auffi la graiffe & puiffance de la chaux. Qui ne fe feroit à vn fondement ayant peu de largeur, pour autant qu'il defeicheroit trop toft la pierre dure ou les cailloux, qui pour cefte caufe n'auroient le temps de tirer la force de la chaux. Laquelle eft beaucoup *De quelle ma-* plus penetratiue & propre à tel affaire, quand elle eft faicte de pier- *tiere fe faict la bonne chaux &* re fort dure, comme des premiers licts de couuerture des carrie- *penetratiue.* res, ou d'autre forte de pierre dure, telle que pourroit eftre le marbre duquel on tire la meilleure chaux qui foit pour faire bon mortier, ainfi que i'ay dit cy deuant. Et notez s'il vous plaift, que la pierre molle ny vaut rien, ou bien peu. Reprenant noftre premier propos qui eftoit de remplir les fondements en la façon que nous auons monftré, ie dis d'auantage qu'il eft auffi fort propre pour fonder dans la mer, ou dedans vne riuiere, comme auffi pour y faire *Pour fonder en* ponts, ou en autre lieu qu'on voudra: pour autant qu'en faifant *mer ou dedans vne riuiere* ce qui eft neceffaire aux lieux defquels on ne peut ofter toute *pour y faire* l'eau, en iectant le mortier, ainfi faict que deffus, dedans la caffe *ponts.* ou forme du fondement, tout s'acccommode fi bien, & s'agence au fond fi proprement, qu'il n'y demeure rien qui apparoiffe vuide. Et comme il s'emplift, il chaffe toute l'eau qui eft dedans la caffe, faifant la forme de la maçonnerie pour ledit fondement. Aucuns pourroient penfer que cela ne fçauroit eftre bon, pour autant qu'eftant toufiours moüillé, iamais ne pourroit feicher ne deuenir dur. Qui eft chofe tres-mal entenduë, car pour eftre entretenu moitte, il feiche de longue main, & plus il demeure à feicher, plus il deuient dur. Il eft bien vray qu'il fera fort bon de rem- *Inftruction &* plir ledit fondement le plus diligemment que faire fe pourra, & *enfeignement pour fonder de-* principalement quand c'eft pour faire vn port de mer ou autre ftru- *dans l'eau.* cture, voire quand ce feroit dans vne riuiere d'eau douce. Il y a feulement vne chofe que l'Architecte doit monftrer, c'eft la quantité de la chaux qu'il faut mettre d'auantage auecques le fable. Ce qu'on doit confiderer felon les riuieres où ports de mer où lon veut befongner. Il faut auffi prendre garde, que la mer ou riuiere n'emmeine ou face remuer du commencement les caffes hors de leurs places, qui font faictes pour tenir la matiere qui fert pour la forme du fondement. Laquelle doit eftre plus large de quelque quantité, que l'œuure qui fera fondé par deffus: & les caffes de telle forte dreffées, que toufiours elles ayent bon talu tout autour auecques vne retraicte, ainfi que la maffe le requiert. Cela fe fera felō le iugement de l'Architecte & de l'œuure qu'il a à faire. En efcriuant des *L'Autheur pro-* ports de mer, s'il plaift à Dieu m'en donner quelque iour la grace, ie *met efcrir e des ports de mer* mōftreray la façon & affēblage pour proceder en tel cas, & mettre *quelque iour.* dās la mer ou riuiere, engins propres pour en ofter les terres, & trou-

DE PHILIBERT DE L'ORME.

uer le ferme & lieu solide, & aussi pour y planter des pieux, si le lieu n'est bien ferme. Mais delaissãt tels propos, nous continuerõs celuy qui est de remplir les fondements en autre sorte, sigammẽt pour les bastiments ausquels on n'a commodité de trouuer grauois & cailloux de riuiere, pour mettre auecques la chaux, ainsi que nous auons dit.

Maniere de remplir les fondements d'vn edifice, ne se presen-
tant commodité de trouuer cailloux ou grauois de riuiere
pour y proceder comme dessus: & des incommo-
ditez qui suruiennent pour n'y auoir assis les
pierres proprement, & ainsi qu'il
appartient.

CHAPITRE XII.

SI le fondement sur lequel vous voulez edifier est arresté sur terre solide, ou sur plattes formes, ou pilotis, il y faut faire la maçonnerie de libes de pierres, les plus grandes que faire se peut, ainsi qu'on en aura la commodité. Quant à la premiere assiette, ie serois bien content qu'elle fust de pierre seiche sans mortier, principalement où il y aura vne platte forme de charpenterie. Mais entre la pierre & la platte forme de bois, ie ne voudrois mettre que la figure pressée & serrée le plus que faire se peut, à fin que l'humidité & graisse du mortier descendant au fond ne pourrisse & eschauffe le bois, ainsi que la chaux faict naturellement quand le mortier touche le bois. Apres la premiere assiette, on peut maçonner de pierre & de mortier, comme lon a accoustumé. Mais sur tout il faut prendre garde à vne chose de laquelle i'ay escrit en nostre liure des Inuentions Nouuelles pour bien bastir, & icy deuant: c'est que les Maçons ne doiuẽt iamais maçõner, ny mettre en œuure, en quelque lieu que ce soit, aucunes pierres, soient de taille ou de moilon, sinon ainsi que nature les a faictes & crées, qui n'est autre chose que les mettre tousiours sur leurs licts; car en ceste sorte elles sont merueilleusement fortes, Si on les met debout, ou sur le costé, cõme sur la face du parement de la pierre & que vous en faciez leur lict & assiette, quand elles sentiront grande pesanteur, elles seront en danger de se fendre ou esclatter par le milieu. Il n'en faudroit qu'vne à qui telle fracture aduint de la largeur du doz d'vn cousteau pour fendre vn edifice au plus haut d'vn demy pied, ou plus. Souuente fois i'ay veu auenir telles fautes, & sembloit aux ouuriers que cela vint des fondements, qui estoit tout le contraire, car il

Maçonnerie des fondements sur pilotis ou plates formes.

Les pierres en maçonnerie deuoir tousiours estre mises sur leurs licts, ainsi que nature les à crées.

i

Chasteau de la Muette de S. Germain en Laye. procedoit d'auoir mal mis lesdictes pierres en œuure, comme il se voit aux maçonneries du chasteau de la Muette de Sainct Germain en Laye (lequel le feu Roy François premier fit edifier) & en plusieurs autres lieux. Et par ainsi la faute, par laquelle les logis se fendent & fondent en plusieurs lieux, le plus souuent, ne vient point du fondement, mais de mal mettre lesdictes pierres en œuure, & hors de leur lict. C'est tout ainsi comme du bois, car si vous mettez l'arbre de son long & debout pour porter ou soustenir vne pesanteur, il n'y a rien si fort, & ne se peut rompre facilement: mais si vous le mettez de plat ou trauers, & le chargez, il pliera ou se rompra. Ainsi est il des pierres, car si vous les mettez en œuure comme nature les a faictes, il n'en viendra iamais faute. Il est aussi necessaire que les Maçons garnissent bien leurs mur, & qu'ils ny facent point de trous à rats, ainsi qu'ils ny les appellent, ou bien qu'ils n'y mettent des pierres seiches, ou trop de mortier sans estre bien garny de menues pierres.

Belle conference du bois mal assis auec les pierres.

LE TROISIESME LIVRE

DE L'ARCHITECTVRE DE PHILIBERT DE L'ORME LYONNOIS, CONSEILler, & Aumofnier ordinaire du Roy ; Abbé de fainct Eloy lez Noyon, & de fainct Serge lez Angers, & n'agueres d'Iury.

PROLOGVE EN FORME D'ADVERTISEMENT.

OVR autant que ce troifiefme liure eft prefque tout employé à la declaration & defcription de certains traicts & lignes, que nous appellons Geometriques, fort neceffaires aux Architectes, maiftres Maçons, Appareilleurs de pierres, Tailleurs, & autres, pour s'en fçauoir & pouuoir aider aux lieux que nous propoferons, & felon les façons que nous en donnerons, & fe cognoiftront par le difcours & lecture defdicts traicts, qui ne peuuent eftre proprement trouuez ny affeuremét pratiquez, finon par l'ayde & maniement du compas. Ie me fuis pour cefte caufe aduifé d'excogiter & familierement defcrire la figure & image que vous auez cy apres, laquelle ne vous mettra feulement deuant les yeux l'excellence dudit compas, mais auffi plufieurs belles chofes qui feruiront d'exemple, inftruction, & confeil à tous ceux qui font, ou veulent faire profeffion d'Architecture, & à autres auffi auecques vn fingulier plaifir & profit. En premier lieu doncques ie figure vn Architecte, habillé ainfi qu'vn homme docte & fage (tel qu'il doit eftre) & comme fortant d'vne cauerne ou lieu obfcur, c'eft à dire de contemplation, folitude, & lieu d'eftude, à fin de pouuoir paruenir à la vraye cognoiffance & perfection de fon

Les traicts Geometriques auoir befoing du compas.

Expofition de la figure & image qui eft à la fin du prefent prologue.

i ij

LIVRE III. DE L'ARCHITECTVRE

Art. Il trouſſe ſa robbe d'vne main, voulant monſtrer que l'Architecte doit eſtre diligent en toutes ſes affaires; & de l'autre main il manie & conduit vn compas entortillé d'vn ſerpent, pour ſignifier qu'il doit meſurer & compaſſer tous ſes affaires & toutes ſes œuures & ouurages, auecques vne prudence & meure deliberation; à fin de ſe pouuoir aſſeurer du chemin qu'il doit tenir entre les hommes, ſemé par cy par là, de chauſſe-trapes & eſpines, c'eſt à dire, de picques, enuies, haines, deceptions, iniures, trauerſes & empeſchemens, qui nuiſent à tous bons eſprits, & ſignamment à ceux qui veulent bien exercer l'Architecture, comme ie l'ay aſſez declaré ailleurs. Parquoy vne grandiſſime prudence bien reiglée & meſurée leur eſt requiſe & neceſſaire: Prudence, dy ie, telle que le Serpent la figure, & eſt commandée & recommandée par Ieſus-Chriſt en ſon Euangile, diſant: *Eſtote prudentes ſicut ſerpentes, & ſimplices ſicut columbæ.* C'eſt à dire: Soyez prudens ainſi que les ſerpens, & ſimples comme les colombes. Voulant monſtrer que la prudence conioincte auecques ſimplicité & modeſtie, conduit l'homme à toutes bonnes & loüables entrepriſes. Car ainſi que Gauarre eſcrit en ſon liure de Mots Dorez: Si treshaut eſt le don de prudence, que par ſon moyen on amende le paſſé, on donne ordre au preſent, & pourroit-on au futur & aduenir; de cela on peut inferer, que celuy qui n'eſt fourny de ceſte tant belle vertu de prudence, ne ſçaura recouurer ſa perte, n'y entretenir ce qu'il poſſede, ny chercher ce qu'il eſpere. Pource eſt-il que ie figure ledit Architecte tenant touſiours le compas en ſa main, à fin de l'enſeigner qu'il doit conduire toutes ſes œuures (comme nous auons dict) par meſure: & ay auſſi accompagné ledit compas d'vn ſerpent, à fin qu'il ſe ſouuienne d'eſtre bien aduiſé, prudent & caut à l'exemple dudit ſerpent; car, ainſi qu'eſcrit ſainct Ambroiſe, ſentant, approcher de ſoy l'Enchanteur, il met vne de ſes oreilles contre terre, & eſtouppe l'autre de ſa queuë. Ainſi faiſant l'Architecte, paruiendra à la Palme laquelle ie luy propoſe & mets deuant les yeux, comme le but auquel il doit viſer, & le chemin auquel il doit tendre. Luy voulant repreſenter par ladicte Palme vne conſtance & ferme propos de ſouſtenir peine & trauail en toutes ſes charges & affaires; à fin de paruenir à gloire, honneur, & victoire, ſignifiez par ladicte Palme; qui eſt de telle nature, que quelque charge & recharge que vous luy donniez, iamais elle ne flechit ou ſe plie, ains s'eſleue, reſiſte, & fortifie de plus en plus contre le fais & charge qu'on luy donne, pluſtoſt rompant que pliant ou flechiſſant. Mais voirement deuant que paruenir à ladicte palme, ou ſi vous voulez, à la gloire & honeur, pluſieurs empeſchemens ſe preſentent à luy, ainſi que vous le pouuez voir par la figure, & eſt fort bien expliqué par l'eſcriture qui eſt à l'entour, ſous tels mots Latins:

Grandiſſime prudence eſtre requiſe aux Architectes.

Les loüanges & beaux effects de prudence repreſentée par le ſerpent.

Nature de la Palme fort digne de noter.

Artificem

Artificem doctum discrimina mille morantur,
Dum celer ad palmam quærit ab arte viam. c'est à dire:
De mille peines & mille empeschements
Est retardé l'artisant docte & sage,
Quand par son art, sçauoir, & instruments
Promptement quiert vers la Palme passage.

Pour doncques seurement paruenir à ceste Palme, il faut estre en tout & par tout accompagné de prudence, portiere, & (comme escrit sainct Bernard) voicturiere de toutes les autres vertus, estant si sublime & heroique, qu'elle ne peut faire seiour auecques vn personnage depraué & mauuais. Pour ce est-il, que ie desire que nostre Architecte soit de bonne ame, non trompeur, abuseur, ou malicieux. Il ne sera toutesfois vituperé d'imiter le serpent, c'est à dire, estre caut & bien aduisé, à fin de se garder du charme, malice, & tromperie des mauuais hommes. Ce qu'il acquerra par le moyen de prudence, non humaine & vulgaire, qui plustost se doit appeller astuce & ruze qu'autrement: (ainsi que le commun attribue le nom de vice à vertu) mais bien par celle qui tient le principal lieu entre les quatre Vertus, appellées des Philosophes, Cardinales, & n'est autre chose, qu'vne precogitation, discretion & preuoyance de ce qu'on a affaire, à fin d'y bien proceder, & en auoir bonne issuë. C'est la prudence que ie desire à nostre Architecte, laquelle si par la grace de Dieu, il peut vne fois acquerir, elle ne le sera pas moins sage, que bien aduisé de ce qu'il doit faire, de ce qu'il doit dire, de se sçauoir taire quand il en est temps, & de sçauoir expliquer ce qu'il veut, auecques bonne grace, & faire bien entendre aux Roys, Princes, grands Seigneurs & tous autres, ses entreprinses & conceptions; sçauoir discourir sur les œuures qu'ils veulent faire, & en parler fort bien à propos, en temps & lieu. Car il pourroit aduenir que pour se taire il seroit noté d'ignorance & simplicité; comme par trop parler, de folie & temerité. *Omnia tempus habent* (dit le Sage) *tempus tacendi, & tempus loquendi.* Nous donnant par ceste sentence liberté de parler en vn temps, & de nous taire en l'autre. Car tousiours se vouloir taire c'est simplicité grande; & vouloir trop parler, folie plus grande. En quoy il faut garder les circonstances des lieux, des propos, du temps & des personnes. Il ne faut passer outre sans vous aduertir, que i'ay mis au plus haut de nostre figure, l'image de Mercure, autheur d'Eloquence, pour monstrer que l'Architecte non seulement doit sçauoir bien parler & discourir sur ses œuures, mais aussi doit estre prompt & diligent à cognoistre & entendre les bonnes sciences & disciplines, sur lesquelles preside ledit Mercure. Toutesfois ie ne veux qu'il soit trop Mercurial, c'est à dire, muable & babillard, se ioignant tantost à l'vn, tantost à l'autre, par vne ie ne sçay qu'elle

Les qualitez requises à vn bon Architecte.

Quels biens peuuent aduenir à l'Architecte estant muny de prudence.

Mercure autheur d'éloquence & des disciplines.

LIVRE III. DE L'ARCHITECTVRE

inconstance & legereté, ains plustost qu'il suyue & imite les bons, à fin d'estre bon, & les sçauants & sages pour receuoir d'eux doctrine accompagnée d'honneur & bonne renommée, ce faisant il acquierra bruit auecques loüange immortelle. Nous auons accompagné ledict Mercure de ses trophées, qui sont caducées & cors, ne voulans signifier autre chose, sinon que l'Architecte acquierra bruit & renommée en tout & par tout s'il obserue ce que dessus. Voyla ce que ie proposois vous dire sur l'interpretation de la figure suyuante. Reste enfiler, côme lon dit, nostre esguille pour bien coudre & assembler le corps & matiere de ce Troisiesme liure, auecques l'ayde du compas & reigle. Ce que nous mettrons peine de faire & parfaire, moyennant la grace de Dieu, lequel de tres-bon cœur ie supplie nous y vouloir conduire & diriger.

Approches & preparatifs pour entrer dãs le troisiesme liure.

Des parties & membres des logis qui se doiuent faire dedans les terres, entre les fondemẽts, comme sont caues, celiers & autres: ensemble quelles ouuertures & veuës on leur doit donner.

CHAPITRE I.

NOVS auons monstré au liure precedent, comme il faut traffer & equarrir les lieux & places où lon veut bastir: semblablement comme il faut marquer les fondements selon l'œuure qu'on veut eriger, cognoistre la nature des terres qui sont bonnes & solides pour porter les maçonneries: le choix des pierres propres à faire lesdicts fondements: comme il les faut remplir, & de quelles matieres il s'y faut ayder. Reste maintenant à parler de ce qu'il conuient faire sur lesdicts fondements aux estages qui se peuuent trouuer & pratiquer dans les terres entre les fondements. Qui n'est chose de petite industrie, ains beaucoup plus grande qu'il ne semble, pour sçauoir disposer vne chacune chose en son endroit. Comme sont les caues à mettre le vin (qui doiuent auoir leurs clartez & lumieres par fenestres & soupiraux du costé de Septentrion, & la porte aussi, s'il est possible) les lieux pour mettre les huiles, saloirs, formages, & semblables prouisions, qui doiuent estre du costé regardant la partie de l'Orient estiual, ou equinoctial. Au mesme estage du costé de Midy, se bastissent cuisines, buchers & buanderies. S'il faut plus d'vne cuisine ou de deux, comme aux maisons des grands, on les peut eriger vers les parties Occidentales, qui sont aussi fort propres pour y faire la boulangerie, les baigneries, estuues poisles & autres choses de mesmes. Les gardemangers pour conseruer la viande, doiuent aussi estre audit premier estage dans terre: toutesfois pour estre bien, faut qu'ils regardent le Septentrion, & qu'ils n'ayent autre ouuerture que de ce costé là. Mais pour autant que de toutes ces parties icy, i'ay ce me semble suffisamment parlé au premier liure, & en pourray encore parler comme il viendra à propos, à ceste cause ie n'en feray plus long discours, à fin que ie continuë & suyue le fil de nostre entreprinse, qui est de monstrer comme lon doit faire & dresser les bastiments, & conduire par bon ordre vne chacune chose appartenant à iceux. Apres doncques auoir enseigné comme il faut remplir les fondements, à ceste heure ie veux monstrer comme il faut faire les voûtes des caues, celiers, cusines, & autres lieux qu'on voudroit bastir au premier estage dans les terres, sans y obmettre leurs entrées & issues, portes & descentes, auecques la maniere de coupper & tailler les

Brieue recapitulation de ce qu'a esté dit au liure precedent.

Quel lieu & assiette doiuent auoir les caues.

Cuisines, buchers, buanderies & autres lieux.

i iiij

LIVRE III. DE L'ARCHITECTVRE

pierres pour cet effet. Mais voirement il me semble qu'il sera bon de faire vn Chapitre cependant que nous ne sommes pas encores loing des fondements, pour monstrer comme lon doit donner lieu aux vuydanges des cuisines, cloaques, priuez, & autres lieux immondes, pour la santé & conseruation des habitans du logis.

Qu'il faut pour la conseruation & santé des habitans, pendant qu'on est encores bien pres des fondements, preparer les lieux pour faire escouler la vuydange des cuisines, priuez, cloaques, baigneries, & autres lieux immundes, à fin que les excrements ne demeurent & croupissent aux maisons.

CHAPITRE II.

Bon enseignement & conseil pour rendre & entretenir vne maison saine.

IL faut tousiours pour rendre sains & agreables les lieux d'vne grande maison, en laquelle il y a grand nombre de peuple, que les immundicitez & vuydanges des cuisines, s'escoulent aisément: Autrement en peu de iours l'eau en laquelle on laue les poissons, chairs, tripailleries, vaiscelles & pots, y engendrera si grande putrefaction & puanteur, qu'il sera malaisé de demeurer gueres de iours en tel lieu, sans y receuoir quelque incommodité par maladie, causée de puanteurs & infections, qui corrompent l'air & alterent les humeurs des corps, auecques l'esprit. Il faudra aussi par vn mesme moyen donner ordre que les retraicts, baigneries & toutes sortes d'eaux croupies, se puissent escouler & euacuer par lieux propres, sans apporter dommage aux habitans, & principalement les vrines & pissats, qui se doiuent escouler & vuider bien loing & en quelque

Choses fort dignes de noter.

riuiere, si faire se peut, ou bien dedans les fossez, si l'eau y court ordinairement, ou dedans les terres, qui de leur nature sont telles, que si tost qu'elles reçoiuent quelque eau, elle est incontinent engloutie, beuë, & perduë. Il y a des lieux qui sont fort propres à cela, de sorte qu'il n'y entre aucune humidité qui ne soit tout incontinent rauie & à vn instant distribuée parmy les entrailles de la terre. Mais sur tout il ne faut conduire lesdictes

En quels lieux se doiuent conduire les vuydanges.

eaux dans les fossez, ausquels elles peuuent demeurer croupies, principalement s'ils sont pres des habitations, car cela causeroit vn fort mauuais air auec le temps, qui endommageroit la santé des habitans. Ie ne les voudrois aussi conduire en vne fosse qui fust entre le Soleil couchant, ou l'Occident, & la maison:

pour autant que cela apporte aussi vne grande infection au logis, quand le vent Occidental souffle, qui est le pire de tous, mesmes en France. Ie fais ce discours, à fin qu'en faisant les premiers estages dans les terres & fondements, on prenne garde à bien conduire les susdictes vuydanges au loing, & qu'elles ne demeurent enfermées entre les fondements du logis. Icy ie ne parleray des tuyaux, & conduicts de maçonnerie necessaires pour tel affaire, car il n'y a bon maistre Maçon qui ne les entende fort bien. Et jaçoit que ce propos soit chose sale & vilaine, voire à y penser seulement si est-ce que ladicte chose est plus que necessaire, & merite tres-bien qu'on en soit soigneux & curieux, pour la conseruation des habitants. Parquoy il faut que le maistre Maçon y donne bon ordre en temps & heure, & qu'il face que les pauez y soient de bonne pierre dure, bien maçonnez & bien assemblez auecques vne grande pente, & joincts couuers de tres-forte maçonnerie & bonne matiere, comme aussi les voûtes des cloaques, qui doiuent pareillement estre bien faictes & composées. Voila ce que i'ay voulu escrire pour la santé & vtilité des habitans & domestiques des logis, à fin qu'on y prenne garde, & s'en ayde qui voudra.

Aduertissement pour les maistres Maçons, & Seigneurs qui font bastir.

De la façon, disposition & situation des caues, & comme il faut faire leurs voûtes pour y garder les vins seurement & sainement, semblablement les huiles, saloirs, formages, & toutes autres prouisions de la maison.

CHAPITRE III.

AVANT aux caues pour garder les vins, on a tousiours coustume de les construire dedans terre, incontinent apres que les fondements des logis son erigez. Il les faut faire estroictes & longues, & non point larges & hautes, auecques peu d'air & clarté, tant par toutes leurs fenestres, que portes & ouuertures. Lesquelles doiuent tousiours regarder les parties Septentrionales, & estre faictes selon l'asiette du logis, & la largeur qui se trouue entre les gros murs du corps d'hostel, suyuant sa longueur, ou de trauers par la largeur: & que la voûte ne soit point plus haute depuis l'aire des terres iusques au sommet, que de sept pieds pour le moins, & neuf pour le plus

Les caues deuoir estre estroictes & longues, auec peu de clarté.

LIVRE III. DE L'ARCHITECTVRE

aux grandes caues, & dix ou douze pieds de large à chacun caueau, & quinze ou seize, pour le plus, aux grandes caues qu'on voudra faire par le trauers du logis. Ce qu'on doit practiquer & cognoistre de la longueur & largeur du corps d'hostel auquel on les veut construire, & aussi selon ce qu'on sera contrainct de les tourner pour leur faire receuoir la lumiere Septentrionale, s'il est possible. On faict communement la voûte des caues & caueaux en hemicycle, & outre la muraille qu'on y met pour faire les separations, on faict aussi des contremurs contre les grosses murailles, qui seruent & aydent à porter tout le fais des edifices par leurs extremitez. Il faut aussi faire massiues non seulement les murailles & pilliers qu'on y voudroit dresser, mais encore les voûtes, à fin que si on se vouloit seruir du dessus pour celier, qu'elles se trouuent fortes pour porter grande quantité de vins, ou bien de bois, si on s'en veut seruir pour bucher. Bref il faut que tout soit faict de telle sorte, qu'il fortifie & asseure entierement le logis, comme aussi les fondements qui doiuent estre forts, & vn peu massifs, ou, si vous voulez, plustost lourds que delicats, pour le profit & soulagement de tout le logis, ainsi que vous le pouuez voir par la presente figure.

Les voûtes des caues denoir estre massiues, à fin de pouuoir édifier des celiers par dessus.

Moyen de mettre grande quantité de vin aux caues.

Pour auoir plus facile aisance à mettre grande quantité de vins dans les caues, ie voudrois qu'au lieu qu'on faict les voûtes rondes en hemicicle, qu'elles fussent en anse de panier : car il seroit ainsi fort aisé d'y ranger les vins, & gerber les muids & tonneaux (comme parlent les Tonneliers) les mettant l'vn sur l'autre; ou bien aller par derriere iceux, à fin que le Sommelier prenne garde que les vins ne se perdent. I'ay doncques mis pour c'est effect la deuxiesme figure, ainsi que vous la pouuez voir cy apres, à fin que des deux vous choisissiez celle que vous voudrez. Et combien

bien que icy ne soit fort à propos de monstrer la manire de bien garder les vins, lards, huiles, formages, & autres prouisions de maison si est ce que de peur de l'oublier ie vous en veux bien aduertir. C'est, qu'il faut faire le plus loing que vous pourrez de vos caues, les voûtes & conduicts des cloaques & priuez, pourautant que leur puanteur corropt & gaste le bon vin. Ce qu'aussi aduient quand les caues sont trop pres de la hauteur des riuieres, c'est à dire quand les eaux des riuieres sont pres du fond des caues, car les vapeurs qui sortent desdictes eaux, & transpirent par les veines, soupiraux & conduicts de la terre iusques ausdictes caues, les eschauffent, & par consequent le vin, qui en est gasté & deterioré, comme aussi les lards huiles, fromages & autres choses qu'on y pourroit loger. Il y a vne autre incommodité aux caues des grands Seigneurs à laquelle on ne pense point, c'est que pour tirer tous les iours & souuentefois grande quantité de vin, les sommeliers en laissent communement beaucoup tomber & respandre, qui se croupist & corompt de telle sorte, qu'il engendre vne grande putrefaction, laquelle gaste le vin, ou le faict malade, comme il est quelquefois, ou bien le rend de mauuais goust. Mais il s'amende & guarist quand il est remüé du vaisseau, ou bien transporté incontinent en lieu qui soit exempt de toute puanteur, laquelle luy est fort contraire, ou bien qu'il soit logé en caue n'ayant ouuerture ny clarté que du costé de Septentrion. Pource ie serois d'auis qu'aux caues & lieux où il faut mettre grande quantité de vin, y eust vne pente par le milieu faicte de paué, de pierre de taille, ou de grez, ou bien de ce qu'on peut auoir le plus à propos, afin que les vuidanges des tonneaux se puissent escouler hors des caues, & qu'il soit facile de iecter de l'eau claire souuent par dessus, tenant tousiours par ce moyen la caue bien nette & propre. Si vous obseruez cela, & donnez à vos caues les largeurs & hauteurs qui ont esté monstrées cy deuant, auecques l'ouuerture du costé de Septetrion, indubitablement vostre vin non seulement s'y gardera bien, mais encores s'amendera, & si les tonnerres qui viennent le plus souuent des parties Occidentales & Meridionales ne l'offenseront point, comme ils feroient autrement. Reste à parler des descentes des caues & des fenestres & soupiraux pour y donner clarté, qui est le commencement pour monstrer la pratique des traicts de Geometrie, qui doiuent estre cogneus des Architectes & maistres Maçons, pour faire coupper les pierres à tous propos comme ils en auront affaire. Toutesfois deuant qu'en escrire nous parlerons sommairement des principaux instruments desquels s'aydent communemt les ouuriers.

Cause d'vn vin eschauffé & corrompu, comme aussi d'autres choses qu'on loge aux caues.

Bon conseil de l'Auteur & digne de noter aux vinotiers, tauerniers & cabaretiers.

La pratique des traicts estre fort necessaire aux Architectes.

LIVRE III. DE L'ARCHITECTVRE

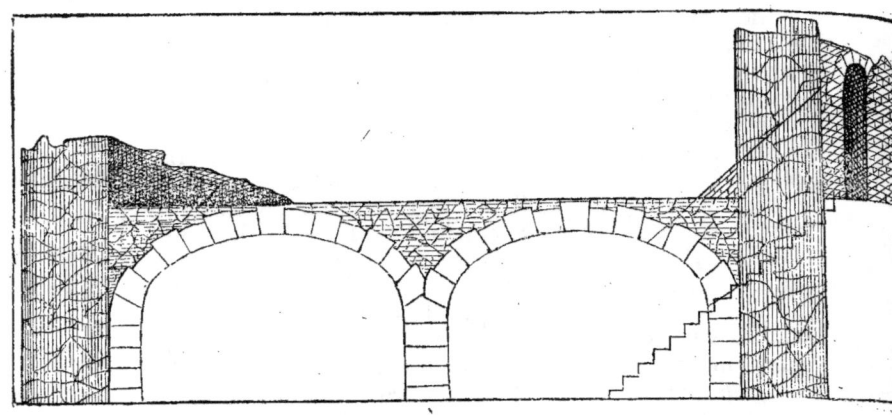

Declaration d'aucuns instruments, desquels les ouuriers s'aydent, à fin qu'en lisant les chapitres & discours des traicts, on les puisse mieux entendre.

CHAPITRE IIII.

Par faute d'entendre, bien souuent on demeure tout court.

IE me suis aduisé d'expliquer, comme en passant, certains instruments qui sont de l'art, & desquels nous ferons mention cy apres, à fin qu'en les nommant le Lecteur ne demeure tout court par faute de les cognoistre. Ie laisseray les vulgaires, pource qu'vn chacun les cognoist, comme la Reigle, l'Equierre, & autres qui sont trop intelligibles, à fin de parler seulement de ceux qui sont les plus necessaires, & moins cogneus à ceux qui ne sont de l'art, comme seroit le Buueau (ainsi que l'appellent les ouuriers) qui n'est autre chose qu'vn instrument semblable à l'equierre, mais au lieu que l'equierre se tient fixe, & a ses branches immobiles, le Buueau les à mobiles de sorte qu'elles se ferment & ouurent comme lon veut pour faire toutes sortes d'angles, ainsi qu'on le peut auoir affaire, soient droicts, obtus, poinctus, & en tel nombre que vous les voudrez.

Difference du Buueau à l'Equierre.

D'auantage les branches du Buueau sont differentes de celles de l'equierre, qui a ses branches à droicte ligne, mais celles du Buueau representent vne forme de rotondité, faicte apres la circonference de l'œuure laquelle vous auez à faire. Quelquefois toutes ses deux branches sont rondes, quelquefois courbes au dedans, quelquefois l'vne d'icelles est ronde & l'autre droicte, quelquefois

DE PHILIBERT DE L'ORME

quesfois toutes deux creufes, & la moitié d'vne droicte, ainfi que lon en peut auoir affaire. Le tout vous eft facile de cognoiftre par les figures fignées A.

La Sauterelle eft quafi femblable au Buueau, fors qu'elle eft toute droicte, & s'ouure & ferme comme lon veut, pour prendre vne mefure fur le traict, ou fur l'œuure, à faire couper vne pierre par le bout, ou autrement, eftant fur le chantier premier que de la mettre en œuure. On s'en ayde en vn lieu de neceffité & contraincte. La figure de ladicte Sauterelle eft marquée cy apres par B.

Que c'eft que Sauterelle, à necques fon vfage.

La cherche r'alongée (de laquelle nous parlerons fouuent & en aurons fort affaire, non feulement pour les traicts, mais encores pour arrondir les colomnes, & les faire de differentes fortes, ainfi que, Dieu aydant, nous efcrirons au cinquiefme liure) fe faict en diuerfes manieres. Quelquefois par plufieurs rapports de poincts iuftement marquez : autresfois auec plufieurs lignes paralleles & rapports de largeurs & longueurs, lefquels on marque aux extremitez par plufieurs petits poincts trouuez auec le compas, à diuerfes fois, trois poincts à la fois. Lefdictes cherches r'alongées fe peuuent auffi trouuer & prendre promptement par la voye & façon qu'on trouue les trois poincts perdus. Laquelle iaçoit qu'on eftime bien peu de chofe, i'entends n'eftre difficile, fi eft ce que ie l'ay fort bien expliquée en noftre liure. De la Nouuelle Inuention, pour bien baftir & à petits frais : & la veux encores icy monftrer, quafi d'vne autre forte, pour foulager ceux qui ne l'entendent. Pour trouuer doncques promptement la cherche r'alongée d'vne circonference, & la donner bien à entendre, elle ne fe peut trouuer, ou prendre tout d'vn coup, auec le compas, ny d'vn feul centre, mais bien auec plufieurs centres & plufieurs lignes, courbes ou rondes, & faictes auec ledit compas, ainfi que vous le pouuez voir par exemple en la figure cy apres defcrite. Et pour plus facilement nous expliquer, ie fuppofe que vous ayez à faire plufieurs paneaux pour paracheuer quelque œuure diligemment, lefquels il faut traffer promptement, à fin de donner befongne à plufieurs Tailleurs de pierres, fçauoir eft à chacun vne piece pour parfaire l'œuure auffi toft que vous la defirez. Or eft-il qu'il ne faut fonger à leuer les moules & paneaux apres que les largeurs & longueurs defdicts paneaux font tirées, & les poincts marquez où vous voulez faire la cherche r'alongée, ainfi qu'ils font aux lieux fignez D, en la figure cy apres defcrite. La demonftration & exemple fe voit en ladicte figure au lieu marqué C, & fe pratique tout ainfi qu'on trouue les trois poincts

Que c'eft que cherche r'alongée.

La voye & façon de trouuer les trois poincts perdus, n'eft-ce de petite confequence.

Familiere explication de l'Autheur fur la cherche r'alongée.

k

LIVRE III. DE L'ARCHITECTVRE

perdus. Comme quoy? ie propose que vous mettiez trois poincts à voſtre volonté, & que d'vn poinct à autre vous tiriez des lignes leſquelles vous diuiſez par le milieu, & puis en faictes vne perpendiculaire ſur icelles, ainſi que vous voyez les deux lignes A & B, & où elles ſe rencontrent & *Claire demon-* entrecouppent, c'eſt le centre; ainſi que vous le voyez au *ſtration de la* lieu où eſt C, ſur lequel vous deuez mettre vne des poin-*figure enſuiuan-* ctes du compas, & l'autre marquera vne ligne iuſtement, *te.* qui paſſera ſur les trois poincts, comme vous le voyez par la figure marquée C au centre. Vous pouuez auſſi proceder en cet affaire auec le compas, par la façon que vous voyez gardée en figure cy apres propoſée, qui eſt le moyen plus aſſeuré. De ſorte qu'à ceux qui ſont prompts à manier ledit compas, il ne faut aucune equierre, car auſſi bien ſi elle n'eſt iuſte & bonne, le traict ne ſe peut faire iuſtement. Telle façon de trouuer les *Le grand vſage* cherches r'alongées auec les trois poincts, eſt tres-vtile & neceſ-*& neceſſité des* ſaire; car vous ne ſçauriez ny faire, ny leuer vn paneau pour vn *trois poincts* edifice ſur vne forme ronde, qu'il ne vous faille touſiours trou-*perdus.* uer les cherches r'alongées, qui ne ſe peuuent promptement faire, ſinon par leſdicts trois poincts perdus: elles ſe trouuent au paneau comme celles qui ſont marquées D, ainſi que i'ay dict, & ſont pluſieurs cherches & differentes. Semblablement quand vous voudrez trouuer la circonference d'vn rond, ou baſtir & paracheuer vn edifice qui eſt imparfaict ou ruiné (lequel touteſfois on voudroit r'édifier) ou bien trouuer vn traict qui ſeroit perdu & effacé, pourueu qu'il y ait vn peu de la circonference d'vne cherche r'alongée, & le centre dont elle aura eſté tirée, ſera facile de trouuer; le tout par le moyen de ceſte petite ayde des *La cognoiſſance* trois poincts perdus, deſquels la cognoiſſance, ainſi que vous *des trois poincts* voyez, eſt treſ-neceſſaire & vtile à ceux qui ſe veulent meſler d'Ar-*perdus eſtre ne-* chitecture. Pour reuenir à nos inſtruments & termes de l'art, les *ceſſaire à l'Ar-* ouuriers en ont encores quelques vns qu'ils appellent paneaux, *chitecte.* & ſe font de differentes ſortes, pour ſeruir en diuers lieux & ſous diuerſes façons: tellement qu'ils ſont appellez quelque fois paneaux de doile par le deſſus, comme celuy de E: autrefois paneaux de teſte, ainſi que celuy qui eſt marqué F; & quelquefois paneaux de joinct, comme celuy de G, qui ſe font ſuiuant les traicts, apres leſquels il faut marquer & traſſer les pierres tout autour. Voila que c'eſt qu'on appelle paneaux deſquels vous aurez plus ample & facile cognoiſſance par le diſcours des traicts Geometriques, ainſi que nous en eſcrirons cy-apres

Les ouuriers vſent auſſi d'vn niueau, pour iuſtifier & niueler les pierres leſquelles ils mettent en œuure, & ſe faict ledit niueau
d'vn

DE PHILIBERT DE L'ORME.

d'vn plomb reiglé, & auſsi d'vn plomb auec vne ligne ou filet bien delié, lequel on pend tant bas que lon veult, comme de toute la hauteur de l'œuure s'il eſt de beſoin, pour cognoiſtre ſi la beſongne eſt faicte perpendiculairement, c'eſt à dire droictement & à plomb, ou bien ſi elle ſe renuerſe & iette au dedans ou dehors. Vous pourrez cognoiſtre ledit niueau, la reigle plombée, & le plombet en la figure cy apres deſcrite, aux lieux marquez H. *Que c'eſt que Niueau, & de ſa compoſition & vſage.*

Leſdicts ouuriers vſent auſsi de moules, ſuiuant leſquels ils traſſent le pourfil d'vne corniche, d'vn architraue, d'vne baſſe, ou autre ſorte de moulures. Et ſe font leſdicts moules de cuiure, de bois, de fer blanc, ou papier de charte, & ſeruent à mouler & marquer les pierres pour les tailler. Voila ce qu'ils appellent moules. Vous pourrez voir cy apres le moule d'vne baſſe de colomne Corinthienne. *Que c'eſt qu'on appelle Moules.*

k ij

LIVRE III. DE L'ARCHITECTVRE

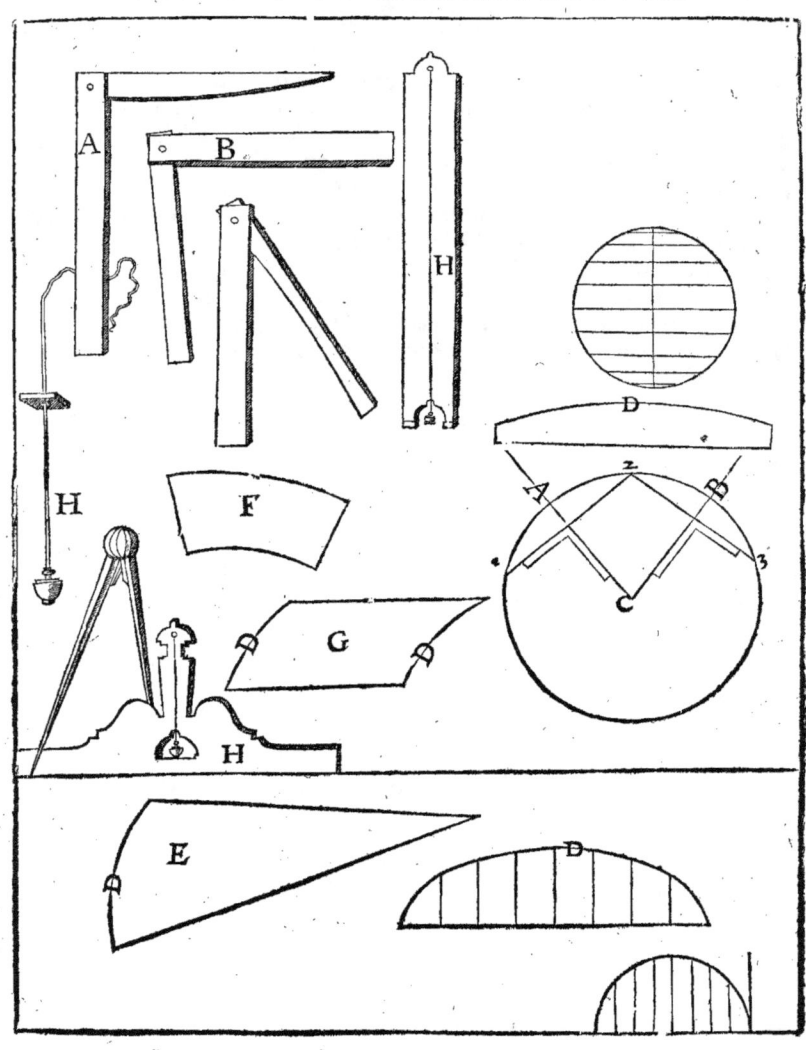

Quelles choses sont syntres & à quoy ils seruent.

Les ouuriers vsent encores de syntres à porter les pierres, & voutes, iusques à ce qu'elles soient fermées & maçonnées. Il s'en faict de plusieurs sortes, entre lesquelles y en a de difficiles, mesmes quand on les veult faire selon le traict de l'œuure qui se trouue biaise & estrange à voir, comme sont les trompes & portes qui sont biaises, sur vne tour ronde & en talus; ainsi que vous le cognoistrez mieux par le discours & descriptions des traicts, lesquels vous verrez l'vn apres l'autre en temps & lieu, auec contentement & familiere cognoissance de tout, Dieu aydant.

DE PHILIBERT DE L'ORME.

Lesdicts ouuriers vsent aussi de moules pour traſſer les pierres, qui sont certains pourfiles de corniches, d'architraues, & d'autre sorte de moullures, comme aussi des basses, ainsi que vous voyez en la figure suiuante, qui est le moule d'vne basse de colomne Corinthienne. Quand les pierres sont équarries & iaugées on les moule & traſſe auec vne petite broche d'acier sur les moulures des œuures qu'on veut tailler à la pierre.

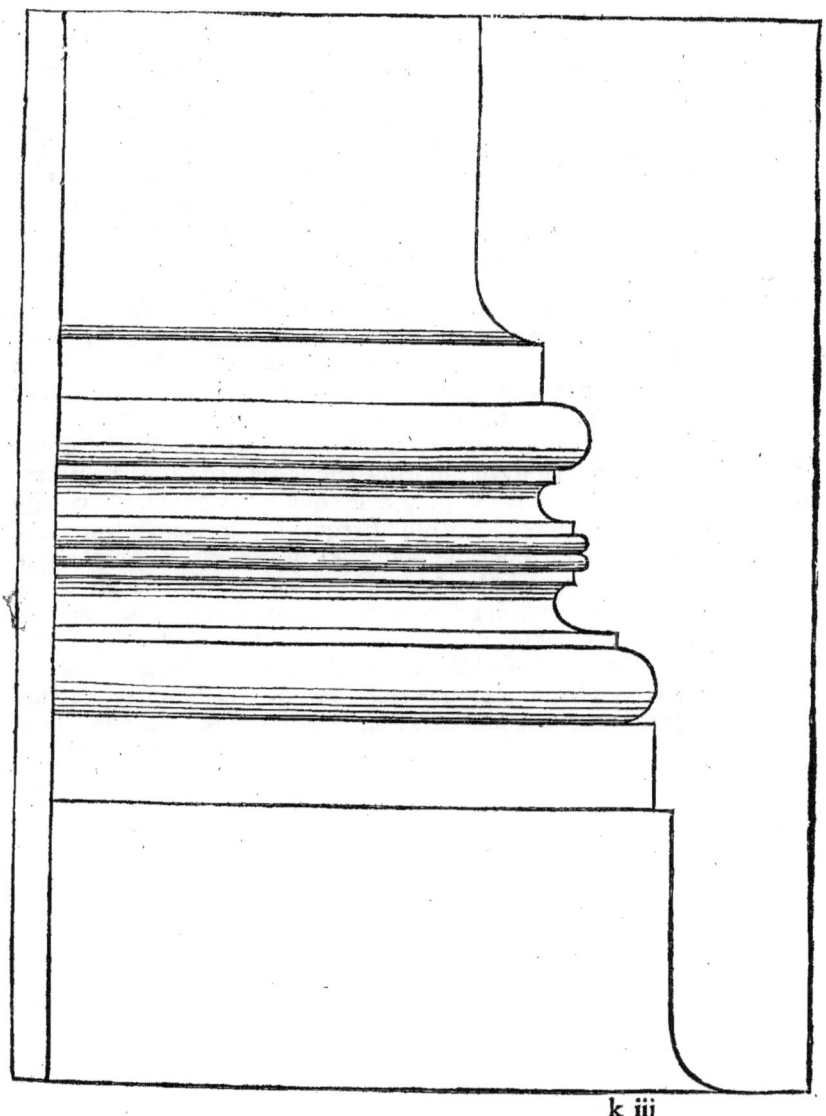

k iij

LIVRE III. DE L'ARCHITECTVRE

Denombrement de ce que l'Autheur propose escrire cy-apres.
Aucuns inſtruments & termes de l'art eſtants ainſi expliquez, auecques les autres choſes precedentes, il me ſemble maintenant eſtre fort conuenable d'enſeigner comme il faut tailler & mettre en œuure toutes ſortes de pierres taillables, meſmes celles qui ſont les plus difficiles. Pareillement comme il faut accommoder les vieils logis auecques les neufs, & oſter les contrainctes & ſubiections eſquelles on ſeroit, ſans l'ayde des traicts Geometriques. Qui ne donnent ſeulement le moyen & cognoiſſance de rendre l'edifice libre & bien ayſé, mais encores pour remedier à ce qui ſemble ſouuent impoſſible, & neantmoins eſt tres-facile à ceux qui l'entendent: ſoit pour faire pluſieurs ſortes de voûtes pour toutes ſortes de portes, biaiſes, droictes, rondes, ou en talus, & ainſi qu'on voudra: comme auſſi pour deſcentes des caues, ſoient ſur angles, ou en quelque forme ronde ou quarrée: pour toutes ſortes de trompes, droictes par le deuant, rondes, creuſes, biaiſes, & de toutes autres formes qu'on pourroit penſer. Bref par le moyen deſdicts traicts on peut tout faire, & ſe peut rendre capable le maiſtre Maçon de conduire toutes ſortes d'œuures, pourueu qu'il ſçache bien entendre les meſures, & proportions, auec la pratique dicelles. Mais iuſtement icy ie me puis plaindre, qu'auiourd'huy ie ne voy beaucoup d'ouuriers prendre peine à eſtudier & cognoiſtre ce qui concerne leur eſtat, ains pluſtoſt s'amuſer à vn tas de choſes mondaines & friuoles, qui ne ſont de leur vocation; de ſorte que s'ils y continuent, il ſera malaiſé que les Roys, Princes, grands Seigneurs, & autres qui feront baſtir, ſoient bien ſeruis deſdicts ouuriers (ie dy de pluſieurs) leſquels ie veux fraternellement aduertir, admoneſter & prier, de ſe vouloir recognoiſtre & vouloir eſtudier & apprendre ce qui eſt requis & neceſſaire à leur art & eſtat, pour la cognoiſſance duquel ie leur ay eſcrit de bõ cœur (mais auecques vn grandiſſime labeur) le preſent œuure d'Architecture, à fin qu'ils s'en puiſſét ayder, & en retirer quelque profit. Ie ne veux m'arreſter d'auantage ſur ce propos, à fin de reprendre nos traicts, qui ne ſont traicts d'arbaleſte pour offenſer, mais bien traicts, & pratiques de Geometrie pour enſeigner, & ſecrets d'Architecture dignes d'eſtres cogneus & executez. Nous reprendrons doncques les caues cy deſſus delaiſſées, & leur accommoderons leſdicts traicts.

Par le moyen des traicts Geometriques ſe pouuoir tout faire.

Fraternelle admonition de l'Autheur aux ouuriers.

DE PHILIBERT DE L'ORME.

Des traicts Geometriques qui monstrent comme il faut tailler & coupper les pierres pour faire les portes & descentes des caues, & estages qui sont dedans les terres, comme cuisines, estuues, baigneries, & semblables où l'on ne peut aller à niueau, & y faut descendre.

CHAPITRE V.

POVR entrer au discours & doctrine des traicts Geometriques, nous commencerons par les caues. Soit donc donnée vne ligne droicte, ainsi que A B, tant longue que vous voudrez, laquelle representera l'aire du berceau, ou voûte de la caue, marquée, P, en la figure ensuiuant. Sur ladite ligne A B, tirez en vne autre perpendiculaire ou vn traict d'équierre, à vostre plaisir, comme est la ligne CD, puis faictes vne autre ligne parallele apres celle là, tombant perpendiculairement sur le bout de ladicte ligne A B, ainsi que vous voyez A E, laquelle ligne aura tant de hauteur que vous en voudrez, pour monstrer la descente en la caue, comme vous le voyez au lieu E B. Du bout de la descente vous tirerez vne ligne circulaire telle que B Q, qui representera la voûte de ladicte caue. Cela faict vous tirerez deux hemicycles du centre R, qui seront de la largeur de E S & T V, lesquels vous diuiserez en sept parties ou pieces esgalles, par lignes qui prouiendront du centre R, comme vous les voyez representées par F G H I K L M, qui monstre comme doit estre le deuant de la porte pour descendre à la caue. Toutes les lignes qui font les separations desdictes sept pieces, monstrent les commissures de ladite voûte & porte, desquelles commissures il faut tirer d'autres lignes perpendiculairement sur la ligne E B, comme vous en voyez vne signée X Z. Il faut tirer pareillement les autres lignes qui vont obliquement & sont parallele à celles de E B, comme il est practiqué en vne marquée, &, Z, 15, & ainsi des autres qui touchent au berceau de la caue, & à la ligne CD. qui monstre le plomb & perpendicule du deuant de la voûte de la porte ou descente de la caue. Apres laquelle sont tirez les paneaux pour trasser les pierres pour les doiles & ioincts d'icelles, ou des commissures, à fin de conduire & faire la pente de la voûte & descente de la caue: qui se faict en la sorte que nous proposerons. Et pour mieux la comprendre nous commencerons aux paneaux des doiles qui sont tous d'vne mesme largeur:

Belle description & demonstration pour la voûte & descente d'vne caue.

Continuation de ce que dessus.

Des paneaux des doiles.

LIVRE II. DE L'ARCHITECTVRE

ainſi qu'il ſe void de T à 9, & de 9 à 10, ou de V à 18, ou de 18. à Z, & ainſi des autres, comme vous auez veu la voûte auoir eſté diuiſée en ſept parties egales. Vous prendrez doncques vne de ces largeurs telles que vous la voudrez, comme celle de 9 à 10, & la mettrez en meſme diſtance que vous voyez les deux lignes paralleles N O, D R, qui tombent perpendiculairement ſur la ligne A B. Le premier paneau de la doile qui ſeruira au lieu marqué I, ſe trouue faict de quatre lignes qui le ferment, ſçauoir eſt N D, D R, R O, O N. cedit paneau ſeruira pour traſſer les deux premieres pieces par leurs doiles F M. Le paneau de la clef au lieu

Le paneau de la clef.

marqué 4, ſe trouue tout quarré pour eſtre au milieu de la voûte de la porte, & non point de biais pour la pente, mais les autres pieces marquées 2 & 3 ſont de biais, & ſe prennent apres la ligne R C, qui eſt perpendiculaire, ſur celle de A B, laquelle ainſi que vous voyez ſert de ligne de pente, apres celle de la voûte & deſcente de la caue, comme il a eſté monſtré. Vous pouuez prendre en ceſte ſorte les paneaux auec le compas. La largeur & diſtance du poinct de 11, à celuy de 13, ſe tranſporte du poinct de 14, au poinct de 12. Apres vous prenez à part la diſtance de la largeur du poinct de 12 à celuy de 15 iuſtement, contre la ligne de pente C D, laquelle largeur vous tranſportez ſur la largeur des paneaux de doile, & la mettez du poinct de 4 au poinct de 2, & de là vous tirez vne ligne du poinct de 2, au poinct de R, qui ſera le paneau pour ſeruir à traſſer les pierres pour la doile, au lieu marqué, 2 & 16. Vous trouuerez de meſme ſorte l'autre piece marquée H K, au droict de la doile marquée 3 apres la ligne de pente, ainſi que vous auez faict celle de 2, & la pouuez cognoiſtre au lieu marqué 3, tant ſur la doile, que ſur le paneau qui eſt faict entre les deux lignes O N, & R D. Ie crains merueilleuſement que cecy ne ſoit

Excuſe de l'Autheur enuers ceux qui ne ſõt de l'Art.

trouué faſcheux, & malaiſé d'entendre à ceux qui ne ſont point de l'art: en quoy ils me ſupporteront, s'il leur plaiſt, car nous l'eſcriuons principalement pour les Tailleurs de pierres & maiſtres Maçons, entre leſquels ſe trouueront quelques vns qui comprendront incontinent l'artifice, voire ſans aucune demonſtration, en leur preſentant ſeulement la figure ſans aucune eſcriture, & ſignamment ceux qui auront quelque dexterité d'eſprit: de ſorte que prenant le compas à la main, ils le dreſſeront incontinent ſur les lignes propres & conuenables. Quand aux paneaux desioincts & commiſſures, comme eſt celuy de la marque 5, ils ſe practiquent en ceſte ſorte: Vous prendrez la largeur de quelque commiſſure, comme de 17 & 18, & en tirerez la largeur par vne ligne parallele apres celle de 11 & 18, qui eſt au lieu marqué 19 & 30. Apres vous regarderez la ligne qui procede de l'extremité de la commiſſure au poinct de 17, iuſques contre la ligne de pente marquee 20, lequel poinct de 20 vous porterez perpendiculairement sur la ligne 19, au poinct de 21, & de ce poinct là de 21, vous tirerez vne ligne iusques au poinct de 11, qui monstre iustement comme doit estre le paneau de ioinct pour trasser au droit de la commissure, 5. Apres quoy il faut trasser les deux pieces ou pierres LM, au droict de leurs commissures, 5. Vous ferez de mesme sorte les autres paneaux des ioincts marquez 6 & 7, ainsi que vous les voyez sur le traict reperé & marqué 6 & 7, pres la ligne de pente. Ayant couppé & équarry en ceste façon vostre voûte de porte, suyuant les paneaux de teste FGHIKLM, vous les trasserez par le dessous des paneaux de doile, qui ont esté monstrez 1, 2, 3, 4, & sont entre les deux lignes paralleles O N R D, comme i'ay dict plusieurs fois & le veux encores repeter pour plus facile intelligence. Vous cognoistrez les paneaux des ioincts entre les lignes paralleles comme celle de 11 à 19, qui sert à sa commissure marquée, 5. Celle du poinct de 15, au poinct de 50. celle pour la commissure qui sera au paneau de ioinct marquée 6, & celle de 51 & 52, c'est pour le paneau de ioinct marqué 7. & tous les autres ioincts ou commissures semblables de l'autre costé se trasseront de mesme sorte. Si vous voulez prendre la peine de les examiner auecques le compas, vous les trouuerez ainsi que ie vous les ay descrit. Toutesfois pour mieux faire cognoistre le tout, & ne faire confusion de lignes vnes sur autres (comme il faudroit qui voudroit tout mettre) de peur de troubler les lecteurs, ie delibere cy-apres monstrer en autre sorte, le traict de la descente de caue biaise par le deuant, & comme il faut leuer les paneaux pour faire la voûte tant de la descente, que de la caue. Ce que ie fais afin qu'on entende plus facilement, ie ne diray les descentes droictes & biaises, mais aussi qu'on trouue par mesme methode comme il les faut faire rondes par le deuant ou biaises, si le lieu le requeroit, ou en talus, ou sur le coing. Bref de toutes sortes qu'on les voudra, pourueu qu'on entende la pratique de Geometrie, car lors sans nul doute, il ne se presentera chose qu'on ne puisse galantement faire. Il ne se faut estonner si du premier coup, vous n'entendez ces traicts & la pratique d'iceux : car il les faut tous voir & lire l'vn apres l'autre. Ce faisant vous verrez que tous ensemble vous conduiront à leur vraye cognoissance & intelligence : pour autant que ce que l'vn ne monstre, l'autre l'enseigne. Le precedent discours se cognoistra par la figure suiuante.

Beau discours mais fort laborieux.

Les demonstrations & descriptions precedentes respondre au compas.

LIVRE III. DE L'ARCHITECTVRE

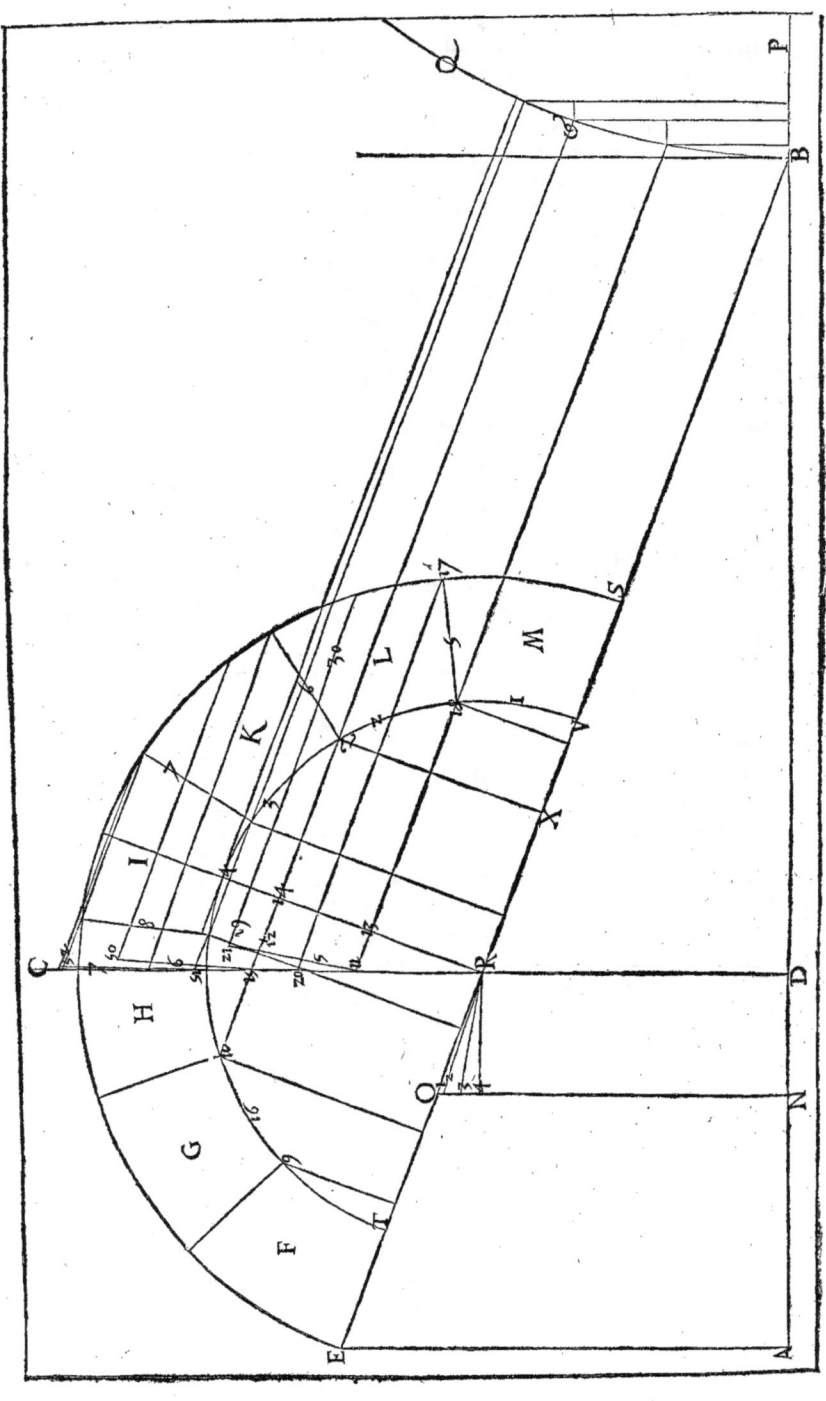

Des traicts pour la descente biaise, & droicte par le deuant des caues : où lon voit comme il faut leuer les paneaux, tant pour traßer les doiles, ioincts & commissures, que pour ceux de la voûte de toute la caue, auecques les doiles & voûtes de la descente.

CHAPITRE VI.

JE suppose que vous ayez tiré la ligne perpendiculaire C D, sur la ligne droicte A B (comme il faut tousiours faire pour commencer quelque œuure que ce soit) & que sur icelle vous ayez aussi érigé trois hemicycles venants du centre E, & de telles largeurs que vous voudrez, comme vous voyez les trois hemicycles, ou ligne hemicirculaires H I K, G L M, F N O. Lesdicts hemicycles, (qui representeront le deuant de la voûte de la porte & descente de la caue) seront diuisez en tant de parties que vous voudrez. Quant à ceux icy ie les ay diuisez en cinq parties egales, ainsi que vous les voyez separez par les lignes des commissures qui procedent du centre E, & sont marquées 6, 7, 8, 9 : qui monstrent la voûte plantée sur la ligne A B. Cela faict vous tirerez des lignes perpendiculaires qui procederont desdictes commissures & de leurs extremitez, tant par la doile de dessous que celle de dessus, & du milieu, comme vous voyez en la commissure 8, de laquelle sont tirées trois lignes perpendiculaires tant longues qu'on veut, signées, 10 11, 12, & marquées aussi en leurs extremitez de mesmes nombres qu'en la commissure 8, & ainsi faut faire des autres. Apres ce vous tirerez deux lignes qui seront autant obliques ou biaises que vous voudrez faire vostre descente de caue, & autant distantes l'vne de l'autre que sera la longueur de la descente, ainsi que vous les pouuez remarquer & cognoistre par les deux lignes obliques R S, T V. Puis vous tirerez vne autre ligne du centre de E à P, qui sera equidistant à la ligne oblique R S, sur laquelle vous tirerez vne perpendiculaire qui sera du poinct de P, & passera par le poinct de O, tirant au poinct de Q; telles lignes monstrent la pante de la descente de la caue. Cela expedié il vous conuient faire plusieurs lignes paralleles apres la ligne A B, qui prouiendront des commissures 6 & 7, ainsi que vous voyez les lignes marquées 13, 14, 15, 16, N Q. Puis vous tirerez celles du milieu des commissures, & aussi celles des doiles qui seruent à faire les paneaux pour ladicte

Pour commencer quelque œuure que ce soit, il faut tirer vne ligne perpendiculaire sur vne droicte.

Bel artifice pour les maistres Maçons & ouuriers.

Continuation du susdit artifice.

LIVRE III. DE L'ARCHITECTVRE

voûte de la caue, comme celle de 17 & de 18. Il faudra aussi tirer celles des doiles, ainsi que vous en voyez vne en la ligne 19. Conclusion, il les faut faire toutes paralleles, c'est à dire équidistantes, & les tirer perpendiculairement sur la ligne A B, comme nous auons dit. Pour trouuer les paneaux des commissures nous commencerons à celuy de 6, & regarderons sur les lignes obliques, comme sur celle de R S, au droict où descendent lesdictes lignes perpendiculaires qui prouiennent de la commissure 6, où nous mettrons vne autre ligne pour faire l'espesseur de la voûte, comme de 20 à 21, que vous rapporterez sur les lignes perpendiculaires de 20 à 23. Puis vous prenez la largeur sur la ligne de pente P Q, aux deux poincts marquez 13, laquelle vous rapportez sur la ligne oblique R S, au lieu de 13, & la marquez quarrément apres la ligne oblique R S, sur la perpendiculaire qui vient de ladicte commissure de 20, marquée aussi 13 : cela faict vous prenez la distance sur la ligne de pente P Q, apres la perpendicule O X, aux deux poincts 14, laquelle vous mettez sur la ligne perpendiculaire qui procede de la commissure 6, comme vous voyez au droict de la ligne 21 & 24, en son extremité, puis vous la colloquez quarrément sur la ligne oblique R S, & marquez au poinct 14, lequel poinct de 14, vous rapportez aussi sur la ligne 23, qui represente la largeur de la commissure, comme si vous vouliez faire vne ligne parallele, apres celle de A B, & la marquez encores 14. Sur ladicte ligne 23, de ce lieu de 14, vous tirerez vne ligne iusques au poinct de 13, qui monstrera comme doit estre iustement le paneau de ioinct, ou de la commissure marquée 6, apres quoy il faut trasser les deux pierres 4 & 5 à ladicte commissure de 6.

Pour trouuer les paneaux des commissures.

Pour plus grande intelligence nous expedirons encores vn paneau de ioinct, comme celuy de la commissure de 7, où vous prenez les largeurs, apres la ligne de pente P Q, comme vous auez faict cy deuant, & apres la perpendicule X & O, prenant la largeur des deux poincts 15, & les remettant sur la ligne oblique quarrément, comme vous le voyez aussi aux deux poincts 15, sur la ligne 25. Puis vous prenez encores sur la ligne de pente P Q, les largeurs des deux poincts 16, & les mettez apres la ligne oblique R S, sur la perpendicule 26, marquée au poinct 16, laquelle vous rapportez parallelement sur l'autre ligne perpendiculaire marquée 27, où vous mettez le poinct de 16 : & de ce poinct de 16, vous tirez au poinct de 15 vne ligne qui vous monstre iustement comme doit estre le paneau de ioinct & commissure, au lieu marqué 7. Ie fais ainsi de mesmes marques au rapport du compas sur les paneaux de ioinct. Les paneaux de doile de la voûte & descente de caue, se prennent en mesme sorte sur le traict que vous voyez cy apres. Et à fin de bien entendre tout, ie monstreray encores separement, comme l'on doit faire les paneaux de la voûte & berceau

L'Autheur estudier à estre intelligible & facile.

Paneaux de la voûte, & berceau de la caue.

DE PHILIBERT DE L'ORME.

te & berceau de la caue, qui s'accordēt auecques la descente, ainsi que vous le cognoistrez mieux cy apres. Vous noterez que tout ainsi que vous auez faict la ligne de pente P Q, & apres icelle prins les rapports du compas pour faire les paneaux, il faut aussi faire la circonference de la voûte de la caue, qui sera en hemicycle ou surbaissée en anse de panier, ou autremēt, comme vous voudrez. Apres quoy aussi vous ferez les paneaux de la voûte de la caue, pour coupper les pierres pour les joincts & pour les doiles. Laquelle voûte ie figure, par exemple, sur la ligne A B, d'vne moitié d'icelle voûte, en la quarte partie d'vne circonference, comme vous le voyez au costé de la voûte de la porte marquée A F Y, où il y a des lignes paralleles, qui prouiennent des commissures, comme celle de 10 & 30 celle de 11 & 32, celle de 12 & o & ainsi des autres, lesquelles il faut tirer toutes perpendiculairement ainsi que vous voyez la commissure 8, marquée par les deux bouts 10, 11, 12. Il faut ainsi faire des autres, & non seulement de celles des commissures, mais aussi de celles des doiles, comme vous le pourrez mieux cognoistre par ladite figure. Quant aux paneaux ils se font en ceste sorte: Prenez la distance auecques le compas d'entre les deux poincts des deux o, & la rapportez sur la ligne oblique T V quarrément, au droict de la ligne perpendiculaire 12, puis les marquez & reperez & aux mesmes lieux signez o. En apres vous prendrez la distance des deux poincts 32, à la parallele qui entrecouppe la ligne de la voûte de la caue Y F, laquelle vous rapporterez sur la ligne de 11, tousiours apres la lignē oblique T V, lequel poinct de 32 vous marquerez quarrément sur la ligne 50, qui est la moitié de la largeur de la commissure de la voûte de la porte & descente, comme vous voyez de 11 & 12; & sur telle ligne 50 vous repererez le poinct de 32, comme si vous vouliez faire vne parallele apres la ligne A B. Cela faict vous prendrez la distance des deux poincts 30, & la rapporterez apres la ligne oblique T V, sur la ligne 10, faisant tousiours le rapport du compas quarrément, comme vous voyez marqué 30, lequel poinct de 30 vous remettrez équidistamment, ou par ligne parallele faicte apres celle de A B, sur la ligne 51, où vous remarquerez encores 30, lequel nombre ie mets ainsi de mesmes, à fin de cognoistre ce que rapporte l'vn à l'autre. Par ainsi vous aurez trouué trois poincts, l'vn au lieu de 30 l'autre 32, & le troisieme marqué o. De ces trois poincts là il faut trouuer vne ligne circulaire auecques le compas, qui vous monstre comme doit estre le paneau de ioinct, ou commissure, pour coupper la pierre de la voûte de la descente de la caue, portant la forme de la rotondité de ladicte caue, qui sert pour la commissure marquée 8. Il faut ainsi faire tous les autres paneaux des ioincts & doiles, soit pour

Pour faire les paneaux de la voûte.

Continuation de ce que dessus.

Pierres pour la voûte de la descente.

l

LIVRE III. DE L'ARCHITECTVRE

les commissures des pierres, ou pour lesdicts paneaux des doiles dessous & dessus, en obseruant par tout les largeurs: & où il y a de la circonference, il faut tousiours mettre trois lignes qui soient perpendiculaires & paralleles, suyuant la ligne de pente pour la descente, comme celle de P Q, ou contre la circonference de la voûte, comme Y F, à fin que par trois poincts on puisse faire les circonferences auec le compas de la cherche r'alongée, qui se trouue au bout des paneaux, ainsi que celle de 0, 32, 30. Où c'est que la voûte est droicte par le deuant, on ne faict point le r'apport auec le côpas, qu'aux deux extremitez: pourautant qu'ayant trouué les deux poincts, on trouue vne ligne droicte d'vn poinct à autre. Ie sçay veritablement que plusieurs gentils ouuriers entendront incontinent ces traicts ayant iecté la veuë dessus, & tenant le compas à la main trouueront facilement les r'apports, qui est la cause que ie n'en feray plus long discours. Encores ceux qui ne sont de l'estat & voudront prendre la peine de lire ce que i'en escris, & voir les figures des traicts, en pourront apprendre &

L'artifice des traicts Geometriques ne s'acquerir legerement.

comprendre quelque chose. Ie diray librement que ceste discipline, cognoissance & artifice des traicts, ne s'acquiert legerement ny du premier coup, ains auec grand labeur, trauail d'esprit, experience, & industrie de bien sçauoir excogiter ce que l'art peut faire, & nature y peut ayder. Ceux qui tiendront la Geometrie en main, y auront beaucoup d'auantage, pourueu qu'ils soient vn peu instruicts & acheminez en la pratique. Ie ne parleray pour ceste heure d'autres sortes de descentes de caues, comme biaises, & rondes par le deuant, & portans forme de voûte par le dedans. Il s'en peut faire d'autres sortes qui sont tresdifficiles à conduire, comme celles qui sont en partie sur les angles, en partie sur vne tour ronde qui est en talus biaise, & tortuë, & par le dedans de la caue vne voûte de four surbaissée, biaise, rampante; & assez d'autres sortes estranges qui se peuuent faire, & les faut entendre à fin d'accommoder les bastiments d'vn chacun,

Excuse de l'Auteur, s'il ne descrit autres sortes de voûtes & descetes de caue.

ainsi qu'il viendra à propos. I'en descrirois volontiers icy quelque quantité, mais outre le grand rompement de teste qui est à les excogiter & monstrer, ie craindrois aussi que peu de gens y sceussent mordre, soubs la nuë & simple demonstration que i'en pourrois faire. Ioinct aussi que pour ce faict il conuiendroit monstrer à trasser & assembler les pierres, ou bien le tout contrefaire en bois, ou quelque pierre tendre, ou en autre matiere, pour rendre visible facile, & intelligible à tous. Mais pour autant que ie suis pour le present occupé en grandes charges & affaires, & signamment pour le Palais de la majesté de la Royne Mere, ie ne puis vacquer à ce que bien ie desirerois pour la perfection de ceste matiere: aussi que ie ne puis plus prendre tant de peine que ie

DE PHILIBERT DE L'ORME

defirerois bien, à caufe de la debilitation de ma veuë, qui fait que ie remettray le refte à quelque autre temps qui me fera plus à propos. Lequel, auec l'ayde de Dieu, i'emploieray auffi à reuoir Euclide & accommder fa theorique auec la pratique de noftre Architecture, luy accompagnant Vitruue, & le reduifant à vne certaine methode, laquelle i'aperçois en fes liures eftre fort indigefte & confufe. Le tout fe fera felon le moyen qu'il plaira à Dieu m'en donner, & le temps & loifir que ie pourray impetrer des grands Seigneurs. Quelques vns pourront dire que fans caufe & pour neant ie m'emploieray à reuoir Euclide pour accómoder plufieurs propofitions & demonftrations de fa theorique auecques l'vfage & pratique de noftre Architecture, veu qu'il y a tant d'hómes doctes qui font profeffion de lire & interpreter diuinement bien ledit Euclide. Ie ne feray autre refponfe, finon que ie reuere & honore tous les profeffeurs & interpretes d'Euclide, foient de noftre temps ou du paffé, & les prie de vouloir perfeuerer à l'illuftration d'iceluy: & d'abondant me vouloir coupper l'herbe fous le pied, ainfi qu'on dict communement, c'eft à dire, vouloir anticiper fur ce que ie pretend, qui eft de conjoindre la pratique d'Architecture, auec la theorique dudit Euclide. Ce faifant ils me releueront d'vne grandiffime peine & m'obligeront, comme auffi toute la pofterité, à leur porter honneur, & rendre telles graces qu'ils meriteront. Mais fi à leur refus ie l'entreprends auffi, ie les fupplie, comme le moindre de leurs difciples, en ce me vouloir fupporter & ayder. Quant à la reueuë de Vitruue, ie laiffe à penfer à ceux qui doctement & diligemment l'ont fueilleté & difcouru, combien elle eft neceffaire pour le reduire à vne facile, entiere & certaine methode: qui eft fi confufe & indigefte aux liures que nous en auons, comme auffi aux figures & demonftrations, que ie laiffe à tous gentils efprits accompagnez de bon iugement à en dire leurs aduis: les priant affectionnément de vouloir emploier & donner quelque temps pour affembler & proprement recoudre les pieces de la robbe de ce grand & incomparable Auteur, par-cy, par-la femées & refpandues, fous euident defordre: qui fera facile à eftre reduict en bon ordre, moyennant l'ayde & le labeur des doctes, au refus defquels (ainfi que i'ay dit d'Euclide) ie me parforceray d'y trauailler & emploier quelque temps, ainfi qu'il plaira à Dieu m'en faire la grace.

L'Auteur promet reuoir Euclide & Vitruue.

L'Auteur refpond à quelque obiection. Et parle honorablement des profeffeurs d'Euclide.

L'Auteur prie & inuite les doctes de vouloir reduire Vitruue en bon ordre & methode.

I ij

LIVRE III. DE L'ARCHITECTVRE

Des soupiraux & feneſtres des caues, celiers, priuez,
cuiſines, gardemanger, eſtuues, &
baigneries.

CHAPITRE VII.

Es feneſtres qu'on doit faire pour donner clairté aux caues, doiuent eſtre plus longues que larges, comme ayant pour leur pied droit huict pouces ſeulement, & deux pieds de longueur. Elles ſe doiuent ouurir dedãs la caue, de telle ſorte qu'au lieu de huict pouces de hauteur qu'elles ont par le deuant ou dehors, elles ayent trois pieds: & au lieu qu'elles ont deux pieds de large par le dehors, elles en ayent trois par le dedans de la caue. Pour telles feneſtres ſont encores requis quelques traicts de Geometrie, pour raiſon de la deſcente de la lumiere, & auſſi pour la voûte. Leſquelles choſes peuuent eſtre difficiles en aucuns lieux à cauſe des pierres, leſquelles en taillant pour ce faict, ſe trouueront deſgauchées pour aller trouuer le berceau de la voûte: mais pour eſtre petites & de peu d'eſtendue cela ſe peut faire quelquefois d'vne piece, ou de trois, ou de cinq. Qui aura bien retenu les traicts de la deſcente de la caue biaiſe, au chapitre precedent, il luy ſera facile non ſeulement de faire ceux cy, mais auſſi tous autres. Quant aux feneſtres pour les celiers, elles veulent eſtre plus hautes, quaſi côme quarrées, & non point de pente en deſcendant, ainſi que celles des caues: ſi ce n'eſt par le deſſous, où il faut qu'elles ſoient en pente, & leur couuerture quaſi toute droite, pour raiſon des planchers, ou rondes ſurbaiſſées, ſi leſdicts celiers ſont voûtez. Les feneſtres & lumieres que l'on doit donner au gardemanger, & lieux deputez pour retirer & conſeruer les viandes, doiuent eſtre eſtroictes de cinq ou ſix pouces de large, & non plus, embrazées par le dedans & par le dehors, & beaucoup plus par dedans. Il faut qu'elles ſoient hautes ainſi que les canonnieres du temps paſſé, & faut donner à celles qui auront demy pied de largeur, trois pieds de hauteur, en les tenant le plus pres des planchers que faire ſe pourra, à fin que la lumiere & le jour viennent d'enhaut. Mais ſur tout il eſt bon qu'elles regardent les parties de Septentrion, leſquelles ſans nul doute ſont fort propres à tels lieux, pour y conſeruer les viandes. Les feneſtres qu'on faict du coſté de Midy & d'Occident, au premier eſtage dedans les terres, doiuent eſtre appropriées ſelon l'aſſiette de la cheminée des cuiſines, ou ſelon les baings, eſtuues, & poilles qu'on y voudra faire en accommodant le tout auecques les voûtes. Car le lieu de la cuiſine doit eſtre haut eſleué & ample de lar-

Quelles doiuent eſtre les feneſ-tres des caues.

Des feneſtres pour les celiers.

Feneſtre du coſté de Midy & Occident.

I iij

LIVRE III. DE L'ARCHITECTVRE

geur, auecques feneftres baftardes, pour y mettre plus de clairté que vous pourrez. Parquoy elles pourront auoir trois pieds de largeur & quatre de hauteur, ainfi que vous aurez le lieu à propos. Les feneftres des eftuues veulent eftre tout au contraire, car on y faict les voûtes baffes, & y donne-t'on vn peu de clairté qui vient quarrément, à fin d'y mieux conferuer la chaleur. Quand telles feneftres ont vn pied & demy de hauteur, fur vn pied de largeur, c'eft beaucoup, & pour le plus. Celles qui font pour les lieux fecrets, ou priué des eftuues, doiuent eftre encores plus eftroictes, comme de demy pied de large fur vn pied de haut, & fera bien affez. Les feneftres des baigneries veulent eftre plus amples, & le lieu beaucoup plus clair, à fin qu'on puiffe prendre quelque plaifir en fe baignant. Mais en toutes lumieres de feneftres, il faut que l'Architecte cognoiffe le lieu qu'elles regardent pour fçauoir donner leur largeur & hauteur: car fouuent il aduient que ce qui feroit propre pour vn lieu, ne le feroit pour l'autre. Cy apres parlant des eftuues & baigneries, ie traicteray plus au long de cefte matiere, fans y oublier les mefures & façons des fourneaux pour donner chaleur, & les parties qui y font requifes; auquel lieu nous n'obmettrons femblablement les poilles, ainfi que les chofes fe prefenteront & viendront à propos. I'ay feulement icy voulu parler des feneftres, pour autant qu'on trouuera leurs ouuertures difficiles (ainfi qu'on à accouftumé de voûter les premiers eftages dans terre) à caufe qu'elles requierent la cognoiffance & vfage des traicts, ainfi que nous auons dict, pour fçauoir coupper leurs pierres. Parquoy les ouuriers feront aduertis que les mefmes traicts des defcentes des caues y pourront feruir & ayder. Quand les murailles feroient fort groffes, & on voudroit faire les riere-voufures quarées, ou rondes par le deuant, ou par derriere, & furbaiffées, i'en môftreray cy apres la façon, & figure du traict pour y proceder, fans autrement la defcrire: car elle fera facile de cognoiftre à ceux qui ont commencement de la pratique, & induftrie du compas, par le moyen des traicts que vous auez veus cy deuant, & verrez encores cy apres. Qui faict que ie ne vous en feray plus long difcours, auffi qu'il eft facile de pouuoir leuer les paneaux, & faire coupper les pierres pour mettre l'arriere voufure en œuure, ainfi que vous le pourrez cognoiftre par la figure enfuiuant, fans en faire autre demonftration.

Feneftres des eftuues.

Feneftres des baigneries.

La pratique & induftrie du compas, feruir beaucoup aux traicts.

DE PHILIBERT DE L'ORME, 64

Eſtant ſur le propos des arriere-vouſures des feneſtres ie m'a-uiſe qu'encores on s'en peut ayder aux grandes portes, & prin-cipalment à celles qui ſont erigées aux murs de grandes eſpeſ-ſeurs. Et pour leurs grandes ouuertures & largeurs de portes, & grande peſanteur qu'elles ſouſtiennent par le deſſus (qui eſt vne groſſe maſſe de maçonnerie) on ne peut faire les arriere-vouſures deſdictes portes, droictes & quarrées, ſans danger d'eſtre of-fenſées, pour la grande charge qu'il faut qu'elles portent: de ſor-te que les mortiers des commiſſures en ſont rompus, & quelque-fois les pierres en danger de tomber. Parquoy il eſt de beſoing combien que le deuant de la porte ſoit quarré & droict, que les arriere-vouſures d'icelle ſoient d'vn arc ſurbaiſſé, ainſi que vous le pouuez iuger par le traict qui vous en eſt cy apres propoſé. Tel-le façon non ſeulement eſt bonne, & propre pour les portes & grandes feneſtres qui ſont au premier eſtage dedans terre, & ſer-uent pour les cuiſines & autres lieux; mais auſſi elle viendra fort à propos pour les arriere-vouſures des croiſées, leſquelles on peut faire par derriere auecques vn arc ſurbaiſſé ainſi que vous

Qu'on ſe peut ayder des arrie-re-vouſures aux grandes portes.

l iij

LIVRE III. DE L'ARCHITECTVRE

Des portes biaisées pour les entrées des logis, tant dans terre, qu'ailleurs.

le voyez cy dessous. Seruira aussi telle façon pour vn anse de panier (ainsi que les ouuriers l'appellét) qui est chose forte aisée pour donner plus de clairté au plancher. Et pour autant que vous le pouuez mieux cognoistre par la figure suiuante, qu'auec grád langage, ie ne vous en feray plus long discours, à fin de pouuoir parler des portes biaises, tant pour s'en seruir aux entrées des logis qui sont dans terre, qu'aussi à celles du premier & second estage, par dessus le rez de chaussée des terres. Mais deuant qu'entrer à ce discours, ie desirerois premierement monstrer par exemple, comme d'vn edifice imparfaict, ou mal commencé, on en peut faire vn tres-beau Palais ou grand logis.

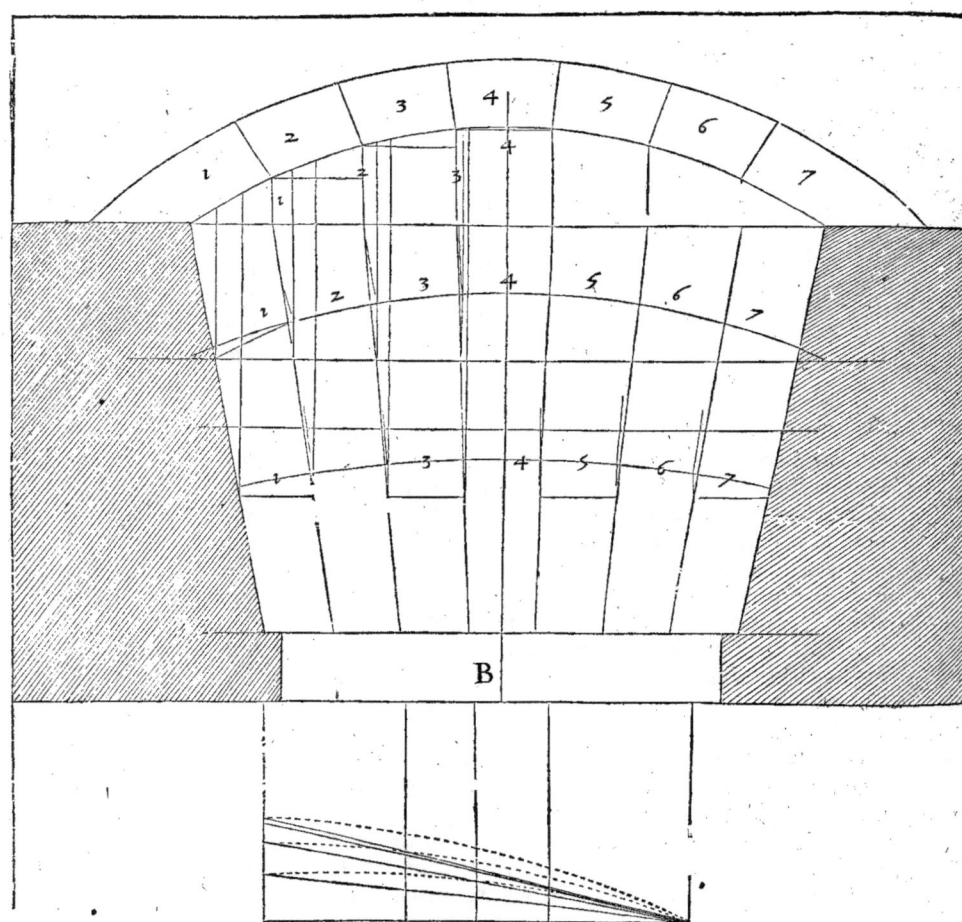

DE PHILIBERT DE L'ORME

L'artifice des traicts Geometriques, seruir quand on veut faire d'vne maison, ou de deux mal commencées ou imparfaictes, (soit vieil logis ou autrement) vne belle & parfaicte maison, y accommodant tous les membres, & parties du vieil edifice auec le neuf.

CHAPITRE VIII.

CE lieu me semble estre fort à propos pour mieux donner l'vsage des traicts Geometriques, & monstrer la commodité qui les accompagne, pour euiter les empeschemens ausquels on peut tomber quelquefois: & aussi pour accommoder les vieils logis auec les neufs, ainsi que lon en pourra auoir affaire, & que l'œuure le requierra pour sa perfectiō, beauté & decoration. Car par le moyen desdits traicts, on n'oste pas seulement les fautes qui sont faictes, ny les contrainctes & suiections de pieces, mais encores on rend les logis plus admirables, forts, & plaisants à voir; auec grande espargne pour faire seruir les vieilles matieres, desquelles on se veut ayder, auecques les neufues; comme vous le cognoistrez par l'exemple que ie vous figure en ceste sorte. Posez donques le cas, qu'il soit venu à quelque grand Seigneur ou autre, par succession hereditaire, ou par autre moyen, vn chasteau ou maison, bastie par son grand pere, ou bisayeul, ou bien autre, comme pourroit estre celle qui est cy-apres marquée A, & que l'heritier, ainsi que souuent il aduient, ne trouue bon ce qui est faict, quelquefois auec iuste cause & raison, quelquefois sans aucune; ou bien qu'il ne se contente de si peu de logis pour sa famille: parquoy il en veut refaire vn autre tout aupres du susdit, & le tourner d'vne autre sorte, ainsi qu'il luy plaist, & semble mieux estre à sa volonté: quelque fois pirement, comme plusieurs ont faict. Soit doncques le logis antique au lieu marqué B, lequel ainsi que nous auons dict, l'heritier, ou autre qui l'auroit acheté ne trouue commode, pour autant qu'il est deuenu (peut estre) plus grand Seigneur, & ayant plus de moyens, il desire aussi auoir plus de suitte, & plus ample bastiment pour loger les grands, ou bien ses amis. Souhaittant doncques de faire vn fort beau logis, il ne veut abbatre pour cela l'antique edifice de ses majeurs & predecesseurs, ains s'en voudroit bien seruir pour l'espargne, combien qu'il soit different à celuy qu'il veut faire, & ne se rencontre à propos, pour ne se pouuoir equarrir par le dehors, à raison

Commodité des traicts Geometriques.

Cas figuré & suposé par l'Autheur.

Cas aduenant bien souuent.

LIVRE III. DE L'ARCHITECTVRE

de quelques riuieres ou ruisseaux qui parauanture passent auprès, & empeschent que le lieu ne se peut faire comme il desireroit, sçauoir est auecques quatre corps d'hostel pour fermer vne court, ainsi que plusieurs demandent. En telle contrarieté, subiection & contrainéte, il faut que l'Architecte ait bon entendement, & qu'il ne parle comme font les ignorants, qui conseillent de tout abattre incontinent, sans vouloir rien faire seruir, à fin de commencer & continuer toutes choses de neuf, ainsi que i'ay veu aduenir beaucoup de fois, & de telle sorte, que le plus souuent ce qui estoit refaict de neuf, estoit beaucoup plus mal faict, & plus mal à propos, & de plus mauuaise matiere & grace, que l'antique lieu. Mais il faut que ledit Architecte soit diligent à cognoistre l'assiette du lieu & sçauoir ou doit estre posée vne chacune chose, selon qu'elle le requiert. Pareillement entendre quel regard doiuent auoir les chambres & autres lieux, le tout auecques bonnes inuentions & dispositions, apres auoir entendu le plaisir & la volonté du Seigneur, pour mieux tout accommoder. Mais s'il n'estoit capable de sçauoir discerner ce qui luy sera bon, il faut que l'Architecte le conseille & le serue fidelement selon son estat & qualité, ainsi que nous auons dict au premier liure: & qu'il regarde diligemment sur tout de ne faire pour vn petit Seigneur ce qu'il faudroit faire pour vn Prince, ny pour vn marchand ce qu'il faudroit faire pour vn President: car outre ce qu'on luy feroit beaucoup despendre, cela luy seruiroit de mocquerie: joinct aussi que ce seroit vne grande indiscretion à l'Architecte & reputation d'estre ignorant, ou de mauuaise volonté. Il trouuera doncques comme vn homme de bien & sçauant telle inuention qu'elle y sera requise, & la sçaura bien excogiter, à fin de faire le tout selon ce qu'on y voudra despendre, comme pourroit estre vne court octogone, c'est à dire de huict angles & faces, ou hexagone de six, en hemicycle, ou autres belles façons qui seront propres pour faire seruir & accommoder les vieils logis auecques les neufs: ce qu'on pourra faire commodément apres auoir dresé vn desseing de toute la place, & des bastiments qu'on trouuera faicts. Ainsi que ie suppose estre ceux que i'ay cy apres figurez: ausquels vous voiez deux corps d'hostel signez A B, lesquels i'ay descris ainsi comme il est venu à propos, seulement par maniere d'exemple & demonstration. Ie ne veux oublier que ceux qui voudront faire quelque petite maisonnette, se pourront bien seruir de telles inuentions: mais il faudra mettre les cheminées & fenestres selon le lieu où lon sera, & approprier les entrées & petits pauillons sur les coings, à la volonté du maistre qui fera bastir, soit pour faire le lieu fort, ou pour y accommoder garderobbes & cabinets, ainsi que lon en peut auoir affaire. Pour reuenir aux logis cy dessous figurez & marquez A B, comme nous auons

Où il y a subiection du lieu là se monstrer l'industrie de l'Architecte.

L'Architecte deuoir conseiller fidelement aux Seigneurs

Disposition d'vne petite maisonnette.

DE PHILIBERT DE L'ORME.

dit, vous voyez qu'ils ne se peuuent accommoder pour y faire la court quarrée, pour raison de la riuiere qui est autour, ainsi que la figure le monstre à l'endroit signé C. D'auātage vous voyez comme les deux corps d'hostel sont loing l'vn de l'autre, & de differents aspects, car l'vn regarde l'Orient, & l'autre le Midy. Vous y voyez aussi deux ponts, l'vn qui sert pour la principale entrée, signé D, & l'autre marqué E, comme pour seruir à aller en quelque prairie ou iardin, ainsi que vous le pouuez voir par la figure prochaine.

Continuation ds ce que dessus.

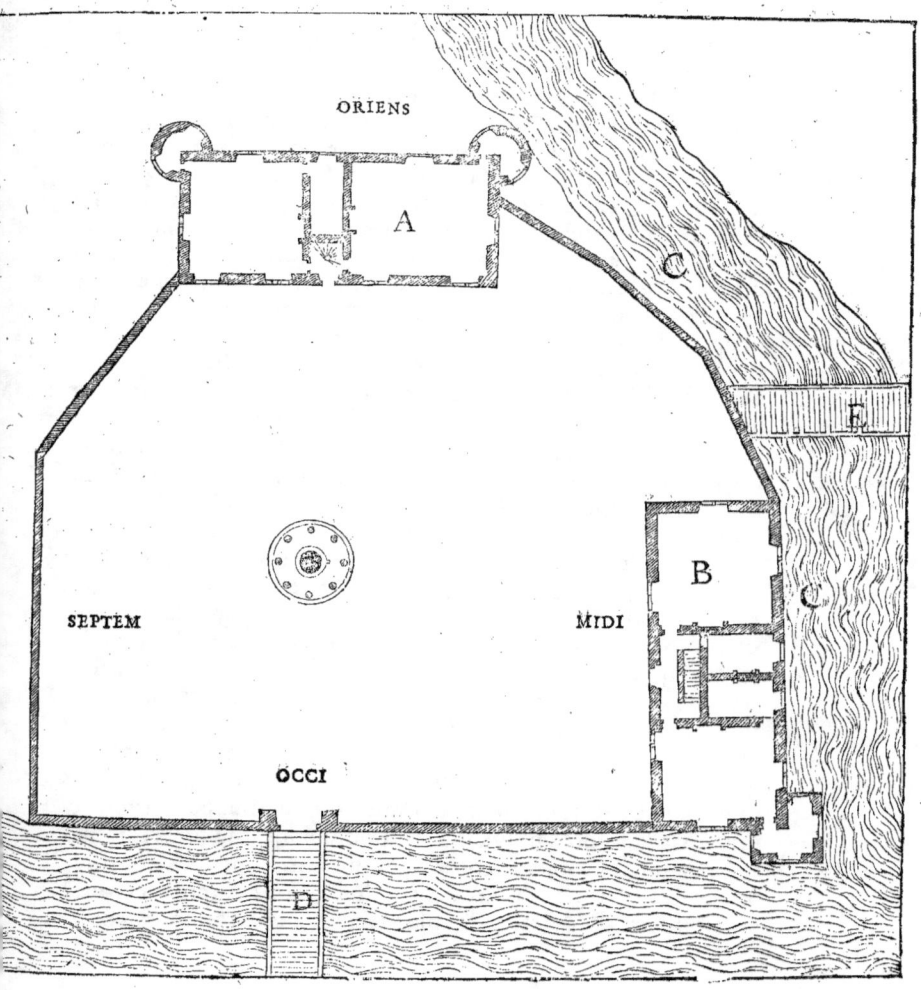

LIVRE III. DE L'ARCHITECTVRE

Pour fermer & affembler les deux fufdicts logis A B, vous ferez vn corps d'hoftel d'vn logis à autre, comme vous le verrez cy apres en la figure enfuiuant. Ledict corps d'hoftel & additions que vous faictes, ainfi qu'au lieu de F, pourront feruir pour faire des galeries, ou grandes falles ou encores d'autres logis. Et pour ofter la difformité qui fe voit par les

Explication de la figure enfuyuant & de fes parties.

deux bouts, au lieu de K L, qui fe trouuent triangulaires, en mettant à l'equierre les logis que vous faictes de neuf, ces triangles feront propres pour faire montées en forme d'efchalier, ou vis, ou bien quelque cabinet ou garderobbe à vn des coftez. Vous en pourrez faire autant de l'autre partie au lieu marqué 1, laquelle vous approprierez en tel logis que vous voudrez, & ainfi que vous en aurez affaire. Cela eftant faict, vous viendrez à regarder fi voftre court, qui fe trouue en forme d'octogone, au moins vne partie & plus de la moitié, fera affez large & conuenable à la profondeur. Et où vous la voudriez faire plus profonde, & l'alonger d'auantage du cofté de l'entrée, & vous ne le pouuez pour quelque empefchement de riuiere, ou autrement, vous chercherez le moyen de la mettre en forme d'vn hemicycle, ou façon quarrée, pour en faire portiques, loges, ou galeries; ou bien vne façon de quadrature comme le plan qui eft cy apres, lequel vous pourrez approprier en logis, & tiendrez voftre court de telle profondeur que vous verrez eftre bon. Apres auoir ainfi choify & ordonné ce que vous cognoiftrez eftre pour le mieux & plus aifé, vous regarderez d'accommoder le tout pour le mettre en œuure; ce que vous ne pourrez faire fans plufieurs

Le fruict, vfage & profit des traicts Geometriques.

fortes de traits Geometriques, pour les portes biaifes & fenestres: pour d'autres qui feront fur le coing, d'autres pour les entrées fur vn angle obtus, & d'autres pour les ouuertures fur la tour ronde, d'autres pour les montées, & efchaliers, d'autres auffi pour faire les trompes, & gaigner quelque foufpente en l'air: foit pour faire cabinets, ou bien paffages, les vns quarrez, les autres ronds, ainfi que vous les pouuez voir marquez au lieu de M & N, pour y faire les trompes fur le coing: & au lieu de D, foit à la premiere entrée, ou à la tournelle ronde, pour faire portes & arcs fur la tour

L'artifice des traicts appliquez à la figure enfuiuant.

ronde, fi vous y faifiez l'entrée hemicirculaire, au lieu que ie l'ay faite quarrée au lieu de Q, pour y faire vne porte ou fenestre, la moitié ronde, & l'autre moitié droicte, & ainfi des autres traicts que l'on y peut approprier, comme vous le pouuez voir clairement par la figure enfuyuant. Et pourautant que nous fommes tombez fur le propos des portes, & que la methode de pourfuyure noftre baftiment nous y a conduict, nous commencerons à en monftrer & defcrire des plus faciles, pour toufiours continuer,

DE PHILIBERT DE L'ORME,

nuer, & suiure le fil de nostre discours d'Architecture. Nous prendrons doncques en bremier lieu, la porte biaise, appellée des ouuriers le biais passé, apres vous auoir proposé la figure ensuiuant.

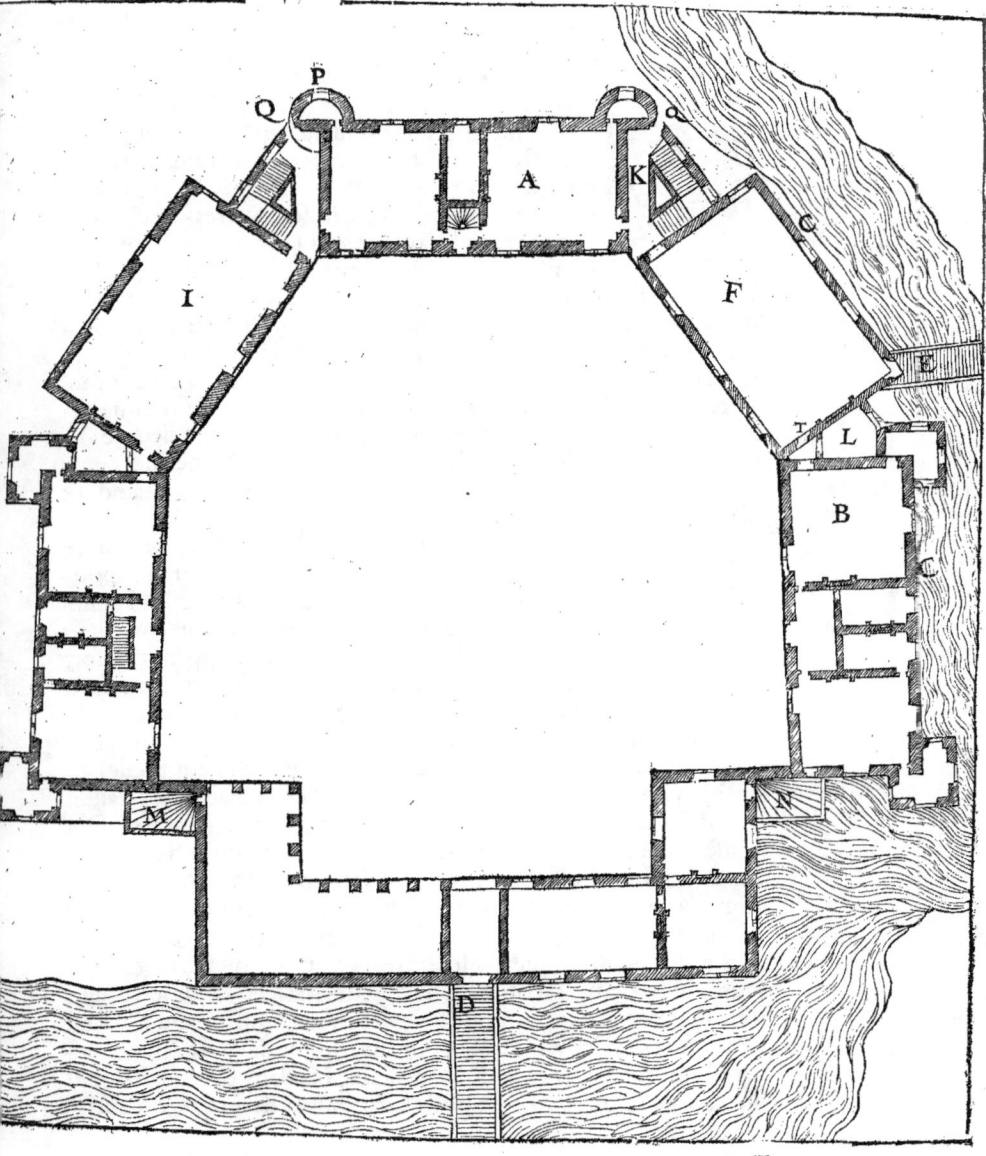

LIVRE III. DE L'ARCHITECTVRE

L'artifice des traiǔs Geometriques, seruir pour faire vne porte, laquelle sera biaise par moitié, ou du tout qui voudra. Pareillement pour faire vne voûte qui s'accommodera à vn grand passage d'vn logis, ou à quelque pont.

CHAPITRE IX.

Autre vsage des traiǔs Geometriques.

POVR monstrer d'abondant à quoy seruent à l'Architecte les traicts Geometriques (suiuant la forme du logis figuré par cy-deuant, & approprié ainsi qu'il a esté dict) ils seront tres-necessaires pour y faire les portes qui se trouueront biaises; comme qui voudroit entrer du logis de A, au lieu de K, en la figure precedente, auquel lieu de K, ie forme vn escalier. Mais pour gaigner le pallier ou double marche, qui est le commencement pour y monter, il fault necessairement rendre la porte biaise. Semblablement au lieu de L, faudra faire la porte pour entrer en vne salle marquée F, laquelle porte sera de mesme façon; c'est à dire biaise, comme vous le pourrez voir au lieu de T.

Plusieurs s'abusent en leur rapport, par faute d'entendre.

Icy ie vous aduertiray que plusieurs se trompent, & mesmes ceux qui veulent faire profession des deuis & bastimens, quand ils disent par le rapport qu'ils font des logis, tels que peult estre celuy que nous auons en main, que le tout ne vaudra rien, par faute de n'y pouuoir faire les portes & entrées aisées, où n'y pouuoir donner clarté, pour-autant que la porte regarde sur la cheminée, ou sur vn lict, ou par quelque autre raison. Mais en cela ils s'abusent, car il n'y a rien qui ne se puisse faire, & approprier fort bien par ceux qui l'entendent, & sont experimentez en l'art. On pourra bien faire que les portes seront toutes droictes (ie dy la couuerture & arriere voussure d'icelles, qui seront toutes plates, & d'vne piece, ou de plusieurs, qui ne sera chose difficile) & les pieds droicts d'icelles ne laisseront d'estre biais, sans falloir vser de traicts. Mais ie veux bien aduertir que les choses qui sont biaises, & leur couuerture quarrément droicte, sans estre voutée, sont plus subjectes à se rompre, & faire prendre coup aux bastimens, que les portes & fenestres qui sont voûtées en forme ronde. Pource est-il necessaire de les faire toutes en voûte, mesmes celles qui sont dedans les terres, & au premier estage. Il ne faut oublier que l'artifice & façon des traicts Geometriques, n'est seulement propre pour les portes; mais aussi quand l'on est contrainct de faire vne voûte pour l'accommoder à vn grand passage, voire de la largeur d'vne gallerie, ou dans toute la largeur d'vn corps d'hostel. Si c'est pour faire voûtes de ponts, ou autres

Portes droiǔes ayans les pieds biaisez.

DE PHILIBERT DE L'ORME

semblables, cela sera plusque bon. Mais notez, ie vous prie, que faisant en cette sorte vos voûtes, elles sont dificiles à conduire, mesmes à ceux qui ne sçauent l'vsage des traicts: sinon qu'ils les vouluffent faire toutes de brique, ou la maçonnerie de moilon, comme i'ay veu que lon faict en aucuns lieux d'Italie & autres. Quand il y a quelque deformité, communement les Maçons, pour n'entendre l'artifice desdicts traicts, font les voûtes de brique, ou moilon, & de pierres menues, pluftoft que de pierre de taille, pour n'auoir l'induftrie de les y accommoder, & sans y espargner le plus souuent, de grandes barres de fer, pour souftenir leurs Maçonneries de peur qu'elles ne tombent: qui est vne tres mauuaise couftume & façon, pour les raisons que nous auons dites ailleurs. Vous entendrez maintenant par le traict de la porte biaise tout ce que vous sçauriez desirer faire, de quelque largeur que ce soit. Doncques vous ferez premierement vne ligne droicte, comme celle qui est marquée I M, en la figure suiuante, & encores deux autres paralleles, ainsi que G E, & B D, qui ferment & representent la grosseur du plan de la muraille signée A, sur laquelle vous entendez faire la porte biaise, ou biais passé (ainsi que les ouuriers l'appellent) lequel biais se cognoift aux deux lignes B G, & D F, qui monftrent l'espesseur de la muraille, & le biais de ladicte porte: ce qu'elles ne feroient si ladite porte eftoit droicte, comme la ligne B C, car elle seroit quarrée & non point biaise. Cela faict vous tirerez vne ligne perpendiculaire, ainsi que R H, sur lesdictes lignes qui sont paralleles, comme il faut tousiours faire à tous traicts où il conuient commencer par lignes perpendiculaires sur vne droicte, ou traict d'équierre, ainsi qu'il a esté dict au Prologue du second liure, quand nous parlions du charactere de la croix. Apres vous marquerez deux centres au costé de la sursdicte ligne perpendiculaire, sur la ligne I M, au lieu de S T, qui seront distans l'vn de l'autre, autant que sera le biais de la porte, comme de E F, ou de G C. Desdicts centres S T, vous tirerez deux hemicycles, comme ils se voient par I H L, & K H M, puis vous en ferez deux autres pour trouuer l'espesseur de la voûte, de telle largeur & distance que vous voudrez, pour seruir à faire les paneaux de teste qui sont propres pour bien coupper & equarrir les pierres de la voûte. Ce qu'il faut faire premierement, si vous ne les vouliez coupper auecques vn buueau: car elles se trouuent ainsi fort bien. Vous diuiserez lesdicts hemicycles en tant de parties qu'il vous plaira, pourueu que ce soit nombre impair, pour autant que c'eft le meilleur, à fin que la clef de la voûte (qui est la plus haute pierre qui ferme le tout) soit d'vne piece, & que

L'vsage des traicts est necessaire, pour bien conduire voûtes.

Description de la porte biaise.

Belle description & bien deduicte.

m ij

LIVRE III. DE L'ARCHITECTVRE

les ioincts & commissures ne se trouuent par le milieu de ladicte voûte. Par ainsi la diuision des hemicycles se fera en cinq parties, ou sept, ou neuf, ou vnze, & plus si vous voulez, selon la largeur de la voûte, ou porte que vous aurez affaire. Quant à ceste cy, ie l'ay diuisée en cinq parties egales, pour auoir plustost faict, comme vous les voyez marquées à la figure cy dessoubs descrite. En apres vous tirez les commissures & ioincts qui font les separations qui prouiennent du centre, dont les hemicycles en sont tirez S T, comme il faut faire à toutes sortes de voûtes, & le pouuez cognoistre par ladicte figure qui monstre encores comme sera le biais de la porte. Pour tailler lesdites voûtes on leue vn paneau de teste, qui est d'vne cinquiesme partie de la voute, comme celuy qui par les extremitez, ou par les quatre angles est marqué 8, 9, 10, 11. Apres quoy on taille toutes les cinq pierres ou pieces pour estre toutes semblables ; en obseruant l'espesseur du mur sur lequel doit estre erigée ladicte voûte, qui sera plantée sur les pieds droicts de la porte qui auront la hauteur qu'on leur voudra donner. Ainsi que par exemple il se peut voir à part en la figure, par vne des pieces marquée V, qui se monstre comme si elle estoit taillée, & faicte apres le paneau marqué V, & en ses quatre angles 8, 9, 10, 11: de sorte que cinq semblables pieces contiennent toute la voûte de la porte, qui seroit quarrée par les pieds droicts, & voûtée en hemicycle si on la laissoit ainsi : mais pour la rendre biaise, l'on coupe des pierres, comme vous les pouuez voir au lieu signé V, qui seruent pour les premieres, assiettes de la voûte, auquel lieu l'on oste ce que vous voyez enfermé de nombres 10, 12, 11, 13, en reuenant à la poincte au lieu marqué 14, taillé à la reigle & ligne droicte, & par le deuant auecques la cherche & circonference faicte apres les hemicycles I H L, ainsi que vous le voyez par les lignes auecques ce qu'il faut oster de ladicte pierre V, laquelle est propre pour mettre au costé du lieu marqué 15. De l'autre partie, la premiere piece qu'il faudroit mettre au lieu de 16, doit estre trassée au contraire, toutes-fois de mesme sorte que celle qui est marquée V. Il faut ainsi trasser les autres pieces iusques à la clef de la voûte X, qui se trouuera estre degauchée des deux costez, qui ne voudroit faire la voûte biaise que d'vn costé, & de l'autre costé quarrée, comme il se peut faire, & est quelque fois necessaire, soit pour le passage, ou pour vne grāde fenestre, ou vne grande vitre d'Eglise, a fin d'y gaigner clairté. Combien que ce present traict icy pourroit estre descrit plus au long, si est ce que ie m'en deporteray, pour autant qu'il est si facile & aisé à faire qu'il me desplaist quasi d'en parler. Mais ce qui m'a faict prendre la peine de l'expliquer

Commissures & ioincts des separations qui prouiennent du centre.

Continuation de la taille des pierres pour la voûte.

Explication & deduction tres-facile.

DE PHILIBERT DE L'ORME. 69

quer, sont quelques gentils esprits qui le desiroient cognoistre, jaçoit qu'ils ne soient de l'Art, toutesfois fort curieux de l'entendre, à fin de sçauoir si les Ouuriers font bien. Ainsi vous entendez le premier traict de la porte biaise pour vous en pouuoir aider en lieu de contraincte. Ie descriray encores au Chapitre suiuant, vne autre sorte de voûte pour seruir à vne porte, que les Ouuriers appellent biaise, & quarrée par les deux costez.

Excuse de l'Autheur, desirant cõplaire à tous gentils esprits.

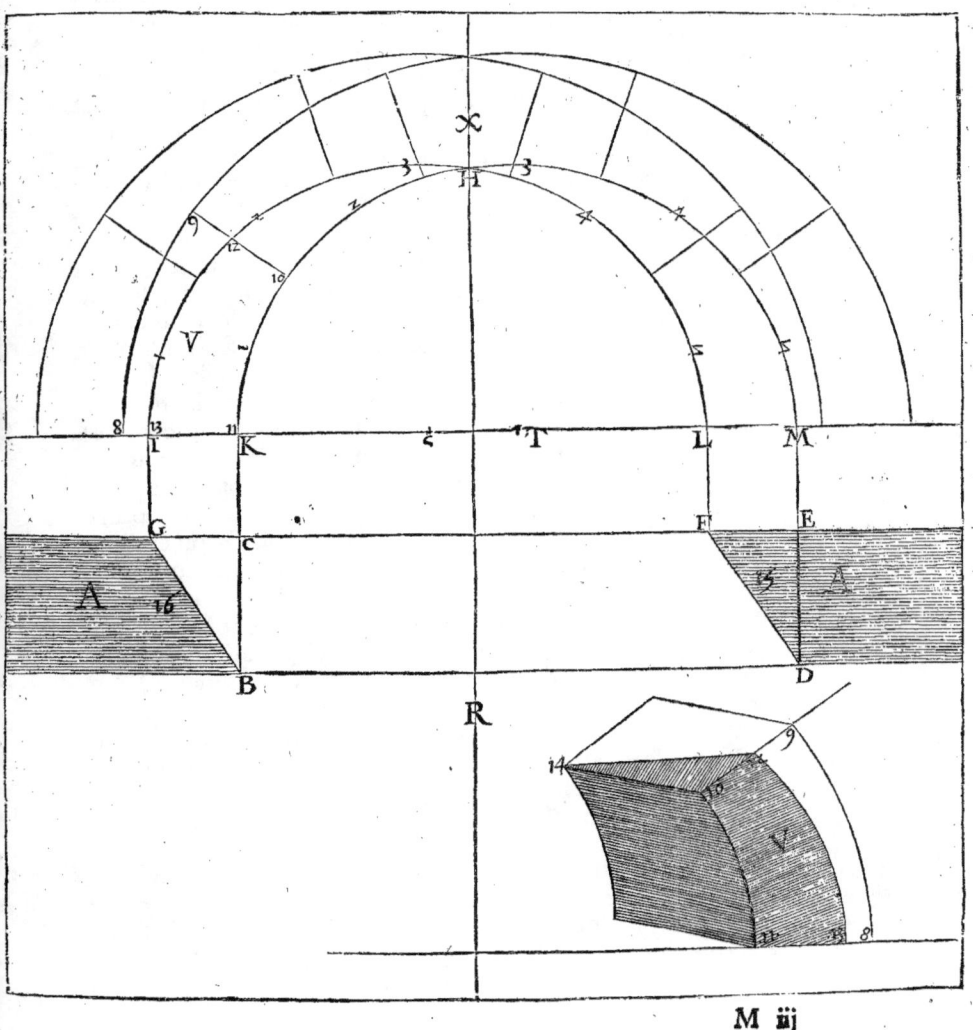

LIVRE III. DE L'ARCHITECTVRE

D'vne porte biaise, & quarrée par les deux costez.

CHAPITRE X.

Porte ou voûte moitié biaise & moitié quarrée.

O N peut faire vne porte & voûte de quelque edifice qu'on voudra, de laquelle la moitié d'vn chacun costé sera biaise, & l'autre moitié toute quarrée pour seruir en diuerses sortes, soit pour passage, ou pour rendre aisez les lieux contraincts, ou bien pour receuoir les clairtez & lumieres, lesquelles il faut quelque fois prendre obliquement. Qui faict que lon est contraint de degaucher les pieds droicts & voûtes des portes & fenestres d'Eglise, ou autres, pour les rendre biaises & obliques sur vne muraille qui est droicte, ainsi que vous le pourrez voir au traict cy apres, où ie figure tout le mur, & propose de faire la porte & voûte suiuant les deux lignes A B, & C D, qui sont deux lignes parallels, monstrant l'espesseur & grosseur dudit mur. Ie fais encores vne autre ligne paralelle, entre les susdictes marquée G H, qui diuise toute l'espesseur de la muraille en deux parties egales, cõme vous le pouuez cognoistre sur le traict. Cela faict ie tire vne ligne perpendiculaire par le milieu L M, où se trouuent deux centres N O, pour faire les deux hemicycles, comme vous voyez A M B, & C L D, qui monstrent comme la voûte de la porte seroit si elle estoit toute droicte, i'entends ronde & quarrée par ses pieds droicts, & non point biaise: & pour la

Continuation de la demõstration.

rendre biaise, & hors de sa quadrature, on marque sur le plan & espesseur de la muraille autant qu'on la veut biaiser ou embraser d'vn chacun costé. Ainsi qu'il se voit par les lignes au plan des deux costez de la porte, au contraire l'vne de l'autre: car l'vne est d'vn costé, & l'autre de l'autre, comme il se cognoist d'vn costé par les lignes P Q, & de l'autre par R S. Puis apres vous tirez encores deux autres hemicycles, l'vn du centre T, comme Q X D, & l'autre du centre V, ainsi que A Y S. Puis vous diuisez les hemicycles de la voûte C L D, & A M B, en tant de parties que vous voulez, jaçoit que celles icy soient seulement diuisées en cinq parties, egales, marqueés par lignes qui prouiennẽt des centres N O, qui monstrent & rapportent sur le plan ce qu'il faut

Grande facilité de l'Auteur en ses demonstrations.

oster iustement d'vne chacune pierre de la voûte apres qu'elles sont equarries, suiuant ladicte voûte & traict de porte, pour rendre la voûte de la porte biaise. Par ainsi on prend la largeur du poinct de 6 à celuy de 7 & se met sur le plan du poinct de C, à 14, & se tire vne ligne dudit 14, à P, apres quoy sont trassées les premieres pierres au droit des commissures 6,7. L'autre commissure

DE PHILIBERT DE L'ORME.

8, 9 se faict de mesme sorte; car elle sera portée du point de C à 15, & celle de 10 & 11, à C 16: celle de 12 & 13 se rapporte de C à 17, & de tels poincts 15, 16, 17, l'on tire des lignes iusques au point de P, qui enseignēt ce qu'il faut oster à vne chacune pierre pour parfaire la voûte biaise. Autant en faut il faire de l'autre costé du mur à l'extremité marqué B R S. Ce qui est facile de cognoistre par le traict & les lignes qui y sont, sans en faire plus long discours. Voila ce que ie voulois escrire du traict de la voûte & porte biaise, qui n'est point tant difficile que necessaire: comme tresbien le peuuent cognoistre ceux qui ont charge des bastiments, ausquels (ainsi que nous auons dict) se trouuent quelquefois lieux de contraictes: parquoy il est necessaire d'y proceder par ceste voye & methode, ainsi que vous l'auez peu cognoistre par le chapitre qui monstroit de faire vne belle maison d'vne ou de deux difformes & mal commencées, ou bien pour accommoder autres lieux semblables. *Conclusion du present discours & chapitre.*

m iiij

LIVRE III DE L'ARCHITECTVRE

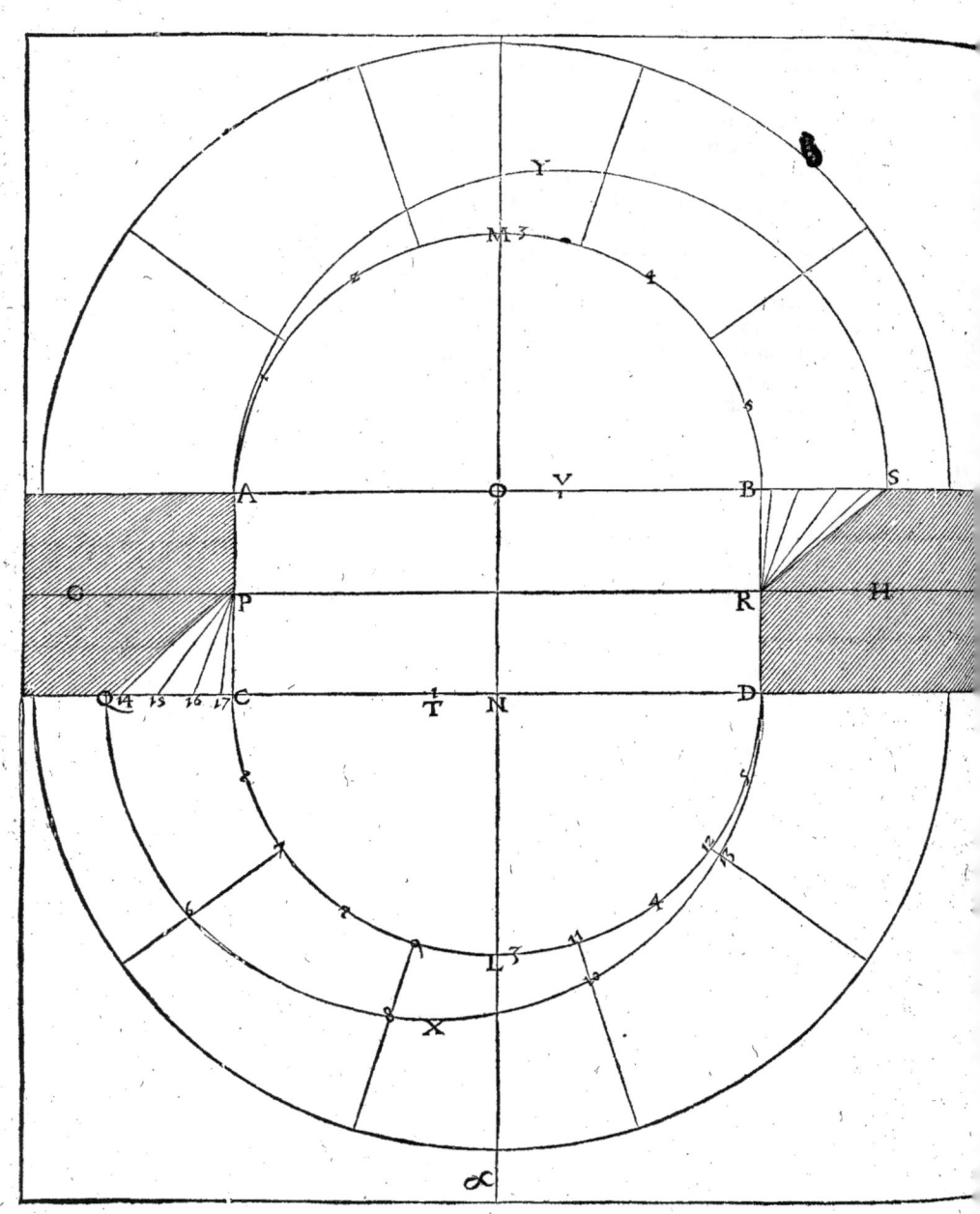

DE PHILIBERT DE L'ORME 71

Pour faire vne porte biaise par teste, ou quelque voûte qu'on auroit à faire droicte sur le deuant, & erigée sur vne muraille qui va obliquement.

CHAPITRE XI.

QVAND il se trouue vne muraille qui va oblique-ment ou de trauers, quasi comme la diagonale d'vn quarré (ainsi qu'au bastiment lequel nous auons figuré cy-deuant) on y pourroit faire vne infinité d'autres traicts, ie ne diray de la sorte du biais par teste, mais encores de plus ingenieux, & beaucoup plus difficiles: comme ceux qui sont biais par les doi-les, & par les ioincts, & d'autres sortes, lesquelles ie descrirois volontiers n'estoit que la matiere seroit trop longue, & le discours fort ennuieux qui les voudroit toutes proposer & expliquer, pour l'infinie diuersité d'inuentions que i'en pourrois donner. Il suffit, à ce qu'il me semble, d'en monstrer seulement les principes & methode: pour autant que ceux qui en apres voudront prendre peine, en trouueront à tous propos, selon les œuures qu'ils auront à faire. De sorte qu'il ne se presentera chose tant estrange, ny tant difficile, qu'ils ne trouuent incontinent le moyen d'en venir à bout par l'ayde de ces traicts estants accompagnez de Geometrie, qui est si riche que celuy qui la cognoist peut faire choses admirables. Qui faict que ie m'esmerueille grandement, & suis fort desplaisant que nous ne trouuons quelques liures qui ac-commodent la theorique de ladicte Geometrie à la pratique & vsage, tant de nostre Architecture que des autres arts. La fa-çon des traicts que cy apres ie veux descrire pour le mesme faict que dessus, ne se trouuera fort difficile, ainsi que vous le pour-rez iuger. Pour doncques enseigner ce que porte le titre du pre-sent chapitre, ie persuppose que vous tiriez la ligne droicte A B, & que sur icelles vous erigiez la perpendiculaire C D, puis vous faisiez vn hemicycle de la largeur de vostre porte, comme se voit H I K L M N: puis vn autre pour faire l'espesseur de vos pierres, comme est celuy de B R Q P O A. Apres vous diuiserez tel he-micycle en tant de parties que vous voudrez, jaçoit que cestuy cy ne le soit qu'en cinq. Cela fait vous tirerez les ioincts du poinct du centre marquée 30, comme vous le voyez de I à R, de K à Q, de L à P: & de M à O, En apres vous prendrez l'espesseur de la mu-raille biaise, sur laquelle vous voulez faire la porte: & tant plus

L'artifice des traicts estre infi-ny.

La Geometrie theorique n'e-stre encore ac-commodée à la pratique.

Autre inuen-tion & demon-stration pour le mesme faict que dessus.

LIVRE II. DE L'ARCHITECTVRE

elle ira obliquement, plus se trouuera ladicte porte biaise, ainsi que vous le voyez aux lieux où le deuant de la muraille se faict de A, iusques à E, & de G à F, qui monstre la grosseur du mur. Si la ligne qui va de A, iusques à E, alloit de A, iusques à F, elle seroit beaucoup plus biaise. Pareillement si la ligne de E, s'approchoit de la ligne de B, elle n'en seroit pas tant biaise : vous y procederez selon que vous en aurez affaire. Ayant tiré la grosseur de vostre muraille, comme de A G, & de E F, vous tirerez toutes les perpendiculaires des ioincts & commissures de l'arceau de la porte, ainsi que de R à 19, de I à 20, de Q à 22, de K à 23, de L, à 24, de P à 25, de M à 27, & de O à 28. Cela ainsi expedié vous prendrez la largeur des ioincts, comme de I à R, & la transporterez de 11. iusques à 13, faisant deux lignes perpendiculairement sur celle de A B. Vous ferez ainsi aux autres ioincts, comme de la largeur de K à Q, laquelle vous transporterez & mettrez de 9 à 12, comme vous voyez la ligne de 12 à 21, laquelle est parallele à celle de 9 & 23, & ainsi des autres. Pour acheuer le paneau de la commissure I R, vous mettez vostre compas sur la ligne R (qui est le dernier du ioinct) de I iusques au poinct de 15, sur la ligne A E, & le portez quarrément au poinct de 13. Puis vous tirez vne ligne droicte du poinct 13 à celuy de 11, & trouuez ainsi le deuant du paneau de ioinct I R. Pour l'autre costé vous prenez depuis le poinct I, à celuy de 19, & le portez au poinct de 16, puis vous tirez vne ligne droicte du poinct de 16, à celuy de 20, qui est la perpendiculaire du deuant du ioinct I R, Et par ainsi tout ce qui est enfermé entre 11, 13, 16, & 20, & le paneau apres quoy il faut trasser la pierre pour la couper au ioinct I R. Ie presuppose que vous auez desja équarry les pieces & doiles de vostre arceau, suiuant le paneau qu'il faut leuer I R, H B, le tout selon l'espesseur de vostre muraille, compris son auancement. Ce paneau seruira pour toutes les cinq pieces de vousure. Et pour l'autre ioinct de K Q, apres en auoir tiré sa largeur, comme il a esté dit, & se voit 9 & 12 tombant perpendiculairement sur le poinct 21, vous prendrez depuis Y, iusques au point de 10, & le transporterez du poinct de 10 à celuy de 12, & du poinct de 12 à 9, & en tirerez vne ligne droicte, ainsi que vous voyez en la figure. Pour l'autre costé vous prendrez de Y, iusques à 22, sur la ligne G F, & le porterez du poinct de 22, à celuy de 21, tousiours quarrément, ou bien équidistamment de la ligne A B, tirant vne ligne droicte dudit 21, iusques à 23. Et par ainsi vous aurez le paneau tout faict pour seruir au ioinct K Q, qui est fermé entre les lignes 9, 12, 21, 23. Vous pourrez ainsi proceder aux autres : comme T & 7 se rapporte équidistamment au poinct de 6; & dudit 6, sera tirée vne ligne iusques au poinct de 8, puis vous prendrez de T à 25, & le mettrez de S au poinct de 26, duquel vous tirerez aussi vne ligne iusques au poinct de 24. Par ainsi

Continuation de ce que dessus.

Procedure & examen par le compas.

Discours plus long & ennuyeux que difficile.

DE PHILIBERT DE L'ORME.

ainsi 6,8,24,& 26, sera le paneau de ioinct pour L P. Celuy de M O, est semblable à celuy que vous voyez marqué 17. 29, 27, Et quāt au ioinct du fondement de la voute, comme est A N, & H B, il se prend sur le plan de la muraille, comme doiuent faire tous les autres que vous auez veu cy deuant, & verrez cy apres. Mais pour coupper le deuant des pierres pour le faire biais, il se prēdra apres la ligne A B, & celle de A E, comme i'ay dict, & le pouuez voir par la figure presente.

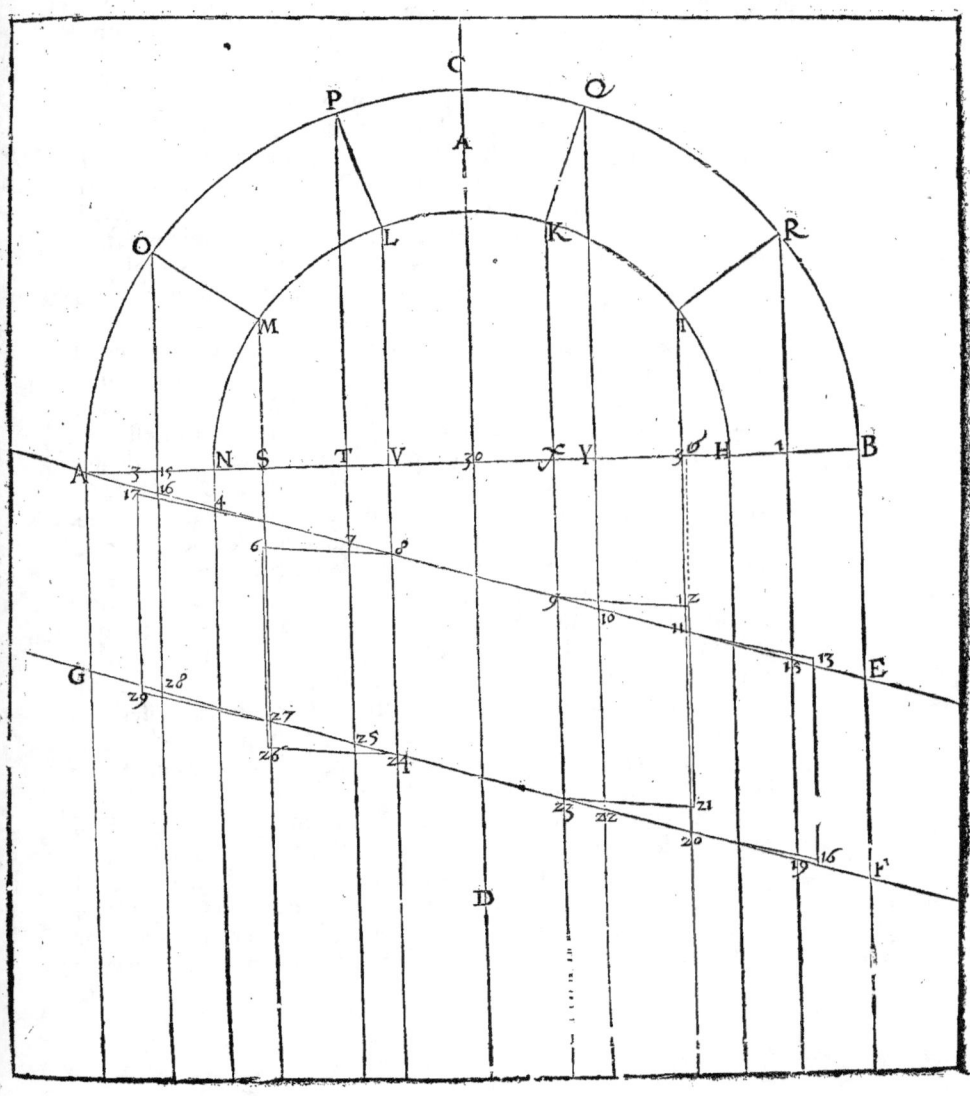

LIVRE III. DE L'ARCHITECTVRE

De la porte & voûte sur le coing, qui se peut faire sur vn angle de bastiment, soit droict ou obtus, comme il vient à propos.

CHAPITRE XII.

Ceux qui bastissent estre bien souuent contraincts & empeschez.

VOYANT la necessité à laquelle sont bien souuent redigez ceux qui bastissent, ou veulent faire bastir, telle, dis-je, qu'ils sont contraincts quelques-fois, de rompre les desseins & entreprises de ce qu'ils vouloient faire, pour n'y sçauoir remedier ; ou bien pour y auoir commis de tres-lourdes fautes, (ainsi qu'il peut aduenir, & l'ay souuent veu faire) ou par crainte qu'ils auoient de gaster quelque membre des salles, chambres, ou autres parties du logis ; qui parauenture estoit cause qu'on perçoit les murs pour y faire les portes ou fenestres, si mal à propos qu'elles rendoient vne grande difformité à tout le logis ; laquelle prouenoit pour n'auoir eu l'industrie, ou bien n'auoir osé entreprendre de faire lesdictes portes ou fenestres dans les angles, ou en partie d'iceux (pour-autant que c'est le lieu qui doit estre le plus fort & mieux lié de toute la maison, pour porter le plus de charge, & tenir en raison toute la masse de l'édifice) pource est-il que voulant remedier à telles contraintes, necessitez & fautes, ie me suis aduisé en ce lieu d'escrire ce qu'il m'en semble : estant assez aduerty que de prime face, plusieurs le trouueront estrange

Toutes belles inuentions estre subjettes à calomnies.

& ne s'en pourront contenter, pour la grande erreur & danger qui leur semblera estre de perser les bastiments sur les angles. Ce que i'accorde fort bien, & conseille de n'y mettre la main si la necessité de l'œuure ne le contrainct grandement, & que ce soit par vn bon maistre qui entende bien l'art de maçonnerie: car il y besongnera asseurément sous le conseil & ordonnance d'vn docte Architecte, qui luy monstrera comme il y fault proceder, commençant l'œuure de neuf, ou bien appropriant vn vieil logis aueques vn neuf, pour rendre commodes les parties & membres qui sont dedans. Quelques-fois on est contraint de faire les choses contre raison, pour seruir à la volonté du Seigneur qui faict construire le bastiment, ou pour la grande necessité & contraincte du lieu, pour-autant que les coins & angles, sont les lieux des bastimens (comme i'ay dict) qui doiuent estre les plus forts : ainsi

Ouuertures de portes ou fenestres, ne deuoir estre sur les encoigneures des bastimens.

que vous le pouuez auoir veu cy-deuant au plan de la maison partie octogone, (où nous accommodions le vieil logis auec le neuf) à la salle, estant au lieu marqué F, au droict de E : où se void vne porte sur le coin, pour seruir à passer du logis par dessus le pont pour aller au jardin, ou lieux semblables. Quand on est contraint

de

DE PHILIBERT DE L'ORME

de faire en tels lieux les ouuertures des portes ou feneftres, il faut qu'elles ne foient quarrées, & encores moins plattes, quelques grandes pierres & groffes que vous puiffiez auoir pour les faire, car cela ne vaudroit rien. Ie veux toutesfois monftrer comme on y pourra feurement, & fans aucun danger proceder, (foit pour vn neuf ou vieil logis, lequel on defire reparer ou edifier) fi on faict vne voûte par deffus les pieds droicts de la porte. Car combien que la forme du lieu foit quarrée & poinctuë par le deuant, pourueu qu'elle n'excede point l'angle droit, & qu'il ne foit trop poinctu, mais bien tant obtus que lon voudra, & la muraille d'affez bonne largeur, vous y pourrez faire vne porte, ie ne diray de trois pieds de large feulement, ains de dix, douze, & tant que vous en aurez affaire. La voûte fera autant forte qu'il eft poffible de penfer, pour porter par le deffus telle pefanteur & maffe de maçonnerie qu'on verra eftre neceffaire, & n'y faudra rien craindre, non plus que fi ladicte porte eftoit faicte à vn plan de mur tout droict. On procedera de mefme forte & mefme façon à leuer les paneaux, comme vous auez veu au precedent Chapitre à la porte biaife par tefte, ainfi que les ouuriers l'apellent. Comme quoy? Ie prefuppofe vne perpendicule A C, tombant fur la ligne M D L, & à la marque de D, l'angle ou le coing du lieu où vous voulez faire la voûte pour la porte, ainfi que vous voyez le plan du mur faict des quatre lignes D G, C H, D E, C F, qui fait cognoiftre le plan du mur & de la porte fur le coing. Au milieu vous defferez la voûte pour ladicte porte, comme vous la pouuez voir par les deux hemicycles qui font tirez du centre D, l'vn I B K, l'autre M A L, qui monftre l'efpeffeur du deuant de la voûte de ladicte porte, laquelle vous diuiferez en tant de parties que vous voudrez, ainfi que vous auez faict des autres voûtes par cy-deuant, & le pouuez encores voir icy aux parties feparées par les lignes qui prouiennent du centre D, comme à celle qui eft marquée O P, & ainfi des autres. Cela faict vous tirerez les lignes des joincts & commiffures perpendiculairement, fur la ligne M E, & tant longues qu'elles trauerfent le plan & efpeffeur de toute la muraille, comme vous voyez celle de P S, & auffi de O T, & ainfi confequemment des autres qui vous font propofées par la figure enfuiuant. Apres vous prenez la largeur des commiffures, comme de O P, & la transportez fur le plan du mur au droict de la ligne O T, & mettez le poinct de 2, à la ligne marquée 3, cela vous monftre la largeur du paneau de joinct. En apres vous prenez la hauteur depuis la ligne, L M, au droict de celle de P S, du point de 6, au poinct de 4, & la rapportez fur la ligne 3 au poinct de 7, duquel vous tirez vne ligne du poinct de 2, au poinct de 7, qui monftre le paneau de deuant pour le joinct & commiffure marquez O P. Et par le dedans vous prenez auffi la diftance du poinct de 6 au

Grande force de voûte.

Conduitte pour leuer les pancaux, auec leur demonftration.

Pour les lignes des ioincts & commiffures.

n

LIVRE III. DE L'ARCHITECTVRE

poinct de 8, & la transportez quarrément au poinct de 9, sur la ligne 3, de laquelle vous tirez vn autre poinct de 10, au poinct de 9, qui vous monstre aussi iustement comme doit estre le paneau de ioinct de O P, par dedans œuure, ainsi que vous le voyez. Et par tel moyen se font & prennent tous les autres, soient paneaux de ioinct, ou paneaux de doiles. Si vous voulez vous pouuez faire telles voûtes de portes par equarrissement, en obseruant les longueurs que vous deuez trouuer sur le plan, & prenant les auancements d'vne chacune piece, sans vous ayder des paneaux, autrement il faudroit tailler seulement les doiles & pieces semblables à celles que vous voyez marquées B, qui sont taillées suiuant les paneaux de teste, qui sont prins apres le deuant de l'arc. Mais en cela il y a grande perte de pierres, qui faict que les bons Maistres se seruent du paneau, lequel ils mettent tout autour des pierres pour les trasser quand ils veulent bien faire selon le traict & œuure qu'ils ont à suiure : & font équarrir leurs pierres auecques le buueau, qui est faict apres la voûte & les lignes qui monstrent les commissures. Vous pouuez par mesme façon de traict faire biaise la porte & voûte sur le coing ; i'entends que le coing ne soit au milieu, comme il est au lieu de D, par le deuant, & de C, par le dedans mais bien plus à costé. Et encores qui voudra, la moitié de ce coing sera creux, ou rond, & les autres parties droictes ou tortuës, ainsi qu'il plaira, voire en talus. Ie ne me puis contenir de dire & repeter souuent, que celuy qui a la cognoissance & pratique des traicts, estant mediocrement instruict à la theorique de Geometrie, induitablement il trouuera toutes choses à propos, comme il en aura affaire. Ie descrirois icy plusieurs lignes qui sont necessaires pour leuer les autres paneaux, & encores pour monstrer les cyntres, mais ie crains d'estre trop lõg, & trop trauaillerlesprit des Lecteurs. Toutesfois ce qui ne sera intelligible par vn traict & vne figure, ou demonstration, le pourra estre par l'autre : signamment à ceux qui prendront peine de tout voir & le conferer ensemblément ainsi que plusieurs fois nous l'auons dict.

Voûtes de portes faictes par equarrissement.

Porte & voûte biaise sur le coing.

Vne chose bien souuent estre expliquée par l'autre.

DE PHILIBERT DE L'ORME.

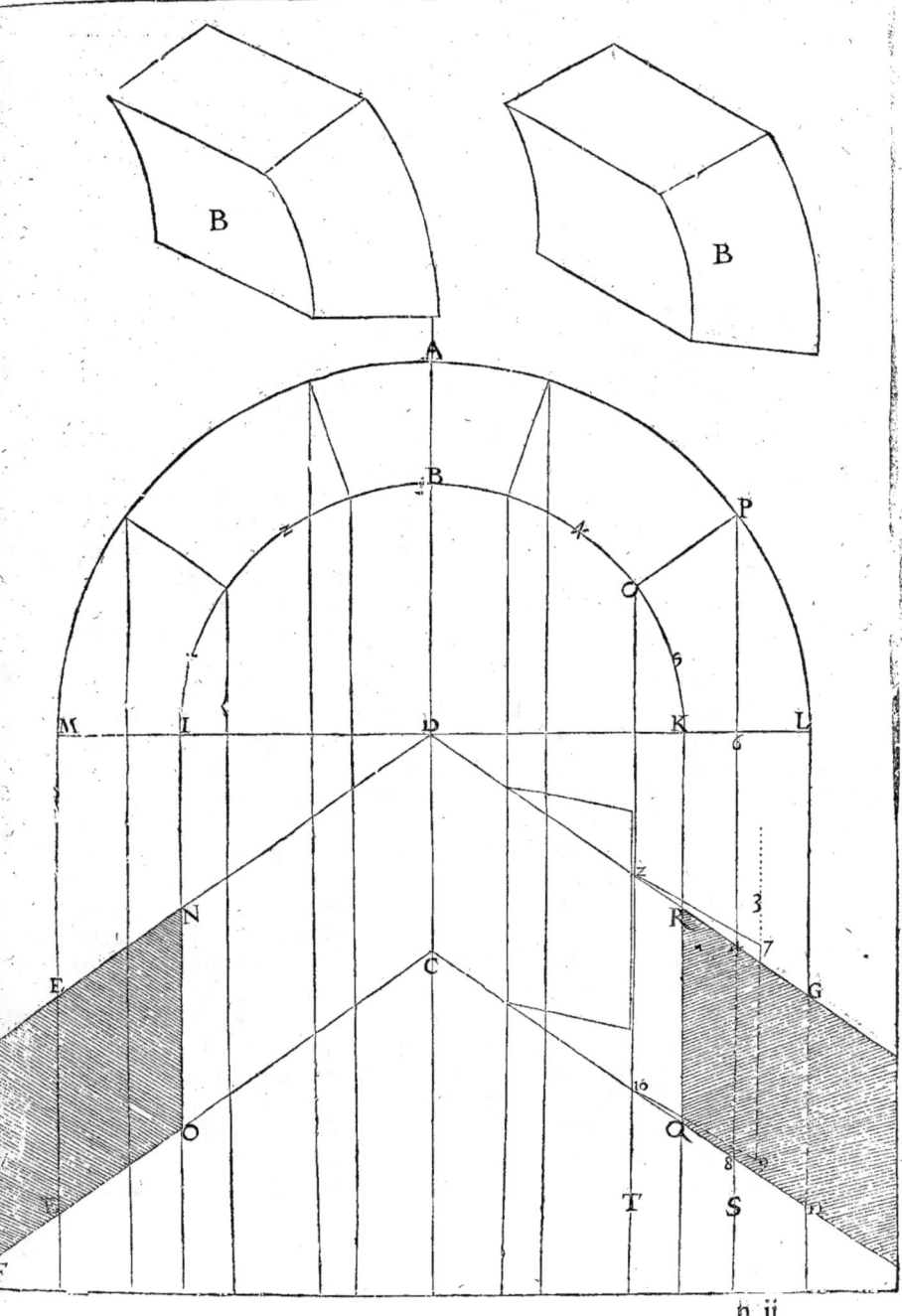

h ij

LIVRE III. DE L'ARCHITECTVRE

Pour faire le traict d'vne porte qui fera ronde par le deuant, creu-
fe par le dadans, & ronde par le deſſus, pour l'ouuer-
ture d'vne maiſon, ou d'vne voûte faicte
ſur la muraille d'vne
tour ronde.

CHAPITRE XIII.

La tour ronde facheuſe & difficile à conduire.

Yant eſcrit cy-deuant pluſieurs ſortes de portes, ou, ſi vous voulez, de couuertures & voûres d'icelles, & ſignamment des biaiſes (où ie n'ay monſtré qu'à leuer les paneaux de ioinct qui ſeruent à traſſer les pierres au droict des commiſſures, pour autant que ceux de doile ſe leuent de meſme ſorte) ie delibere en ce lieu monſtrer ce qu'on peut faire en ſemblables choſes ſur la tour ronde, pour autant qu'elle eſt plus facheuſe & difficile à conduire. Doncques en premier lieu ie vous monſtreray à leuer tous les paneaux, puis ie parleray entierement de toute la façon du traict, lequel ie deſcriray le plus particulierement & ſimplement que ie me pourray aduiſer, & non point auecques vne methode, & ſi exquiſe curioſité de demonſtrations, qu'eſt celle des doctes Profeſſeurs de Geometrie, & des autres parties des Mathematiques. Quoy faiſant nous vierons, au plus pres que faire ſe pourra, des termes, langage & façons, que les Ouuriers, à fin que plus facilement ils puiſſent conceuoir & entendre ce que nous voudrons dire. Pour dōcques venir au poinct

Deſcription de la figure enſuyuant le preſent chapitre.

vous tirerez vne ligne droicte, comme eſt celle de E F, ſur laquelle vous ferez le traict d'equierre, ainſi qu'ils diſent, ou la perpendicule D C. Cela faict vous ferez la voûte & aire de voſtre porte ſur la ligne E F, qui ſe conduira par trois hemicycles prouenants du centre X, & de la largeur que vous voyez les lettres G H, à la figure prochainement enſuyuant. Apres auoir tiré l'eſpeſſeur de la voûte F D E, & ſon hemicycle du milieu, vous diuiſez ladicte voûte en tant de parties que vous voulez (ainſi qu'il a eſté dit par cy-deuant des autres pour faire les paneaux de teſte) jaçoit que ceſte cy ſoit diuiſée ſeulement en cinq parties egales, pour autant que ie fais touſiours le moins de pieces que ie puis, pour monſtrer plus promptement ce que ie veux dire ou faire, & auſſi

Multitude de traicts s'offuſquer l'vn l'autre.

à fin qu'il n'y ait confuſion de traicts, qui ſe peuuent offuſquer l'vn l'autre. Cela faict vous tirez les poincts où commiſſures du centre X, cōme de L O, de M N, & ainſi des autres, qui font les ſeparations des cinq pieces pour faire la voûte. Puis vous tirez

DE PHILIBERT DE L'ORME. 75

toutes les lignes des ioincts & commissures perpendiculairement & à plomb sur la ligne E F, qui seront tant longues qu'elles puissent trauerser l'espesseur du plan de la muraille de la tour ronde, sur laquelle vous voulez faire la porte, comme la ligne A, qui represente le dehors de ladicte tour, & la ligne B, qui est le costé du dedans de l'edifice, monstrants ainsi ces deux lignes l'espesseur de ladicte muraille, entre les deux lignes A & B. Apres auoir tiré à plomb toutes les lignes perpendiculaires, iusques au dedans de la tour à la ligne B, comme vous voyez celle du poinct L, iusques au nombre de 2, de P, iusques au nombre de 3, du poinct de O à 4, de M à 6, de Q à 10, de N à 11, de F à 14, & de G à 9, elles vous seruiront à trouuer les paneaux des ioincts. Pour faire ceux de doile tant dessoubs que dessus, vous tirerez les autres lignes perpendiculaires semblables aux precedentes, comme celle du poinct de R, iusques au nombre de 5, de S, iusques à 7, de T, iusques à 8, & de V, à 13. Ayant faict cela, vous trouuerez lors vos paneaux de ioinct, & prendrez la largeur d'iceux : ainsi que du poinct de L, à celuy de O, lequel vous mettrez en vn lieu à part, comme vous le voyez aux deux lignes paralleles de mesme marque L, O, au bas de la figure. Mais il faut qu'elles soient bien perpendiculaires sur vne petite ligne qui est au dessus d'elles, signée A B. Ie mets ainsi les paneaux à part, à fin qu'ils n'offusquent trop le traict. Puis vous prendrez la distance de la ligne horizontale E F, tirant iusques à la circōference de la tour, ainsi que vous le voyez du poinct de 27, à celuy de 15, laquelle vous porterez sur lesdictes lignes paralleles L O, où se faict le paneau de ioinct, & le marquerez comme vous voyez A & C. Puis vous prendrez autre distance ou largeur tousiours sur le traict depuis le poinct 29, iusques à 17, & la mettrez sur le paneau, du lieu de B, iusques à D, qui monstre la largeur du ioinct. Mais il faut que tel paneau de ioinct trouue du rond par le deuant, & non point en ligne droicte : toutesfois cestuy cy est si petit qu'il n'y a pas grand iugement. Quoy que ce soit, le mettant en œuure il le faut faire necessairement auec vn autre rapport de ligne par le milieu du ioinct. Comme quoy ? vous prendrez la moitié de sa largeur, telle que vous la voyez en la voûte au droict du mesme ioinct L P, & la marquerez sur le paneau de C H, & E G, puis vous tirerez vne ligne qui sera le milieu de G H, & cela fait vous prendrez la distance sur le traict apres le poinct de 28 à celuy de 16, & la raporterez sur le paneau au lieu de I H ; & ayant marqué les trois poincts C H D, vous les tirerez auec le compas, & y trouuerez quelque peu de ligne ronde, & non droicte. Apres vous acheuerez vostredict paneau de ioinct par le dedans de la tour, & le prendrez tousiours ainsi sur le traict, cōme depuis le poinct de 27, iusques au poinct de 2, rapportāt le tout sur le paneau de ioinct comme il a esté faict des autres, sçauoir est

Description des lignes pour trouuer les paneaux.

Continuation & poursuitte de ce que dessus.

Les paneaux de ioinct par le dedans de la tour.

n iij

LIVRE III. DE L'ARCHITECTVRE

depuis le poinct de A, iusques à celuy de E. & du poinct de 28, iusques à celuy de 3, lequel vous mettrez de I à celuy de G, puis de 29, iusques à celuy de 4, & le rapportez de B à F; ainsi vous aurez les trois poincts E G F, lesquels vous trouuerez auec le compas côme vous auez fait les autres qui se trouuent creux, & non point en ligne droicte. Par telle maniere vous auez fait entierement le paneau de ioinct marqué C D E F, qui seruira pour mouler & trasser le ioinct de la pierre de la clef, & autres qui la touchent au lieu de L P O. Vous en ferez autant aux ioincts & commissures K, pour l'autre costé; & à fin que vous l'entendiez plus facilement, nous tirerons encores le paneau de ioinct pour seruir aux lieux marquez M Q N. qui monstrent aussi la largeur que doit auoir ledit ioinct & perpendiculaire sur la petite ligne E F, par laquelle vous ferez le rapport des lignes, ny plus ny moins que vous auez fait cy-deuant, comme du poinct de 3, iusques au poinct de 19, lequel vous mettrez sur le deuxiesme paneau, depuis E, iusques à 19. Apres vous prendrez le traict du poinct de 34, iusques à 23, & le mettrez au lieu du mesme nombre, sur le deuxiesme paneau, sçauoir est 23 & 34, puis de celuy de 35 à 4, lequel vous rapporterez de F à P. Et par ainsi de ces trois poincts 19, 23, & P, vous trouuerrez le paneau que vous cherchez par le deuant: & ferez de mesme pour paracheuer le paneau du costé de dedans, pour lequel vous rapporterez le traict du poinct de 31 à celuy de 6, sur le paneau de ioinct, du lieu de E au poinct de Q. & celuy de 3 iusques à 10, sera transporté dudit 34, au poinct de R, & celuy de 35, à 1, depuis F: iusques à S, & par ainsi les trois poincts que vous aurez trouuez, sçauoir est Q R S, seront recherchez auec le compas. Par ce moyen vous aurez paracheué de faire le deuxiesme paneau de ioinct, comme vous le voyez marqué par les quatre angles 19, P S Q. La petite ligne qui est dessus E F, ne seruira plus de rien, car elle y estoit seulement pour ayder à faire ledit paneau seruant pour mouler les ioincts, ainsi que vous le voyez aux lieux sur le traict de la voûte marquez M Q N. Elle seruira aussi pour l'autre costé au ioinct marqué I. Reste maintenant d'entendre comme il faut faire les autres paneaux de doile: pour la pratique desquels nous commencerons à celuy de dessus. Vous prendrez doncques la largeur de trois poincts O S N, & en tirerez à part trois lignes de mesme largeur, qui seront paralleles, comme vous les voyez marquées D E F, & perpendiculaires, ainsi qu'il se voit au lieu escrit: *Paneaux de doile par le dessus.* De là vous venez sur le traict au droit de la ligne perpendiculaire, marquée O, & ce que vous trouuez du poinct de 29 à celuy de 17, vous le transportez sur le paneau du poinct de D, à celuy de I: puis ce que vous trouuez du poinct de 32 à celuy de 20, vous le mettez sur le paneau au lieu de E, & H: de rechef ce qui est de 33, à 24, vous le portez de

Poursuite de la demonstration de ce que dessus.

Aduertissement qui n'est à negliger.

Demonstration & explication de ce que dessus.

DE PHLILIBERT DE L'ORME 76

tez de F à G, & en faictes vne ligne auec le compas, qui touche les trois poincts G, H, I. Vous ferez semblable chose pour tous les autres paneaux, & les prendrez tousiours apres la ligne du traict qui est horizontale, comme de E X F, iusques à l'extremité de la circonference & ligne marquée A, qui monstre la tour ronde, comme ie vous ay dict, & le repete encores vne fois, à fin que vous ne l'oubliez. Pour acheuer le paneau qui doit seruir au dedans de la tour, il faut prendre l'autre extremité de la ligne circulaire B, comme du poinct de 29 à celuy de 4, & ce qu'on trouuera, le mettre de D à M, sur ledict paneau de doile par dessus : & en faire autant du poinct de 32, à celuy de 7, & le mettre de E à L. Derechef de 35, à 11, & le rapporter de F à K. Par ainsi de ces trois poincts K L M, vous tirerez vne autre ligne auec le compas, & sera parfaict le paneau de doile de dessus, lequel vous voyez à la figure, enfermé entre les lignes M I H G K L, qui vous seruira à mouler & trasser la pierre par la doile de dessus au lieu de O S N. Pour faire l'autre paneau N V F, ie ne l'ay marqué, parce qu'il se faict tout de mesme sorte comme celuy cy dessus descrit. I'ay aussi mis encores à part vn paneau de doile pour seruir à trasser les pierres par le dessous de la voûte, lequel vous pouuez voir au bas de la figure, entre le deuxiesme & troisiesme paneau de ioinct, estant designé par quatre lignes enfermées de Q P R S. Bref, tous se font de mesme façon que vous auez veu cy deuant, & par mesme rapport de ligne, ainsi que vous le pouuez cognoistre en les cherchant & conferant auec le compas : car ie m'asseure que vous les trouuerez de mesmes raports que ie vous ay monstré : Par ainsi vous auez l'intelligence des paneaux des ioincts, & des doiles tant dessus que dessoubs. Quant à la clef du milieu de la voûte il n'y faut point de paneaux de doile, sinon le plan du milieu de la voûte, qui se faict auecques les cherches & buueaux, apres qu'on a equarry la pierre, suiuant le paneau de teste de la clef, qui sert aussi pour equarrir les autres pieces qu'il faut faire pour toute la voûte. Semblablement le paneau du premier ioinct sur le fondement de la voûte de la porte, se prend sur le plan de la tour aux lieux que vous voyez hachez par petites lignes. Mais il faut sur tout bien obseruer les longueurs & espesseurs de la muraille de la tour ronde, comme aussi les longueurs des pieces apres le plan de ladicte tour. Presentement ie ne sçache autre chose à vous proposer, sinon qu'il faudra que ceux qui voudront entendre ceste pratique des traicts, ayent la dexterité de sçauoir trasser les pierres apres les paneaux, qui me semble estre chose facile à comprendre. I'en'oubliray de vous aduertir que ceste façon de traicts de porte sur la tour ronde, vous donne d'abondant vne fort grande intelligence des autres traicts que vous auez veus par cy-deuant, & vous donnera aussi cognoissance de ceux qui vous seront

Pour le paneau qui sert au dedans de la tour.

Paneaux tous d'vne façon, & mesme rapport de lignes.

Choses fort necessaires d'obseruer

n iiij

LIVRE III. DE L'ARCHITECTVRE

Diuersité de portes sur diuersité de tours.

cy apres proposez. Car ie delibere de vous donner encores par ordre, le traict de la porte sur la tour ronde biaise, & sur la tour ronde en talus, & vn autre traict de porte qui sera moitié ronde & moitié quarrée dedans & dehors, là où seront marquez tous les paneaux tant des ioincts que des doiles, ensemble de ceux qui sont en talus, & sont traicts plus difficiles à conduire que tous ceux qui ont esté descrits. Si est ce que par les demonstrations que i'en ay faictes & feray cy-apres, ie m'asseure que ceux qui voudront prendre la peine de les chercher auec le compas, les trouueront & entendront facilement, mesmes les ouuriers & autres qui font profession de l'art, comme i'ay plusieurs fois dit pour mieux en asseurer le Lecteur. De sorte qu'ils les pourront contrefaire par modelles faicts de pieces, tout ainsi qu'il les faut appliquer en œuure. Qui a esté cause que i'ay faict les traicts & lignes vn peu grandes, à fin qu'vn chacun puisse mieux cognoistre le raport d'icelles, & les prendre auec le compas, pour les mieux conceuoir & entendre.

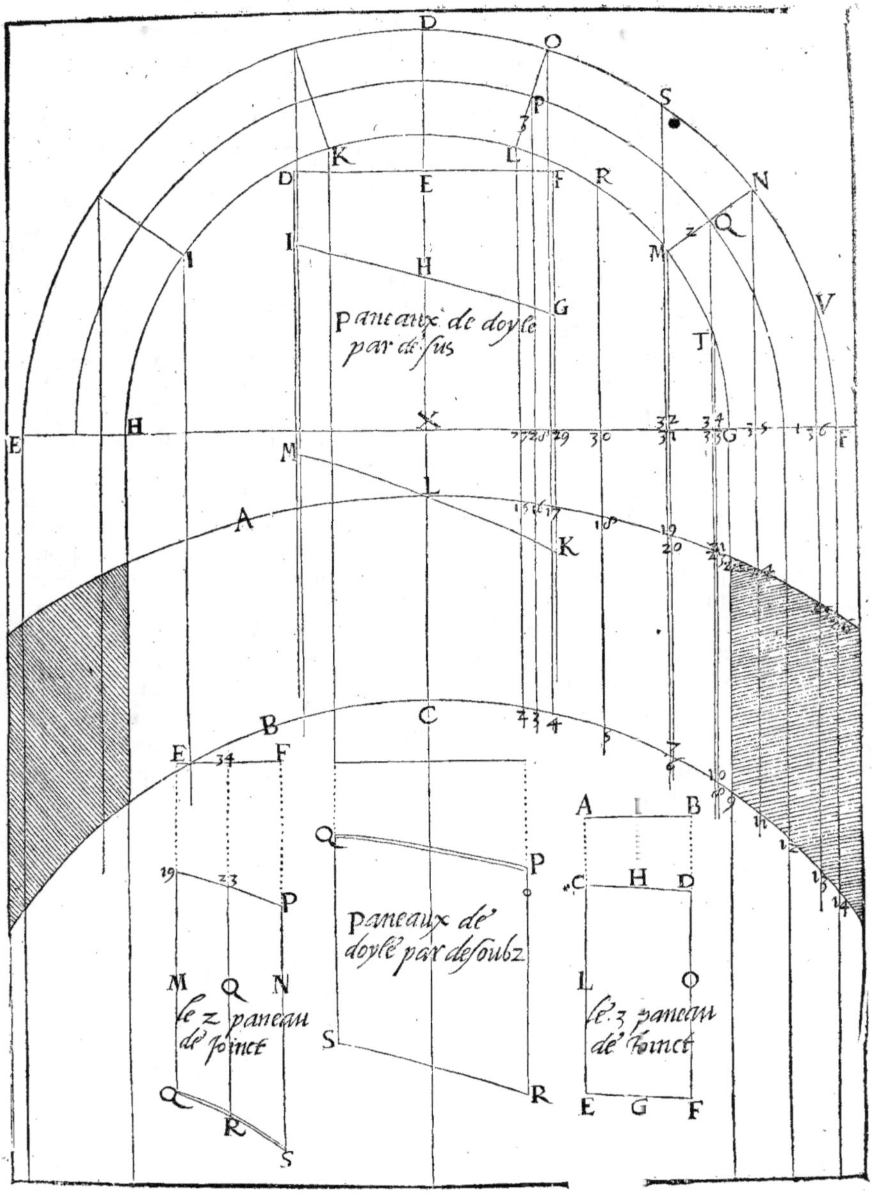

Paneaux de doyle par dessus
paneaux de doyle par desoubz
le 2 paneau de joinct
le 3 paneau de joinct

LIVRE III. DE L'ARCHITECTVRE

Pour faire porte ou voûte sur vne tour ronde biaise.

CHAPITRE XIIII.

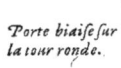
Porte biaise sur la tour ronde.

PAr le mesme artifice des traicts Geometriques, vous pouuez cognoistre comme on peut faire vne porte ou voûte sur le mur d'vne tour ronde, qui est oblique, ainsi qu'il se voit cy apres, par les deux lignes A B, & C D. Les ouuriers l'appellent porte biaise sur la tour ronde. Telle façon se trouue fort necessaire quand on veut percer vne tour, soit pour y faire vne porte ou fenestre, à fin d'en receuoir le jour obliquement, ainsi qu'il se cognoist par les deux dictes lignes circulaires qui representent la rotondité de la tour & grosseur du mur. Et pour autant que ie vous ay monstré par cy-deuant la façon de leuer les paneaux sur les formes rondes, ie ne vous en feray plus long discours, car ceux icy se leuent de mesme sorte, ainsi que vous le pouuez cognoistre par les trois paneaux que i'ay marquez, & tirez 1, 2, 3, & sont faciles à mettre en œuure, si vous entendez bien le traict de la porte sur la tour ronde cy-deuant proposé. Ie ne veux oublier de vous aduertir que cecy ne vous seruira seulement pour portes, mais aussi pour faire voûtes de ponts, soient sur riuieres ou autrement. Et jaçoit qu'on les face communement tous droicts, si est ce qu'ils seroient beaucoup plus forts & de plus longue durée s'ils estoient tous ronds, & encores plus qu'en hemicycle. Car quelque grande & impetueuse riuiere qui se puisse presenter ne pourroit offenser les maçonneries estants ainsi disposées comme ie les entens. Ie n'oubliray, Dieu aydant, d'en dire & escrire l'artifice, lors que l'occasion s'y presentera. Ce temps pendant nous poursuyurons nos portes.

DE PHILIBERT DE L'ORME.

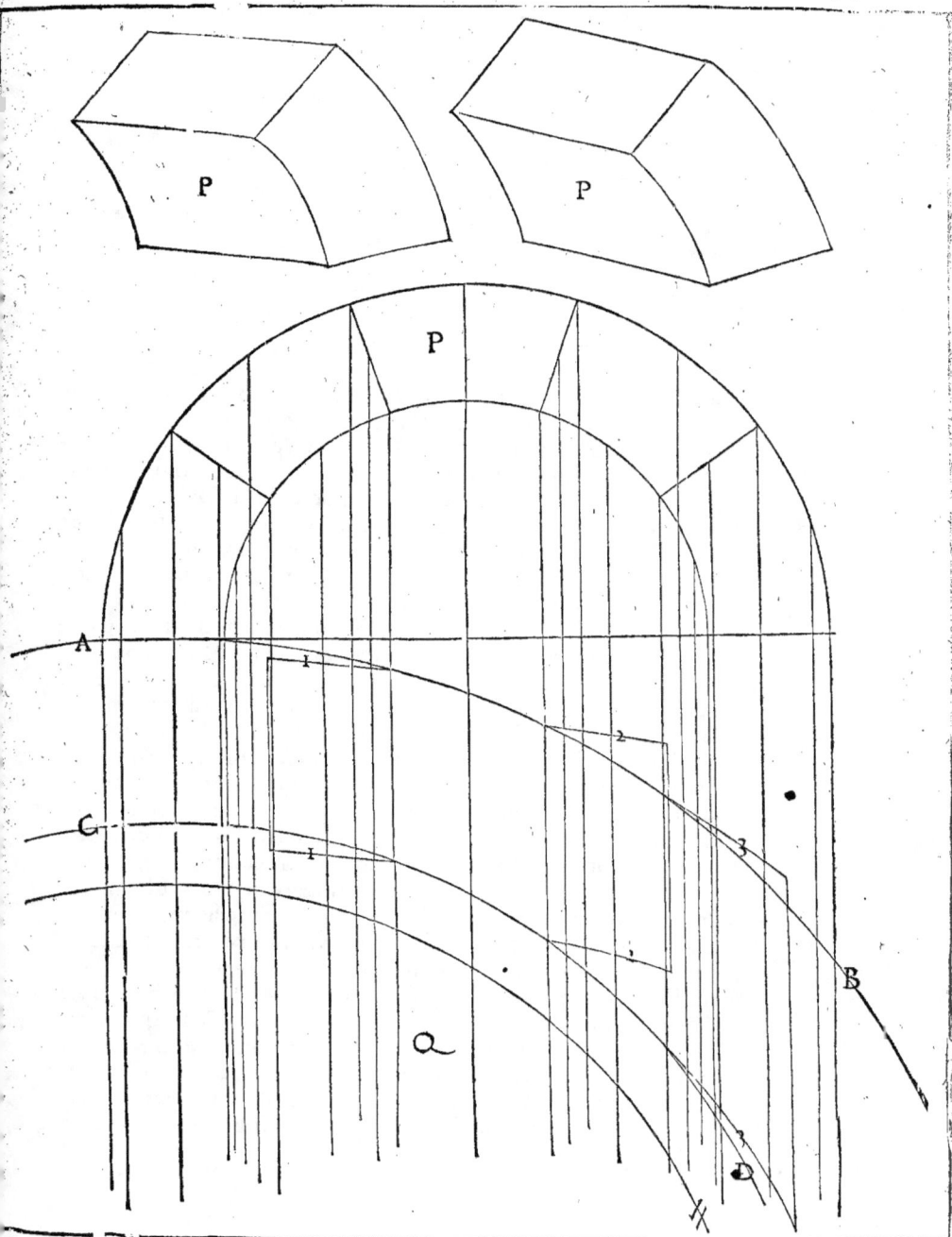

LIVRE III. DE L'ARCHITECTVRE

De la porte sur la tour ronde, & voûte qui se peut faire en talus & en diuerses autres sortes.

CHAPITRE XV.

O N peut aussi faire des portes non seulement biaisées sur la tour ronde, mais encores en talus qui est chose vn peu plus difficile. Celles qui sont droictes & biaises se peuuent mettre sur vne muraille en talus & pente. Les ouuriers appellent talus quand la muraille diminuë de sa grosseur com-

Que c'est que les ouuriers appellent talus.

me elle monte, ainsi que pourroit estre la grosseur de la muraille d'vne tour ayant deux toises d'espesseur sur le fondement, & quatre ou cinq de hauteur : ladicte muraille ne se trouue espesse que d'vne toise, & toutesfois le mur du costé de dedans sera tousiours à plomb perpendiculairement, & celuy de dehors s'estant retiré sur les quatre ou cinq toises de hauteur, sera d'vne toise de retraicte, de sorte qu'au lieu de deux toises d'espesseur qu'il auoit par le bas, il n'en a qu'vne par le haut : qui faict que cela monstre vne pente tout autour de la tour & retraicte de la maçonnerie, que les ouuriers appellent talus. Qui feroit vne porte ou fenestre en

Porte ou fenestre de grand artifice.

ces endroicts portant vne voûte, elle seroit ronde par le dessous, ronde par le deuant, & biaise si vous voulez, creuse par le dedans, & en talus par le deuant. Et pour autant que vous pouuez apprendre le traict de telle porte sur la tour ronde en talus, par le moyen des autres que ie vous ay escrit cy deuant & que vous verrez cy apres, ie ne vous en feray si long discours, comme il seroit besoing de faire pour bien specifier, & escrire ce qui seroit necessaire pour la cognoissance de toutes les parties. Et pourautant que la chose est difficile de soy mesme, il est aussi malaisé qu'elle se puisse entendre, sinon par ceux qui ont la Geometrie en main, & intelligence des traicts auecques la peine qu'ils prendront de les contrefaire, coupant de petites pieces de boys ou de pierre tout ainsi comme si les vouloient mettre en œuure & appliquer en quelque grand bastiment. Car combien que lon ayt le moyen

La façon des traicts se pouuoir mieux pratiquer qu'enseigner par escript.

de leuer tous les paneaux, si y a-il vne autre intelligence pour les sçauoir appliquer, & en trasser les pierres pour les tailler. Les façons ne se peuuent bien monstrer, n'y estre bien entendues par escriture, si on ne les voit par effet & pratique. Toutesfois il n'y a rien impossible à tout gentil & laborieux esprit. Ceux qui craindront y perdre trop de temps, & seront curieux de tout mieux entendre, ils en demanderont conseil & aduis à ceux qu'ils cognoistront estre bons Maistres. Doncques il suffira que ie vous propose pour ce que dessus, la figure subsequente, en laquelle

vous

vous voyez le traict d'vne porte sur vne tour ronde biaise, & en talus, comme vous representent les deux lignes marquées D E, & va obliquement, qui faict le biais. Vous cognoistrez le talus & pend de la tour, par la ligne H I, qui finit sur la perpendicule I K. Vous voyez aussi la circonference & voûte de la porte, auec les lignes tant des commissures que des perpendiculaires qui tombent sur l'espesseur du mur, & seruent pour ayder à leuer les paneaux, auec les autres qui procedent des commissures sur la ligne de pente H I. Aussi vous pouuez cognoistre par ladicte figure, aux lignes F G, comme elle se trouue à la retraicte d'vne chacune pierre de la voûte faisant le talus, & qu'au lieu que la muraille est large par le commencement de l'arc, autant que vous voyez les deux lignes D E, au dessoubs de la clef elle n'est point plus large que les deux lignes que vous voyez E F, par le milieu. Vous pouuez voir aussi en la presente figure les paneaux de doile par le dessoubs, qui sont leuez aux lieux marquez A. Et notez qu'il n'y a icy autre difference à leuer lesdicts paneaux, qu'à ceux de la porte ronde descrits cy-deuant, sinon qu'au droict des lignes paralleles qui donnent à trauers de celles qui monstrent le talus signé I H, il faut prendre la largeur & distance de la retraicte au droict d'vne chacune ligne qui prouient des commissures, ou des lignes qui sont par le milieu des doiles, & rapporter telle distance sur le plan de la tour par mesme methode & façon comme vous auez veu leuer les paneaux de la tour ronde cy deuant. Ie ne vous en escriray d'auantage, à fin deuiter prolixité accompagnée le plus souuent d'ennuy. Si quelques vns desirent en cognoistre d'auantage, s'il leur plaist se retirer par deuers moy, ie leur feray part de mon petit sçauoir & industrie, d'autant bon cœur qu'il me sera possible.

Explication des parties de la figure cy apres proposee.

Prolixité estre le plus souuent accompagnée d'ennuy.

LIVRE IIII. DE L'ARCHITECTVRE

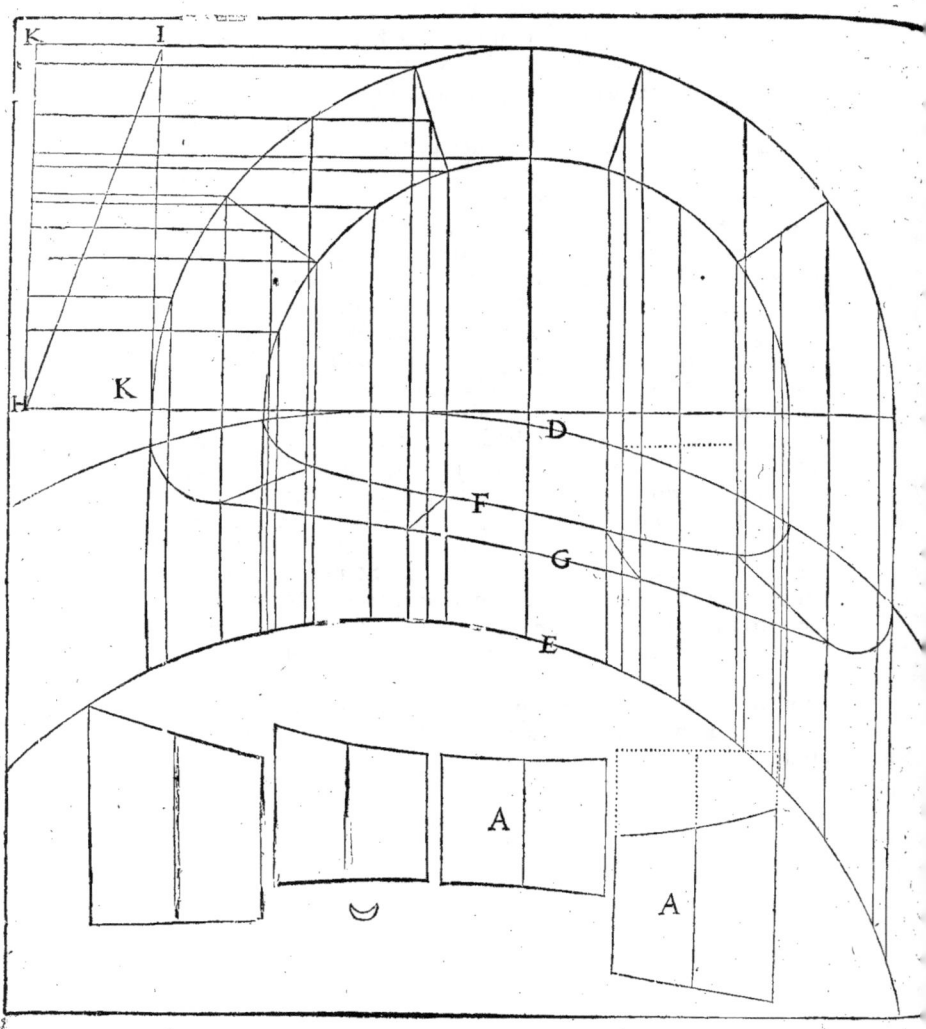

Afin que vous ayez encores plus de passe-temps, & d'occupation, si vous la voulez prendre, i'ay tiré d'abondant en vne autre figure cy apres, la façon comme lon trouue le cyntre de la susdicte porte en talus biaise: ainsi que vous le voyez à la marque L, auec la circonference ralongée, en la ligne M O. Ensemble les paneaux de teste par le dessus, au lieu signé C. Et ceux des commissures ou des joincts marquez B. Qui aura le loisir de s'y occuper

DE PHILIBERT DE L'ORME 86

& amufer longuement, il trouuera matiere pour remuer le compas, à fin de trouuer les chofes cy deffus propofées. Mais ie prieray les beneuoles Lecteurs, de ne trop s'arrefter & amufer quãd ils rencõtreront quelque chofe difficile, ains premierement bien apprendre les traicts qui font faciles, & lire & relire tous les chapitres. Auffi pour abbreger temps & ne le point perdre, vouloir demander l'aduis & intelligence de ce qu'ils ne pourront comprendre, à ceux qui font proffeffion des traicts Geometriques, & font fçauans en la practique & theorique d'Architecture. Car auecques peu de parolles ils leur feront entendre, & promptement, ce qu'ils pourroient cercher auecques long labeur & fatigue d'efprit.

Bon confeil, & aduertiffement loüable.

LIVRE III. DE L'ARCHITECTVRE

Le traict d'vne porte sur vn angle obtus, ronde d'vn costé, & creuse en dedans, l'autre moitié droicte sur la ligne oblique, & biaise des deux costez.

CHAPITRE XVI.

Autre façon de porte fort estrange.

Ous ayant monstré iusques icy la façon des portes biaises en plusieurs sortes, comme aussi des droictes par le deuant, & d'autres rondes & biaises, autres rondes & en talus, ie desire encores vous en monstrer icy la figure du traict seulement, auec tous les paneaux qui sont leuez, tant des joincts que des doiles, pour en coupper les pierres, & en faire vne porte ou voûte de telle longueur que vous en aurez à faire, & d'vne façon fort estrange: voire quand seroit sur vn angle obtus, la moitié sur vne forme ou tour ronde, l'autre sur vne muraille droicte & oblique, ladicte porte ou voûte, se trouueroit biaise tant sur ladicte muraille droicte, que sur la tour ronde, comme vous le pouuez iuger par la figure du plan & traict que i'ay mis cy-apres. Et l'ay faict vn peu grand expressement, pour y

L'Auteur s'estudier à rendre faciles ses escritures & demonstrations.

mieux marquer les paneaux, & en plus grand volume, à fin qu'il soit plus aisé de les cognoistre & chercher auec le compas. Vous pouuez voir le plan de ladicte porte & forme des murs sur lesquels elle est erigée, en dressant vostre veuë du poinct de F à celuy de A, qui est vne ligne droicte & oblique (denotant ledit A, le milieu de la porte) & de A à H, qui monstre la forme ronde de la tour, & aussi oblique. Au dedans se voit la ligne D B, qui est cócaue, ou, si vous voulez, creuse, & celle de B C, droicte, qui monstrent ces quatre lignes auec leurs lettres F A H, & C B D, le plan & espesseur des murs ou formes sur lesquels vous erigez la porte, ou bien vne grande arche, comme vous voyez sur la ligne 1 & 8, les hemicycles & voûtes de ladicte porte tirez, auec les lignes qui monstrent les commissures: estant le tout marqué par lettres de chiffre, à fin de monstrer par iceux mesme chiffres les pa-

Familiere & briefue declaration de la figure ensuiuant.

neaux qui seruent pour coupper les pierres aux mesmes lieux marqué: comme vous voyez celuy de 2 à la premiere commissure des hemicycles sous mesme marque de 2, & au plan de la muraille droicte le paneau de joinct: autant en direz vous du nombre 3, car l'endroit où il est renuoyé, c'est le mesme paneau de la cómissure 3. De l'autre costé au droict de la tour rõde, vous voyez à la voûte marqué 5, & la mesme marque de 5 sur le plan de la tour, vous monstre son paneau de joinct: semblablement celuy de 6 & de 7, qui se rapportent l'vn à l'autre, & ainsi du reste. Vous voyez cas semblable pour les paneaux de doile au dessous de la li-

gne

DE PHILIBERT DE L'ORME.

gne E & B, estants marquez par mesmes nombres, comme ils sont dans l'hemicycle. Tous lesdicts paneaux de doile, tant ceux qu'il faut faire du costé sur la tour ronde, que ceux qu'il faut aussi faire sur le mur, qui est droict & oblique, seront trouuez entre la ligne E B & celle de P, en la petite figure marquée X; ainsi que vous le cognoistrez en presentant & accommodant le compas aux figures qui suiuent cy apres. Telles voûtes & portes se pourroient aussi faire (qui voudroit) en talus, tant sur la forme de la tour ronde, que sur le pan de mur droict & oblique. Ie descrirois volontiers ce traict beaucoup plus au long que ie ne fais, pour monstrer vn œuure qui se pourroit faire fort estrange: & non point tant pour vouloir accommoder les vieux logis que i'ay descrits cy deuant (au chapitre huictiesme, où nous enseignons comme de deux maisons mal commencées & imparfaictes lon en peut faire vne belle & parfaicte, ainsi qu'il se voit sur le plan de la figure au lieu marqué Q) que pour la suiection qu'il y auroit de faire vne fenestre ou vne grande porte, pour laquelle lon seroit contrainct de prendre vne partie de la tour, & vne autre partie de la muraille droicte. Qui est la cause que i'ay voulu monstrer ce traict, qui ne seruira seulement pour ce qui est dit, & choses semblables, mais pour plusieurs autres, & signamment pour oster la subiection & imperfection d'vne maison: ainsi que ie le desirerois & voudrois faire pratiquer, si ie rencontrois vn lieu auquel ie fusse contrainct de ce faire: i'espere qu'on verroit vne telle façon d'œuure & structure, qu'elle seroit prisée & estimée de tout homme de bon entendement: voire de certains Architectes & Maistres, qui par faute de n'entendre la pratique des traicts, & la Geometrie, disent quand ainsi ils rencontrêt aucuns lieux de côtraincte, & voyêt quelque estrange structure y estre accommodée, qu'il n'estoit besoin de s'y amuser, & que c'est ouurage de Maçon. Il faut donc dire par leur côfession, que les Maçons en sçauent plus que tels Architectes, qui est contre raison: car l'Architecte doit estre docte pour bien commander & ordonner toutes œuures aux maistres Maçons: mais auiourd'huy en plusieurs pays, la charrette (comme lon dit) conduict les bœufs: c'est à dire, les Maçons en plusieurs lieux, gouuernent & enseignent les Maistres: ce qui sera dit sans offenser les Doctes, lesquels ie loüe & honore, non ceux qui abusent les Seigneurs pour se vouloir mesler d'vn estat qu'ils n'entendent, & n'en sçauent autre chose, sinon ce qu'ils en ont ouy & apprins des maistres Maçons. Mais de ce propos sera assez à fin de reuenir à celuy que nous auons delaissé, & aussi pour monstrer que Dieu nous a faict la grace de vouloir tousiours plustost enseigner les ignorants, & les apprendre, que les blasmer & reprendre, à son exemple & imitation.

Continuation de ce que dessus.

Le proffit & vtilité qu'apportent les traicts Geometriques.

Plusieurs Architectes ne parler que par la bouche & organe des maistres Maçons.

o iij

LIVRE IIII. DE L'ARCHITECTVRE

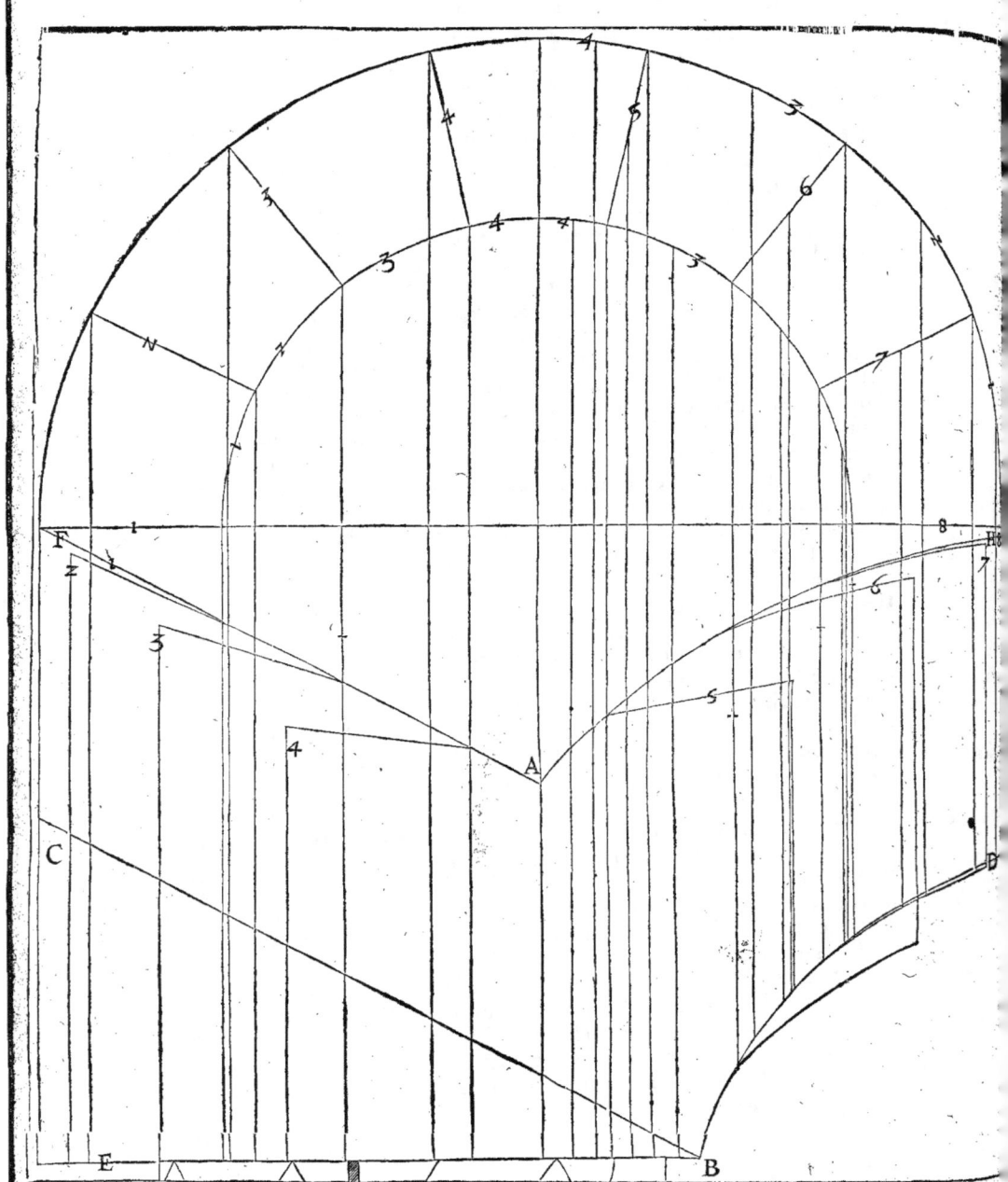

DE PHILIBERT DE L'ORME. 82

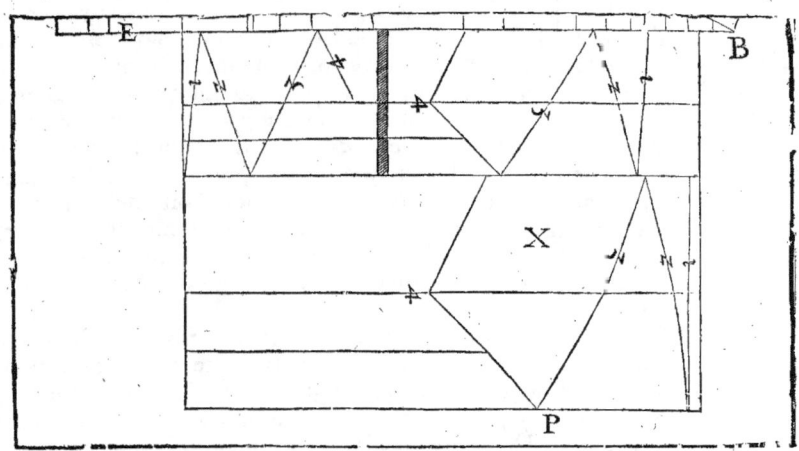

Comme lon peut faire deux portes, ou deux passages & entrées en vne seule, dans vne forme ronde par le dedans, & quarrée par le deuant, pour oster les subiections & imperfections d'vn logis.

CHAPITRE XVII.

A Vtres sortes de portes, passages, & voûtes se peuent faire en lieux difficiles, & qu'on estime impossibles, pourueu que l'Architecte ayt le sçauoir, cognoissance, & industrie de le pouuoir bien commander & monstrer aux maistres Maçons ne trouuant rien impossible ou difficile, à fin d'accommoder toutes choses comme il appartient, & que rien ne demeure imparfaict ny moins à reprendre. Voire quand il seroit en vn lieu de telle contrainte qu'il trouuast vne grande & grosse muraille, comme on la voit quelquefois aux vestiges des grands edifices antiques. Soit par forme d'exemple l'edifice que vous voyez cy dessous figuré, où ie propose ses murailles rondes & concaues par le dedans, comme vous les verrez en la ligne A B, qui est circulaire, & par le dehors de la tour se trouue quarrée, ainsi que vous le cognoistrez par les lignes C D E F. Le lieu auquel ie veux faire vn passage sur deux entrées ou deux portes, se trouue tout au droict de l'angle, ainsi que vous le voyez au lieu marqué G. Si vous voulez vous pourrez faire encores les deux dites portes sur la ligne droicte H I, mais en quelque sorte que ce soit il les faut trouuer. Vous pourrez beaucoup mieux cognoistre cecy par le traict que ie vous ay mis en la fin de ce troisiesme

Rien n'estre impossible à vn docte & expert Architecte.

Declaration de la figure ensuyuant.

LIVRE III. DE L'ARCHITECTVRE

liure, auquel i'ay leué les paneaux qui y sont marquez par nombres, tant par le deuant que par le dehors, où vous voyez comme ils portent la rotondité de dedans. Ie ferois volontiers plus long discours de cecy, & leuerois les paneaux du costé marqué K, auec vne autre façon de faire, mais pour-autant que vous les entendrez cy apres, & aussi que les bons esprits les trouueront facilement d'eux mesmes, ie ne vous en tiendray plus long propos: sinon que ie vous aduertiray que vous pouuez considerer par ce dict traict quelle seroit & comme se porteroit vne voûte sur ces trois passages & deux entrées, qui se trouueroient moult estranges & fort belles à voir pourueu que le tout fust bien conduict. Vous aduisant qu'il seroit encores plus bigearre & malaisé à faire qui le voudroit conduire suyuant la droicte ligne H I, ou bien les deux autres circonferences au contraire des celles de A B, qui sont du costé de dedans. Et pour-autant que vous le pourrez fort bien cognoistre & iuger par la figure & traict de cy-dessous, ie ne vous en feray plus long discours: sinon que vous serez aduertis que i'ay faict la figure en assez grand volume, pour mieux comprendre les paneaux qui y sont marquez, vn peu grandelets, à fin que quand vous voudrez prendre le compas, & presenter dessus le traict, il vous soit facile de cognoistre iustement comment ils sont faicts. C'est doncques vne voûte sur trois entrées ou passages, ainsi que vous voyez de A à B, de R à S, & de T à V. Ce qui les separe, c'est le pilier que vous voyez par le milieu marqué X. Vous pouuez cognoistre par cecy comme telle façon de traict est propre pour se pouuoir seruir d'vne grande tour, & accommoder quelque grand bastiment quarré à vn passage, seruant pour entrer en vne court ronde, si vous voulez, ou quarrée, & de l'autre costé pour entrer en vn corps d'hostel. Vous cognostrez par ce peu de discours, que si les choses proposées sont bien entendues, lon ne donnera iamais conseil d'abatre les grands & vieils chasteaux, quelques difformes qu'ils soient, pourautant qu'on les pourra fort bien accommoder & faire seruir. Lon se peut encores seruir en diuerses sortes de telles façons des trois entrées en vne seule, non seulement pour portes, mais aussi pour ponts, ausquels il faut faire de grandes arches par le dessous: pareillement par dessus au second estage des maisons pour oster la subiection de quelque corps d'hostel: comme s'il y en auoir vn qui fust planté suyuant la ligne E F, & de l'autre costé y eust vn corps d'hostel qui fust tourné comme vous monstre la ligne C D, Ces deux corps d'hostel s'assemblent & touchent par l'angle de G. Du costé de la ligne circulaire & concaue marquez A B, ie suppose que ce soit vne court toute ronde, ou ouale, & en ce qui demeure entre les deux corps d'hostel & la court (qui est quasi en forme de triangle ayant vn angle droict au lieu marqué G) vous

Longue escriture & demonstration n'estre necessaire à bons & subtils esprits.

Pourquoy c'est que l'Auteur a fait la figure en suyuant vn peu grandelette.

Les commoditez du traict des trois entrées en vne seule.

puissiez

DE PHILIBERT DE L'ORME.

Pour mettre fin au present traicté des voûtes pour les portes, & arches des ponts, desquelles ie pourrois encores proposer vne infinité de chapitres, ie ne diray pour faire triple porte, mais aussi quadruple, & en tel nombre que lon en auroit affaire, & toutes ensemble voûtées, soit par voûtes d'airestes, ou voûtes de four, ou surbaissées, & encores par voûtes reiglées, & quasi droictes, comme sont celles que i'ay faict faire à Fontainebleau au premier estage du pauillon sur l'estang, auquel lieu on deliberoit mettre par le dessus, le cabinet de la majesté du feu Roy Henry. On peut aussi faire telles voûtes de portes pour seruir à faire arches de ponts en forme de S, ou autres figures rondes & creuses par le deuant, & autant de l'autre costé. Et encores les faire rempantes comme qui voudroit monter par dessus vne riuiere, & de là au dessus d'vne montaigne pour y conduire des eaux, ou y faire chemins. Bref qui entend telle façon de traicts Geometriques il ne demeurera iamais en arriere, & ne luy sera proposé chose quelle qu'elle soit qu'il ne trouue l'inuention de la faire, ie dy de façon si estrange, que ceux qui ne l'entendent diront tousiours que c'est chose impossible. Mais de ces matieres icy ie ne tiendray plus long propos, à fin de passer au liure suyuant, auquel nous parlerons d'autres sortes de traicts & voûte squi seruent pour l'inuention, structure & conduicte, des trompes de diuerses façons & suspenduës en l'air, à fin de m'acquitter de la promesse que i'en ay faicte, & desire accomplir, moyennant le grace de Dieu.

Multiplicité & varieté de portes & arches pour ponts.

Preparatifs & approches pour le quatriesme liure suyuant.

LIVRE IIII. DE L'ARCHITECTVRE

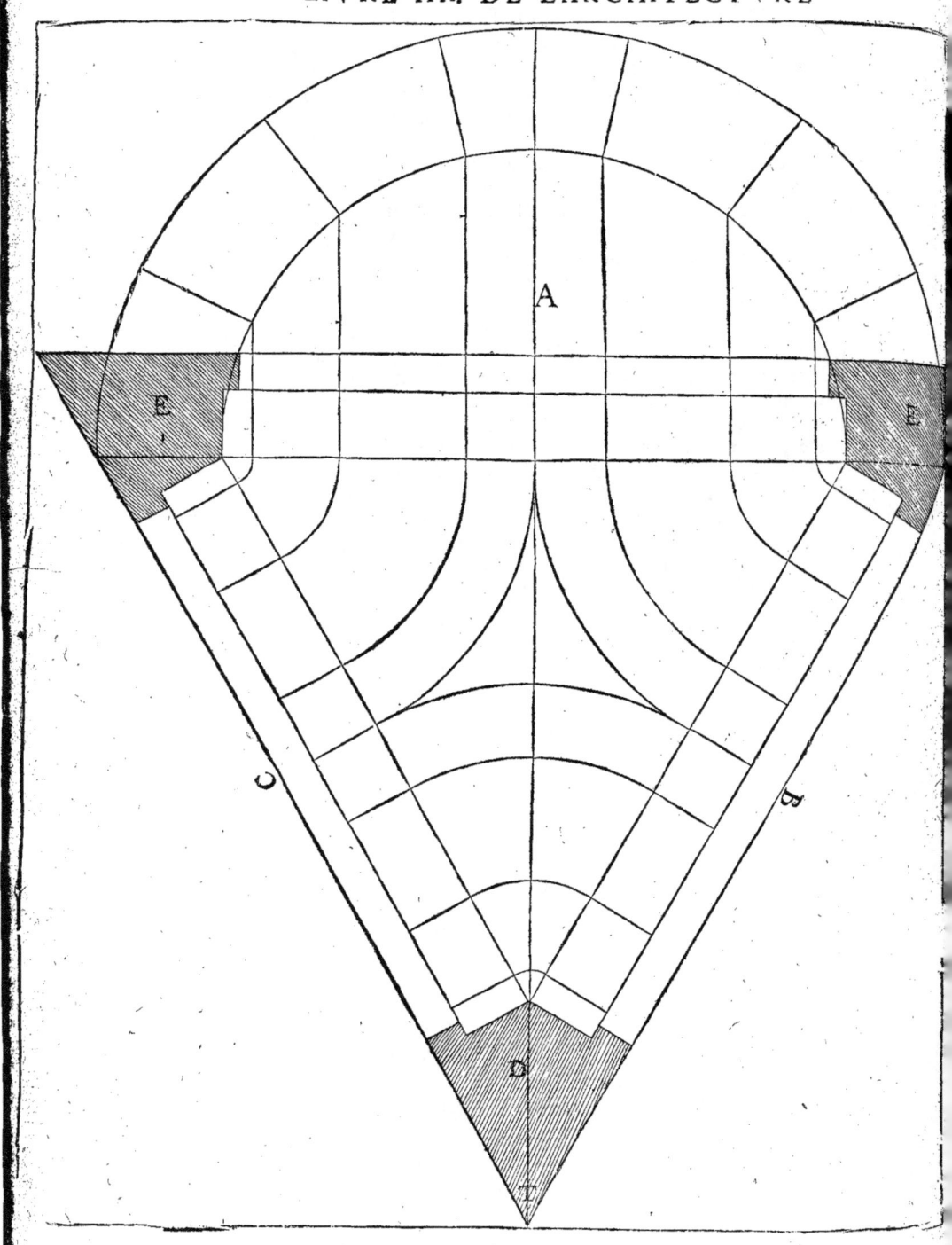

LE QVATRIESME LIVRE
DE L'ARCHITECTVRE DE PHILI-
BERT DE L'ORME LYONNOIS, CON-
seiller, & Aumosnier ordinaire du Roy;
Abbé de sainct Eloy lez Noyon, & de
sainct Serge lez Angers.

*PROLOGVE ACCOMPAGNÉ DE PLVSIEVRS
bons aduertissements.*

A Vliure precedent i'ay monstré comme lon doit faire les bonnes caues, auecques leurs voûtes & descentes, pour y pouuoir aller commodement : le
tout estant accompagné d'vne certaine doctrine
& pratique des traicts Geometriques necessaires pour tel affaire comme aussi pour la structure
& façon des portes voûtées tât biaises que droictes, sans y auoir obmis les ouuertures & soupiraux desdictes caues, pour leur donner
tel air & clarté qu'il conuient. En apres i'ay monstré le moyen de
se pouuoir ayder des maisons incommodes, vieilles & mal faictes
pour les aproprier & accommoder auec les bastiments neufs, &
rendre commode, salubre & habitable, ce qui estoit incommode,
insalubre & inhabitable: sans toutefois abatre, ruyner ou demolir
les vieux bastiments, comme trop legerement & inconsiderément
font faire ceux qui n'entendent l'artifice des traicts Geometriques,
& par leur ingnorance ordonnent incontinent faire tout de neuf.
Pour doncques pouuoir cy apres remedier à telles erreurs & indis-
cretions, ie vous ay monstré plusieurs sortes de traicts Geometriques, pour diuerses portes & voûtes parties droictes, & pour d'autres faictes en biais passé, comme l'appellent les ouuriers, d'autres
faictes en biais par doiles, & autres en biais par teste. Ce qu'aussi

*Discours & re-
capitulation
des principaux
poincts du liure
precedent.*

*L'ignorance des
traicts Geome-
triques estre
cause de n'ac-
commoder les
vieils logis auec
les neufs.*

q ij

LIVRE IIII. DE L'ARCHITECTVRE

vous pouuez encores faire en talus, s'il est de besoing. I'ay d'auātage monstré la façon des voûtes & portes quand on seroit contrainct de les faire sur les coings & angles des maisons, (ou bien sur vne tour ronde) estant rondes par le deuant, creuses par le dedans & voûtées par la dessous, d'autres sur la forme ronde, qui se trouuent biaises par lignes circulaires & obliques: & encores d'autres qu'on peut faire moitié droictes & moitié rondes par le deuant sur vn angle obtus: & deux ou trois entrées & portes en vne seule. Le tout *La pratique des* se conduisant par le moyen des traicts Geometriques qui ne seruēt *traicts est regrā-* seulement pour faire lesdictes portes & voûtes, mais aussi pour *de & contenir* construire grandes arches & voûtes pour ponts & passages, & au-*plusieurs secrets* tres œuures que vous pourrez auoir à faire. Bref, ie vous ay descouuert & monstré sous l'artifice desdicts traicts plusieurs beaux secrets en l'Architecture, ainsi que vous le pourrez de mieux en mieux cognoistre tant par le discours du present œuure que par l'experience que vous en ferez, qui est maistresse tres-certaine des choses incroyables & incertaines. Qui me faict bien auser dire que l'Architecte qui aura cognoissance desdicts traicts, ne sçauroit prendre excuse qu'il ne puisse trouuer vne infinité de belles inuentions, & faire choses qui surpasseront l'opinion, engin & sçauoir de plusieurs qui s'attribuent le nom & tiltre d'Architecte, n'y obmettant suffisantes raisons accompagnees de propres demonstrations, pourueu qu'on les vueille entendre & receuoir en *Les quatre par-* payement. Et seront lesdictes demonstrations extraictes de Geo-*ties des Mathe-* netrie, la plus subtile, plus ingenieuse & plus inuentiue de tou-*matiques et y* tes les disciplines & quatre sœurs Mathematiques, ainsi que Cas-*appellées sous* *par Cassiodore.* siodore les appelle: car elle prend son commencement de choses manifestes, & signamment d'Arithmetique, qui est tant necessaire pour tous estats, qu'auec grande raison les hommes bien auisez la font apprendre à la ieunesse. Ce que ie loüe grandement, & serois bien d'auis qu'on fust encores plus soigneux de faire apprendre auec la theorique & pratique de ladicte Arithmetique, les principes de Geometrie, & que toutes sortes d'estats dés le plus grand iusques au plus petit, entendissent bien les deux *Arithmetique* susdictes disciplines. Car il n'y a science, ny art mechanique, ou *& Geometrie é-* mestier tel que vous le sçachiez donner, qui ne s'ayde & tire *stre necessaires à* quelque profit & vsage d'Arithmetique & Geometrie: qui *tous estats.* sont si excellentes entre toutes les autres disciplines, qu'elles rendent les hommes subtils & ingenieux à inuenter plusieurs choses singulieres & proffitables pour le bien public. I'auois grand desir au commencement du deuxiesme liure precedent (auquel i'ay monstré plusieurs petites reigles propres pour trasser les fondements sur la terre) de pouuoir escrire quelque chose des proportions & façons de mesurer toutes superfices & corps speriques, par le moyen de ladicte Arithmetique & Geometrie: où
i'eusse

DE PHLILIBERT DE L'ORME

j'eusse prins plaisir de monstrer pour le moins leurs principes, mais considerant que telle matiere est vn peu longue, & que la traictant ie ne suyurois le droict fil de nostre entreprinse d'Architure, & aussi que plusieurs font profession d'enseigner fort doctement telles sciences, pource est-il que ie m'en suis bien voulu deporter. Certainement l'Arithmetique est tant excellente & vtile, que ie ne la vous sçaurois assez loüer: comme aussi la Geometrie, qui donne mille subtiles inuentions à ceux qui l'entendent, & la sçauent bien pratiquer & accommoder auecques la-dicte Arithmetique. Lesquelles deux, bien conioinctes & accouplées, esueillent les esprits, & donnent moyen de trouuer les secrets de beaucoup de choses incogneuës, soit par nombres, lignes, ou autrement, suyuant les preceptes & traditions de l'vne & l'autre discipline. En quoy ie n'obmettray les figures superficielles, pleines, & corps solides, n'y aussi les cubes composez de quatre faces, ou superfices quarrées, comme i'ay dit au commencement du deuxiesme liure, en parlant des racines quarrées & cubiques, ainsi que pourroit estre le nombre de 729, qui prouient de 9, lequel estant multiplié par soy, fait 81 en sa plaine, & 81 multipliez par 9, font le cube de 729. Mais pour autant que i'ay qu'elque peu parlé de cecy au dit liure, i'en laisseray le propos, à fin de pouuoir continuer la description, doctrine, demonstrations, & pratique de nostre Geometrie des traicts. Vous auisant que ceux qui voudront bien considerer ce que i'en ay escrit & escriray cy apres, pourront aussi aisement accommoder l'vsage desdicts traicts aux corps pyramidaux & spheriques, qu'aux trompes, & toutes sortes desaillies qui sont suspenduës en l'air, soit pour porter cabinets, pour montées, chambres ou autres choses, ainsi que i'ay dict ailleurs. Ce qu'on pourra aussi pratiquer sur vne forme ronde, comme sur vne colomne, ou sur vn obelisque tout quarré, ou bien sur vne pyramyde. De sorte que quand vous les voudrez couper, vous le pourez faire suyuant les lignes obliques & circulaires, ou telles que vous les voudrez imaginer dans lesdictes pyramides, piliers quarrez, & colomnes, tout ainsi comme si vous les desiriez faire de plusieurs pieces. Telle chose est propre pour eriger les suspenduës que nous appellons trompes, & aussi pour toutes sortes de voûtes qui se peuuent trouuer apres les figures spheriques, comme celles qui sont toutes rondes surbaissées, ou vn peu plus pointcues que leur rotondité. Par la mesme doctrine vous pouuez mettre vne boulle en plusieurs pieces, & y trouuer vn quarré ou cube, ou vn triangle, & autres formes où les angles touchent l'extremité de la circonference. Vous rendrez aussi les cubes concaues & creux pour leur faire porter telles sortes de voûtes que vous voudrez, mettant en apres tout cela en plusieurs & diuerses façons de pieces: & pourueu que les commissu-

Digression sur les loüanges & excellences d'Arithmetique & Geometrie.

Demonstration du cube & racine cubique.

L'vsage de la Geometrie des traicts estre incomprehensible.

q iij

LIVRE IIII. DE L'ARCHITECTVRE

res prouiennent du centre, c'eſt à dire qu'elles ſoient couppées ſuyuant la ligne qui vient du centre dont eſt tirée la circonference de la forme ſpherique, vous ferez vn œuure qui ſe ſouſtiendra & portera en l'air ſans aucun danger de tomber. Les raiſons de cecy ſeroient autant longues & difficiles à demonſtrer, que reduire le quarré en forme ronde, ou bien quarrer le rond, laquelle choſe a trauaillé pluſieurs excelléts eſprits. Quoy que ce ſoit, la pratique de ce traict vous ſera monſtrée cy apres, le mieux qu'il me ſera poſible de faire, mais non ſi familierement que ie voudrois, pour autant que l'inuention en eſt fort ſubtile, & que pluſieurs traicts de Geometrie y ſont requis, deſquels il ſeroit plus facile monſtrer la pratique, que de les enſeigner, voire de pouuoir excogiter & penſer d'où en procedent les raiſons. I'adiouſteray que les choſes eſcrites ne donnent tant de delectation, plaiſir & inſtruction, pour en retirer quelque fruict & proffit, que celles qui ſont pratiquées & monſtréez au doigt, ainſi qu'il ſe cognoiſt aux traicts de Geometrie, leſquels ie vous propoſe, ſans iamais auoir entendu qu'il en ait eſté eſcrit aucune choſe, ſoit par les Architectes anciens ou modernes. Qui me faict croire que leſdicts traicts n'ont eſté encores gueres cogneus, & que la matiere eſt fort difficile à pratiquer & mettre en œuure. Qui eſt cauſe que mal-aiſément on les peut enſeigner par liure & eſcriture. Laquelle choſe me pourra excuſer, ſi en tout ce diſcours ie ne les puis ſi bien expliquer & faire entendre, comme ie voudrois & deſirerois : iaçoit que ie m'y employe de tout mon pouuoir & petite capacité d'eſprit. Mais vous ſçauez que toutes nouuelles eſcritures & inuentions ne ſont iamais ſans grande difficulté & labeur. Cecy propoſé nous ferons fin au preſent Prologue, à fin d'entamer ce quatrieſme liure ; auquel, Dieu aydant, nous enſeignerons la pratique tant des trompes (ainſi que les ouuriers les nomment) que des voûtes modernes & autres, comme auſſi des montées, des vis, des eſcaliers, & pluſieurs autres choſes accompagnées d'vn grandiſſime plaiſir & profit : ainſi que vous le cognoiſtrez apres auoir diligemment leu & relu le preſent œuure.

La quadrature du cercle auoir tourmenté de grands eſprits, pour ſa difficulté.

Les traicts de Geometrie n'auoir eſté accommodez à l'Architecture par aucun des anciens ou modernes iuſques au temps de l'Auteur.

De

DE PHILIBERT DE L'ORME. 88

De la voûte & trompe que i'ay ordonné & faict faire au chasteau d'Annet, pour porter vn cabinet, à fin de l'accommoder à la chambre où logeoit ordinairement la majesté du feu Roy Henry.

CHAPITRE I.

VOYCY le lieu fort commode pour me descharger de la promesse que i'ay faicte en nos liures de la Nouuelle Inuention, pour bien bastir & à petits frais, c'est de descrire & monstrer le traict de la trompe qui est à Annet au Chasteau de feu madame la Duchesse de Valentinois. Laquelle trompe fut faicte par vne contraincte, à fin de pouuoir accommoder vn cabinet à la chambre où le feu Roy Henry logeoit estant audit chasteau. La contraincte y estoit pour n'auoir espace, ou lieu pour le faire au corps d'hostel, qui ja estoit commencé, ny aussi au vieil logis qui estoit faict: de sorte qu'on ne trouuoit rien à propos en ce lieu pour faire ledict cabinet. Car apres la salle estoit l'anti-chambre, puis la chambre du Roy, & aupres d'elle, en retournant à costé, estoit en potence la garderobbe. Voyant doncques telle contraincte & angustie du lieu, & outre ce cognoissant qu'il est necessaire & plus que raisonnable d'accompagner les chambres des Roys & grands Princes & Seigneurs d'vn cabinet (à fin qu'ils se puissent retirer en leur priué & particulier, soit pour escrire ou traicter des affaires en secret, ou autrement) ie fus redigé en grande perplexité, car ie ne pouuois trouuer ledit cabinet sans gaster le logis & les chambres, qui estoient faictes suyuant les vieux fondements & autres murs, que l'on auoit commencez premier que ie y fusse. Or qu'aduint-il? ie dressay ma veuë sur vn angle qui estoit pres la chambre du Roy par le dehors, du costé du iardin, & me sembla estre fort bon d'y faire vne voûte suspenduë en l'air, à fin de plus commodément trouuer place à faire ledit cabinet. Ce qui fut faict, estant la voûte en forme de trompe, à fin de la rendre plus forte pour porter les maçonneries & charges qu'il falloit mettre par le dessus, pour fermer de pierre de taille ledit cabinet, & le couurir encores d'vne voute de four estant aussi toute de pierre de taille sans y mettre aucun bois. Le tout se trouua de telle grace & façon que vous le pouuez iuger par la figure qui en est cy apres representée, en laquelle vous voyez que la voûte de la trompe n'est point seulement ronde par le deuant, mais porte encores des saillies en façon de niches, ainsi qu'il se voit par le deuant, au lieu où sont erigées les

Liure de l'Auteur imprimé par cy deuant.

Les chambres des Roys deuoir estre accompagnées d'vn cabinet.

Inuention de l'Auteur en chose fort contrainte, &c.

Declaration de la figure ensuyuant.

q iiij

LIVRE IIII. DE L'ARCHITECTVRE

trois feneftres dudit cabinet. D'auantage par deffous ledit cabinet on voit comme la moitié de la voûte eft rempante, à fin de gaigner vne veuë en forme ouale, pour donner clairté à vne vis qui eft de l'autre cofté, au lieu marqué P, qui rend la trompe beaucoup plus difficile. Et pour la forme eftrange qu'a cefte voûte de trompe, on voit la moulure qui eft autour, par le deuant de ladicte trompe racourcie, ralongée & rempant autour d'icelle voûte, qui eft vne chofe admirable à voir, & digne d'y confiderer comme la nature du traict conduict ce degauchiffement fi eftrange. Ce que ie laiffe à penfer & voir à tous de bon efprit & fain entendement, car ils pourront facilement iuger, tant de la matiere, que de la forme de tout le cabinet, comme auffi des feneftres, & de la voûte à four qui eft par deffus, auec les corniches, & autres ornements, quel eft l'œuure & ouurage. Lequel ie defcrirois plus au long, n'eftoit que ie crains qu'aucuns pourroient penfer & dire que ie le fais plus par jactance, qu'autrement, à fin d'en prendre gloire, laquelle ie remets & rens à celuy à qui elle appartient, & d'où procedent toutes chofes bien faictes, pluftoft que par le moyen des hommes. Doncques ie vous veux bien protefter que ce que i'en efcris ne tend à autre fin qu'à inftruire & apprendre les hommes de bonne volonté, & fignamment les ignorants, aufquels ie defire de bon cœur communiquer le talent lequel Dieu m'a liberalement donné en ce peu de cognoiffance que i'ay de l'art d'Architecture. Mais pour reprendre le propos delaiffé, vous ferez aduertis que ie vous ay feulement mis en ce lieu, la montee & forme dudit cabinet du Roy, ainfi qu'il fe voit par le dehors. Cy apres vous verrez le plan de la trompe & faillie dudit cabinet.

Explication des singularitez de la trompe.

L'Auteur n'efcrire pour gloire, mais bien pour enfeigner les ignorants.

DE PHILIBERT DE L'ORME.   89

LIVRE IIII. DE L'ARCHITECTVRE

Le plan de la trompe & saillie du susdict cabinet du Roy estant suspendu en l'air, & comme il faut faire voûtes & trompes semblables.

CHAPITRE II.

La voûte de la trompe d'Annet estre sur vn angle droict.

LA voûte de la trompe, sur laquelle est erigé le susdit cabinet du Roy à Annet, est sur vn angle droict, ainsi que vous le voyez en la figure suyuant aux deux murailles marquées G H, estant le tout suspendu en l'air, comme vous le pouuez iuger du plan designé par les marques A B I D F C, sous vne forme ronde par le deuant, sinon qu'au milieu & par les costez aux lieux marquez I D F, se trouuent trois fenestres en saillie outre la forme ronde & en façon de niche, toutesfois portant par le dessous la forme de la voûte de la trompe, comme vous l'auez cogneu par la montée cy-deuant proposée, & le pouuez aussi iuger par son plan ensuiuant; lequel i'ay voulu faire de forme estrange pour rendre la trompe de la voûte plus difficile, & belle à voir. Mais voirement plusieurs pourront demander que ie veux dire & entendre par ce mot de trompe, pour autant qu'il n'est vsité sinon qu'entre les ouuriers, & par consequent cogneu de peu de personnes, & mesmes d'aucuns nouueaux ouuriers. Qui est cause que ie le veux bien declarer, & aduertir le Lecteur qu'il me semble que le nom de trompe, duquel nous vsons icy, est venu, ou bien a esté prins & vsurpé, de la similitude que sa structure a auecques la trompette, appellée en beaucoup de païs trompe. Car l'vne & l'autre estant large par le deuant, va en estroississant par le dedans en forme d'vne voûte. Mais de ce propos sera assez, à fin de faire approches à la description & construction de la trompe, dont il est icy question pour les bastiments. Vous serez donc aduertis qu'elle se peut eriger sur vn angle droict, obtus, ou pointu, & de quelque forme que vous voudrez par le deuant, soit droicte, quarrée à pend, comme la moitié d'vn hexagone ou octogone, ou bien toute ronde. Et par ainsi vous pouuez faire trompes droictes, creuses, rampantes, ou de quelque façon qu'on pourra penser, selon la necessité & contraincte du lieu auquel on les veut accommoder. Toutes sortes de voûtes se peuuent faire en forme de trompe, & toutes suspendües en l'air, sans auoir fondement par le dessous, sinon aux deux costez qui font l'angle, le tout par vne mesme methode de trait, ainsi que vous le verrez cy apres, & sous telle sorte qu'il vous plaira, auec vn grand abregement & grand auantage de temps, estude & labeur, pour ceux qui en voudront sçauoir la prasique, au regard de moy-mesmes

Ce mot de trompe n'estre entendu de tous.

qui

DE PHILIBERT DE L'ORME

qui l'ay appris & cogneu auec vn grandissime trauail en ma ieunesse. De sorte qu'il me couenoit vser d'autant de sortes de traicts comme il failloit faire de differentes œuures & trompes. En quoy les ouuriers cy-apres ne se trouueront empeschez, car du seul traict que ie propose, ils pourront faire toutes sortes de trompes & de suspentes creuses par le dessous: i'entends toutes façons de voûtes que vous voudrez penser pour estre suspenduës en l'air, car la force & pesanteur tombe tousiours sur l'angle & n'a garde de s'encliner par le deuant pour vouloir tomber, quand encores le tout ne seroit bien conduict. Si est ce que telle chose ne se laisse pas traicter par Maistres ignorans, car il faut qu'ils soient sçauants en leur art, & ayent grande experience pour mettre telles choses en œuure. Qui sont bien d'autre façon que les suspentes des cabinets qu'on voit ordinairement se conduire & pratiquer tant à Paris qu'en autres diuers lieux: où lon fait des saillies, qu'ils appellent cul de lampe, pour porter lesdicts cabinets sur les coins & angles des maisons, à fin d'accommoder les logis, & leur donner beauté & aisance: mais telle façon n'a point d'art, & moins de sçauoir, car ce n'est qu'ouurage de longues pierres qui auancent l'vne sur l'autre, & sont ainsi disposées par les maistres Maçons, qui se confient à la force desdictes pierres, & le plus souuet aux grades barres de fer & ferrures qu'il y mettent, & ne seruent que de charge & porter dommage aux bastimens, pourautant qu'ils ne durent tant en leur entier, côme ils feroient sans cela. Mais les trôpes desquelles nous parlons, sont façons de voûtes qu'on peut faire de beaucoup plus grande saillie & suspendue en l'air, pour gaigner place sur vne cour, ou sur vne riuiere: saillie, dis je telle qu'on en pourroit auoir affaire, principalement quand elle procede de l'angle, & s'érige sur iceluy. Car pourueu que les murailles y soient bonnes, vous trouuerez à vn besoin sur la voûte de trompe lieu pour y faire vne chambre ou quelque grand cabinet, ou bien pour y eriger vne vis ou escalier, voire vne gallerie au long du mur, ou pour y gaigner quelque passage, estant le tout suspendu en l'air, & ne portant qu'en l'angle & sur les costez, comme i'ay dit. Vous pouuez voir vne telle façon de petite trompe, laquelle i'ay faict faire autrefois en ceste ville de Paris en la ruë de la Sauaturie, auec vn petit corps d'hostel qui est de telle grace & proportion, que ie vous en laisse à iuger, pour le respect du petit lieu & peu de place qu'il contient. Le tout fut faict pour vn banquier nommé Patoillet, en faueur de quelque plaisir qu'il m'auoit faict de son estat & vacation. Qui fut cause que ie prins la peine de monstrer à ses ouuriers les traicts, mesures, desseing & artifice, qu'il falloit garder pour ce faict. I'en ay aussi ordonné & conduict long temps y a deux autres à Lyon beaucoup plus difficiles, & d'assez grande saillie, veu le petit lieu où elles sont, & aussi que

Grande force des voûtes & trompes suspenduës en l'air.

Des saillies appellées cul de lampe.

Trompes de grande saillie & suspenduë en l'air.

Façon de trompe de l'inuention de l'Auteur en la ruë de la Sauaterie à Paris.

Deux sortes de trompes ordonnées à Lyon par l'Auteur.

LIVRE IIII. DE L'ARCHITECTVRE

l'vne est biaise, rempante, soubaissée & ronde par le deuant: l'autre estant à l'angle opposite, fut faicte en sa pleine montée, ronde par le deuant & de grande saillie. Sur chacune desdictes trompes furent érigez des cabinets accompagnez de galeries d'vne trompe à l'autre: le tout estant suspendu en l'air, à fin de seruir pour aller d'vn corps d'hostel à l'autre, & accommoder les cabinets pour les chambres. Laquelle chose rend ces deux logis fort aisez & commodes, qui estoient autrement tres mal à propos & fort incommodes, pour n'y pouuoir rien construire, à cause de la court qui estoit fort estroicte & longue: comme aussi le logis de grande hauteur, qui me fit trouuer telle inuention. Vous verrez sur ladicte trompe vn ordre Dorique & Ionique, desquels ie laisse le jugement à ceux qui les contempleront & qui s'y entendront. Ie *Voyage del'Auteur en Italie, & à quelle fin entrepris.* fis faire tel œuure l'an 1536, à mon retour de Rome & voyage d'Italie, lequel i'auois entrepris pour la poursuitte de mes estudes & inuentions pour l'Architecture. Les deux susdites trompes furent faictes pour le general de Bretaigne Monsieur Billau en la ruë de la Iuifrie à Lyon: i'en ay depuis assez commandé & ordonné faire en autres sortes, & soubs tel nombre que ie serois bien long de les reciter. Pour conclusion i'ay voulu seulement nommer, entre plusieurs, ces deux ou trois trompes, pour autant qu'elles me semblent estre de bonne grace & tresdifficiles à conduire. Mais pour faire mieux entendre la structure desdictes trompes, & comme elles se conduisent par certaines lignes & traicts que i'appelle Geometriques, (qui se monstrent auec le rapport du compas, à fin de trouuer la façon de les faire auec les moules & paneaux pour coupper & assembler toutes sortes de pierres ou de boys, ainsi qu'on en pourroit auoir affaire à la construction des *Declaration de la trompe du chasteau d'Annet.* bastimens) il me semble que ie feray fort bien à ceste heure, de commencer à monstrer celles que i'ay faict faire au susdit chasteau d'Annet. Doncques les murailles marquées GH, ainsi que nous auons dict, seruent pour le corps d'hostel, & font vn angle presque droict, au lieu de A. Desquelles si ie me fusse bien asseuré, & que ie les eusse faict faire, au lieu que la voûte de la trompe a de saillie par le milieu de A à D, dix ou douze pieds, ie luy en eusse baillé vingt ou vingt & quatre, & par le deuant ie l'eusse faicte en forme ouale, & d'vne façon la plus estrange & la plus difficile que i'eusse peu penser: ou bien i'y eusse erigé vn cabinet dont on se fust beaucoup plus esbahy, que l'on n'a faict encores, de *Empeschements & contraincte faire perdre la façon & inuention de beaucoup de belles choses.* voir vne si grande saille. Mais craignant les vieilles murailles que ie trouuois faictes, & ne sçachant comme elles estoient fondées, ie me contentay de faire telles trompes & saillies de voûte auec vne mediocrité, de peur de honte & dommage. Toutes-fois en faisant faire vn cryptoportique par le dessous, ie remediay non seulement à cela, mais aussi à tout le vieil corps d'hostel qui estoit

tres-mal

puissiez eriger par le dessus vne vis ou escalier pour seruir à monter au troisiesme estage, ou bien pour faire vn passage pour aller d'vn corps d'hostel à l'autre, ou y dresser vn cabinet, ou garderobbe pour accommoder lesdicts corps d'hostel: ou bien, qui voudroit pour augmenter & croistre la place par dessus lesdictes trois entrées d'vne toise, de deux, de trois ou plus qu'elle n'est suspenduë en l'air, du costé de ladicte court qui est ronde, & non seulement au droict desdictes trois entrées, mais encores tout autour de la court, suyuant sa forme circulaire A B, comme nous auons dict, toute ronde ou ouale, & d'aussi grande saillie & suspente en l'air, que lon pourra eriger par le dessus vne gallerie de la largeur de deux ou trois toises & plus, si vous voulez, qui continuera tout autour de la court, tout ainsi comme vn peristyle, le tout selon le lieu & capacité que pourroit auoir ladicte court ronde & circulaire, sous quelque forme que vous desirerez, ou que vous aurez affaire, & sans y mettre piliers ny colonnes pour le soustenement du deuant, portant telles voûtes de suspente & gallerie, qui ne se soustiendra que sur les murailles des corps d'hostels qui seront à l'entour, iaçoit qu'elles soient plantées en telle difformité qu'on les y pourroit trouuer. La chose est facile à ceux qui entendront les traicts. Telle façon de faire gallerie suspendue autour d'vne court, est propre pour moins occuper ladite cour, & aussi pour donner plus de clarté au premier estage, & pour accommoder quelque vieil chasteau qui est diforme, ainsi qu'il s'en void plusieurs qui sont si mal façonnez, que lon ne sçauroit quasi dire de quelle forme ou figure ils sont. Mais de ce propos sera assez.

Application du traict precedent à diuers ouurages & diuerses choses.

Commodité & vsage de la gallerie suspenduë autour d'vne court.

LIVRE IIII. DE L'ARCHITECTVRE DE PHILIBERT DE L'ORME.

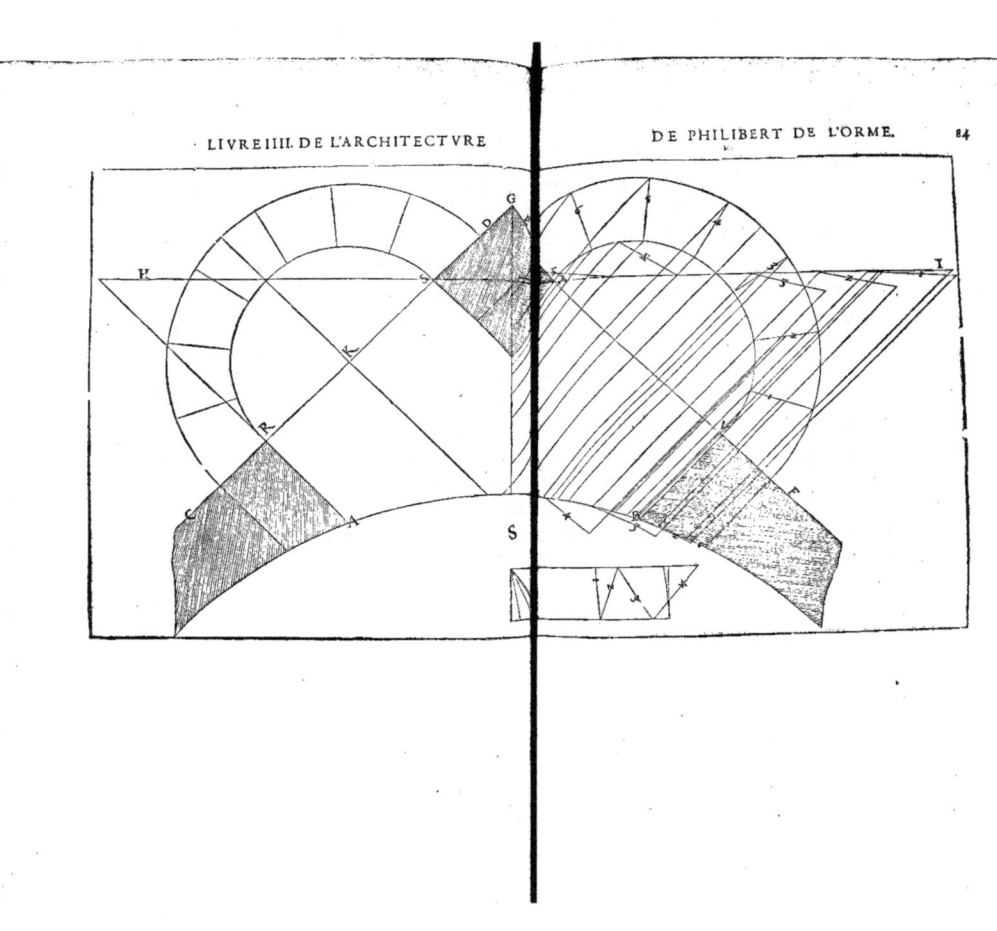

LIVRE III. DE L'ARCHITECTVRE

Comme on peut faire en autre sorte sur la forme d'vn triangle équilateral, trois entrées ou trois portes, estans les voûtes reduictes en vne seule porte.

CHAPITRE XVIII.

Figure de trois portes fort estranges & bigearres.

ESTANT sur le propos des trois entrées, ie vous en ay bien voulu monstrer icy encores vne autre de laquelle vous vous pouuez ayder se presentant le lieu & necessité. Si doncques la contraincte estoit telle qu'il vous fallust faire trois portes, l'vne pour sortir dehors, comme est celle du costé de A, en la prochaire figure ensuiuant: l'autre pour entrer en vne court, comme du costé de B, & la troisiesme pour entrer en vn logis ou court d'office, ainsi que du costé de C, ou bien qu'on trouuast trois corps d'hostel, desquels l'angle d'vn chacun vint à toucher l'endroit des lieux D E F, & que par necessité vous n'eussiez autre moyen pour y entrer que par ces trois lieux A B C, tant pour rendre commodes les logis qui s'y pourroient trouuer, que pour aller aisement de l'vn à l'autre, par dessus lesdictes trois entrées, que fera lors l'Architecte? Il faut qu'il y monstre son industrie

L'industrie, esprit & artifice de l'Architecte, se monstre en choses difficiles.

& employe son bon esprit, non seulement pour sçauoir bien accommoder ces trois logis, mais aussi pour monstrer à faire les voûtes de ces trois portes qui se reduisent a vne, en voûte de four, si vous voulez, & plaine montée, ou surbaissée. La chose sera tres facile à ceux qui auront le moyen de se pouuoir ayder des traicts, ainsi que vous le voyez par le commencement de la figure & trait que ie vous en propose cy dessous, sans y auoir leué aucunement les paneaux, pour autant que le deuant est comme vne porte quarrée, sur vne ligne droicte, toutesfois ronde par le dessous: & le dedans, comme vne voûte de four sur la forme du triangle équilateral, s'accommodant auec les arriere-voutures des portes. On

Plusieurs entrées se pouuoir faire en vne seule, sur quelques figures qu'on voudra.

peut faire par ce moyen & artifice non seulement trois entrées en vne seule, mais encores cinq, six ou sept, & tant que vous voudrez, soit sur quelques formes & figures qu'on puisse penser, rondes, ouales, octogones, ou autres. S'il vient à propos ie monstreray les plans & traicts des voûtes sur la forme du triangle équilateral, & d'autres sortes: n'y oubliant plusieurs façons de voûtes quarrées, oblongues & spheriques, n'y aussi les hexagones, biaises, rampantes, & de toutes autres formes qui se peuuent presenter, & desquelles on a quelquefois grand affaire. Mais craignant d'estre trop prolixe en ce discours, ie luy donneray fin, apres vous auoir presenté la figure mentionnée & descrite au present chapitre.

Pour

tref-mal fondé. Ie fuis bien affeuré que tous les Ouuriers de ce Royaume, n'auoient iamais ouy parler de femblable trompe à celle que ie fis faire à Lyon, eftant (ainfi que nous auons dit) foubaiffée, biaife & rempante, & quafi les trois parts de fa rondeur en faillie: ny auffi à celle que i'ay fait faire audit Annet, qui eft grandement prifée par ceux qui font de l'art: combien que s'ils vouloyent prendre peine d'eftudier, & entendre la methode que i'en efcris, ie m'affeure qu'ils en pourroient faire & excogiter de plus eftranges. Si ie rencontre les hommes à propos, i'en feray faire d'vne autre forte, laquelle on admirera d'auantage. I'en trouuay le traict, & inuentay l'artifice en ladicte année mil cinq cens trente fix, par le moyen & ayde de la Geometrie, & grand trauail d'efprit: lequel ie n'ay plainct depuis, ains pluftoft loué Dieu grandement, de ce que d'vn feul traict, & feule façon de trompe, on les peut faire toutes. Le difcours en feroit plus long fi ie ne craignois qu'on penfaft que mon dire procedaft de gloire: laquelle ie ne me voudrois aucunement attribuer, mais bien la laiffer à Dieu feul, auquel elle appartient, comme tout honneur & loüange.

L'auteur auecques grand labeur & ayde de Geometrie auoir trouué l'inuention des traicts.

LIVRE IIII. DE L'ARCHITECTVRE

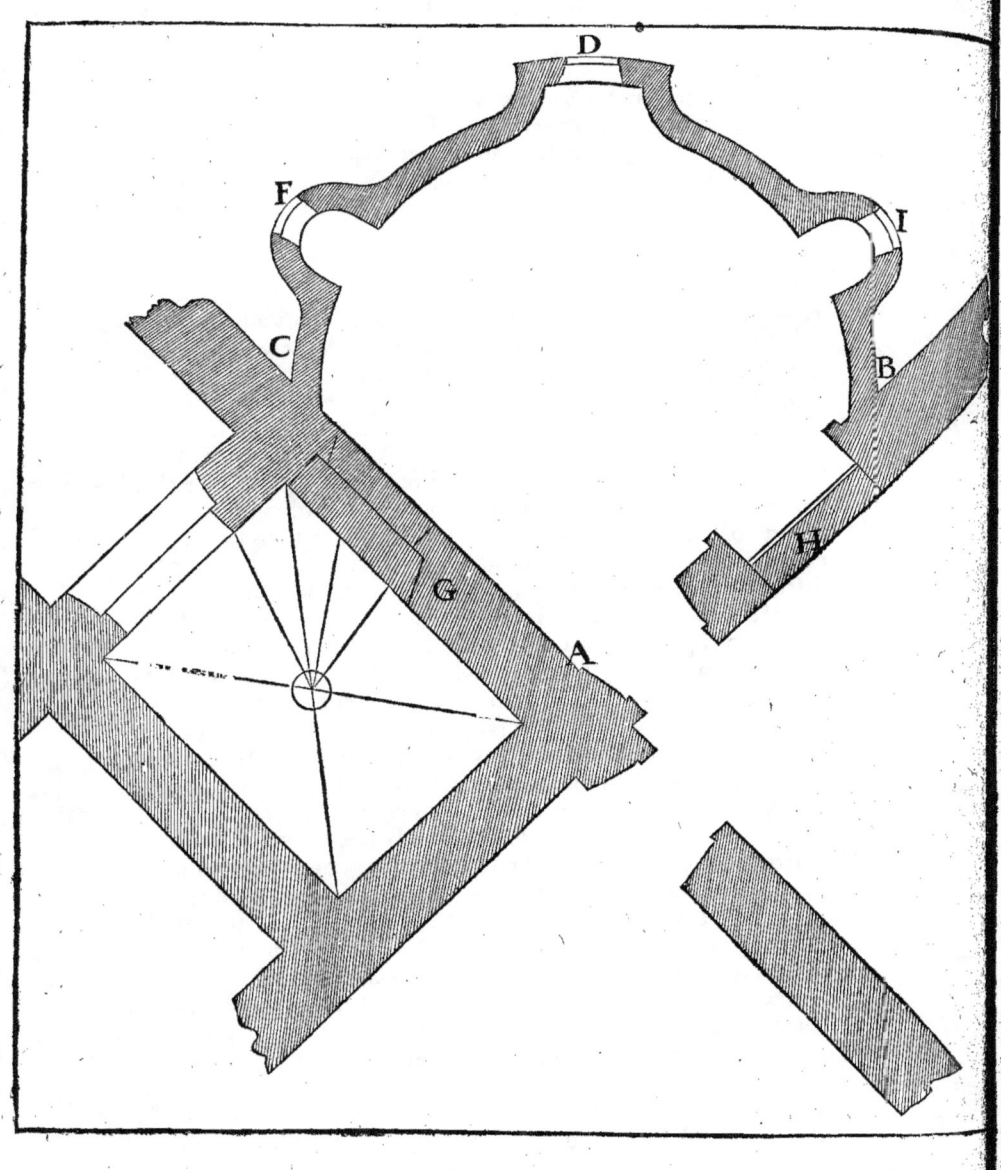

DE PHILIBERT DE L'ORME 92

La façon par laquelle on pourra entendre le traict de la Trompe du Chasteau d'Annet, & leuer les paneaux pour coupper les pierres applicables en œuure quand il viendra à propos.

CHAPITRE III.

IE vous ay dit par-cy deuant que la voûte suspenduë & Trompe du Chasteau d'Annet est sur vn angle droict faict de deux murailles comme vous le verrez marqué G H en la figure cy apres descrite, auec la forme de la circonference du deuant de ladicte trompe, designée par les lettres C F D E B. Il faut entendre que ladicte trompe est rempante, c'est à dire plus haute d'vn costé que de l'autre, comme la hauteur de C F, & la ligne B F le vous demonstrent: ioinct aussi que vous l'auez peu cognoistre par la figure de la montée cy deuant proposée. Sur ladicte ligne B F, vous faictes vn arc rempant comme vous le voyez figuré de sept pieces representées par autant de nombres. Toutesfois vous pouuez faire ledict arc d'autant de pieces que vous voudrez, car plus il y en aura, plus la voûte de la trompe sera forte, & beaucoup plus aysé à adoucir le traict. Tel arc rempant pourroit seruir si vous ne vouliez faire qu'vne trompe qui fust rempante & droicte par deuant suyuant la ligne B C. Apres auoir tiré toutes les commissures dudit arc droit rempant, vous tirerez les lignes perpendiculaires qui prouiennent des commissures & ioinct dudict arc rempant sur la ligne B C, comme elles y sont marquées 8. 9. 10. 11. 12. 13. & en ferez autant des autres qui prouiennent du milieu des doiles dudit arc rempant, comme de celles de 14 & 15, 16 & 17, & ainsi des autres. Cela faict vous mettrez la reigle sur l'angle au lieu marqué A, & de tous les nombres que ie vous ay nommez, qui sont sur la ligne B C, vous tirerez d'autres lignes, iusques à l'extremité de la trompe, comme vous voyez de 8 à 18, de 14 à F, de 9 à 19, de 16 à 20, & ainsi des autres. Apres ce, il faut touuer auec le compas la ligne droicte ralongée de tout le deuant de la trompe, par plusieurs petits rapports dudit compas. Ainsi que vous le voyez par exemple en la distance de C à 18, & de 18 à F, & de F à o, & de o à 9, & de 19 à 20, & ainsi consequemment iusques à ce que vous ayez trouué toute la circonference du deuant de ladicte trompe pour en faire vne ligne droicte: comme vous le voiez à la figure ensuiuant.

Description & demonstration des traicts & façon de la voûte & trompé d'Annet.

Poursuite & continuation de ce que dessus.

Ayde du compas pour trouuer la ligne droicte ralongée.

r ij

LIVRE IIII. DE L'ARCHITECTVRE   DE PHILIBERT DE L'ORME

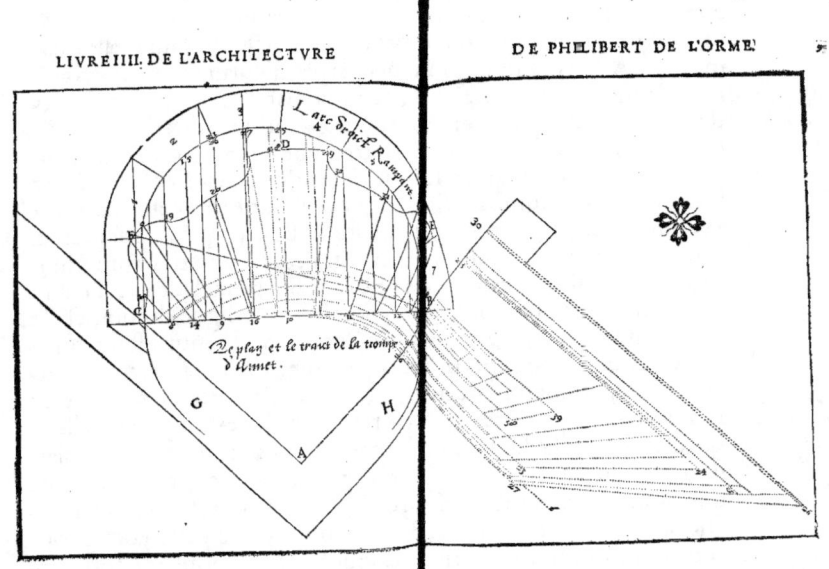

Le plan et le traict de la trompe d'Anet.

LIVRE III. DE L'ARCHITECTVRE

Par mesme façon se pratiquera la figure venant apres ceste cy, qui est de la cherche ralongée & paneaux de teste par le deuant de la trompe; en laquelle vous voyez lesdicts paneaux de teste marquez K L M N O P Q R, auec toutes leurs distances de largeur sur la ligne C B, marquées par mesmes nombres & lettres. Estans ainsi expediez les paneaux de teste, vous reprendrez la precedente figure, & mettrez la poincte du compas sur le centre & angle qui est dessous A, & d'iceluy vous tirerez plusieurs circonferences par petites lignes feintes (comme sont punctuations,) iusques sur la ligne A B, qui prouiendront des nombres 8, 14, 9, 16, 10, & autres, ainsi que vous les voyez au traict. Puis sur icelle mesme ligne A B, vous ferez plusieurs perpendiculaires marquées aussi par semblables lignes feintes, ou punctuations, (appellées lignes de pente) ainsi que vous les pouuez voir en ladicte figure, & les faut trouuer en ceste sorte: Mettez vne poincte du compas au centre A, & tendez l'autre iusques à l'endroit de 9. & vous ferez la circonference tombant sur la ligne A B, laquelle vous marquez 22, sur ladicte ligne perpendiculaire A B. En apres vous prenez la hauteur depuis 9, iusques à 21, au droit d'vne des commissures de l'arc droit rampant, & la portez du poinct de 22, à celuy de 23, aux lignes de pente: puis vous tirez vne ligne du poinct de 23, à celuy de 24, qui prouient du centre A (le tout estant tousiours marqué auec petits poincts ou lignes droictes, si vous voulez, qui departent dudit centre A, comme i'ay dict) & de celuy de 23, iusques au poinct de 24, qui se rencontre apres la ligne parallele, qui est faicte de la distance & largeur que vous voyez sur le plan de 9, à 19, sur l'extremité de la trompe: de 24, à 25, est la hauteur que vous rapporterez à la figure des paneaux de teste au lieu marqué de mesmes nombres 23, & 24, comme il se peut voir. Nous poursuiurons encores vn autre exemple, car de monstrer tous rapports de compas seroit chose trop longue: & aussi qui en entendra vn, les entendra tous. Vous remettrez doncques vostre compas au poinct de A, & l'estendrez iusques au poinct de 10, faisant la circonference comme vous auez faict auec des petits poincts iusques sur la ligne A B. En apres du lieu marqué 20, vous faictes vne autre ligne perpendiculaire, ainsi que vous la voyez de 20 au poinct de 27, qui est la hauteur de ce que vous aurez pris sur la ligne BC, iusques au dessous de l'arc droict rampant, qui est depuis le poinct de 10, iusques au poinct de 25. Cela faict vous prenez la largeur depuis le poinct de 10, iusques à l'extremité de la trompe, au lieu marqué 28, & en faictes vne ligne parallele apres celle de 26, & 27, comme vous voyez 29, & 30, prouenant par vne autre ligne du poinct de A, au poinct de 27, iusques à ce qu'elle entrecoupe la ligne de 29 & 30, ainsi que vous le cognoistrez audit lieu marqué 29. Puis apres vous prenez toute la hauteur sur ladicte ligne A B,

Demonstration fort bien conduicte.

Poursuite de la fabrique de la voûte & trompe susdicte.

Discours demonstratif de ce que dessus.

au

DE PHILIBERT DE L'ORME

au lieu signé 30 & 29 & l'apportez sur les cherches ralongées, & paneaux de teste aux lieux marquez 30 & 29. Il me semble que toutes les autres lignes & rapports du compas sont faits & marquez sur le traict si à propos, que quiconque sçaura bien trouuer vne hauteur des paneaux de teste (comme il a esté monstré cy deuant) facilement il pourra trouuer toutes les autres. Il se faut seulement souuenir qu'en mettant sur le traict & plan de la trompe precedente, la poincte du compas en l'angle, au lieu marqué A, & l'estendant sur la ligne droicte CB, au droict de quelque hauteur que vous voudrez chercher, vous ne sçauriez faillir à la trouuer : comme quand vous mettrez ledit compas du lieu de A, au poinct de 8, vous regarderez l'endroit où tombe la ligne circulaire sur la ligne A B, comme il se voit au lieu marqué 38, duquel lieu vous tirez aussi vne perpendiculaire, ainsi que vous le voyez semblablement marquée 38, & trouuerez sa hauteur depuis le poinct de 8, iusques en la commissure de l'arc rempant, laquelle hauteur vous transportez sur lesdicts deux poincts de 38, & en tirez vne ligne prouenant du centre A, ainsi que vous le voyez en 38 & 39. Puis vous prenez la distance du poinct de 8 à celuy de 18, sur l'extremité de la trompe, & en faictes vne ligne parallele apres celle de 38, sur la ligne A B. Et la hauteur que vous trouuez depuis ladicte ligne A B, iusques au poinct de 39, vous la portez en la figure de la cherche ralongée, & paneaux de teste cy apres descrits, & la mettez du poinct de 18, au poinct de 39. Cela vous monstre iustement la hauteur que doit auoir le paneau, & le deuant de la trompe, au lieu marqué 2. Il faut ainsi trouuer toutes les autres lignes que vous voyez designees en la figure ensuyuant, qui vous monstrêt les hauteurs du dessous de la trompe par le deuant, suyuant lesquelles vous trouuez le pourfil de la voûte de ladicte trompe. Et ainsi se trouuent tous les paneaux de teste marquez K L M N O P Q R, comme vous le pouuez cognoistre par la figure prochaine.

Continuation de la demonstration de la figure precedente & subsequente.

Poursuitte de ce que dessus.

LIVRE IIII. DE L'ARCHITECTVRE

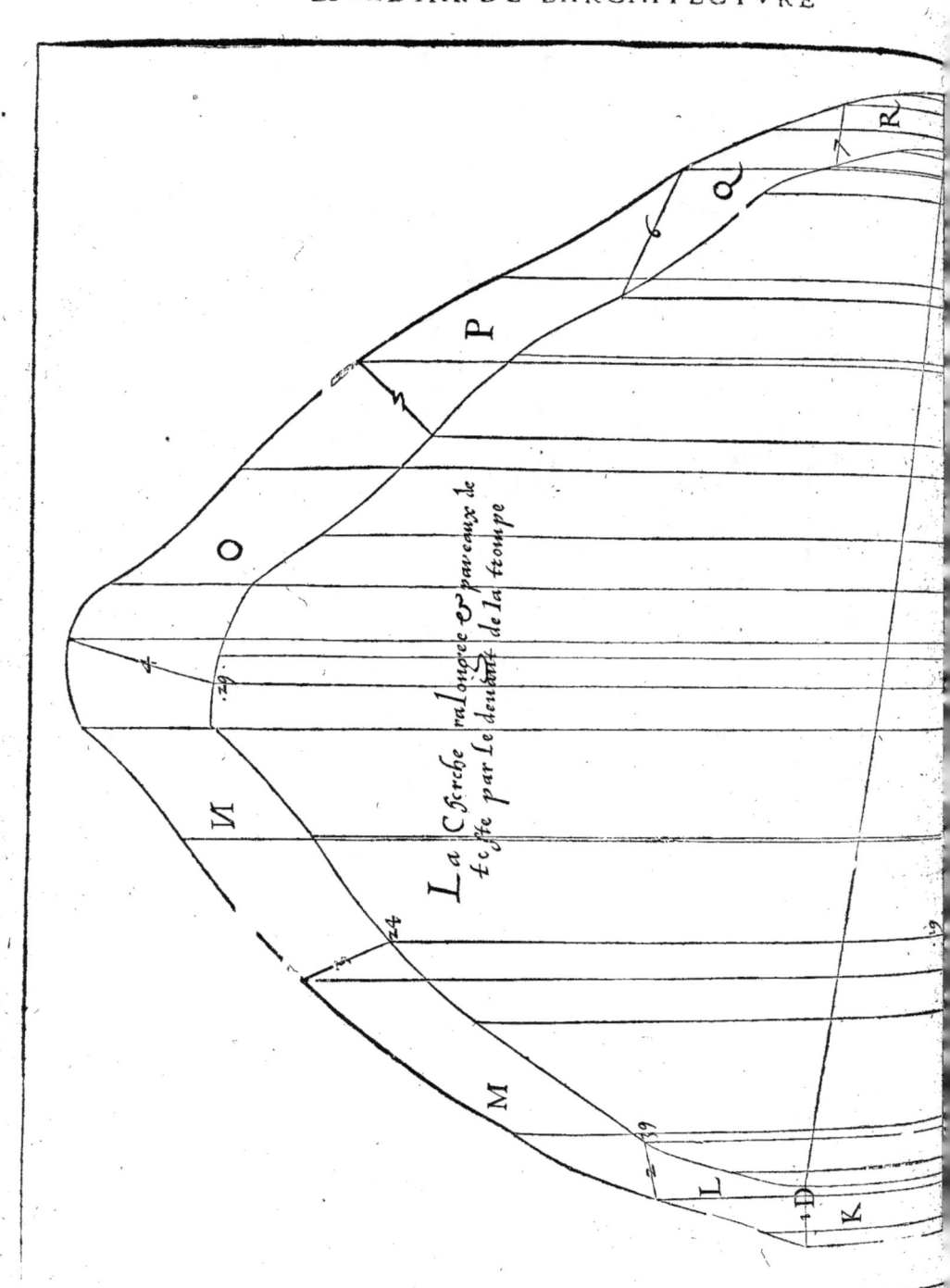

DE PHILIBERT DE L'ORME

Apres que vous aurez cogneu le plan de la trompe, & comme se font les lignes de pente pour trouuer les hauteurs d'vne chacune chose, semblablement comme il faut faire les paneaux de teste; consecutiuement vous pourrez voir en la figure ensuyuāt (où vous auez en escrit au milieu, Les paneaux de doiles par le dessous de la trompe) comme se trouue le coussinet de ladicte trompe au lieu marqué K, où est escrit: Le coussinet de la trompe, & hauteur du rempant: qui est fermé entre les trois lignes A B, A C, & B C. Le premier paneau marqué L, est fermé de trois lignes, comme vous voyez A C E, & se faict en ceste sorte. Vous retournez sur la figure du traict de la trompe, & mettez la poincte du compas depuis le poinct de A, iusques à celuy de 18 & rapportez la distance en la figure precedente intitulée. La cherche ralongée & paneaux de teste &c. la colloquāt sur la ligne C B, au point de 18, & tenant vn pied du compas ferme sur ladicte ligne, vous ouurez l'autre iusques à ce qu'il touche la commissure 2 au lieu de 39. Puis vous rapportez la distance dudit 18 à 2 sur la figure qui est cy dessoubs inscrite, Les paneaux de doiles par le dessoubs de la trompe: & la mettez du poinct de A, iusques à celuy de E. En apres vous retournez à la susdicte figure des paneaux de teste, & prenez la distance du poinct de D, iusques à 39, laquelle vous rapportez en la figure cy apres ensuyuant, & mettez depuis le poinct de C, à celuy de E qui vous monstre le premier. Le deuxiesme paneau se cognoist en la lettre M, & ainsi des autres, comme vous les voyez tous ensemble en ladicte figure ensuyuant, soubs vne estrange façon & marquez en teste par les lettres B C D E F G H I K L M N O P Q R: lesquelles toutes ensemblément monstrent les paneaux qu'il faut necessairement leuer & auoir pour trasser les pierres des doiles du dessous de la trompe. Vous pouuez voir aussi au lieu marqué E G I L N P, les paneaux des joincts pour trasser les pierres au droict des commissures. Et se peut le tout bien voir aux lieux marquez 1, 2, 3, 4, 5, 6, en la figure suyuant ce petit discours.

Continuation de la demonstration de la figure des paneaux de doiles par dessous la trompe.

LIVRE IIII. DE L'ARCHITECTVRE

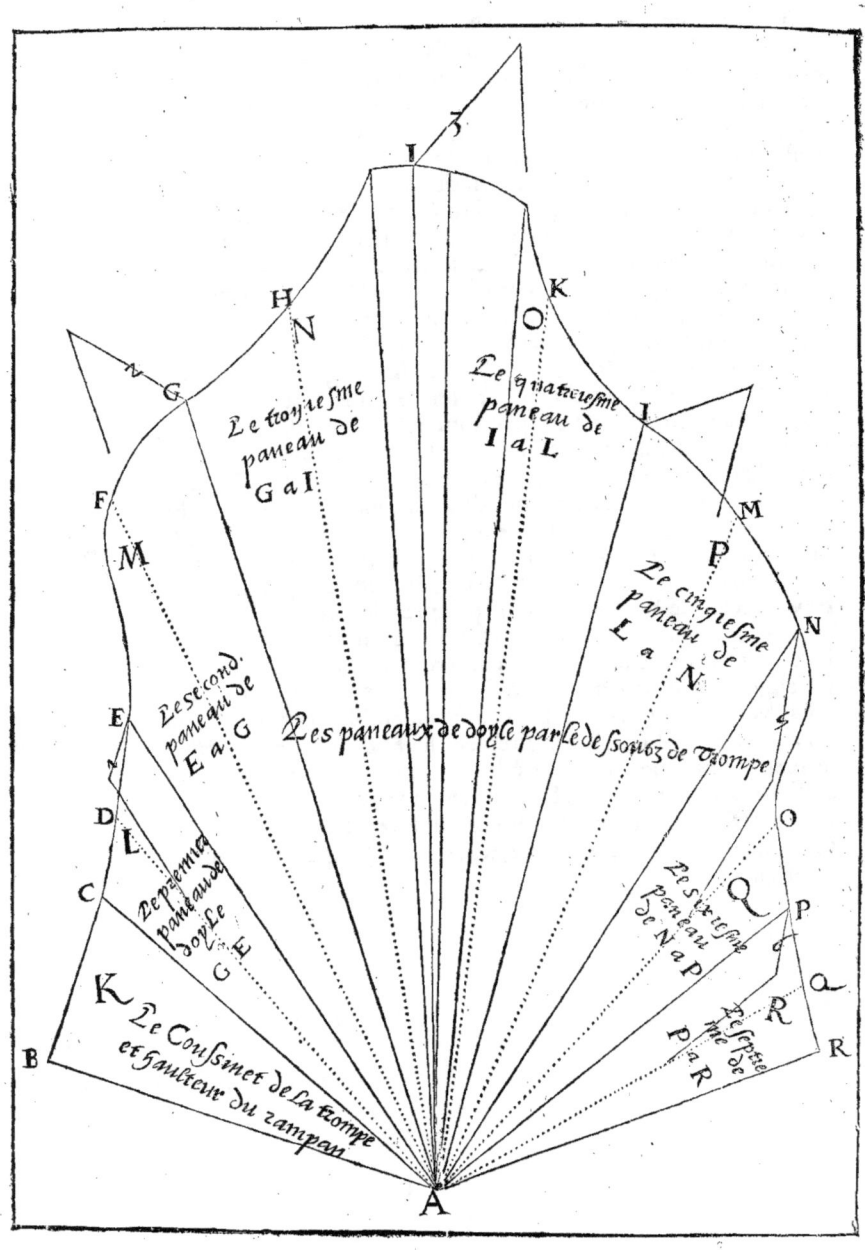

DE PHILIBERT DE L'ORME. 96

Voila ce que ie deliberois vous escrire sur la demonstration & explication des trois figures precedentes, lesquelles à fin que vous puissies mieux cognoistre & entendre, ie vous en proposeray encores quatre pour le mesme faict, qui vous conduiront à plus facile intelligence & cognoissance de tout.

Autre figure & demonstration, du plan & traict de la trompe du chasteau d'Annet: auec les lignes de pente, lignes ralongées & paneaux de doiles où vous aurez la façon comme il faut faire & trouuer tous les paneaux de doile, de teste, & de joincts: auec vn abregé bien intelligible pour coupper les pierres d'vne trompe semblable à celle qui est audict chasteau d'Annet.

CHAPITRE IIII.

Vous voyez à la premiere figure subsequente le plan & traict de la trompe d'Annet, semblable à celuy que vous auez veu cy-deuant, fors que les lignes de pente sont en vne figure à part: Ce que i'ay voulu faire, à fin de plus familierement enseigner le tout, craignant qu'il ne fust assez entendu par le precedent discours. Doncques nous reprendrons les lignes de pente pour faire les paneaux, & vous souuiendrez de ce que ie vous ay dit cy-deuant: c'est que sur la ligne B C, il faut tirer les lignes perpendiculaires qui prouiennent des ioincts & du milieu des doiles, autant le dessous que le dessus, comme vous le voyez pratiqué à la ligne du ioinct de 21 au poinct de 6, sur la ligne B C: semblablement de 20 au poinct de 4, de 19 au poinct de 3, de 18 au poinct de 2, & ainsi de toutes les autres lignes perpendiculaires sur la ligne C B, comme vous le voyez en la figure cy-apres. Cela faict, vous mettez la reigle sur le poinct de A, & en tirez des lignes iusques à l'extremité de la trompe, ainsi que de 2 à 12, de 3 à 13, & consequemment de toutes les lignes perpendiculaires, comme vous l'apperceuez en discourant & iettant vostre veüe sur la prochaine figure.

L'Auteur estudier à s'expliquer familierement.

f ij

LIVRE IIII. DE L'ARCHITECTVRE

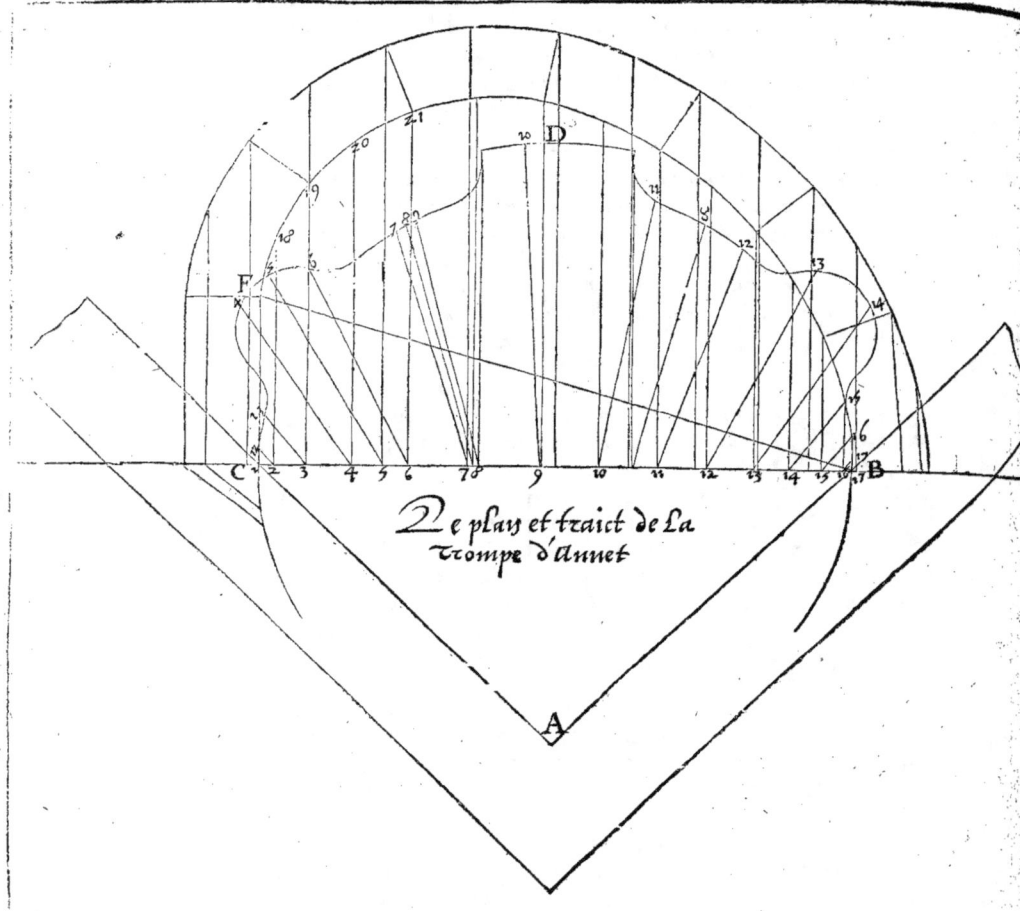

Le plan et traict de la trompe d'Annet

Que c'est que li-
gne ralongée, &
de son inuention
    Apres auoir faict ce que dessus, il est question de trouuer la ligne ralongée, qui est vne ligne droicte qui contient autant de longueur que toute la circonference du deuant de la trompe, & se prend par petits rapports de compas, où il faut marquer l'endroit du perpendicule, des commissures & joincts, ainsi que vous le pouuez cognoistre par la ligne ralongée en la figure ensuyuant: laquelle ie ne descris plus amplement pourautant que vous l'aurez assez entenduë par le discours de celle que nous en auons fait cy-deuant en la figure de la Cherche ralongée & paneaux de teste.

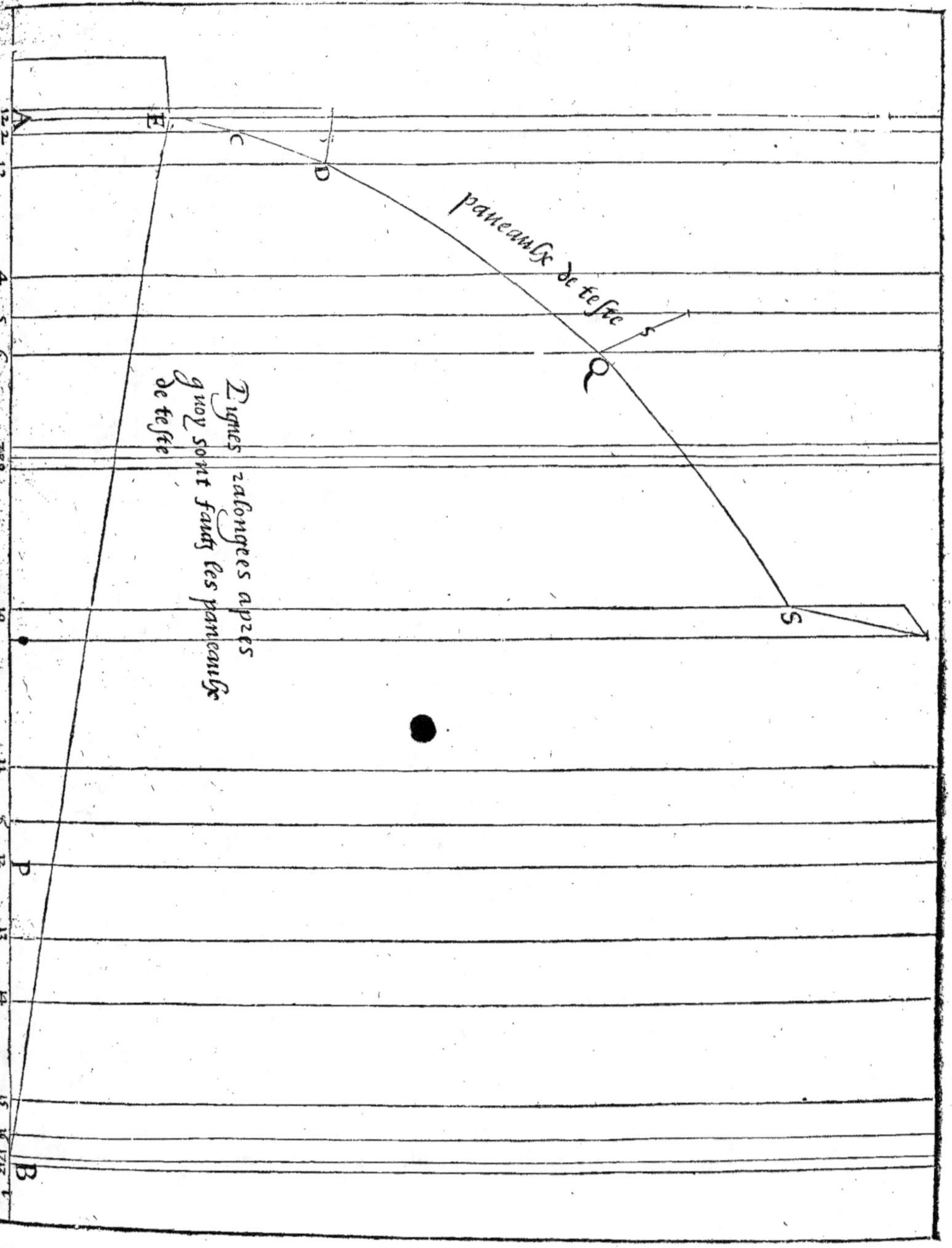
paneaulx de teste
Lignes ralongees apres
quoy sont faictz les paneaulx
de teste
A
E
C
D
Q
S
P
B

LIVRE IIII. DE L'ARCHITECTVRE

Les lignes de pente se prennent en ceste sorte, pour trouuer les hauteurs du cyntre & paneaux de teste. Vous presentez le compas sur la figure du plan cy-deuant proposé, & ce que vous trouuez du poinct de A à celuy de 3, vous le portez sur la figure des lignes de pente cy-apres descrite, & le mettez aussi de A au poinct de 3, & à l'endroit vous tirez vne ligne perpendiculaire, sur celle de A B. Ce faict vous prenez la hauteur sur le plan de la figure precedente, du poinct de 3 à celuy de 19, laquelle vous marquez au lieu de D, en ladicte figure des lignes de pente. Apres ce vous tirez vne ligne du poinct de A à celuy de D, tant longue que vous voulez, & retournez sur le plan precedent pour prendre la distance du poinct de 3 à celuy de 13, qui est sur l'extremité de la trompe, laquelle distance vous portez de rechef à la ligne de pente, comme vous le voyez de 3 à 5, & tirez vne perpendiculaire qui est parallele à celle de 3 & D, & là où elle entrecouppe la ligne de pente au lieu de 13, vous prendrez ceste hauteur de 5 à 13, & la porterez sur la figure des lignes ralongées, la mettant depuis le poinct de 13, iusques au poinct de D, qui vous monstre la hauteur & l'endroit où doit tomber perpendiculairement le second ioinct que vous voyez marqué 19 en la deuxiesme figure du plan de la trompe, & se trouue sur le coussinet, comme vous auez entendu par les premieres figures cy-deuant. Et à fin que vous le puissiez bien retenir nous proposerons encores vn autre exemple. Remettez le compas sur le plan du poinct de A au poinct de 2 sur la ligne C B, & apportez telle distance en la figure des lignes de pente, le mettant sur la ligne de A au poinct de 2, & tirant vne perpendiculaire sur la ligne A B. Cela faict vous retournerez à la figure du plan, & predrez la hauteur depuis le poinct de 2 iusques au poinct de 18, & la rapporterez sur les lignes de pente, puis la mettant du mesme nombre de 2 à 18, tirerez la ligne de pente du poinct de A audit 18, tant longue que vous voudrez. Apres vous tirerez vne autre ligne parallele, & de telle distance comme vous la voyez au plan du poinct de 2 à celuy de 12, tousiours sur l'extremité de la trompe, & la rapporterez à ladicte ligne de pête, pour faire vne parallele à celle de 2 & 18, ainsi que vous voyez 12 & C: & où c'est qu'elle entrecouppe la ligne de pente au lieu de C, vous prendrez la hauteur comme de C à 12, & la porterez en la figure des lignes ralongées, ainsi que vous le voyez marqué 2 & C. Cela vous monstre iustement la hauteur pour faire les cerches ralongées, & paneaux de teste. Ainsi se trouueront toutes les autres lignes, cóme vous voyez celle de Q & 6, & de S & 10. Mais notez que vous ne trouuerez seulement le dessous & pourfil de la trompe, ains aussi le dessus pour la largeur des paneaux de teste, & mesmes pour les paneau des ioincts, comme plus amplement vous le cognoistrez cy apres, & l'auez aussi peu comprendre par cy-deuant

Declaration & demonstration bien ample de la figure ensuyuante.

L'auteur grãdement desirer de se pouuoir faire bien entendre

Continuation de la demonstration des figures pour la trompe d'Annet.

DE PHILIBERT DE L'ORME. 82

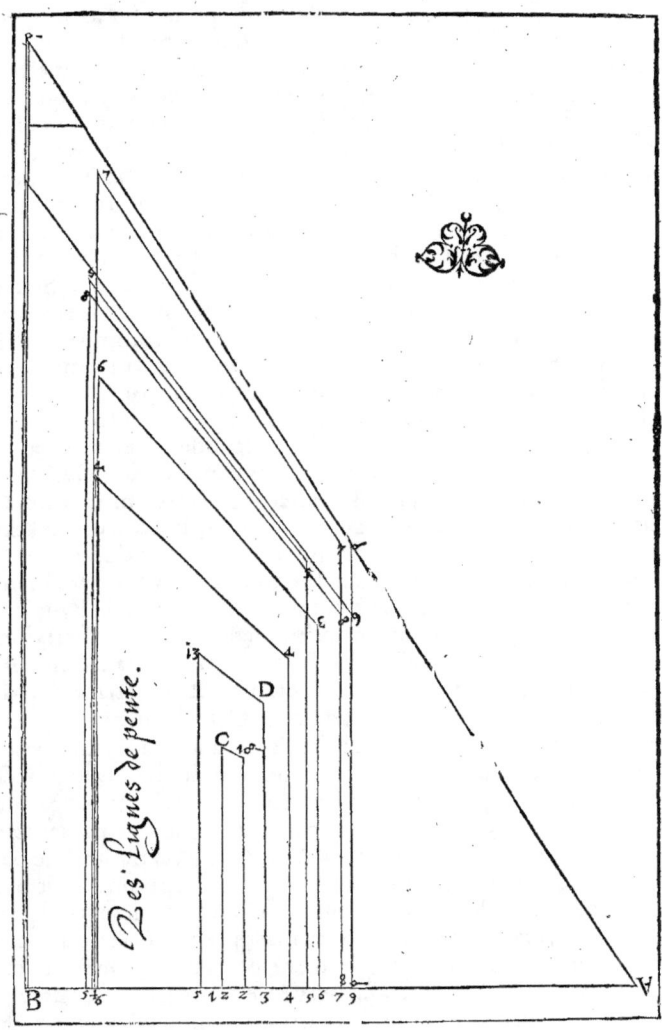

Pour monstrer comme apres cecy vous trouuerez les paneaux des doiles, tant pour le dessoubs que pour le dessus, nous auons adiousté la figure qui est cy apres intitulée au dedans, paneaux de doile. Mais il faut tousiours vous ayder de la figure du plan, & aussi de l'autre figure qui l'ensuit, auecques telle escriture:

f iiij

LIVRE IIII. DE L'ARCHITECTVRE

Pour trouuer les paneaux de teste, tant pour le dessoubs que dessus.

Paneaux de teste, ou bien, Lignes ralongées. Tout premierement doncques, à fin de faire le coussinet, vous prenez sur le plan, ce qui est du poinct de A à C, & portez la distance en la figure des paneaux de doile cy-apres descrite: laquelle distance vous mettrez de A au poinct de E, & en tirez vne ligne: puis vous colloquez la mesme distance sur la ligne de CB, tenant vne poincte du compas au lieu de C, & l'autre demeurant ferme sur ladicte ligne, s'estendra iusques à ce qu'elle touche le poinct de F, à la ligne perpendiculaire C F, & la distance y estant prinse, sera portée aux paneaux de doile, & mise du poinct de A à celuy de F, duquel sera tirée vne autre ligne & prinse la hauteur du coussinet à ladicte figure du plan, comme de C F, laquelle sera aussi portée à la figure des paneaux de doile depuis E iusques à F, pour en tirer la troisiesme ligne, qui monstre le paneau du coussinet de la trompe, c'est à dire la premiere assiette des pierres de la voûte de la trompe qui est à pied droict, & monstre la hauteur de son rempant.

L'Auteur s'expliquer par plusieurs sortes d'exemples & demonstrations.

Nous ferons encores par forme d'exemple vne autre demonstration pour trouuer le paneau de la seconde assiette, & aussi pour voir comme on se peut ayder des paneaux de teste. Vous reuiendrez donques au plan & remettrez vostre compas sur le centre A, l'estendant iusques au poinct de 13 iustement sur l'extremité de la trompe: cela faict vous apporterez la distance en la figure des lignes ralongées, tenant le compas par vne de ses branches sur le poinct de 13, & l'autre poinct bien fixe sur la ligne ralongée qui est A B. Puis vous ouurirez ledit compas iusques à ce que vous touchiez le poinct de D, & porterez la distance en la figure des paneaux de doile cy-apres descrite, & la mettrez depuis le poinct de A iusques au poinct marqué G. Cela faict vous prendrez en la figure des paneaux de teste, la distance de D, iusques au poinct de E, & la porterez aux paneaux de doile depuis le poinct de F à celuy de G, qui monstre iustement la largeur du paneau de la seconde piece, comme vous le pouuez cognoistre par ladicte figure. Et par ainsi les trois lignes A G, G F, F A, figurent le paneau. Et pour autant que ledit paneau ne se trouue point droict par le deuant, à cause des rondeurs, il faut chercher vne autre ligne par le milieu, (comme vous la voyez marquee 2) qui se trouue par mesme moyen & façon que la derniere, & les trois poincts, comme vous voyez F O G, se trouuent auec le compas: ainsi vous faudra il trouuer ceux de G I H, & autres. Quant aux paneaux de doile par le dessus, & paneaux dejoincts, comme ceux que vous voyez marquez 3, 5, & semblables, ils se trouuent par mesme fa-

Vne façon de traict enseigner les autres.

çon & mesme methode. Qui est la cause que ie me deporteray d'en faire plus longue escriture: ioinct aussi qu'vne façon enseigne les autres. Si quelqu'vn en doute & disire d'en sçauoir d'auantage, s'il luy plaist venir à moy, de bon cœur ie luy monſtreray comme telles choſes ſe doiuent entendre & mettre en œuure. Mais ie veux bien aduertir le Lecteur que les pierres de toutes ſortes de trompes, ſont plus difficiles à tailler que de beaucoup d'autres ſortes de traicts, pour autant qu'apres auoir fait vn parement à la pierre pour la doile de deſſous, vous pouuez bien traſſer ſon paneau iuſtement; mais pour les autres, comme pour les paneaux de joincts, paneaux de teſte, & auſſi paneaux de doile par le deſſus, gardez vous bien de les traſſer pour coupper la pierre du premier coup, car vous la gaſteriez, & ne pourroit plus ſeruir. Il faut doncques oſter vn peu d'vn des joincts, & puis vn peu du coſté de la teſte, ſemblablement du coſté de la doile de deſſus, & ainſi conſequemment vn petit de l'vn & petit de l'autre, & non point tout à vn coup, mais couppant ſi dextrement le tout, que vous puiſſiez armer voſtre pierre de paneaux tout autour qui ſe rapportent iuſtement, & ſe touchent l'vn l'autre par toutes leurs extremitez, tant par les joincts que par les doiles & par le deuant, où eſt le paneau de teſte; car ſi vous n'y preniez garde, voſtre pierre ſeroit incontinent gaſtée, & ne pourroit ſeruir. Voila ce que ie vous voulois propoſer, & expliquer pour les traicts de la trompe du chaſteau d'Annet, à fin que vous en ſçachies ayder pour en faire de ſemblables. Vous pouuez eſtre aſſeurez, que ſi vous ſçauez cognoiſtre ce traict icy, vous entendrez fort aiſément toutes ſortes de trompes. Toutesfois pour ſatisfaire à pluſieurs gentils eſprits qui appetent choſes rares & ingenieuſes, ie leur propoſeray encores le traict de la trompe quarrée ſur le coing, laquelle ie deſcriray familierement pour donner intelligence de tout, ainſi qu'il viendra à propos.

Inſtruction pour les ouuriers & maiſtre maçons.

L'Auteur vouloir ſatisfaire aux bons & gentils eſprits.

LIVRE IIII. DE L'ARCHITECTVRE.

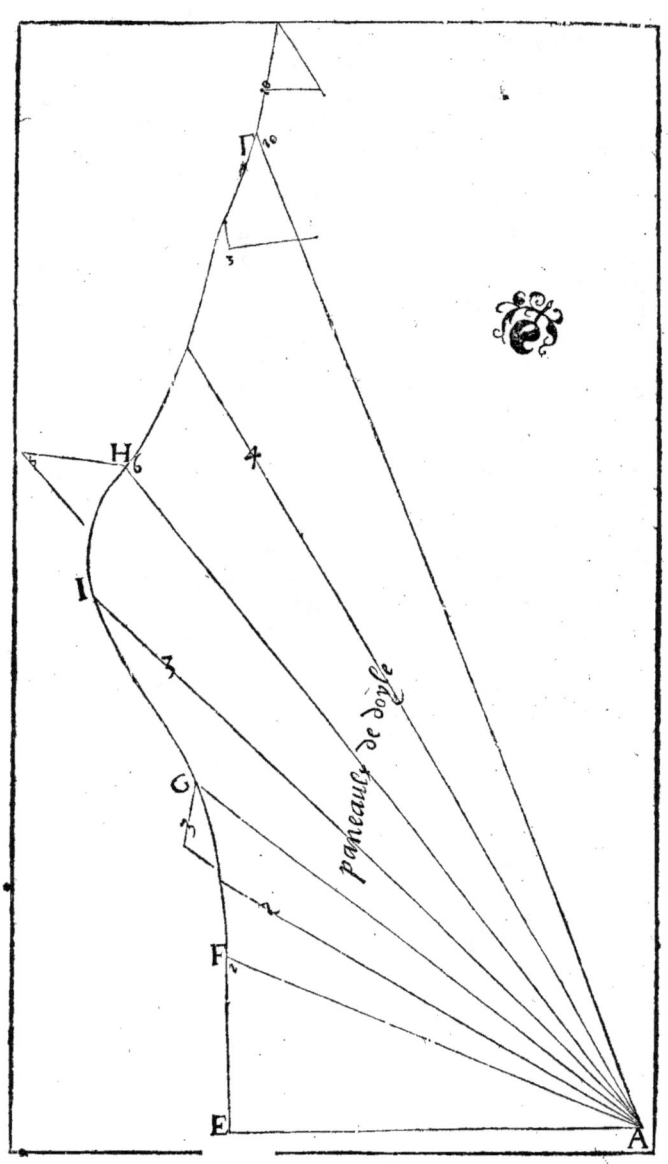

*Comme lon doit proceder à faire la trompe quarrée sur vn
angle droict, poinctu, ou obtus, appellée des
ouuriers: La trompe sur lecoing.*

CHAPITRE V.

Vand vous voudrez faire vne trompe quarrée sur
l'angle d'vne muraille, comme vous la voyez figurée cy apres sur l'angle marqué A; (qui est vn
angle droict, & la saillie de la trompe toute quarrée, i'entens d'vn quarré parfaict estant aussi large d'vn costé que d'autre, comme il se voit par les
quatre angles droicts A D F E.) Pour y proceder vous tirerez en
premier lieu vne ligne diametrale, ainsi que vous le voyez en C B,
& sur icelle vous ferez la perpendiculaire A F, qui monstre le milieu de la trompe. Apres cela vous tirerez vn hemicycle de la largeur du deuant de la trompe, comme si vous la vouliez faire toute
droite suiuant la ligne C B, & procedera ledit hemicycle du centre O, ainsi que vous le voyez par D F E. Cela faict vous tirerez encores vn autre hemicycle, cōme il se voit en B Y C, pour mōstrer
l'espesseur de la voûte, & la separation du nombre des pieces que
vousy voudrez faire, qui sont icy sept seulemēt, ainsi que vous les
voyez marquées par autant de nombres. En apres vous tirerez les
commissures qui prouiennent du centre, & se peuuent voir par
X Y, V Z, T &, est ainsi des autres. Consequemment vous tirerez
les lignes perpendiculaires desdictes commissures sur la ligne C B,
comme vous les voyez en X G, Y H, V I, Z K, & ferez ainsi des autres, comme aussi du milieu des doiles, tant par le dessoubs que par
le dessus, ce que pourrez cognoistre au traict proposé cy apres.
Ayant tiré toutes ces lignes perpendiculaires, vous mettrez la reigle sur l'angle au poinct de A, & de G, desquels vous tirerez vne
ligne droicte iusques à l'extremité de la trompe au lieu marqué
S, & continuerez ainsi toutes les autres, iusques à l'extremité de
ladicte trompe, prenant tousiours comme pour leur centre, l'angle marqué A, comme vous le voyez par A H R, A I Q, A K P,
A L O, & A M, & aussi A B. Mais il ne faut tirer telles lignes
que d'vn costé. Vray est que si la trompe estoit plus longue d'vn
costé que d'autre, ou qu'elle fust biaisé, ou rempante, il les conuiendroit faire de tous les deux costez, selon les perpendiculaires qui viendroient des commissures de l'arc, & ainsi que le plan
de la trompe se trouueroit, pour autāt que les paneaux ne seroient
tous sēblables, & que ce qui est propre pour vn costé, ne le seroit
pour l'autre. Tout estant ainsi bien conduict, il faut tirer d'autres
lignes à part, telles que vous les voyez en la prochaine figure.

*Façon de la trō-
pe quarrée sur
l'angle d'vne
muraille.*

*Belle instru-
ction pour la
fabrique de la
susdicte trom-
pe.*

LIVRE IIII. DE L'ARCHITECTVRE

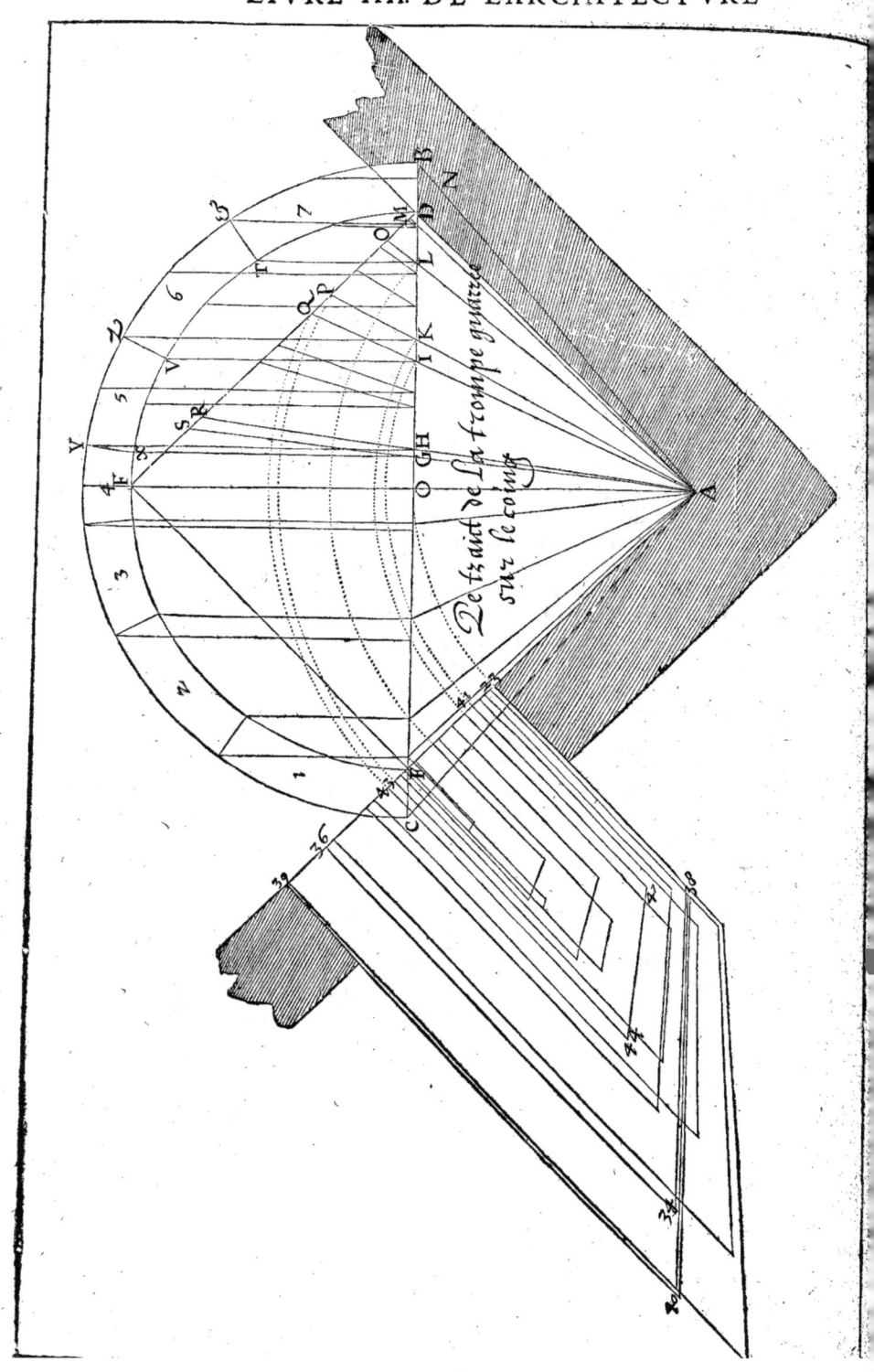

DE PHILIBERT DE L'ORME, 101

Pour continuer l'inſtruction du ſuſdit traict, vous prendrez la largeur d'vne des faces de la trompe cy deuant propoſée, comme de N à F, & y marquerez toutes les diſtances & largeurs, ainſi que vous les voyez du poinct de N à celuy de D, & de D à M, & les pouuez remarquer cy apres en la figure qui eſt pour faire les paneaux de teſte, au droit de la ligne marquée 9 & 17. Comme quoy? vous prendrez en la figure du traict cy-deuant propoſée, ce qui eſt du poinct de N, au poinct de D, & le porterez ſur ladicte figure des paneaux de teſte, le mettant du poinct de 9, à celuy de 10. Puis vous retournerez à ladicte figure du traict, & prendrez la diſtance du poinct de D, au poinct de M, laquelle vous porterez à la figure ſuiuante & mettrez du poinct de 10, à celuy de 11, continuant d'ainſi prendre toutes les diſtances ſur le traict & plan de la trompe, comme de M à O, de O à P, de P à Q, de Q à R, & de R à S, iuſques à F, qui eſt la poincte du deuant de la trompe. Cela faict vous portez leſdictes diſtances ſur la figure ſuyuante, & les mettez du poinct de 11 à 12, de 12 à 13, de 13 à 14, de 14 à 15, à 16, & 17. En apres vous tirez les lignes perpendiculaires ſur la ligne 9 & 17 aux endroicts que vous aurez marqué. Pour trouuer la hauteur d'vne chacune ligne, & faire les paneaux de teſte pour la trompe, vous retournez à mettre le compas ſur la figure du traict, & en icelle prenez la diſtance du poinct de A, iuſques à O, au droicte du centre & milieu de la trompe, laquelle vous porterez ſur la ligne A E, ainſi que le vous monſtrent les circonferences qui ſont faictes par petits poincts ſur le traict; puis ſur icelle ligne vous faictes vne perpendiculaire au lieu marqué 23, & y mettez la hauteur de voſtre hemicycle, comme elle ſe voit de O à F, la tranſportant du poinct de 23 à celuy de 38, & tirant vne ligne parallele de meſme largeur, comme vous la pouuez voir de 23 à 39, qui ſera tant longue que vous voudrez. Apres cela vous tirez vne autre ligne du poinct de A au poinct de 38, iuſques à ce qu'elle entrecouppe la ligne qui prouient de 39, au lieu que vous voyez marqué 40, puis vous prenez la hauteur deſdicts 39, & 40, & la portez ſur la figure des paneaux de teſte cy apres deſcrite, la mettant du poinct de 17 à celuy de 25. Pour plus manifeſte declaration de tout, nous adiouſterons ce qui s'enſuit: Mettez voſtre compas ſur le traict du poinct de A à celuy de I, en la figure precedente, & le marquez ſur la ligne A E au droit de 41, puis ſur icelle tirez vne perpendiculaire, comme vous auez fait cy deuant, & prenez la hauteur du poinct de I, à celuy de V, laquelle mettrez du poinct de 41, à 42. cela fait vous tirez vne autre ligne parallele à celle de la largeur de I à Q, comme vous voyez que la circonference le vous monſtre par les petits poincts au lieu de 43, & la ferez ſi haute qu'elle ſe puiſſe trouuer & rencontrer auec celle qui ſe tirera du

Demonſtration bien pourſuiuie pour les traicts de la precedente trompe.

Inſtruction pour les paneaux de teſte.

L'Autheur s'explique plus familierement.

t

LIVRE IIII. DE L'ARCHITECTVRE

poinct de A à 42, se venant entrecoupper au poinct de 44. En apres vous prendrez la hauteur du poinct de 43 à celuy de 44, & la mettrez sur la prochaine figure des paneaux de teste, du poinct de 14 à celuy de 21. Par mesme moyen vous pouuez trouuer tou-

Belle & docte poursuitte de la demonstration pour la figure suiuant le present Chapitre.

tes les hauteurs des autres parties, tant au droict des commissures que par le milieu des doiles dessus & dessoubs, & faire de petites circonferences, comme vous auez fait sur le traict de la trompe en la figure qui est cy-deuant, pour paracheuer les paneaux de testes comme la circonference de O à 23, de là 41, & celle que vous voyez marquée L: mais il faut qu'elles tombent toutes sur la ligne A E, ainsi que i'ay dit des autres circulaires, cy dessus. Sur telles lignes se doiuent tirer les perpendiculaires, ainsi que vous en voyez beaucoup de faictes en la figure du traict, au droict des lignes de pente, auec plusieurs paralleles & equidistances qui se prennent depuis la ligne C B, iusques à l'extremité de la trompe, au droit de la ligne D F, comme de L O, de K P, & ainsi des autres. Apres auoir fait telles paralleles sur les lignes de pente, vous prenez toutes les hauteurs des commissures, ou des doilles, comme de I & V, G & X, & ainsi des autres, lesquelles vous apportez depuis la ligne A E & les marquez, ainsi que vous auez faict de 42 & 38. Et de telle marque au poinct de A, vous en tirez vne autre aussi grande qu'elle entrecouppe la ligne parallele que vous aurez faicte: cela vous monstre depuis l'entrecouppure iusques à la ligne AE, la hauteur que vous aurez à faire pour la porter à la figure qui est cy aprez des paneaux de teste. Et pource que ce-

Facile inuentiō des lignes pour es paneaux.

cy n'est quasi qu'vne redicte de ce que ie vous ay proposé par cy-deuant, & aussi qu'il vous sera facile de trouuer ainsi tout le reste des paneaux comme de 13 à 20, de 5 à 22, de 16 à 23, de 12 à 19, & de 11 à 18, & en tirer d'autres petites lignes, comme du poinct de 18 à 19, de 20 à 21, & de 2 à 23. Par semblable façon vous trouuerez les autres lignes par le milieu des paneaux pour tirer les cherches ralongées pour les doiles, tant du dessus que dessoubs, comme vous le pouuez cognoistre par la figure des paneaux de teste cy apres descrite, en laquelle vous voyez lesdicts paneaux de teste ainsi marquez: le premier entre les quatres nombres 9, 10, 19 & 18: le second entre 18, 19, 21, & 20: le troisiesme entre les quatre lignes 20, 21, 23 & 22: le quatriesme est fermé de quatre lignes 22, 23, 25 & 24, qui est la moytié desdicts paneaux de teste. Et com-

Aduertissemēt de l'Autheur digne de noter.

bien qu'il en faille autant de l'autre costé, si est-ce que ie n'ay fait que ceux-là que vous voyez cy dessoubs, pour autant qu'il suffit pour mouler & trasser toutes les pieres par leurs testes. Quant aux paneaux de doile & des ioincts, vous les verrez descrits cy apres, en la figure qui ensuyura la prochaine, en laquelle vous trouuerez escript: *Paneaux de doile*, qui sont tous marquez par lettres de

DE PHILIBERT DE L'ORME

lettres de chiffre, comme vous le verrez plus à plain specifié & descript cy apres.

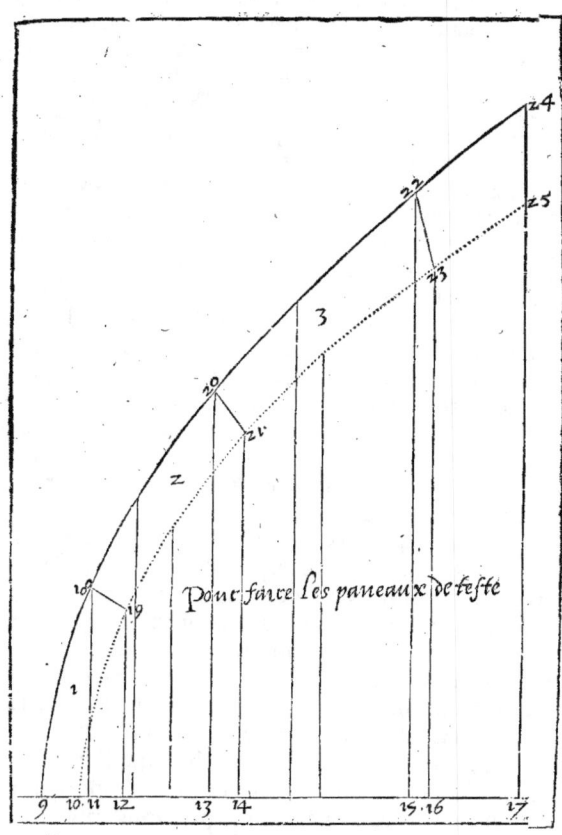

Pour faire les paneaux de teste

Quant à l'inuention & fabrique des paneaux de doile par le dessoubs d'vne chacune pierre, comme pour la premiere, vous retournerez sur le traict de la trompe proposé cy-deuant, & prendrez auec le compas la largeur depuis le poinct de A, iusques à celuy de D, & la porterez sur la figure des paneaux de doile cy apres descrite, en la mettant du poinct de 41 à celuy de 42. Puis vous retournerez encores mettre vostredit compas sur ledit traict

Paneaux de doile par le dessoubs.

t ij

LIVRE IIII. DE L'ARCHITECTVRE

de la trompe, le tranſportant du poinct de A, à celuy de O, vers l'extremité de la trompe, & apporterez la largeur en la precedente figure des paneaux de teſte ſur la ligne de 9 & 17, laquelle vous marquerez, tenant la poincte du compas au lieu de 12, ſur la meſme ligne, & l'eſtendant iuſques à ce qu'il touche le poinct de 19 au droict du ioinct : cela faict vous rapporterez telle longueur en la figure enſuyuant, intitulée : *Paneaux de doile*, depuis le poinct de 41, iuſques à celuy de 43. En apres vous prendrez en la figure cy deſſus inſcripte : *Paneaux de teſte*, la diſtance qui eſt depuis le poinct de 10, iuſques à celuy de 16, & la porterez en la figure des paneaux de doile, la mettant du poinct de 42, à celuy de 43. Et où ſe fera la rencontre de la ligne 41 & 43, illec iuſtement ſera faict le premier paneau, ainſi que vous le voyez aux lignes 41, 42, & 43.

Pourſuite du moyen pour leuer les paneaux

Le deuxieſme paneau & tous autres ſe leuent de meſme ſorte. Comme quoy ? retournez mettre voſtre compas ſur le traict à l'angle du poinct de A, au poinct de Q, & le rapportez en la figure des paneaux de teſte ſur la ligne de 9 & 17, au droict du poinct de 14, & tenant le compas ferme ſur ladicte ligne, eſtendez le iuſques au poinct de 21, & portez telle longueur ou diſtance ſur la figure des paneaux de doile, la mettant du poinct de 41 à celuy de 44, & y faiſant vne marque ſeulement. Puis prenez en la figure des paneaux de teſte la longueur depuis le poinct de 19, iuſques à celuy de 21, & la portez ſur les paneaux de doile, du poinct de 43 à celuy de 44, & où ſe fera l'entrecoupure ſur la petite ligne ou marque qui a eſté faicte auparauant, de là vous tirerez vne ligne comme eſt celle de 44 à 41, & 44 à 43, & par ainſi vous aurez la figure & façon du deuxieſme paneau de doile par le deſſoubs, & ainſi des autres, leſquels vous cognoiſſez, & l'endroit où ils doiuent eſtre, par les chiffres, 1, 2, 3 &c : tant aux paneaux de teſte que de doile. Les paneaux de ioinct ſe conduiſent & trouuent par meſme moyen : ainſi que vous les voyez marquez aux lieux de 43, 44, 45

Concluſion eſtant accompagnée d'vn beau aduertiſſement.

& 46. Vous ayant ainſi monſtré à tirer ce qui eſt neceſſaire tant pour la figure du traict de la trompe, que pour celle des paneaux de teſte & paneaux de doile, il me ſemble que ſera aſſez : car les ouuriers, auec l'aide du compas, d'eux meſmes pourront facilement entendre le ſurplus, ſans en tenir plus long propos : & auſſi que veritablement ie ne me ſçaurois expliquer d'auantage, ſi ie ne monſtrois viſiblement la pratique pour mettre le tout en œuure & execution manuelle. Ce que ie ne voudrois entreprendre en tant d'occupations, & treſ-vrgents affaires qui ſe preſentent & me ſuruiennent de iour en iour.

Deſcri-

DE PHILIBERT DE L'ORME.

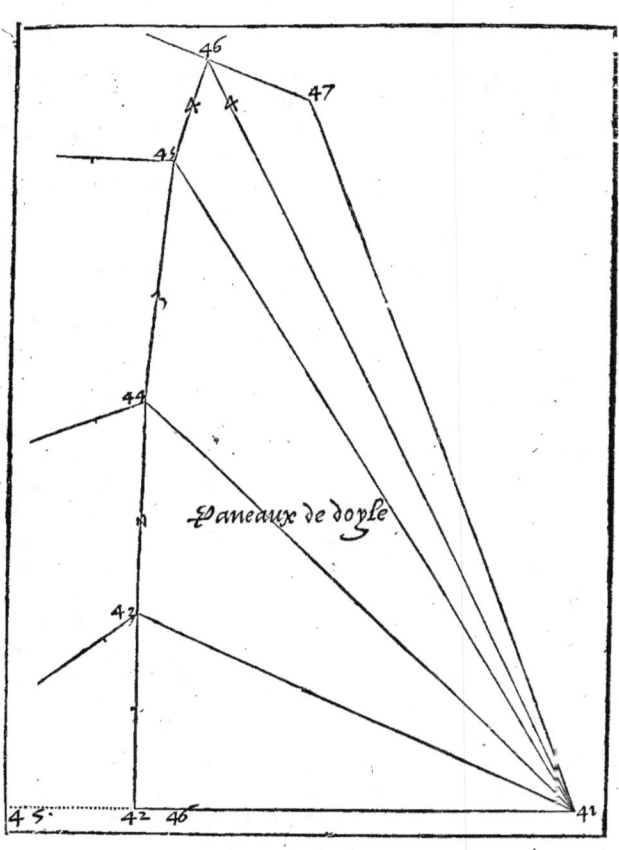

LIVRE IIII. DE L'ARCHITECTVRE

Description de la trompe qui aura vn angle obtus par le deuant, & sera la moitié ronde, & l'autre moitié droicte.

CHAPITRE VI.

Deliberation de L'Auteur sur la description de plusieurs autres trompes.

'Auois icy deliberé descrire bien au long plusieurs autres sortes de trompes, soubs la mesme methode que i'ay pris pour celle du chasteau d'Annet, & signamment la trompe quarrée qui est cy deuant, à fin de monstrer plus particulierement toutes ses parties, soit pour leuer les paneaux, ou pour autres choses qui y sont requises: Semblablement celle qui a vne moitié ronde par le deuant, & l'autre moitié droicte, auec d'autres qui sont creuses & concaues par le deuant, sans y omettre les doubles trompes estans l'vne sur l'autre, c'est à dire telles, qu'apres que l'vne est faite, lon en peut faire encores vne autre par dessus, à fin de gaigner place pour construire plus grandes chambres, voire iusques à y faire des sales, qui voudroit, & soubs telles formes qu'on pourroit penser, par le deuant rondes, en talus, rè-

L'Auteur auoir esté detourné de sa diliberation par le conseil de ses amys.

pantes, biaises & autres comme i'ay dict cy deuant. Mais ayant esté conseillé par mes amys, qu'apres auoir suffisamment monstré la methode, preceptes & figures de quelques vnes, ie me deuois deporter d'en vouloir descrire d'autres si copieusement, i'ay de bon cœur acquiescé à leur conseil. Parquoy ie prie les Lecteur se vouloir contenter cy apres des traicts que ie figureray pour autres trompes auec bien peu d'explication. Comme pour la subsequente (qui est pour seruir à vn angle ainsi que celuy marqué Z) qui a vne moitié ronde par le deuant, comme monstre la ligne circulaire marquée A, & l'autre droicte, soubs la lettre de B. Si est ce que ie ne me puis garder pour la beauté de son traict, qui est difficile & quelque-fois fort necessaire d'en dire quelque chose, à fin de conduire & acheminer les Lecteurs à la familiere cognois-

Declaration des parties de la figure proposee cy dessous.

sance d'iceluy. Doncques apres auoir figuré le plan de la trompe que vous voyez cy dessous, & auoir tiré vne ligne droicte par le deuant, ainsi que V O, & faict vn hemicycle par le dessus separé & distingué en sept pieces, (comme vous les voyez par les commissures qui sont iusques au nombre de 6, marquées par lettres de chiffre, sans compter les premieres assiettes, ou, si voulez le premier lict des pierres) vous tirez les lignes perpendiculaires des joincts & des doiles, sur ladicte ligne V O, puis vous retournez tirer lesdictes lignes du poinct de Z, qui est l'angle de la trôpe, iusques sur l'extremité du deuant aux deux lignes A B. Cela faict vous prenez les distances & longueurs desdictes lignes A B pour

DE PHILIBERT DE L'ORME.   104

faire la ligne ralongée, ainſi que vous l'auez appris aux autres trompes cy-deuant, & le pouuez conſiderer la preſente figure.

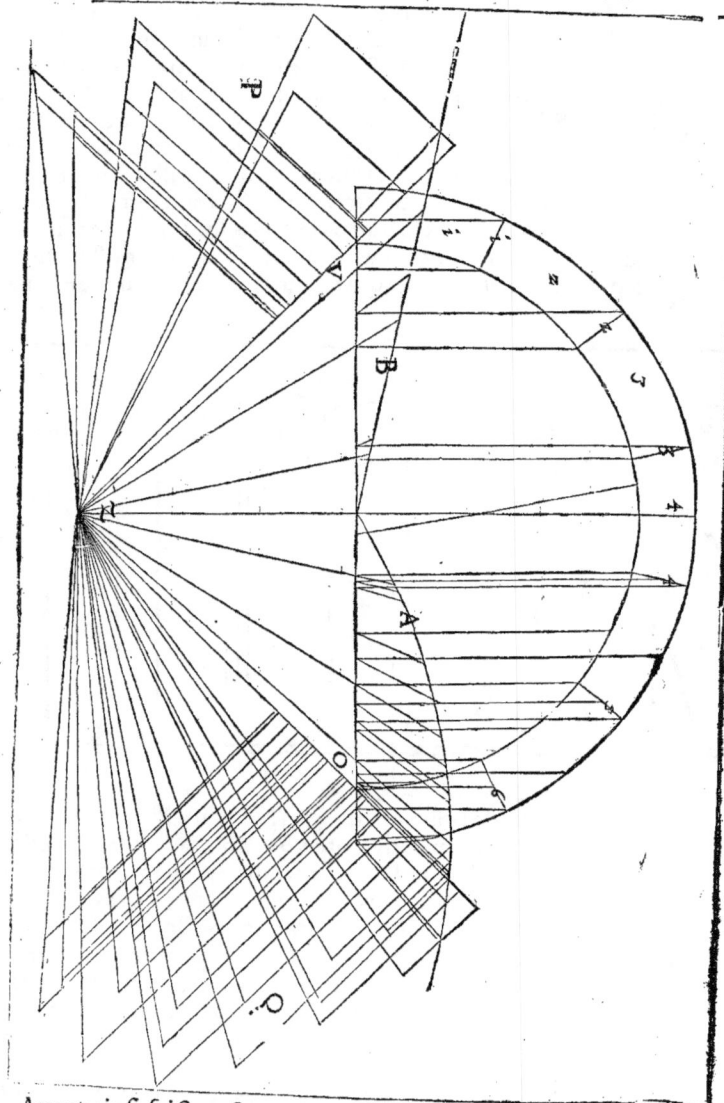

Ayant ainſi faict voſtre principal traict, il vous faut trouuer les lignes ralongées, & prendre toutes les diſtances tant ſur cel-

t iiij

LIVRE IIII. DE L'ARCHITECTVRE

le qui est droicte, que sur celle qui est circulaire, marquée A B en la figure cy-deuant, & les rapporter en la figure suyuante, sur la ligne marquée S T, où sont erigées les lignes perpendiculaires pour trouuer les paneaux de teste, qui sont marquez iusques au nombre de 7, contre les characteres de K, ainsi que vous le voyez aux deuxiesme, quatriesme & septiesme paneaux, trouuez apres les lignes de pente qui sont en la precedente figure, les vnes trassées du costé P V, les autres du costé O Q, & se font de mesme sorte, comme vous l'auez appris cy-deuant au traict de la trompe quarrée & de celle d'Annet. Le tout est conduict de telle sorte, qu'il me semble que vous ne pourrez faillir de l'entendre, & trouuer lesdicts paneaux en presentant la compas sur les figures, pourueu que vous souueniez des traicts que ie vous ay monstré ausdictes trompes d'Annet, & celle qui est quarrée sur le coing, descrite cy-deuant.

Explication de la prochaine figure.

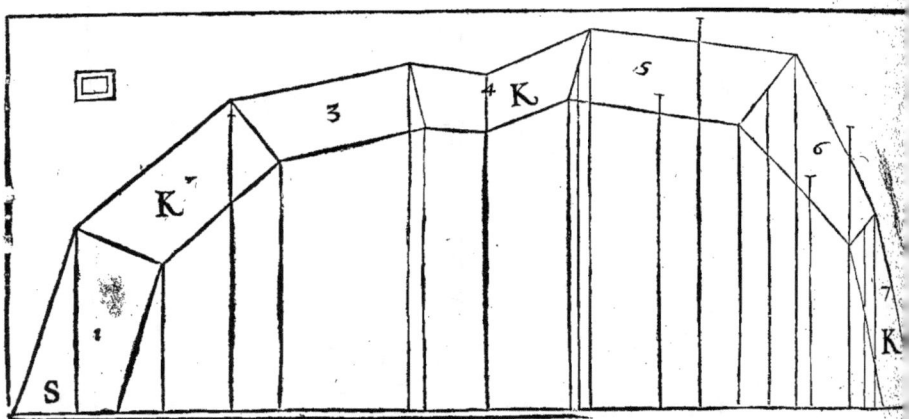

Explication de la figure cy-apres proposée

Premier que de laisser ce discours, ie veux bien vous aduertir qu'en la figure cy-apres descrite vous cognoissez les paneaux de doile pour tailler les pierres de la trompe, qui se trouuent droictes d'vn costé par le deuant, aux lieux où vous voyez marqué C. & contiennent depuis la ligne D, iusques à celle de E; & pour couper aussi les pierres, au droict où se trouue la ligne circulaire vous voyez les paneaux du costé de R, qui se cognoissent par le deuant, depuis E iusques à F; & tous lesdicts paneaux sont separez par lignes qui prouiennent du centre signé H, comme vous les voyez marquez par le deuant depuis D iusques à F, continuant le nombre de sept paneaux. L'endroict où vous voyez marqué E, mostre estre le paneau de la clef de la trompe qui faict l'angle obtus, ayant

DE PHILIBERT DE L'ORME. 105

vne moitié droicte, & l'autre moité faicte par lignes circulaires.
Vous voyez auſſi en ladicte figure, & en meſme lieu, les paneaux
de ioinct pour couper les pierres au droit des commiſſures, eſtants *Continuation*
tous marquez par la lettre I, & par lettres de chiffre, iuſques au *de ce que deſſus.*
nombre de 6, & ayant de petites lignes entrecroiſées, quaſi en for-
me d'eſtoille pour monſtrer le repere & marque qui ſe faict à fin
de trouuer leſdicts paneaux des ioincts, ce qui eſt aiſé à conſiderer
aux figures cy deſſus eſcrites: comme auſſi les paneaux de teſte
qui ſont en la figure cy-apres propoſée, tous reperez & marquez
par meſmes nombres, pour monſtrer où chacun paneau ſe doit accommoder en traçant & coupant les pierres. Ie ne vous ſçau-
rois dire d'auantage ſur ce propos, ſi ce n'eſtoit que ie vouluſſe *Excuſe propoſée*
parler des paneaux de doile leſquels il faut faire par le deſſus, mais *par l'Autheur.*
pour autant qu'ils ſe font tout ainſi que les paneaux de doile que
vous auez veu par cy deuāt, ie ne vous en feray autre diſcours pour
ceſte heure.

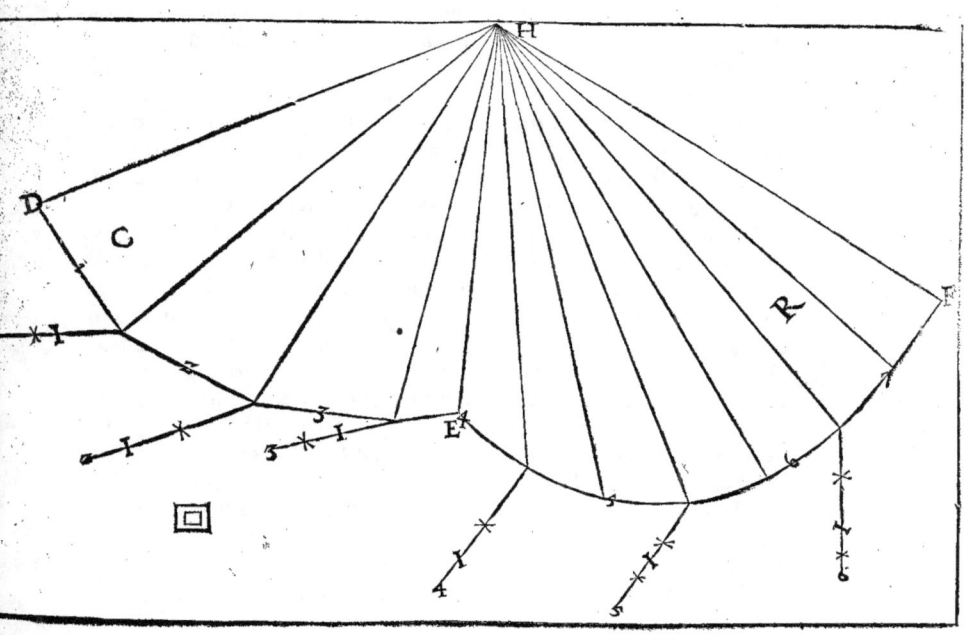

LIVRE IIII. DE L'ARCHITECTVRE

Le traict de la trompe rempante, creuse & concaue par le deuant, estant plus haute d'vn costé que d'autre, & aussi surbaissée.

CHAPITRE VII.

Declaration de la figure monstrant la fabrique de la trompe mentionnée au titre du present chapitre.

IE delibere de vous monstrer icy vne autre sorte de traict pour faire vne trompe sur vn angle tel que vous le voyez marqué I, en la figure ensuyuant, & les costez semblables comme I F, & I L. Vous remarquez ladicte trompe estre concaue & creuse par le deuant, suyuant la ligne B A C, laquelle nous auons figuré en ceste sorte comme si vous estiez contraicts de la faire ainsi pour quelque vieille tour de maçonnerie que vous voulez faire seruir, ou bien pour suiure la forme d'vne court qui seroit ronde ou ouale, & seriez contraincts en faisant telle suspente de trompe, de la rendre concaue & creuse par le deuant, ou en quelque sorte que ce soit qu'en ayez affaire, & qu'encores il la faille conduire en rempant plus haut d'vn costé que d'autre, & que la voûte soit surbaissée, & non en sa plaine montée, pour seruir de montée en forme d'escalier par le dessus, ou autrement qu'en auriez affaire, ainsi que vous voyez la hauteur du rempant en la figure cy dessous proposée depuis E iusqu'à F, & le rempant suiuant la ligne D E, sur laquelle vous faictes l'arc surbaissé, & non point en sa plaine montée, pour quelque contraincte que vous puissiez auoir: car il faut tenir la voûte de la trompe basse & non point haute, ainsi que vous voyez la ligne circulaire L K E, apres laquelle vous en faictes encores vne autre semblablement circulaire pour trouuer l'espesseur de la voûte. Et ce faict, vous tirez les commissures de l'arc surbaissé, & en faictes des pieces iusques au nombre de 7, comme vous les voyez marquées par lettres de chiffre. Puis vous tirez desdictes commissures les lignes perpendiculaires sur la ligne D F. lesquelles vous conduisez aussi iusques à l'angle de la trompe au poinct de I, (ainsi que vous voyez qu'elles sont) & trouuez vos lignes de pente d'vn costé sur la ligne I L, comme vous voyez que ie les ay tirées, tout de mesme sorte que vous auez appris par cy deuant.

Demonstration continuée de la figure ensuyuante.

DE PHILIBERT DE L'ORME. 106

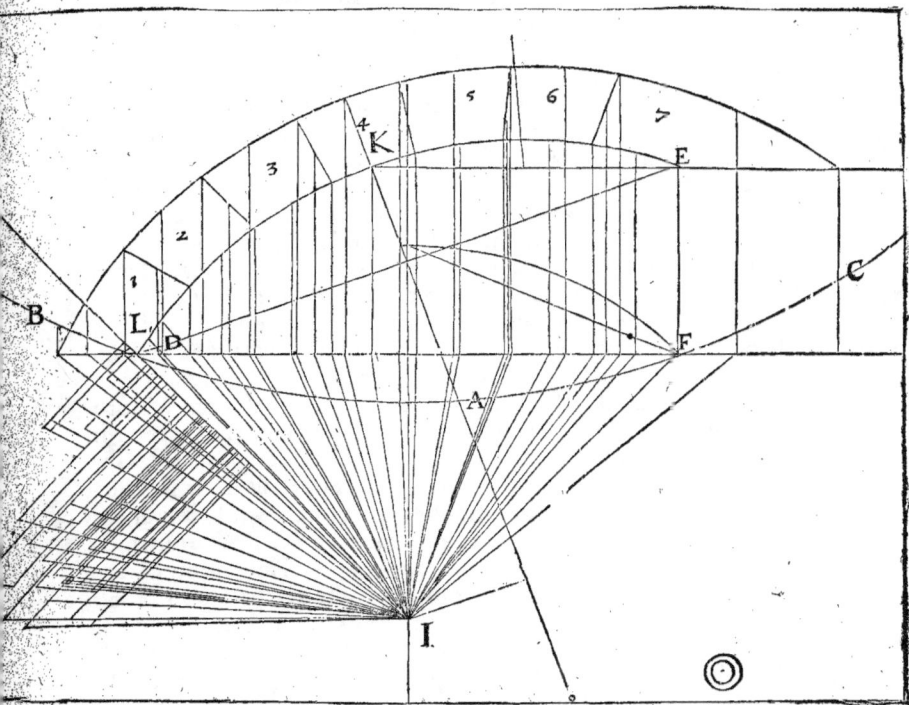

Apres auoir trouué les lignes de pente & hauteur de l'arc sur-baissé rempant, vous trouuez les paneaux de teste, ainsi que vous les voyez en la figure cy dessoubs descrite, marquez tous par nombres de chiffre, tant au droict des commissures, qu'au droit desdicts paneaux de teste, comme vous le pourez iuger par la presente figure.

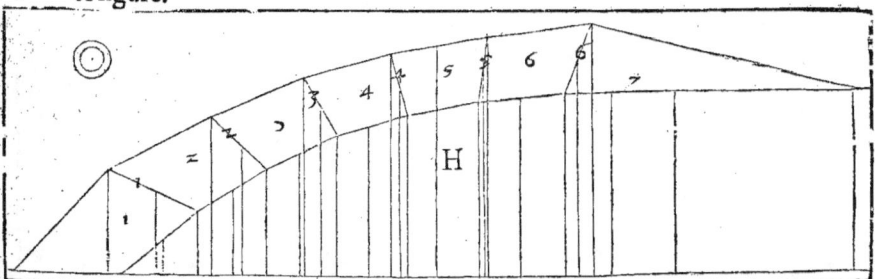

La figure proposée cy apres monstre à trouuer les paneaux de doile, estants tous reperez par le milieu, à fin de les faire apres les

LIVRE IIII. DE L'ARCHITECTVRE

trois poincts & reperé du compas, suyuant la cherche & rondeur dudit compas, qui s'y trouue. Vous voyez auſſi en la meſme figure les paneaux des ioincts, & les reperez de petites lignes entrecoupées, quaſi en façon d'eſtoille, eſtant le tout marqué par meſmes nombres, comme vous auez veu aux paneaux de teſte en la figure precedente: & ſeruent pour monſtrer comme doiuent eſtre les paneaux de ioincts des doiles par le deſſoubs, pour traſſer les pierres à faire la trompe rempante, ſurbaiſſée & creuſe par le deuant. Toutesfois ie veux bien aduertir les Lecteurs que ie ne trouue mes figures ſi iuſtement taillées que ie les auois protraictes,

L'Auteur ſe plainct, que ſes figures luy ont eſté mal taillées.

pour autant que les Tailleurs ont couſtume de moüiller, & quelquefois faire vn peu boüillir le papier de la protraicture, premier que de le coler ſur la planche, pour la conduite de leur taille. Et ſelon ce qu'ils tirent ledit papier, il s'eſtend d'vn coſté, & reſtroiſſiſt de l'autre. Qui eſt cauſe que ie ne trouue en beaucoup d'endroicts mes figures ſi iuſtes que ie les auois deſcrites & proportionnées. Mais cela ne donnera empeſchement ny retardement à ceux qui voudront prendre la peine de congnoiſtre la Geometrie des traicts. Et encores que d'eux meſmes ils ne la ſceuſſent entendre, ce ne leur ſera deshonneur ny vitupere de ſe retirer vers ceux qui en ont le ſçauoir & congnoiſſance, à fin d'en eſtre inſtruicts. Voila que ie vous voulois communiquer pour l'inuention & conſtruction de toutes ſortes de trompes. Reſte cy apres pour continuer la ſuitte de noſtre Architecture, vous monſtrer à faire & con-

Preparation pour le diſcours des Chapitres ſuiuans.

duire toutes façons de voûtes, tant pour les Temples, Chappelles & Egliſes, que pour ſales, baſiliques, & autres grands lieux qu'on voudra voûter & faire de pierre de taille. Nous commencerons doncques à eſcrire des voûtes modernes pour ſeruir d'exemple à celles que cy apres ie vous propoſeray.

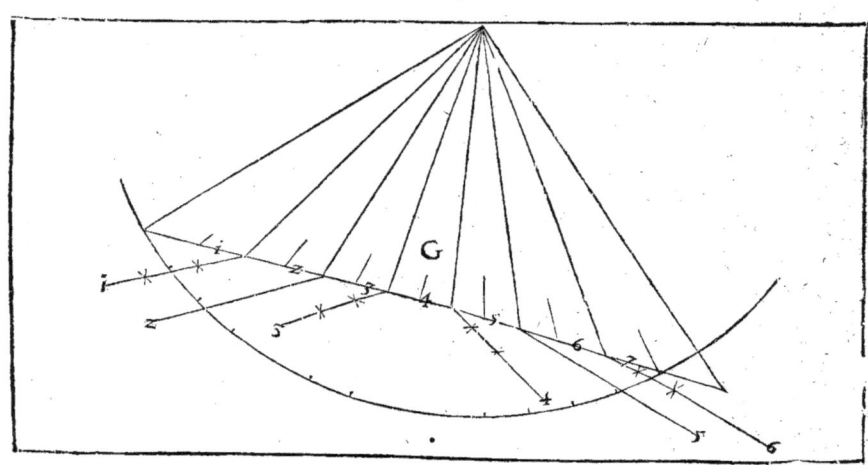

DE PHILIBERT DE L'ORME 107

*Des voûtes modernes, que les maistres Maçons ont accoustumé
de faire aux Eglises, & logis des grands Seigneurs.*

CHAPITRE VIII.

Es maistres Maçons de ce Royaume, & aussi d'autres pays, ont accoustumé de faire les voûtes des Eglises esquelles y a grande espace (comme sont grandes sales) auec vne croisée qu'ils appellent croisées d'ogiues. Aucuns y vsent de liernes, formerets & tiercerons, auec leurs doubleaux, & *Façon de dresser & conduire les voûtes du temps present.* plusieurs autres sortes de branches, lesquelles ils mettent dans les voûtes: les vnes en forme de soufflet, qui sont formes rondes, & rampent pour rencontrer les branches. Telles choses sont difficiles à conduire, principalement quand on y veut faire vn pendentif par dessus qui soit de pierre de taille & s'accommode iustement sur les branches ou arcs de pierre, qui sont tous d'vne mesme grosseur, & correspondants aux moulures des croisées d'ogiues, liernes, formerets, & autres. Ces façons de voûtes ont esté trouuées fort belles, & s'en voit de bien executées & mises en œuure en diuers lieux de ce Royaume, & signamment en ceste ville de Paris, comme aussi en plusieurs autres. Auiourd'huy ceux qui ont quelque cognoissance de la vraye Architecture, ne suiuent plus ceste façon de voute, appellee entre les ouuriers, La mode Françoise, laquelle veritablement ie ne veux despriser, ains plustost confesser qu'on y a faict & pratiqué de fort bons traicts *L'Auteur approuuer la façon moderne de voûtes, toutesfois ne s'en vouloir ayder.* & difficiles. Mais pour autant que telle façon requiert grãde boutée, c'est à dire grande force pour seruir de pouser & faire les arcs boutans, à fin de tenir l'œuure serrée, ainsi qu'on le voit aux grandes Eglises: pource est il que sur la fin de ce present chapitre pour mieux faire entendre & cognoistre mon dire, ie descriray vne voûte auec sa montée, telle que vous la pourrez voir soubs la forme d'vn quarré parfaict, autant large d'vn costé que d'autre, où vous remaquerez la croisée d'ogiues, ainsi appllée des maistres Maçons, qui n'est autre chose que l'arc ou branche allant *Que c'est que croisée d'ogiues.* diametralement ou diagonalement (selon diuerses situations de la figure) d'vn angle à l'autre, comme vous le voyez au deux lignes marquez B, qui monstrent ladicte croisée d'ogiues. Vous y aperceuez aussi vne autre croisée estant tout au contraire, car au lieu que celle d'ogiues procede des angles, ceste cy regarde le milieu de la face du quarré parfaict, ainsi qu'il se voit par les deux lignes marquees C, l'vne estant au droict de D, & passant par le milieu du centre signé A, & l'autre faisant vne perpendiculaire sur celle la, comme vous le voyez en la ligne A E. Toutesfois les branches marquées C, ne vont point iusques à l'extremité de la voûte, ains demeurent au droit de la clef marquée H, & sont appel-

V

LIVRE IIII. DE L'ARCHITECTVRE

Quelles choses sont liernes.
lées Liernes par les maistres Maçons & ouuriers. Vous voyez aussi d'autres branches qui procedent des quatre angles, comme celle de F H, & vne autre marquée T, & semblables qui vont rencontrer les liernes à la clef aux lieux marquez H. telles branches s'appellent tiercerons ou tiercerets par les susdicts maistres Maçons & ouuriers. Il y a aussi d'autres branches qui ne sont que

Quelle chose sont tiercerons ou tiercerets, comme aussi formerets.
moitié de la grosseur de l'ogiue ou tierceron, appellées formerets & se mettent à l'extremité de la voûte au long des murailles marquées D. D'auantage il y a certains arcs appellez doubleaux, qui font les separations des voûtes, & se mettent ainsi au lieu marqué E, mais ils sont de plus grand' espesseur que les ogiues, tiercerons, ou autres, & enrichis de telles moulures que l'on veut.

Que c'est que le tas de charge en vne voûte.
Il y a encores les tas de chage; ce sont les premieres pierres que l'on voit sur les angles, & monstrent le commencement & la naissance des branches, des ogiues, tiercerons, formerets, & arcs doubleaux, comme celuy qui est au lieu de F. On peut aussi remarquer sur les branches au lieu signé I, les petits moules des ogiues où se mettent tels ornemens de moulures qu'on veut, suyuant lesquels on moule & taille les moulures qu'on veut faire aux croisées d'ogiues, liernes, tiercerons & formerets. Apres que vous estes ainsi aduertis des noms & parties de la voûte laquelle ie vous propose cy-apres, vous y recognoistrez consecutiuement sa mon-

De la montée de la voûte & de ses parties.
tée aux lignes circulaires descrites au dessus du plan de ladicte voûte, comme aussi celle des ogiues marquée O, des tiercerons marquée T, des formerets & doubleaux signée E, & des liernes signée L, comme vous le pouuez remarquer & cognoistre auec le compas, en prenant tousiours la longueur des branches sur le plan & commençant aux angles, ainsi que de F à A, pour la moitié de la longueur de l'ogiue qui faict la diagonale, suyuant laquelle on faict la montée, & ainsi des autres parties lesquelles il faut chercher par mesme façon. Car à vous dire la verité, ie n'en sçau-

Bon aduertissement pour la façon du pendentif.
rois gueres enseigner dauantage, si ie ne le vous monstrois par effect & pratique, qui me seroit pour le present impossible. Mais ie ne veux oublier de vous aduertir qu'il y a en ceste figure de voûte quelque autre chose beaucoup plus difficile que le precedent, c'est la façon du pendentif de pierre de taille estant par dessus les ogiues, tiercerons, & liernes. Laquelle se cognoist au plan par les lignes paralleles entre D F, toutes rapportées à la montée sur la ligne marquée 1, 2, 3, iusques au nombre de 12, ainsi que vous les y voyez tirées perpendiculairement & equidistamment, iusques à la hauteur des circonferences & montées des ogiues, liernes & autres. Vous voyez d'auantage sur le plan quelques autres lignes paralleles qui vont quarrément, & le rapport qui s'en faict à la figure estant aupres de la montée, où elle sont toutes marquées par mesmes nombres, à fin que vous les puissiez mieux cognoistre

DE PHILIBERT DE L'ORME. 108

stre au rapport du compas, & prendre les hauteurs pour les degauchissements d'vne chacune piece, comme vous le pouuez remarquer au costé de ladicte figure, en plusieurs lignes paralleles & rempantes par le dessus, suyuant lesquelles on prend le desgauchisement pour tailler les pierres des pendentifs: estant le tout marqué par mesmes nombres de chiffre qui se rapportent vn chacun en son endroit, tant à la montée des branches d'ogiues, & autres, que sur le plan. Il me semble que cecy devra suffire. Si quelques vns desirent en sçauoir d'auantage pour le pratiquer, faut qu'ils s'adressent aux Architectes, ou maistres Maçons qui l'entendent. Car il est malaisé de le pouuoir mieux expliquer, que par œuure & effect, c'est à dire en demonstrant au doigt & à l'œil comme les pierres se doiuent trasser & assembler. Doncques vous contenterez, s'il vous plaist, de la presente figure accompagnée du precedent discours.

Cōtinuation du discours des parties de la figure de voûte ensuyuant.

La pratique des traicts estre beaucoup plus seure que la theorique.

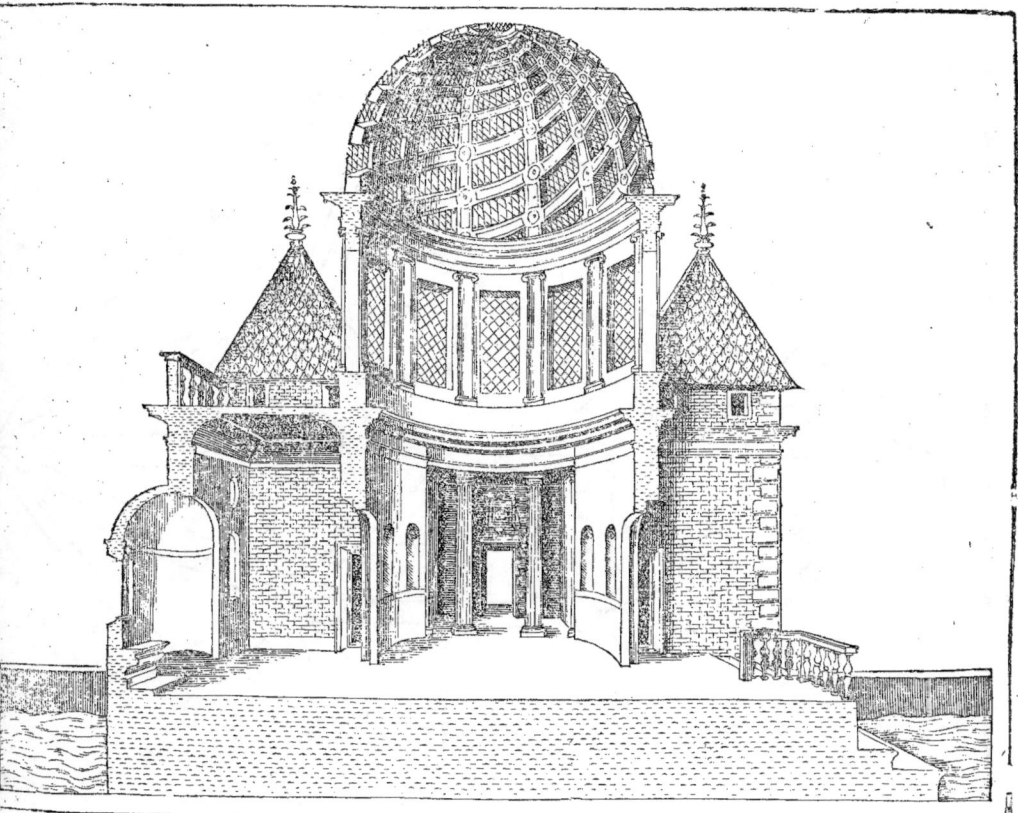

V ij

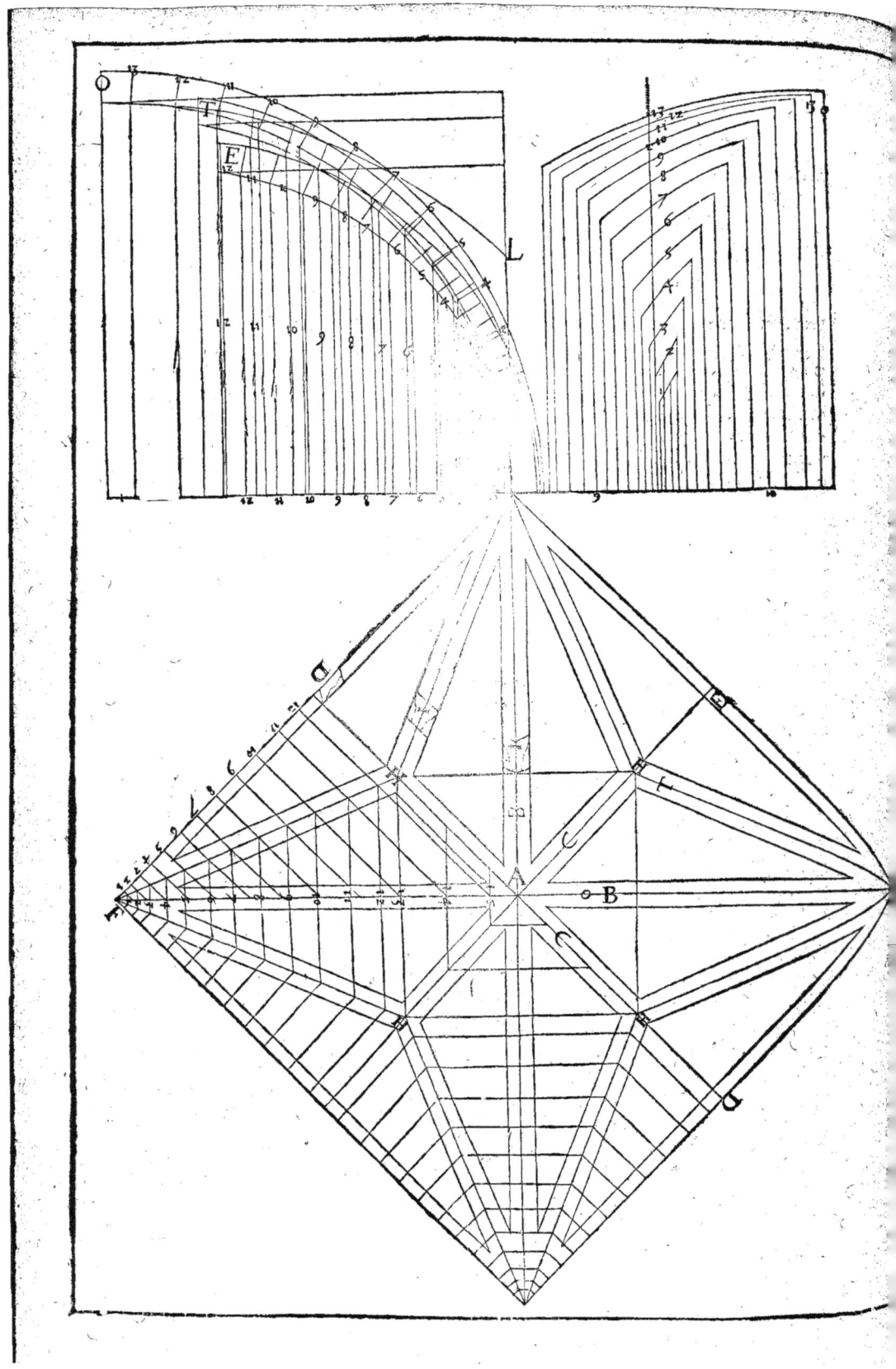

D'vne autre sorte de voûte moderne, pour vne Eglise, laquelle est faicte au droit du grand Autel, vulgairement appellee crouppe, ou bien chœur de l'Eglise.

CHAPITRE IX.

Ous auez doncques veu comme les ouuriers ont coustume de voûter les Eglises par diuerses sortes de branches, & diuerses montées, tant à leurs ogiues, que liernes, tiercerons, formerets, & autres, ainsi qu'il se peut voir par la figure precedente. Outre laquelle, i'ay aussi faict celle que vous voyez cy dessoubs, pour monstrer comme on peut faire lesdites voûtes au droict du chœur, ou si vous voulez, du grand Autel, sur la forme d'vn demy octogone. Ladicte voûte sera forte pour les branches qui y sont entreliées, & s'entretiennent toutes ensemble, cóme vous le voyez, & le pourront bien aisément iuger ceux qui ont la pratique des traicts Geometriques. Ie n'ay icy mis que certaines lignes, pour monstrer comme doiuent aller les branches, & non point les espesseurs des ogiues, doubleaux, & autres, pour autant que les ouuriers les sçauront bien faire. Par le dessus, au lieu marqué A, vous voyez la montée tant des ogiues, que des liernes & tiercerons, lesquels vous pouuez cognoistre & apprendre par le compas, à fin que ie ne vous en face long discours, qui me semble n'y estre necessaire, comme aussi de vouloir parler du pendentif que lon met par dessus les branches: ioinct que la pluspart des pendentifs de voûtes d'Eglises, ne se font de pierre de taille, comme est celuy que i'ay monstré cy-deuant: peut estre qu'il n'est permis à tous de les faire tels, pour la difficulté qui s'y presente. Et de là vient que souuent on les fait de brique, ou de quelque pierre tédre de moilō. Pourueu que les couches des licts de la maçonnerie soyent tousiours faictes par lignes droictes, & qui proviennent du centre dont est tirée la montée, & que les branches soient conduictes à droite ligne, & par le dessous auec leurs cyntres, sans que leur circonference face aucun jarret, les ouuriers ne sçauroient mal faire. Mais il ne faut oublier que le tout doit estre conduict suyuant la circonference du compas, apres lequel auront esté tirées les branches des voûtes, ainsi qu'il se voit au lieu marqué A. Sur tout il faut vser des plus petites commissures qu'on pourra, à fin qu'il n'y faille de grandes escailles, qui sont morceaux de bois qu'on met entre les ioincts. Il ne faut aussi y employer grand mortier, ains seulement les abreuuer de laictance, qui est la graisse de la chaux, resemblant à du laict, dont elle prend le nom. Telles voûtes faictes ainsi, dureront long temps.

Autre façon de voûte pour les Eglises.

Pourquoy c'est que tous pēdentifs des voûtes d'Eglise ne sont de pierre de taille.

Aduertissemēt fort digne de nóte.

DE PHILIBERT DE L'ORME.   110

D'vne voûte à croisée d'ogiues, ayant vne clef suspenduë.

CHAPITRE X.

Our faire entendre & cognoistre plus facilement ce qu'on appelle branches des voûtes, croisées d'ogiues, formerets, & doubleaux, aussi pour mõstrer comme les pendentifs se mettent sur les branches, ie me suis aduisé de m'ayder d'vne figure extraicte du liure de nostre Nouuelle Inuention de Charpenterie, lequel ie fis imprimer l'an mil cinq cens soixante & vn, monstrant en iceluy, entre plusieurs autres choses, cõme lon peut autant bien faire les branches d'ogiues, de chapenterie ou menuyserie, comme de pierre de taille. Et outre ce, comme on y peut appliquer des clefs suspenduës, c'est à dire des dernieres pierres qui fermeront les voûtes, & seront si longues qu'on voudra, plus basses que la voûte de quatre ou six pieds & plus, (ainsi qu'il plaira à l'ouurier, & la commodité de la longueur des pierres qu'il aura le permettra) en accompagnant lesdictes clefs d'autres petites branches d'ogiues, comme vous le verrez en la figure cy-apres exhibée laquelle ie vous propose, comme si la voûte estoit erigée sur deux murailles par dessus les corniches. Laquelle voûte monstre ses doubleaux aux lieux marquez E, & les formerets estants au long des murs aux lieux signez F. La croisée d'ogiues se voit par les deux branches qui s'entrecouppent & croisent au lieu de la clef, soubs les marques A B, laquelle croisée, formerets & doubleaux, ie figure comme si tout estoit en hemicycle: toutesfois quand on veut faire telles voûtes, & y mettre des culs de lampe & clefs suspenduës, comme vous en voyez vne en ceste cy marqueé C, on faict ou doit-on faire, lesdictes branches d'ogiues plus hautes que l'hemicycle: & d'vne circonference, que les ouuriers appellent à tiers poinct, & de hauteur plus ou moins, à la volonté de l'ouurier: elles se tirent de deux centres, au lieu que l'hemicycle ne se tire que d'vn. Telles clefs suspenduës sont à propos pour cela, pourautant qu'il est bon que la voûte soit chargée par le milieu, quand elle est ainsi faicte à tiers poinct, ou plus haut que son hemicycle: car ainsi qu'on charge de maçonnerie les reins de la voûte, par dessus les stats de charge, ladicte voûte s'ouure par le milieu, comme voulant monter contremont: mais telle clef suspenduë l'empeschera pour raison des branches qui s'assemblent à ladicte clef, aux lieux que vous voyez marquez D, cela charge & tient la voûte en raison. Les ouuriers ne font pas seulement vne clef suspenduë au droict de la croisée d'ogi-

L'Auteur chercher tous moyẽs pour se faire bien entendre.

Explication de la figure ensuyuant le present chapitre.

Quand c'est que les ouuriers font plusieurs clefs suspenduës

V iiij

ues, mais auſſi pluſieurs, quand ils veulent rendre plus riches leurs voûtes, comme aux clefs où s'aſſemblent les tiercerons & liernes, & lieux où ils ont mis quelquefois des rempants, qui vont d'vne branche à autre, & tombent ſur les clefs ſuſpenduës, les vnes eſtans circulaires, les autres en façon de ſoufflet, auec des guymberges, mouchettes, claire-voyes, fueillages, creſtes de choux, & pluſieurs beſtions & animaux : qui eſtoient trouuez fort beaux du temps qu'on faiſoit telles ſortes de voûtes, pour lors appellées des ouuriers (ainſi que nous auons dict) voûtes à la mode Françoiſe. Et jaçoit qu'auioud'huy lon ne s'en ayde gueres, & qu'elles ſoient bien peu en vſage, ſi eſt-ce qu'elles ſont tres-difficiles, ſignamment quand on les accompagne de pendentifs de pierre de taille. Qui ne ſont autre choſe, ainſi que nous diſions cy deuant, que la maçonnerie qu'on met par deſſus les branches, comme vous le pouuez cognoiſtre & remarquer en la figure enſuyuant, au lieu de A B. Quand leſdicts pendentifs ſont faicts de brique ou petites pierres de maçonnerie, ils ne ſont tant difficiles : mais les faiſant de pierre de taille qui touche iuſtement ſur les branches, les pieces s'y trouuent deſgauchées, biaiſes, & d'eſtrange figure, ſelon l'œuure qu'on faict, qui ſe monſtre fort belle & tres-difficile à conduire. Par ainſi la prochaine figure vous faict cognoiſtre comme ſont les branches des voûtes, & qu'elles ſe peuuent faire auec clef ſuſpenduë & pendentif par le deſſoubs. Et jaçoit que ladicte voûte figurée, monſtre auoir eſté faicte à propos pour quelque charpenterie à cauſe des trous & mortaiſes qui y ſont marquées pour appliquer cheuilles & liernes, & auſſi que la clef ſuſpenduë ſemble eſtre vne piece de bois quarrée, ſi eſt-ce que par la meſme ſorte vous pouuez faire voûtes de pierre de taille, qui eſt choſe beaucoup plus à propos que de les faire de bois. Ladicte figure enſuyuant vous mettra deuant les yeux le diſcours contenu au preſent chapitre & texte. Qui ſera ſans plus parler de telles voûtes modernes, appellées, ainſi que nous auons dit, voûtes de la mode & façon Françoiſe.

Conclusion de ce preſent chapitre & de ſa figure.

D'autres

DE PHILIBERT DE L'ORME

LIVRE IIII. DE L'ARCHITECTVRE

D'autre sortes de voûtes pour appliquer aux Eglises, ou autres lieux qu'on voudra: & premierement de celle qui est pratiquée & faicte sur la forme spherique.

CHAPITRE XI.

Grande difference entre les voûtes que l'Auteur propose, & celles qu'on a soit accoustumé faire par cy-deuant.

LEs voûtes desquelles ie veux icy parler sont trop plus fortes & meilleures que celles qu'on auoit accoustumé de faire par cy deuant, & de beaucoup plus grande industrie, & plus longue durée, (pourueu qu'on les sçache bien conduire & mettre en œuure) comme aussi de beaucoup moindre despense, pour n'y appliquer des arcs boutans. De sorte qu'en ces voûtes on espargnera de grands frais, pour estre de telle nature, qu'elles ne poussent tant les murailles par les costez, que les precedentes: ains se portent quasi d'elles mesmes sur icelles (moyennant qu'elles soient bonnes, & de grosseur suffisante, & bien faictes) sans y mettre aucuns arcs boutans: ainsi que les gentils esprits, qui font profession de Geometrie, le pourront voir & iuger incontinent par le discours ensuyuant. Posez donc le cas qu'il soit donné vn corps spherique, comme pourroit estre vn globe, ou vne grosse boulle toute ronde par le dehors, & spheriquement creuse par le dedans, ainsi que vous le pouuez remarquer en la figure cy apres proposée par la ligne circulaire A B C D, & aussi iuger l'epesseur dudit globe par la ligne D E F, ainsi qu'elle s'y monstre par vn quartier seulement. Si vous couppez

Inuention fort ingenieuse, pour coupper vn globe quarrément.

quarrément tout cedit globe, ou boulle, cóme vous le voyez par les ligne A B, B C, C D, & D A. ce qui demeurera en ceste quadrature, sera vne voute toute quarrée, & toute ronde par le dessoubs & dessus qui voudra. De sorte qu'en mettant la poincte du compas au centre H, & tournant l'autre poincte par toute la superfice quarrée, & au long des quatre lignes A B C D, elle touchera iustement sur toutes les extremitez de la voute, laquelle nous appellerons voûte spherique. Mais il nous faut trouuer les pieces tant pour la faire quarrée (comme vous la verrez cy apres) que pour la rendre d'autre sorte, ainsi que nous le vous proposerons consecutiuement. Vous pouuez cognoistre cóme telle voute n'a point de poussée, ou bien peu, pour estre spherique, ou semicirculaire, ainsi que vous voyez qu'elle doit estre par les lignes du milieu B H D, car sa montée, comme vous l'aperceuez, est l'hemisphere B A D, & ainsi de l'autre ligne par le milieu A H C, qui faict en sa montée A D C. Desia vous cognoissez que telles voûtes ne sont semblables à celles que vous auez veuës par cy-deuant,

uant, (qui auoient les branches d'ogiues & autres telles que i'ay
dict) mais pluſtoſt faictes en pendentif, ou, ſi vous voulez, eſtre
toutes vnies, & ſans aucunes branches, & les aſſiettes de la voûte
eſtre ſuyuant les lignes paralleles, ainſi que vous le voyez au plan
à commencer ſur les angles, le tout eſtant marqué par lettres de
chiffre, iuſques au nombre de 9, en continuant iuſques à la clef
H, autant d'vn coſté que d'autre. Quand vous voudrez y mettre *Choſes dignes*
des compartiments & ornements de moulures, auec autres ſor- *de noter pour*
tes d'ouurages, vous le pourrez faire beaucoup plus richement *l'enrichiſſement*
qu'aux voûtes dont ie vous ay parlé cy-deuant. Vous pouuez *des voûtes.*
encores faire par deſſous le pendentif de meſmes ſortes de branches, que l'on a faict en la voûte de la mode Françoiſe, ſoit en façon d'ogiues, liernes, tiercerons, ou autres, voire auec des clefs
ſuſpenduës & de plus grande grace que lon n'a point encores
veu. Ceux qui voudront prendre la peine, cognoiſtront ce que ie
dy par la voûte ſpherique laquelle i'ay faict faire en la Chappelle
du chaſteau d'Annet, auecques pluſieurs ſortes de branches rempantes au contraire l'vn de l'autre & faiſant par meſme moyen
leurs compartiments qui ſont à plomb & perpendicule, deſſus le
plan & paué de ladicte Chappelle, qui faict & monſtre vne meſme façon, & ſemblable à celle que ie propoſe par la figure ſubſe-
quente. En laquelle vous cognoiſſez d'abondant les paneaux marquez 1, 2, 3, iuſques au nombre de 9, pour traſſer les pierres qui ſont
aux angles à l'arrachement de la voûte, que lon appelle le tas de
charge. Et ceux que vous voyez à coſté marquez 10, 11, 12, ſont
pour ſeruir aux pierres qui commencent à faire les quarrez parfaicts
de ladite voûte aux lieux marquez par meſmes nombres ſur le plan.
Tels paneaux ſe font apres les lignes de la circonference ſignée *Des paneaux de*
D A, qui ſe tirent d'vne commiſſure à autre, comme de 14 à 13, ou *la figure cy-*
de 13 à 12, & procedent iuſques à ce qu'ils touchent la ligne du mi- *apres propoſée.*
lieu qui va de C à F, continuant iuſques au nombre de 9, ainſi que
vous voyez les marques & rapports par meſmes lettres de chiffre, iuſques au nombre de 9. De telles marques & lieux vous mettez la poincte du compas, ſur la ligne du milieu, qui paſſe par le centre H, comme pourroit eſtre par exemple du poinct de 9 & l'e-
ſtendez iuſques contre la ligne circulaire A D, au droict de la commiſſure qui ſepare la piece 9 & 10, & en tirez vne ligne circulaire, qui vous monſtre à faire les paneaux de doile, tels que vous
les voyez faicts & marquez de meſmes nombres. Pour plus familiere exemple & demonſtration, ſi vous regardez au droict du tas
de charge & racine de la voûte, qui prend ſon commencement à
l'angle marqué A, vous voyez pluſieurs lignes paralleles, ou bien
perpendiculaires, paſſer ſur la ligne A H, & donner iuſques aux
commiſſures & lignes circulaires, qui monſtrent la voûte de four
pour le quartier ſigné A D. En apres vous voyez comme deſdi-

LIVRE IIII. DE L'ARCHITECTVRE

&tes lignes perpendiculaires au droict des commissures, lon tire d'vne commissure à autre, vne ligne qui continue iusques à ce qu'elle touche la ligne qui prouient du milieu de la voûte marquée H A. De sorte que la plus petite au dessus de A, signée 1, monstre la longueur & distance pour trouuer le peu de circonference que doit auoir la premiere pierre du tas de charge, comme vous le voyez au premier paneau poinctu marqué 1. Pour faire l'autre circonference pour le deuxiesme paneau marqué 2, vous prenez la distance & longueur de la ligne de la deuxiesme commissure, iusques sur la ligne H A, au lieu marqué 2, & la portez depuis la poincte du paneau du tas de charge pour en faire vne autre petite circonference au mesme endroict, marqué 2. Et de mesme sorte vous faictes tous les autres paneaux, & prenez leur largeur sur le plan de la voûte, au mesme endroit où les commissures & ioincts des pierres tombent perpendiculairement ; & continuez ainsi faire iusques à ce que vous ayez faict les paneaux, lesquels vous voyez marquez iusques au nombre de 9, qui monstrent les quatre tas de charge de la voûte, iusques à l'endroit du quarré parfaict marqué 10, & lors il faut changer d'autre sorte de paneaux, ainsi que vous en voyez trois tirez & marquez 10, 11, 12. Il seroit beaucoup plus expedient de monstrer à l'œil la pratique de telles voûtes pour les contrefaire manuellement, que vouloir entreprendre d'scrire tout ce qui seroit necessaire pour faire entendre ladicte pratique. Car, à dire verité, qui voudroit par le menu expliquer le tout, il entreprendroit œuure de grand labeur & excessiue escriture. Et encores que i'eusse escrit tout ce que i'en pourrois penser, si est ce qu'il y a beaucoup de choses à la pratique des traicts que lon ne sçauroit faire entendre, sans monstrer au doigt comme elles se doiuent mettre en œuure, soit pour trasser les pierres, où pour les appliquer en ladicte œuure. Pource est il que ie vous prie de vous vouloir contenter, de ce que ie vous en monstreray par figures & traicts. Qui est comme vn commencement de faire cognoistre le tout à ceux qui voudront y mettre peine. Doncques la prochaine figure vous pourra proposer ce que ma plume en peu de paroles ne sçauroit expliquer.

Doctrine & instruction pour trouuer les paneaux.

Excuse de l'Autheur pour la briefue exposition de sa figure.

DE PHILIBERT DE L'ORME.

De la voûte de four quarrée, soubs forme de pendentif, estant d'autre sorte que la precedente.

CHAPITRE XII.

JE vous propose encores cy apres vn autre traict pour la façon & forme de la voûte quarrée, qui est faicte spheriquement, & appellée des ouuriers, voûte de four en fome de pendentif, estant toute vnie. De sorte qu'aux lieux où par cy deuant les pierres se trouuoient quarrées, en ceste cy elles se presentent en forme circulaire; comme vous les voyez par le plan, & aussi par les paneaux marquez A, estants tels que quiconque les sçaura trouuer, facilement il trouuera tout le reste, suyuant la ligne spherique de tout le globe, ainsi que vous en voyez vne partie par B CD E: Et pour autant que la description & demonstration de toute la voûte seroit fort longue à traicter, & aussi que les traicts lesquels vous auez veu cy-deuant, & verrez cy apres, en donneront facile intelligence, & de toutes autres, empescheront que ie ne vous en diray autre chose, sinon que les voûtes faictes en four, selon le cercle parfaict, sont plus fortes que si vous les faisiez surbaissées, & à anse de panier; car lors elles sont plus foibles & demandent plus grosse muraille, & de plus grande force, pour soustenir les poussees qu'elles font. Et par ainsi il faut entendre que l'espesseur desdictes voûtes doit estre la moitié de la grosseur du mur, sur lequel elles sont plantées, & qu'en montant elles doiuent diminuer de ladicte grosseur, de sorte qu'au droict de la clef, elles ne seront si espesses de la quarte partie que par le bas. C'est tout ce que presentement ie vous escriray pour l'intelligence de la voûte proposée: vray est que si le lieu vient à propos pour descrire quelque edifice, auquel il faille faire telle sorte de voûte, ie ne feray aucune faute d'en dire ce que ie pourray, & cognoistray y estre necessaire.

Voûte de four en forme de pendentif, toute vnie.

Quelle diference est entre les voûtes à four, & à anse de panier.

X

LIVRE IV. DE L'ARCHITECTVRE DE PHILIBERT DE L'ORME.

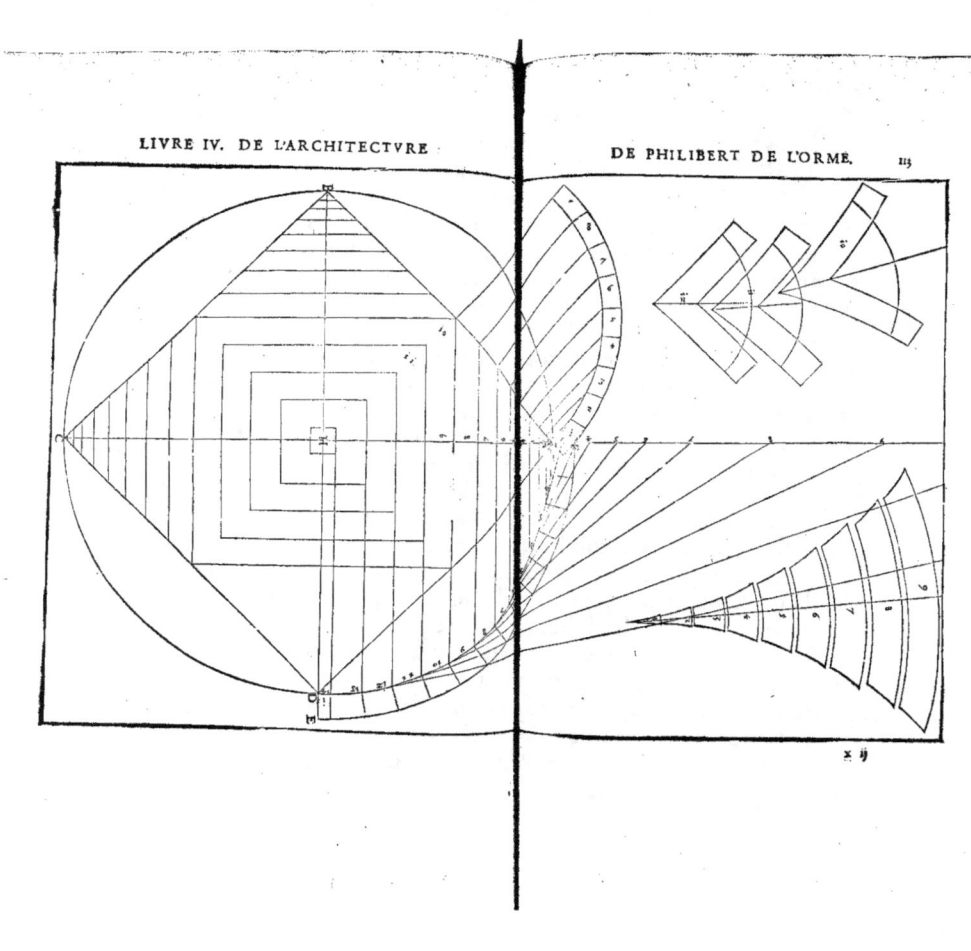

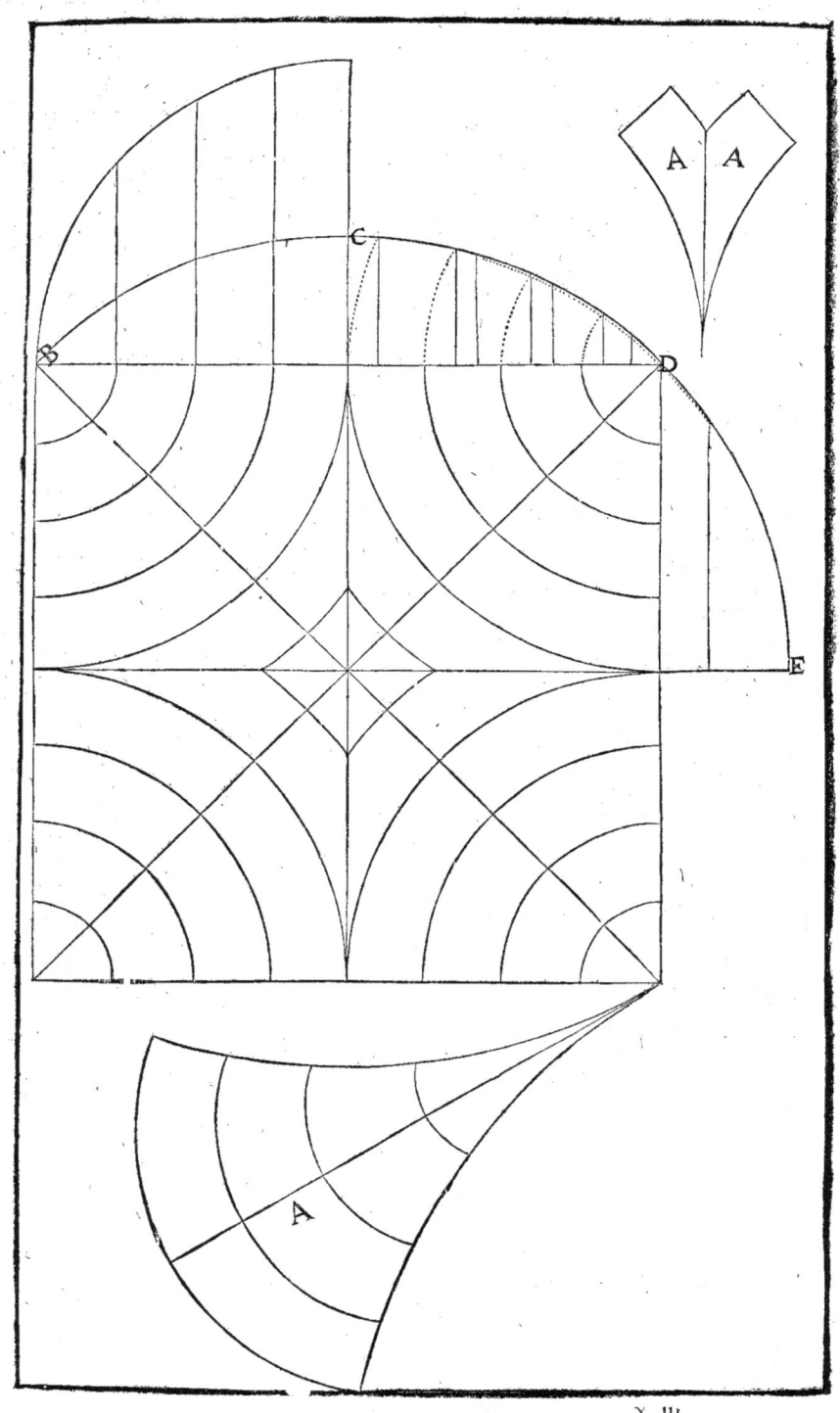

LIVRE IIII. DE L'ARCHITECTVRE

Encores d'vne sorte de voûte spherique qui sera oblongue, & non point quarrée (comme celles de cy-deuant) c'est à dire plus longue que large, & toutefois faicte en pendentif.

CHAPITRE XIII.

JE vous ay monstré cy-deuant les traicts de deux sortes de voûtes en pendentifs, faictes sous la forme spherique & voûte de four, ainsi que les ouuriers l'appellent: cy apres i'en figure encores d'autres vn peu plus grandes, à fin d'en donner meilleure intelligence: vous asseurant que quicon-

L'Auteur prend peine à se rendre facile & intelligible.

ques les entendra bien, il entendra aisément toutes les autres precedentes. Pour doncques pouuoir faire la subsequente voûte, vous tirerez tout premierement vne circonference, comme si vous en vouliez faire vne toute ronde, tant en son plan qu'en sa montée & hemicycle, ainsi que vous voyez la circonferéce A B C D E F G H, & dedans telle circonference & rotondité vous trouuerez la longueur & largeur de la voûte que vous desirez faire, comme vous monstrent les quatre lignes qui touchent l'extremité de ladicte circonference, B D F H. En apres vous tirerez vne ligne passant diametralement par le centre de ladicte circonference & milieu de la voûte, comme vous le voyez en la ligne B F, laquelle on tire tant longue que faire se peut, ainsi qu'il se voit qu'elle passe le nombre de dix. Sur telle ligne diametrale la montée & voûte sera par le milieu, suyuant la ligne B F, comme l'hemicycle B C D E F: lequel hemicycle vous diuisez en tant de parties egales que vous voulez faire d'assiettes, comme cestuy cy qui est diuisé en 13, pour la moitié iusques au droit de la clef, qui fait la quatorziesme partie, ainsi que vous le cognoissez par les lignes

poursuite de l'explication & demonstration de la figure ensuyuant.

perpendiculaires qui toumbent sur la ligne B F, comme vous les voyez marquées par lettres de chiffre: & suyuant icelles vous en tirez d'autres sur le plan de la voûte en façon de lozanges, qui monstrent comme doit estre la forme du pendentif, ainsi qu'il est aisé à cognoistre par la figure qui vous en est cy-apres proposée. Cela faict vous cherchez la montée sur la largeur & longueur de la voûte, comme vous l'auoyez sur la ligne H F, où vous faictes vne quatre partie de la circonference, qui vous monstre comme doit estre la montée de la voûte sur la largeur par l'extremité, au droit de ladicte ligne H F, sur laquelle vous tirez des lignes perpendiculaires qui prouiennent du pendentif que vous auez marqué au plan de la voute, & suyuant icelles vous tirez les commissures pour trouver les paneaux de teste, comme vous les voyez mar-

quez

DE PHILIBERT DE L'ORME. 116

De la voûte spherique & à four sous la forme d'vn triangle equilateral.

CHAPITRE XIIII.

E vous figureray d'abondant vn autre sorte de voûte qui se prend sur la forme spherique, & s'appelle voûte de four, par les ouuriers, representant comme vn triangle equilateral. Ladicte voûte seruira, si vous auiez vn lieu de conttaincte auquel il en falluft faire vne qui ne fust pas seulement en triangle equilateral, mais qui eust vn angle droict, & deux poinctus, ou bien obtus, ou si vous voulez, deux costez egaux, & vn inegal, ou tous les trois inegaux, que les Geometriens appellent isoscele & scalene, ou bien qui fust de forme hexagone ou octogone: bref de telle forme & figure que vous sçauriez imaginer, & seriez contraict d'y faire vne voûte en four, qui aura mesme montée & mesme circonference en soy, comme est l'hemicycle ou hemisphere. Pour conclusion, toutes sortes de voûtes se peuuent faire ainsi que nous auons dit, par le moyen des traicts Geometriques: la source & origine desquels est en Euclide, nagueres doctement interpreté, commenté, illustré & mis en lumiere par Monsieur François de Candale & publiquement leu & exposé, par les Professeurs du Roy, en ceste docte Vniuersité de Paris, Messieurs de la Ramée, Charpentier & Forcadel, comme aussi tous autres bons liures & Auteurs qui traictent & enseignent les Mathematiques. De sorte que ceux qui desireront les sçauoir & entendre, signamment les Architectes, maistres Maçons & ouuriers, n'auront aucune excuse, mesmes pour l'Arithmetique, Geometrie & autres disciplines, lesquelles familierement lit en langage François, & doctement les intreprete ledit Seigneur Forcadel. Qui est la cause que ie prie ceux qui font ou veulent faire profession d'Architecture, & n'ont appris lesdictes Arithmetique & Geometrie, d'y vouloir employer quelques heures, à fin d'auoir facile entrée, ie ne diray en la pratique d'Architecture, mais aussi en sa theorique, & toutes ses inuentions & demonstrations. Ce faisant ils auront tres asseurée intelligence de ce que nous leurs proposerons, mesmement de la pratique des traicts Geometriques pour sçauoir proprement coupper les pierres & boys, selon les œuures qu'ils auront à faire: autrement s'ils en sont ignorants, iamais ne pourront conduire vn edifice en toutes ses parties qu'ils n'y facent vne infinité de fautes, ainsi qu'ailleurs nous l'auons bien amplement deduit. Qui sera cause que n'en feray plus long discours, à fin de vous exhiber le plan & le traict,

Diuerses formes & façons de voûtes estre inuentées & cõduictes par le moyẽ des traicts Geometriques.

Messieurs François de Candale. De la Ramée, Charpentier & Forcadel.

L'Auteur prie & exhorte les amateurs d'Architecture de vouloir apprendre l'Arithmetique & Geometrie.

LIVRE IIII. DE L'ARCHITECTVRE

auec quelques paneaux, de la voûte & pendentif sur la forme du triangle equilateral, lequel vous pourrez cognoistre de vous mesmes par la methode des traicts que ie vous ay proposé cy-deuant. Ce temps pendant vous verrez en la figure ensuyuant, la clef de la voûte qui est aupres de T, & lieu marqué 9, aussi le nombre de chiffres qui se rapportent au paneaux de doile faicts & tirez des lignes qui viennent de la grande circonference & touchent aux extremitez de la voûte triangulaire, iusques à la ligne du milieu qui prouient du centre 9, laquelle ligne on faict tant longue que lon en à affaire, iusques à ce que les lignes qui sont reperées 2, 3, 4, 5, la puissent toucher, ainsi que vous l'aurez entendu par la figure cy-deuant proposée, & le pourrez encores mieux cognoistre par celle qui ensuit les deux prochaines, qui ne doiuent faire ensemble qu'vne figure entiere.

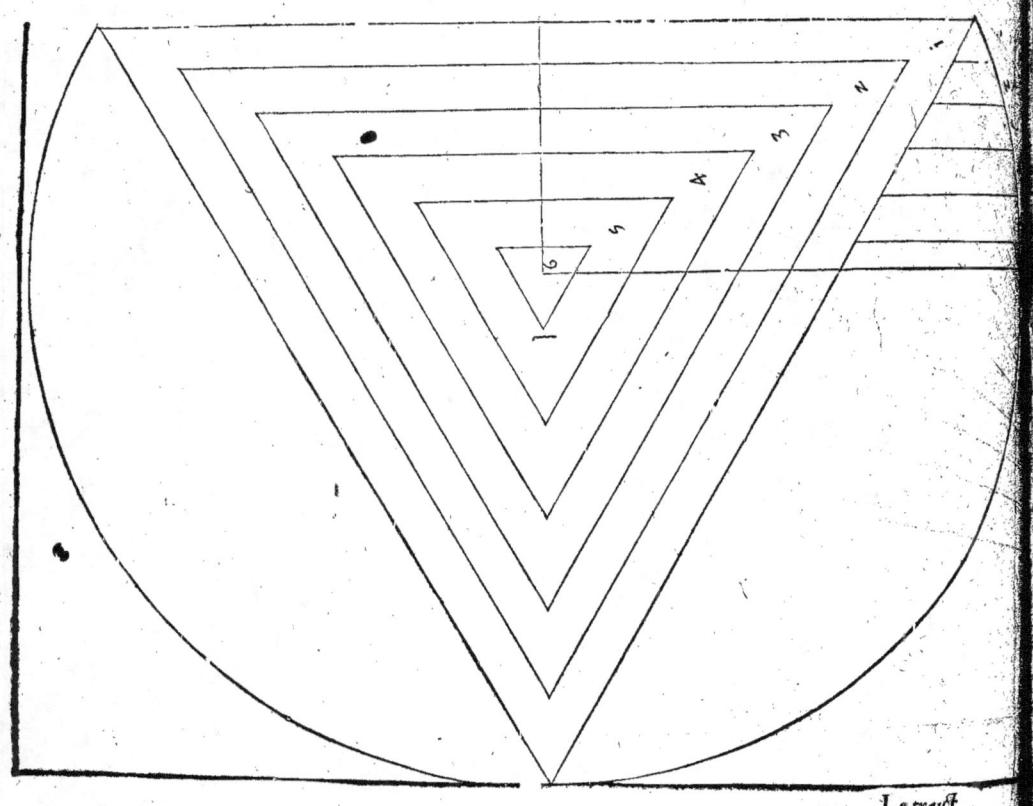

Le traict

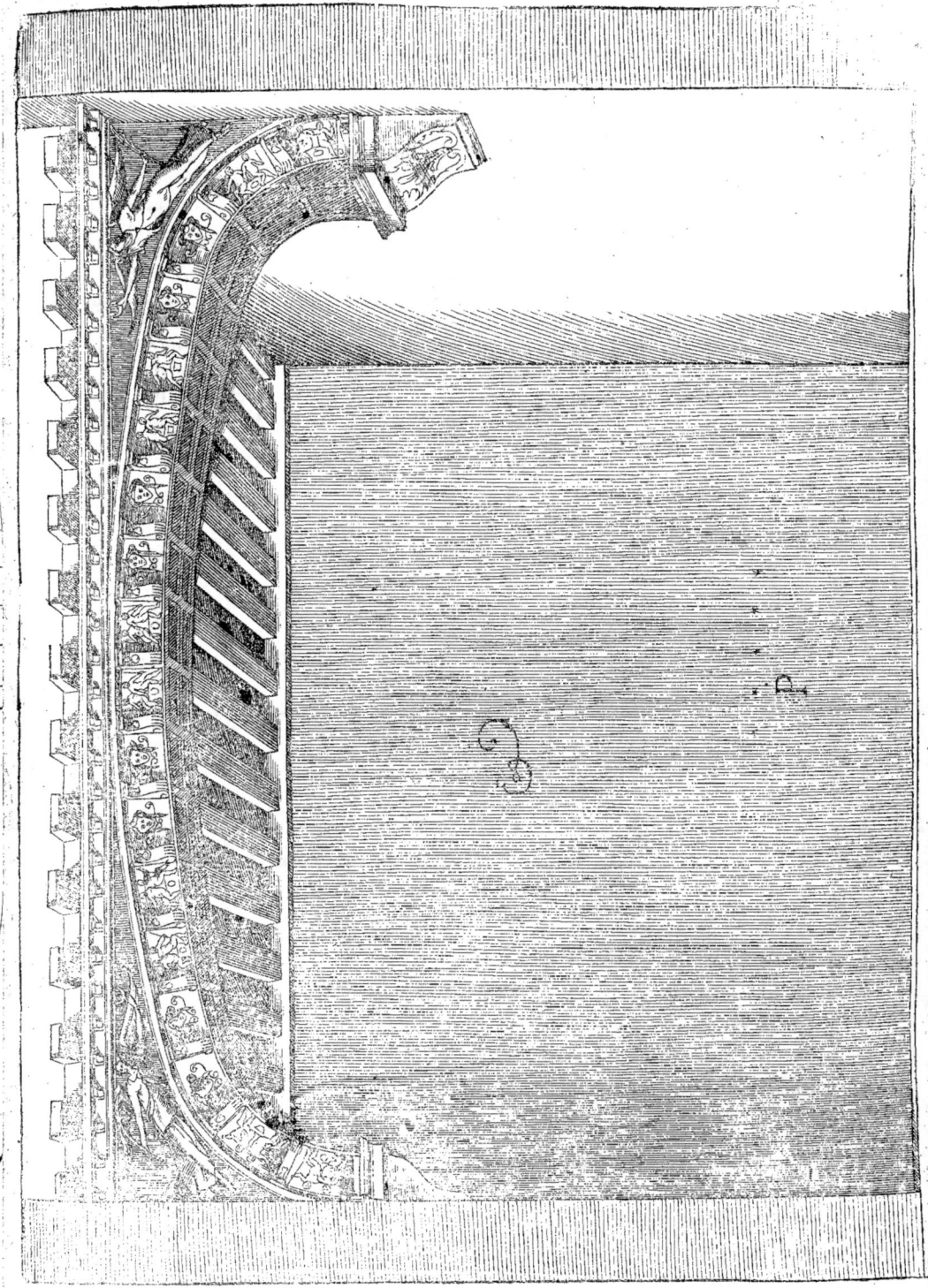

LIVRE IV. DE L'ARCHITECTVRE DE PHILIBERT DE L'ORME. 117

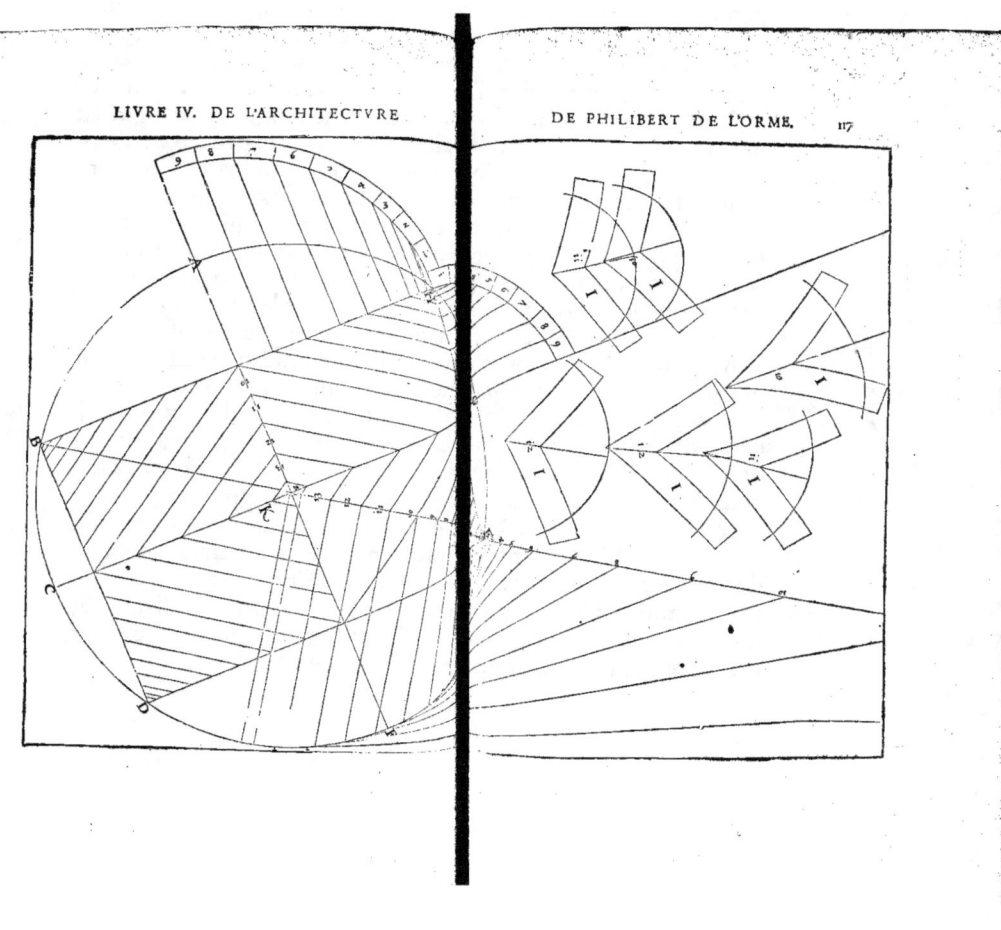

LIVRE IV. DE L'ARCHITECTVRE

Continuation de ce que dessus.

quez par mesmes lettres de chiffre, iusques au nombre de 9. Vous en faictes autant sur la longueur de la voûte, ainsi qu'il se voit en la moitié de la montée de ladicte voûte sur la ligne B H, monstrant la quarte partie du cercle, comme doit estre ladicte voûte par l'extremité, sur ladicte ligne B H, auec les commissures & lignes perpendiculaires, qui prouiennent du plan & assiette du pendentif. Cela estant ainsi faict, vous voyez les lignes qui viennent de la grande circonference sur la ligne diametrale B F, comme celle qui est depuis E iusques au nombre de dix, laquelle il faut sçauoir choisir au lieu d'où elle procede sur le plan, ainsi qu'on le voit au mesme nombre de dix. Telle longueur de ligne est propre pour tirer la cherche ralongée à faire les paneaux de doile marquez dix, lesquels vous pouuez recognoistre au lieu signé I, auec le mesme nombre de 10, 11 & 12. Ceux qui sont formez auec angles acuts, seruent aux pieces qui sont les plus poinctuës, comme est l'endroit de la ligne C K G, & ceux qui les ont obtus, sont propres aux pieces du pendentif, au droit de la ligne A E, & des mesmes nombres qu'ils sont marquez sur le plan, ils sont aussi

L'Auteur ne vouloir charger les Lecteurs de prolixes escritures & demonstrations.

marquez de semblables sur les paneaux. Ce peu de discours me semble estre assez pour vous donner à entendre le reste de la figure & voûte proposée: parquoy ie ne vous en feray autre escriture vous asseurant que s'il vous plaist de prendre le compas en la main, & chercher sur le plan & la montée ce que ie vous ay proposé, vous le trouuerez ainsi que ie vous ay dict. Toutesfois ie veux bien encores vous aduertir qu'il ne faut prendre peine de faire le paneau pour la clef de la voûte marquée 14 aupres de la lettre K, car il se peut tailler auec vn buueau, comme font assez d'autres pieces: & pour autant que la description des voûtes toutes ensemble bailleront intelligence l'vne de l'autre, ainsi que i'ay dict des traicts, il suffira (ainsi qu'il me semble) quant à ceste cy, sans vous en faire autre discours.

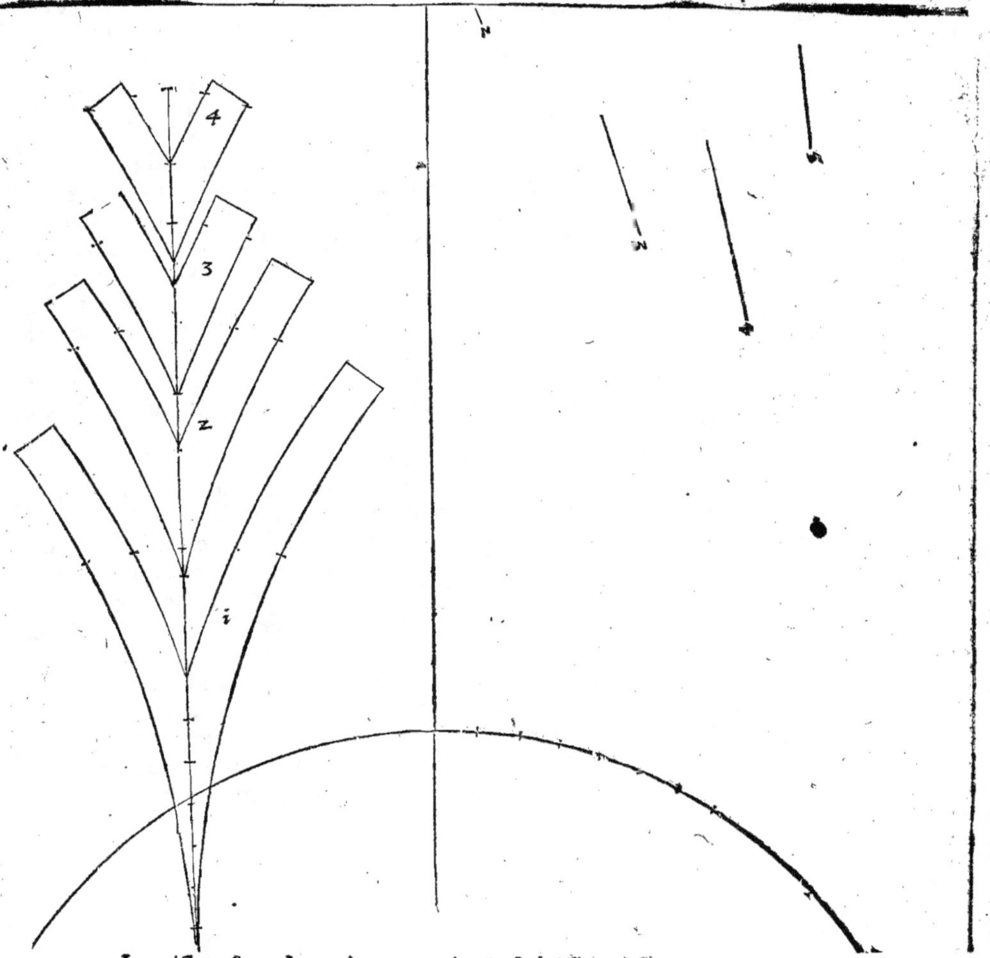

DE PHILIBERT DE L'ORME 117

Le traict & figure d'vne voûte toute ronde, & surbaissée en façon de four.

CHAPITRE XV.

E vous escriray icy tant de sortes de traicts Geometriques qu'ils suffiront pour en auoir quelque intelligence. La voûte que ie vous figure cy apres, est toute ronde, ainsi que vous le voyez en la moitié de sa circonference, par la ligne circulaire ABC. Et iaçoit qu'elle soit toute

y

LIVRE IIII. DE L'ARCHITECTVRE

Explication & demonstratiō de la voûte ronde & surbaissée en façon de four.

ronde, elle est aussi surbaissée en anse de panier, comme il se voit par la ligne H D G. Apres auoir tiré l'epesseur de la voûte, comme vous le voyez en la ligne A I C, vous tirez les commissures & ioincts des pierres aux lieux marquez o, 1, 2, 3, 4, puis desdictes commissures vous tirez des lignes perpendiculaires sur la ligne A F C, ainsi que vous le voyez en la commissure de 3 à K, de laquelle vous tirez vne circonference du centre F, comme elle se voit en K L, & ainsi se font toutes les autres, lesquelles vous voyez en la figure cy-apres proposée & monstrent le perpendicule des commissures auec le tour & façon des pierres. Les paneaux de teste de l'anse de panier, qui est faicte pour la voûte se voyent marquez au milieu par 1, 2, 3, 4, 5, 6.

L'Auteur explique sa figure plus familerement & facilement.

Pour plus facile intelligence, vous tirerez vne ligne par la doile du dessous de la voûte, comme celle de la commissure o, à celle qui est marquée 1, laquelle vous ferez tant longue qu'elle puisse toucher la ligne qui passe par le milieu de la voûte, comme est celle que vous voyez designée par B, F, I, & le lieu où elle s'entrecouppe iusques à la commissure o, seruira pour trouuer les paneaux de doile representez en la seconde figure ensuyuant au lieu marqué 1, & M. Si vous le voulez encores mieux cognoistre, tirez vne autre ligne du dessous de la voûte surbaissée, au droict de la doile marquée 3, depuis la commissure signée 1, iusques à celle qui est marquée 2, & la faictes tant longue qu'elle entrecouppe la ligne B F I, qui passe par le milieu de la voûte aux lieux où vous voyez marqué I. Telle longueur & distance de lignes depuis I, iusques à la commissure marquée 1, seruira pour trouuer les paneaux de doile, que vous voyez en la seconde figure cy apres, au lieu marqué 2 & N.

Briefueté conioincte auec facilité estre familiere à l'Auteur.

Mais pour autant que vous pouuez cognoistre le tout par la prochaine figure & celle qui l'ensuit, tant pour le plan de la voûte, que pour la montee qui est surbaissée, ie ne vous en tiendray plus long propos.

DE PHILIBERT DE L'ORME 118

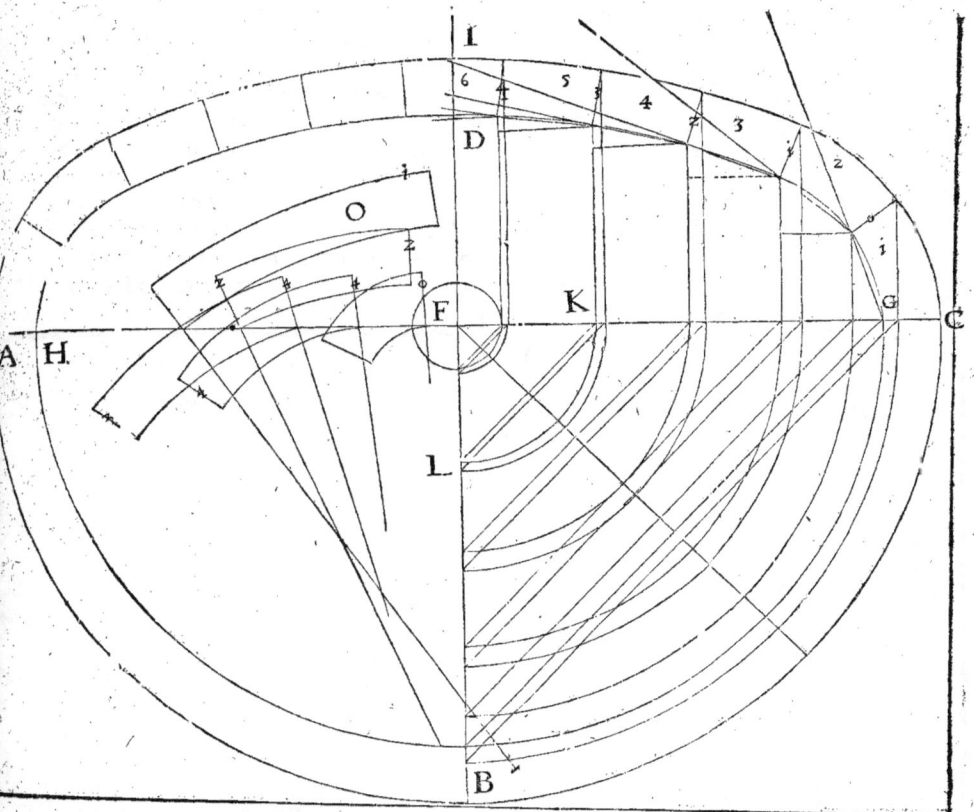

Ie ne veux oublier de vous aduertir, qu'en la figure precedente vous voyez à cofté les paneaux qui font tirez pour feruir à traffer les pierres de la voûte furbaiffée, au droict des commiffures, lefquelles font toutes reperées & marquées par mefmes nombres comme vous les voyez à la voûte de four furbaiffée 1, 2, &c. du cofté ou vous voyez marqué O. Les affiettes des pierres monftrent comme elles tourneront tout autour de la voûte, ainfi que vous les voyez marquées aux lignes circulaires en la figure cy deuant entre les lettres F C B. Les lignes parallèles qui font deffus la ligne F G, vous monftrent vne chacune en fon endroit, comme vous deuez prendre les hauteurs des pierres defquelles vous aurez affaire. Comme pour celle qui vient de la commiffure O, il faut prendre la hauteur depuis tel parallèles, iufques au deffus de

Aduertiffement fur la precedente figure.

y ij

LIVRE IIII. DE L'ARCHITECTVRE

la commissure marquée 1, & ainsi des autres. Telle façon est encores propre quand on veut faire la voûte & tailler les pierres par équarrissement : mais il y a bien plus d'art & plus d'industrie de les couper toutes, & les trasser auec les paneaux. La figure que ie vous ay mis cy dessous vous monstre comme doiuent estre les paneaux de doile; le lieu marqué 6, monstre le centre & clef de la voûte : & le cinquiesme, quatriesme, troisiesme, deuxiesme, & premiere, monstrent les paneaux des doiles, necessaires : la ligne que vous voyez tirée 6 & E, vous represente celle qui passe par le milieu de la voûte. Il me semble que ce peu de discours pourra suffire pour l'intelligence de la voûte de four surbaissée, que vous voyez en la figure cy deuant proposée, & les paneaux des doiles en la prochaine.

Explication de la figure ensuiuant.

La façon d'vne voûte pour couurir vne tour ronde, ou le deſſus d'vne vis, en forme d'vne coquille de Limaçon.

CHAPITRE XVI.

APRES auoir conſideré les belles choſes qui ſe peuuent faire par le moyen de la Geometrie, accompagnée de ſes traicts & lignes, ainſi que nous auons dict, ie me ſuis icy aduiſé de vous monſtrer encores la façon & methode de faire vne voûte propre pour voûter vne grande tour ronde, ou l'accommoder deſſus vne vis, qu'on pourroit faire en forme de pyramyde, voire pour monter iuſques au plus haut lieu du centre ſigné A, en la figure cy apres deſcrite: ou bien pour couurir la dicte tour & vis en forme d'vne coquille de limaçon. Le traict eſt fort ingenieux & de gentil eſprit, lequel vous pouuez auſſi pratiquer ſur vne forme ſpherique, ou boulle toute, ronde, ou bien ſur vn corps pyramydal, les couppant en tant de pieces que vous voudrez, & appliquant en œuure ſous telle forme que vous deſirez: ainſi qu'il ſe peut voir & cognoiſtre par le plan de limaçon cy apres propoſé, & par le traict des paneaux qui ſont tirez pour coupper les pierres comme vous les voyez marquez par nombres, & les pouuez prendre auec le compas. Il faut penſer ſeulement à la figure que vous voulez, & ſorte d'œuure que vous deſirez, car indubitablement vous en viendrez à bout auec l'intelligence de la Geometrie: laquelle ie voy eſtre en noſtre Architecture d'autre ſorte & d'autre pratique que celle qui eſt enſeignée, & ſeulement ſans aucun vſage demóſtrée par les Profeſſeurs des Mathematiques. Vous pourrez aiſément cognoiſtre la forme & façon de la voûte mentionnée en ce chapitre, par la figure que nous en propoſons cy deſſous. Reſte pour continuer noſtre entrepriſe de donner quelques ſortes de montées de quartiers de vis ſuſpendues, d'eſcaliers & d'autres traicts à ce propos, fort neceſſaires d'eſtre bien entendus des ouuriers. Mais quand ie conſidere la longueur de leurs deſcriptions & demonſtrations, & la conſere auec ce peu de loiſir que i'ay, veritablement ie crains de n'y pouuoir vacquer, car il y faudroit employer ſi grandes eſcritures que l'explication que i'en ferois, ne me ſeroit ſeulement laborieuſe, mais auſſi aux bons eſprits fort ennuyeuſe, qui facilement conçoiuent les deſcriptiõs & figures qu'on leur propoſe, auec peu de paroles. Pource eſt il qu'il me ſemble qu'on ſe doit contenter de ce peu que i'en eſcris & figure le mieux qu'il m'eſt poſſible, & comme il vient à propos.

Façon de voute fort ingenieuſe & ſubtil: portãt forme de coquille d'vn limaçon.

L'Architecte auoir grand beſoing de la cognoiſſance de Geometrie.

Excuſe de l'auteur fort modeſte & fauoſable.

y iij

LIVRE IIII. DE L'ARCHITECTVRE

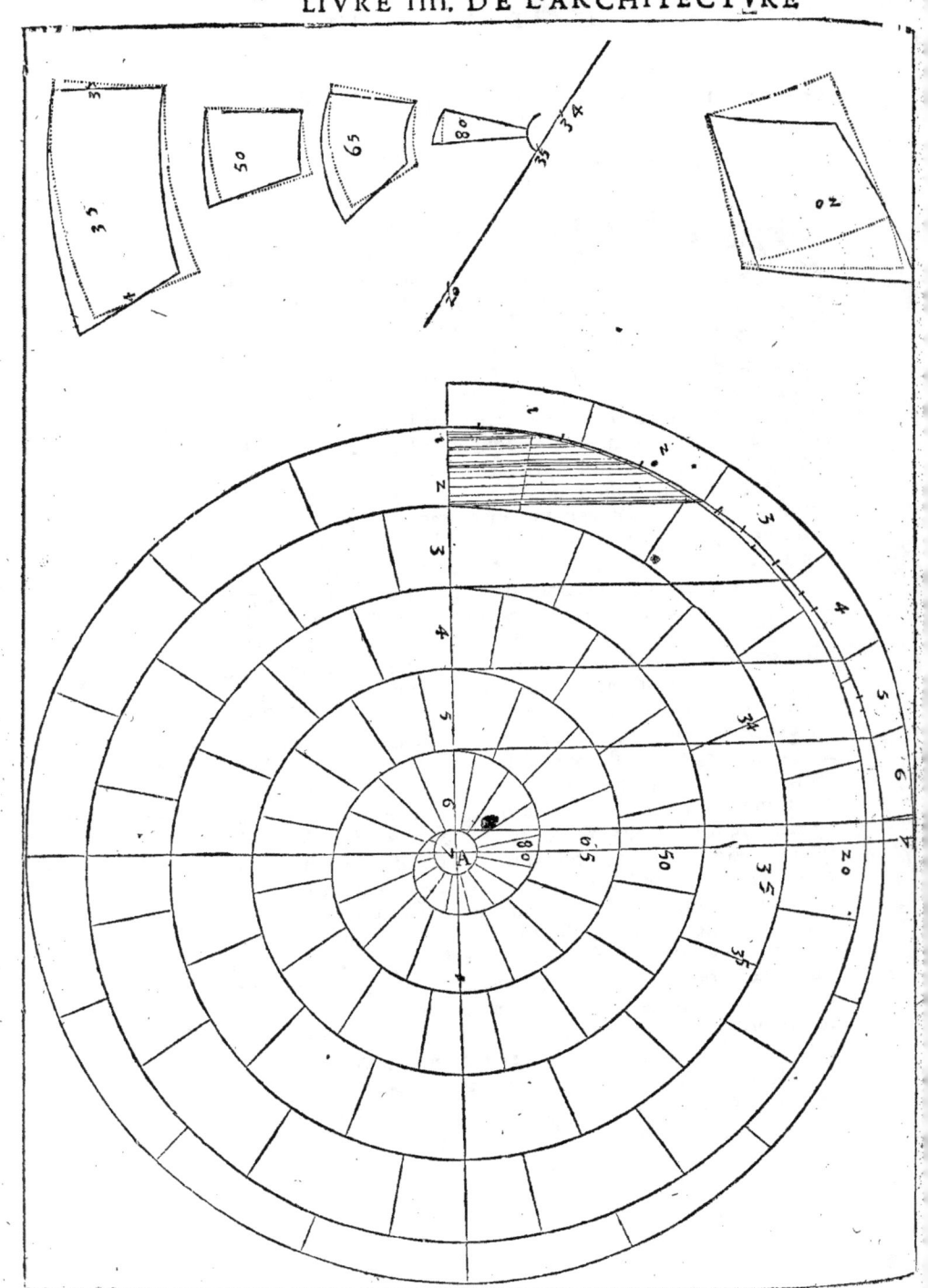

DE PHILIBERT DE L'ORME 120

Des montées de vis pour seruir aux estages des salles, chambres & galetas des bastiments, & mesmes d'vn quartier de vis suspendu.

CHAPITRE XVII.

YANT escrit par cy-deuant plusieurs façons de voûtes, tant pour les descentes des caues, que pour les portes, ensemble de diuerses sortes de portes & suspentes qui se font en l'air, pour gaigner place, comme aussi plusieurs façons de voûtes pour les Temples, Eglises, & lieux sacrez, voire pour seruir aussi aux grandes salles & galleries des Palais & chasteaux: reste maintenant pour la continuation & conduite de nos bastimens, escrire des montées des vis qu'on peut faire en diuerses sortes, ie ne diray en leurs marches toutes vnies, & le noyau tout droict & perpendiculaire, mais aussi pour faire remper & tourner ledit noyau, ainsi que les marches montent, & de telle estenduë qu'on veut. De sorte que ceux qui seront au haut de la vis verront iusques à la premiere marche: les ouuriers l'appellent vis à iour: laquelle se peut enrichir de moulures & corniches qui portent les marches & rempants, & d'autre qui seruent de tienmains. On les peut aussi faire doubles, c'est à dire à doubles montées, pour seruir à deux corps d'hostel, tellement qu'on y pourra monter des deux costez, sans que l'vn des montans soit veu de l'autre, & se puissent incommoder aucunement. Lesdictes vis se peuuent aussi faire triples, sçauoir est vne petite au droit des noyaux pour seruir à ceux qu'on voudra, & deux aux costez pour aller à cheual, voire pour y mener vne charrette qui voudroit: & qui ne pourroit trouuer les marches aussi longues qu'il y faudroit, ladicte vis se peut faire de plusieurs pieces, ainsi que vous le verrez au chapitre ensuiuant. Mais la montée que l'ouurier aura à faire pour quelque logis que ce soit, ne doit estre conduite à l'auanture comme i'ay veu faire à plusieurs: de sorte que quand ils sont au premier estage à l'endroit du pallier ou double marche, il faut qu'ils descendent dans les chambres, ou qu'ils y montent par autres petites marches, qui empeschent le pallier. Laquelle chose vient mal à propos, & est fort incommode, & de mauuaise grace, pour autant que la derniere marche doit acheuer au droit du pallier, & le pallier doit estre au nyueau des chambres ou des salles. Il n'y a rien qui empesche que l'on ne puisse aller à plein pied, si ce n'est la hauteur des fueillures ou du sueil de la porte qui aura deux ou trois pouces, ainsi qu'on le cognoistra estre plus à propos. Pour bien y proceder ie voudrois que l'ouurier fist la mon-

Recapitulation des voûtes, portes & suspentes, cy deuant descrites.

Que c'est que vis à iour, & comme elle se peut faire double.

Vis pour aller à cheual & y mener vne charrette.

Aduertissement pour les maistres Maçons & ouuriers.

y iij

LIVRE IIII. DE L'ARCHITECTVRE

tée de vis premier que son logis, ou bien qu'elle se haussast ainsi que les maçonneries du logis se haussent, sans y proceder comme plusieurs qui font le logis premierement que de toucher à la montée, & en apres ils plantent & font les vis à l'auenture, & quelquefois par contraincte, qui fait que les marches sont trop hautes, ou trop peu larges: d'où aduient qu'elles sont de mauuaise grace & malaisées. Pource il faut que le maistre Maçon prenne de bonne heure la hauteur d'vn chacun estage, & qu'il dresse le plan de sa vis & montée aussi grande qu'elle doit estre. Et aussi qu'il calcule combien il faudra de marches pour y monter, & y faire vn tour, ou tour & demy, ou deux, selon la hauteur qu'il aura à faire. Outre ce il regardera que les marches n'ayent que six pouces de hauteur pour le plus, & cinq pour le moins ; & vn pied de large, ou quatorze pouces pour le plus. Aux moyens logis & aux grands, telles mesures se mettent au long des murs qui portent les marches selon qu'il se trouue estre raisonnable. Et pour autant qu'il aduient souuent que l'on est contrainct de faire les montées de vis aux angles des cours du logis, où il ne se peut donner clarté que par l'endroit d'vn quartier de la vis, ou de deux, pource est il que les ouuriers ont trouué l'inuention de ne se contenter seulement d'y faire vne fenestre, mais bien de mettre tout vn quartier de vis à iour, & en faire vn traict qu'ils appellent le quartier de vis suspendu. Lequel se faict en diferentes sortes: car les vns le font par equarrissement, les autres par paneaux. Quant à moy ie ne voudrois sinon qu'vn buueau ou sauterelle auec vne equierre: de sorte qu'apres auoir tiré la cherche ralongée, ie ferois le quartier de vis rempant en toutes sortes, & ne seroit pas iusques aux ioincts & commissures, qui n'y fussent desgauchés. Mais pour vous faire entendre que c'est d'vn quartier de vis suspendu, ie figure cy apres, le quartier d'vne circonference qui est tirée du cente A, representant le lieu où doit estre le noyau des marches, qui auront de longeur, comme de A à B ou de A à E: la grosseur des murs de la vis sera autant comme B C, & D E: le rempant & ce qui est suspendu sera autant comme les lignes circulaires D C, & E B. La hauteur du rempant se voit par les lignes E F G, & B H, qui sont perpendiculaires sur la ligne E B, & ledit rempant & moytié de quartier de vis, par la ligne H G. La hauteur dudit quartier de vis se cognoist par les hauteurs de vis au dessus I & K. Entre les deux lignes I & G, vous voyez les pieces & commissures, ou bien les ioincts ou pierres dont sont faicts les rempants auec les sommiers qui sont aux deux bouts, & ioincts d'engressements. Le tout est fort aisé à cognoistre par la figure, & signamment par les ligne courbes I K : qui sont les cherches ralongées du rempant. Au dessous pres des lettres A S, sont deux paneaux tirez, qui monstrent par les lignes punctuées ce qu'il faut

Beaux & bons enseignements pour les structures de vis.

Conseil & aduertissement de l'Autheur.

Explication tres-facile de la figure ensuiuant & de ses parties.

DE PHILIBERT DE L'ORME

faut oster des pierres qu'on doit tailler pour les faire remper. On voit aussi deux autres paneaux sur le plan du quartier de vis, auec les lignes perpendiculaires qui procedent des commissures, mõstrans facilement, tant par le traict du rempant, que par le plan du quartier de vis comme le trait en est faict. On peut faire aussi des quartiers de vis suspenduës, par autre sorte de traicts, comme il a esté dict, & seront encores plus forts que ceux cy, comme les arcs rempants, qui seront ronds par le dehors, creux par le dedans suiuant la cherche & rotondité de la vis; mais par le dessous, au lieu que ceux cy sont tous droicts, seroit vne voûte rempante, pour laquelle ie ferois vne figure & description à part, n'estoit que telle façon se conduict ainsi que la porte sur la tour ronde, de laquelle vous pouuez voir le 13 chapitre du troisiesme liure precedent: auquel vous trouuerez non seulement le traict de ladicte porte sur la tour ronde, mais aussi pour la rendre biaise, & encores vn autre traict pour la rendre en talus, auec les paneaux des doiles de ioincts, & autres. Et par cas semblables vous pouuez faire vn quartier de vis suspendu de la sorte des arcs rempants, suiuant le traict duquel auons parlé cy-dessus, tant surbaissé que vous voudrez, ou bien en talus, par le moyen des traicts que ie vous ay allegué, & vous en pourrez seruir à faire le quartier de vis suspendu en l'air, autant grand comme est la ligne C B & B E, en la figure cy apres proposée. Qui est cause que ie cesseray pour ceste heure d'en plus escrire, à fin de parler d'vne vis double, & faicte de pieces.

Aduertissement digne de noter.

Approches pont le propos ensuiuant.

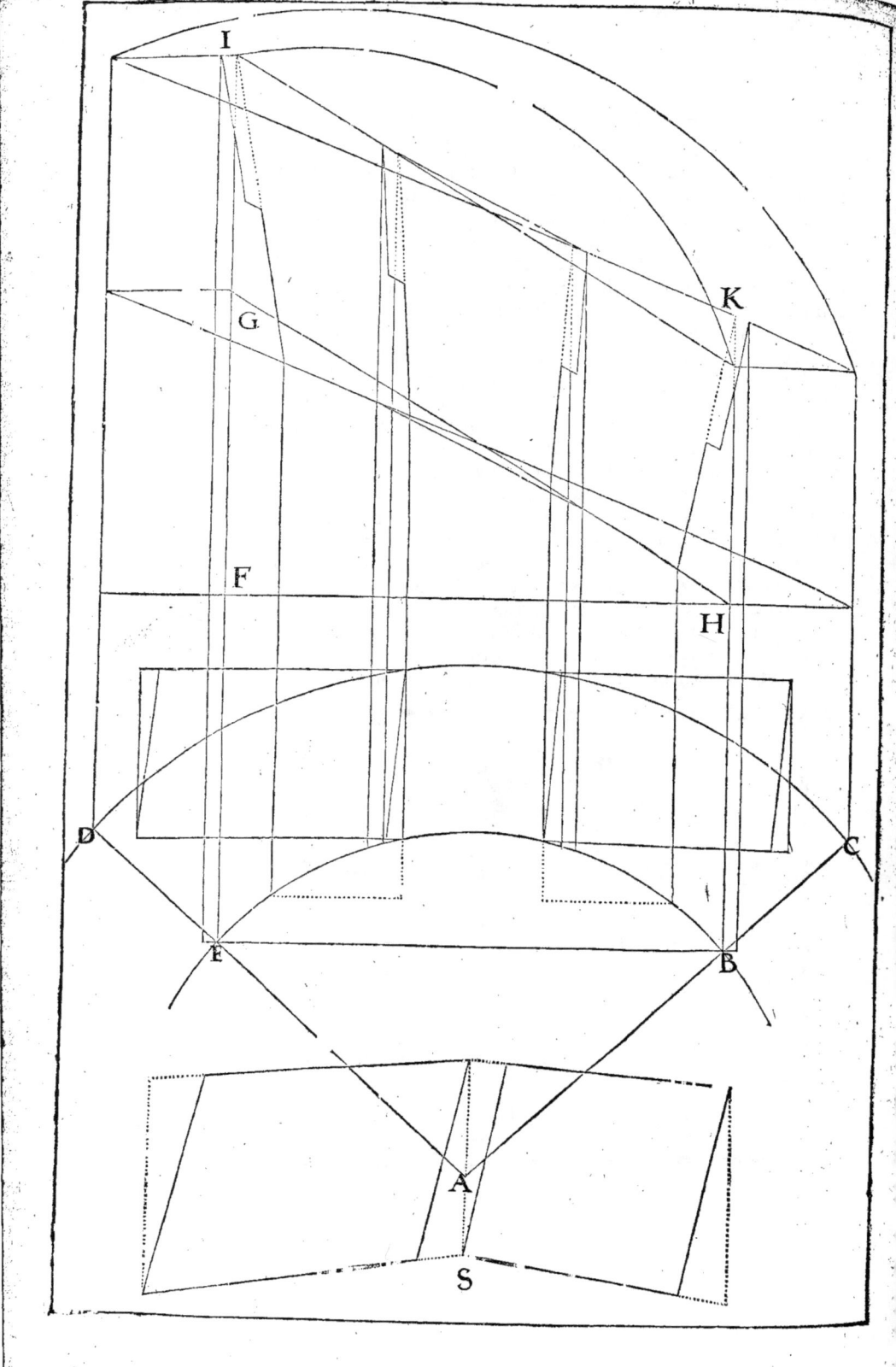

DE PHILIBERT DE L'ORME.

De la montée & vis double faite de pieces

CHAPITRE XVIII.

Vx lieux où lon est contrainct de faire vne grande montée & large, ainsi qu'aux Palais, & logis des grands Seigneurs, où il la conuient faire plus ample & spacieuse, soit pour y aller à cheual ou autrement, si par fortune on n'a point de pierres propres & longues pour faire les marches de ladicte montée, il y faut proceder en ceste sorte: Ie prens le cas que vos marches ayent six, sept, & huict pieds, plus ou moins, & les pierres que vous auez pour faire les marches de ladicte montée ne soient que de la lõgueur d'vn pied, ou pied & demy, ou deux: ou bien soit qu'il aduienne, comme en beaucoup de pays, que vous ayez pierres assez longues & tant que vous les desirez, mais de telle nature, qu'estans frangibles elles ne se peuuent maintenir en œuure, sinon auec petites pieces: lors il faut trouuer le moyen & inuention de s'en ayder, & faire les marches aussi fortes & longues, comme si vous auiez telles pierres que vous les pourriez desirer. Le tout sera facile à cognoistre par la figure d'vne vis laquelle icy ie descris double, c'est à dire auec deux montées l'vne estant d'vn costé, & l'autre de l'autre: comme qui la voudroit faire seruir pour deux corps d'hostel, ou bien à fin d'y auoir plus grande espace & aisance pour la grande multitude des hommes qui y monteront & descendront: comme il se voit aux maisons Royales, & maisons des Princes, & Palais des grands Seigneurs. Les vns y pourront monter d'vn costé, & les autres descendre de l'autre, ainsi que vous le voyez en la premiere marche du costé de A B, & en l'autre du costé de C D, où ie figure les marches auec le noyau de cinq pieces, combien que vous les pourrez faire de tant que vous voudrez. Lesdictes pieces & marches seront faictes si à propos, qu'elles feront vne voûte en hemicycle, & s'assembleront trois & quatre marches à la fois, comme il se cognoist par les lignes qui prouiennent des commissures des ioincts de pierre à autre. La chose est fort aisée à cognoistre par la figure cy apres proposée: la façon de laquelle me semble estre de fort bonne grace. On en pourroit encores faire vne de telle sorte que les murs qui la fermet seroient tous suspendus en l'air, & porteroient de quartier en quartier, ou plus qui voudroit. Et encores en vn besoing, pourueu que la montée ne fust point trop grande ny trop haute, ie la ferois suspenduë en l'air tout autour, & ne porteroit que sur les huict premieres marches, sur lesquelles se-

Que c'est qu'il faut faire où ne se trouuent pierres assez longues pour vne montée fort ample.

Marche de montée de plusieurs pieces.

Description & explication de la figure ensuyuant.

Merueilleuse façon de vis de l'inuention de l'Auteur.

LIVRE IIII. DE L'ARCHITECTVRE

roit fondée la maçonnerie du rempant, mais il faudroit vser d'vne autre sorte de traict, car cestuy-cy n'y seroit propre, ny asseuré pour telle façon. Lon pourroit enrichir par le dessous les marches & voûtes rempantes des compartiments, suiuant la hauteur & largeur des pieces des marches, qui seroit vne chose fort belle, pour le racourcissement qui s'y môstreroit aupres du noyau, & representeroit quasi vne perspectiue auec tres bonne grace, estant accompagnee d'vne inuention fort belle & aggreable à la veuë: pourueu que le tout fust conduit auec vne grande dexterité. Pour autant que si lon n'y prenoit garde, & que le rempant du gros *Aduertissemēt* mur qui ferme la vis ne fust bien faict, & les liaisons bien assemblés, *digne de noter.* les ioincts & commissures des marches facilement s'ouuriroient. Ceux qui seront bons ouuriers y pouruoiront fort bien, & conduiront leurs œuures si dextrement qu'ils en auront honneur & contentemēt. Ie n'oubliray à dire qu'on peut faire trois vis de mesme sorte, l'vne qui sera au lieu du noyau, & les autre deux qui ramperont tout autour, ainsi que nous auons dit cy-deuant. Bref ils en peut faire en beaucoup de sortes, les vnes voûtées par le dessous des marches, qui sont communement appellées des ouuriers, la vis sainct Gilles, pour autant qu'au Prieuré de sainct Gilles en Languedoc y en a vne semblable, portant vne voûte à hemicycle, rempante par dessous les marches. On en peut aussi faire qui seroient non seulement toutes rondes, mais encores quarrées à pend, en forme doctogone, ou d'exagone, & de diuerses autres sortes. Vous me ferez ce bien & faueur de vous vouloir presentement contenter des traicts & lineaments que ie vous propose cy dessous pour la montée & vis faite de pieces, sans en faire plus long discours & escriture.

Autre

DE PHILIBERT DE L'ORME. 123

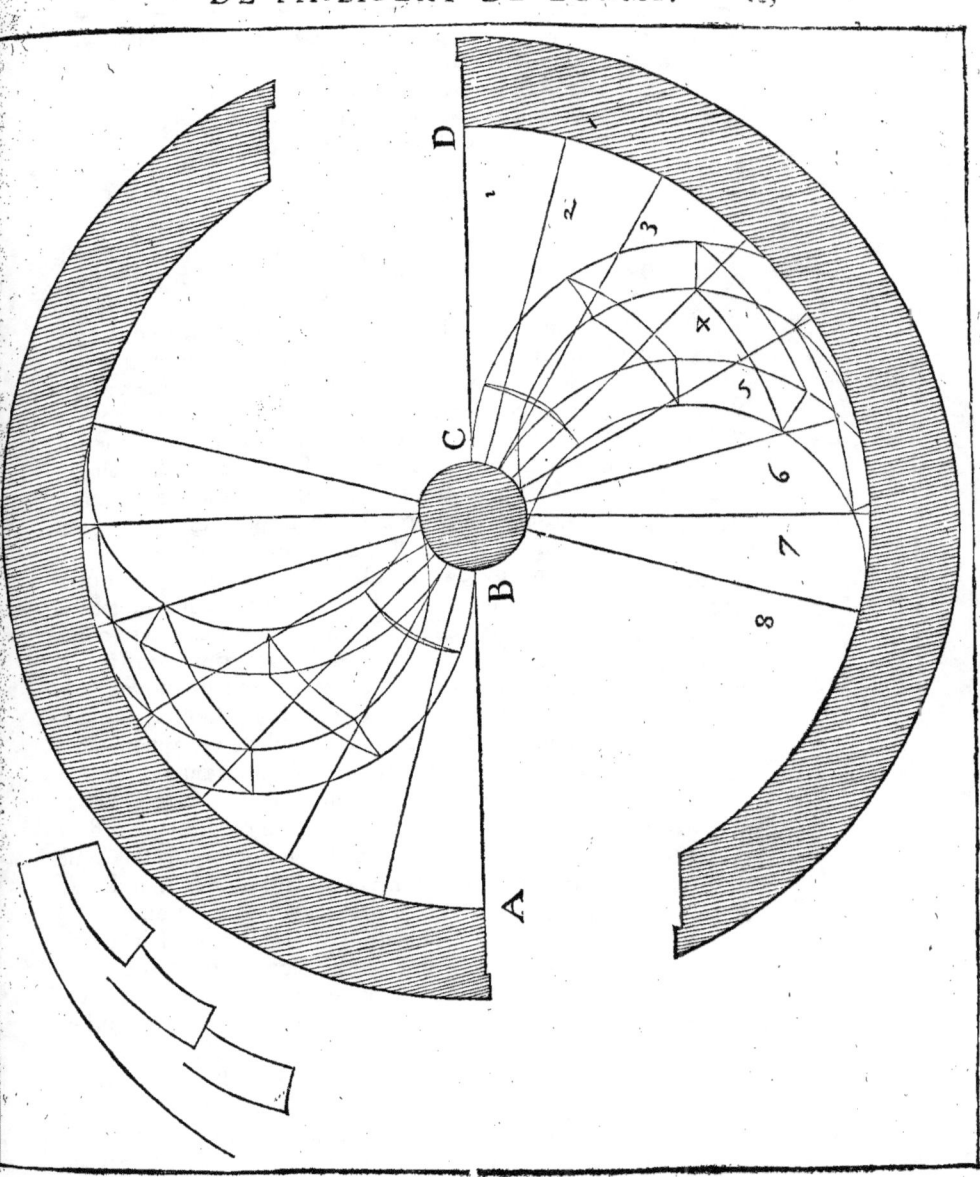

LIVRE IIII. DE L'ARCHITECTVRE

Autre sorte de vis & montée qui peut estre voûtée entre le noyau & les murailles qui ferme la vis: & sera vne voûte toute droicte qui voudra, ainsi que lon faict la voûte sur le noyau, au plus haut de la vis, ou bien rempante pour porter les marches, comme la vis sainct Gilles.

CHAPITRE XIX.

Explication & demonstration de la figure ensuyuant le present chapitre.

LE figure cy-apres le plan pour construire vne voûte sur le noyau d'vne vis, ou bien rempante pour porter les marches & faire ladicte vis, ainsi que vous voyez la circonference marquée en la figure ensuiuant par A D C Q. L'espesseur & grosseur de la muraille est faicte à plaisir, comme vous le voyez par la distance d'entre L & C. La moitié de la grosseur du noyau de la vis comme I & B. Entre le noyau, comme depuis I iusques à L, est la largeur de la voûte qui se voit par l'hemicycle I O L, sur lequel hemicycle, apres auoir prins l'espesseur de la voûte, vous tirez les commissures qui procedent du centre dudit hemicycle, ainsi que vous l'auez veu en beaucoup de lieux par cy-deuant. Desdictes commissures vous tirez les perpendicules sur la ligne B C. En apres vous mettez le compas sur le centre B, & faictes plusieurs circonferences, comme vous les voyez à la figure cy apres descripte, qui monstre l'ordre des assiettes & pierres pour faire la voûte entre le noyau & la muraille. Telle façon de traict, sans en faire lõg discours, monstre à faire vne voûte sur le noyau & muraille d'vne vis, quand on la veut faire à nyueau sans estre rempante. Mais quand on veut qu'elle soit rempante pour seruir de montée, & y faire des marches par le dessus (comme vous le voyez aux lignes qui procedent du centre B, en tirant contre le mur de la vis, ainsi que est la ligne de B & o, monstrant le departement & largeur des marches) à cela y a quelque affaire pour conduire dextrement la voûte. Telle voûte ainsi rempante est appellée des ouuriers, la vis sainct Gilles, pour autant qu'il y en a vne semblable au Prieuré de sainct Gilles en Languedoc. I'ay veu en ma ieunesse que celuy qui sçauoit la façon du traict de ladicte vis sainct Gilles, & l'entendoit bien, il estoit fort estimé entre les ouuriers & se disoit communement entre eux que celuy auoit grande cognoissance des traicts Geometriques, qui entendoit bien la vis sainct Gilles. Et à dire la verité en ce temps là les ouuriers trauailloient fort à l'entendre & principalement pour la faire par paneaux, où il se trouue beaucoup de sorte de cherches ralongées. On en rencontroit quelques vns qui la faisoient par equarrissement, mais en cela n'y a gueres

Aduertissemēt digne de noter.

D'vne vis estãt au Prieuré de S. Gilles en Languedoc.

d'esprit

DE PHILIBERT DE L'ORME. 124

d'esprit ny d'industrie, & y faut perdre beaucoup de pierres. Auiourd'huy i'en voy plusieurs qui entendent non seulement la façon de ladicte vis sainct Gilles, mais aussi plusieurs autres bons traicts. Si ie l'auois à conduire ie ne me soucierois gueres de la faire par paneaux, ny moins par equarrissement, vous aduisant qu'il n'y a point tant de peine, ny tant de difficulté que les ouuriers le pensoient pour lors, & que plusieurs encores le pensent, pour ne le sçauoir. Il est aussi fort aisé & facile de la faire auec des buueaux & sauterelles: car en ayant les cherches ralongées qu'il y faut, & leurs equierres, il est facile d'en trasser iustement toutes les pierres. Qui voudra voir chose semblable, se transporte au chasteau de Boulongne, pres Paris, combien qu'il s'en trouue aussi en quelques autres lieux. Ceux qui sçauront bien entendre & conduire proprement l'endroit des doubles marches ou palliers, (ainsi que les ouuriers parlent) sans que l'œuure face iarret, & que le tout aille d'vne venuë par vne ligne rempante & bien adoucie qui suiue la forme du traict, il entendra fort aisément les autres sortes de vis. Quant aux cherches ralongées, & difference des rempants d'vne chacune piece, vous les trouuerez en la figure cy apres descrite, au lieu marqué P, & par nombres des hauteurs des marches qui se rapportent l'vne à l'autre. Vous voyez aussi aux lieux marquez R & Q, les cherches ralongées, suyuāt lesquelles on peut prēdre les rempants pour coupper les pierres auec les buueaux & sauterelles, ou bien en leuer des paneaux Qui voudroit mettre d'auantage de lignes qui y sont necessaires, seroit chose trop longue. Il faut apprendre les traicts plus en les contrefaisant, imitant & representant, que par lon*gues escritures & discours de parolles. Ceux qui n'auront esté nourris en l'art & n'auront prins grande peine à l'estude des traicts, il est malaisé qu'ils puissent receuoir promptement l'intelligence de ce que ie propose en ces Liures, ne moins faire & conduire œuures, dont ils puissent receuoir grand honneur & loüange des hommes doctes. I'ay bien cogneu quelques vns qui auoient fort bonne part de la pratique des traicts Geometriques, & en parloient comme fort bien entendus, mais en leurs œuures ils estoient tres-infelices, & ne faisoient rien digne d'admiration. Ce qui rend telle chose difficile, c'est l'artifice des pierres de taille qui se trouuent desgauchées, biaises & de diuerses figures, & formes pour les faire venir à propos aux œuures, ainsi qu'on les demande. I'ay veu vne vis quasi semblable à celle que nous descriuons, au lieu nommé Belleuedere pres le Palais du Pape à Rome, où il va quelquefois pour se recréer qui est vn lieu accompagné d'vne infinité de beaux ouurages & statuës de marbre, comme aussi d'autres belles antiquitez, & sigamment d'vn Laocoon & d'vn Apollo, qui sont tres admirables à voir pour estre diuinement bien faicts. Il y a aussi vn Hercules,

Diuers moyens pour contrefaire la vis de S. Gilles.

Explication de la figure ensuyuant.

Belleuedere Palais du Pape, à Rome.

z ij

LIVRE IIII. DE L'ARCHITECTVRE

vne Venus, & plusieurs autres statuës antiques de marbre, colloquées dedans des nyches: le tout accompagné de belles fontaines, orengiers, citronniers, & infinies autres choses fort exellentes & de grandissime plaisir. Tout aupres y a quelque bastiment ayant vne vis ronde assez grande, & à jour par le milieu, d'où elle reçoit sa clarté. Ladicte voûte est portée sur des colomnes du costé du jour, & de l'autre costé sur des murailles, n'ayant point de marches, sinon la voûte qui rempe tout autour desdictes colomnes: & monte fort doucement, estant pauée de brique, ainsi qu'on a accoustumé faire à Rome. Par le dessous y a vne voûte de brique faicte en berceau qui rempe fort doucement, ainsi qu'à la montée. Ladicte voûte est portée par des corniches sur vne forme ronde de muraille, & au milieu sur des colomnes comme i'ay dict, & se monstre l'œuure fort belle & bien faicte. Mais si l'Architecte qui l'a conduicte eust entendu les traicts de Geometrie, desquels ie parle, il eust faict tout remper, ie dy iusques aux basses & chapiteaux, qu'il a faict tous quarrez, comme s'il les eust voulu faire seruir à vn portique qui est droit & à nyueau: par le dessus des chapiteaux, & au dessous des basses du costé de la descente, il a mis des coings de pierres pour gaigner la hauteur du rempant Laquelle chose monstre que l'ouurier qui l'a faicte n'entendoit ce qu'il faut que l'Architecte entende. Car au lieu qu'il a faict la voûte de brique, il l'eust faite de pierre de taille, & d'vne colomne à autre des arcs rempants. Et encores qu'il n'eust voulu faire le tout de pierre de taille, pour le moins il deuoit faire vn arc rempant à trauers la voûte de douze pieds en douze pieds & le reste de brique s'il eust voulu. Par là on eust cogneu qu'il eust bien entendu son art d'Architecture. Cela estoit vn fort beau subject pour faire vne voûte, non seulement semblable à celle de sainct Gilles, mais encores plus admirable, estant accompagnée de compartiments & moulures toutes rempantes, & eust esté chose nompareille: lors on eust veu tourner & desgaucher l'œuure, qui se fust monstré fort superbe & tres-difficile à conduire, ainsi que ie pense. Nous auons vne infinité de beaux traicts en France, desquels on ne tient aucun compte, pour ne les entendre, & qui pis est, l'on ne se soucie gueres de chercher l'excellence & beauté des œuures. I'ay faict faire à Fontainebleau vn perron qui est en la basse court, où vous voyez les voûtes par dessous les marches qui rapent comme la vis sainct Gilles, mais il est encores plus difficile; car il y a trois sortes de traicts ensemble, le premier est comme la porte ou arc rempant sur la tour ronde, le second sont arcs rempants & creux par le deuant, qui vont d'vn pillier à autre. Et ces deux traicts icy qui sont à l'extremité de la montée s'accommodent & assemblent auec la voûte rempante & estant faicte en berceau (qui est pour le troisiesme traict) tous encathenez & liez ensemble

Discours sur la voûte & vis du Palais de Belleueacre, à Rome.

L'Auteur monstre, les Anciens n'auoir cogneu l'artifice des traicts Geometriques.

Perron estant à Fontainebleau, de l'inuention l'Auteur.

semble, non fans grand artifice & merueilleufe difficulté. I'ay fait faire femblablement au chafteau d'Annet, entre plufieurs autres belles œuures, vn perron fous la forme d'vn croiffant, lequel fe voit au iardin, deuant le cryptoportique, pour monter fur la terraffe, & deffus ledit cryptoportique, comme auffi pour aller du logis au iardin. Ceux qui voudront voir telles œuures tant au fufdict Fontainebleau, qu'à Annet, s'ils ont quelque fcintille de bon iugement, ils y pourront trouuer quelques bons traicts. Ie diray encores d'auantage fur ce propos pour aduertir les Architectes & ceux qui font profeffion de conduire baftiments, que ce n'eft pas affez d'entendre bien tous les traicts pour fçauoir monftrer & enfeigner ce qu'il faut faire, mais bien pluftoft de choifir & trouuer de bons maiftres Maçons, qui les fçachent proprement executer & mettre en œuure: comme eftoiét ceux que i'ay eu pour la códuicte du perró de Fontainebleau, d'Annet, & d'autres lieux: lefquels i'auois façonné petit à petit, & de longue main: ne leur celant iamais rien, & fur tout ce qui fe prefentoit, les aduertiffant & enfeignant amiablement: ainfi que ie fais encores, & feray tout le temps de ma vie, comme il viendra à propos: defirant qu'ils entendent bien leur eftat au profit, vtilité & honneur du Royaume & bien publique. Car fi vous auez à conduire vne grande œuure, & que vous n'ayez de bons maiftres Maçons qui vous fçachent bien entendre, il fera mal-aifé que vous puiffiez faire quelque chofe de bon: & fignamment fi l'Architecte n'a luy mefme traffé les pierres, iaçoit que ce ne foit fon eftat, ny chofe à propos, & à laquelle il fceuft fournir, pour auoir le foing à tant d'autres chofes aufquelles il luy faut pouruoir, pour donner les mefures & commander en temps & lieu aux ouuriers pour les affaires qui fe prefentent. Mais quant à ce difcours, fuffira pour le prefent, apres vous auoir exhibé la figure du traict de la vis rempante, de laquelle nous auons parlé au commencement de ce chapitre.

Perron fous la forme d'vn croiffant, au chafteau d'Annet.

Bon zele de L'Auteur enuers les maiftres Maçons & ouuriers.

z iij

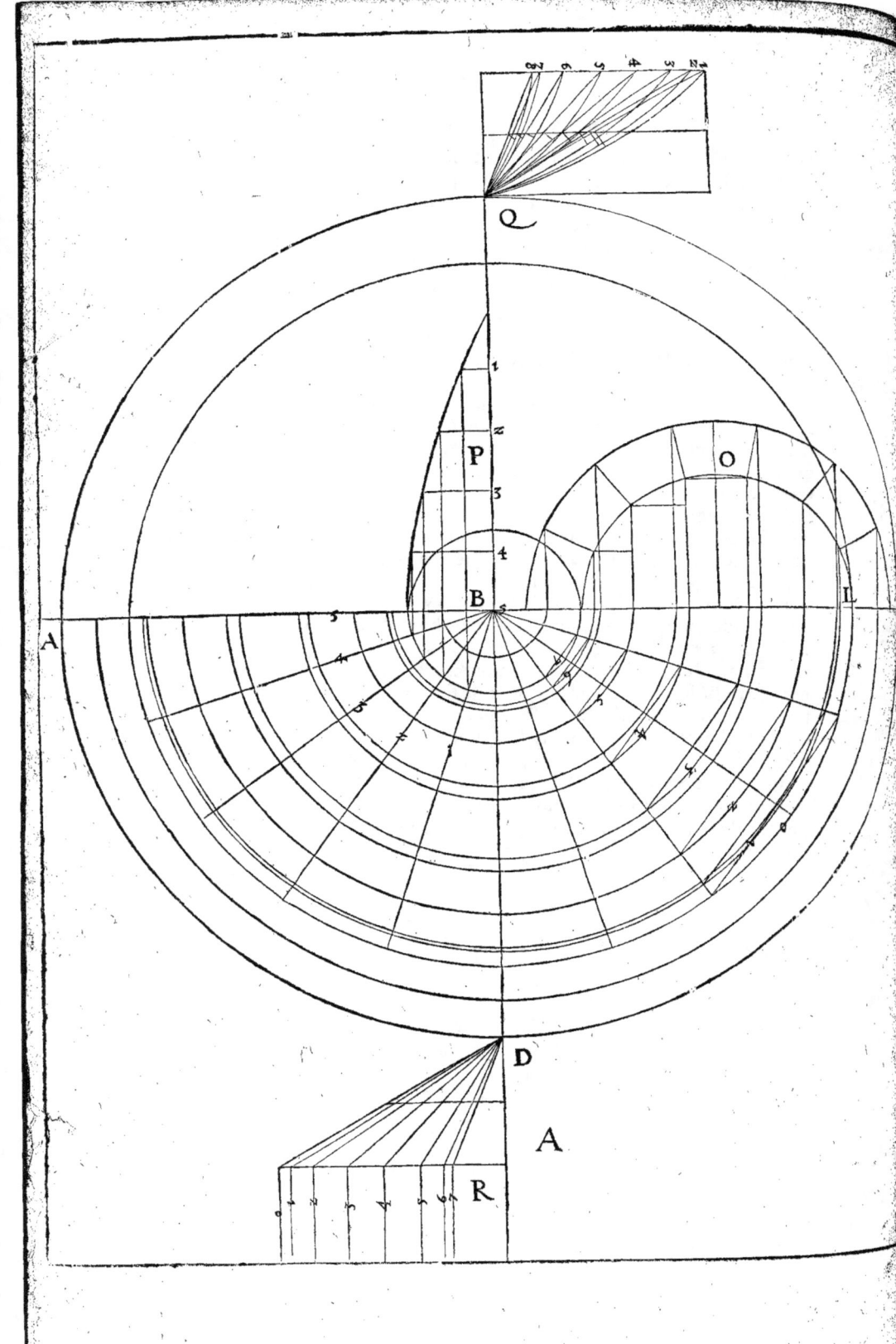

Le traict d'vne autre sorte de vis & montée rempante en façon de la vis sainct Gilles.

CHAPITRE XX

IE desire encores monstrer le traict d'vne autre sorte de montée de vis, qui se peut faire en la façon de celle de sainct Gilles, ce que i'accompliray auec peu d'escriture, car il doit suffire pour ceste heure que vous voyez seulement les circonferences, tant du mur que des assiettes des pierres & noyau de ladicte vis, comme aussi l'hemicycle de la voûte qui sera rempante & de sept pieces, à chacune desquelles il se voit comme lon peut prendre le rempant & cherches ralongées: le tout se pouuant conduire auec le buueau marqué seulement de lettres de chiffres, pour monstrer le rapport du compas sur vne chacune chose en son endroict. Ie prieray ceux qui auront quelque iugement de vouloir bien noter ce traict icy: car s'ils l'entendent, ils en entendront plusieurs autres. Il seroit bien expedient d'y mettre plusieurs autres lignes, mais cela feroit vne grande confusion, & rendroit la chose plus malaisée. Vray est que ce traict icy seroit bien suffisant pour en faire vn ou deux grands chapitres, voire trois & quatre, à fin de specifier & declarer toutes ses parties. Mais pour autant que c'est quasi vne mesme chose que ce que vous auez veu par cy-deuant, nous abbregerons la matiere: ioinct aussi que cy-apres vous verrez vn traict d'escalier, & vis quarrée, qui sera rempante & voûtée comme ladicte vis de sainct Gilles, sauf qu'elle est en forme ronde, & celle qui ensuyura est en forme quarrée. Si quelques vns desirent la sçauoir mettre en œuure, & n'en peuuent receuoir l'intelligence, s'ils ne trouuent autre personne plus à propos que moy, qu'ils me viennent voir, ie leur diray de bon cœur ce que par la grace de Dieu i'en sçay.

Explication de la figure ensuyuant.

Aduertissement de l'Auteur digne de noter & considerer.

z iiij

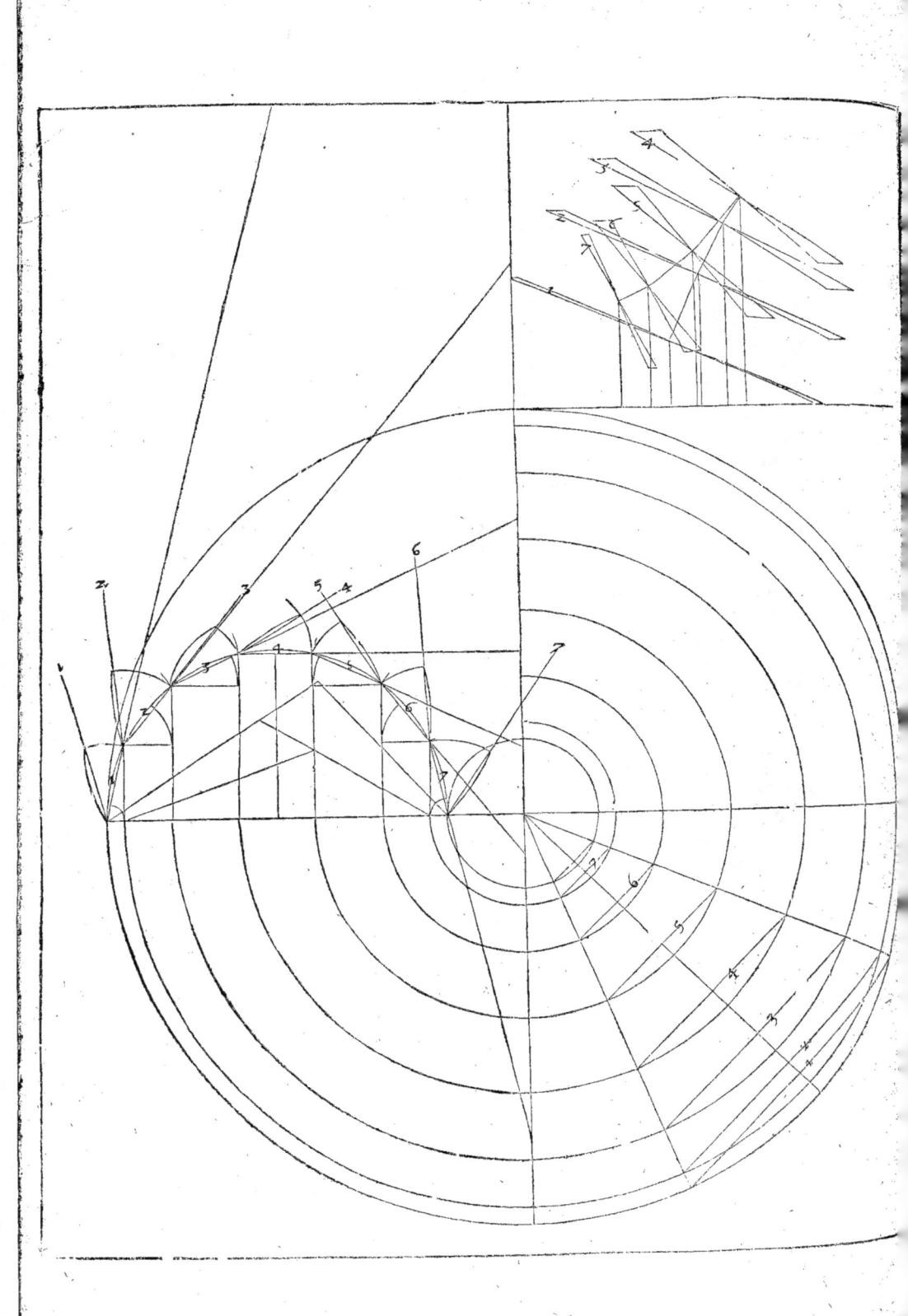

DE PHILIBERT DE L'ORME.

Le traict d'vne montée & escalier, ou vis quarrée, faicte en la forme de la vis sainct Gilles

CHAPITRE XXI.

OVR satisfaire aux gentils esprits ie proposeray encores le traict d'vne vis faicte comme celle de sainct Gilles, laquelle vous pourrez dresser sur vn quarré parfaict, ou bien oblong, c'est à dire plus long que large, & sur toutes autres formes & figures que vous desirerez: ie ne diray toutes quarrées, ou toutes rondes, mais encores sur la forme hexagone ou octogone, c'est à dire de six à huict pents, ainsi que les nomment les ouuriers: ou bien sur vne forme triangulaire, soit equilaterale, ou autrement. L'ouurier qui aura l'industrie & intelligence des traicts, y peut proceder en telle sorte qu'il voudra. Mais pour reuenir au present traict estant tout quarré, il a vne autre consideration que vous n'auez veu à ceux de cy deuant, car les arcs & montées de la voûte rempante ne sont semblables. Ceux qui sont au milieu des quatre faces sur les deux lignes qui font le traict d'equierre, cõme l'hemicycle que vous voyez C H D, sont tous d'vne mesme sorte: mais ceux qui sont sur les angles, ainsi qu'à l'endroit de 6, E & L, jaçoit qu'ils soient bien d'vne mesme hauteur, si est ce qu'ils sont beaucoup plus larges. Et telle façon d'arcs s'appelle arcs de Cloistre, qui sont composés d'vne autre sorte de traict, duquel i'eusse bien parlé cy-deuant, n'eust esté que lesdicts arcs se font tout ainsi que la porte qui est sur le coing, descrite au troisiesme liure apres le traict de biais par teste. Qui le voudroit appliquer à la vis sainct Gilles quarrée, il se trouueroit fort difficile, pource qu'il est rempant & faut qu'il s'accommode aux autres arcs & voûtes qui sont de differentes largeurs comme vous voyez celuy qui est marqué F & G, si est ce qu'ils sont tous d'vne mesme hauteur, ainsi que celuy que vous voyez signé CHD, auquel sont tirées les commissures, estant faicte la voûte de cinq pieces, comme vous les voyez marquées par lettres de chiffre. Lesdictes commissures sont tirées des lignes perpendiculaires sur la ligne C D, qui tourne tout autour du quarré de la vis, & remonte au droit d'vn chacun arceau perpendiculairement, pour trouuer les commissures & ioincts des pierres, suyuant lesquelles se font les assiettes de la voûte rempant. Lequel rempant se faict selon la largeur des marches que vous voyez marquées, & la hauteur dicelle, comme il se peut voir en la ligne I D, où sont les lettres de chiffre iusques au nombre de 5. Qui monstrent la hauteur

Le traict ensuyuant estre fort different des autres.

Continuation de la demõstration de la figure ensuiuant.

LIVRE IIII. DE L'ARCHITECTVRE

du rempant de cinq marches, comme vous pouuez voir en la presente figure.

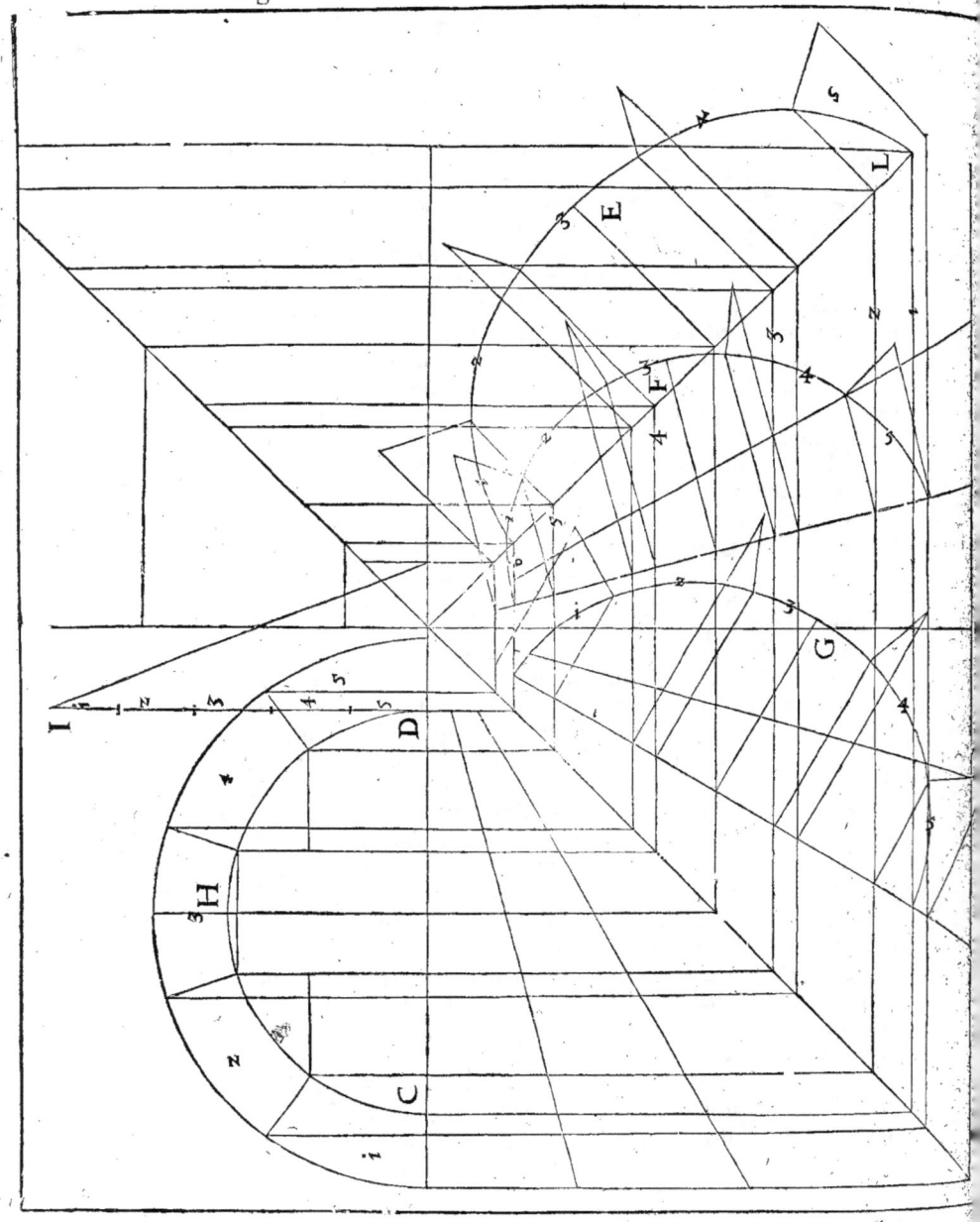

DE PHILIBERT DE L'ORME. 128

I'ay encores cy apres descrit vne petite figure pour trouuer les lignes de pente suyuant la hauteur du rempant au long du mur. Apres quoy lon peut prendre le desgauchissement d'vne chacune pierre & assiette de la voûte rempante: sur laquelle lon erige les marches par dessus, le plus proprement que faire se peut. Quoy faisant il faut que l'ouurier ayt telle consideration & industrie, que les marches ne soient si hautes & larges que lon n'y puisse monter aisément. De laquelle chose ie ne vous feray autre discours pour ceste heure, ny aussi de l'escalier rempant & vis sainct Gilles.

Explication de la petite figure cy dessous proposée.

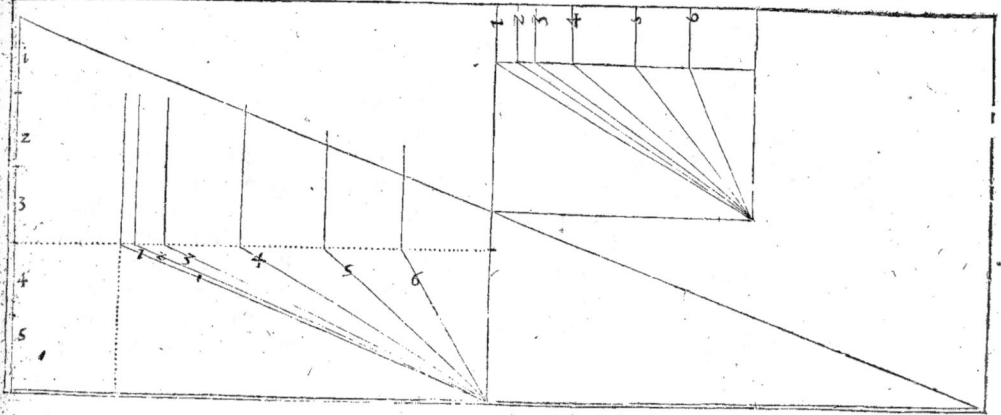

Icy doncques ie donneray fin à la doctrine, fruict, & vsage des traicts Geometriques, fruict, dy ie & vsage beaucoup plus grand que ie ne le sçaurois expliquer, & le pourront bien iuger & comprendre ceux qui auront quelque peu versé en la Geometrie. Car par le moyen & ayde desdicts traicts ils cognoistront comme on peut coupper la forme spherique & pyramidalle en plusieurs & estranges sortes, & par mesmes artifices & inuentions, trouuer le moyen de tailler toute maniere de pierres, pour faire toutes sortes de voûtes & trompes sur la forme des corps cubes, & y appliquer lignes rempantes, façons oualles & triangulaires, comme qui voudroit tirer des lignes diagonales par les costez, par la moitié & en tant de sortes qu'on porroit penser. Semblablement sur vne forme de colonne, laquelle on peut creuser par le milieu auec vne ligne rempante & oblique, & la façonner en telle sorte qu'on voudra. Ie veux aduertir d'auantage que pour la necessité qui se peut trouuer aux bastiments, l'Architecte doit sçauoir vne infinité de ces sortes de traicts: vous aduisant que i'en ay encores plus de deux cens fort beaux, outre ceux que i'ay proposé cy des-

Conclusion de la doctrine & discours des traicts Geometriques.

LIVRE IIII. DE L'ARCHITECTVRE

L'Auteur n'a-uoir icy proposé toutes les sortes de traits lesquels il a en main.

sus Mais voyant le grand labeur & longueur de temps qu'il faut employer pour les sçauoir bien expliquer, i'ay pensé plusieurs fois qu'vn si long chemin & discours se peut gaigner & abreger par le moyen de l'intelligence & cognoissance de la nature de six sortes de traicts ou figures Geometriques, extraictes de Euclide & Archimedes. La premiere sorte seruira pour toutes descentes & voûtes de caues tant estranges qu'on voudra, comme nous l'auons dict & monstré au commencement du troisiesme Liure: l'autre seruira pour sçauoir toutes sortes d'arches & portes: la troisiesme pour toutes trompes: la quatriesme pour toutes sortes de voûtes spheriques, & autrement faites: la cinquiesme pour toutes façons d'escaliers: & la sixiesme pour toutes sortes de vis. Si quelques vns les peuuent trouuer, ils seront cause d'vn grand repos & soulagement pour moy. Toutesfois si ie voy que personne

Promesse de l'Auteur, si Dieu luy donne la grace de l'accomplir.

n'y touche, & que Dieu me donne la vie & temps de les pouuoir monstrer, ie m'efforceray de faire encores quelque discours particulier & assez grand des susdictes six figures Geometriques, pour monstrer l'espreuue & experience d'vne chacune chose. Ie loüé Dieu auteur de toutes graces, & le remercie tres-humblement du bien & faueur, qu'il me faict de pouuoir distribuer aux hommes vne partie du talent lequel il a pleu à sa saincte bonté me departir, à fin que les hommes de bon esprit en reçoiuent quelque fruict & profit à sa loüange, luy en donnant gloire & honneur à tout iamais

Le cinquiesme

LE CINQVIESME LIVRE
DE L'ARCHITECTVRE DE PHILIBERT
DE L'ORME, LYONNOIS, CONSEILLER ET
Aumofnier ordinaire du Roy, Abbé de
sainct Eloy lez Noyon, & de
S. Serge lez Angers.

*Prologue contenant l'inuention, ordre, parties, mesures, & noms des co-
lomnes, & comme lon s'en seruoit anciennement; & des premiers qui
les ont apportées à Rome, selon Pline.*

YANT satisfaict à mon intention & deli-
beration, laquelle estoit de monstrer l'artifi-
ce & vsage des traicts Geometriques qui doiuent estre cogneus aux Architectes & mai-
stres Maçons, pour auoir l'industrie de bien *Sommaire de ce*
faire & proprement conduire tout ce qui a *qui est en partie*
esté dit & declaré aux troisiesme & quatriesme liures precedents, *deux liures pre-*
comme aussi pour plusieurs autres choses qui concernent l'estat, *cedents.*
fabrique & façon des bastimēts, ie ne diray qui sont dedans les terres, comme caues, celiers, cuisines, & autres, mais aussi pour tous
les estages qui sont par dessus lesdictes terres, de quelques sorte
qu'on en pourra auoir affaire, soit pour les lieux sacrez, pour chasteaux, palais, maisons bourgeoises ou autres: il me semble que
cy apres il sera fort conuenable & à propos de monstrer & escrire comme il faut orner & decorer les murailles des Temples &
de leurs portiques, vestibules & autres endroicts, cōme aussi des
fassades des chasteaux, Palais, & maisons, ainsi qu'il sera requis.
Doncques pour ce faire nous commencerons à parler de l'ordre

A

LIVRE V. DE L'ARCHITECTVRE

& parties des colomnes desquelles les Anciens auoient coustume orner & enrichir leurs bastiments, ainsi que les histoires en font mention, & signamment ce grand & incomparable Pline, secretaire & greffier du conseil priué de dame Nature, par lequel nous sommes enseignez que Marcus Scaurus estant Edile à Rome, fit venir trois cens soixante colomnes de marbre, pour faire vn theatre au mont Palatin, de bien petite durée; car à peine deuoit il estre vn mois en vsage. Contre l'ordonnance des loix il fut des premiers qui firent voir à Rome les colomnes de marbre, sans que iamais on luy en dist mot, par quelque support & dissimulation, & aussi que c'estoit pour donner plaisir au peuple. Toutesfois ledit Scaurus ne fut le premier qui fit venir desdictes colomnes à Rome, car on voit au troisiesme chapitre du xxxvj. liure dudit Pline, cõme long temps au parauant Lucius Crassus, ce grand Orateur auoit enrichy sa maison qui estoit au mont Palatin, de six colomnes, desquelles le marbre auoit esté tiré du mont Hymettus, qui est en la contrée d'Athenes, & n'auoient lesdictes colomnes que douze pieds de haut. Pour raison desquelles Marcus Brutus appella ledit Crassus, Venus Palatine, entre autres propos fascheux qu'ils eurent ensemble. En quoy on peut voir que desia de ce temps là, l'ancienne discipline & seuerité Romaine estoit perduë ou abatardie; & que pour raison de ce, on ne disoit mot de toutes ces superfluitez. Mais depuis les hommes se sont bien debordez & depravez d'auantage, de sorte qu'ils estoient encores trop plus modestes en ce temps là, que lon n'est aujourd'huy. Car on verra à l'œil, & se trouuera que les Papes, Empereurs, Roys & Grands Seigneurs, ne font aucunes magnifiques excellences en leurs chasteaux & palais, soit en ornements de marbres ou incrustations, en belles chambres, beaux jardins, meubles exquis & riches, qu'incontient les Gentilshommes, Bourgeois, Officiers, & autres n'en vueillent auoir le semblable, auec tres-folles despenses, & autant demesurées que ceux qui les font. Ie ne dy pas qu'il ne faille bastir proprement pour la decoration des villes, & sumptueusement, selon les facultez & qualitez d'vn chacun, auec ornements modestes & competents, ainsi qu'il se voit en plusieurs villes de nostre France, & d'autres Nations & Republiques, bien policées & reformées: mais sur tout ie ne voudrois qu'on bastist à l'imitation & façon des anciens Roys d'Egypte, qui faisoient de merueilleuses & excessiues despenses, pour la structure de leurs pyramides, à fin d'y occuper le peuple estant en oysiueté, bien souuent, seditieux & rebelle, & aussi à fin que ceux qui succedoient à leur couronne, ou autres qui aspiroient au Royaume d'Egypte, n'eussent aucune enuie de pourchasser leur mort, à cause de leurs biens, ou par quelque opinion de leurs richesses & thresors. Mais ils ont monstré en telles structures pyramidales vne grande

Theatre de M. Scaurus aù mõt Palatin.

L. Crassus appellé Venus Palatine, & pourquoy.

Vn chacun vouloir imiter la magnificence des grands Seigneurs.

legereté

DE PHILIBERT DE L'ORME.

legereté pour les auoir commencé tant superbes & prodigieuses, sans bien souuent les pouuoir continuer & paracheuer, pour les frais insupportables qui s'y presentoient. De sorte qu'Herodote escrit qu'vn Roy d'Egypte nōmé Cleope, ayant entrepris d'en faire vne de pierres Arabiques, apres y auoir employé & fait besongner ordinairement six cens mille ouuriers, par l'espace de xx. ans trouua la despense & frais si grands & excessifs, que n'y pouuant plus satisfaire, il fut contrainct (ô malheureux Roy & pere!) de prostituer sa fille, qui estoit fort belle & ieune, ainsi que porte l'histoire, à fin de pouuoir subuenir aux frais du paracheuement de ladicte pyramide. De laquelle Pline recite que 1800 talents (qui valent dix cents mille escus, ou, si vous voulez, vn milion & quatre vingts escus, prenant l'escu à trente cinq sols, ainsi que nostre docte & incomparable Budée) furent exposez en ails, oignons, & reforts, pour alimenter les ouuriers & maneuures. De là certainement on peut estimer combien a esté excessiue la despense du reste. Pleust à Dieu, & à ma volōté, que les riches Bourgeois, Marchands, Financiers, & autres qui iouïssent des biens de fortune, en toute affluence & outre mesure, s'adonnassent aussi tost à faire & fonder quelques Hostels Dieu, ou Colleges pour le soulagement des pauures, & vtilité du bien publique, qu'édifier vn tas de superbes & magnifiques maisons qui ne leur seruent que d'enuie & malheur, ainsi qu'il se voit ordinairement. Ie suis souuentesfois honteux de plusieurs qui desirent faire bastiments indignes d'eux, & me demandent conseil sur leur deliberation: ausquels ie responds qu'vn chacun se doit mesurer selon son pied. Mais voirement ce propos (ainsi qu'on dit) n'est à propos: parquoy nous reprendrons nostre chemin delaissé, qui estoit dés premieres colomnes & marbres. Menander qui fut en son temps grand dechifreur des superfluitez (ainsi qu'escrit Pline) parle bien peu du marbre diapré & marqueté, encores ne dit rien des colomnes de marbre situées aux Temples, non pour braueté (car lors on ne sçauoit que c'estoit) ains pource qu'elles sembloient plus dures que les autres. Et de faict le Temple de Iupiter Olympique estoit commencé de ceste estoffe à Athenes. Duquel Temple Sylla fit venir des colomnes de marbre, qu'il employa au Temple du Capitole. Quant aux Romains, Cornelius Nepos, recite qu'vn nommé Mamura Gentil-homme Romain, Commis & superintendant des Mareschaux, Charrons Charpentiers, & autres Ingenieux qui suiuoiēt le camp & la gendarmerie de Iules Cesar estant aux Gaules, fut le premier de tous qui fit reuestir de marbre les murailles de sa maison, la quelle il auoit au mont Cælius. Aussi ledit Cornelius Nepos dit que ce fut le premier qui fit faire toutes les colomnes de sa maison du marbre de Carystus, & de Luni de Thoscane. Apres luy Marcus Lepidus qui fut Consul auec Catullus, trouua le moyen de

Merueilleuse histoire d'vn Roy qui prostitua sa fille pour subuenir aux frais d'vne pyramide.

Chose esmerueillable & digne de noter.

Temple de Iupiter Olympiē à Athenes.

Marcus Lepidus Consul à Rome.

A ij

LIVRE V. DE L'ARCHITECTVRE

faire du marbre de Barbarie les lintheaux de sa maison, que nous appellons entablements: dont toutesfois il fut bien mercurializé & syndiqué. Ie trouue audit Pline certaines mesures, ordre & denombremens de colomnes que ie ne veux icy omettre. Quant aux colomnes, dict-il, tant plus elles sont mises espesses, tant plus elles semblent grosses. Les anciens Architectes les ont diuisées en quatre ordres & quatre sortes. Le premier est de celles qui sont aussi grosses au pied que la sixiesme partie de leur hauteur porte, & sont appellées Doriques. Le second, est de celles qui ont la neufiesme partie de leur hauteur en la grosseur de leurs pieds, nommées Ioniques. Le troisiesme, est de celles qui ont la septiesme partie, ainsi que dessus, appellées Toscanes. Le quatriesme ordre est des Corinthiennes, qui ont la mesme proportion que les Ioniques, toutesfois auec quelque difference, car le chapiteau des Corinthiennes est aussi haut qu'elles sont grosses par le bas. Et de là vient que les Corinthiennes semblent plus gresles que les autres: mais les chapiteaux des Ioniques, ont seulement de haut le tiers de la grosseur du pied desdictes colomnes. Il faut noter qu'anciennement on prenoit la hauteur des colomnes au tiers de la largeur des Temples où on les vouloit mettre. On tient aussi que l'inuention de mettre des pieds de stat, vases & chapiteaux aux colomnes, fut premierement pratiquée au Temple de Diane Ephesienne. Touchant leur proportion, on escrit que du commencement il falloit que les colomnes eussent en grosseur la septiesme partie de leur hauteur, & que leur pied de stat fust d'espesseur de la moitié de leur grosseur d'auantage: & finalement, qu'elles fussent d'vne septiesme plus gresles à la cyme qu'au pied. Outre les colomnes que dessus, il y en a encores qui sont faictes à l'Athenienne (appellées Attiques) & ont quatre angles distinguez de tous costez, par interualles egaux. Voila ce qu'escrit Pline, en peu de parolles touchant l'ordre & mesure des colomnes, monstrant fort bien comme elles doiuent estre seulement pour vne certaine hauteur. Mais il les faudroit changer, & en prendre d'autres selon les œuures qu'on auroit à faire ainsi que vous en verrez cy apres la pratique, comme aussi des corniches, frize, & architrabe, desquelles ledit Pline ne parle aucunement.

Proportion des colomnes anciennes.

*Des mesures desquelles nous auons vsé & nous sommes aydez en
mesurant & recherchant les antiquitez de diuers pays,
& premierement du pied antique,
& palme Romain.*

CHAPITRE I.

ESTANT à Rome du temps de ma grande ieunesse, ie mesurois les edifices & antiquitez, selon la toise & pied de Roy, ainsi qu'on faict en France. Aduint vn iour que mesurant l'arc triomphant de saincte Marie Noue, comme plusieurs Cardinaux & Seigneurs se pourmenants, visitoient les vestiges des antiquitez, passoient par le lieu où i'estois, le Cardinal de saincte Croix (lors simple Euesque seulement, mais depuis Cardinal, & Pape sous le nom de Marcel, homme tresdocte en diuerses sciences, & mesmes en l'Architecture, en laquelle pour lors il prenoit grand plaisir, voire iusques à en ordonner & faire desseings & modelles, ainsi que puis apres il me les monstra en son Palais) dit en son langage Romain, qu'il me vouloit cognoistre, pour autant qu'il m'auoit veu & trouué plusieurs fois mesurant diuers edifices antiques, ainsi que ie faisois ordinairement auec grand labeur, frais & despens selon ma petite portée, tant pour les eschelles & cordages, que pour faire foüiller les fondemens, à fin de les cognoistre. Ce que ie ne pouuois faire sans quelque nombre d'hommes qui me suyuoient, les vns pour gaigner deux Iules ou Carlins le iour, les autres pour apprédre, comme estoiét Ouuriers, Menuisiers, Scarpelins ou Sculpteurs & semblables, qui desiroient cognoistre comme ie faisois, & particper du fruict de ce que ie mesurois. Laquelle chose donnoit plaisir audit seigneur Cardinal, voire si grand qu'il me pria estant auec vn gentilhomme Romain qu'on nommoit Misser Vincencio Rotholano, logeant pour lors au Palais de sainct Marc, que ie les voulusse aller voir, ce que ie leur accorday tres-volontiers Lesdict Seigneur Rotholano homme fort docte aux lettres & en l'Architecture, prenoit grandissime plaisir à ce que ie faisois, & pour ceste cause me monstroit, comme aussi ledit Seigneur Cardinal, grand signe d'amitié. Bref, apres auoir discouru auec eux de plusieurs choses d'Architecture, & entendu d'où i'estois, ils me prierent de rechef de les visiter souuent audit Palais, ce que ie fis. Auquel lieu ils me conseillerent entre autres choses, (apres auoir cogneu la

Cardinal de S. Croix Pape & homme docte.

Misser Vincencio Rotholano homme docte.

A iij

LIVRE V. DE L'ARCHITECTVRE

despense que ie faisois pour chercher les antiquitez & retirer toutes choses rares & exquises en l'art d'Architecture) que ie ne mesurasse plus lesdictes antiquitez selon le pied de France, qui estoit le pied de Roy, pourautant qu'il ne se trouueroit si à propos que le palme Romain, suyuant lequel on pouuoit fort bien iuger des anciens edifices qui auoient esté conduicts auec iceluy plustost que auec autres mesures, & signamment auec le pied antique; me don-

Les anciens edifices auoir esté conduicts auecques le palme & pied antique

nants lors & l'vn & l'autre auec leurs mesures, longueurs, & diuisions, telles que ie les vous proposeray cy-apres. D'auantage ils m'enseignerent les lieux où ie les trouuay insculpées en vn marbre fort antique. L'vn estoit au Camp-dolle, qui est le Palais où les Romains s'assemblent pour traicter de leurs affaires, comme l'on faict en France aux Maisons de Ville: & l'autre au jardin du feu Cardinal de Gady, où ie les trouuay taillez & marquez en vne pierre de marbre fort antique, auec plusieurs autres singularitez, & grand nombre de diuerses sculptures & ornements d'Architecture, comme aussi de belles frises, fueillages, chapiteaux, &

Grande & admirable diligence de l'Autheur.

corniches accompagnées d'infinies fractures & vestiges fort antiques, & plus qu'admirables à l'œil humain: lesquels ie retiray, auec plusieurs autres, ainsi que ie les pouuois trouuer. Depuis l'aduertissement des susdicts Seigneurs tant doctes & sages, ie ne voulus plus m'ayder du pied de Roy, mais bien du pied antique, & signamment du palme Romain, pour autant que lors il estoit plus vsité & cogneu des ouuriers, à Rome, que le pied antique. Ie ne veux pas dire qu'on ne puisse bien mesurer (ainsi que chacun sçait) par toutes sortes de mesures, comme par le pied vulgaire, le palme, la coudée, & autres: mais il n'y a point de mesures plus à

Description & mesure du pied antique, palme, & doigt auec leurs parties.

propos que ledit pied antique, qui est iustement de la longueur laquelle vous voyez cy apres marquée en deux sortes, sçauoir est, M O, & F K, estant diuisée en quatre parties egales, cõme on les voit aux lieux F G H I K, desquelles vne chacune est appellée Palme. De rechef vn chacun palme est diuisé en quatre autres parties, qui sont nommées doigts, & distribuent toute la longueur dudit pied en seize doigts, comme vous le voyez par la figure marquée M O, en ses extremitez. Par ainsi ledit pied a quatre palmes de longueur, qui font ensemble seize doigts, pourueu qu'on en donne quatre à vn chacun palme. De rechef vn chacun desdicts doigts est diuisé en quatre autres parties, appellées d'aucuns minutes

Minutes & onces.

& des autres onces: & par ainsi ledit pied en contiendra soixante quatre. Bref le pied antique a de longueur quatre palmes, ou seize doigts, ou soixante quatre minutes ou onces. On trouue encores ladicte longueur du pied antique estre diuisée en douze parties appellées des vns pouces, & des autres, minutes, ainsi que i'ay veu qu'aucuns ouuriers en vsoient & diuisoient de rechef leurs pouces en douze autres parties: quelques vns en six, & les

autres

DE PHILIBERT DE L'ORME. 132

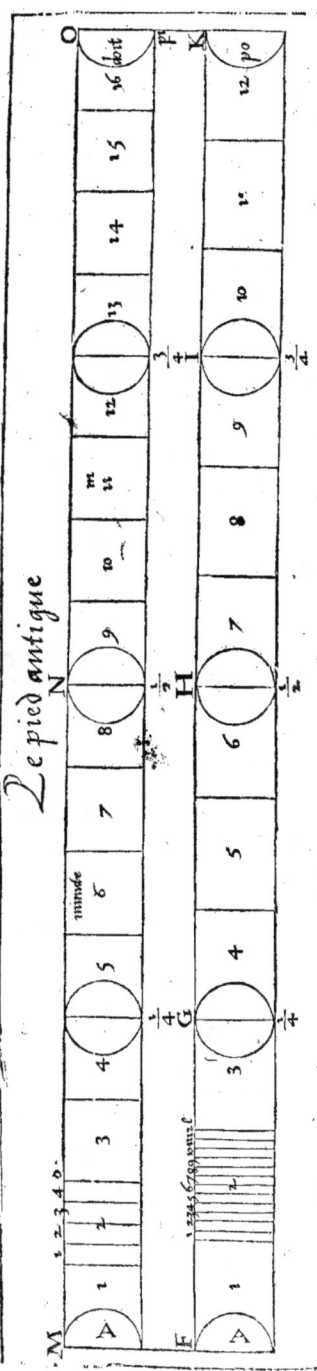

autres en cinq, pour conuertir en soixante parties de longueur tout ledit pied antique, comme vous le pouuez voir icy à costé par la figure dudit pied.

Quant au palme Romain, (duquel on vse le plus souuent à Rome) il est diuisé en douze parties egales appellées minutes mais toutes les douze ne cotiennét en leur longueur que douze doigts du pied antique, dont les seize font toute sa lõgueur. Ledit palme est aussi diuisé en quatre parties, desquelles vne chacune contient trois minutes Et de rechef chacune minute est diuisée en quatre autres parties appellés onces, & par ainsi toute la longueur dudit palme Romain, contient quarante huict onces, comme vous le pouuez voir en la figure cy apres, au lieu de P Q R.

Palme Romain auec ses diuisions & parties.

Et pour autant qu'aucuns desireront cognoistre au long plusieurs autres sortes de mesures, pour ceste cause i'en ay bien voulu descrire cy apres quelques vnes extraictes tant de Pline que d'ailleurs, sous differentes sortes, ainsi que vous le cognoistrez par le discours ensuyuant.

A iiij

LIVRE V. DE L'ARCHITECTVRE

Des mesures des Grecs & Geometriens, comme aussi de plusieurs autres.

CHAPITRE II

Mesure des Grecs, tant en pieds & palmes, que doigts & pouces.

IL me semble que le susdit pied antique soit la mesme longueur de pied dont les Grecs vsoient aux mesures des edifices & autres, veu ce qu'en recite Pline en son Histoire Naturelle, parlant de plusieurs sortes de mesures & poids, & signamment de ceste cy, de laquelle (comme il escrit) les Grecs vsoient és dimensions de tous interualles. Et sur le mesme propos il dict, que le doigt dont les Grecs se seruoient à la dimension des tiges & racines, est prins pour la seiziesme partie d'vn pied, & le pouce pour la douziesme, & le palme pour la quatriesme, contenant quatre doigts. Il dit en autre endroit que le pied comprend seize doigts ou quatre palmes. Mais il ne faut oublier que le pied Grec est plus grand de demy pouce, ou d'vne vingt-quatriesme partie, que le pied Romain. Ce qui est veritable du pied antique, ainsi que vous le pouuez voir par le pied qui est cy apres marqué S T V, estant conferé au pied antique designé par cy deuant. Ie poursuyuray ce que dit Pline, touchant les differences qui sont aux mesures, non seulement pour les pieds & palmes, mais aussi pour les coudées & autres: pour autant que nous parlerons souuent en nos œuures d'Architecture, de plusieurs sortes de mesures & proportions, ainsi que vous le verrez. Doncques

Coudée vulgaire, & brasse Grecque.

la coudée vulgaire est de vingt quatre doigts qui font vn pied & demy: & se prend la vraye mesure de ladicte coudée du bout du coude, iusques à l'extremité du doigt du milieu de la main.

La brasse Grecque est de quatre coudées, qui font six pieds: surquoy il faut noter, que la brasse Grecque passe la brasse Romaine d'vn pied & vn quart d'iceluy. Le susdit Pline recite (comme assez d'autres Auteurs lesquels i'ay leu) que les Anciens vsoient pour mesurer tous interualles de la maniere qui s'ensuit. C'est qu'ils prenoient pour vn grain la moindre mesure de toutes: duquelles quatre faisoient vn doigt, qui est prins pour la seiziesme

Difference entre vn doigt & pouce.

partie d'vn pied. Il faut aussi noter qu'il y a grande difference entre vn doigt & vn pouce, car quatre doigts ne sont que trois pouces. Aussi au pied Geometrique il y a douze pouces & seize doigts de sorte qu'en parlant d'vne once Geometrique, il faut entendre vn pouce, qui contient vn doigt & le tiers d'iceluy. Quant au pal-

Palme de deux sortes.

me que les Latins appellent Palmus, il y en a de deux sortes, sçauoir est le petit, qui est prins pour quatre doigts, qui valent trois pouces, ou trois onces, & le grand qui comprend cinq doigts. Il

y a

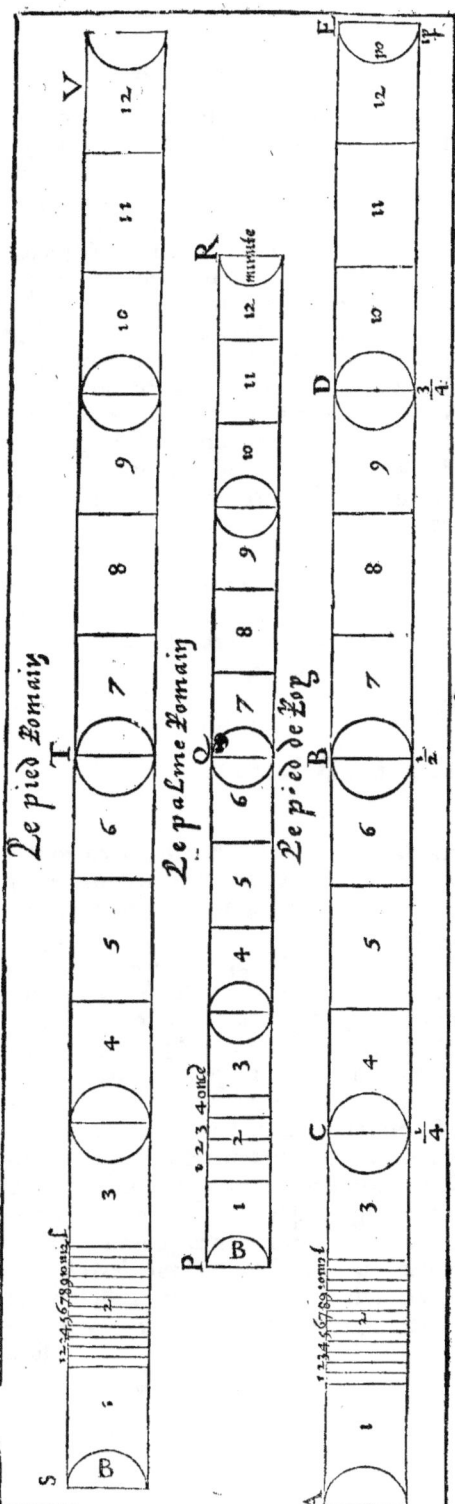

y a aussi le double palme, dict des Grecs dichas, lequel contient huict doigts. Aucuns neantmoins prennent pour le plus grand palme l'estenduë depuis le pouce iusques au petit doigt, qui côprent douze doigts, ou neuf pouces: les Grecs l'appellent spithame, & les Latins dodrans. Il faut d'auantage noter, que le pied se mesure diuersement, car quelquefois on le prend pour l'estenduë de la main, y adioustant la longueur du doigt du milieu, iusques à la seconde ioincture inclusiuement : quelquefois pour la largeur de deux poings, en ayant les deux pouces estendus & rapportez l'vn à l'autre. On le prend aussi pour l'interualle qui est entre la coudée, & la clef ou vertebre de la main. La coudée qui est dicte des Latins cubitus, & vlna comprend vn pied & demy, faisant vingt & quatre doigts, ou six palmes. Nous dirons en passant, que la vraye grandeur ou hauteur d'vn chacun, est de quatre de ses coudées.
Mais il faut icy noter

Diuerses sortes de mesures du pied.

LIVRE V. DE L'ARCHITECTVRE

Coudée Geometrique, toise, & canne des Hebreux.

que la coudée Geometrique est prinse pour vne toise & demie, vallant neuf pieds, ou six coudées communes, qui est la vraye canne des Hebreux. Toutesfois la canne du Sanctuaire auoit dix pieds, ainsi que nous le deduirons en temps & lieu auec l'ayde de Dieu, en nostre œuure & Tome des Proportions Diuines. Le degré Geometrique dict des Latins *Gradus*, contient deux pieds: & le pas, dit aussi des Latins, *Passus*, est de deux pieds & demy,

Que c'est que pas & brasse.

lequel on prend ordinairement pour vne demye toise, en s'efforçant vn peu de le faire grand. Si lon veut engember & marcher bellement, les trois pas feront la longueur de la toise de Roy, ainsi qu'on parle à Paris. Quant à la brasse elle contient cinq pieds, mais il faut noter que la Romaine est plus petite que celle des Grecs d'vn pied & vn quart, ainsi que nous auons dict n'agueres: & pour entendre plus facilement les mesures, nous continuerons, & en ferons encores vn petit chapitre, pour les mieux cognoistre & leurs characteres.

De certaines marques & characteres de mesures, lesquelles nous employons, & faisons seruir en ce present œuure d'Architecture.

CHAPITRE III.

Certaines marques de mesures, desquelles vse l'Auteur en ses figures.

IE ne veux faillir de vous aduertir qu'en toutes les figures de ce present œuure où vous verrez marqué p, estant accompagné de quelques nombres, il signifiera palme, comme p, pied antique, m, minute, & o, once. On s'ayde aussi à Rome, ainsi que nous auons dict, de la brasse & canne, auquel lieu la brasse contient quatre palmes, & la longueur de la canne y est de deux brasses & demie, qui sont dix palmes. Quand on veut denoter la brasse on met vn b, comme pour la canne, vn c. D'auantage vous serez aduertis que quand ie voudray signifier la toise, ie mettray vn t, & pour le pied de Roy, vn p, auecques vne r. Ie vous descrirois encores plusieurs autres sortes de mesures, comme des petites diminutions de l'once qui viennent apres le grain d'orge, & des douze lignes qui sont au pouce: semblablement ie vous proposerois les grandes mesures, comme stades, perches, arpens, & de quelle quantité elles sont, auec les differences des miliaires, lieuës, & plusieurs autres mesures, desquelles vsent les Geometriens & Architectes, pour les reduire à vne mesure

DE PHILIBERT DE L'ORME.   134

sure du pied de Roy & de la toise, mais tout cela ne seroit à pro- *L'Auteur omet à-*
pos pour faire entendre les mesures & ornements des colomnes, *tre beaucoup de*
& autres artifices d'Architecture, desquels nous voulons parler, *petites choses, à*
& monstrer les differences qui sont aux proportions qu'on leur *fin de poursui-*
doit donner, selon les lieux ausquels on les appliquera. Plusieurs *ure les grandes.*
ont escrit bien amplement des susdictes mesures, & de leurs di-
uersitez, ainsi qu'on en vse en vn païs d'vne sorte, & à l'autre d'v-
ne autre, cóme aussi des poids, & varietez d'iceux, tãt pour les mar-
chandises que medecines: qui sera cause que ie leur renuoiray
ceux qui ne se contenteront du present discours, à fin de les lire à
leur bon plaisir & loisir. Voila ce que ie desirois vous communiquer quant aux mesures & leurs differences, deuant qu'entamer
le propos des colomnes, lequel ie desire faire entendre auec peu *Bon vouloir de*
de parolles, tant que faire se pourra, & tout ainsi que i'en fais *l'Auteur enuers*
pratiquer l'vsage (se presentant l'occasion) signamment des co- *les apprentifs.*
lomnes qui ne sont que de dix, douze & quinze pieds de hauteur,
ou enuiron. Nous commencerons doncques aux proportions des
quatre colomnes que Vitruue nous propose, les conduisant &
expliquant par ordre l'vne apres l'autre. La Thuscane doncques
ira la premiere.

De la colomne Thuscane, & de ses parties, orne-
ments & mesures.

CHAPITRE IIII.

COmbien que Vitruue nous descriue & enseigne
l'ordre de la colomne Thuscane, si est-ce que ie
n'en ay point veu aux edifices antiques, dont ie   *La colomne*
me puisse aduiser, mais bien assez aux modernes. *Thuscane rare*
Toutesfois ie ne lairray d'en parler, pour autant *aux edifices an-*
que c'est vn ordre tres-beau, & grandement ne-   *tiques*
cessaire & vtile pour les lieux qui ont à porter grande pesanteur,
& où il faut que l'œuure soit fort massiue pour soustenir les
charges. Ie diray d'auantage, que la façon des colomnes Thuscanes est propre pour ornements rustiques qu'on doit faire au premier estage des edifices, & merueilleusement conuenable à porter les voûtes des grands lieux audit premier estage, ou bien dans
les terres, où lon faict les voûtes des cuisines, salles du commun,
& autres: ou bien pour faire portiques, peristyles, & vestibules:
principalement aux chasteaux & palais, qui sont dans les forteres-

LIVRE V. DE L'ARCHITECTVRE

Les colomnes Thuscanes deuoir estre massiues & grosses.

ses: pour autant que tel ornement est trop lourd & massif n'ayant aucune chose delicat, comme doiuent auoir les premieres entrées & aspects des logis pour donner plus de contétement à ceux qui y vont & viennent. Doncques pour autant que telles colomnes doiuent estre massiues & fortes, elles meritent auoir lieu au premier estage. Qui est la cause que nous les descriuons icy les premieres comme celles qu'il faut premierement appliquer en œuure quand on veut mettre deux, trois, ou quatre ordres de colomnes l'vn sur l'autre. Quoy que ce soit, les plus fortes & massiues doiuent estre tousiours les premieres pour faire aller l'œuure par ordre, sans lequel ordre toutes choses perdent leur grace & desplaisent à l'œil, ie ne diray aux bastiments & structures, mais aussi aux liures, escritures & toutes choses. Ainsi qu'il se voit en la disposition & ordre de plusieurs chapitres de Vitruue, & signá-

Plusieurs chapitres de Vitruue n'estre en leur ordre.

mét du troisiesme, quatriesme & cinquiesme liure de son Architecture, qui me semblent estre si confus, meslez & transportez, que ce qui deuroit preceder, ensuit; & au contraire. Laquelle chose plusieurs fois m'a faict penser, ou que ledit Vitruue ne les a iamais ainsi disposez, qui est tres-veritable (pour autant qu'à la mode des Anciens il a escrit son œuure tout d'vn traict & sans aucune

Quelques coniectures de l'Auteur sur la confusion & desordre des liures de Vitruue.

discontinuation ou diuision par chapitres) ou bien que quelqu'vn a voulu ainsi dresser les chapitres tout expres, à fin de rendre l'œuure & l'artifice de bastir difficile: ou que les liures ont esté ramassez par pieces, & ainsi imprimez, ou bien transcrits & copiez apres le decez de Vitruue: ou que ledit Vitruue a colligé son œuure de plusieurs Auteurs, lesquels il a confusément alleguez, sans auoir eu le temps de disposer le tout par ordre & bonne methode, estant parauenture preuenu de mort. Quoy qu'il en soit son œuure est si enueloppé, confus, obscur, & difficile, que plusieurs ne s'en peuuent gueres bien ayder. Dieu donnera le moyen à quelque gentil esprit de reduire tel desordre en bon ordre. Mais delaissant ce propos, & reprenant celuy que nous auions entamé des mesures des colomnes Thuscanes & de leurs ornements, ie voudrois que celles qui seront de dix ou douze pieds, eussent six fois la grosseur de leur diametre, par le bas, pres de la basse pour leur hauteur. Et pour plus clairement le monstrer, ie prens le cas que la colomne aye deux pieds de diametre & douze de hauteur, sondit diametre sera diuisé en cinq parties & demie, desquelles quatre & demie seront données au plus haut de la colomne, & sa retraicte & rotondité en telle sorte conduicte, que toute la hauteur de la colomne soit diuisée en trois parties egales, desquelles la premiere, *verbi gratia*, au lieu de F, aura deux pieds & vne vnziesme partie de grosseur par son diametre, estant vne vnsiesme partie plus gros qu'est le pied de la colomne pres de la basse. Vous ferez adou-

Adoucissement de la rotondité de toute la hau-

cir la rotondité de toute la hauteur de la colomne par vne cherche ralon-

ralongée, ainsi que vous le voyez à la figure qui vous en est pro- *tour de la colô-*
posée cy apres, & ne se peut mieux faire, comme ie l'ay approuué *ne Thuscane.*
par experience beaucoup de fois, & en diuerses sortes d'œuures,
ainsi que, Dieu aydant, ie le vous deduiray fort familierement &
par le menu. Donc apres auoir arresté la hauteur de la colomne
Thuscane que vous voudrez faire, comme i'en propose & figure vne cy-apres ayant deux pieds de grosseur par son diametre
au dessus de la base, & douze de hauteur (qui est six fois sa grosseur) si vous diuisez ladicte grosseur en cinq parties & demie, &
en donnez quatre & demie au dessus de la colomne pour faire *Familiere ex-*
sa retraicte, & de toute la hauteur de sa colomne en tirez plu- *plication de la*
sieurs lignes paralleles (ainsi que i'ay faict pour ceste cy douze) *figure ensuyuāt*
les quatre monstreront la tierce partie de la hauteur de la co- *pour la compo-*
lomne, auquel lieu vous mettrez vn centre, comme vous le voyez *sition de la co-*
au lieu marqué F, & d'iceluy vous tirerez deux circonfe- *lomne Thusca-*
rences, l'vne de la largeur & grosseur de la colomne par en- *ne.*
haut, qui est la plus petite, comme vous le voyez en la prochaine figure, aux deux lignes qui tombent perpendiculairement
sur l'extremité de ladicte circonference: l'autre circonference
est plus large que le diametre de la colomne par le dessous d'vne
vnziesme partie de sa largeur, pour faire que ladicte colomne
soit enflée & aye ventre au droict de la ligne F. Ce qu'aucuns
ont obserué & faict ainsi pour beauté, comme aussi pour les raisons que vous entendrez plus amplement cy apres. Et tout ainsi
que ladicte colomne est diuisée en douze parties, aussi vous faictes douze parties egales dedans la circonference, comme vous
les voyez en ladicte figure, sçauoir est quatre au dessous de la ligne F, huict au dessus, où c'est que les lignes qui font separation se rencontrent sur l'extremité de ladicte circonference,
vous en tirez des lignes perpendiculaires. Et là où elles se rencontrent sur le bord des lignes paralleles qui diuisent toute la
hauteur de la colomne en douze (ainsi que nous auons dit) vous
faictes vne cerche ralongée de toute la hauteur de ladicte colomne pour l'arrondir, à fin qu'elle se monstre de belle forme &
façon. Mais il faut que le bon maistre Maçon tire ceste cherche *Instruction &*
ralongée à part, comme vous voyez que ie l'ay faict & figuré à *aduertissement*
costé de la colomne cy apres descrite, monstrant la concauité *fort bon pour les*
de ladicte colomne en forme d'vne reigle, pour faire entendre *maistres Maçōs*
aux apprentifs & ignorans que quand ils tailleront leur colom- *& ouuriers.*
ne ils doiuent souuent presenter telle reigle perpendiculairement & à plomb sur la ligne du pied de ladicte colomne: ce faisant il leur sera aisé de la tailler auec vne telle dexterité, qu'ils
osteront de la pierre autant qu'il faut, & sera arondie & agros-
sie de si bonne grace, qu'elle donnera contentement à la veuë

B

LIVRE V. DE L'ARCHITECTVRE

de tous ceux qui la regarderont. Et pour autant que telle façon se voit en diuers lieux & aussi que plusieurs l'ont voulu monstrer, cela me gardera de faire plus long discours sur le present propos, pour lequel no9 vous donnons la presente figure.

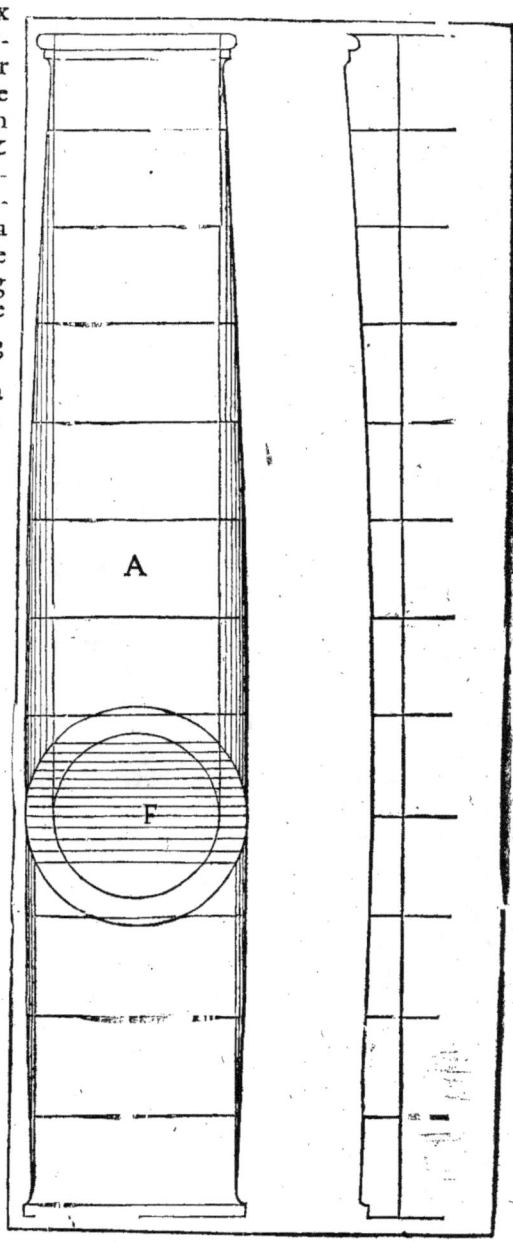

De la base ou basse ainsi que parlent les ouuriers) de la co-
lomne Thuscane.

CHAPITRE V.

I'Ay veu plusieurs basses des colomnes Thuscanes qui auoient pour leur hauteur la moitié de la grosseur de leur colomne, & quelquefois plus. Et par ainsi à celle que ie figure cy-apres, au lieu que le diamettre de la grosseur de sa colomne a deux pieds, pour la hauteur de sa basse, il luy en faudroit bailler la moitié, qui seroit vn pied. Mais quant à moy, ie ne luy voudrois donner sinon que neuf pouces de hauteur, & à son plinthe quatre & demy, & au thore marqué B, autres quatre & demy: l'escappe de la colomne au lieu marqué C, sera de la hauteur de la quarte partie du thore, & la saillie de la basse de trois pouces, de sorte que le plinthe aura pour toute sa largeur deux pieds & demy. Quand vous voudrez hausser la colomne, & mettre quelque carreau au dessous de sa basse, au lieu des pieds de stats, ainsi que i'ay faict à la figure proposée cy-apres (elle sera de hauteur autant que toute la basse: & en vn besoing, s'il est de necessité, vous en ferez vn quarré parfaict ou luy baillerez autant de hauteur comme est large le plinthe de la basse : ainsi que vous le pouuez cognoistre par la petite figure prochaine.

Bresue explica-
tion & demon-
stration de la
petite figure en-
suynant.

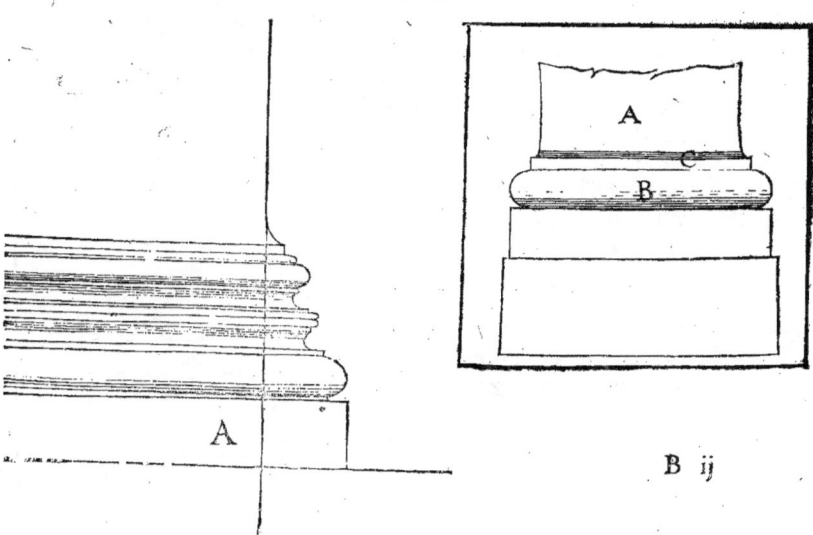

B ij

LIVRE V. DE L'ARCHITECTVRE

Du chapiteau Thuscan, & ornements de ses parties.

CHAPITRE VI.

L'Auteur s'excuse s'il vse en ses liures de mots Grecs, Latins, Italiques, & autres.

DEuant que parler du chapiteau de la colomne Thuscane, ie prieray les Lecteurs (ce que ie deuois auoir faict auparauant) ne trouuer estrange si i'vse quelquefois en ce discours des colomnes, & ailleurs, de mots Grecs, Latins, Italiques, ou autres; car pour dire verité nostre langue Françoise, en l'explication de plusieurs choses, est si pauure & sterile, que nous n'auons mots qui les puissent representer propremét, si nous n'vsurpons le langage & mot estranger: ou bien que nous vsions de quelque longue circonlocution. En quoy ie ne veux omettre que la plus grande partie des mots que nous vsurperons, sont entendus, receus & cogneus de plusieurs ouuriers & Maistres, en ce Royaume: ioinct aussi que nous escriuons autât pour les estrangers que pour nos François. Pour venir doncques au chapiteau Thuscan, il aura pour sa hauteur, la moitié de la grosseur de la colône par le bas, & autant pour toute sa largeur, ainsi que se cóporte la grosseur de ladicte colomne pres la basse, qui a deux pieds de large pour son diametre, cóme nous auons dit. La hauteur dudit chapiteau est diuisée en trois parties egales, ayât vne chacune quatre pouces, desquels vous en donnerez quatre au tailloir marqué A, qui est comme vn plinthe quarré: & à l'echine signé B, autres quatres, compris son filet quarré qui est au dessous, & à la frize du chapiteau C, quatres autres, qui sont les trois parties: ou si vous voulez les douze pouces, esquels est diuisée ladicte hauteur du chapiteau. Surquoy il faut prendre encores la quarte partie d'icelle pour la hauteur du filet quarré, qui est entre l'chine & la frize dudit chapiteau. Quant à l'astragale D, & le petit quarré E, qui est au dessus de la colomne, ils auront autant de largeur par le diametre qu'est la grosseur de la colomne par le bas, & autant de hauteur qu'est la retraicte de la colomne, ainsi que le pouuez voir par la presente figure.

Des parties & mesures du chapiteau Thuscã.

Poursuite des parties de lasusdicte colomne.

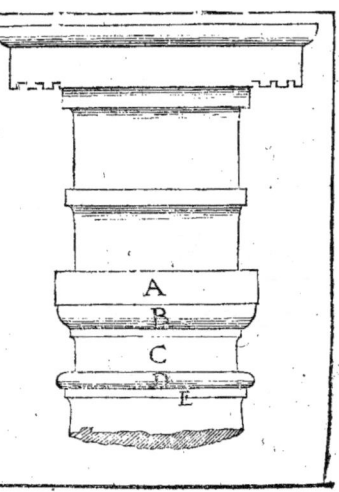

De l'epi-

DE PHILIBERT DE L'ORME.

De l'epistyle, frize, corniche & architraue de la colomne Thuscane.

CHAPITRE VII

VANT à l'epistyle, ou architraue & frize, vn chacun d'iceux, doit auoir pour sa hauteur la moitié de la grosseur de sa colomne par le plus haut, pres du chapiteau. Mais l'architraue doit estre diuisée en cinq parties pour toute sa hauteur, & vne d'icelles donnée à son quarré ou atastre, lequel aucuns ont appellé face, ou liste, qui monstre la saillie de son epistyle. La frize doit estre toute vnie & sans aucuns ouurages ny moulures. La corniche aura vne mesme hauteur que son epistyle, laquelle sera diuisée en quatre parties, & vne d'icelles donnée à son cymace, puis deux autres à la couronne, & la quatriesme à son quarré & reiglet au dessous de la couronne: mais il ne faut oublier de metre à la couronne trois strieures ou caneleures quarrées, iaçoit que plusieurs l'ayent faict d'autre sorte, vn chacun selon son aduis, & quelquesfois les vns de meilleure grace que les autres. Voila qu'il me semble de la structure des colomnes Thuscanes & de leurs ornements. Ie ne parle point icy des stylobates, ou pieds destats, car l'ordre Thuscan ne les requiert, sinon que vous voulussiez esleuer d'atantage vostre œuure. Quant à moy, ie n'y en voudrois aucunement mettre, ains plustost au lieu des basses & corniches, faire des plinthes & quarrez assez gros, comme l'œuure le requiert: car lors vous pourrez mettre par dessous la basse, vn plinthe tout quarré, d'vn pied pour le moins de hauteur, ou de deux pour le plus, qui seruira de pied de stat: autre ouurage ie n'y voudrois faire. Par ainsi vostre colomne aura huict parties & demie pour sa hauteur auec ses ornements, comme basse, chapiteau, epistyle, frize, & corniche. Quand on est contrainct de faire des pieds de stats, toute la hauteur sera diuisée en dix parties, qui sont vingts pieds, ayant la colomne deux pieds de grosseur par son diametre au dessus de la basse, ainsi que nous auons dit. Telle mesure sera bonne pourueu que la hauteur de la colomne n'excede point dix ou douze pieds; car si elle auoit quinze pieds de hauteur, il la faudroit faire autrement: & tout ainsi de vingt, ou de trente, pour autant qu'il faut sçauoir donner les vrayes mesures selon la hauteur qui se trouuera en l'œuure: ainsi que nous le deduirons ailleurs, Dieu aydant, auecques bonnes & suffisantes raisons, si nous n'en sommes destournez par quelques grands & vrgents affaires.

Icy ie ne me veux amuser à escrire l'inuention & origine de

L'Epistyle, frize, & corniche, de la colône Thuscane.

Aduertissemêt, conseil & aduis de l'Auteur fort digne de noter.

Les vrayes mesures des colomnes, estre selon la hauteur de l'œuure.

LIVRE V. DE L'ARCHITECTVRE

la colomne Thuscane, ny de ses ornements, soit qu'elle ayt esté faicte au pays Thuscan, ou ailleurs, ny aussi la raison pourquoy sesdicts ornements sont ainsi composez. Quant à moy, ie faits ladicte colomne plus grosse en sa tierce partie de hauteur qu'au plus bas, pour la monstrer plus forte, comme si elle s'accrasoit en enflant contre bas pour la charge qu'elle porte. Il doit suffire aux ouuriers de bien entendre les mesures pour les mettre en œuure, à fin que la colomne soit elegante & de belle proportion, selon les lieux esquels on la voudra employer. Et pourautant qu'il me semble que ie n'ay assez specifié l'ordre Thuscan, pour contenter celuy qui en desirera plus sçauoir, i'ay figuré encores cy apres auec plus grandes figures vne basse, chapiteau & corniche, lesquels i'ay retiré & extraict, auec leurs mesures & diuines proportions, de l'Escriture saincte, ainsi que vous le cognoistrez plus particulierement cy-apres: comme aussi les nombres & diuisions que i'applique à tous les ordres des colomnes, & de leurs ornements, ensemble des fassades des edifices, & plans de toutes sortes, semblablement des Orthographies, & Scenographies de tous edifices. Doncques, qui voudra prendre la peine, verra l'ordre Thuscan, comme ie l'ay cy-apres particulierement descrit & figuré.

Diligence de l'Auteur accompagnée de bon zele & vouloir enuers les apprentifs.

Encores de la colomne Thuscane & de ses mesures, selon nostre aduis, & comme lon y doit proceder.

CHAPITRE VIII.

QVANT aux proportions & mesures de la colomne Thuscane, elles ont esté dictes par cy-deuant: mais pour bien appliquer en œuure ladicte colomne, il faut noter qu'aux lieux où elle porte plus de charge & pesanteur, il est necessaire de la rendre plus grosse & massiue, à fin de pouuoir mieux resister contre la ponderosité & charge qu'on luy voudra donner. Pource faut il qu'elle soit grosse & courte mediocrement, suiuant la stature de l'homme bien proportionné, qui n'a que six fois la longueur de son pied pour sa hauteur. Aussi telle colomne ne doit auoir que six fois le diametre de sa grosseur par le pied, pour toute sa hauteur. Mais si on luy vouloit donner vne plus grande force ou beauté, ou bien que lon voulust considerer que pour la grande pesanteur qu'elle porte, la matiere de son corps s'abaissast & accrasast par le ventre, lors il seroit de besoing qu'elle eust la hauteur de sa tierce partie, comme au lieu de quatre pieds par dessus sa basse, qu'elle fust plus grosse d'vne dixiesme ou douziesme partie qu'elle n'est sur ladicte basse. Et encores à telle façon de colomne

En quels lieux il faut rendre plus grosse & massiue la colomne Thuscane.

Instruction & aduertissement fort digne de noter.

pour

DE PHILIBERT DE L'ORME.

pour se monstrer plus forte & massiue, il ne seroit point mal seāt de la rendre plus grosse qu'elle n'est par le pied, de la douzies-me partie, ainsi que nous auons dict. Vous aduisant que si i'en ay quelque fois affaire, ie le feray ainsi. Pour la retraicte de ladicte colomne par le haut, il suffira que ce soit d'vne sixiesme partie de son diametre : comme si la colomne estoit diuisée par sondit diametre, au dessous, en six part. ; les cinq en seront données pour le diametre au dessous du chapiteau. Aucunesfois il sera bon qu'elle soit diuisée en cinq parties, & que les quatres soient la grosseur du dessus de ladicte colomne. Mais sur ce propos ie vous aduertiray que nostre Vitruue est de telle opinion & aduis, que si les colomnes ont de douze à quinze pieds de hauteur, le diametre du dessous doit estre diuisé en six parties egales, desquelles l'on en donnera cinq pour le haut bout de la colomne, qui est vne sixiesme partie de retraicte. Celles donc qui auront de quinze à vingts pieds, leur diametre sera diuisé en six parties & demie, desquelles les cinq & demie seront pour le dessus de la colomne : & celles qui auront de vingt à trente pieds, leur diametre sera diuisé en sept parties, desquelles six seront pour le plus haut de ladicte colomne, & ainsi des autres. Il faut doncques apprendre telles proportions & mesures de nostredit Vitruue, qui sont fort bonnes & tres-dignes d'obseruer. Parquoy vous le pouuez & deuez voir audit Auteur, comme aussi celles des colomnes antiques, lesquelles ie vous monstreray en ce cinquiesme & sixiesme liure, tout ainsi que ie les ay iustement proportionées à leurs antiquitez, sous differentes mesures & retraictes. Mais pour reuenir à nostre colomne Thuscane, ie vous veux bien encores aduertir, que quand à sa basse ie la voudrois prendre sur la moitié de la grosseur de la colomne, qui sont douze pouces, en comprenant la hauteur de l'escappe de la colomne, qui est le quarré estant au pied, & reuiendra quasi à la proportion & mesure que vous auez veu cy-deuant fors que la basse dont nous parlions, auec le plinthe & thore, sont de mesme hauteur. Ie vous aduise que maintenant ie m'ayde de telles dimensions & nombres, ainsi que plus à plein ie le vous feray cognoistre quelque iour, Dieu aydant. Ladicte basse est diuisée en douze parties egales pour sa hauteur, ou bien douze pouces, desquels son plinthe signé A, à la figure ensuiuante, en a six parties pour sa hauteur : le thore, ou membre rond marqué B, quatre : & le filet quarré ou escappe par dessus ledict membre rond ou thore, deux. Voila les douze parties qui font la moitié du diametre de la grosseur de la colomne. La saillie de la susdicte basse a trois de ses parties, qui font vne quarte partie de la hauteur de toute ladicte basse. I'ay veu aucuns Architectes en Italie qui faisoient le plinthe de la basse Thuscane marqué A, tout circulaire. Quant à moy, i'entens qu'aux lieux des basses Doriques, Ioniques, Co-

Lieu de Vitruue expliqué & dilaté par l'addnis de l'Auteur.

De quelles dimensions & nōbres s'ayde maintenāt l'Auteur pour les colomnes.

B iiij

LIVRE V. DE L'ARCHITECTVRE

rinthiennes, composées, & autres; les plinthes y soient tous quarrez sur leurs pieds de stats, fors qu'à cestuy cy, qui le doit auoir rond, pour monstrer la difference des autres: & aussi pour monstrer que la basse doit estre forte & solide, tout ainsi comme la colomne. Aucuns ont trouué la saillie de la basse en ceste sorte: c'est qu'apres auoir tiré la circonference de la largeur de tout le diametre du plinthe, ils pratiquent vn quarré parfaict dans telle circonference dudit plinthe, au droit marqué A, & font que les angles touchent iustement l'extremité de ladicte circonference. Puis dedans ce quarré ils descriuent vne autre circonference & rondeur, qui monstre la grosseur de la colomne, pourueu que tel circuit ou circonference, touche iustement les extremitez du quarré parfaict, & entre les deux circonferences monstre la saillie de la basse Thuscane au droit de son plinthe: mais cela doit estre selon la grandeur des colomnes, & le lieu auquel on les veut appliquer. Et pour autant qu'il faut que telle chose (comme i'ay dict) soit massiue, il n'est point de besoing de luy donner aucun stylobate ou pied de stat, mais bien vn grand plinthe quarré de hauteur, si vous voulez de la moitie de la grosseur de la colomne, comme vous le voyez en la prochaine figure, au lieu marqué D, ayant douze pouces, & auec la basse vingt & quatre, ou bien deux pieds, ainsi qu'il est designé en vne ligne des costez. Quand vous serez contrainct de hausser d'auantage vostre colomne, vous pourrez bien faire son plinthe de la hauteur de la grosseur de ladicte colomne, pour le plus que ce soit en forme d'vn cube quarré, ou rond & sans moulures, pour y faire des corniches basses, comme lon faict aux pieds de stats: mais quant à moy ie n'y voudrois faire aucuns ouurages. Et pour autant que les figures Thuscanes cy deuant proposées m'ont semblé estre trop petites, ie vous les ay voulu figurer cy apres en plus grand volume, ainsi que vous le pouuez voir par la basse Thuscane qui ensuit.

Inuention & façon d'aucuns pour la saillie de la basse.

Beaux enseignemens & fort dignes de noter.

L'Auteur s'estudier à bien faire cognoistre ce qu'il propose & escrit.

Du cha-

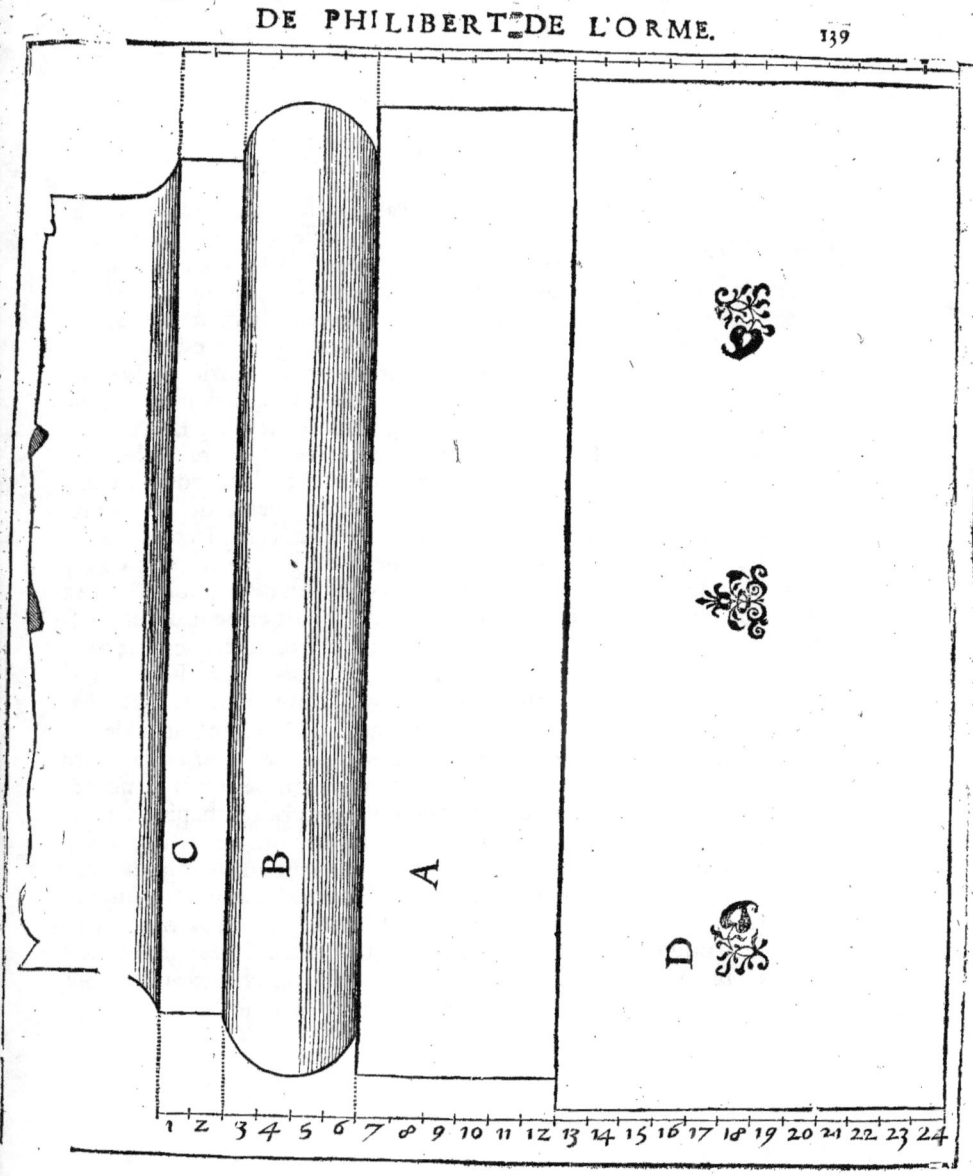

LIVRE V. DE L'ARCHITECTVRE

Du chapiteau de la colomne Thuscane.

CHAPITRE IX.

Proportion & mesure du chapiteau Thuscan.

VANT au chapiteau Thuscan, i'ay tousiours trouué que la moitié de la grosseur de sa colomne, par le pied aupres de la basse, est fort conuenable pour sa hauteur, pourueu que la colomne n'excede point douze ou quinze pieds de hauteur; car autrement (comme i'ay dict souuentesfois (il faudroit changer les mesures, & donner les proportions differentes, selon la hauteur de l'œuure. Ladicte hauteur doit estre diuisée en douze parties, qui sont douze pouces, desquels la frize marquée E, à la figure ensuiuant, en aura quatre, sa petite reigle ou filet quarré signé F, vn son échine ou mêbre rond marqué H, trois: & son abacus & couuerture du chapiteau, quatre: desquels derechef y en aura deux pour le quarré marqué K, & deux autres au lieu marqué I. Quant à l'ypotrachelio ou gorgerin, ainsi qu'au-

Poursuite de l'explication des parties de la colomne Thuscane.

cuns le nomment, ou membre rond du dessus de la colomne, auec son filet quarré, signé L, tout cela a deux parties de hauteur, lesquelles on diuise coustumierement en trois, desquelles le petit membre rond en a deux, & son petit filet quarré vne. Touchant la saillie du chapiteau, elle est tousiours aussi large comme est le diametre par le pied de la colomne, auec vne sixesme partie de son diametre d'auantage, ainsi que vous le pouuez voir en la figure cy-apres: de sorte que luy presentant le compas vous trouuerez qu'il sera malaisé de pouuoir faire vn plus beau chapiteau pour l'ordre Thuscan. Ie ne passeray outre sans vous aduertir que i'ay trouué des colomnes Thuscanes qui estoient au dessous du chapiteau, de la cinquiesme partie de retraicte, comme le diametre du dessous de leur colomne estoit diuisé en cinq parties au dessous dudit chapiteau, qui n'estoit que quatre de ses parties. Cela est propre pour donner plus grande saillie au chapiteau. Ie vous en figure cy-apres vn qui me semble estre fort bien.

DE PHILIBERT DE L'ORME. 140

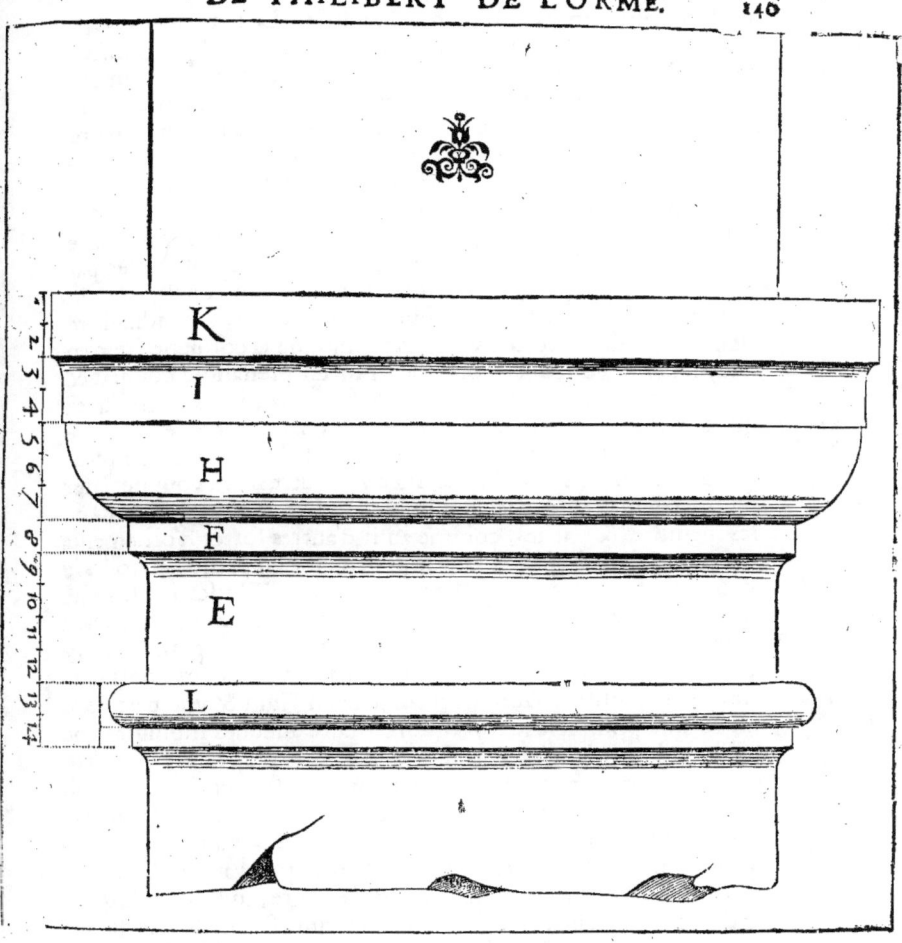

De l'architraue, frize & corniche Thuscane.

CHAPITRE X.

TOVTE la hauteur de l'architraue, frize & corniche est diuisée en quarante parties, que nous appellerons pouces, comme par cy deuant. Et quand à la hauteur particuliere dudit architraue, ie ne luy voudrois donner que dix pouces, ou dix parties: desquelles son plinthe marqué M, en aura deux: son filet quarré signé N, vne: & les sept qui resteront à la reste de la face de tout l'architraue au lieu marqué O, qui font sept pouces, ou bien sept parties. La hauteur de la frize au lieu marqué P, sera autant comme la moitié de la grosseur de la colomne qui a douze pouces: & le petit thore ou membre rond qui est au dessus marqué Q, aura la sixiesme partie de la hauteur de ladicte frize, qui sont deux pouces: la face ou quarré marqué R, sera de trois pouces ou parties: la couronne S, de quatre: le quarré T de deux: le petit thore marqué V, d'autres deux; le cymas ou partie du grand membre rond signé X, de cinq: & la saillie de toute la corniche, de quinze. Et pour autant que toute la hauteur desdictes corniche, frize, & architraue, est diuisée par parties egales & pouces, qui sont quarante, ainsi qu'il a esté dit, & le pouuez voir en la figure suyuante, à la ligne perpendiculaire estant à l'vn de ses costez vers l'extremité de la corniche, ie n'en feray plus long discours: ioinct aussi qu'en prenant le compas & le presentant sur lesdictes parties de la figure, vous cognoistrez qu'elles doiuent estre les saillies d'vne chacune chose. Qui me gardera de vous faire plus long discours de la colomne Thuscane, & de ses ornements: remettant à vne autre fois à vous declarer plus particulierement les diuisions, nombres & proportions de ses membres & parties, comme aussi d'autres sortes d'ornements de la corniche Thuscane. Ce temps pendant en peu de parolles ie vous repeteray les mesures de tout l'ordre Thuscan, à fin que mieux vous les reteniez. Doncques la hauteur de la colomne auec tous ses ornements doit estre diuisée en dixhuict parties, sans y comprendre le pied de stat: lequel quand vous serez contraints de l'y faire, toute la hauteur sera diuisée en vingt & vne partie. Si est ce que pour cela ie n'y voudrois faire aucunes moulures, ne basse dudit pied de stat: car si vous le faictes trop haut, vous rendrez l'œuure trop delicate, & non point robuste, comme elle doit estre. I'ay veu quelques Architectes modernes en Italie qui donnoient au pied de stat la tierce partie de la hauteur de sa colomne, mais à mon iugement c'estoit trop: pour autant qu'il suffit, quand vous seriez contraints d'y en faire, qu'il soit de la quarte partie de la hauteur de sa colomne, qui est vne fois & demie le diametre de ladicte colomne. Ou bien que ladicte hauteur de colomne soit diuisée en douze parties, & les trois données pour le pied de stat, puis la hauteur dudit pied de stat encores diuisée en six parties, & l'vne donnée à la corniche qui est syncopée, comme à vn plinthe, vne autre à la basse, & les quatre demeureront dedans le quarré du pied de stat, entre la basse & la corniche. Cela rend & monstre l'œuure forte & robuste. Par ainsi il y a trois parties pour le pied de stat, vne pour la basse & douze pour la colomne, qui sont seize, & cinq pour le chapiteau, architraue frize & corniche, qui sont vingt & vne parties: si vous obseruez telles mesures, vous les trouuerez fort belles. Si la grandeur du papier

Excuse proposée par l'Auteur.

Repetition fort briefue de toutes les mesures de l'ordre Thuscan.

Belle recollectiõ de la colomne Thuscane & de ses parties.

DE PHILIBERT DE L'ORME.

colomne, qui sont seize, & cinq pour le chapiteau, architraue, frize & corniche, qui font vingt & vne parties: si vous obseruez telles mesures, vous les trouuerez fort belles. Si la grandeur du papier pouuoit porter qu'on peust metre & assembler toutes les parties & ornements des colomnes l'vne sur l'autre, comme sur la basse, la colomne, le chapiteau, l'architraue, frize, & corniche, à fin qu'elles fussent d'vne grandeur competente pour cognoistre les mesures, ie les y mettrois volontiers, comme aucuns ont faict, en representant par fueilles imprimées les ordres des colomnes ; mais cela seroit si petit, veu la capacité du papier de nostre liure, que malaisément le lecteur en pourroit tirer quelque fruict. Et aussi que monstrant la façon pour vn ordre, ne seroit assez pour s'en seruir à tous propos, au moins à plusieurs sortes d'edifices, pource qu'il les faut faire de differentes mesures, selon l'œuure que lon veut faire. Par ainsi il m'a semblé pour le mieux, (à fin que les ouuriers puissent entendre les differences qu'on doit donner aux mesures & ornements des colomnes) de les monstrer & enseigner par pieces l'vne apres l'autre, & quelquefois proposer par exemple ce que i'en ay retiré des edifices antiques, ou bien des liures, & longue experience, en accompagnant le tout de figures plus petites les vnes que les autres, & quelque fois autant grandes que le fueillet du liure le peut porter, à fin que lon puisse mieux voir & cognoistre la vraye forme, mesures & ornements des colomnes. Ce qui vous sera aisé de voir par effect cy apres, tant à l'ordre Dorique, Ionique, Corinthien, qu'autres. Et sur ce propos ie ne vous tiendray d'auantage pour le present, à fin de commencer à descrire les mesures & proportions des colomnes Doriques, comme aussi leurs ornements & parties.

L'Auteur s'excuse & monstre pourquoy il a faict ses figures maintenant petites & quelquefois grandes

C

LIVRE V. DE L'ARCHITECTVRE

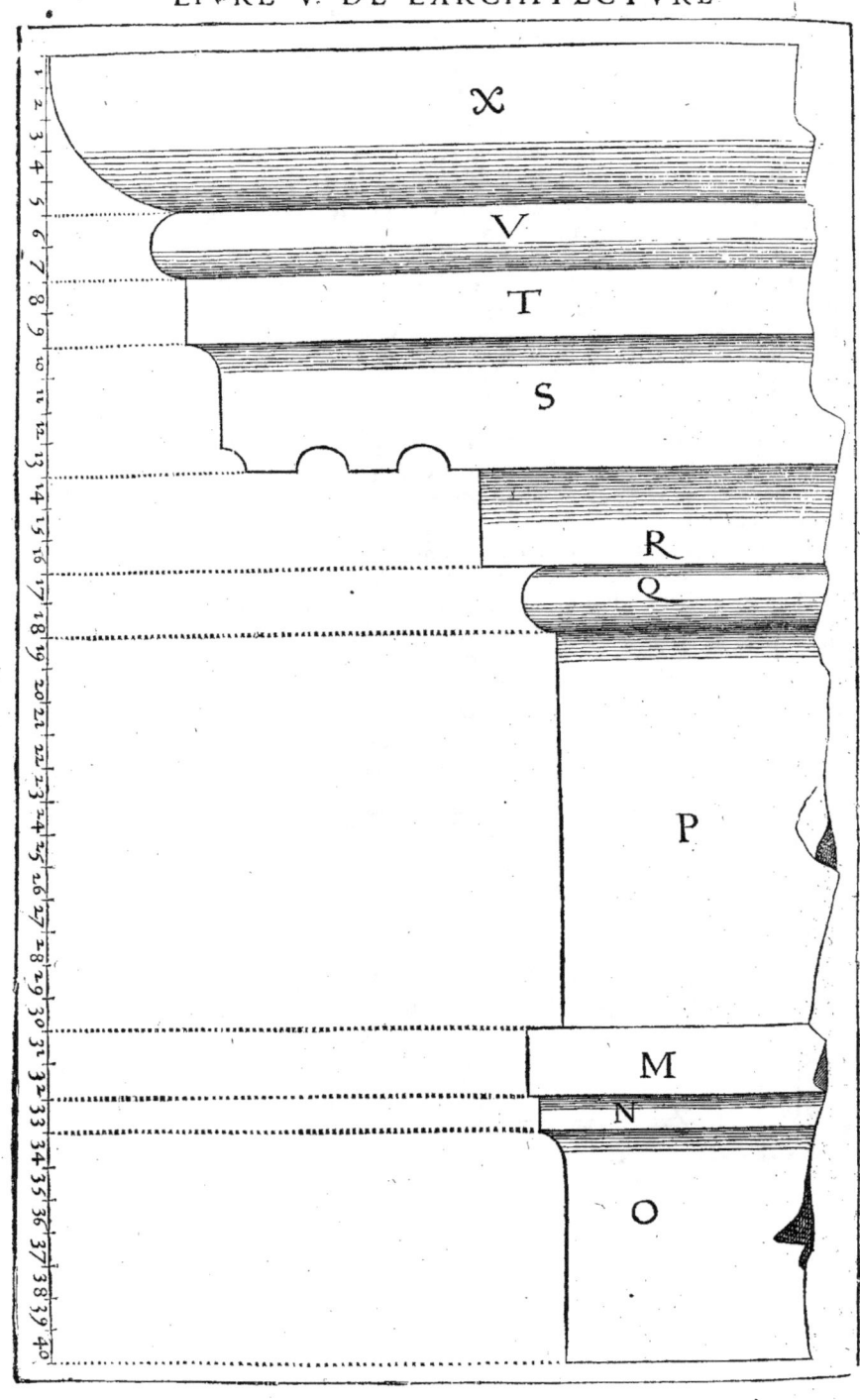

De la colomne Dorique auec ses mesures, ornements & parties.

CHAPITRE XI.

Ombien que par cy-deuant i'aye dict que ie ne m'amuserois point à descrire au long & prolixement l'origine & inuention des colomnes autrement que i'ay faict, si est ce que ie vous aduertiray sommairement que la Dorique a esté trouuée apres les mesures de l'homme, ainsi que vous le pouuez voir au premier chapitre du quatriesme liure de Vitruue, qui est la cause que ie n'en feray autre discours, à fin de declarer l'artifice & proportions de ladicte colomne. Quand doncques vous desirerez faire vn ordre Dorique, vous regarderez que les colomnes ayent pour leurs hauteurs la septiesme partie de leur grosseur par le diametre pres la basse. Comme quoy? si elles ont deux pieds de grosseur, elles en auront quatorze de hauteur, laquelle sera de mesme grosseur de deux pieds iusques à la tierce partie de leur hauteur par dessus la basse, ainsi que vous le voyez à la figure ensuyuant au lieu marqué 3. Puis toute la largeur de leur diametre sera diuisée en six parties egales, desquelles vous en donnerez cinq à la grosseur de la colomne par le dessus, & s'en faudra vne sixiesme partie qu'elle ne soit aussi grosse par le plus haut qu'elle est par le bas au dessus de la basse. Il la faudra bien adoucir auec la cherche ralongée, comme i'ay dit de la Thuscane, parquoy ie n'en feray plus longue escriture: ioinct aussi que vous le pouuez encores aisément cognoistre par la figure qui vous en est cy-apres proposée, aux lignes perpendiculaires qui tombent sur l'extremité de la circonference qui est faicte du centre marqué 3. Quant aux basses de ladicte colomne Dorique, on les faict de la hauteur de la moitié de la grosseur de la colomne: & pour autant qu'elles sont en pleine veuë, il ne faut point changer de mesure pour leur donner autre sorte de hauteur, en quelque ordre que ce soit. Vray est que vous les pourrez enrichir de moulures telles que vous voudrez, suyuant l'ordre. La grosseur de ceste colomne est diuisée en trois parties egales, suyuant l'opinion de Vitruue, qui me plaist grandement, & la veux alleguer à fin que vous en puissiez seruir. Vous mettrez doncques, en suyuant ledit Vitruue, vne desdictes trois parties sur la basse, tirant en bas, & ce qui restera sera pour la hauteur du plinthe de ladicte basse, ainsi que vous le voyez signé B, en la figure cy-apres. Le reste de la basse sera diuisé en quatre parties, desquelles vous en donnerez vne au thore de dessus signé C: & le surplus, qui sont

La colomne Dorique auoir esté trouuée apres les mesures de l'homme.

Mesure des parties de la colomne Dorique.

La hauteur des basses de la colomne Dorique.

Opinion de Vitruue approuuée par L'Auteur.

C ij

LIVRE V. DE L'ARCHITECTVRE

trois parties, sera diuisé en deux, dont l'vne seruira pour le thore inferieur, marqué D, & le residu pour la concauité qui est entre les deux thores, auec les deux filets quarrez, marquez E, & appellez des ouuriers naucelle, qui est vn nom duquel ils vsoient par cy-deuant aux edifices modernes, qu'ils disoient estre faicts à la mode Françoise, de laquelle on se vouloit encores ayder lors que

L'auteur auoir rapporté la maniere de bien bastir en France.

ie fis commencer le chasteau de sainct Maur pres Paris. Mais telle façon barbare est abolie entre les ouuriers, pour auoir trouué meilleure celle que ie leur ay monstré & apporté en France il y a plus de trente ans, sans en prendre aucune gloire ny iactance. Telle concauité & naucelle de basse est diuisée en six parties, desquelles on en prend deux pour donner aux deux filets, sçauoir est à chacun vne : mais le dessous doit estre vn peu plus haut. Cela se pourra beaucoup mieux cognoistre par le desseing que ie vous en proposeray expressément, que par longue escriture, signamment en la basse qui est dessous la colomne signée A, comme vous le verrez cy apres. Quant à la saillie de la basse Dorique, el-

Pour la saillie de la basse Dorique.

le aura la quarte partie de la grosseur de sa colomne, qui sont six pouces, de sorte que tout le plinthe de ladicte basse auec les saillies, auront pour leur largeur vne fois & demie le diametre de la colomne, qui seront trois pieds. Pour le regar des pieds de stat ou stylobates, il les faut faire aussi larges qu'est tout le plinthe de la basse, & y former de telle largeur vn quarré parfaict, que vous

Continuation de ce que dessus.

puissiez tirer vne ligne diagonale d'vn angle à autre, & autant longue que sera la hauteur du stylobate, outre sa corniche & sa basse, qui doiuent estre chacune d'vne cinquiesme partie de la hauteur du dedans du pied de stat : sçauoir est, vne pour la hauteur de la basse, & vne autre pour la corniche, qui sont sept parties, esquelles doit estre diuisée toute la hauteur du stylobate Dorique. Qui voudroit adiouster vn plinthe dessous ledit stylobate, il le pourroit faire d'vne hauteur des susdictes sept parties. Ie ne parleray des moulures de la corniche de la basse, pour autant que vous les verrez plus particulierement cy-apres.

Autre

DE PHILIBERT DE L'ORME. 143

C iij

LIVRE V. DE L'ARCHITECTVRE

Autre sorte de stylobate, ou pied de stat Dorique.

CHAPITRE XII.

Contre aucuns qui veulent contrefaire les Architectes par l'arreoins.

I'AY descrit cy dessus vne façon de stylobate Dorique suiuant l'opinion de plusieurs, & ainsi que aucuns modernes l'ont mise en œuure, & figurée, ou plustost tellement quellement dechiffrée de Vitruue, pour s'en ayder (comme chacun faict de ce qu'il peut) mais telle façon, hauteur & proportion de stylobate, seroit beaucoup plus propre pour vne colomne Ionique, voire pour la Corinthienne, à vn besoing, que pour l'appliquer à l'ordre Dorique. Si ie l'ay voulu descrire, ce n'a esté pour autre chose sinon que ie l'ay trouuée ainsi, n'y voyant toutesfois aucune grace ny beauté pour estre hors de mesure & vraye symmetrie. Ce que ie dy pour aduertir que tout ainsi que la colomne Dorique est faicte selon la proportion de l'homme, aussi est elle propre pour porter choses fort pesantes, apres la Thuscane. Ie ne voudrois que son stylobate fust tant esleué qu'on

Des mesures particulieres de la colomne Dorique.

le faict, mais bien au contraire qu'il eust seulement la hauteur d'vn quarré parfaict, entre sa corniche & basse, qui seroit de la largeur du plinthe de la basse de sa colône. D'auātage ie voudrois diuiser ledict quarré en quatre parties, & donner vne d'icelles à la hauteur de la basse, & vne autre à la corniche du stylobate, qui seroient cinq parties, puis vne autre au plinthe de la basse, qui seroit toute la hauteur des parties du pied de stat, ainsi que vo' le pouuez voir par la figure presente, laquelle vous ne trouuerez de mauuaise grace.

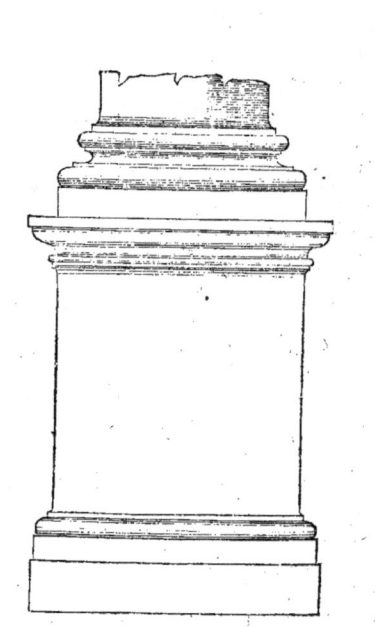

Encores

Encores d'vne autre sorte de pied de stat Dorique.

CHAPITRE XIII.

ESIRANT pratiquer petit à petit les proportions & mesures que i'ay obserué en la saincte Escriture, il m'a semblé fort bon de vous proposer icy vne autre sorte de pied de stat, laquelle vous trouuerez plus belle en œuure qu'aucune qu'ō puisse voir pour l'ordre Dorique, ainsi que ie pense. Qui est la cause que pour rendre plus content le Lecteur, ie me suis parforcé de vous en faire icy dessous vne figure pour la troisiesme, marquée A, au milieu: en laquelle ie m'ay de d'vne proportion que i'ay pratiquée apres auoir dressé le quarré parfaict du dedans du stylobate, lequel ie diuise en quatre parties, ainsi que dessus, & donne vne d'icelles à sa hauteur, qui est de cela plus que son quarré. Et se trouuent par ce moyen les proportions entre la basse & la corniche si à propos, qu'il y a cinq parties de hauteur sur quatre de largeur. Derechef vne de ces parties est donnée pour la hauteur de la basse du pied de stat, & autant pour sa corniche, comme vous le pouuez voir par la presente figure, qui me semble tresbelle.

Inuention extraicte des proportions de l'Escriture saincte.

L'Auteur s'estudier à contenter les Lecteurs.

Il vous faut ainsi garder telle mesure, quand vous voulez rendre vostre œuure plus gaye & plus esleuée, & la pratiquer semblablemēt aux plinthes de la basse dudit pied de stat, ou stylobate, au lieu signé B, en esleuant vostre œuure d'vne de ses parties, voire de deux, s'il est besoing. Par ainsi toute la hauteur dudit stylobate, auec sa basse & corniche, sera diuisée en sept parties, cōme sa colōne, qui a sept fois pour sa hauteur la largeur de sō diametre par le bas. Ledit stylobate se trouera de hauteur, auec son plinthe B, de six pieds sur trois de large, ou bien il aura deux fois autant de hauteur, comme il est large,

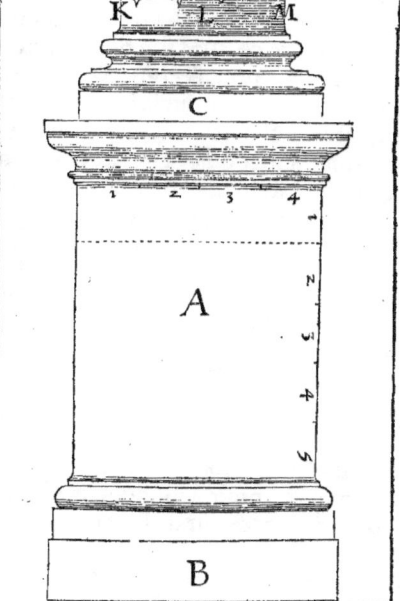

ainsi que vous le pouuez cognoistre & mesurer auec le compas sur la presente figure.

C iiij

LIVRE V. DE L'ARCHITECTVRE

Du chapiteau Dorique, & de la mesure de ses parties.

CHAPITRE XIIII.

Continuation de la description & mesure des parties de la colomne Dorique.

 APRES vous auoir monstré les mesures du stylobate de la colomne Dorique, comme aussi de la basse & de son plinthe, reste icy consequemment parler de son chapiteau, epistyle, triglyphes, & metopes, qui contiennent la hauteur de la frize, & des coronnes ou corniches, ainsi que le vulgaire les appelle. Doncques les chapiteaux Doriques, pour leur hauteur doiuent auoir la moitié du diametre de la grosseur de leur colomne par le bas, qui peut estre vn pied de hauteur, supposant que la colomne aye deux pieds de grosseur en son diametre. Ladicte hauteur sera diuisée en trois parties egales, desquelles la premiere sera pour le plinthe & cymas du chapiteau marqué D, en la figure descrite cy apres: la seconde pour l'echine auec ses filets quarrez, & la troisiesme pour l'espace de la frize dudit chapiteau, qui sera à plomb & perpendicule, & de mesme grosseur que le dessus de la colomne. Puis toute la hauteur dudit chapiteau sera diuisée en neuf parties, desquelles vous en donnerez vne à la hauteur du cymas, ou cymace, auec son filet quarré par le dessus, deux pour le plinthe, deux pour l'echine, & vne pour les filets quarrez, les trois qui restent seront pour la frize dudit chapiteau : le tout faisant les susdictes neuf parties.

Continuation des mesures du chapiteau Dorique & de ses parties.

Toute la saillie du chapiteau au dessus, & au droit du filet quarré de la cymace marqué D, sera aussi large, comme est le diametre de la colomne par le bas, auec la sixiesme partie dudit diametre d'auantage, qui seront deux pieds & quatre pouces. Mais la saillie du chapiteau qui est depuis le neud de la colomne, iusques à l'extremité du filet quarré marqué E, sera diuisée en quatre parties, desquelles vne sera donnée pour la saillie de la cymace, & le reste demeurera pour la saillie du plinthe, & de l'echine, & filet quarré ; ainsi que vous le pouuez fort bien cognoistre par la figure cy apres proposée, sans en faire plus long discours.

Aduertissement digne de noter.

Toutefois ie vous veux bien aduiser que Vitruue n'a pas mis grande difference entre les mesures du chapiteau Dorique, & du chapiteau Thuscan, mais bien plustost aux ornements, pour leur auoir baillé à tous deux la hauteur de la moitié de la grosseur de leur colomne par le pied, & en apres diuisant ceste hauteur en trois parties, & en donnant vne pour la frize, l'autre pour l'echine, & la troisiesme pour le dessus où est le cymas ou quarré, auec quelque petit ornement different. Mais telles mesures des chapiteaux Doriques, & encores de toutes

leurs

DE PHILIBERT DE L'ORME. 145

leurs parties, se doiuent faire selon le bon iugement de l'Architecte, & correspondence de la hauteur & grandeur des œuures, par les raisons que i'ay dit cy deuant, & allegueray cy apres, comme il viendra à propos & en sera de besoing. Par ainsi vous verrez par exemple & figure la difference qui est entre les colomnes, ie ne diray pas seulement en leurs chapiteaux, mais encores aux corniches & autres parties, sans y omettre leurs ornements, ainsi que vous le pourrez iuger par celles que i'ay mesurées apres les antiquitez, & vous seront proposées cy apres chacune en son ordre. Mais delaissant ce propos nous acheuerons le discours de la colomne Dorique, & parlerons tant de son epistyle que triglyphes, metope & coronne, c'est à dire de l'architraue, & frize où sont les caneleures, ornements, corniche & autres.

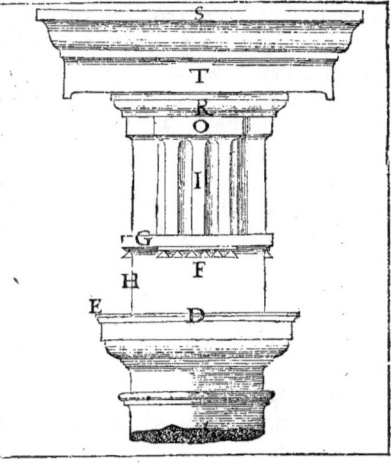

L'ordre de toutes les colomnes estre different l'vn de l'autre.

De l'epistyle Dorique, comme aussi de ses parties, & triglyphes

CHAPITRE XV

OVR pertinemmēt parler de l'epistyle marqué F, en la precedente figure, & appellé des ouuriers Architraue, estant de mesme hauteur que le chapiteau, & ayant la moitié de la grosseur de sa colomne (sçauoir est vn pied de hauteur) vous le diuiserez en sept parties, & donnerez vne d'icelles à la hauteur du filet quarré signé G, lequel aucuns appellent liste: Vitruue, tenie, ensuiuant les Grecs: & les autres, autrement: soit ainsi qu'on voudra, pourueu que lon en ait cognoissāce. Puis vous diuiserez encores toute la hauteur dudit epistyle en six parties, & en donnerez vne à la hauteur des gouttes, & petite reigle ou filet quarré, qui pourroient estre deux pouces de hauteur, suiuant ce que nous auons poposé par cy-deuant, qui estoit de dōner deux pieds de grosseur en nostre colōne Dorique par son diametre. Quant à la face dudit epistyle estant au lieu marqué F, il

Que c'est qu'epistile, & de sa diuision en sept parties.

LIVRE V. DE L'ARCHITECTVRE

Mesures & proportions des parties & membres de l'epistyle.

faut qu'elle soit correspondante & à plomb auec la colomne par le bout d'enhaut, ainsi qu'il est aisé à cognoistre par la ligne qui en monstre le pourfil, comme vous le voyez au lieu signé H. Au dessus de l'epistyle il faut faire la hauteur des triglyphes marquez I, laquelle sera autant qu'est vne fois & demie la hauteur dudit épistyle, sçauoir est d'vn pied & demy. Touchant la largeur elle sera d'vn pied, qui est la moitié de la grosseur de toute la colomne marquée K M, en la deuxiesme figure precedente. Les

Des triglyphes & leur largeur.

triglyphes signez I, en la figure du chapitre precedent, seront, ainsi qu'il a esté dict, autant larges comme est la hauteur de l'epistyle, ou bien comme est la largeur de la moitié de la colomne K L, qui est vn pied, lequel sera diuisé en parties egales, & trois d'icelles données pour le quarré, deux pour la concauité des triglyphes, & deux demies pour les deux costez, l'vn à droict & l'autre à gauche, ainsi que vous le pouuez cognoistre par la figure proposée au chapitre precedent, & le cognoistrez encores mieux cy apres, par autres figures antiques. Mais notez qu'il faut que les triglyphes soient tousiours au droict du milieu de la colomne. Et pour autant que les figures sont icy fort petites, à fin que vous les puissiez mieux entendre, i'en proposeray d'autres plus grandes, lesquelles (ainsi que nous auons dit) i'ay retiré & mesuré apres les antiques qui sont diuinement bien faictes.

Continuation de la description des parties de la colomne Dorique.

Par icelles donc vous ne pourrez faillir de conceuoir & entendre l'artifice. Ce temps pendant nous acheuerons de dire, & vous aduertir que par dessus le triglyphe y a vn chapiteau, ou petit plinthe quarré, qui est de la hauteur d'vne septiesme partie de tous les triglyphes, ou hauteurs des frizes. Aucuns l'ont faict de la sixiesme partie, mais cela se doit considerer & apprendre de la hauteur de l'œuure que lon veut faire. On met à costé des triglyphes quelques metopes, qui sont aussi larges comme hautes entre lesdicts triglyphes, ainsi que vous le verrez & cognoistrez beaucoup mieux par les grandes figures qui vous en seront proposées cy apres ainsi que des Thuscanes. On faict la hauteur de la corniche d'autant qu'est la moitié de la grosseur de la colomne, & vne troisiesme partie d'auantage: & luy donne lon autant de saillie pour le plus, & pour le moins, qu'à la ligne qui respond perpendiculairement aux plinthes estans sur les fondements dessous les stylobates. La hauteur du cymas auec sont filet quarré, au lieu marqué R, en la figure precedente, est la cinquiesme partie de la hauteur du triglyphe ou frize, auec son quarré. Le reste de la hauteur de la susdicte corniche est diuisé en deux parties egales, desquelles l'vne est pour le cymas auec son filet quarré signé S, qui est la quarte partie de la hauteur de la moitié de la grosseur de la colomne: l'autre est donnée à la couronne marquée T. Et pour autant, comme ie vous ay dict que vous verrez cy apres des

corniches

DE PHILIBERT DE L'ORME. 146

corniches, triglyphes, metopes, & epistyles, auec leurs gouttes en plus grand volume, accompagnez de leurs mesures escrites au dessus, & aussi vn pied de stat antique; ie ne vous en feray plus long discours, esperant, auec la bonne aide de nostre Seigneur, que facilement vous entendrez l'ordre & symmetrie de la colomne Dorique, apres auoir veu les desseins & protraicts que ie vous en donneray. Les deux figures precedentes satisferont au discours du present Chapitre.

L'Auteur promet des figures plus grand volume.

D'vne autre sorte de pied de stat, tiré des Antiquitez.

CHAPITRE XVI.

COMBIEN que ie vous ay escrit assez amplement par cy-deuant des pieds de stat de l'ordre Dorique, si est-ce que pour mieux éueiller les gentils esprits, & leur faire recognoistre comme les anciens Architectes y ont procedé; ie veux encores monstrer icy quelque autre sorte de mesures & ornemens d'vn stylobate & pied de stat antique, pour l'enrichissement duquel les Architectes ne se sont seulement contentez l'orner de festons attachez à des testes de mouton sur les angles, & d'vne teste de Mercure, auec deux Cignes situez à la face du pied de stat, & trois espics de bled, accompagnees de petits oiseaux (le tout portant quelque deuise incogneuë) mais encores ils ont esté si curieux, pour monstrer que c'est de l'ordre Dorique, qu'ils ont faict des triglyphes au dessous de la corniche, estans de mesme hauteur que ladite corniche; & au dessous à chaque triglyphe, trois petites gouttes. Mais au lieu qu'on en met communément six à l'architraue Dorique, ils n'en ont voulu mettre que trois à ces triglyphes de pied de stat, & ont laissé espace entre lesdits triglyphes pour les metopes, qui sont tous quarrez; comme il se trouue aux frizes antiques de l'ordre Dorique. Quant à sa mesure, ie trouue qu'elle se prend apres la basse de sa colomne, laquelle basse a de hauteur autant qu'est la moitié du diametre de la colomne, compris la saillie de l'escape ou filet quarré, qui est au pied de la colomne sur ladicte basse. La hauteur de la mesme basse est donnee cinq fois pour la hauteur du pied de stat, en ce comprenant sa basse & corniche, comme depuis P, iusques à Q, au dessus du plinthe du pied de stat. Outre ce, la moitié de la hauteur de la basse de la colomne est donnee pour la hauteur de la corniche du pied de stat, comme vous le voyez de H à F sur la figure ensuyuant, & autant pour la hauteur des triglyphes & metopes, com-

Bon vouloir de l'Auteur enuers les apprentifs, amateurs d'Architecture.

Declaration des parties de la figure ensuyuant.

LIVRE V. DE L'ARCHITECTVRE

Facile & fort ample declaration de la figure ensuyuant.
me il appert depuis P, iusques à B, ou de H, iusques à D, qui est la hauteur de toute la basse de la colomne. De rechef ie trouue qu'ils ont baillé pour la hauteur du dedans du pied de stat entre la corniche & la basse, marquée I, ou bien entre F & E, autant qu'est vne fois & demie la longueur du plinthe de la basse marquée A. Par ainsi l'on cognoist comme la hauteur de la basse du pied de stat marqué I Q, est trouuée. Quant au plinthe & quarré du dessous dudit pied de stat, ils l'ont faict aussi haut comme est la hauteur de la basse de la colomne: ainsi que vous le voyez depuis le poinct de I, iusques au dessous du plinthe. Touchant la largeur dudit pied de stat, ils l'ont faict aussi large qu'est le plinthe de la colône marqué A, ce qui doit tousiours estre, comme vous le voyez de P à H: Semblable largeur se voit de I à E, ou bien de B à D, au dessous des tripliphes. Quant au department des moulures vous les pouuez trouuer & cognoistre auec le compas. Et pour autant

Aduertissement non indigne de noter.
que i'ay suffisamment escrit cy deuant des hauteurs, largeurs & mesures quon doit donner aux parties du pied de stat, ie vous ay bien voulu communiquer la presente figure, pour seulemēt vous exhiber ses ornements & ordre auec les mesures, à fin que vous les puissiez imiter, & enrichir les faces du pied de stat & stylobate, de tels ornements & deuises que vous voudrez. Reste cy apres vous monstrer ce que i'ay encores trouué des chapiteaux, epistyles, metopes, triglyphes & couronnes de l'ordre Dorique.

Encore

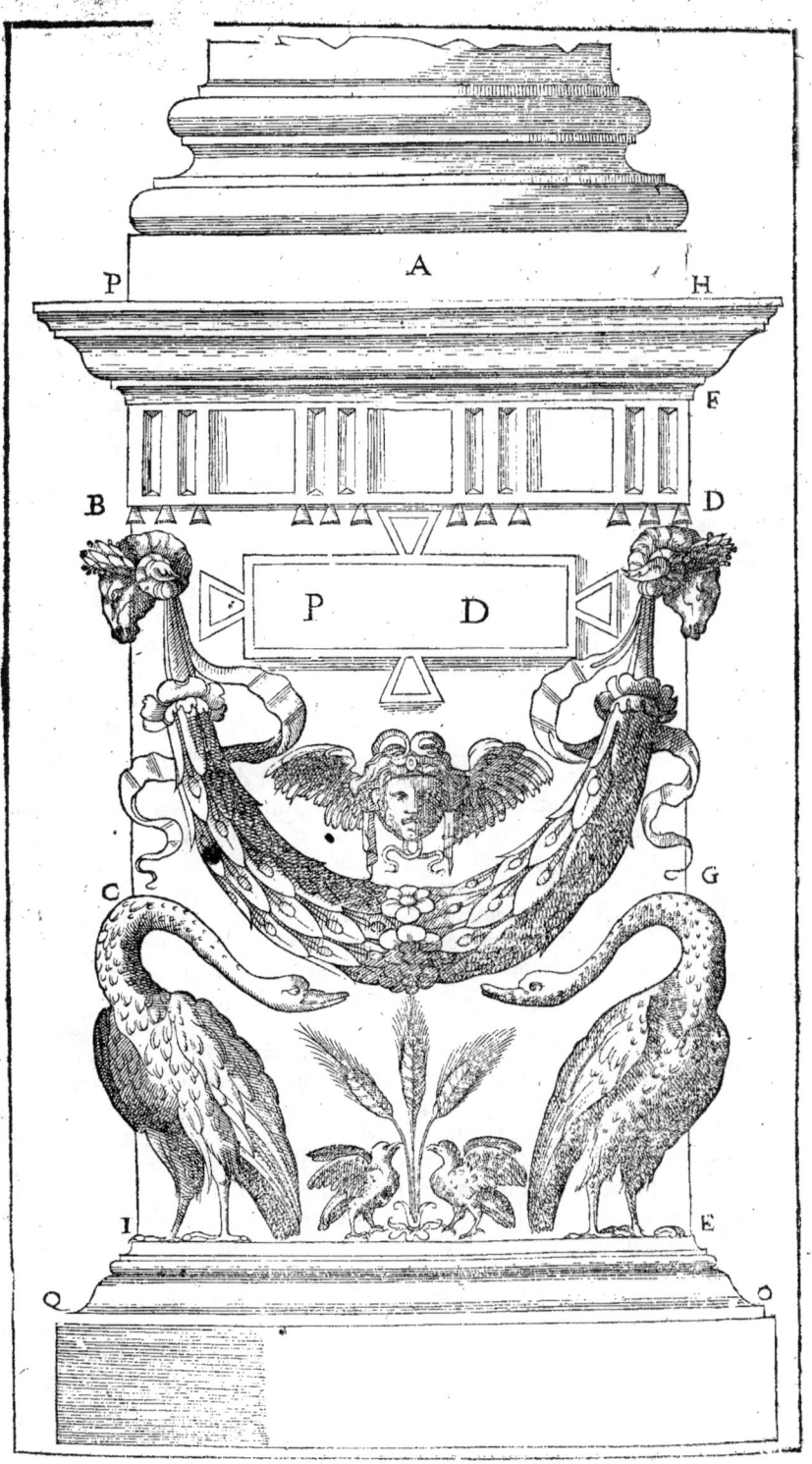

LIVRE V. DE L'ARCHITECTVRE

Encores du chapiteau, epiſtyle, metope, triglyphe & couronne de l'ordre Dorique: le tout meſuré & deſcrit apres les antiquitez du theatre de Marcel, à Rome.

CHAPITRE XVII

Açoit qu'aucuns ayant voulu deſcrire & figurer les ornements de l'ordre Dorique du theatre, lequel on dit que Auguſte auoit faict faire à Rome, ſous le nom de Marcel ſon nepueu, à cauſe de ſa ſœur Octauia, eſtant ledit theatre au coſté de la place Montenaire, ainſi qu'il s'y voit auiourd'huy preſque tout en ruine, & n'en peut on auoir que bien peu de co-

Le temps que l'Auteur eſtoit à Rome, & de ſes diligences pour chercher & refoüiller les antiquitez.

gnoiſſance, ſi eſt ce que du temps que i'eſtois en ladicte Rome (il y a enuiron trente ans) on y pouuoit encores cognoiſtre & meſurer les deux ordres ſelō leſquels il auoit eſté edifié, ſçauoir eſt l'ordre Dorique & Ionique, deſquels il eſtoit orné par le deuant, & les faces des portiques. Qui fut la cauſe que ie meſuray leſdits ordres fort diligemment & fidelement en tout ce qui ſe pouuoit voir ou toucher. Et me ſembla lors & ſemble encores l'ordre Dorique eſtre ſi beau & admirable, que ie le veux bien deſcrire & mettre icy en ſon entier, & ſignament les meſures du chapiteau, epiſtyle, triglyphes, metopes, & couronnes, ou bien corniches, & de tous leurs ornements, fors que des colomnes & baſes qui ne ſe pouuoient lors recouurer, pour eſtre atterrées & preſque ruinées & rompuës. Quant au dedans du theatre ie ne me voulus ingerer d'y entrer, pour autant que pluſieurs maiſons y eſtoiēt ba-

Le dedans du theatre de Marcel abbatu à Rome.

ſties, & pour les accommoder on l'auoit quaſi tout abbatu. I'ay doncques ſeulement à faire en ce lieu de donner bien à entendre & bien monſtrer comme doiuent eſtre les couronnes ou corniches Doriques auec leurs ornements, eſtants accompagnez d'autres figures fort belles & plaiſantes. Laquelle choſe deura ſuffire au Lecteur pour bien entendre l'ordre & les meſures de la colonne Dorique. Doncques les ornements Doriques du theatre de Marcel, leſquels ie vous figure, ſont faicts non ſeulement par meſures apres leur antiquité, mais encores leſdictes meſures ſont rapportées au palme Romain, ſuiuant lequel nous les auons re-

Declaration de la figure enſuyuant, & de ſes parties & meſures.

preſentées & recerchées, comme il ſe voit par l'eſcriture miſe deſſus vne chacune partie d'icelles. Par ainſi le chapiteau marqué A, a de hauteur palmes deux minutes trois, & onces deux & demie, comme vous le voyez eſcrit au coſté dudit chapiteau; car ainſi que ie vous ay dit cy-deuant, p, ſignifie palme, m, minute, & o, once. La groſſeur du diametre de la colomne aupres de ſon chapiteau

a palmes

DE PHILIBERT DE L'ORME.

a palmes 3, minutes 5, & onces 3. Ce que vous pouuez encores voir à la frize dudit chapiteau. Lequel, ainsi que vous voyez à la figure ensuyuante, n'est semblable aux mesures que Vitruue nous donne, & desquelles plusieurs ont vsé, sçauoir est de diuiser ledit chapiteau en trois parties, & en donner l'vne pour l'atastre & cymace, l'autre pour l'echine, & la troisiesme pour la frize dudit chapiteau. Ce qui est icy bien au contraire, comme vous le voyez: car la frize a sept minutes de hauteur, les trois filets quarrez ensuyuans au dessous de l'echine, chacun minute vne, & once vne: l'echine quatre minutes, & once vne: l'atastre au lieu marqué A, minutes sept & onces deux: son cymas minutes trois, & once vne: & son filet quarré par dessous, minutes deux, & once demie. Quant à la saillie du chapiteau, elle a palme vn, & minute vne, cõme vous le voyez marqué au droict de la frize dudit chapiteau, qui est quasi vne tierce partie de la largeur de la colomne par le dessus. Et pour autant que vous voyez toutes les autres mesures particulieres tant des saillies que des hauteurs d'vne chacune chose, ie ne vous en feray plus long discours, sinon que ie vous laisseray à considerer ledit chapiteau, lequel ie trouue excellemment beau & admirable, pourueu qu'il soit appliqué en œuure comme il appartient, & proprement situé dessus vne colomne conuenable à ses mesures. Si vous l'appliquez sur vne colomne de plus grande hauteur, ou plus petite que celle du theatre dudit Marcel, certainement il ne se trouuera point bien, pour les raisons que vous entendrez cy-apres. Voila ce que ie vous desirois proposer touchant le chapiteau Dorique, delaissant le surplus à la contemplation de la prochaine figure & iugement que vous luy donnerez.

Beau discours sur la mesure des parties de la figure ensuyuãt.

Aduertissemẽt fort digne de noter.

LIVRE V. DE L'ARCHITECTVRE

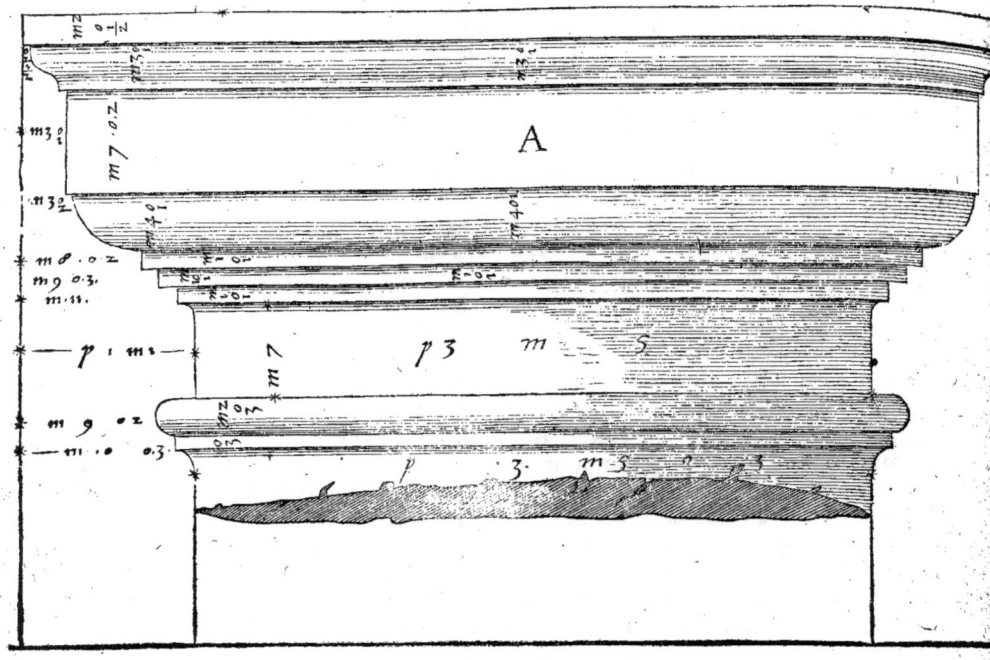

De l'epistyle triglyphes & couronnes de l'ordre Dorique trouuez aux colomnes du Theatre de Marcel, à Rome.

CHAPITRE XVIII.

Mesures de l'epistyle ou architraue des colomnes du theatre Marcellin, comme aussi de ses parties.

L'Epistyle ou architraue trouué & mesuré au theatre de Marcel, a de hauteur palmes deux, minutes deux, & onces deux: son quarré ou liste, ainsi qu'ils l'appellent à Rome, minutes quatre, & once vne: son filet quarré du dessous, minutes deux, & la longueur des gouttes minutes trois & onces trois, ainsi que vous le pouuez cognoistre par la figure suiuante, en l'architraue, marqué B. La hauteur de la frize, où se trouuent les triglyphes & metopes, a palmes trois, & onces deux: ainsi que vous le voyez signé sur les petites lignes marquetées de petits poincts en forme d'estoille, procedant d'vne à autre, où se voyent les hauteurs & largeurs d'vne chacune chose. Toute la hauteur des triglyphes auec leurs chapiteaux au dessus, & du filet quarré, a palmes trois, & minutes cinq; comme vous le

pouuez

DE PHILIBERT DE L'ORME. 149

pouuez cognoistre au droict de la ligne marquée C. La largeur desdicts triglyphes a deux palmes: & ne se voit au desseing qui est cy apres, que la moitié du triglyphe duquel la ligne C monstre le milieu. Quand à la hauteur de la corniche elle se trouue de deux palmes, dix minutes, & trois onces. Touchant les autres membres particuliers, tant des cymaces, denticules, couronnes, gueulles, qu'autres, vous voyez en vn chacun endroit de la figure cy apres proposée toutes leurs mesures particulierement: comme aussi de leurs saillies, lesquelles i'ay iustement descrites comme ie les ay trouuées sur l'œuure, parquoy ce seroit propos perdu d'en vouloir faire plus long discours. Bien diray-ie encores qu'au dessous de la couronne, au lieu marqué D, se trouuent grauées & insculpées dix huict gouttes, (qu'ils appellent ainsi) comme vous les voyez aux dixhuict ronds desquels l'vn est marqué D, & contiennent tous ensemble, auec leurs vagues & separations par le dessous, palme vn, minutes neuf, & onces trois de large: & de longueur palmes trois, & minutes quatre, laquelle longueur se trouue au droit des metopes, qui sont certains ornemens desquels les Anciens souloient decorer leurs colomnes: comme sont anatomies de testes de bœuf ornées de fruicts ou fueilles, attachez aux cornes auec rubans. Les autres y mettoient des fleurs, ou certaines deuises, comme aussi des bassins: lesquelles choses furent inuentées à cause des sacrifices qu'on faisoit aux temples, esquels estoient immolez bœufs, moutons & autres animaux desquels on receuoit le sang en plusieurs sortes de bassins, & aussi pour autres raisons qui seroient longues à escrire auecques leur origine & source. Quoy qu'il en soit les Architectes s'en sont aydez pour orner leurs metopes, triglyphes & autres endroicts des bastiments, comme vous le verrez par les figures cy apres descrites.

Poursuite des mesures & proportions des colomnes Doriques du theatre de Marcel estans à Rome.

Continuation des parties & mesures de la colomne de Marcel fort antique.

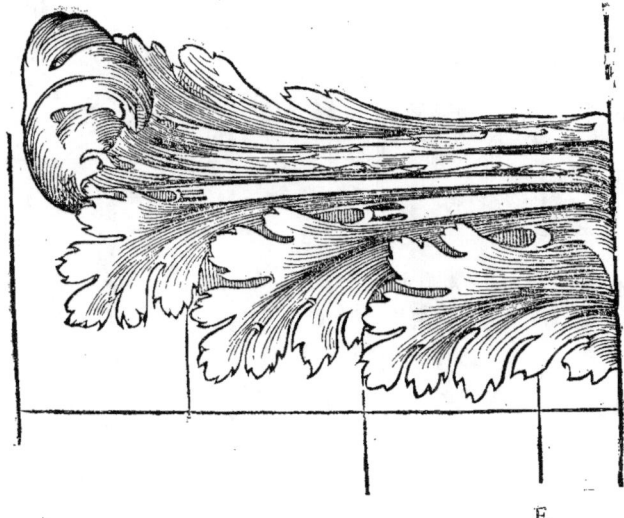

E

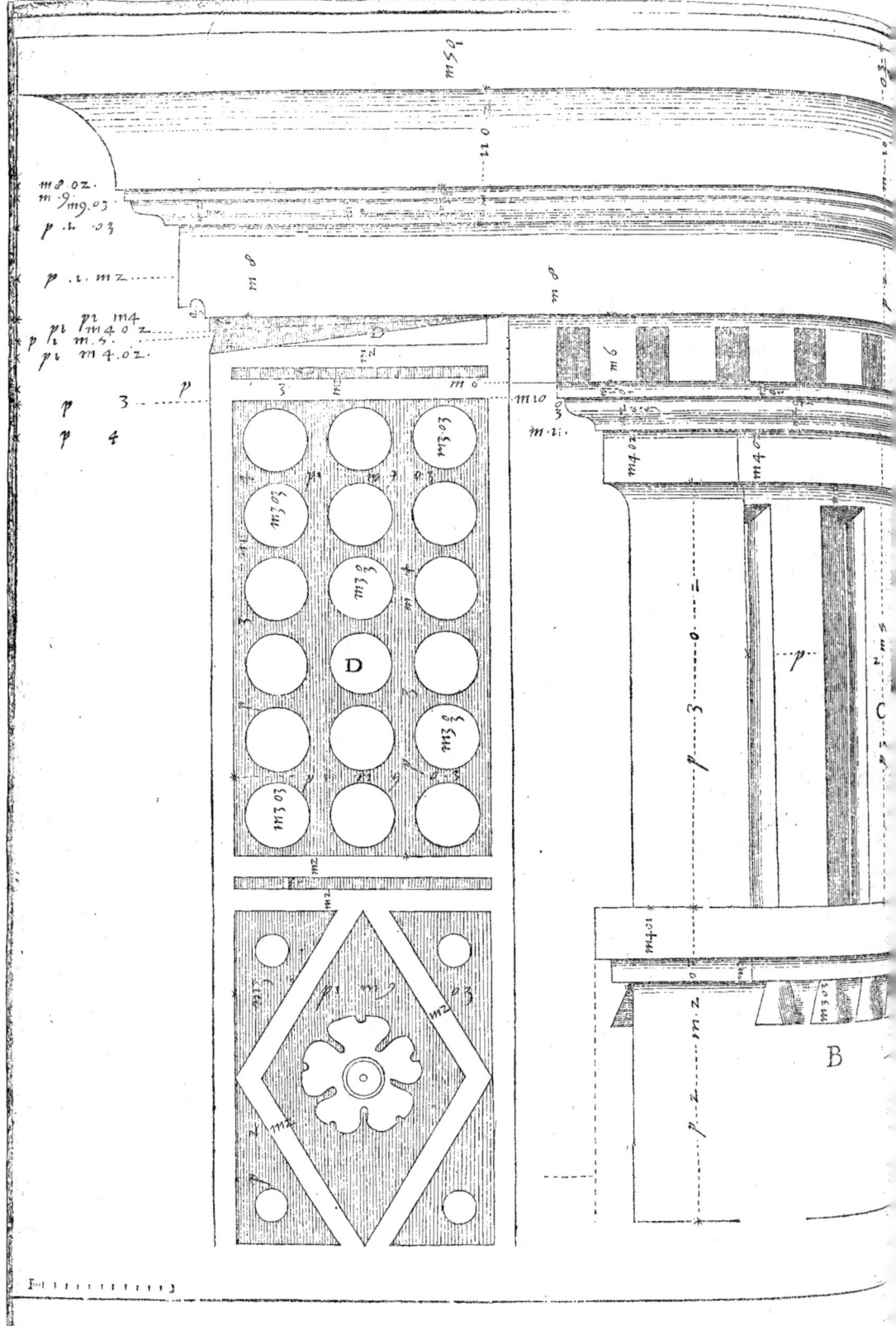

D'autres partie des l'ordre & colomne Doriques du theatre de Marcel, & de son chapiteau racoursi en perspectiue estant accompagné d'Architraue.

CHAPITRE XIX.

A Fin que vous puissiez bien cognoistre comme se monstrera en œuure ce que nous auons escry cy-deuant, (pour-autant que ce n'est qu'vn pourfil seruant de moule à tracer les pierres) le desseing que vous verrez cy-apres vous fera apparoir comme la corniche du theatre de Marcel se monstre estant en œuure, tant pour les gouttes qui sont sur les denticules, marquées D, à la figure ensuyuant, que pour les triglyphes marquez C. Et aussi pour les metopes signez F: & combien que l'œuure se monstre estroicte à cause de la perspectiue, si faut il que les metopes au lieu de F, soient tous quarrez & aussi hauts que larges entre les triglyphes, comme vous en auez veu les raisons par cy-deuant. Aucuns ont faict quelques ornemets par dessus les triglyphes, & y ont mis des anatomies de teste de bœuf, comme nous auons dit, & entre les triglyphes au lieu appellée metopes, des bassins auec diuerses autres sortes d'ornements, lesquels ie monstreray ailleurs s'il vient à propos. Telles choses se peuuent approprier selon les lieux, pour y mettre telles deuises qu'il plaira à la volonté du Seigneur pour lequel se fera le bastiment. Quant à l'inuention des susdictes corniches: gouttes triglyphes, & caneleures qu'aucuns y ont faictes, comme aussi des hemicycles & autres figures triagulaires, tout a esté trouué par l'artifice & moyen des cyments & matierres semblable, comme seroit la cire qu'on y appliquoit pour conseruer le bout des soliues qui portoient les planchers des bastiments. Car ainsi que la chaleur estoit grande, elle fondoit & faisoit distiller les susdictes matieres qui rendoient au dessous des triglyphes des gouttes, ainsi qu'on les voit au lieu de G. Doncques les Architectes voulant imiter ce que nature leur apprenoit, & s'ayder de l'artifice d'autruy, ont donné de superabondant quelques mesures & ornements aux corniches de leurs colomnes. De sorte qu'en ensuyuant les charpenteries ils y ont appliqué des membres de moulures, les vns au lieu de cheurons, les autres pour les ais, & quelques vns au lieu de poutres selon la coustume qu'il auoient de couurir leurs bastiments ainsi que vous le pouuez voir amplement dans Vitruue, ou il descrit l'inuention & origine de telles choses. Depuis quelques vns ont trouué la façon des moulures apres les lettres, comme d'vne S,

Comme se monstre en œuure ce qui a esté cy dessus proposé.

De l'origine & inuention de certaines parties de la colomne Dorique.

L'industrie des Architectes en imitant nature & l'artifice d'autruy.

E ij

LIVRE V. DE L'ARCHITECTVRE

ils en ont fait vne cymace ou cymacion: d'vn C, thores & membres ronds, & ainſi des autres lettres. Ils s'y ſont auſſi aydez de la forme du viſage humain, comme du nez du front, des yeux, des léures, menton & col: ſuiuant la proportion deſquels, ils ont trouué toutes ces belles inuentions qui ſeroient bien longues à deſcrire, comme de la teſte de l'homme bien proportionné, laquelle eſt diuiſée en trois parties pour ſa hauteur, priſes depuis le deſſous du menton, iuſques au commencement de la racine des cheueux deſſus le front: chacune deſdictes trois parties en contient ſix qui font enſemblément dix huit parties pour toutes la hauteur du viſage. De tels nombres & parties ſe peut ayder l'Architecte, s'il les ſçait entendre & cōprendre, pour former & ordonner vne belle corniche Dorique, auec ſes propotions & meſures. Car de la hauteur du front auec le teſt de la teſte, il en peut faire vne belle gueulle ou cyme de corniche & de la hauteur du nez, la couronne de ladicte corniche, qui a vne ſaillie eminente, comme peut auoir le nez au viſage. De rechef de la hauteur des léures & menton, il peut trouuer les denticules, filets quarré & cymaces. Si vous deſirez mettre & faire beaucoup d'ornements, vous les y pouuez diſtribuer auec leurs hauteurs, ſuyuant les dixhuit parties que vous auez trouuées à la hauteur du viſage, comme nous auons dit cy deſſus. Mais ſur le diſcours de telles proportions ie ne me veux arreſter d'auantage, pour autant qu'au ſecond Tome & œuure des Diuines Proportions, (lequel i'eſpere faire imprimer ſi Dieu m'en donne la grace) vous verrez non ſeulement le moyen & nouuelle inuention de faire des cornices, mais auſſi par les meſures de tout le corps humain, trouuer toutes les proportions de toutes ſortes de plans, & montées de baſtimens que vous deſirerez, conformément auec les meſures & proportions qui ſe trouuent en la ſaincte Bible: & encores pour les ſçauoir donner à tous les ordres des colomnes & ornements des membres & parties d'icelles. Pour concluſion le chapiteau Dorique du ſuſdit theatre de Marcel a de hauteur deux palmes, minutes trois, onces deux & demie: l'architraue palmes deux, minutes deux, & onces trois: la ſaillie de la corniche iuſques à l'extremité du cymas au deſſus du chapiteau ou triglyphe, palmes quatre, & minutes vnze. Par ainſi ceux qui voudront conſiderer les raiſons, proportions & meſures de l'ordre Dorique, s'en pourront ayder pour faire de belles œuures, ſelon le bon iugement & dexterité que Dieu leur aura donné. Vous pouuez facilement cognoiſtre le precedent par les figures que i'ay miſes cy deſſous auec le chapiteau de la colomne Dorique, racourcy en perſpectiue & accompagné de ſon architraue.

L'Architecte ſe pouuoir ayder des proportions du viſage humain, & les accommoder aux colomnes.

L'Auteur promet vn œuure des Diuines Proportions.

Meſures du chapiteau Dorique & de ſes parties.

DE PHILIBERT DE L'ORME.

LIVRE V. DE L'ARCHITECTVRE

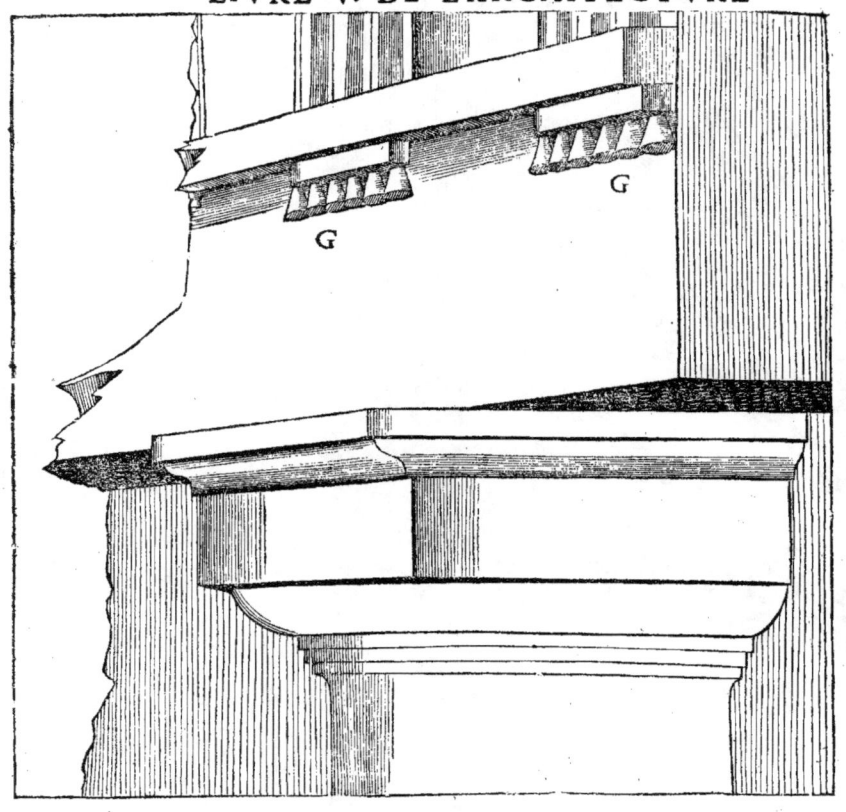

Autre sorte de chapiteaux Dorique.

CHAPITRE XX.

ESTANT sur le propos des chapiteaux Doriques, & vous ayant faict entendre, & monstré ce que i'en ay trouué au theatre de Marcel, à Rome, il m'a semblé estre bon de vous faire encores voir deux autres sortes de chapiteaux que i'ay retiré des antiquitez, non point pour vous parler de leurs me-

Les Anciens auoir esté fort curieux de cercher diuerses sortes d'ornements pour les chapiteaux.

sures, pour autant qu'il me semble que vous en auez assez entendu par cy deuant, mais bien des inuentions de leurs ornements estranges: car les Architectes anciens ont esté fort curieux de chercher diuerses sortes d'ornements, tant par gayeté de leur gentil esprit, qu'aussi quelquefois, pour certaine necessité, ainsi que vous voyez en la prochaine figure comme ils les ont ornez & en-

DE PHILIBERT DE L'ORME

richis: & à l'autre qui est auprès, comme outre la hauteur que le chapiteau doit auoir, ils luy ont baillé encores vn ornement au dessous entre ledit chapiteau & la colomne, cōme si c'estoit chose quasi semblable à vn architraue, ou bien à vne frize: cela se fait quand on est contraict de gaigner quelque hauteur, ou bien quand on ne doit faire trop longue la colomne, à fin de ne luy donner mauuaise grace: & aussi qu'on ne doit pas hausser le chapiteau plus que de sa mesure. Par ainsi le docte Architecte monstre que le chapiteau & sa colomne, ont les mesures & raisons qu'ils doiuent auoir, & adiouste entre le chapiteau & ladicte colomne telle frize que vous la voyez en la figure suyuant, comme s'il vouloit bailler autant de hauteur au chapiteau Dorique que lon faict au Corinthien. Pour reuenir aux ornements, ie dy qu'ils n'ont mauuaise grace quand ils sont bien ordonnez, & les mesures & proportions bien gardées, qui me faict vous laisser à considerer les figures des deux chapiteaux Doriques ensuyuants. Lesquels i'appelle composez pour estre participans de plus d'vn ordre. Ce que ie monstre.

L'Auteur ne reprouue les ornements des colomnes.

LIVRE V. DE L'ARCHITECTVRE

D'vne sorte de corniche Dorique retirée d'vn marbre fort antique.

CHAPITRE XXI.

Autre façon de corniche Dorique proposee par l'Auteur.

OVtre la corniche Dorique du theatre de Marcel, que vous auez veuë cy dessus, ie vous propose encores cy apres le desseing d'vne autre que i'ay retirée d'vne piece de marbre fort antique, pour mieux reueiller les gentils esprits, & les ayder de toutes belles inuentions Vous voyez audit desseing comme les couronnes de la corniche sont soustenuës par façon de modelons enrichis de vingt & quatre gouttes faictes en forme de petites pyramides, & à l'entredeux des compartiments y auoir des roses fort bien faictes & elaborées sur le marbre. Ie trouuay cy petit morceau de corniche sans triglyphe, metope, & epistyle, dans le Palais sainct Marc à Rome en la basse court, du-

Chaufourniers à Rome destructeurs des Antiquitez & singularitez de marbre.

quel on ne tenoit compte. Depuis ie le voulus reuoir, mais on me dit qu'il auoit esté mis en pieces pour en faire de la chaux comme ont accoustumé de faire tous les chaufourniers à Rome, car ils n'y espargnent tant de marbre qu'ils en peuuent trouuer, sans aucun respect de l'Antiquité, & des beaux ouurages. Qui est chose à deplorer, pour le reste des vestiges de ladicte Antiquité, lesquels s'ils abolissent, & continuent ainsi faire, ils seront cause, qu'on ne cognoistra plus Rome à Rome. Mais delaissant tel propos ie figureray la susdicte corniche mesurée & proportionnée iustement auec le palme Romain, selon les mesures que i'y trouuay: desquelles louurier & artisan se pourra ayder, soit en augmentant, ou diminuant & appetissant par le pied ou palme, en telle sorte qu'il voudra, donnant deux ou trois fois d'auantage (plus ou moins) à vne chacune partie de ladicte corniche: mais icy ie

Aduertissemēt sur la corniche ensuyuant.

vous veux bien aduertir d'obseruer & prendre garde comme elle a double couronne, l'vne où sont les mutules enrichis de roses, & l'autre au dessus des cymacions des denticules. Cela se faict selon le bon & gentil esprit de l'Arthitecte, qui sçait donner les raisons & mesures à toutes ses inuentions, estans bien accommodées à l'œuure, laquelle se trouue lors tousiours belle, admirable & excellente.

Encores

DE PHILIBERT DE L'ORME

LIVRE V. DE L'ARCHITECTVRE

Encores d'autre ornements de la corniche Dorique

CHAPITRE XXII.

Des ornements d'vn autre corniche Dorique fort ancienne & belle.

'Auois icy deliberé de ne plus parler des ornements de la corniche Dorique, mais en ayant trouué encores quelque vne que i'ay faict tailler, estant extraicte d'vn marbre fort antique, & figurée de toute autre sorte que celles qu'on a coustume de voir, ie l'ay bien voulu mettre au nombre & rang des precedentes, pour estre tres-belle, rare & excellente. Aussi qu'elle monstre pouuoir seruir d'architraue, frize & corniche, estant de cela propre à l'ordre composé (duquel nous parlerons cy apres) pour participer du Dorique & Ionique, comme il se voit à son architraue, au pourfil des testes de Lyon, & aussi que ses moulures ne sont semblables à l'architraue Dorique, ny les faces dudit architraue perpendiculaires, ou, si vous voulez, à plôb: mais bien réuersées par le dessus. Ce qu'à esté faict pour gaigner la saillie de la corniche à fin qu'elle ne fust si grāde, & ne laissast d'auoir tant de beauté laquelle chose ie trouue de fort bonne grace

Instruction qui n'est à negliger. estant ainsi en œuure. Ie vous veux bien aduertir que i'ay mesuré ceste corniche auec le palme Romain: de sorte que la premiere face minutes huict & onces trois: vn des membres ronds, minutes quatre, onces ʒ. la seconde face ou sont insculpées les testes de Lyon, palme vn, onces trois l'autre mēbre rond ou le thore estant au dessus, minutes cinq, onces quatre, & par dessus son filet quarré minutes 2. La troisiesme face sert comme si c'estoit vne frize, & au milieu d'icelle frize au lieu des metopes y auoit de grandes roses d'assez competente saillie, comme vous le voyez au lieu marqué A. Entre telles roses y auoit des modellons d'assez grande saillie, ainsi que vous les voyez par la figure qui est cy apres. La

Declaration des parties de la figure cy-apres ensuyuant. susdicte face qui sert de frize, n'auoit de hauteur que palmes vn, minutes cinq, onces deux, ainsi que vous le pouuez iuger & cognoistre, comme aussi de la couronne gueulles & autres parties qui sont fort diuerses, & d'autres façon que l'on n'a encores accoustumé de voir, mais autant belles & admirables qu'il est possible de penser: ainsi que ie le vous laisse à considerer, & y cercher les mesures auec le compas & par l'escriture & nombres de chiffre qui les monstrent: par iceux vous sera fort facile de trouuer toutes les saillies d'vne chacune partie, ainsi que vous les voyez toutes escrites en la prochaine figure.

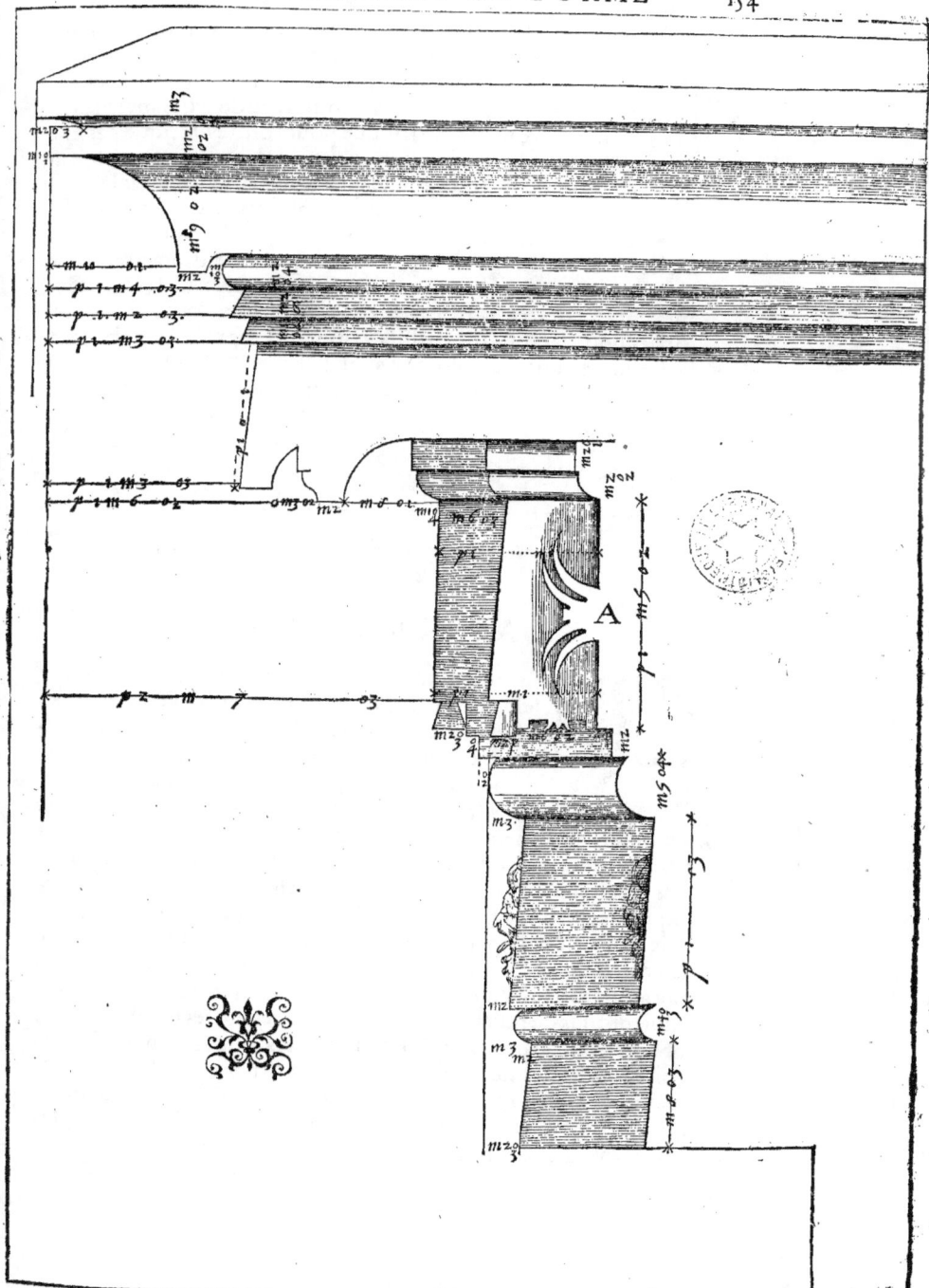

LIVRE V DE L'ARCHITECTVRE

Ie ferois contrainct d'icy faire longues escritures si ie voulois parler de tout ce que i'ay veu touchant l'ordre Dorique, aux temples & ailleurs, & mesmes de la distribution des triglyphes & metopes, lesquels ie reserue à descrire aux lieux où ie parleray des portiques & distributions des colomnes, & de leurs interualles. Mais ie vous veux bien aduertir que pour l'ordre Dorique par vne forme de mesure generale (pourueu que les colomnes ne soient que d'enuiron douze ou quinze pieds de hauteur, pour le plus) vous deuez prendre toute la hauteur du lieu où vous voulez faire les colomnes & ornements Doriques, & la diuiser en vingt parties, desquelles la colomne en aura quatorze de hauteur, son chapiteau vne, & sa basse vne autre. La hauteur de l'Architraue aura vne partie, & la frise vne autre & demie, qui sont quatre parties pour l'architraue, frise & corniche, representants la quarte partie de toute la colomne auec sa basse & chapiteau. Quant au pied de stat, ie ne vous en diray autre chose, pour autant que i'en ay escry bien au long cy deuant. Reste doncques à ceste heure de cy apres traicter de l'ordre Ionique, à fin de poursuiure nostre œuure par bon ordre.

Plusieurs choses estre reseruées par l'Auteur, à descrire ailleurs

Appoches pour la colomne Ionique.

De l'ordre & mesure des colomnes Ioniques, auec leurs ornements

CHAPITRE XXIII.

Les colomnes Ioniques denoir estre de differentes mesures.

Es colomnes Ioniques doiuent auoir de hauteur selon leur grosseur, & aussi selon les lieux ausquels on les veut appliquer, soit à vn portique de quatre, six, huict, ou dix colomnes, ou pour faire ornements de portes, ou peristyles. Il les faut doncques faire de differentes mesures, & quelquefois de differents ornements, pour les rendre plus agreables & plus plaisantes aux spectateurs: & tout ainsi qu'aux colomnes Thuscanes on donne six fois leur diametre pour leur hauteur, & aux Doriques sept fois: en pareil cas, les Ioniques doiuent auoir huict fois leur diametre par le pied, pour toute leur hauteur, comme ie l'ay trouué & obserué en plusieurs colomnes: mais à d'autres i'ay aussi trouué differentes hauteurs de sorte que quelques vnes auoient plus de huict fois leur diametre, les autres huict & demy, & huict auec trois quarts ou enuiron, selon le iugement de l'Architecte qui les auoit faictes, comme il luy auoit semblé pour le mieux. Quand lesdictes colomnes Ioniques seront appliquées sur l'ordre Dorique, comme l'on à accoustumé de faire en plusieurs edifices, & se peut encores voir dans le Colliset à Rome,
& aux

DE PHIL. DE L'ORME. 155

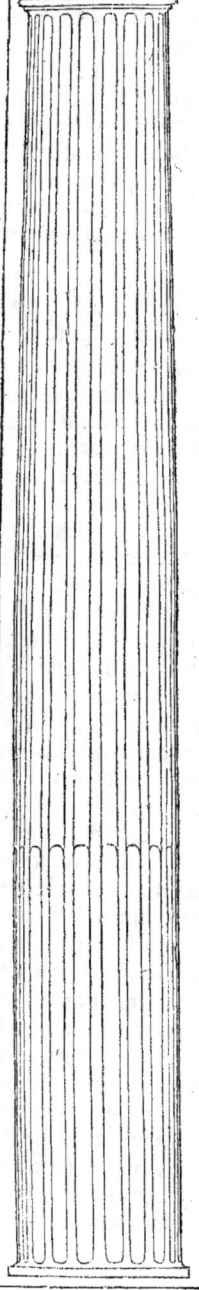

& aux theâtres, amphitheâtres, & plusieurs Palais modernes) ou bien pardessus elles l'ordre Corinthien, & quelquesfois l'ordre cõposé : quand, dy-je, l'ordre Ionique sera ainsi esleué dessus vn autre, il le faut tenir de plus haute mesure auec ses parties & ornemens, selon le jugement du bon Architecte. Qui peut estre la cause qu'audit ordre Ionique on a baillé huict fois son diametre : mais pour bien y proceder, l'Architecte ne doit estre ignorant des symmetries & regles optiques, ou si vous voulez, de perspectiue. La mesure de huict, laquelle nous attribuons à ceste colomne Ionique pour sa hauteur, a esté trouuee apres le pied de la femme, qui doit auoir (ainsi qu'on dit) estant bien proportionee, huict fois la longueur de son pied pour sa hauteur : & de là vient qu'aucuns estiment que l'ordre Ionique a esté trouué suyuant les mesures & proportions d'vne femme; ainsi qu'apres Vitruue, nous vous le deduirons. Ces choses ainsi expliquees, nous entrerons aux mesures de la colomne Ionique, qui doit auoir de retraicte par le haut vne sixiesme partie. Ie veux dire que son diametre, par le bas, doit estre diuisé en six parties, desquelles y en aura cinq par dessus pres le chapiteau, qui est vraye raison & proportion, pour la retraicte des colomnes qui sont de douze à quinze pieds de hauteur : mais notez que s'ils estoient de differentes hauteurs, il les faudroit faire de differentes retraictes. La longueur de la colomne sera arõdie auec la cherche ralongee : depuis la tierce partie de sa hauteur, iusques au dessous du chapiteau : & la tierce partie du dessous de ladite colomne sera d'vne mesme grosseur que le pied d'icelle, ainsi que nous auons monstré à la Dorique. La Ionique se doit strier ou caneler de vingt & quatre caneleures, ou bien de vingt & deux, ou vingt pour le moins : & ne doiuent estre concaues sinon iusques à la hauteur de la tierce partie de la colomne, puis de là toutes pleines & arrondies, comme bastons ronds & tuyaux d'or-

L'Architecte ne deuoir estre ignorant de perspectiue.

L'Auteur explique & interprete les mesures de la colomne Ionique.

F

gues, ou bien fluftes qui fe trouuent au milieu defdictes caneleures, iufques, à la hauteur de ladicte tierce partie, ainfi que vous le cognoiftrez par la colomne laquelle vous verrez cy apres. Le refte de ladicte colomne, fçauoir eft les deux tiers, iufques au deffous du chapiteau, doit eftre ftrié & canelé, comme la moitié d'vne canne de rozeau, & faict auec le compas en hemicycle, que l'angle de l'equierre puiffe toucher par le milieu, ainfi qu'il eft monftré ailleurs, & plufieurs le peuuent cognoiftre par les œuures antiques ou modernes, & fe peut auffi voir par les deffeings de tous les ornements, que i'ay cy apres propofez.

Quelles doiuent eftre les caneleures de la colomne Ionique.

Aduertiffement fous forme d'vne petite digreffion.

IE ne pafferay outre fans vous aduertir que i'ay choify le prefent ordre Ionique, entre tous autres, pour orner & illuftrer le Palais lequel la Maiefté de la Royne mere du Trefchreftien Roy Charles IX. de ce nom, faict auiourd'huy baftir en cefte ville de Paris, fous fes ordonnances & deffeigs; car i'y procede tout ainfi qu'il plaift à fadicte Maiefté le me commander, fauf les ornements, fymmetries & mefures, pour lefquelles elle me faict cefte grace & faueur de s'en fier à moy. I'ay voulu accommoder le prefent ordre à fondit Palais pour autant qu'il n'eft gueres vfité, & qu'encores peu de perfonnes l'ont mis en œuure aux baftiments, auec colomnes. Plufieurs en ont bien patroüillé quelque chofe en bois pour des portes, mais ils ne l'ont encores bien cogneu ny reprefenté. L'autre raifon pourquoy i'ay voulu figurer & naturellement reprefenter ledict ordre Ionique au Palais de la Maiefté de la Royne, c'eft pour autant qu'il eft feminin, & a efté inuenté apres les proportions & ornements des Dames & Déeffes, ainfi que le Dorique des hommes, comme m'ont apris les Anciens: car quand ils vouloient faire vn Temple à quelque Dieu, ils y emploient l'ordre Dorique: & à vne Déeffe, le Ionique. Toutesfois tous Architectes n'ont pas obferué cela, voire par le recit de Vitruue, comme il fe peut voit au Prologue de fon feptiefme liure, où il efcrit & recite que Pronius d'Ephefe, & Daphnis de la ville de Milete, feirent le Temple d'Apollo en fymmetrie Ionique. Il efcrit auffi que le Temple de Iupiter Olympique fut fait à la mode Corinthienne par vn nommé Coffutius: & celuy de Diane en Ephefe, à la Ionique, par Ctefiphon. Qui en demandera les raifons, il les trouuera dedans ledit Vitruue. Ie me fuis doncques iuftement voulu ayder au fufdit Palais de la Maiefté de la Royne de l'ordre Ionique, comme eftant delicat, & de plus grande beauté que le Dorique, & plus orné & enrichy de fingularitez. Car l'ordre Dorique de foy, pour eftre mafculin eft plus rude, & femble auoir efté inuenté pour chofes fortes, à fin de fouftenir grands poids & grands fardeaux (ainfi que nous auons dit auparauant) & porter grandes hauteurs de maçonnerie, comme aux chafteaux & fortereffes, fans gueres d'ornements

Le Palais de la Royne mere, qu'on edifie à Paris.

Pourquoy c'eft que l'Auteur employe pluftoft l'ordre Ionique au Palais de la Royne qu'autre.

Pourquoy c'eft que l'Auteur s'eft aydé au Palais de la Royne de l'ordre Ionique.

DE PHILIBERT DE L'ORME. 156

Mais cestuy-cy est pour edifier vn Palais ou Chasteau de plaisir, & donner contentement au Princes & grands Seigneurs: comme aussi l'ordre Corinthien. Qui faict que ie prend grandissime plaisir de mettre tel ordre Ionique en execution, non point tant pour monstrer aux ouuriers de bien conduire l'œuure, que pour la curiosité que i'ay de l'enseigner à plusieurs pauures compagnons qui sont de bon esprit, & s'efforçent iournellement d'apprendre à mesurer, contrefaire & protraire ce qu'ils voyent pour s'en pouuoir ayder lors que l'occasion se presentera. Ce que ie louë grandement, & beaucoup plus que la subtilité d'aucuns, qui ne sçachants protraire, contrefaire & prendre les mesures, desrobent & emportent les paneaux & moules suiuant lesquels on couppe les pierres: ainsi que les maistres maçons à qui ie donne les charges s'en pleignent quelquefois: qui m'est peine pour en refaire d'autres. Voyant donc telle diligence des bons ouuriers accompagnée d'vn si grand vouloir d'apprendre, i'ay esté de ma part aussi animé & embrasé de bien faire, non seulement pour eux, mais encores pour les Seigneurs qui les employent à leurs bastiments. De sorte que i'ay pris resolution de familierement expliquer tout ce que ie proposeray en ce present œuure d'Architecture, & signamment l'artifice des parties, mesures & ornements des colomnes, ainsi qu'on le pourra voir, non seulement par mes escrits & figures sur ce proposées, mais aussi par les œuures & bastimēts qui ont esté faicts sous mon ordonnance, & se pourront faire encores, selon la saincte volonté & grace de Dieu.

Bon vouloir de l'Auteur enuers les ouuriers.

Les bōs ouuriers s'estudiants à exciter les bons maistres.

Comme doiuent estre faictes les basses Ioniques, & de leurs mesures.

CHAPITRE XXIIII.

POVR bien faire les basses des colomnes Ioniques, on a tousiours accoustumé de leur donner pour hauteur autant qu'est la moitié de la colomne, ainsi que vous le pourrez voir par celle que ie vous figure cy-apres, laquelle i'ay trouué aux edifices antiques, & comme estant tres-belle mis en œuure & employé au susdit Palays de la maiesté de la Royne, pour y estre fort conuenable en ses mesures, & à l'ordonnance que i'ay faicte. Ladicte basse est quasi de la proportion & mesure que Vitruue la descrit, fors qu'il y a difference à la saillie, & aussi que Vitruue ne met qu'vn astragale sur le plinthe, & la presente en à deux. Ie feray icy par maniere de digression vn petit discours des colom-

De la hauteur des basses Ioniques & de leur proportion.

F ij

LIVRE V. DE L'ARCHITECTVRE

Des colomnes Ioniques employées par l'Autheur au Palais de la Royne.

nes Ioniques, lesquelles ie fais employer au susdit Palais de la Maiesté de la Royne mere, puis ie reprendray le propos de la basse Ionique. Lesdictes colomnes seront en nombre soixante quatre du costé de la face des iardins, & aura vne chacune deux pieds de diametre par le bas, iaçoit qu'elles ne soient toutes d'vne piece, pour autant que ie n'en pourrois trouuer si grand nombre, ny de telle hauteur qu'il les faut, si promptement, & aussi que l'œuure pourra estre plustost faicte que les colomnes ne pourroient estre recouuertes : lesquelles i'ordonne comme vous les verrez, & auec propres ornements pour cacher les commissures. Qui est vne inuention que ie n'auois encores veuë ny aux edifices antiques ny aux modernes, ny encores moins dans nos liures d'Architecture. Il me souuient d'en auoir fait faire quasi de sem-

Colomnes nouuellement inuentées par l'Autheur, & appliquées à la chapelle de Villiers-Coste-Rets.

blables du temps de la Maiesté du feu Roy Henry en son Chasteau de Villiers-coste Rets, au portique d'vne chappelle qui est dedans le parc, & se trouuent de fort bonne grace, ainsi que vous en pourrez iuger par la figure que ie vous en donneray cy apres, tant pour le plan que pour la montée, si autrement vous ne pouuez voir l'œuure. Mais delaissant ce discours, ie reprens la basse Ionique, laquelle a de hauteur vn pied, pour estre la moitié de la grosseur de la colomne qui contient deux pieds, lesquels il faut diuiser en trois parties, & d'icelles en prendre vne, comme seront huict poulces, (qui sont la tierce partie de la colomne) que vous mettrez dessus la basse, & ce qui restera par le dessous, sera pour le plinthe. Cela faict le reste de la hauteur de la basse sera diuisé en sept parties, & trois d'icelles données pour le thore de dessus, signé A, puis des quatre qui restent, l'vne sera pour les deux astragales qui seront sur le plinthe signé B, l'autre pour la premiere nacelle marqué C, la tierce pour l'astrangle marqué D, & la quatriesme qui restera dessous le thore A, sera pour la nacelle de dessus. Laquelle sera aussi diuisée en quatre parties & demie, dont l'vne sera donnée à la latitude des filets quarrez, marquez E. Semblablement l'vne des hermyles ou astragales du milieu serot diuisée en trois parties, & vne d'icelles donnée à la latitude du filet quarré F : l'autre filet quarré qui est dessous les hermyles, est aussi large que celuy de E. Les deux astragales qui sont sur le plinthe, seront diuisez en sept parties, desquelles l'astragale premier, qui est plus pres dudict plinthe, n'en aura que trois, l'autre quatre, & les autres parties demeureront à l'astragale de dessus. Toute la largeur du plinthe a deux pieds, neuf pouces & quatre lignes, qui n'est semblable à celle de Vitruue. Vous verrez celle que ie descris & figure cy apres, pour la cognoissance & demonstration de tout le discours du present chapitre.

DE PHILIBERT DE L'ORME.

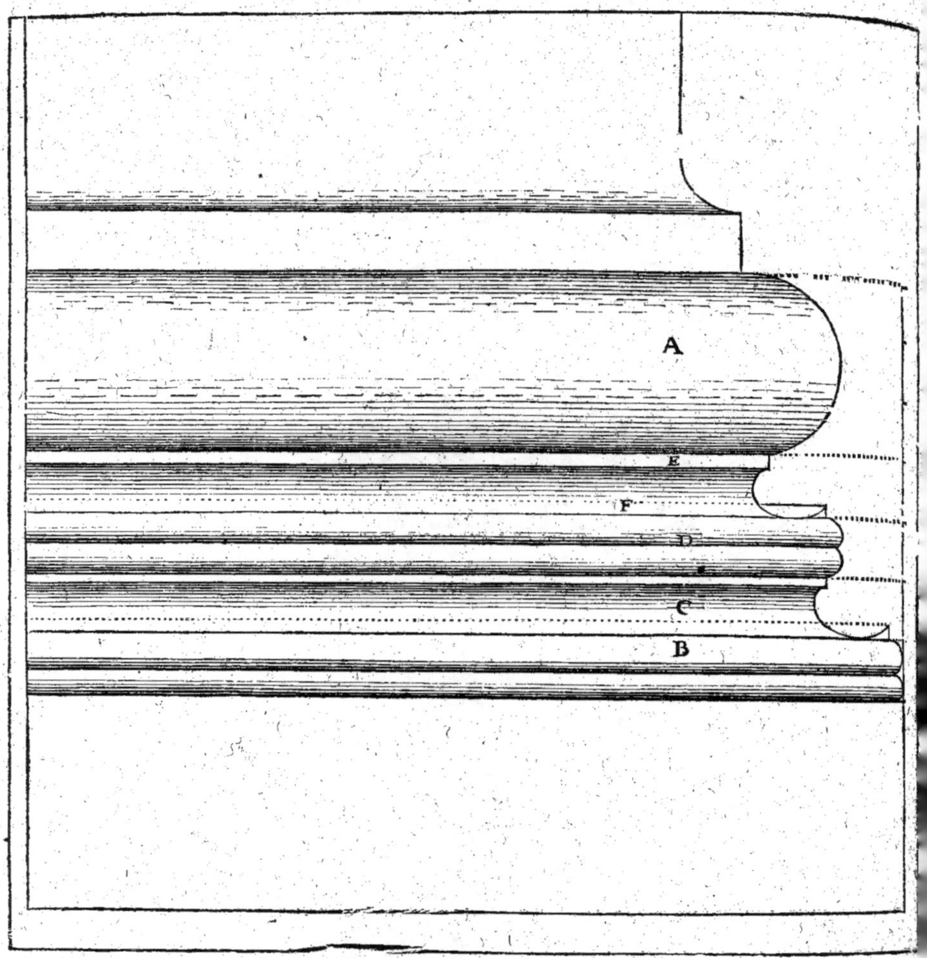

LIVRE V. DE L'ARCHITECTVRE

Des mesures & proportions du stylobate ou pied de stat Ionique.

CHAPITRE XXV.

De la hauteur des stylobates ou pieds de stat de la colomne Ionique.

LES stylobates, appellez du vulgaire pieds de stat, doiuent auoir de hauteur, compris leurs corniches & basses, deux fois autant qu'est la longueur du plinthe de la basse de la colomne, comme vous le pouuez voir depuis A iusques à B. la largeur doit estre tousiours de mesme, qu'est le
plinthe

DE PHILIBERT DE L'ORME.   158

plinthe de la basse. Vous diuiserez doncques la hauteur de A B en neuf parties egales, & en donnerez vne au plinthe du pied de stat, vne autre à sa basse, & vne à sa corniche pour leurs hauteurs: par ainsi il en restera six entre la corniche & la basse, ou les mesures se trouuent si à propos & tant bien correspondantes à la proportion, qu'en mettant cesdictes six parties en quatre pour la hauteur du dedans du pied de stat, entre ladicte corniche & basse, les trois font iustement la largeur, comme vous le pouuez voir en la figure cy auprés descrite. Mais pour mieux entendre ces mesures (à fin de n'y faillir quand vous en aurez affaire) vous serez aduertis que la basse du pied de stat auec son plinthe, est de sept pouces de hauteur: la basse & sa corniche se trouuent aussi de sept autres pouces de hauteur. Ie n'entends vous parler icy seulement des proportions & mesures antiques, mais aussi de celles qu'on prend auec le pied de Roy, ainsi que le tout se monstre en œuure, & ne vous en sçaurois faire meilleure preuue. Entre la corniche & la basse (ou il y a quatre sur trois) se trouuent trois pieds & neuf pouces pour la hauteur, & deux pieds dix pouces pour la largeur. Mais pour faire mieux entendre le tout, ie mettray peine de vous doner encores particulierement les mesures des moulures des basses des corniches, & desdicts pieds de stat.

Poursuite des mesures des parties de la colomne Ionique.

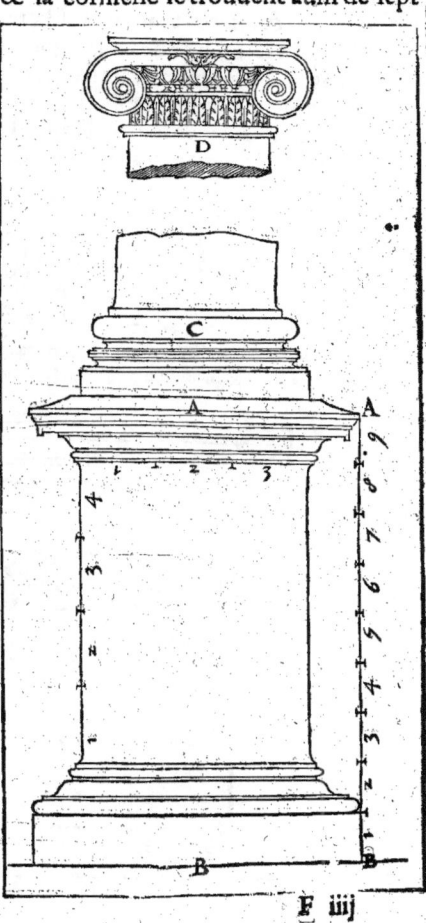

E iiij

LIVRE V. DE L'ARCHITECTVRE

Mesure de la base du pied de stat Ionique.

Pour reuenir à la basse des susdits pieds de stat, laquelle a sept pouces de hauteur, ils seront diuisez en dixhuict parties, & d'icelles la saillie de ladicte basse depuis A, iusques à B, à la figure suiuant, en aura 19: desquels de rechef vous prendrez cinq parties pour la hauteur du thore, ou membre rond au lieu ou vous voyez marqué C, & vne pour son filet quarré signé D, puis huict autres pour la hauteur du cymas ou cyme renuersé qui est E, & vne pour l'endroit marqué F, & trois pour le petit menbre rond qui est G, qui font les dixhuict parties iustement. Quant au scappe quarré qui est le commencement du dedans du pied de stat marqué H, il a deux parties de hauteur qui font vingt parties en tout. Pour les faillies d'vne chacune chose, comme du premier membre rond marqué C, vous y trouuerez trois des susdictes parties, & dix sept depuis le filet quarré F, iusques à la ligne perpendiculaire BI, estant ac-compagnée de nombres: ainsi des autres consequemment. De sorte que vous ne sçauriez faillir si vous suiuez les mesures & distances qui sont marquées en ladicte ligne BI, comme vous le pouuez co-gnoistre par la figure cy aprés descrite & proposée.

Les mesures sont la reigle pour bien faire & conduire l'œuure.

DE PHILIBERT DE L'ORME.

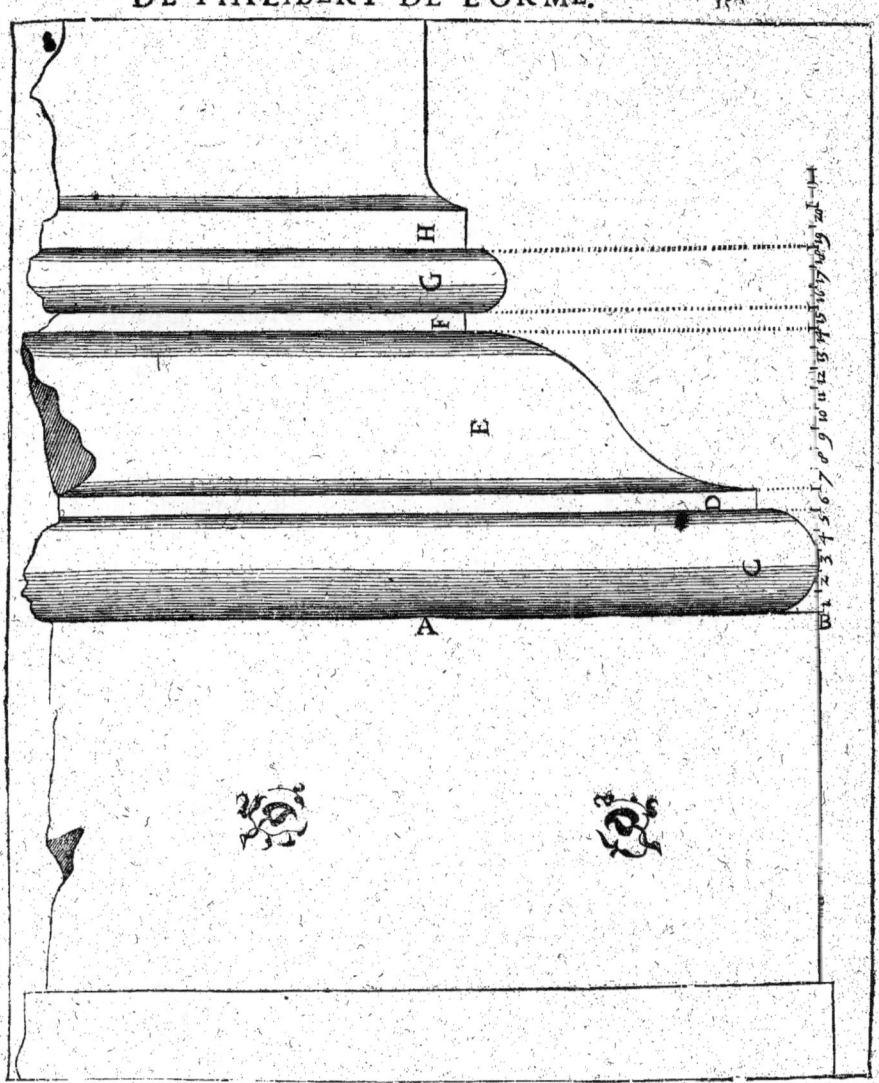

Quant à la corniche du pied de ſtat, qui a ſept pouces de hauteur pour ſes moulures, ie luy en ay donné deux d'auantage pour la vuydange de la pluye qui peut tomber deſſus & l'endommager, ainſi qu'il ſe voit que les Anciens ont faict en diuers lieux: & auſſi pour mieux releuer les baſſes des colomnes, & que

De la hauteur de la corniche & de ſes meſures

LIVRE V. DE L'ARCHITECTVRE

la saillie de la corniche du pied de stat n'en oste quelque chose à la veuë comme vous le pouuez cognoistre au lieu signé A, en la figure suyuante. Toute la hauteur de la corniche est diuisée en dix huict parties egales, tout ainsi que la moulure de la basse, comme vous le pouuez remarquer en la ligne B C : & sont lesdictes parties distribuées à vn chacun membre, tant pour faire les hauteurs que saillies: de sorte que vous voyez le filet quarré de ladicte corniche au droit de la lettre B en auoir deux: le rond qui est *Des mesures de* au dessous, trois: son filet quarré, vne: sa couronne, quatre: le filet *la colomne Io-* quarré qui est dessous ladicte couronne a vne de sesdictes parties *mique.* de hauteur, & le cymat quatre: le petit filet quarré qui est entre ledit cymat & le thore ou membre rond a vne partie de hauteur, & ledit membre rond en a deux, & ainsi des autres: comme vous le pouuez recognoistre sur ladicte ligne B C. Par mesme moyen auec le compas vous pouuez aisément remarquer & cognoistre les saillies d'vne chacune partie de ladicte corniche, & en donner vostre aduis & iugement, iaçoit qu'il y ait peu d'œuure, pour n'auoir esté bien taillée: qui faict que le traict des lignes s'y presente fort gros. Ceux qui auront le moyen de voir les pieds de stat & stylobates, qui sont faicts au Palais de la Maiesté de la Roy-
Pieds de stat ou ne mere au lieu nommé les Thuilleries, pres les fauxbourgs de *stylobates du* sainct Honoré lez Paris, ils les trouueront d'autant bonne grace *Palays de la* & iuste proportion & mesure qu'il s'en puisse gueres voir. Si est *Royne mere à* ce que ie vous ay monstré par cy deuant en la basse du pied de stat, *Paris.* & aussi en la corniche d'iceluy que vous voyez cy-apres, n'est rien, ou bien peu de chose, au regard du pied de stat quand on le voit tout entier auec ses parties. Il me semble que c'est assez d'auoir proposé le pourfil des corniches & basses de moulures pour seruir à mouler & trasser les pierres: ioinct aussi que vous les auez veuës en leur entier. Qui est la cause que ie ne vous en feray plus long discours: aussi que la prochaine figure vous donnera plus facile cognoissance du contenu en ce chapitre, que toute l'escriture que ie vous en sçauroit proposer.

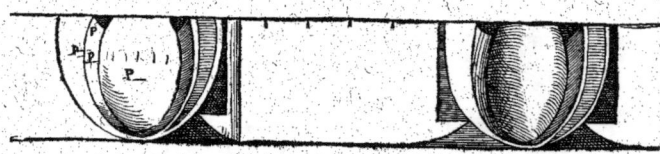

DE PHILIBERT DE L'ORME. 160

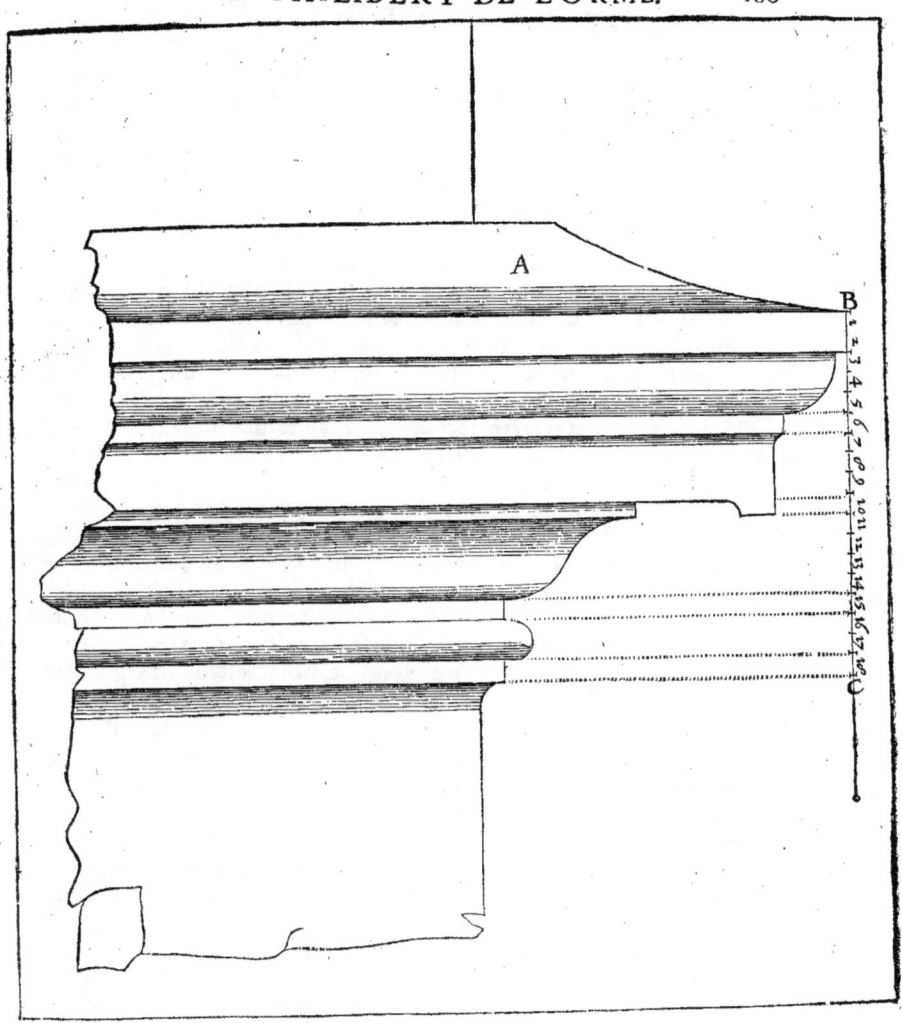

D'yne sorte de pied de stat Ionique retiré & mesuré apres vn antique, auec la bas-
de sa colomne.

CHAPITRE XXVI.

LIVRE V. DE L'ARCHITECTVRE

Declaration de la figure ensuy-uãt par ses parties.

POVR vous monstrer la varieté des mesures, ie vous ay descrit cy apres la figure d'vn pied de stat Ionique auec la basse de sa colomne, tout ainsi comme ie l'ay trouué & mesuré apres les edifices antiques. Doncques vous y voyez que la basse du pied de stat, auec son plinthe, est la tierce partie de la hauteur du pied de stat entre la corniche & sa basse: & que de ces trois parties les deux font la largeur dudit pied de stat, comme il se voit de E à F. Telle hauteur entre la basse & corniche se trouue estre d'autant que la ligne diagonale de son quarré parfaict, ou bien de trois parties sur deux. Et la hauteur de la corniche dudit pied de stat est semblable au plinthe de sa basse marquée O. Quant au departement des moulures, ie ne vous en puis dire outre ce que vous voyez, sinon que la couronne de la corniche marquée C, auec son cymacion, ou cymat, sans comprendre le petit filet quarré de dessus, est d'vne mesme hauteur que le cyme marqué D, auec son filet quarré qui est au dessous de la colomne. Les Anciens ont donné quasi semblable hauteur au cyme de la basse marqué N. Qui fait que ie m'ébay de la saillie de la basse du pied de stat, marqué P, n'estant si grande que celle de la corniche, laquelle vous voyez marquée Q. Quoy que ce soit, ie ne voudrois faire ainsi, pour autant qu'il est raisonnable que les basses de dessous soient tousiours plus larges que les saillies des corniches non seulement des pieds de stat, mais encores les saillies des corniches des colomnes, ne doiuent point estre plus grandes que celles des fondements, i'entends des basses. Et encores quand on fait les doubles plinthes aux basses des pieds de stat, ils doiuent exceder & auoir plus de saillie que la ligne perpendiculaire ou cathete qui procede de l'extremité de la corniche des colomnes. Mais quoy qu'il en soit, telles mesures de pieds de stat Ioniques, au lieu d'où ie les ay retirées, se trouuent diuinement belles, & en autre lieu où on les pourroit appliquer ayant differentes hauteurs, & esleuées sur terre plus ou moins qu'elles ne sont, ne se monstreroient pas bien: ce que i'aduertis tousiours, à fin que lon y prenne garde. Aussi i'ay trouué qu'en la figure que ie vous propose, la basse est vn peu plus haute que n'est la moitié de la largeur de sa colomne. Ce que ie n'ay trouué en toutes autres, ne dedans Vitruue, qui veut qu'elles soient tousiours d'autant de hauteur comme est la moitié du diametre de leur colomne. Aussi vous voyez que le plinthe de la basse marqué B, est autant que la tierce partie de toute la hauteur de la basse. I'ay trouué pareillement la grosseur de la colomne (comme vous le voyez marqué sur le plan) au milieu du pied de stat, entre la lettre I & K, estre diuisée en sept parties, & la retraicte de la colomne par le dessus, ainsi que vous voyez la circonference entre L & M, n'auoir

Aduis de l'Auteur pour la saillie du pied de stat.

Aduertissement qui n'est à negliger.

DE PHILIBERT DE L'ORME.

uoir que six de telles parties. Par ainsi la colomne a de retraicte vne septiesme partie. Si vous voulez cercher plus particulieremēt ledit pied de stat Ionique auec la basse de colomne, vous le pouuez trouuer auec le cōpas, suiuant la figure que i'ay cy apres descrire le plus iustement que ie l'ay peu mesurer, & representer en plus grād volume que les autres : ce qu'aussi i'ay voulu faire au precedent de la Dorique, & le continuerons (Dieu aydant) à la Corinthienne cy apres. Ie fais les parties de ce que i'ay mesuré apres les antiques, tant des corniches qu'autres, autant grandes que le liure & papier le permet, à fin que lon y voye mieux les formes & faces; & s'y puissent cognoistre plus parfaictemēt les mesures, soit par escriture ou auec le compas, comme aussi les differences qu sont des vnes aux autres, à fin de choisir celles qui seront plus agreables entre plusieurs que ie descry & propose. Quant au dedans du pied de stat, & des œuures & ornements qui se font entre les basses & corniches d'iceluy, ie les ay trouuez aux antiquitez fort differents: de sorte que les vns leur donnent vne sorte de mesure, les autres vne autre: mais quand l'ouurier desirera faire quelque basse taille ou ornement au milieu dudit pied de stat, pour les moulures qu'il y faudra tout autour, faut prendre la dixiesme partie de sa largeur, comme depuis E iusques à F, & mettre vne desdictes parties tout autour & au long des airestes, comme si vous vouliez faire vn quarré ou table d'attente, puis diuiser telle largeur en trois parties, desquelles deux seront pour le quarré qui regnera tout autour, & la tierce pour le cymat & astragale. Telles mesures doiuent estre selon l'ornement du pied de stat & de son ordre: car s'il est de l'ordre Dorique, il n'y faudra proceder comme à celuy de l'ordre Ionique: ny aussi à celuy de l'ordre Corinthien, comme au Ionique: selon l'œuure qu'on aura à faire il faut donner les mesures & ornements. Ie vous veux aussi aduertir qu'ā toutes sortes de pieds de stat ou stylobates, vous pouuez encores adiouster par dessous le plinthe de leur basse, d'autres soubasses, qui sont quasi comme vne autre sorte de stylobate: mais cela se faict quand on est contrainct de donner plus grand exausement à l'edifice, pour monstrer que la hauteur de la face du bastiment est conuenable à la longueur. Mais de cecy nous escrirons lors que nous monstrerons les sassades des maisons. Ce tēps pendant vous contenterez, s'il vous plaist, du pied de stat ou stylobate Ionique, lequel ie vous presente & figure cy-apres.

L'Auteur vser de grandes figures, tāt que faire se peut.

Pour les ornements du milieu du pied de stat.

Aduertissement fort digne de noter & bien entēdre.

C

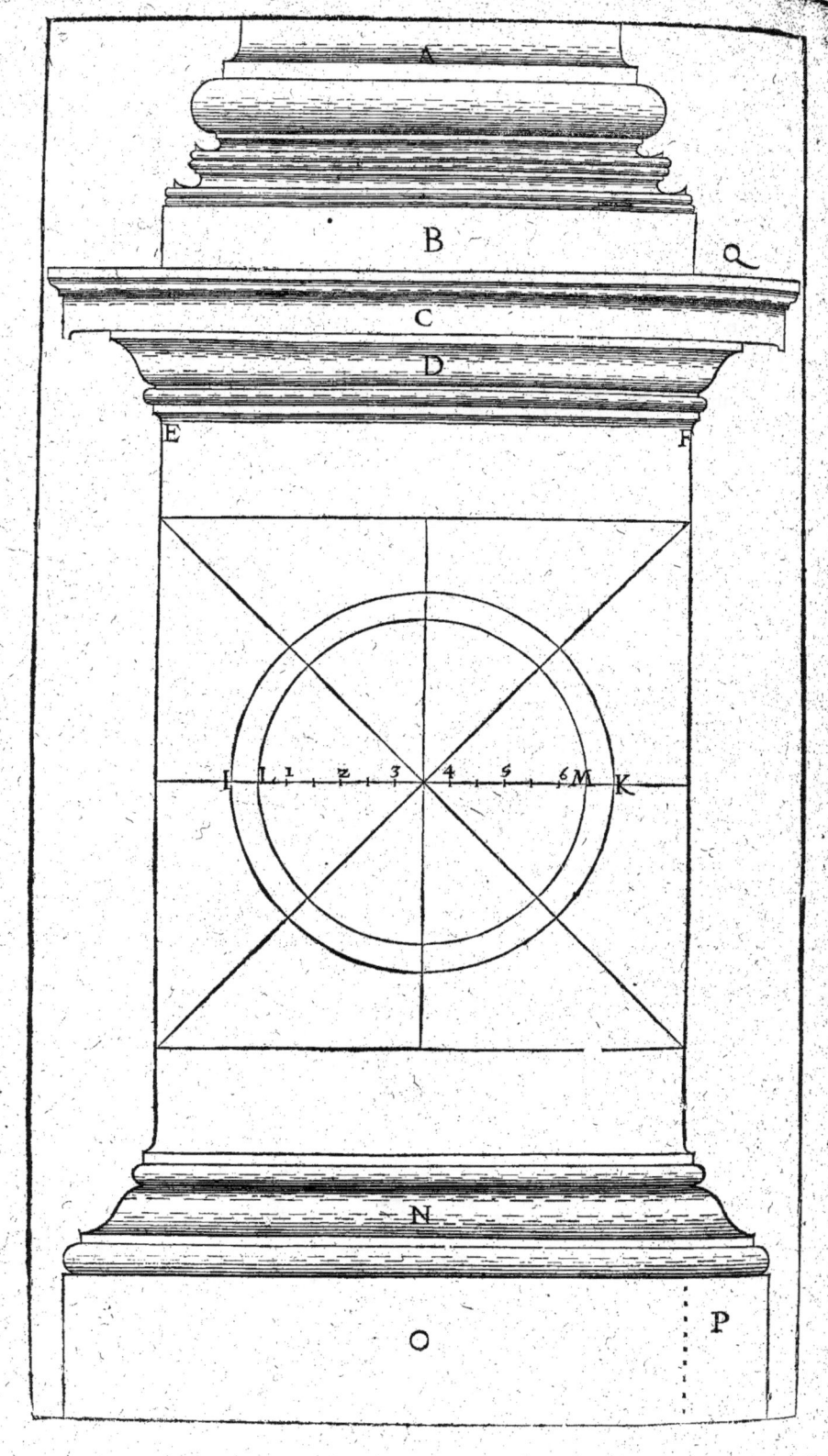

DE PHILIBERT DE L'ORME. 162

Apres que vous auez entendu l'ordre, mesures, & propor- *Recapitulation*
tions de la colomne Ionique, & signamment de sa basse & pied *du precedent*
de stat, comme aussi de quelques exausements d'assiette que vous *discours.*
pourrez mettre par dessous le plinthe dudit pied de stat, pour l'esleuer plus haut si vous voulez (ainsi que i'ay faict à ceux qui sont
au Palais de la Maiesté de la Royne mere, en ceste ville de Paris)
reste maintenant à vous monstrer & proposer les chapiteaux Ioniques auec leurs ornements & epistyle ou architraue, pareillement les frizes, couronnes, ou bien corniches, & vous declarer
le tout fort familierement & par le menu, ainsi que iusques icy
nous auons faict du precedent.

Des mesures du chapiteau Ionique, &
la façon comme lon doit
faire ses volutes.

CHAPITRE XXVII

O N doit enrichir le chapiteau Ionique de volutes, *Le chapiteau Io-*
qui ont esté inuentées apres les trousses & entor- *nique deuoir*
tillements des cheueux des femmes comme elles *estre enrichy de*
ont encores, en aucuns lieux, accoustumé de les *volutes, & de*
entortiller à l'entour de leurs testes. Vous pouuez *leur origine &*
voir Vitruue sur l'origine & inuention de telle *inuention.*
chose, comme aussi pour les mesures du chapiteau Ionique, qui
doiuent estre telles que vous verrez cy-apres. Vous aduisant que
ie ne me veux ayder en cecy totalement dudit Vitruue, ains seulement en partie, l'accompagnant de ce que i'ay trouué aux chapiteaux antiques, & mesmes à ceux de l'Eglise de nostre Dame de *L'Eglise de no-*
Transtebre qui est aux faut-bourgs de Rome du costé de sainct *stre Dame de*
Pierre de Montorio de là le Tybre. C'est vne Eglise bastie de plu- *Transtebre à*
sieurs sortes de colomnes accompagnées de chapiteaux Ioniques *Rome.*
fort differents les vns des autres, & ramassez de plusieurs edifices & ruines des antiquitez pour edifier ladicte Eglise. Il me souuient d'auoir veu en vn d'iceux (qui n'auoit esté acheué) vne face qui n'est que equarrie, ayant au dessus des volutes (au droit de
l'œil) les centres à mettre le compas pour faire la circonference de
sa volute, en la sorte que vous verrez cy-apres, laquelle me semble la plus belle & la plus aisée de toutes. Du temps que i'estois à
Rome, (il y a trente ans) ie monstray ladicte façon à plusieurs qui
pour lors l'ignoroient, & les aduerty où ie l'auois trouuée & mesurée. Si depuis quelques vns l'ont faicte imprimer & s'en attri-

G ij

LIVRE V. DE L'ARCHITECTVRE

buent l'honneur & inuention, ils y penseront. Mais pour venir à ce que nous pretendons, vous ferez le dessus du chapiteau Ionique, tout quarré, (lequel aucuns ont appellé tailloir, & les autres abaco, pres du Latin) c'est à dire, autant long que large, & de la mesme longueur que est le diametre de la colomne par le bas, & vne dixiesme partie d'auantage. Aucuns pour y donner vne hauteur certaine, en comprenant ses volutes, luy ont accommodé la moitié de sondit tailloir. Les autres ont diuisé la colomne en trois parties, & de l'vne des trois ils ont faict la hauteur dudit chapiteau, puis ont diuisé en dixhuict parties toute la largeur du tailloir, & pris neuf & demie d'icelles pour les distribuer à la hauteur dudit chapiteau, y comprenant les volutes. De rechef ils en ont donné vne & demie pour la hauteur de l'abaco, vne à sa cyme, & l'autre à son quarré: les huict parties qui restent, demeurent pour la volute. Vous pouuez voir telles façons & mesures dans Vitruue, Leon Baptiste, & autres qui les ont descrites, & encorés aux bastiments antiques, esquels l'on en trouue de plusieurs sortes, & tant diuerses que ie proteste n'en auoir iamais rencontré deux semblables en diuers edifices, ie ne diray quant aux ornements, mais encores quant aux proportions & mesures. De sorte, (ainsi que i'ay dict par cy-deuant) que quand les ordres des colomnes estoient de differentes hauteurs, ie les trouuois aussi de differentes mesures, auec leurs parties & ornements. Mais pour continuer mon propos ie poursuiuray la façon du chapiteau & volute Ionique, laquelle ie trouuay, ainsi que nous auons dit, il y a trente ans & plus, au lieu cy-dessus mentionné. Ledit chapiteau estoit veritablement diuisé en neuf parties & demie en sa hauteur, dont les huict estoient pour la volute, & vne d'icelles pour la largeur de l'œil, trois au dessous dudit œil, & quatre au dessus, qui faisoient la huitiesme partie, ainsi que vous le voyez marqué au lieu R S, en la figure ensuyuante: qui monstre la hauteur de l'astragale, ou membre rond, enrichy de patenostres, ainsi que vous le cognoistrez cy apres. Puis on tiroit vne ligne cathete ou perpendiculaire par le milieu dudit œil, comme vous la voyez de A C, sur D B, & de rechef vne autre oblique, ainsi que T V, dedans l'œil, sur laquelle d'abondant se faisoit vne autre oblique, ou perpendiculaire sur la ligne T V, de sorte que l'œil estoit diuisé en huict parties egales, comme vous le pouuez cognoistre dans la circonference Q T R O V S. & ainsi des autres. Lesdictes lignes obliques, comme celle de T V, sont diuisées en six parties, ainsi que vous le cognoissez par les petites separations qui y sont marquées, & seruent de centres à mettre la poincte du compas: comme sur la separation marquée 1, pour en tirer vne circonference du poinct de A, à celuy de B: puis sur celle de 2, en la mesme ligne de T V, pour tirer la circonference de B: iusques à C. De rechef

pour

Continuation de l'explication du chapiteau Ionique & de ses parties.

Distribution de la mesure des parties du chapiteau Ionique.

Declaration & description de la figure ensuiuant, & de ses parties.

Fort belle doctrine pour tirer les circonferences de la volute Ionique.

DE PHILIBERT DE L'ORME. 163

pour le remettre sur le poinct de 3, pour faire vne autre circonference de C à D: enapres sur le centre de 4, & continuer ladicte circonference de D à E, puis retourner au poinct de 1, où est aussi marqué, 5, & continuer de faire la ligne circulaire de E à F. Cela faict il faut remettre le compas au poinct de 6, & continuer la circonference ou ligne circulaire de F à G: & prendre en apres le centre de 7, qui monstre à tirer la ligne de G à H: & le centre de 8, qui vous conduira pour faire celle de H I, comme le centre de 9, celle de I à K. Cela faict vous diuiserez le centre de l'œil (qui est le milieu au poinct de 6) en deux parties, comme il est marqué sur les diagonales, & en tirerez la ligne de K L. Continuant ainsi vous ferez iustement vostre lymace ou volute ainsi que vous la voyez adoucie & de fort bonne grace de A à B, de B à C, de D à E, de F à G, de H à I, de K à L, & ainsi consequemment des autres: de sorte que l'œil, suiuant lequel vous auez faict telle lymace ou volute, demeure en la circonference de Q T R V S. Voila la vraye façon pour bien faire & adoucir vostre volute, sans prendre celle de Vitruue, ny des autres qui l'ont descrite; car ils ne sont, comme il me semble, fort intelligibles pour les aprentifs, ny leur methode tant facile que ceste cy extraicte & recherchée des antiquitez, qui n'est autre chose, pour plus grande facilité, que de faire vn quarré parfait, comme si vous le vouliez appliquer dedans la largeur de l'œil dudit chapiteau Ionique. Et apres auoir tiré les lignes diagonales d'vn angle à autre, vous y trouuez deux autres lignes perpendiculaires qui procedent du milieu des faces dudict quarré, lesquelles lignes vous diuisez en six parties egales, & les poincts ou marques qui font les diuisions, seruent à mettre la pointe du compas pour seruir de centre, monstrant iustement à faire la volute dudit chapiteau. Laquelle se peut encores faire par autre voye, sçauoir est par la ligne appellée des Mathematiciens, cathete, ou bien par la perpendiculaire qui tombe sur la ligne horizontale passant par le centre de l'œil & faisant vne circonference, & que la distance des deux poinctes du compas soient autant comme la hauteur de toute la volute. Vous diuisez ladicte circonference en autant de parties egales comme vous desirez que la volute face de tours, & seront lesdictes parties autant larges comme est la moitié de l'œil: en apres vous tirez les lignes du centre qui est sur la ligne horizontale & font les separations egales marquées en la ligne circulaire, & aussi longues qu'elles puissent toucher la ligne cathete ou perpendiculaire qui monstre iustement les haulteurs. Comme par exemple ie monstre, en la figure de la volute proposée cy apres, la hauteur depuis A, iusques à E, & de E, iusques à I, & depuis I, iusques à N, & ainsi des autres parties. Mais pour autant que telle façon de faire n'est si bonne à mon iugement que celle que ie vous ay descrit cy-dessus, ie n'en ay point voulu

Poursuite de l'explication de la figure ensuyuant le present chapitre.

Diuerses sortes & façons de faire la volute du chapiteau.

Demonstration de la volute cy apres proposée.

G iij

LIVRE V. DE L'ARCHITECTVRE

Continuation de ce que dessus

faire autre figure, que celle que vous voyez cy deſſous, où vous trouuerez par meſme moyen la hauteur qui ſe trouue pour le chiſ ne X, qui eſt depuis E, iuſques a S. Vous voyez auſsi le pourfil du chapiteau, non ſeulement du cymat, mais de tout le tailloir auec ſa ſaillie, & des autres iuſques au ſcape, ou ſi vous voulez du colle rin de la colomne pres de l'hypotrachelio, qui monſtre la hauteur de tout le chapiteau, ainſi que vous le pouuez voir par la preſente figure.

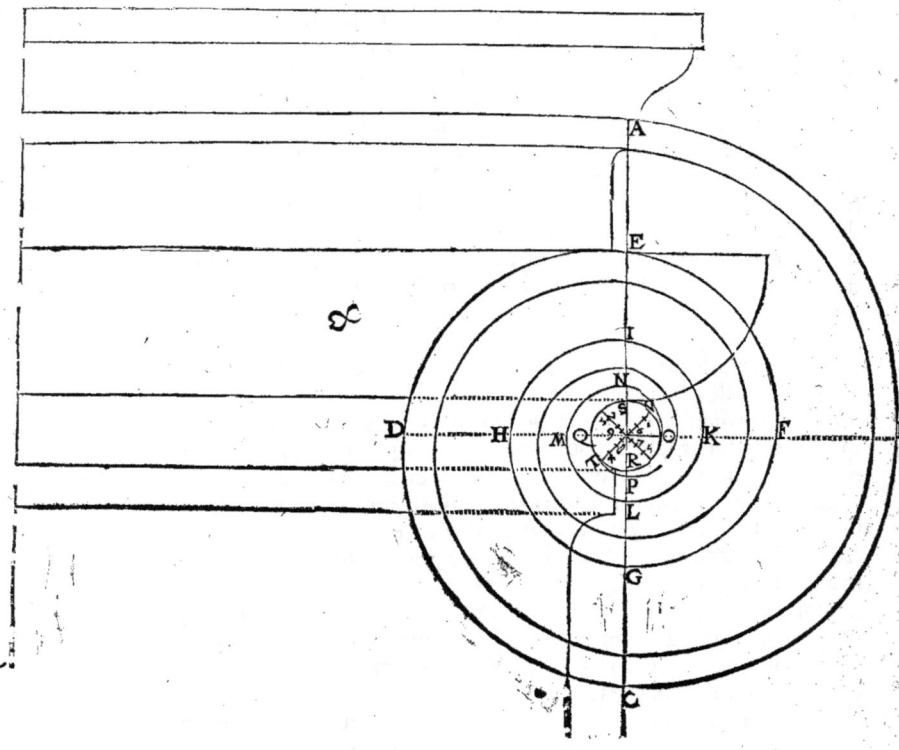

Aduer-

DE PHILIBERT DE L'ORME. 164

Aduertiſſement fort digne de noter.

IE vous d'eſcrirois encores aſſez d'autres façons de volutes & lymaces (comme vous en auez peu voir vne au xvj chap. du IIII. liure precedent, ou ie monſtrois la façon d'vne volute & voûte qu'on peut faire en forme de la coquille d'vn lymaçon) mais le peu de loiſir que i'ay ne le permet aucunement. Albert Durer en ſon liure de Geometrie décrit au commencement quelques ſortes & façons de lymaces & volutes, les rendant bien fort aiſées, comme vous les pourrez voir, s'ils vous plaiſt d'y employer la peine. C'eſt qu'il prend vne circonference autant grande quon peut faire toute la ſuperfice de la lymace, ou volute : laquelle il diuiſe en douze parties par lignes droictes qui paſſent par le centre, & donnent iuſques aux extremitez de ladicte circonference. Cela faict il prend vn diametre d'icelle, & diuiſe la moitié en tant de parties que vous voulez que la volute ou limaçon face de tours, comme ſi c'eſt pour deux tours, il diuiſe ladicte moitié en vingt quatre parties : ſi c'eſt pour trois, en trente-ſix : puis il met le compas ſur le centre de ladicte circonference, & rapporte ces parties icy l'vne apres l'autre au droit des lignes qui diuiſent ladicte circonference en douze parties, & continuant il conduict le tout ſi doucement, qu'il vient à en faire vne circonference qui ſe racourciſt & rend ſi petite, que vous voulez, aupres du centre. Ie vous en deſcrirois bien d'autre ſorte : comme i'ay dit, & meſmes vne qui ſe pourroit faire tout d'vne venuë de compas, mais telles choſes ne ſont ſi neceſſaires, que curieuſes. Si vous me voulez croire, vous ne prendrez point d'autre inuention & façon de volute pour faire le chapiteau Ionique, que celle que ie vous ay monſtré cy deſſus, auecques vn coſté tout taillé & enrichy. Mais à fin que plus facilement vous puiſſiez cognoiſtre ledit chapiteau Ionique auec ſes ornements, i'ay mis cy apres la propre figure ſur laquelle i'ay trouué & pratiqué l'inuention de faire la ſuſdicte volute, de laquelle ie n'auois ouy parler, & ne la ſçeus iamais trouuer ailleurs que au lieu prememoré auquel elle eſtoit tournée & enrichie de tels fueillages que vous les voyez par vn coſté ſeulement, car l'autre n'eſtoit acheué, comme i'ay dit. Il y auoit auſſi des enrichiſſements d'œufs faicts de fort bonne grace & elegante taille comme vous le pouuez voir à la figure que ie vous en ay propoſé cy apres. Le deſſous à l'aſtragale eſtoit enrichy de patenoſtres qui eſtoient de la hauteur du centre de l'œil de la volute, au lieu ou vous voyez au milieu vne roze. Mais ſi le chapiteau ſe monſtroit beau, & ſes meſures & proportions admirables, les fueillages & ornements l'eſtoient d'auantage. Qui a eſté cauſe que i'ay pris grand plaiſir de le deſi-

Explication d'vne façon de volute ſelon Albert Durer.

Conſeil & tiſſement l'Auteur

Diligence grande de l'Auteur pour recercher les choſes antiques & belles.

G iiij

LIVRE VI. DE L'ARCHITECTVRE

Cõplainte & do-
leance de l'Au-
teur, que ses figu-
res ne sont bien
& iustemẽt tail-
lées.

gner & protraire beaucoup de fois: mais le Tailleur n'a si bien conduit l'œuure sur la planche de bois, comme i'eusse bien voulu: principalement au cymat de l'abaco, où les ornements ne sont si bien faicts que ie desirerois. La colomne du chapiteau estoit canelée: comme vous en voyez le commençement par la figure ensuyuant.

Figure

DE PHILIBERT DE L'ORME. 165

Figure & desseing de la moitié d'vne volute.

CHAPITRE XXVIII.

POVR vous monstrer par figure ce que ie ne puis en peu d'escriture, i'ay faict encores vn autre desseing cy dessous de la moitié d'vne Volute, ainsi qu'on peut voir le chapiteau par les costez. Le lieu marqué A, est le milieu du chapiteau, ayant des fueilles de lau-rier, en façon comme si c'estoit pour vn chapeau de triumphe qui donne iusques au dessous de l'abaco, estant toutes-fois entourné comme s'il faisoit vne ligature des fueilles qui vont en s'eslargissant contre ladicte volute, ainsi que vous voyez que de B à C, il est plus estroit que sur le deuant du chapiteau au costé de D. Le tout est enrichy de tel fueillage qu'il n'a aucune refente de fueilles, & auec vne grace & beauté de petites coquilles, qui faict monstrer l'œuure si tres belle, que ie ne sçaurois dire plus, & ne pourrois escrire sa singularité, tant elle est grande. Il y faict aussi bon voir les strieures qui en departent par le dessous, & au lieu de H, vn desgauchissement qui est faict de telle dexterité qu'on ne le peut expliquer sans le monstrer en œuure. Au costé de la circonference de la volute y a des patenostres toutes rondes : le lieu marqué D, monstre la saillie de l'echine, ou sont insculpez & taillez les œufs. Mais le lieu signé F, monstre la saillie de l'astragale, ou sont insculpez les patenostres lesquelles vous auez veu cy-deuant en mesme lieu, auec le petit filet quarré au dessous. Et pour autant que vous pouuez bien considerer le tout par les figures proposées, ie ne vous en feray autre discours.

Explicatiō des parties de la figuré cy apres proposée.

Continuation & poursuitte de ce que dessus.

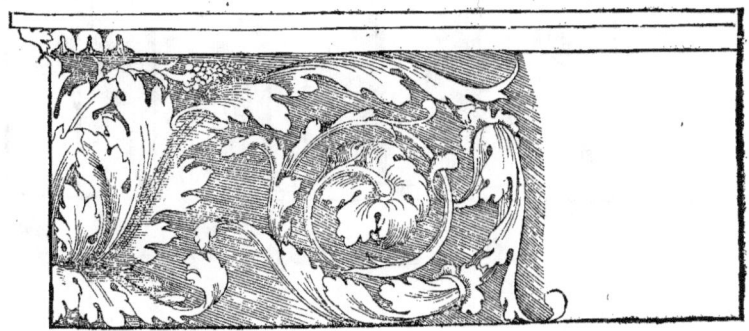

LIVRE V. DE L'ARCHITECTVRE

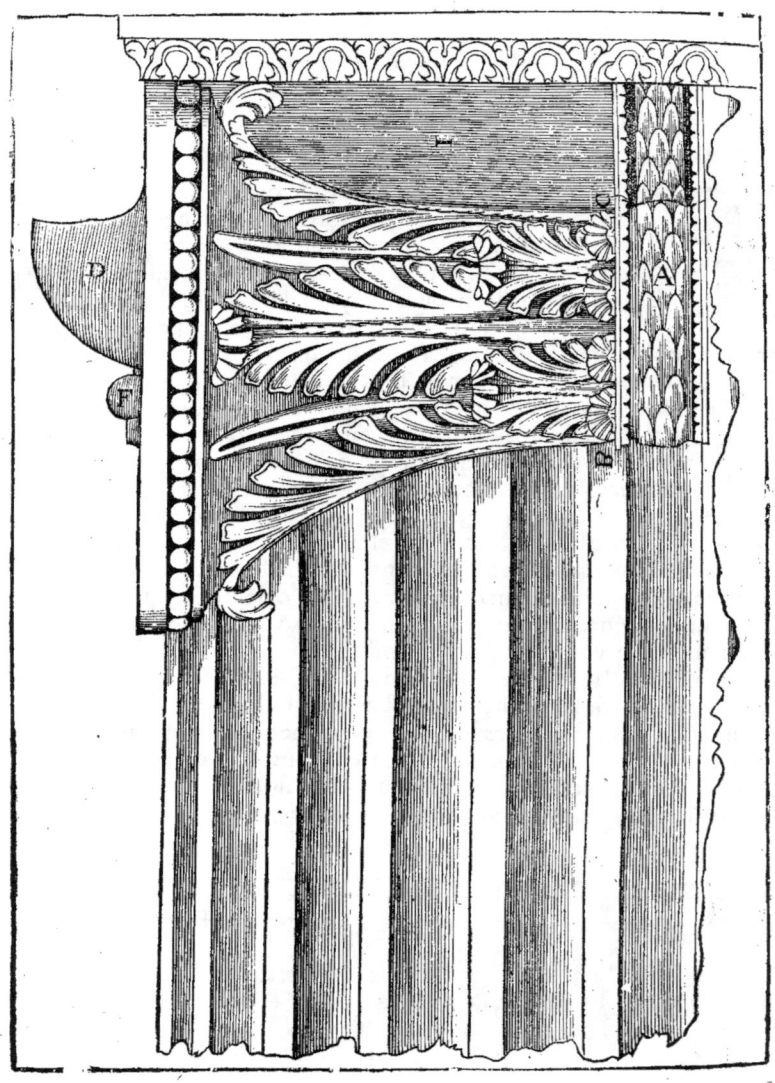

Autre

DE PHILIBERT DE L'ORME. 166

Autre sorte de volute fort belle & elegante.

CHAPITRE XXIX.

IE Veux monstrer encores pour la varieté des choses, vne autre sorte de volute qui n'est gueres moins belle que celle de cy-deuant. Vray est qu'au lieu que la precedente est quarree, & droicte par dessous le tailloir, ceste cy est ronde, comme si elle naissoit de la fleur ou petit boüillon de fueilles qu'on met coustumierement au milieu des Chapiteaux (ainsi que vous le voyez au lieu marqué A) auec vne ligne circulaire qui s'adoucit de loin, comme le monstrent A B, & B C, en faisant doucement la volute ; laquelle doit estre semblable à celle qui a esté monstree cy-deuant, horsmis la ligne A B, qui se fait d'vne plus grande circonference: comme les bons esprits le sçauront bien entendre & pratiquer. Ie n'ay point mis ceste figure tant pour ses mesures, que pour l'inuention; & aussi pour monstrer l'ordre de l'ornement & forme des fueilles, qui estoient fort bien faites à mon exemplaire & protype, ainsi que parle Vitruue. Mais ceux qui taillent mes planches, sur lesquelles sont imprimees les figures, ne les ont si exactement representees, qu'elles estoient à mondit exemplaire & dessein, dont i'en ay vn grand regret; pour l'enuie que i'auois de donner plaisir auec profit, à ceux qui desirent apprendre. Qui est la cause qu'encore vne fois, voire deux & trois, ie prie le Lecteur de se vouloir contenter de ma bonne volonté. Vous noterez qu'en la figure suiuante, l'œil de la volute est beaucoup plus grand que celuy de la precedente, qui n'a non plus de largeur que son astragale: & aussi que l'astragale marqué H, en la figure cy-apres proposee, est beaucoup plus petit: le Chapiteau que vous voyez cy-apres est plus grand d'vne tierce partie que celuy que vous auez veu cy-deuant. Les bons & gentils esprits s'en sçauront aider, & encores inuenter d'autres sortes d'ornemens, en obseruant tousiours leurs mesures & proportions, selon la hauteur où on les voudra appliquer: s'ils sont bien taillez, il ne faut douter qu'ils ne se monstrent tousiours fort beaux. Et pourautant que vous en pouuez juger par la prochaine figure, ie ne vous en feray autre recit; sinon que ie vous aduertiray comme i'ay trouué quasi semblables volutes, & de mesme façon au Chapiteau composé. Vous vous en pourrez aider non seulement au Chapiteau Ionique, mais aussi audit composé.

Bon vouloir de l'Auteur enuers les amateurs d'Architecture.

L'Autheur se complaint encores, que ses figures sont mal taillees & representees.

LIVRE V. DE L'ARCHITECTVRE

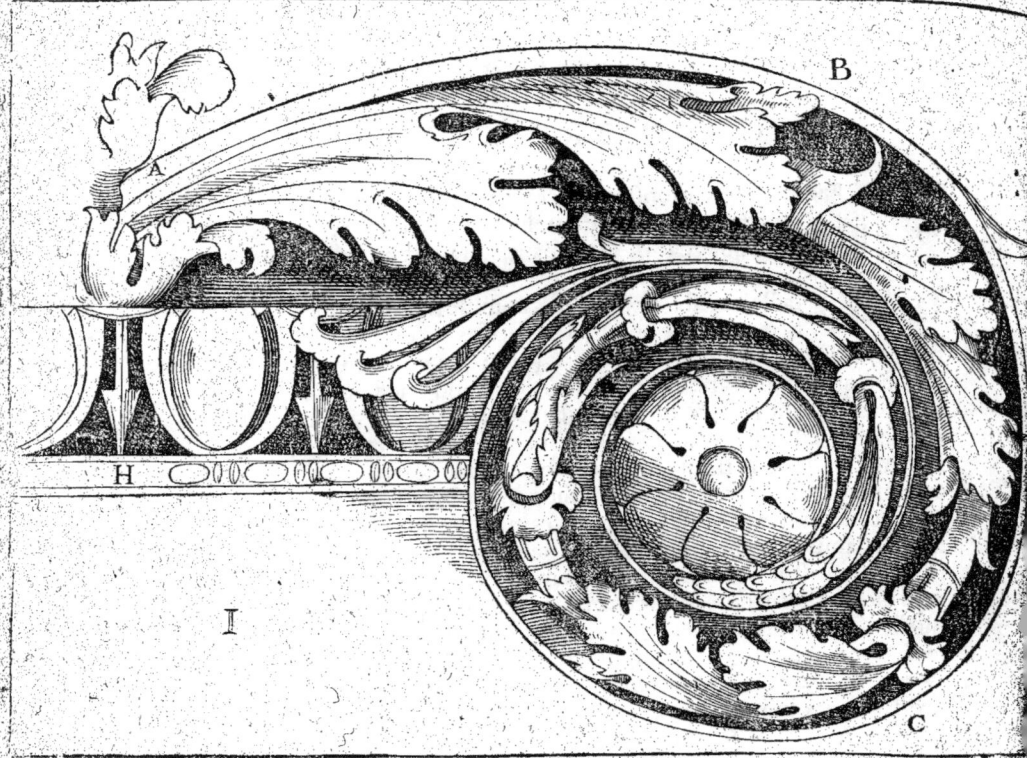

De l'ordre & mesure de l'epistyle, frize, & corniche de la colomne Ionique, suiuant nostre inuention, extraicte des anciennes & diuines mesures & proportions de l'Escriture saincte.

CHAPITRE XXX.

Nouuelle inuention de l'Auteur sur les mesures des parties & ornements de la colomne Ionique.

JE vous descriray encores les susdictes parties de la colomne Ionique le plus succintement que ie pourray, mais d'vne façon nouuelle, comme aussi leurs proportions & mesures, lesquelles ie ne poursuiuray, en m'aydant des modes antiques, ny aussi de ce que nos liures d'Architecture enseignent pour la symmetrie & dimension d'vne chacune des susdites parties ; mais bien en ensuyuant l'ordre des proportions que i'ay trouuées en l'Escriture saincte, & les dimensions & mesures du corps humain, lesquelles i'ay accommodées à la diuision & mesure des

DE PHILIBERT DE L'ORME.

re des ornements de la colomne Ionique. Ie donne donc en premier lieu à son epiſtyle ou architraue pour ſa hauteur la moitié de la groſſeur de ſa colomne par le bas, qui eſt vn pied : puis ie diuiſe ladicte hauteur en trente-ſix parties, deſquelles le cymace en a ſix pour ſa hauteur (qui eſt la ſixieſme partie de toute la hauteur dudit epiſtyle ou architraue) & ſon filet quarré par deſſus, deux: qui ſont huict parties pour tout le cymace ou cymat. Du reſte des ſuſdictes xxxvj. parties, qui ſont 28. i'en fais les trois faces du ſuſdict epiſtyle auec l'aſtragale B, & petit cymace C. Doncques la premiere face au deſſus du chapiteau aura cinq parties de hauteur, & le cymace trois : la ſeconde face, huict : le petit membre rond ou aſtragale, deux : & la hauteur de la troiſieſme face, dix. Pour les ſaillies vous vſerez de ces meſmes parties, leſquelles vous cognoiſtrez & prendrez auec le compas. La premiere ſaillie de la face qui eſt deſſus le chapiteau ſe trouue de ſix parties, ſçauoir eſt depuis la ligne D E, iuſques à ladicte premiere face, & ainſi conſequemmẽt des autres. Quant à la deuxieſme & troiſieſme faces, elles ne ſont parle deuant en lignes perpendiculaires : ce qui eſt faict pour gaigner les ſaillies de l'aſtragale B, & du cymace C. Les anciens l'ont ainſi pratiqué en diuers edifices, à fin que tout l'epiſtyle ou architraue n'euſt point tant de ſaillie. Parquoy moins vous luy en donnerez, plus ſera il facile de voir la frize & ornements qu'on met au zophore & à ladicte frize entre la corniche & architraue. Auquel zophore & frize ſi vous faictes faire quelques ouurages, comme fueillages, deuiſes, ou autres, il doit auoir pour ſa hauteur autant que eſt l'epiſtyle, & la quarte partie d'auantage : mais ſi vous n'y faictes aucuns ornements, ou autres tailles de ſculpture ou fueillage, il ſuffiſt qu'il ſoit de la hauteur dudit epiſtyle, & quelque fois moins. Telles choſes ſe doiuẽt cognoiſtre & recolliger des dimenſions & proportions de tout l'œuure que vous aurez à faire.

Explication des parties & meſures de la figure enſuiuant, ſelon l'inuention de l'Autheur.

Des ouurages du zophore & frize.

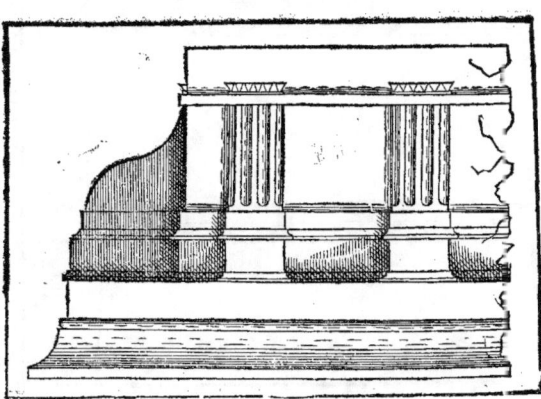

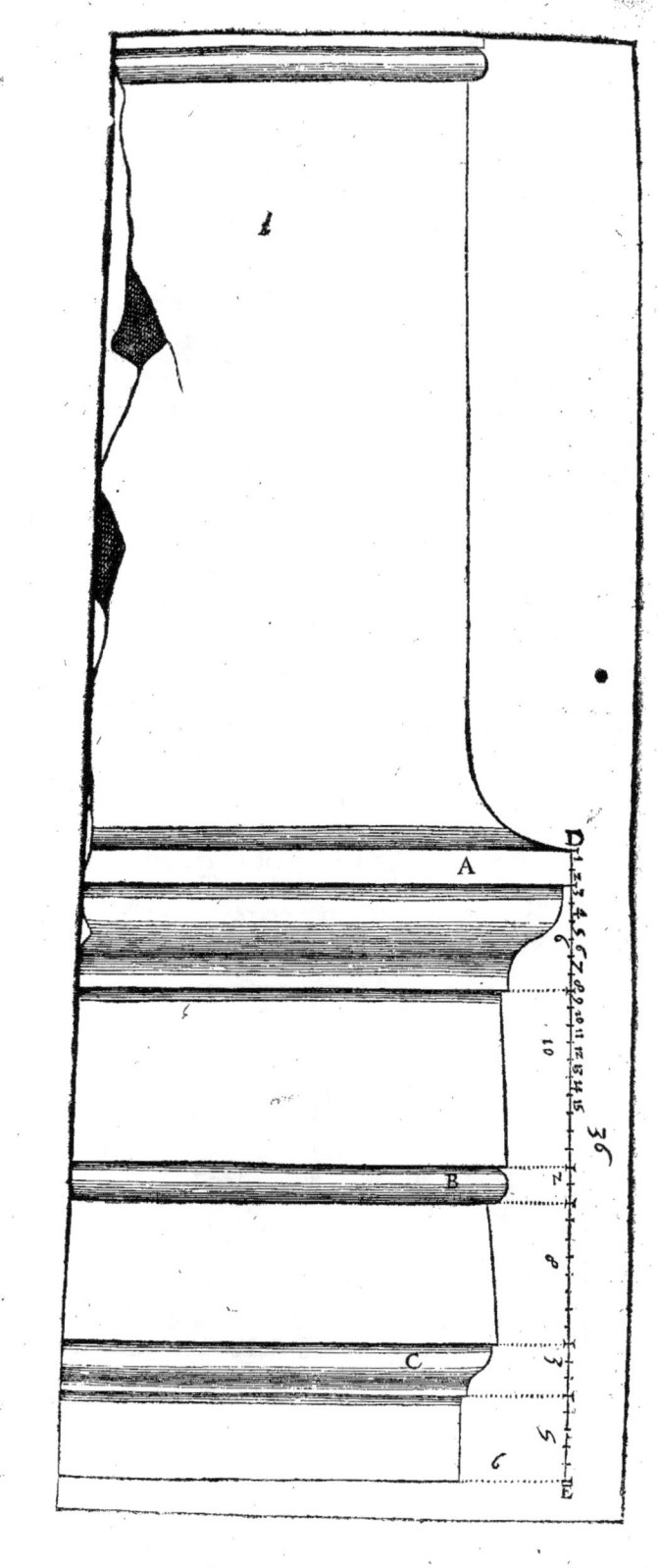

Quant à la hauteur de la couronne & corniche, tout ainsi que vous auez mis l'epistyle en sa hauteur par six fois six, qui sont trente six, vous mettrez aussi la hauteur de la corniche par quarante deux de ses mesmes parties, qui sont six fois sept. Il se faudroit icy resouuenir des mesures que vous auez veües cy-deuant au stylobate Ionique, qui sont de quatre parties de hauteur sur trois de largeur entre la corniche & basse dudit pied de stat. Toute la hauteur ensemble dudit pied de stat est diuisée en dix parties, y adioustant vn second plinthe ou soubasse. Souuenez vous aussi que la hauteur de la basse du stylobate est diuisée en 18 parties, sçauoir est en trois fois six : & la corniche dudit stylobate en 18 autres : & la hauteur de la colomne auec son chapiteau & basse en neuf parties, ou en dixhuict fois la hauteur de la basse de la colomne, de laquelle basse le plinthe est trouué apres vne tierce partie de la grosseur de sa colomne, comme vous l'auez entendu. Le reste est diuisé en sept parties, d'où sont faicts ses membres. Quant au chapiteau i'ay ensuiuy les antiquitez & aussi quelques regles de Vitruue, de sorte qu'il est diuisé en neuf parties & demie, & de là sont trouuées les volutes. La hauteur de l'epistyle ou architraue, est aussi diuisée en trente six parties, & sa corniche en quarante deux. Ie propose toutes ces mesures à fin que vous consideriez les nombres desquels vous deuez ayder, qui sont trois, six, sept, doublez, triplez ou multipliez en eux quarrément, comme deux fois trois font six, & trois fois trois, neuf. Et ainsi des nombres de six comme deux fois six, trois fois six, six fois six : & des nombres de sept comme six fois sept font 42, qui est la hauteur de nostre corniche. Mais que vous sçauez bien accommoder tels nombres pour vous en ayder, vous sçaurez trouuer des mesures & proportions plusque admirables. Par ainsi vous voyez comme a ladicte corniche les quarante deux parties sont distribuées : & comme en prenant le compas vous trouuez les saillies d'vne chacune chose sans y pouuoir faillir. Ie n'vse point icy du pied de Roy, ny du pied antique, ny moins des palmes Romains, ny autres mesures sinon des proportions lesquelles i'ay tirées de l'Escriture saincte du vieil Testament, & (ce que ie diray sans aucune iactance) les mets en vsage le premier, ainsi que ie feray apparoir de bref, Dieu aydant, par le discours de nostre seconde partie d'architecture, qui portera le tiltre & nom des Diuines Proportions. Quant aux ornements & enrichissements des epistyles, zophores & corniches, des colomnes Ioniques du Palais de la Majesté de la Royne mere, ie n'y ay point encores pensé, pour autant que cela se doit conduire selon sa volonté, comme aussi ce qu'on doit faire dedans les frizes, où i'espere mettre les deuises de sadicte Maiesté. Vous pouuez voir par les pourfils des epistyles, couronnes, & corniches que i'ay designez cy-deuant, & apres, au lieu marqué A, à l'en-

H ij

De la hauteur de la couronne & corniche.

Diuisions fort propres pour les parties de la colomne Ionique.

L'Auteur vser des Proportions extraictes du vieil Testament & les mettre en vsage le premier.

LIVRE V. DE L'ARCHITECTVRE

droit de la frize, comme l'architraue cy dessus s'assemble de la corniche cy dessous. La presente figure vous donnera cognoissance du discours precedent.

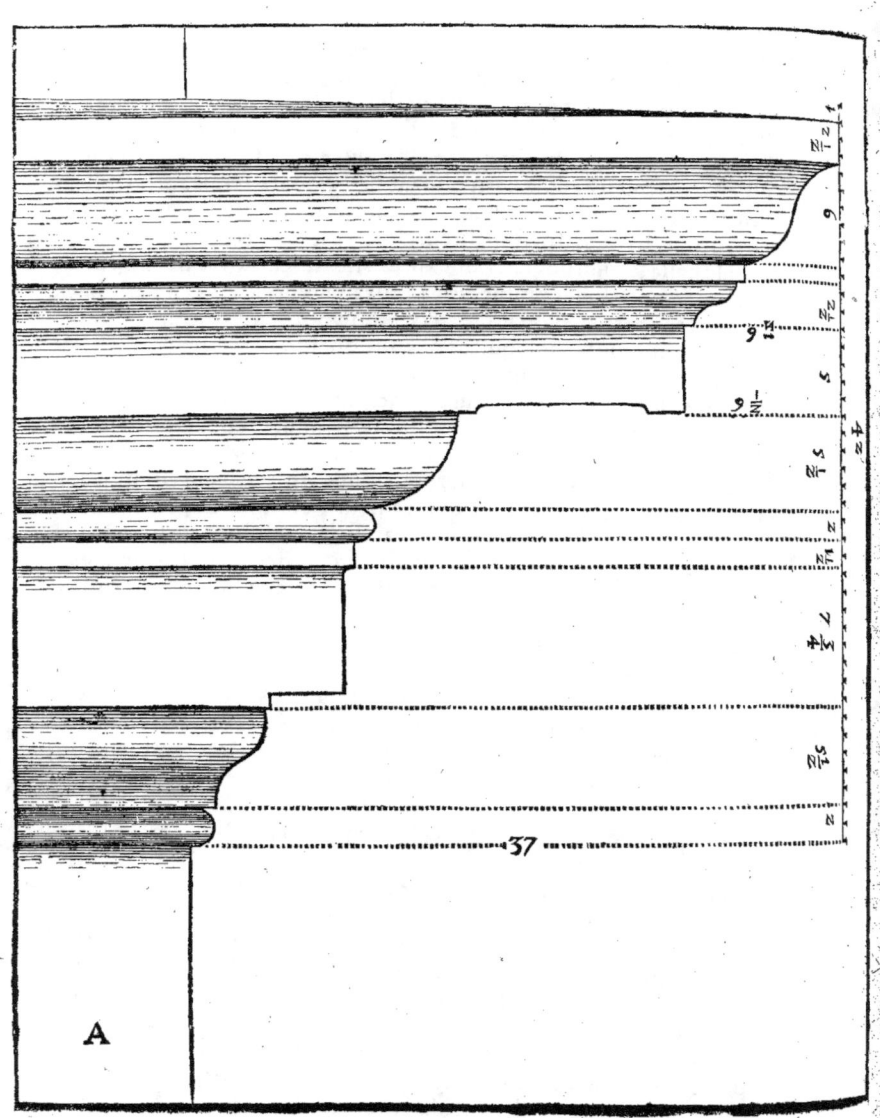

DE PHILIBERT DE L'ORME. 169

Pour accompagner la corniche Ionique cy dessus descrite, & cognoistre vne partie des ornements qui s'y peuuent faire, i'en ay mis vne autre cy apres, que i'ay retirée & mesurée à Rome apres les antiquitez, & faicte suyuāt le pied antique (qui est diuisé en soixante parties) accompagnée de la hauteur de sa frize, qui a deux pieds & trente-deux minutes de hauteur, comme aussi de son architraue estant aupres, & monstrant par le nombre de dix ou se doit assembler le tout. Par la mesme figure cy-apres proposée vous voyez la premiere face de l'architraue auoir trente-cinq minutes de haūteur, la seconde trente neuf, la troisiesme quarante six & demie, son cymacion vingt, & le filet quarré par dessus dix. Vous noterez icy que audit cymacion n'y a point de saillie sur la troisiesme face, comme ont tous les autres qui sont aux architraues: mais cela se vient adoucir en pente par le deuant sur ladicte troisiesme face, auecques saillie differente, comme vous le voyez au droit du cymat, ou il y a dixhuict minutes iusques à la ligne perpendiculaire qui prouient de toute la saillie dudit architraue: & au dessous de la troisiesme face, vingt minutes: au droict de la deuxiesme vingt & vne: & à la troisiesme, vingt trois. Quant à la corniche il vous est aisé de cognoistre en ladicte figure toutes les saillies & auancemens d'vne chacune de ses parties, semblablement de leurs hauteurs : par ainsi le premier astragale a huict minutes, le cymacion vingtsix, les denticules trente six, & le filet quarré de dessous trēte neuf, ainsi que vous le pouuez cognoistre par les nombres escrits sur vne chacune partie en son lieu & endroit. Puis donc que vous les pouuez cognoistre par les mesures qui y sont designées, il me semble qu'il n'est besoing de vous en faire plus long discours, vous laissant à considerer la figure, laquelle ie vous ay bien voulu donner pour vous instruire & aduiser des ornements & mesures qu'on y peut faire

Declaration de la figure cy-apres proposée

Continuation de ce que dessus.

H iij

LIVRE V. DE L'ARCHITECTVRE

D'vn autre sorte de chapiteau, architraue, frize & corniche mesurez
apres les edifices antiques, & sans grands ouurages.
CHAPITRE XXXI

POVR mieux faire entendre l'artifice des ornements de la colomne Ionique, & ce qui me semble appartenir à ses dimensions & mesures, ie mettray encores cy-apres l'ordre d'vne Ionique, laquelle i'ay mesuré apres les antiquitez. Vous y voyez son chapiteau, son epistyle ou architraue mesurez en toutes leurs parties auec le palme Romain escrit dessus vne chacune, tant aux hauteurs : que saillies : semblablement des zophores & frizes, auec l'ornement que i'y ay trouué, comme aussi de la corniche, cymace, couronnes, faces, filets quarrez & autres. Estant le tout si bien disposé, qu'il n'y a celuy, quel qu'il soit, lequel y voulant prendre peine ne s'en puisse facilement ayder, & appliquer l'ordre Ionique à quelque lieu qu'il voudra, suiuant les proportions & mesures que nous y auons escrit à vn chacun endroit : comme à l'architraue, qui a palme vn, minutes neuf, once demie, pour toute sa hauteur. La premiere face de l'architraue a minutes trois, once vne & demie : la segonde, minutes quatre, onces deux : son astragale qui est enrichy de patenostres, minute, vne, once vne & demie : la troisiesme face, minutes sept : le cymat trois, & son filet quarré deux : ainsi que vous le pouuez voir à la figure cy-apres, auec les autres mesures pour les saillies, & encores pour le chapiteau. Ce que ie vous ay bien voulu representer, à fin que vous voyez diuers ornements.

Explication & demonstration de la figure ensuyuante & de ses parties.

H iiij

LIVRE V. DE L'ARCHITECTVRE

Explication demonstrative de la figure ensuiuante, & de ses parties.

Il nous faut paracheuer la description de la frize & corniche du mesme ordre qu'est l'architraue cy-dessus proposé. A la figure cy-apres designée i'ay mis la mesme cymacion & filet quarré, qui est dessus la frize, à fin que vous cognoissiez comme ils s'assemblent. I'ay trouué que ladicte frize a mesme hauteur que son architraue cy-dessus mentionné sçauoir est, palme vn, & minutes neuf, estant enrichie d'vne teste seche de bœuf, auec des festós, & vne Aigle, suiuant les deuises que l'Architecte luy a voulu donner. Le tout se voit fort bien taillé, ie ne diray la frize, mais encores toutes les parties de la corniche, architraue & chapiteau. Ladicte corniche a trente & vne minutes, & trois onces de hauteur ou bien deux palmes, minutes sept, & onces trois: la hauteur de
la frize

DE PHILIBERT DE L'ORME.

la frize à palme vn, minutes neuf, qui est la mesme hauteur de l'architraue cy deuant proposé: mais auecques vne demie once d'auantage, qui est peu de chose. Le cymacion estant au dessus de la frize a deux minutes de hauteur, & son filet quarré trois onces, la face marquée B, (qui est l'endroit ou lon met les denticules quãd on en veut faire) a minutes quatre, once vne & demie pour sa hauteur: la gueulle qui est au dessus, minute vne, onces deux: son quarré deux onces, l'echine ou membre rond, ou sont taillez les œufs, qui se trouue dessous la couronne, minutes trois, & ladicte couronne sept minutes de hauteur: le quarré au dessus de ladicte couronne trois onces, le cymace minutes deux, once vne, son filet quarré, minute vne: le cyme ou sont insculpées les testes de Lyons & fuillages, a de hauteur six minutes, onces deux, & le quarré qui est le plus haut, minutes deux. Par ainsi vous pouuez distribuer ces hauteurs ainsi separément quand en aurez affaire pour composer vne belle corniche. Vous trouuerez aussi que le cyme, la couronne, la face marqué B, auec le cymacion & filet quarré qui est au dessous, sont quasi d'vne mesme hauteur, car le cyme ou cymacion a six minutes, onces deux, la couronne minutes sept, la face B, auec ledit cymacion & filet quarré, sept minutes & demie once. Ie dy cecy pour autant que i'ay veu que plusieurs aux edifices antiques ont faict ces trois parties de mesme hauteur: mais laissant les raisons iusques à vne autre fois qu'il viendra à propos, nous continuerons nostre deliberation de faire voir, en moins de paroles que ie pourray, les corniches & ornements Ioniques. Des saillies ie ne vous en parle point, pource que vous voyez leurs mesures toutes escrites, comme au droit de la couronne minutes onze, qui monstre la saillie du cyme ou cymacion & filet quarré: la petite dent de la couronne a minutes deux once vne Sans en faire autre discours, vous pouuez voire à la figure cy apres descrite, vne chacune mesure, tant des hauteurs de tous les membres de la corniche, que de ses saillies.

Continuation de la mesure des parties de la figure suyuant le present chapitre.

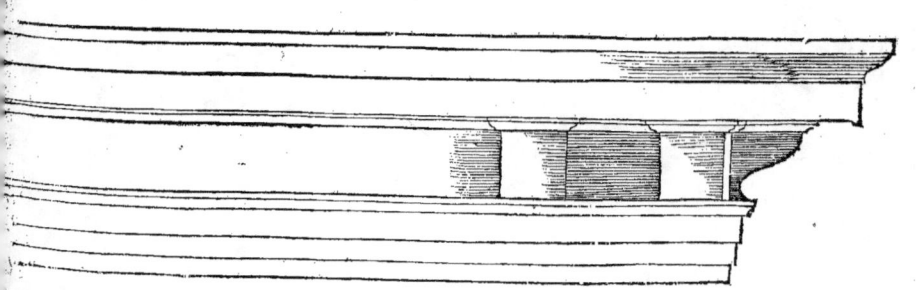

LIVRE V. DE L'ARCHITECTVRE

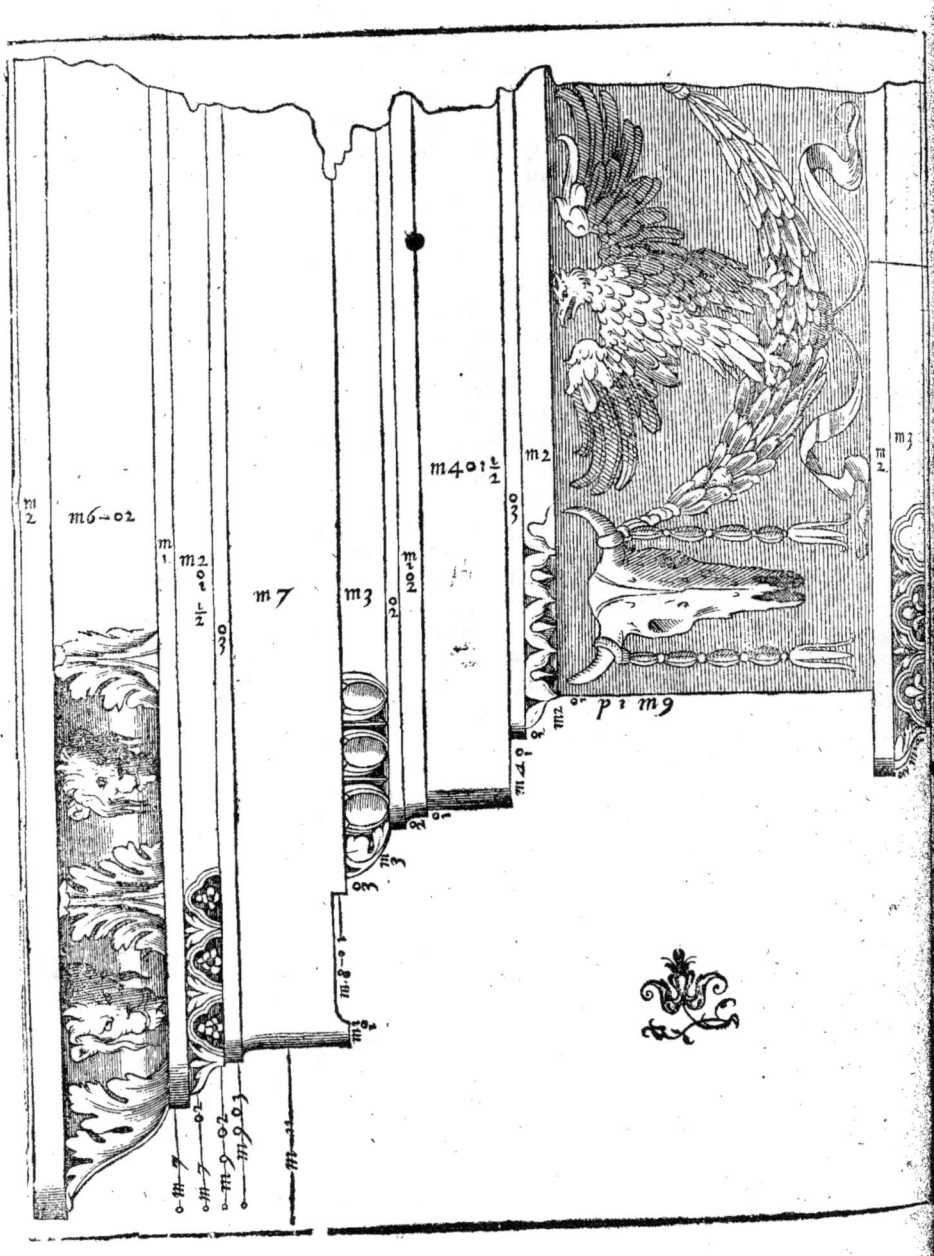

DE PHILIBERT DE L'ORME.

Si vous voulez auoir plus ample cognoiſſance des meſures de l'ordre Ionique, vous aurez recours à certaines reigles de Vitruue, leſquelles ie trouue tres-belles & dignes de bien grande loüange, obſeruation & pratique. En premier lieu, parlant des architraues il leur donne telle raiſon & meſure, que ſi la colomne a de douze à quinze pieds de haut, ou enuiron, leur hauteur doit auoir la moitié du diametre de ladicte colomne par le bas. Et ſi elle ſe trouue eſtre de quinze à vingt pieds, elle ſera diuiſée en treize parties, & l'vne d'icelles donnée à la hauteur de l'architraue. Si ladicte colomne eſt de vingt à vingt cinq pieds, toute la hauteur ſera diſtribuée en douze parties & demie, & l'vne d'icelles accommodée à la hauteur dudit architraue. Si elle a de vingt cinq à trente pieds de hauteur, elle ſera diuiſée en douze parties, & l'vne d'icelles donnée audit architraue. Ainſi Vitruue monſtre comme on doit prendre les proportions des membres à l'equipollent de la hauteur de tout le corps de la colomne, à raiſon que tant plus la veuë de l'homme regarde en haut, auec plus de peine elle penetre la groſſeur & hauteur des parties & membres des edifices. Parquoy ſuruenant telle debilité & diminution de force de la veuë, pour le regard de la grande eſpace, il faut cognoiſtre & auoir iugement d'y ſçauoir bailler vne certaine proportion de modules, & augmentation de meſures, à fin que lon puiſſe donner belle apparence & beauté aux edifices. Il y faut touſiours adiouter vn ſupplément raiſonnable, à fin que quand les ouurages ſeront colloquez en lieu eſleué, & les edifices ſe trouueront de grandes hauteurs & comme demeſurées à les voir, on les conduiſe auec telle dexterité qu'elle puiſſe repreſenter vne conuenable quantité correſpondante en largeurs & hauteurs. Vitruue nous enſeigne encores certaines reigles tant pour les epiſtyles ou architraues Ioniques, que pour la hauteur des zophores, frizes, corniches, denteleures, & autres parties, comme tympanes, acroteres, ſtrieurs ou caneleures deſdictes colomnes: ainſi que vous le pouuez voir ſur la fin de ſon troiſieſme liure. Mais de telles parties ie vous veux bien eſcrire vn peu plus particulierement comme choſe tres neceſſaires. Donc apres que vous aurez trouué la hauteur de l'architraue, Vitruue, veut que ſon cymace ſoit de la ſeptieſme partie de la hauteur dudit architraue, & d'autant de ſaillie, Puis que le reſte dudit architraue non compris le cymace ſoit diuiſé en douze dimenſions, ou parties, deſquelles trois ſeront données à la premiere face, quatre à la deuxieſme, & cinq à la troiſieſme. La frize eſtant par deſſus l'architraue, ſera de la quarte partie moins: & s'il y a des frizes & fueillages, la quarte partie ſera plus que la hauteur dudit architraue. Iaçoit que ie vous aye monſtré quaſi choſes ſemblables cy-deuant, ce neantmoins il me ſemble eſtre fort bon de les repeter brefuement ſur la fin d'vn chacun

Lieu de Vitruue loüé & approuué par l'Auteur, côme preſque tous.

La proportion des membres ſe prendre à l'equipollent de tout le corps.

Aduertiſſement fort digne de noter.

Bref diſcours ſur la meſure des parties de la colomne Ionique.

LIVRE V. DE L'ARCHITECTVRE

ordre des colomnes, à fin de les retenir, & s'en sçauoir mieux ayder. Poursuiuant donc ce que dessus, le cymace de la frize aura de hauteur vne septiesme partie de la hauteur de ladicte frize, & autant de saillie. Au dessus d'icelle frize on faict des denticules aussi hauts que est la seconde face de l'architraue, qui a quatre parties. Vitruue veut que lesdicts denticules ayent autant de saillie que est leur hauteur : ce que me semble estre trop, & ne se voit ainsi aux edifices antiques. Les susdicts denticules ont pour largeur la moitié de leur hauteur. Quant au concaue qui est entre deux, des trois parts de la largeur des denticules, on luy en donne deux, & à la doulcine ou cymace qui est au dessus, vne sixiesme partie de la seconde face de l'architraue. La couronne de la corniche auec son cymace (non comprins son petit filet quarré) doit porter autant de haulteur que ladicte seconde face de l'architraue, & la saillie d'icelle couronne garnie de sa petite dent par le bout, doit contenir d'estenduë autant qu'il y a depuis la frize iusques à la plus haute cymace de ladicte couronne : qui est autant de saillie que de hauteur : chose digne d'estre notée.

Recapitulation des mesures & proportions des parties & membres de la colomne Ionique.

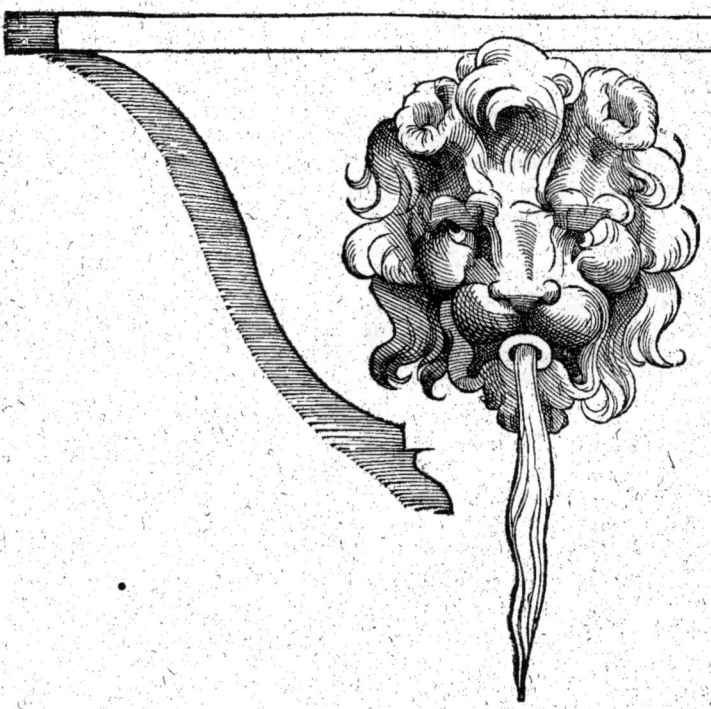

LE SIXIESM

LE SIXIESME LIVRE
DE L'ARCHITECTVRE DE PHILIBERT
DE L'ORME, LYONNOIS, CONSEILLER ET
Aumosnier ordinaire du Roy, Abbé de
sainct Eloy lez Noyon, & de
S. Serge lez Angers.

Preface accompagnée de singuliers aduertissements

E VOVS ay enseigné & expliqué au liure
precedent, les ordres des colomnes Thuscanes, Doriques, & Ioniques : pour continuer
nous descrirons cy-apres l'ordre de la colomne Corinthienne. Mais il me semble, premier
que d'en parler, qu'il sera bon de donner quelque aduertissement & conseil, non moins vtile qu'agreable, aux
nouueaux apprëtifs qui desirët faire profession d'Architecture, àfin
qu'ils se puissent bien ayder de ce que nous leur proposerons & *Bon vouloir de*
auons proposé: comme aussi de ce qu'en traictent les liures d'Ar- *l'Auteur enuers*
chitecture, tant pour edifices antiques que mordernes, à fin de *les apprentifs*
pouuoir le tout accommoder aux œuures, & faire chose qui soit *& amateurs du*
digne de loüange. Ce que ie dy, pour autant que i'ay veu plusieurs *noble art d'Architecture.*
fois qu'aucuns qui veulent faire profession d'Architecture, se sont
abusez grandement quand ils ont voulu mettre en œuure les ordres des colomnes, ensuyuant celles qu'ils auoient mesurées à Rome ou ailleurs, pour autant que leurs œuures estoient beaucoup
plus petites que celles où ils auoient pris lesdictes mesures: iaçoit qu'elles fussent bien mesurées & reduictes au petit pied, ou
petit palme & autres mesures, lesquelles ils appliquoient aux
hauteurs des colomnes & ornements dont ils auoient affaire.

I

LIVRE VI. DE L'ARCHITECTVRE

Mais l'œuure estant parfaicte ne se trouuoit iamais de telle beauté & excellence que celle qui leur auoit donné la forme & premier exemple: n'aussi les ornements, corniches, frizes, architraues, chapiteaux, basses, & pied de stats. Puis doncques qu'il est ainsi que les experts Architectes, qui entendent tres-bien la conduite des edifices, faillent à donner les mesures & symmetries, que peuuent faire les apprentifs & nouueaux? Ie diray asseurément que nul Architecte, quel qu'il soit, peut faire vne belle œuure en prenant ses mesures proportionnément à celles des anciens, s'il n'accommode sadicte œuure à la mesme grandeur, largeur, mesures, ordres, & façons de celles qui luy ont serui de patron, pourueu qu'il le sçache conduire ainsi qu'ils les aura trouuées, car lors il fera vne mesme œuure & de telle beauté & excellence que l'antique, laquelle il aura imité. Toutesfois il semble bien à plusieurs qu'il n'y a tant d'affaire, & qu'ils entendent fort bien comme il faut composer toutes sortes de colomne auec leurs ornements: mais à dire la verité ils sont tres-loing du bon chemin, car ce n'est assez de sçauoir bien mettre les colomnes à l'equierre, les bien iauger, & mettre à pan pour les proprement arrondir ou faire tourner au tour suyuant leur cherches ralongées, & les rappetisser & renfler auec leurs contractures par le plus haut au dessous de leurs chapiteaux, comme il appartient: pour autant que si vous auiez affaire de mille sortes de colomnes, & encores qu'elles fussent toutes d'vn mesme ordre, fust il Dorique, Ionique, Corinthié ou autre, pourueu qu'elles soient de differentes hauteurs il les conuient aussi faire de differentes mesures: & non seulement les colomnes, mais aussi tous leurs membres tant stylobates ou pied de stat, que basses chapiteaux architraues, frizes & corniches. Et encores quand les colomnes se trouueroient toutes d'vne mesme hauteur, si les vnes sont d'vn ordre de quatre colomnes, elles ne contiennent point à celles de six, ny celles de six à celles de huict, ou d'autres nombres; parquoy elles doiuent estre d'vne autre sorte de mesures selon leur hauteur & nombre, autrement elles ne donneroient aucun contentement à l'œil, ne correspondance à la proportion & beauté. Vous les pourrez enrichir tant que vous voudrez, si est-ce que tous hommes de bon iugement pour cela, ne les trouueront à leur gré & contentement sans en sçauoir dire la raison, pour n'auoir la cognoissance d'Architecture. Et à fin de la faire mieux cognoistre, i'ay proposé & proposeray cy-apres plusieurs sortes d'ornements & mesures de colomnes que i'ay retiré diligemment des antiquitez, pour monstrer par exemple qu'elles differences il y a des vnes aux autres. Aucuns se pourront esbahir que vn ordre de quatre colomnes se trouuant fort bien, pour le faire de six, de huict, ou de dix colomnes il faille tout chager: s'ils ont versé tant peu que ce soit en la perspectiue & aux demonstrations

en quoy faillent auiourd'huy beaucoup d'Architectes experts.

Bien dresser & colloquer colomnes n'estre œuure de petite industrie & entreprise.

Beaux aduertissements & fort dignes de noter.

monstrations de la force & debilitation de la veuë, ils confesseront incontinent mon dire estre veritable, du changement des mesures des colomnes, combien qu'elles ayent vne mesme hauteur: soit pour les faire seruir aux portiques, vestibules, peristyles, ou fassades des Temples, Palais, & autres édifices. Il faut dōc qu'elles soient de differentes mesures, suyuant la theorique & methode du contentement de la veuë, & preceptes des ornements & decoration des choses qui plaisent & applaudissent à l'œil. Vitruue monstre fort bien en son troisiesme liure chapitre deuxiesme, les differences d'aucunes mesures, & comme il s'y faut conduire selon l'ordre qu'on aura à faire. Qui a esté cause que, pour mieux faire entēdre le tout, i'ay proposé & descrit au cinquiesme liure precedent, plusieurs differentes & diuerses sortes de mesures, & proportions de colomnes Thuscanes, Doriques, & Ioniques, comme aussi vous en verrez cy-apres pour les Corinthiennes & autres. Ce que i'ay bien voulu monstrer & aduertir, à fin que cy-apres on sçache choisir, apprendre & cognoistre, quels ordres & mesures il conuient tenir aux bastiments qu'on aura charge de conduire. Car ce qui se voit en vn portique de quatre colomnes, de six, ou de huict, comme i'ay dit cy dessus, cela est tres different l'vn de l'autre. L'ordre de quatre colomnes qui ont de dix à douze pieds de hauteur, pour estre pres de la veuë & peu hautes, faict que le iugement de l'homme les estime d'vne sorte. Mais si l'ordre est de huict colomnes, la veuë a plus de trauail pour la grande distance & elongation de l'œil par les costez, aussi pour le racourcissement, ainsi qu'il se cognoist par les reigles de perspectiue, & se voit quant on veut faire vn paué de carreaux, ou de quelque plan d'edifice: car lors certainement vous trouuez, que ceux qui sont plus parfonds ou plus eslongnez de l'œil, se trouuent tousiours plus rappetissez (tant par les costez, que par autre partie) que ceux qui en sont les plus proches. Quant doncques les chose sont trop hautes, ou fort eslongnées du centre de l'œil, elles sont bien de differentes mesures, & se monstrent d'autre sorte que celles qui sont peu hautes ou proches dudit œil. Pour doncques bien faire il ne faut obseruer l'ordre, ne donner les mesures des grandes colomnes aux petites, ou bien que vous aurez donné à celles qui n'auront que quatre colomnes, & ne sont que dix ou douze pieds de hauteur. Quant aux grandes ou celles qui sont de six, il les faut faire plus grosses & plus hautes, comme qui les voudroit faire hors de toute raison & mesures. Toutesfois en gardant l'ordre & proportions qu'on doit tenir, ce qui semble n'estre bien hors d'œuure, estants encores les pierres en leur chantier & se monstrants lourdes, lors qu'elles sont mises en œuure, pour estre loing de la veuë, elles se monstrent fort bien & de belle mesure & bon ordre auecques meilleure, grace:

Beau discours extraict des preceptes & raisons optiques, ou si voulez de perspectiue.

Choses fort belles & dignes de considerer.

Plusieurs choses n'auoir vne mesme grace hors d'œuure & en œuure

I ij

LIVRE VI. DE L'ARCHITECTVRE

ainſi que facilement le peuuent iuger & cognoiſtre tous bons & gentils eſprits. Si doncques vous voulez bien & proprement faire quelque figure d'vn par-terre, ou plan de baſtiment en perſpectiue, vous tirerez premierement vne circonference qui ſera de telle hauteur & longueur qu'il vous plaira, prouenant du centre de la veuë, & ſe trouuant iuſtement à ſa raiſon, ou qu'vne choſe ſe r'appetiſſe: comme ce qui eſt le plus loing, & ce qui eſt le plus pres ſe monſtre le plus grand & plus ſpacieux, comme vous le pourrez bien iuger par les figures que i'eſpere mettre, moyennant l'ayde de Dieu, à la fin de mes œuures, en eſcriuant de perſpectiue, & auſſi en autres lieux (quand il viendra à propos) ou ie monſtreray tres-volontiers ce que i'en ay appris, apres y auoir vacqué beaucoup de temps, ie ne diray ſeulement à celle qui monſtre à faire les deſſeings, mais bien encores à celle qui enſeigne de donner aux edifices leurs propres clartez & lumieres, ſelon les regions du ciel, conformément au lieu & endroit où l'on ſera: comme auſſi aux ſalles & chambres d'Eſté d'vne ſorte, & à celles d'Hyuer d'vne autre: & ainſi aux bibliotheques, eſtuues, baigneries, greniers à tenir les bleds, caues pour conſeruer les vins, & autres lieux qui deſirent auoir la lumiere du Ciel differemment. Le tout ſuyuant les reigles de perſpectiue qui ſont tres-belles & fort neceſſaires à tous Architectes, ainſi que nous l'auons monſtré ailleurs.

L'Autheur promet d'öner quelques reigles & figures de perſpectiue.

La perspectiue eſtre fort neceſſaire à l'Architecte.

De lin-

DE PHILIBERT DE L'ORME. 175

*De l'inuentiou & origine de la colomne Corinthien-
ne, & de son chapiteau.*

CHAPITRE I.

YANT mõstré au liure precedẽt les premieres co-
lónes desquelles on vsa à Rome, ensemble l'ordre
& ordonnance des colomnes Thuscanes, comme
aussi des Doriques & Ioniques: reste maintenant
poursuiure & monstrer l'ordre Corinthien, lequel
Vitruue met pour la troisiesme espece des colõnes,
jaçoit qu'il pourroit faire la quatriesme, qui voudroit mettre premiere la colomne Thuscane, comme veritablement elle doit estre
pour-autant qu'elle est plus massiue & plus forte que les autres,
ainsi qu'il a esté dit cy-deuant. Doncques vous serez aduertis que
tout ainsi que la colomne Dorique a esté inuentée selon les mesures & propotions de l'homme, & la Ionique suiuant celles de
la femme: aussi la presente a esté faicte à l'imitation d'vn delié &
joly corps d'vne pucelle. Pour autant que les filles en leur ieune
aage ont le corps gresle, & menu, & estans bien parées se monstrent beaucoup plus belles, & d'apparence plus exquise, ainsi que
font les colomnes Corinthiennes. Car elles apparoissent, ou doi
uent apparoir beaucoup plus riches & deliées, plus mignonnes
& mieux parées que les autres. Pour ceste cause, on leur donne
pour leurs hauteurs plus de huict fois leur diametre par le bas,
voire neuf, & plus quelquefois, selon le lieu auquel on les applique. Voila qui les faict monstrer plus gresles & delicates que la Ionique, qui ne doit auoir de hauteur que huict fois & demie son
diametre pour le plus, & quelquefois moins. Auec ce, le chapiteau Corinthien a de hauteur autant qu'est la largeur de tout le
diametre de sa colomne. Ceux qui luy ont voulu donner plus
grande beauté, y ont adiousté quelquefois la septiesme partie
dudit diametre d'auantage, comme vous le verrez cy apres quand
ie monstreray les mesures dudit chapiteau. Duquel l'inuention
est attribuée à vn nommé Callimachus, qui pour l'excellence &
subtilité de son art, en matiere de tailler marbres, fut par les Atheniens surnommé Catátechnos, c'est à dire homme industrieux,
& plein d'artifice. L'inuention en fut telle: Aduint vn jour qu'a-
pres le deces & inhumation de quelque ieune fille Corinthienne, sa nourrice, en consolation de ses douleurs, se souuint que ladicte fille en son viuant souloit prendre grandissime plaisir à aucuns vases qu'elle auoit: parquoy en memoire de ce, elle les mist
tous dans vn panier, & les porta sur la sepulture de sadicte fille,
pour le soulagement de ses douleurs & recordation de la defun-

*L'ordre de la co-
lomne Corinthiẽ-
ne, faire la troi-
siesme espece en
Vitruue.*

*Quelle differẽce
ont les colomnes
Corinthiennes
auec les autres*

*Callimachus Au-
teur du chapiteau
de la colomne
Corinthienne.*

I iij

LIVRE VI. DE L'ARCHITECTVRE

&te, Et à fin qu'ils fussent long temps conseruez, & deffendus contre l'iniure du temps & des pluyes, elle couurit le panier d'vne grosse tuille. Mais notez que par cas fortuit ledit panier fust mis sur vne racine d'Acanthe ou branque Vrsine, laquelle par succession de temps, pour estre empeschée & pressée du susdit panier, elle iecta ses tiges enuiron le Printemps tout à l'entour dudit pa-

Belles histoires sur l'inuention & origine du chapiteau Corinthien.

nier, tellement qu'ainsi que l'herbe croissoit autour d'iceluy, la tuille l'empeschoit de monter, & la rabbatoit sur les bords & coings: de sorte qu'elle estoit contrainctte de se courber & descendre contre bas: quasi comme vous le voyez aux rouleaux & volutes des chapiteaux qu'on faict auiourd'huy. Passant doncques le susdit Callimachus aupres du sepulcre de la susdicte Vierge Corinthienne, & voyant l'artifice de nature enuers ledit Acanthe & panier, il pratiqua & print de là l'ornement du chapiteau Corinthien, tel que vous le verrez cy apres, & pourrez aussi voir au premier chapitre du quatriesme liure de Vitruue. Mais deuant qu'entrer à la description dudit chapiteau Corinthien, il me semble qu'il sera tres-bon de parler premierement de sa colomne, basse & stylobate.

Des mesures de la colomne Corinthienne tant en son corps que membres & parties.

CHAPITRE II.

De la diuision & mesure des parties de la colomne Corinthienne.

LA colomne Corinthienne faicte, ainsi que nous auons dit, apres les mesures & proportions d'vne ieune fille, doit estre diuisée tant en sa hauteur que celle de sa basse & chapiteau, en dix parties egales: desquelles vne sera donnée à la grosseur de la colomne, & vne autre auec vne septiesme partie d'auantage, à la hauteur de son chapiteau, puis la moitié d'vne autre à la hauteur de sa basse. Par ainsi restent huict parties & demye, moins vne septiesme, de la hauteur de toute la colomne. Laquelle il faut de rechef diuiser par son diametre d'embas en sept parties, desquelles six seront pour le plus haut du dessus de la colomne pres le chapiteau. Et par ainsi sa contracture & restroississement sera d'vne septiesme partie de sa grosseur: mais telle contracture se faict selon la hauteur & grandeur des colomnes qu'on veut faire. Ie n'en ay point trouué qui fussent sem-

Trois colomnes Corinthiennes au Pantheon à Rome.

blables, ains tousiours differentes de mesures, comme ie le vous veux bien monstrer par l'exemple de trois ordonnances de colomne Corinthiennes qui sont dans le Pantheon à Rome, (autrement appellé, nostre Dame de la Rotonde) encores par

d'autres

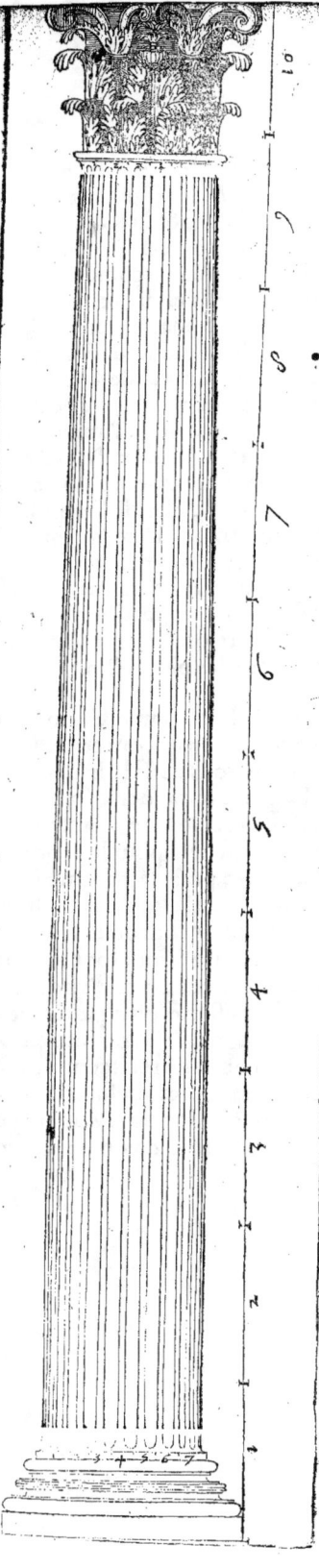

DE PH. DE L'OR. 176

d'autres qui sont en ladite Rome. Mais premier que les deſcrire, il me ſemble que nous deuons acheuer de monſtrer les proportiõs, ornemẽts, & meſures de la colomne Corinthienne. Ie deſcrirois bien au long ſes baſſe mais pour autant que vous en verrez cy apres de marquée ſur vne chacune de leurs parties, tãt pour les hauteurs que ſaillies, ie n'ẽ feray ſi lõg diſcours. Et à cauſe que telles baſſes ſe voyent touſiours de pres, il les faut tenir d'vne meſme hauteur, qui eſt la moitié de la groſſeur de leur colomne. Quant à leurs ornements, comme ſont les thores, aſtragales, petis filets quarrez, nancelles & plinthes, on les a touſiours faits tant riches qu'on a voulu: les vns d'vne ſorte, les autres d'vne autre. Leſdictes baſſes furent trouées du commencemẽt, apres les boucles & cercles de fer qu'õ mettoit au bout des trõcs d'arbres qui ſeruoient de colomnes à fin qu'ils ne ſe fendiſſent, & que le bois ne s'ouuriſt trop, ou entrebaillaſt (comme il a accouſtumé de faire par le haſle du Soleil) pour le faire ſeruir au lieu des colónes, ainſi qu'on faiſoit deuant l'inuention des colomnes Doriques qui furent les premieres, comme vous le pourrez voir en la figure marquée P, au liure enſuyuãt, auecques vne ſpire ou baſſe, telle qu'on la mettoit au

Choſes dignes de noter de la premiere inuention des parties des colónes Corinthiennes.

I iiij

LIVRE VI. DE L'ARCHITECTVRE

lieu de foliers, comme aucuns ont escrit, & les stylobates au lieu de pantoufles, pour releuer l'œuure plus haut, & luy donner plus de beauté, & aussi pour monstrer les differences. En pareil cas au chapiteau Ionique on colloquoit des volutes, comme perruques ou cheueleures, crespes entortillées & pendentes des deux costez: & estoient enrichis les fronts des cymaces, les vns de festons, les autres de fueillages, au lieu de bagues ou ioyaux que les dames & filles portent au front. Dont autour de la colomne y auoit des caneleures, pour representer les plis des vestements des Dames. Par ainsi l'ordre Dorique fut inuenté à l'imitation de l'homme, comme nous auons dit: & du traict delicat & riche vestement des femmes, celuy qu'on nomme Ionique: & suyuant la plus grande singularité & beauté d'vne jeune fille, le Corinthien: duquel la spire, basse, chapiteau, architraue, frize & corniche sont beaucoup plus riches que de tous les autres ordres: & le stylobate plus allegre, plus riche, & de plus grande hauteur en mesures: y estant le tout sous diuerses sortes & proportions, comme vous l'auez peu cognoistre par la figure precedente accompagneé de ses mesures, qui m'a semblé estre des plus belles.

Bresue repetitiō & recapitulation de ce que dessus.

Quant au pied de stat ou stylobate de la colomne Corinthienne, tout ainsi que ladicte colomne auec son chapiteau & basse, est diuisée en dix parties egales, nous diuiserons aussi la hauteur dudit stylobate en dix parties egales. Laquelle aura deux fois autant que la longueur du plinthe de la basse de sa colomne, comme vous le voyez de A à B. De ces dix parties, l'vne sera pour le plinthe de la basse du pied de stat marqué C, l'autre pour sa basse marquée D, & la troisiesme pour sa corniche, marquée E. Pour ainsi resterōt entre la corniche & la basse, sept parties pour sa hauteur, & cinq pour sa largeur, qui sont sept parties sur cinq. Touchant les moulures des basses de la corniche, aucuns les ont faictes d'vne sorte, les autres d'vne autre. De vous vouloir escrire plus particulierement des mesures, seroit chose bien longue: i'espere vous en faire voir de tant de sortes au present discours d'Architecture, qu'il sera tres-facile cy-apres de vous ayder de toutes mesures & proportions que vous aurez à faire pour tous bastiments. Vous voyez cy apres la figure du pied de stat & basse de la colomne Corinthienne.

Diuision & mesures du stylobate ou pied de stat Corinthien.

L'auteur abonder en l'exhibition de diuerses figures.

I'ay

DE PHILIBERT DE L'ORME. 177

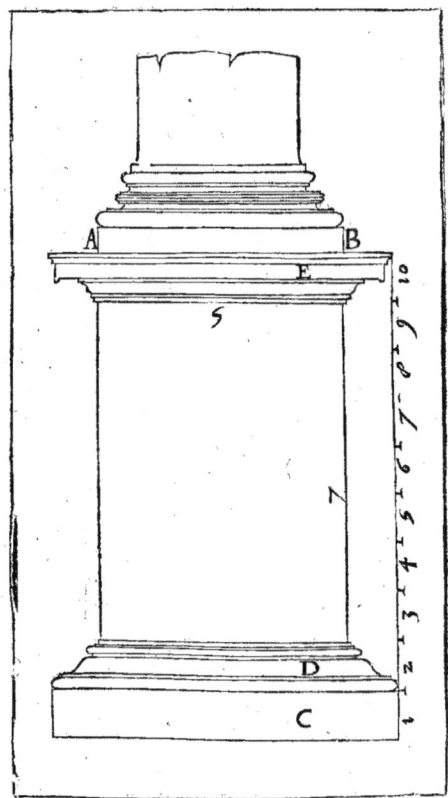

I'ay cy apres exhibé vn autre stylobate auec la basse de sa colomne accompagnée de quelque ornement pour deuise: auquel vous voyez figuré vn Soleil par le milieu auec autres choses. Quãt aux mesures ie les vous laisse à prendre auec le compas, en la figure cy-apres proposée, laquelle i'ay fidelement retirée, & iustement proportionnée & mesurée apres vne antique, cõme vous le pouuez voir. Mais à fin que vous puissiez auoir plus facile intelligence de nostre dire, i'ay fait le susdit stylobate vn peu grand, comme aussi les autres ornements de colomne. Car apres auoir monstré les principales proportions & mesures des parties, qui me semblent estre les plus difficiles, ie les figure & represente tousiours en plus grand volume, à fin qu'il soit facile d'en leuer des moules pour tailler les pierres, en les augmentant de telle grandeur que lon en aura affaire: & pour voir aussi comme les anciens Architectes les ont faictes, auec leurs ornements & moulures.

L'Auteur estudier à se faire entendre, soit par escriture ou figures.

DE PHILIBERT DE L'ORME. 178

Par mesme moyen ie vous mettray icy le pourfil auec les ornements d'vne basse Corinthienne laquelle i'ay retirée & mesurée apres quelques vestiges fort antiques. Ie luy auois escrit les mesures de dessus, mais le tailleur les a couppées en besongnant sur la planche: si est-ce que vous ne sçauriez faillir d'y cognoistre les proportions, saillies & hauteurs d'vne chacune chose, pour autant que i'ay representé forte iustement ladicte basse en toutes ses mesures. Vous cognoistrez aussi la grosseur de sa colomne, qui a deux fois autant de largeur qu'est la hauteur de la basse, ainsi que vous le voyez par lettres A & B. Vous remarquez pareillement le pourfil de la colomne au lieux signé C, & si vous tirez vne ligne perpendiculaire sur celles de B, ou de A, qui touche iustement le pourfil de la colomne au lieu de C, elle vous fera cognoistre iustement la saillie de la basse. Mais pour-autant que ie vous monstreray cy-apres plusieurs sortes de basses Corinthiennes auec les mesures de toutes leurs parties, ie ne m'amuseray à en faire autre discours pour le present: sinon que ie vous aduertiray, que la colône de ladicte basse estant diuisée en vnze parties par son diametre, les cinq & demie font la hauteur de la basse. Quant à la hauteur du plinthe, ie l'ay trouué estre autant comme vne de ces cinq parties: & touchant les quatre & demie qui restent par dessus ledit plinthe, i'ay trouué que de rechef elles sont diuisées en trois parties, dont l'vne est donnée pour le thore ou membre rond qui est dessus ledit plinthe, auec son astragale & filet quarré: & la deuxiesme au thore & membre rond du milieu, auec l'astragale ou sont les patenostres enrichies, y comprenant la nanselle de dessous: puis la troisieme est pour le thore & membre rond de dessus en y comprenant la nanselle & filet quarré, qui est au dessous. Toutefois la derniere des trois parties n'est pas bien iuste, se trouuant sur l'astragale, ou sont les patenostres rondes, qui est dessous la colomne. Mais quoy que ce soit, la basse qui vous est proposée cy-apres, est iustement faicte, suyuant les mesures que i'ay trouuées aux vestiges antiques.

Explication tres-familiere de la figure ensuyuante.

Poursuite des mesures de la figure cy-apres descrite.

LIVRE VI. DE L'ARCHITECTVRE

Du chapiteau

Du chapiteau Corinthien.
CHAPITRE III

ES chapiteaux de l'ordre Corinthien se feront en ceste sorte: Vous prendrez le diametre de leur colomne par le pied, où elle est plus large, & en ferez vn quarré parfaict, dedans lequel vous tirerez vne ligne diagonale, comme vous la voyez en F G: & de tant qu'elle sera longue vous ferez la largeur de vostre chapiteau par le deuant au droit de l'abaque, ainsi que vous le voyez estre rapporté depuis A iusques à B, sur l'extremité des cornes du chapiteau. Lesquelles cornes se font en prenant toute la largeur du chapiteau A B, & faisant vn triangle equilateral, comme vous le voyez en A B C; puis mettant la pointe du compas au lieu de C, & l'estendant iusques au lieu de D, & finalement faisant vne ligne circulaire, lors vous trouuerez les cornes dudit chapiteau, & leur largeur au droit de A B, & par le milieu à vn chacun endroit des quatre faces, la saillie & largeur que doit auoir la rose marquée E, qui se trouue aux faces dudit chapiteau contre l'abaque, ainsi que vous le pourrez mieux cognoistre (sans vous en faire plus longue escriture) par la figure que vous verrez cy-apres. Le tout se peut beaucoup plus aisément apprendre auec le compas, par ceux qui ont quelque commencement en l'art, qu'à l'oüir par long discours d'escriture. Vous verrez en la prochaine figure le plan de la grosseur de la colomne par le dessus, & par le dessous, auec la hauteur du chapiteau, qui est autant de ladicte colomne par le bas, comme F H, semblablement la hauteur de l'abaque D, qui est d'vne septiesme partie du diametre de la colomne, & quelque bien peu d'auantage. Le reste du chapiteau dessous l'abaque, iusques au dessus de la colomne, est diuisé en trois parties egales, desquelles l'vne est donnée pour la hauteur des premieres fueilles, & deux parties monstrent la hauteur des plus grandes fueilles, & la troisiesme est pour les volutes; qui ne doiuent auec les fueilles exceder la ligne droicte, qui va de la corne de l'abaque, iusques au thore ou membre rond du dessus de la colomne, comme vous le pourrez apperceuoir de I à K en la prochaine figure. Si vous voulez voir le discours de telle matiere dans Vitruue en son quatriesme liure, il vous sera permis, pour en sçauoir faire vostre profit, qui n'est pas tousiours bien aysé pour les choses qui y sont fort entremeslées & sans ordre, comme chacun le voit: car au commencement des ordres, il parle de la colomne Ionique, apres de la Corinthienne, & puis il reprend la Dorique, sans garder la methode de les conduire l'vne apres l'autre ainsi qu'il faudroit: puis à la fin des ordres des colomnes, il descrit la Thuscane, qui doit estre

La façon & cõposition des chapiteaux Corinthiens.

Cõme sont trõnuées & faittes les cornes du chapiteau Corinthien.

Le compas esclaircir plusieurs choses qu'õ ne peut brieufuement descrire.

La description & ordre des colomne, estre fort confus & entremeslez dedans Vitruue.

K

LIVRE VI. DE L'ARCHITECTVRE

la premiere. Quoy qu'il en soit, ie n'impute le desordre à Vitruue, mais bien à quelques vns qui l'ont faict imprimer: & pour n'entendre l'art, ils ont tres-mal ordonné les parties de son œuure, ainsi que i'ay dit ailleurs. Ce que ie desire vous estre proposé, non par aucune iactance & certain vouloir de reprendre ou Vitruue ou autres excellents Architectes, mais bien pour en dire & declarer mon aduis en saine conscience, auecques vn desir de bien faire aux hommes, comme plus à plain ie le feray cognoistre, s'il plaist à Dieu me faire tant de grace, de pouuoir quelque iour mettre en bon ordre ledit Vitruue, ainsi que i'ay de long temps eu tresbonne enuie de ce faire, & le feray de bonne volonté, selon mon petit pouuoir, incontinent que la commodité se presentera, & que mes affaires le permettront: non que ie vueille m'ingerer ny moins promettre d'y adiouster ne faire mieux mais bien rendre l'Auteur plus intelligible, & le reduire à plus grande facilité pour s'en pouuoir mieux ayder, tant en la theorique que pratique moderne de nos bastiments, ainsi que nous auons coustume de nous loger en France & en autres diuers lieux: comme aussi pour Temples, Eglises & autres edifices, tant priuez que communs & publiques. Voila que ie desirois vous escrire & communiquer touchant l'ordre, mesures & ornements des parties des quatre colomnes proposées, (ainsi que nous auons dit) assez confusement par Vitruue & autres.

Bon vouloir de l'Auteur, pour l'augmentation & illustration d'Architecture.

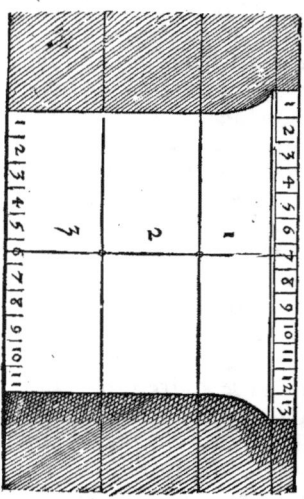 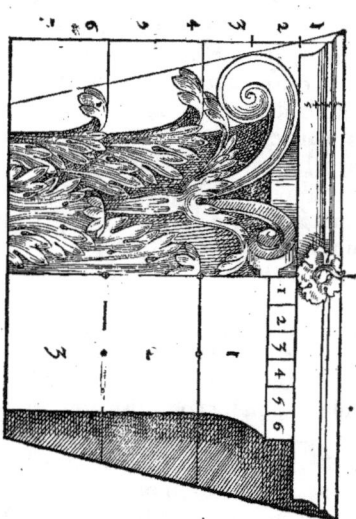

Des

DE PHILIBERT DE L'ORME. 180

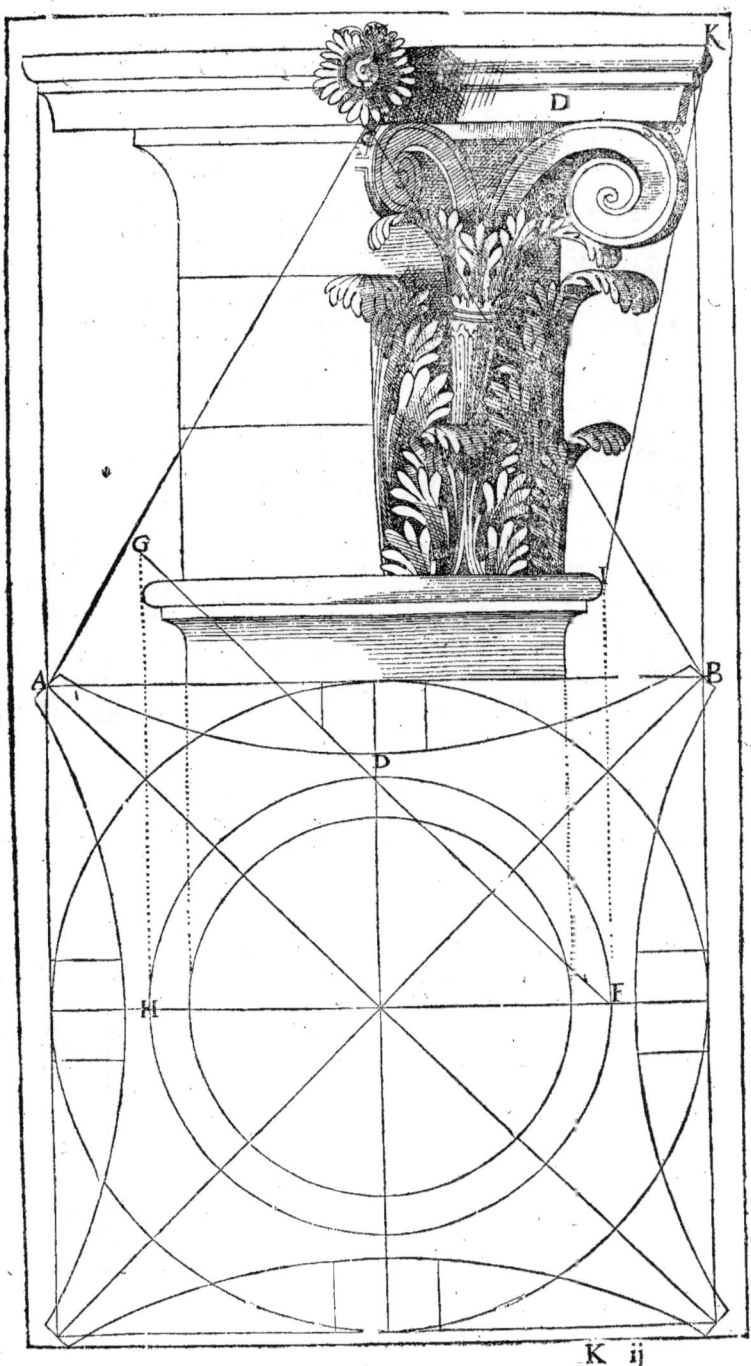

K ij

LIVRE VI. DE L'ARCHITECTVRE

*Particulieres descriptions de quelques colomnes & ornemens antiques:
& en premier lieu de celles du Pantheon qui
sont à Rome.*

CHAPITRE IIII.

POVR mieux faire entendre les ornemens de la colomne Corinthienne par diuerses figures & exemplaires, ie mettray encores cy-apres les mesures tant du plan que de la montée du chapiteau de la colomne qui est dans le Pantheon à Rome, auec son epistyle, frize, corniche, pour autant qu'ils me semblent estre de grande beauté, & de fort rares mesures, ainsi que vous le pourrez iuger. Premierement la colomne marquée B laquelle i'ay extraicte des Chapelles dudit Pantheon, à trente neuf palmes de haulteur, & minutes dix: i'entend parler des palmes Romains, desquels ie m'y suis aydé. Ladicte colomne par le pied se trouue auoir en son diametre palmes quatre, minutes vnze, & once vne. Et par le dessus aupres du chapiteau, palmes quatre, & minutes quatre. Apres auoir diuisé son diametre d'embas en sept parties, ie trouuay qu'au dessus il n'y en auoit que six: par ainsi la contracture & retraicte par enhault est d'vne septiesme partie: comme est le pied: & la tierce partie de la hauteur de la colomne, de mesme grosseur. Le reste va tousiours en diminuant, ainsi que vous le voyez en la figure icy proposée. En laquelle vous remarquez aussi comme ladicte colomne n'a pour auteur que huict fois sa largeur par le bas, comme vous le pouuez promptement mesurer & iuger.

*Mesures du plã
& montée d'vne
colomne estant
au Pantheon à
Rome.*

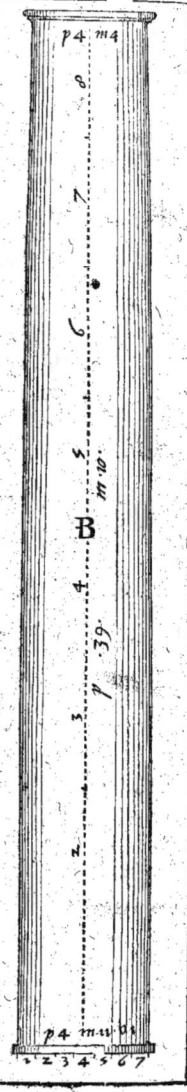

DE PHILIBERT DE L'ORME.

Quant à sa basse qui est cy-dessous representée auec les mesures d'vne chacune partie, comme vous les pouuez voir, en premier lieu la petite assiette, sur laquelle est posé le plinthe marqué B, ainsi que vous en voyez la forme, contient minutes vne, & onces trois de hauteur, & ledit plinthe minutes huict, onces trois & demie : son thore ou membre rond qui est dessus ledit plinthe, minutes cinq, onces trois pour sa hauteur, & ainsi des autres, comme il est aisé à voir par la figure : l'escape, qui est le pied de la colomne, a minutes deux & vn tiers : & toute la saillie de la basse depuis le pourfil de ladicte colomne, iusques à la ligne perpendiculaire qui prouient du plinthe de la basse, se trouue auoir minutes vnze & vn quart d'once. Et pour autant que vous voyez fort particulierement les autres saillies en la presente figure, il me semble qu'il doit suffire, sans en faire plus long discours.

Explication de la figure cy-apres proposée

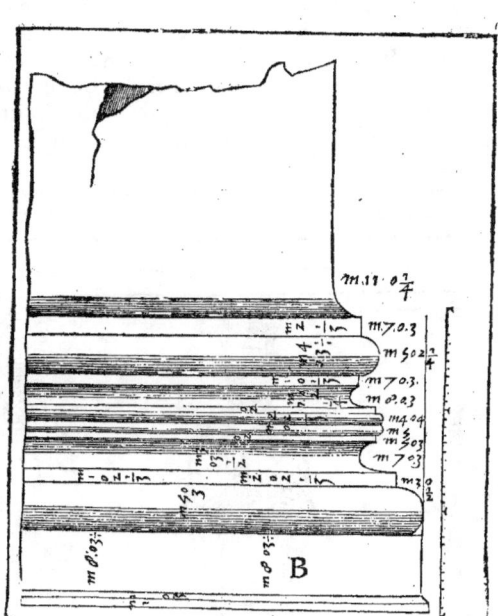

Touchant le chapiteau de la susdicte colomne (duquel i'ay tiré cy-dessous le plan auec la grosseur de sa colomne & montée d'iceluy) vous voyez comme vne chacune des quatre faces d'vne

K iij

LIVRE VI. DE L'ARCHITECTVRE

corne à l'autre a palmes sept, minutes cinq, & la saillie des roses qui sont au milieu dudit chapiteau, minutes dix, & onces deux. Aussi vous y voyez les diametres des grosseurs de la colomne par le pied & par en haut: ce que ie vous ay nommé par cy-deuant la montée de sa colomne. Vous voyez semblablement par ledit plan, comme la colomne est faicte de vingt-quatre strieures, ou caneleures, & que les deux parts du dessus de la colomne sont canelées, & aussi que le dessous de la hauteur de la tierce partie monstre les strieures toutes quarrées, comme vous le pouuez iuger par ledit plan à l'extremité de la circonference, qui monstre le plus gros de la colomne. Vous voyez aussi par ledit plan en la prochaine figure comme la hauteur du chapiteau est diuisée en trois parties, desquelles la premiere a palme vn, minutes huict: la deuxiesme autant, & la troisiesme, auec toute la hauteur de l'abacus, palmes deux, minutes six. Ledit abacus a minutes huict, onces deux: & le quarré de dessous, minute vne, onces deux. Vous voyez semblablement combien le pourfil des fueilles a de pente ou retombée: la premiere, minutes sept, onces deux: la seconde, minutes huict, once vne. Et pour autant que facilement vous pouuez iuger du reste, mesmes de la saillie des cornes du chapiteau par les lignes perpendiculaires qui tombent sur le plan dudit chapiteau, cela me gardera d'en faire plus long discours.

Fort belle description du plan & montée du chapiteau d'vne colomne estant aux Chapelles du Panthéon à Rome.

Quand

DE PHILIBERT DE L'ORME.

182

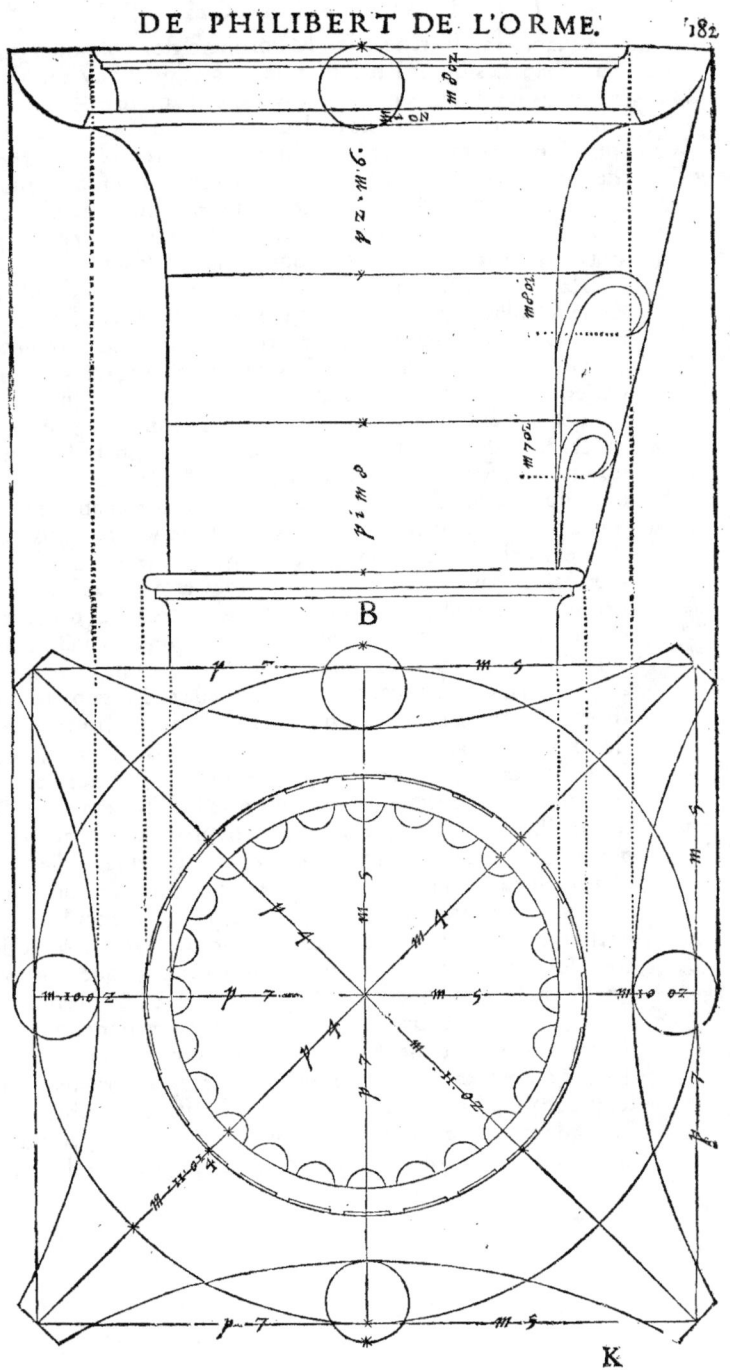

LIVRE VI. DE L'ARCHITECTVRE

Quant à l'architraue, frize & corniche des colomnes qui sont aux chapelles dudit Pantheon, ie les ay figurez cy apres, comme vous les pouuez considerer auec les hauteurs & saillies d'vne chacune partie, ensemble de leurs principaux ornements. Doncques la premiere face de l'Architraue a minutes six, onces deux & demie : son astragale ou petit membre rond qui est au dessus, minutes deux, onces deux : la seconde face, minutes neuf, once vne & deux tiers : & ainsi du reste, comme vous le pouuez voir par escrit en la prochaine figure. Toute la saillie dudit architraue depuis la ligne perpendiculaire, qui vient de la hauteur dudit architraue & saillie du quarré de son cymat, iusques au dessous dudit architraue a minutes sept, onces trois. Les faces de l'architraue ne sont perpendiculairement faictes par le deuant, mais bien se renuersent, comme vous le pouuez voir à la premiere, qui a minutes sept, & onces trois : & au dessus pres de son astragale, minutes huict, & ainsi des autres. Touchant la hauteur dudit architraue ie l'auois diuisée en quarante trois parties & demie, pour donner les mesures à vne chacune chose, mais cela ne venant bien à propos ie n'en diray autre chose : vray est que ie vous ay mis cy apres les mesures iustement comme ie les ay trouuées aux antiquitez : Par ainsi la hauteur de la frize à palmes trois, minutes cinq : & celle de sa corniche, palmes quatre, minutes sept : toute la saillie à palmes quatre, minutes cinq. Vous voyez à ladicte corniche toutes les autres parties auec leur mesure sur vne chacune, tant des cymats, couronnes, mutules (appellez d'aucuns roulleaux) thores & astragales, que du filet quarré, & autres, qui me gardera de vous en faire autre discours, sinon de vous aduertir, que dessus ladicte corniche y a vne façon de pied de stat qui regne tout autour de la circonference de la voute du susdit Temple de la Rotonde, sur lequel pied de stat y a plusieurs beaux ornements &, par le dessus, vne autre fort belle corniche, sur laquelle la voûte commence à prendre sa forme spherique, comme voûte à four, ainsi que les ouuriers l'appellent, auecques plusieurs beaux compartiments quarrez : ainsi que ie les pourray monstrer quelque fois plus particulierement, comme aussi tout ce que i'en ay designé & mesuré, si Dieu le veut ainsi permetre, & m'en donner la grace. Pour ceste heure vous contenterez des ornements que ie descris, qui ne tendent à autre fin que de vous bien monstrer l'ordre des colomnes Corinthiennes auec leurs ornemens, & la difference qui est aux mesures des vnes à autres, combien qu'elles soient d'vn mesme ordre. Ie vous voudrois encores prier de vouloir considerer & vous resouuenir comme la hauteur de la colomne ne laquelle vous auez veuë par cy-deuant contient trente-neuf palmes & dix minutes: sçauoir est, son chapiteau palmes cinq, auec dix minutes: l'architraue, quatre, & quatre minutes. sa frize trois & cinq minutes, qui font en tout treize palmes & cinq minutes de haulteur: qui est la tierce partie de la haulteur de ladite colomne, ou bien peu s'en faut. Puis en adioustant la haulteur de la corniche, qui a quatre palmes, sept minutes, & celle de la basse de la colomne ayant deux palmes, vnze minutes: & assemblant toutes les susdictes haulteurs, comme du chapiteau, architraue, frize, corniche, & basse, vous trouuerez vingt palmes & neuf minutes, qui font enuiron la moitié de la haulteur de toute la colomne, estant de trente neuf palmes, dix minutes, comme ie vous ay dit. Or considerez, ie vous prie, ceste belle mesure, & comme elle se trouue differente de ce que quelques vns en ont escrit. Ie vous puis bien asseurer qu'on ne pourroit dignement louër ny descrire l'œuure du Pantheon, comme estant tres-admirable & n'ayant rien qui ne soit fort exactement faict. Voyez l'architraue qui est aussi hault que la grosseur de sa colomne par le hault, ayant quatre palmes & quatre minutes de haulteur, & la colomne n'a que quatre palmes, vnze minutes, par le pied, estant le plus gros: qui est contre aucuns qui veulent qu'on ne donne à l'architraue que la moitié de la grosseur de sa colomne par le bas. En cela y auroit grande difference, si leur reigle estoit bonne, car la moitié de l'architraue seroit deux palmes plus haute qu'elle ne doit, qui seroit enuiron la moitié d'auantage: comme le pourront fort bien calculer & mesurer tous ceux qui en voudront prendre la peine. Ie fais volontiers ce discours, à fin que ceux qui veulent faire profession d'Architecture apprennent à cognoistre, que selon les haulteurs des colomnes il faut faire leurs ornemens de mesme: & ne faire comme aucuns qui mettent en l'œuure des edifices qu'ils font, les ornements des colomnes ainsi qu'ils les ont trouuez aux antiques: estâts lesdits edifices beaucoup plus petits: parquoy ils rappetissent les mesures, ou ils se trompent grandement. Vous verrez encores cy apres par maniere d'exemple, les autres colomnes du susdict Pantheon.

Beau discours sur la conference de la haulteur de la colomne auec celle de ses parties.

L'Autheur reprend l'aduis & opinion de quelques vns.

La faute que plusieurs commettent.

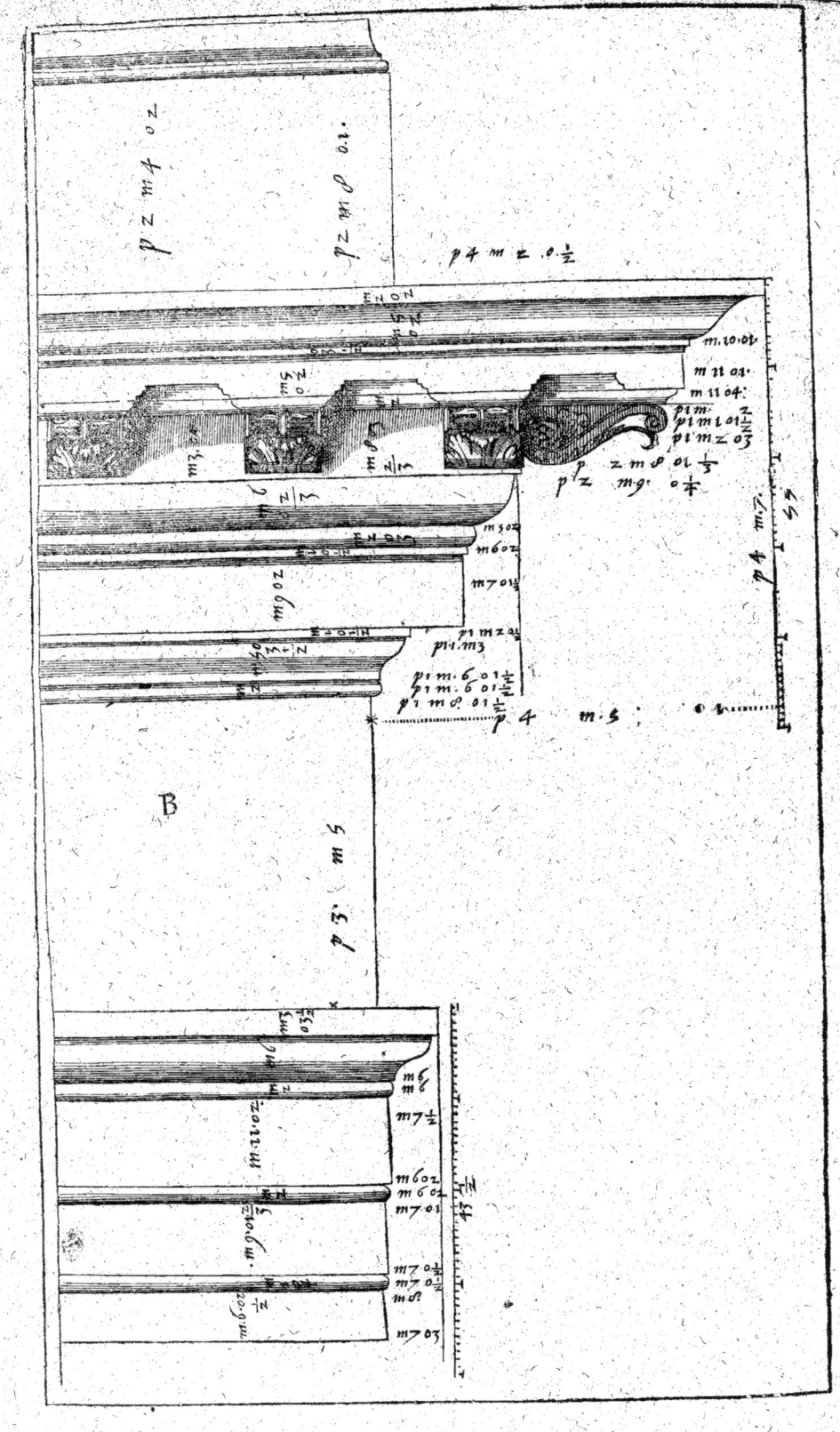

Des colomnes & ornements qui sont aux Tabernacles & petites Chapelles dedans ledit Pantheon, appellé à Rome Nostre Dame de la Rotonde.

CHAPITRE V.

Esirant affectionnémēt de vous faire bien entendre & monstrer par diuers exēples, comme vous ne deuez vous ayder de toutes sortes de mesures des colomnes que vous voyez aux antiquitez pour les faire seruir, si vous ne les voulez applicquer à mesmes proportions & grādeurs d'œuures, pour la grande differēce que les bons Architectes ont donné aux ordres des colomnes auec differentes sortes de mesures, selon les hauteurs qu'on y pouuoit voir (comme plus amplement, Dieu aydant, vous l'entendrez par ce discours d'Architecture) pour ce est-il qu'encores pour plus grande manifestation d'exemples, ie vous ay mis cy apres cinq ou six sortes de colomnes l'vne apres l'autre toutes faictes sous vne mesme proportion, suiuāt le palme Romain. Vous voyez en premier lieu comme celle des tabernacles, & petites chappelles du Pantheon, cy aupres proposée, se monstre beaucoup plus petite que la colomne qui estoit par cy deuant marquée B. Et si elles sont

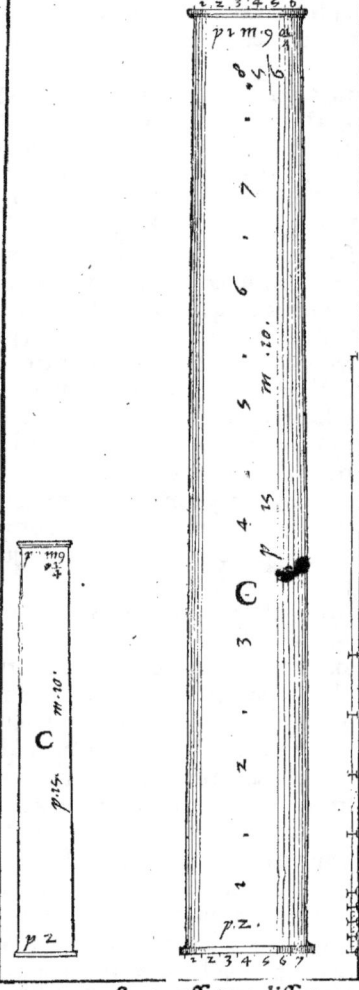

Continuation du bon vouloir de l'Auteur enuers les amateurs d'Architecture.

de differētes mesures, tous leurs ornemens sont aussi tres differens. Vous voyez comme la presente se trouue auoir palmes quinze, &

LIVRE VI. DE L'ARCHITECTVRE

minutes dix pour sa hauteur: & pour sa grosseur par le pied, palmes deux, qui est quasi huict fois la hauteur de son diametre, car ne s'en faut que deux minutes. La grosseur de ladicte colomne par le haut se trouue auoir palme vn, minutes neuf, vn quart d'once, qui est vne huitiesme partie de retraict de la grosseur du pied de la colomne. Ie veux bien vous aduertir, que ladicte colomne auec tous ses ornements a esté adioustée & faicte longtemps apres l'edification du Pantheon, ou Eglise de nostre Dame de la rotõde: aussi l'ordre n'est point si beau que les premiers, jaçoit qu'on en trouue beaucoup de pires. Et pource que ladicte colomne se trouue trop petite, pour estre faicte d'vn mesme palme que celle du Pantheon, qu'auez veuë par cy deuant, ie l'ay faicte plus grande à fin qu'elle soit mieux representée, & que lon cognoisse outre cela, que le diametre par le pied de la colomne, est diuisé en sept parties, dont le dessus d'icelle n'en a que six.

Pour doncques acheuer l'ordre Corinthien des Tabernacles du Pantheon, les colomnes y sont plantées au costé d'vn Autel qui est faict en façon de pied stat (comme vous le voyez en la figure cy apres descrite) ayant vn plinthe par dessous, qui a palme vn, minutes cinq, & onces trois. Le dedans du pied de stat, entre la basse & corniche marqué C, a palmes cinq, minutes trois, onces trois & demie, & ainsi consequemment des autres. Vous voyez sur la corniche du pied de stat sa basse, qui a vn grand plinthe de la hauteur d'vn palme, & vn autre plinthe de la basse de la colomne, ayant minutes dix: la saillie de ladicte basse a minutes quatre, onces trois & demie: & toute la hauteur de ladicte basse a vn palme, cinq minutes & demie: & ainsi des autres parties que vous y pouuez choisir. Vous voyez aussi le plan de son chapiteau, qui a trois palmes en quarré de chacune face: depuis la grosseur de sa colomne iusques à l'extremité des cornes, se trouuent palme vn, minute vne, & onces : trois la saillie des roses qui sont au milieu de l'abaque, a minutes quatre, onces deux & demie: & six minutes, onces quatre & demie de large, La hauteur du chapiteau a palmes deux, minutes deux, onces deux & demie, comme vous le pouuez iuger & cognoistre par la figure cy apres proposée, tant du plan dudit chapiteau, que de sa montée, auec la saillie des fueilles, hauteur & moulure de l'abaque & autres. Vous voyez aussi par le dessus, son architraue, qui a vne palme, trois minutes, trois onces & demie de hauteur: sa frize palme vn, minutes quatre, & onces deux. Toute la hauteur de sa corniche contient palme vn, minutes vnze : & la saillie de ladicte corniche a enuiron autant. Vous pouuez voir le reste des autres parties par les mesures qui sont escrites dessus. Si vous voulez assembler la hauteur du chapiteau de l'architraue & frize, vous trouuerez

Les colomnes du Pantheon auoir esté faictes à diuerses fois.

Declaratiõ fort ample de la figure cy-apres descrite.

Continuation de ce que dessus.

DE PHILIBERT DE L'ORME.

trouuerez qu'ils contiennent enuiron la tierce partie de la hauteur de leur colomne, ou bien peut s'en faut.

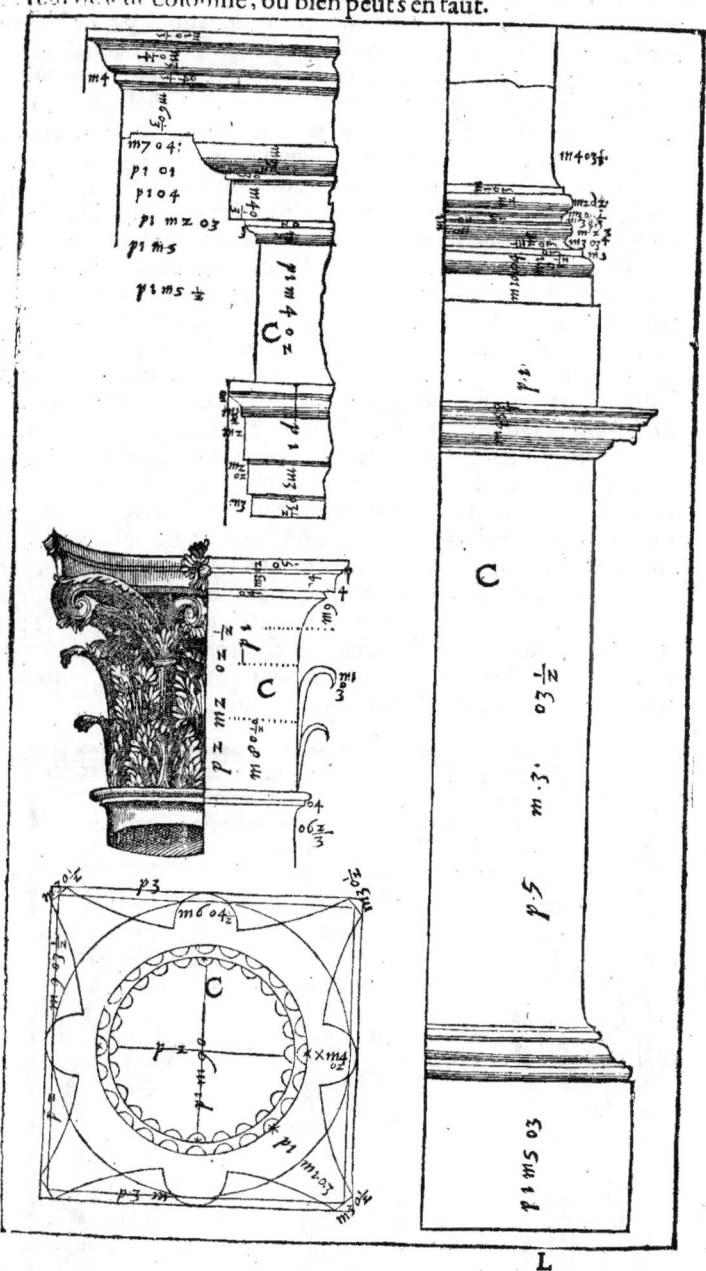

LIVRE VI. DE L'ARCHITECTVRE

Aduertissement auecques instruction digne de noter.

De cecy ie cuide cognoistre, que ceux qui ont faict les colomnes des tabernacles & petites chappelles du Pantheon ont voulu imiter les mesures des colomnes que nous auons par cy-deuant descrites, & sont aux grandes chappelles dudit Patheon. En quoy on recognoist qu'ils n'ont pas si bien faict, ne si bien entendu l'art que les Architectes qui ont premierement faict ledit Pantheon : joinct aussi que tous ces ornements de colomnes qui sont aux tabernacles dudit Pantheon, desquelles nous parlons presentement, ne sont en tout semblables, & s'en faut tousiours quelque petite chose, comme vous le pourrez cognoistre en la figure cy-apres descrite, ou ie mets la hauteur de la corniche, frize architraue, & chapiteaux, auecques vne autre colomne, pour autant que à celle que i'ay figuré cy-deuant marquée C, y a quelque difference aux hauteurs de ses ornements. Ce que i'ay voulu faire icy expressement, pour representer lesdicts ornements & colomnes ainsi que ie les ay trouuez. Vous y voyez la hauteur du chapiteau auoir

L'Auteur procede fidelement en la description des mesures.

palme deux, minutes deux, vn quart & once demie: la hauteur de son architraue, palme vn, minutes quatre, & vn quart : la saillie, minutes quatre: la hauteur de la frize, palme vn, minutes quatre : laquelle est de mesme hauteur que l'architraue, ne s'en faut que vn quart de minute : & la hauteur de la corniche, palme vne, minutes vnze & demie, auec autant de saillie : ainsi que plus particulierement vous l'auez veu en la figure precedente : & non seulement des corniches, frize architraue, & chapiteau, ains aussi du stylobate. Mais sans vous en tenir plus long propos, nous reuiendrons à parler des colomnes & ornements qui sont au portique du Pantheon Romain, autrement nommé la Rotonde, ainsi que plusieurs fois nous auons dit.

DE PHILIBERT DE L'ORME. 186

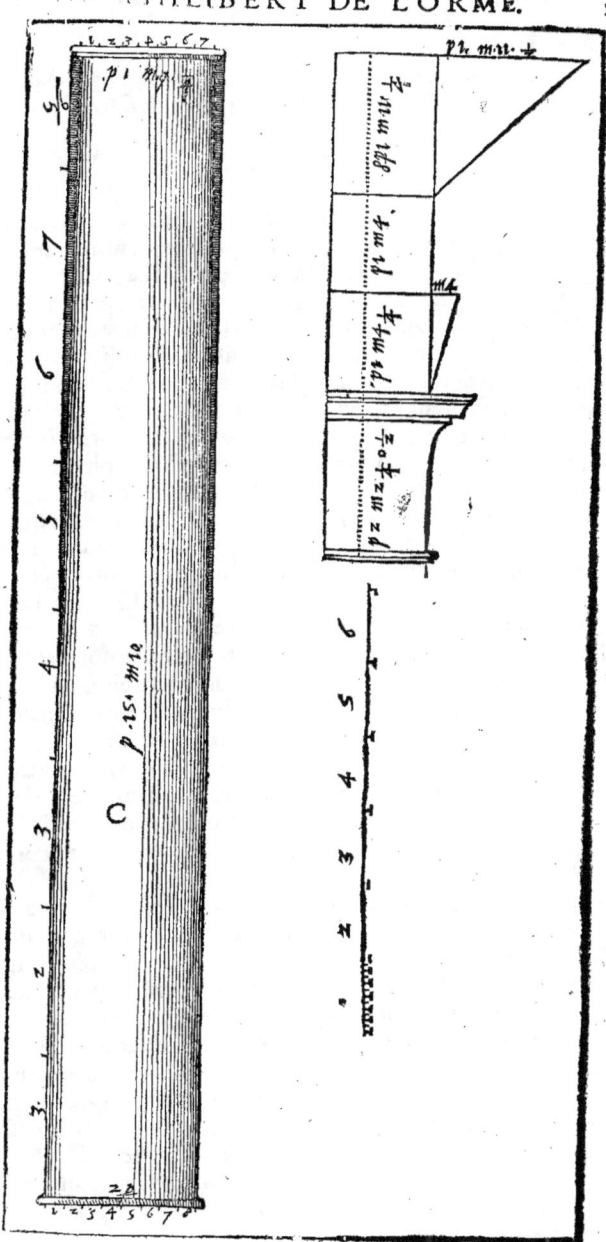

LIVRE VI. DE L'ARCHITECTVRE

Mesures des colomnes du portique du Pantheon, comme aussi de leur basses, chapiteaux, architraues, frises & corniches.

CHAPITRE VI.

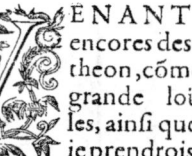

Les colomnes & structure du Pantheon estre de grande louange & admiration.

VENANT le lieu fort à propos nous parlerons encores des colónes qui sont au portique du Pantheon, cóme œuure digne d'alleguer, & meritant grande loüange, pour estre belle à merueilles, ainsi que plusieurs sçauent. Ie vous aduise que ie prendrois grand plaisir à descrire bien particulierement & entierement toute la structure de l'edifice dudit Pantheon, non seulement en son portique & colomnes, mais aussi en toutes ses autres œuures & parties (lesquelles i'ay curieusement & diligemment mesurées, pour leur excellence) n'estoit que mes occupations ne le permettent: toutesfois se presentant l'occasion, ie mettray vn iour le vouloir en euidence: iaçoit que quelques vns en ayent escrit, ou plus tost faict approches: car veritablemét toutes leurs mesures ne s'accordent aux miennes, qui ont esté prinses, comme i'ay dit, bien exactement sur le lieu, Qui sera cause de m'en faire escrire quelque chose que ie n'eusse faict: non point pour vouloir reprendre personne: ains plus tost pour monstrer la majesté d'vn tel œuure digne de perpetuelle memoire. Mais ie re-

Mesure des colomnes qui sont au portique du Pantheon à Rome.

uiens aux colomnes du susdit portique du Pantheon Romain, lesquelles nous auons trouué auoir de grosseur par leur diametre, palmes six, minutes six, & demie, & par le dessus au plus estroict palmes cinq, minutes vnze, & de hauteur, cinquante deux palmes minutes trois & trois quarts, s'y trouuant huict fois le diametre de la grosseur par le bas. Lequel i'obseruay estre encores diuisé en dix parties, & par le dessus en neuf, qui n'est qu'vne dixiesme partie de retraicte estant quasi aussi grosse la colomne par le haut que par le bas. Mais la grande hauteur debilitant la veüe, fait qu'elle apparoist estre plus petite, & semble estre plus r'appetissée par le haut qu'elle n'est, & auoir quasi mesmes proportions, qu'ont les colomnes de douze, quinze, ou vingt palmes: si est-ce qu'elles ne sont toutes de pareille grosseur, mesmes celles qui

L'Auteur proposer quelque fois deux figures d'vne mesme chose, par la faute du Tailleur ayãt mal besongné.

sont sur les coings, ou il y a quelque difference, pour les raisons que i'ay dit & allegué ailleurs, l'en ay trouué aucunes qui se diuisent en neuf parties par le dessous, & en ont huict par le dessus: qui m'a faict mettre encores vn autre desseing de colomnes cy-apres à la figure de sa basse, non pas pour mieux faicte, mais pour autant que le tailleur n'y auoit bien besongné à mon plaisir, comme il appartenoit de faire.

Quand

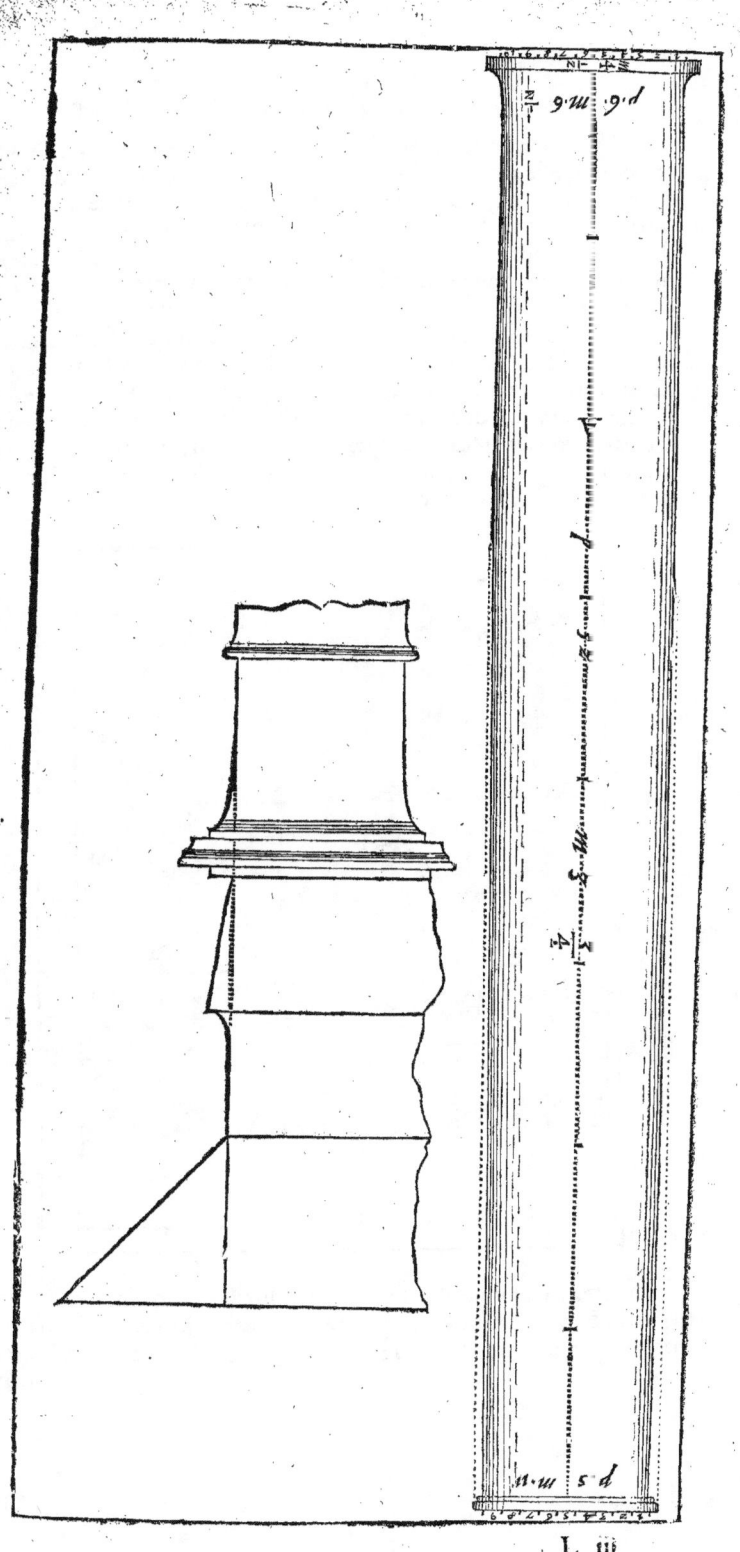

LIVRE V. DE L'ARCHITECTVRE

Quant à sa basse, laquelle se monstre tres belle & admirable en œuure, elle a trois palmes, six minutes, & deux onces de hauteur, & vn palme, trois minutes, auec deux tiers d'once de saillie: son plinthe signé A, contient neuf minutes, trois onces & demie de hauteur: son thore ou gros membre rond, qui est dessus, sept miautes, deux onces: son filet quarré, deux minutes, & ainsi des autres parties, lesquelles vous pouuez voir particulierement, tant pour leur hauteur, que pour leur saillie. Les piliers sont canelez ou striez : & le concaue de la strieure a huict minutes & vne once de largeur, estant faict auec son hemicycle entier. La strieure qui faict la separation des concauitez ou caneleures, a minutes deux, onces deux: estant sur les angles plus large d'vn petit membre rond qui a vne minute, & onces trois de largeur: ainsi que vous le pouuez iuger par la presente figure.

Declaration de la figure ensuiuant & de ses parties.

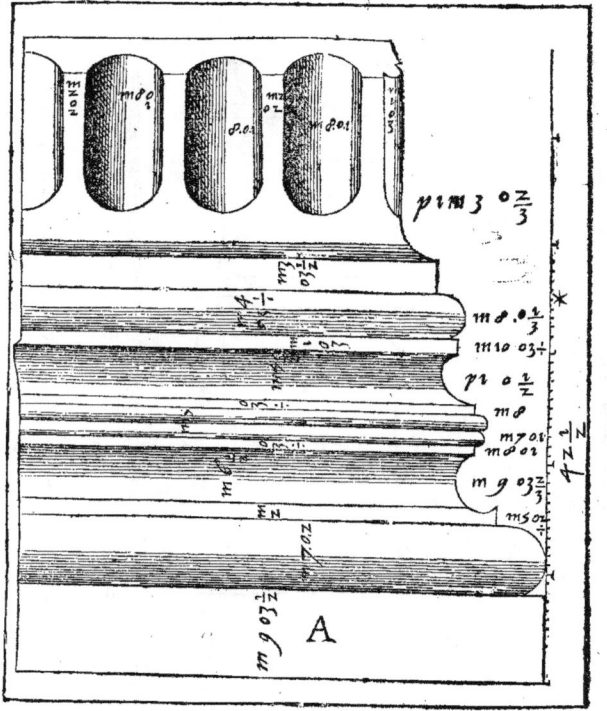

La hauteur des chapiteaux qui sont sur les colomnes du portique du Pantheon, ont sept palmes, minutes cinq & trois quarts, leur abaque, auec les moulures & filet quarré de dessous, minutes dix,

DE PHILIBERT DE L'ORME. 188

dix, & trois quarts. La hauteur des premieres fueilles a deux palmes, quatre minutes, & celle des secondes, quatre palmes, trois onces. La hauteur des volutes, deux palmes six minutes. Par dessus les chapiteaux y a vn filet quarré qui ne se voit à tous les ordres, ayant quatre minutes de hauteur: lequel a esté fait par l'Architecte pour esleuer l'architraue, à fin que la saillie des chapiteaux n'empeschast de voir l'ornement; ce que vous pouuez cognoistre au lieu marqué A, en la figure cy-dessous proposée: en laquelle si vous ne voyez les mesures designées par nombre comme aux precedentes, & les refentes des fueilles, vous l'atribuerez au Tailleur de mes planches, qui les a obmises.

Explication de la figure cy apres descrite & proposee.

L iiij

LIVRE VI. DE L'ARCHITECTVRE

Declaration de la figure enſuiuant.

Quant à l'architraue, ie l'ay faict cy apres vn peu grand, pour monſtrer l'eſpeſſeur de la groſſeur du mur, & architraue qui regne ſur les colomnes, & à l'autre coſté oppoſite de l'architraue, vne corniche qui eſt au dedans du portique, regnant tout autour où l'on voit par deſſus ladicte corniche & colomnes qui ſont dans ledit portique, vne charpenterie qui eſt tres admirable & fort bien faicte: de ſorte qu'il ſemble que la plus part ſoit de bronze & cuiure, pour le moins le bois comme auſſi les panes, montans & liens ſont couuerts de bronze. Ie vous en ferois plus long diſcours s'il eſtoit à propos. Lequel delaiſſé nous reprendrons la ſuſdicte corniche, laquelle a deux palmes, minutes deux & demie de ſaillie, & de hauteur quatre palmes, huict minutes, deux onces. La premiere face de deſſous a minutes ſix, onces trois: la ſeconde, minutes huict, onces trois: la troiſieſme, minutes neuf, Les trois petits aſtragales qui font les ſeparations, ſont quaſi d'vne meſme hauteur, & ont minutes deux, onces deux, ainſi que vous les pouuez aperceuoir. Vous voyez auſſi que le cymace qui eſt au deſſus, a minutes ſix, onces deux: la couronne, minutes quatre, once vne, ainſi que vous le trouuez bien eſcrit ſur chacune partie de la corniche: comme auſſi de la ſaillie, qui eſt choſe fort belle en œuure portāt façon d'architraue & corniche. De l'autre coſté vous voyez l'architraue qui a palmes quatre, minutes quatre, onces deux de hauteur: & la ſaillie d'iceluy, minutes neuf & onces trois. Vous

Continuation de ce que deſſus.

remarquez auſſi ſur la meſme figure cy-apres deſcrite toutes les meſures des autres parties, ſans en faire plus longue expoſition. D'abondant vous y voyez au plus haut deſſus la marque A, le lieu de la frize, qui a quatre palmes & minutes cinq de hauteur entre la ſuſdicte corniche & l'achitraue. Il eſt auſſi fort aiſé de y voir le commencement de ſa corniche, laquelle ie vous monſtreray incontinent apres ceſte cy.

La

DE PHILIBERT DE L'ORME.

De la corniche du portique du Panthéon.

La corniche que vous verrez cy-apres (laquelle sert à l'architraue cy deuant proposé, & est appliquée dessus les colomnes au portique du Pantheon, dict la Rotonde) est d'vne beauté inestimable, ayant de hauteur & de saillie vne chacune de ses parties, tant au cyme, couronnes, cymacions, membres ronds, astraga-

LIVRE VI. DE L'ARCHITECTVRE

les & autres, comme vous le voyez iuſtement eſcrit ſur la figure cy-apres repreſentée. Le quarré ſigné B, a trois minutes, le cyme vnze, & onces deux & demie : la ſaillie dudit cyme, minutes dix, auec demie once, fuyuant la ligne perpendiculaire que vous voyez ſur l'extremité de la corniche. Sa couronne marquée D, a palme vn, minutes deux, once & demie de hauteur, & les mutules ou rouleaux palme vn, minute vne & demie, auec le filet quarré, qui eſt au deſſous, palme vn, minutes deux & demie : & de *Pourſuite des* ſaillie & longueur iuſques à la ligne perpendiculaire qui vient de *meſures desparties de la ſuſdicte* la couronne, palmes deux, minutes cinq: ou bien depuis l'extre-*corniche.* mité de la corniche, palmes trois minutes ſept: leſdicts mutules ou rouleaux ont de largeur vnze minutes, trois onces: en l'eſpace qui eſt entre leſdicts rouleaux au droit des cymacions, ſe voit palme vn, minutes quatre. Aux lieux marquez E ſe trouuent des roſes, qui ont palme vn, minute vne & demie de largeur, & de profondeur quatre minutes: l'echine où ſont les œufs au deſſus deſdicts mutules, a minutes neuf de hauteur: l'aſtragale qui eſt au deſſous, minutes deux, onces trois & demie: la face du quarré qui eſt au deſſous, au lieu où l'on a accouſtumé de mettre les denticules, a minutes vnze, once & demie de hauteur. Mais de ce propos ſera aſſez, pour autant que vous pouuez fort bien comprendre le tout par la prochaine figure, & icelle voir non ſeulement les hauteurs, mais auſſi toutes les ſaillies d'vne chacune choſe en leur endroit. Et outre ce pour le mieux meſurer, i'ay inſeré en la meſme figure, la longueur des palmes & minutes: joinct auſſi que vous voyez en la ligne perpendiculaire qui eſt ſur l'extremité de la corniche, les palmes & minutes de ſa hauteur, qui ſont ſix palmes, neuf minutes & demie, faiſant octante huict minutes & demie. Par leſdictes diuiſions, en prenant le compas, & le raportant ſur chacune partie, il vous ſera facile de mieux cognoiſtre toutes les dimenſions & meſures pour proportionner ſemblable corniche à vne plus grande ou plus petite, ainſi que vous en aurez affaire.

Vous

DE PHILIBERT DE L'ORME. 190

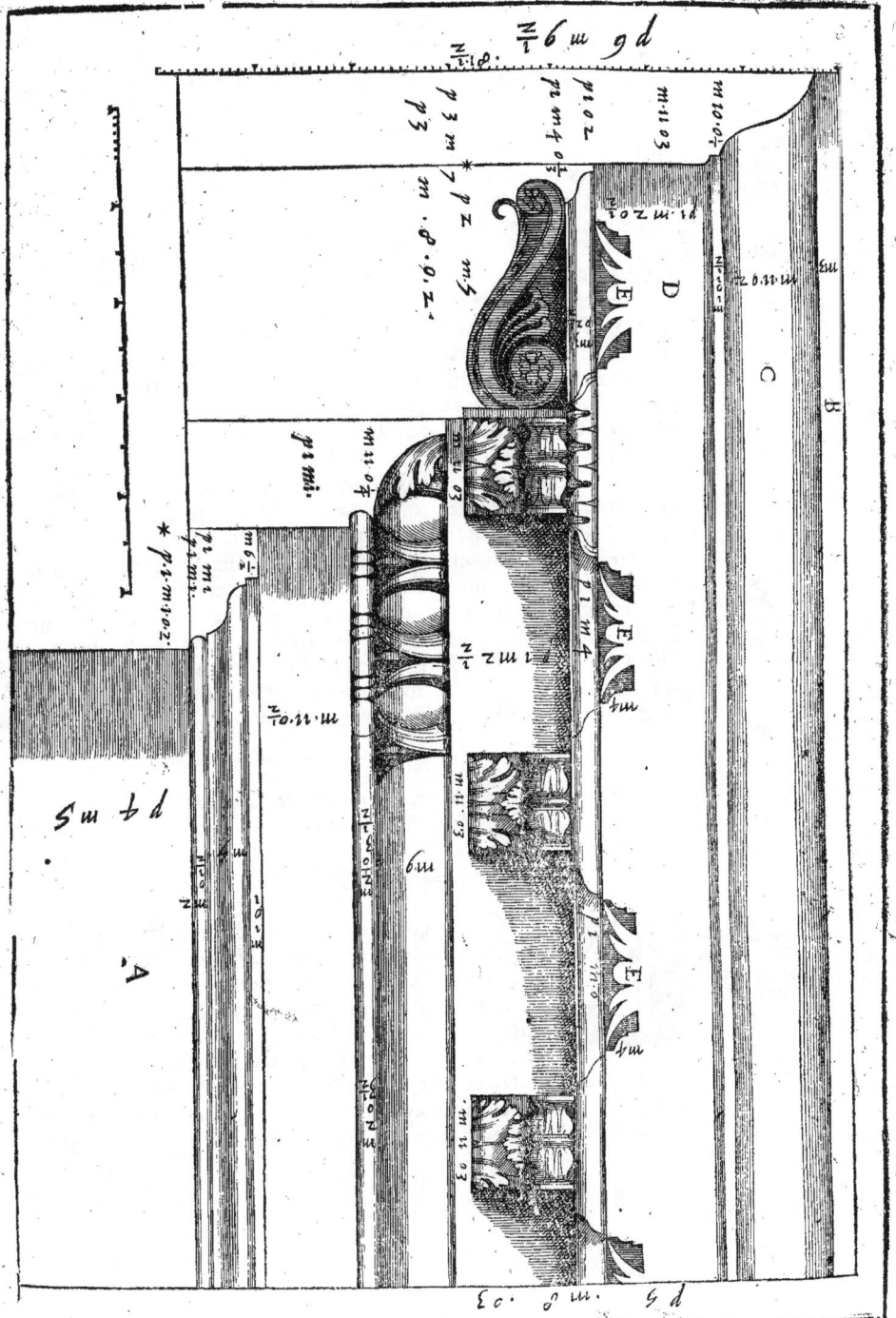

LIVRE VI. DE L'ARCHITECTVRE

Vous auez doncques iusques icy veu & entendu les mesures des trois ordres de colomnes auec leurs ornements, qui sont dans le Pantheon de ladicte Rotonde, à Rome. C'est vn Temple tout rond, & autant beau que lon sçauroit voir, contenant cent nonante & quatre palmes de diametre, auec vne ouuerture par le milieu de la voûte au plus haut, qui a quarante palmes & dix mi-

Fort belle & sin- nutes de large. Ledit Temple est accompagné de sept Chapelles,
guliere descrip- desquelles trois sont en hemicycle & quatre quarrées : ayant cha-
tiō du Temple cune de profondeur, vingt sept palmes neuf minutes : & de
appellé à Rome largeur par le deuant trente huict palmes, six minutes, & onces
jadis Pantheon, deux. En chacune Chappelles y a deux colones par voye, fors qu'à
& aujourd'huy, la Chappelle du milieu, où les colomnes sont à costé, qui contien-
nostre Dame de nent les mesures que ie vous ay proposées cy-deuant, au lieu mar-
la Rotonde. qué B. L'entrée dudit Temple est admirable, signamment en vne porte (de laquelle ie vous descriray les mesures cy-apres, au lieu ou ie traicteray de plusieurs sortes de portes & entrées des temples & bastiments) ayant ses pieds droicts & sa couuerture toute d'vne piece, qui est chose admirable veu la grande hauteur & largeur de ladicte porte. Son portique au deuant, est fait de seize colomnes accompagnées de fort beaux pylastres qui portent basses & corniches comme les colomnes, & sont tous striez. N'estoit que ie suis sollicité de fournir copie & figures à l'Imprimeur, qui tient nostre present œuure sur la presse, ie vous donnerois de bien

Promesse de bon cœur le plan dudit Pantheon, & peut estre la montée. Ce
l'Auteur fort que ie pourray bien accomplir, moyennant l'aide & grace de
desirée de plu- Dieu, deuant que ledit œuure soit paracheué d'imprimer. Ie n'ou-
sieurs. blieray de vous aduertir que tout le Temple dudit Pantheon est aussi haut que large par son diametre. Et pour ceste heure vous contenterez, s'il vous plaist, de ses mesures.

D'autres sortes de colomnes Corinthiennes, pour monstrer la difference de leurs mesures & proportions,

CHAPITRE VII.

Bon vouloir de **POVR** encores d'abondant cognoistre la grande
l'Auteur enuers difference des colomnes Corinthiennes, nous en
les artisans & mettrons icy quelques vnes, à fin qu'on puisse
apprentifs. mieux iuger de leurs proportions & mesures, comme aussi choisir ausquelles on se voudroit arrester, selon l'œuure qu'on auroit à faire. Doncques i'en proseray encores vne qui m'a semblé fort belle, & est à saincte Praxede à Rome, n'ayant que seize palmes, minute vne, & onces trois pour sa hauteur : & pour son diametre d'en bas, palme vne,

DE PHILIBERT DE L'ORME.

me vne, minutes dix, & once vne. Ledit diametre est diuisé en six parties, desquelles le dessus au plus estroict de la colomne en prend cinq de largeur en son diametre, qui est vne sixiesme partie de retraicte, ou plus petite grosseur, qu'elle n'est en-bas. Ladicte colomne a huict fois sa grosseur pour sa hauteur, & trois quarts d'vne huitiesme partie : ainsi que vous la pouuez iuger par la figure presente, marquée H, auec ses autres mesures particulieres. Vous considerez la difference de ceste-cy aux autres, pour n'auoir que seize palmes de hauteur, au regard de celles qui en ont d'auantage & sont fort hautes. Ie vous puis bien asseurer, que c'est vne des belles colomnes & aussi plaisante qu'il s'en voit point à Rome.

Nous proposerons encores cy-apres deux autres colomnes, desquelles l'vne est à Rome au septiesme arc dessous le camp-doille, cy-apres marqué G, ayant trente-deux palmes & quatre minutes de hauteur, & de grosseur par le bas, quatre palmes, & par le haut trois, auecques six minutes : qui seroit la proportion de huict parties du diametre de ladicte colomne par le pied, & par en haut sept. L'autre colomne marquée F, est à l'arc triumphant de Beneuento en ladicte Rome, ayant vingt-trois palmes & deux minutes de hauteur, & deux palmes dix minutes de grosseur par le pied, & par le dessus deux palmes, cinq minutes combien que le bout d'enhaut soit mal noté en la figure. Considerez, ie vous prie, lesdictes mesures, & examinez diligemment auec l'aide du compas leur difference, & par là cognoistrez s'il ne faut pas auoir bon iugement quand on veut mettre telles colomnes en œuure, auec leurs orne-

Deux sortes de colomnes auec eurs mesures.

M

LIVRE VI. DE L'ARCHITECTVRE

ments: & s'il n'y faut pas
obseruer beaucoup de cho-
ses pour se garder d'y faire
faute, & les dresser selon les
œuures & hauteurs qu'on
aura à faire. Laquelle faute
*Aduertissemēt s'y cōmettra incontinent, si
qui n'est à negli-* on n'entēd la raison & pra-
ger. tique des proportions, non
seulement aux colomnes,
mais aussi à tous leurs ornements tousiours differents,
selon la grandeur des œu-
ures qui se presentent.

Ie vous proposerois de
superabondant vne colom-
ne qui est au temple de Paix
à Rome: laquelle i'ay mesurée au pied antique, n'estoit
que la planche & figure a
D'vne colomne esté esgarée entre plusieurs:
qui est au Tem- mais cela n'epeschera qu'el-
ple de Paix à le ne puisse estre entēduë &
Rome. soit reduite à quelque autre
mesure qu'on voudra, à fin
de cognoistre les propor-
tions & ordre qu'on y doit
garder. Ladicte colomne a
quarante huict pieds, cinq
pouces, & trois lignes de
hauteur: & de grosseur par le bas cinq pieds, six pouces, en son
diametre: & par le haut pres le chapiteau cinq pieds, trois pouces, & quatre lignes. Par là il se voit que la colomne a bien peu de
retraicte & ne se r'appetisse en tout que de deux pouces & huict
lignes, qui n'est qu'vn pouce & quatre lignes par les costez &
autour. Considerez donc, ie vous prie, comme les Anciens Architectes fort bien aduisé & pleins de grande industrie & artifice,
faisoient les colomnes quasi d'vne mesme grosseur, quand elles
estoient de grande hauteur proportionnée à leur grandeur. I'ay
veu sur ce mesme fait des fractures d'aucunes colónes qui estoient
aussi grosses par le haut que par en-bas, mais elles reuenoient comme à

DE PHILIBERT DE L'ORME.   192

me à soixante pieds de hauteur. Il faut bien entendre ces raisons si on desire faire quelque bonne œuure, à cause de l'optique & perspectiue qui donne contentement à la veüe. Vous m'excuserez, pour la susdicte cause, si ie ne vous exhibe figure demonstratiue du discours cy-dessus tenu.

Des trois colomnes que l'on voit à Rome pres S. Cosme & S. Damian, auec leurs ornements de l'ordre Corinthien.

CHAPITRE VIII.

E vous veux d'abondant icy descrire les trois colomnes qui sont à Rome dessous le Campdoille, pres de S. Cosme & S. Damian, auec les vestiges de quelques autres qu'on voit encores au lieu ou estoit le grand Palais, qu'ils appellent auiourd'huy Palatio maiore. Aucuns escriuent qu'en ce lieu la, ou auprés, estoit la place & gouffre, auquel se precipita M. Curtius tout armé à cheual, pour le salut du peuple Romain, ainsi que vous le pouuez voir en l'histoire: & dict on que lesdictes colomnes seruoient au Temple de Vulcan qui estoit fort riche d'ornements de taille admirable: de tous lesquels, sont demourées seulement ces trois colomnes de l'ordre Corinthien qui estoient encores debout auec leurs ornements quand i'estois à Rome. Ie parleray doncques desdictes colomnes, qui sont tres-belles & admirabes, comme aussi leurs basses & ornements, lesquels, ie figureray cy-apres, tant aux strieures & caneleures d'icelles colomnes, que aussi en leurs architraues: n'y obmettant la hauteur de leurs frizes, & de toutes les parties de leurs corniches, ornements & mesures, ainsi que ie les ay trouuées, ie d'y autant bien elaborées & taillées, qu'il est possible de voir. Lesdictes colomnes, comme ie les ay mesurées suiuant le palme Romain, ont par leur diametre d'en-bas, six palmes, minutes sept, & demie once: par le haut cinq palmes, minutes huict & vn quart: de hauteur, cinquante six palmes, minutes cinq: elles se trouuent aussi auoir huict fois & demie leur diametre pour tout leur hauteur: vray est qu'il s'en faut quelque peu: & se trouuent en leur proportion comme si elles estoient diuisées par le bas en huict parties, & par le haut en sept, qui seroit vne huictiesme partie de retraicte. Quant aux interualles d'vne colomne à autre, ils sont de dix palmes, quatre minutes, & trois onces: qui est vn peu plus que le diametre & demy de la grosseur de la colomne. Quoy qu'il en soit lesdictes colomnes se monstrent d'vne fort grande beauté comme vous le pourrez voir par la figure prochaine.

Du lieu ou se precipita M. Curtius, pour le salut du peuple Romain.

Desmesures des trois colomnes proposées ne la figure cy apres descrite.

M ij

LIVRE VI. DE L'ARCHITECTVRE

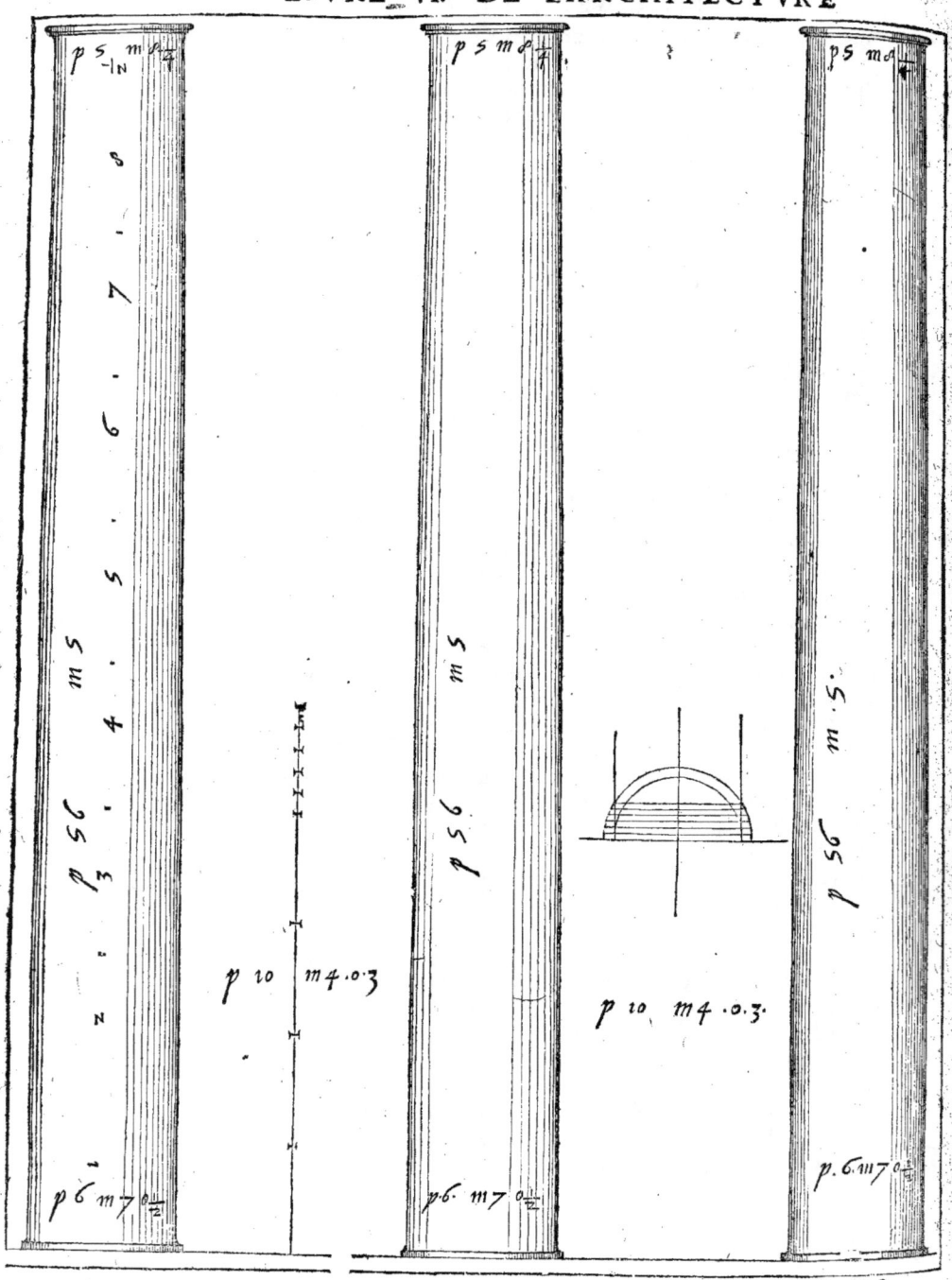

DE PHILIBERT DE L'ORME.

Lesdictes colomnes precedentes ont vingt quatre strieures ou caneleures fort bien faictes, & conduictes auec bonne grace, comme vous le pouuez voir par le plan qui vous en est representé cy-apres auecques toutes leurs mesures. Le diametre de la colomne pres du scape, a palmes six minutes sept, comme vous l'auez veu aux colomnes precedentes, & par le dessus, palmes cinq, minutes huict, onces trois quarts. Ce que ie repete volōtiers pour autant que le tailleur de mes figures a failly de mettre les mesures iustement, & les faut entendre ainsi que ie les vous propose. Touchant la basse desdictes colomnes, elle porte par escrit toutes les hauteurs d'vne chacune de ses parties, auec leurs saillies: ainsi que vous voyez le plinthe de ladicte basse auoir de hauteur, palme vn, minute vne, once vne: son thore & membre rond qui est au dessus minutes huict, once vne: le filet quarré qui est au dessus dudit thore, minutes vne: la nancelle, minutes trois, onces deux: les hermiles ou deux petits membre ronds, qui sont par le milieu de ladicte basse, vne minute, onces deux, & les petits filets quarrez qui les accompagnent dessus & dessous, vne once: la seconde nancelle minutes trois, once vne: son filet quarré au dessus, minute vne: le second thore ou membre rond, minutes six, onces deux. On voit outre ce en ladicte basse, vne chose qui n'est commune aux autres colomnes Corinthiennes, c'est vne hermile ou petit membre rond, qui est entre le second thore & le scape de la couronne, qui a minutes deux de hauteur, & pour la saillie de la basse, depuis le scape, ou bien le filet quarré (qui est au pied de ladicte colomne, iusques à la ligne perpendiculaire qui prouient de l'extremité du plinthe) palme vn, minute vne: comme vous le pouuez cognoistre facilement par la prochaine figure. Ie vous prieray de vouloir diligemment considerer ladicte basse, de laquelle, iaçoit que le pourfil ne soit taillé si nettement que ie voudrois si est ce que vous la trouuerez excellentement belle: & si vous en sçauez ayder pour l'appliquer en oeuure ainsi qu'il faut, & selon le lieu qu'aurez à faire, croyez que vous en aurez grand contentement auecques honneur.

Declaration de la figure cyapres proposée.

Beau discours sur les mesures des parties de la figure suiuant le presēt chapitre.

L'Auteur louë la beauté & excellēce de la basse cyapres descrite.

M ij

LIVRE VI. DE L'ARCHITECTVRE

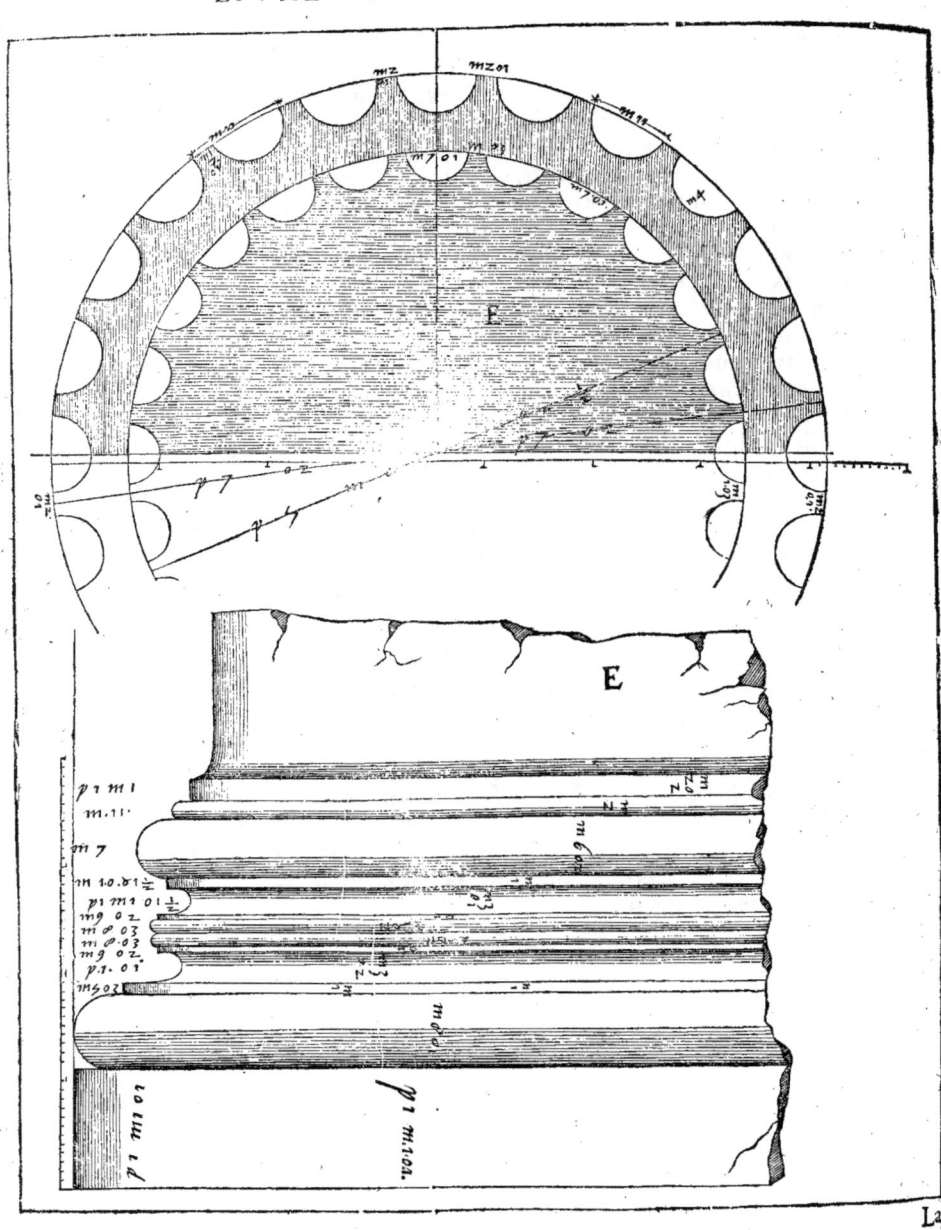

DE PHILIBERT DE L'ORME.

La hauteur du chapiteau estoit autant que la grosseur de sa colomne par le diametre d'en-bas, qui sont six palmes, minutes sept, & once demie: la hauteur de son abaque, auoit outre cela, vne sixiesme partie de la grosseur de sa colomne. Et quant à la mesure de la hauteur & saillie des fueilles, ie l'ay trouuée toute semblable & de mesme prorportion que celle du portique du Pantheon: de sorte que la hauteur du chapiteau, outre l'abaque, est diuisée en trois parties, desquelles les premieres fueilles en ont vne pour leur hauteur, les secondes deux, & la troisiesme est dediée aux volutes: la saillie des fueilles est iustement comme la ligne qui procede du bout des cornes du chapiteau, ou membre rond qui est au dessus de la colomne, comme vous auez veu par cy-deuant. Touchant la saillie & largeur du chapiteau par les cornes de l'abaque du milieu, d'vne corne à l'autre, c'est iustement autant de largeur qu'en a le plinthe de la basse de leur colomne. Lesdictes cornes sont à plomb, ou perpendicule au regard des angles de ladicte basse, & au droit des angles du plinthe. Et pour autant que ce chapiteau doit estre plus consideré par sa figure, que autrement, pour en voir la façon & taille de l'œuure diuinement belle & admirable (tant elle est bien faicte) ie ne vous en feray autre discours pour le present, sinon que ie vous prieray de vouloir exactement & curieusement contempler & examiner le desseing, lequel vous est proposé en la page suyuante pour le susdict chapiteau & ses parties.

Proportions & mesures de la figure cy-apres descrite.

L'Autheur loue la taille & œuure du chapiteau ensuyuant.

M iiij

LIVRE VI. DE L'ARCHITECTVRE

Petite digreßion accompagné de quelques aduertißements.

DEuant que parler de l'architraue, frize & corniche que i'ay trouué sur les trois susdictes colomnes qui sont à Rome pres l'Eglise de S. Cosme & S. Damian (ainsi que nous auons dit (& le Palatio Maiore n'en estant loing, i me semble que ie dois encores aduertir ceux qui desirent tirer quelque fruict de la noble & excellente discipline d'Architecture

DE PHILIBERT DE L'ORME.

re, qu'il ne leur conuient tant s'amuſer aux meſures qui ſont eſcrites ſur les figures, qu'ils ne conſiderent auſſi toutes les parties
deſdictes figures, auec les proportions qui les accompagnent, &
dont elles ſont faictes. Vitruue en donne de fort belles reigles, &
ſouuenteſfois attribuë les meſmes proportions de l'architraue à
celles de la corniche. Ie deſirerois de pouuoir icy dignement enſeigner ce que ie voudrois bien pour le proufit des artiſants & ap- *Pluſieurs choſes*
prentifs : mais la choſe eſt telle, qu'on la peut beaucoup mieux *pouuoir eſtre*
monſtrer manuellement, que verbalement : quaſi ainſi que nous *mieux monſtrées*
auons eſcrit par cy-deuant des traicts & pratique de Geometrie, *manuellement*
pour ſçauoir coupper les pierres, à fin de les faire ſeruir à toutes *ment.*
ſortes de portes, voûtes, trompes, & autres. Vray eſt que i'ay bien
enſeigné comme il le faut faire, & comme lon ſe doit ayder des
paneaux des moules, des beuueaux, & cherche ralongée, mais ie
n'ay pas peu monſtrer par eſcriture comme les pierres ſe doiuent
traſſer par leurs licts & parements, & autour, pour les coupper,
ſelon l'œuure qu'on auroit à faire. Veritablement cela ne ſe peut
deſcrire, mais bien monſtrer viſiblement & manuellement, en
executant l'œuure de faict. Ainſi eſt il des proportions, meſures
& ornements des colomnes, & de beaucoup d'autres choſes de
l'Architecture, qui ne pourront iamais entendre pour en donner preceptes & reigles generales, ains pluſtoſt par exemples ma-
nuels, afin de s'en ſçauoir ſeruir à tous propos. Pour ceſte cauſe
Ariſtote me ſemble auoir fort bien dit, au commencement de ſa *Belle ſentence*
Metaphyſique, que l'homme expert eſt beaucoup plus certain & *d'Ariſtote, &*
aſſeuré, que le ſçauant & docte inexpert. Mais ce propos delaiſ- *tres-veritable.*
ſé, nous viendrons à parler de l'architraue, frize, & corniche des
ſuſdictes trois colomnes.

De l'architraue, frize, & corniche des ſuſdictes trois colomnes qui ſont pres de
ſainct Coſme & ſainct Damian à Rome.

CHAPITRE IX.

VOVS voyez en la figure cy-apres deſcrite, com-
me i'ay diuiſé en deux parties la frize des colomnes *Pourquoy c'eſt*
prememorées, pour autant que la planche ne pou- *que l'Auteur a*
uoit entrer dans la page du liure, ſi l'architraue *diuiſé la figure*
euſt eſté deſſous ladicte frize : mais vous remar- *enſuyuant.*
quez en ladicte figure vn petit triangle dedans
le filet quarré du deſſus de l'architraue, qui monſtre comme ſe
doit rapporter, & aſſembler l'architraue auec la frize & corniche. Ledit architraue a quatre palmes, minutes ſix, & once vne

LIVRE VI. DE L'ARCHITECTVRE

Mesures de l'architraue des trois colonnes pres S. Cosme & S. Damian à Rome.

de hauteur: ainsi que vous le pouuez cognoistre en adioustant tous les nombres qui sont escrits sur vne chacune partie. Par ainsi la premiere face au dessous, a minutes dix, onces trois: son astragale, ou membre rond, auquel se voyent de patenostres, miuutes deux de hauteur: la seconde face qui est enrichie, palme vn, minutes deux: cymacion minutes trois, onces deux: la troisiesme face, palme vn, minutes cinq: & la hauteur du cymacion auec l'astragale & filet quarré, ou est marqué le susdit triangle, minutes dix de hauteur: comme vous le pouuez voir & iuger par la figure cy-apres proposée, auec les saillies d'vne chacune chose, qui vous y seront facilement descouuertes sans en escrire d'auantage. La hauteur de la frize, au lieu que vous voyez marqué E, a palmes quatre, minutes huiſt, & once vne. En quoy vous pouuez considerer comme elle n'est que de deux minutes plus haute que l'architraue, qui a palmes quatre, minutes six & once vne. Ie m'aduise sur ce propos du dire de Vitruue, qui est

Opinion de Vitruue sur la hauteur de la frize Corinthienne.

que la hauteur de la frize, ou c'est qu'il n'y a point de fueillages & ornements, doit auoir la quarte partie moins que la hauteur de l'architraue, & ou il y faut faire quelques fueillages & sculptures, comme les anciens ont faict, il faut que ladicte frize soit la quarte partie plus haute que l'architraue: ainsi que ie vous ay aduisé par cy-deuant. Mais nous delaisserons tels propos pour ceste heure, & ce temps pendant vn chacun s'aydera des plus belles mesures qu'il pourra: à fin de parler des mesures de la corniche des susdictes trois colomnes, qui a sept palmes, huict minutes & deux onces de hauteur: qui est plus que la grosseur de sa colomne, & presque la hauteur de son chapiteau, c'est à dire quelque peu plus. Si vous la conferez à celles que vous auez veües par-cy deuant, vous ne les trouuerez en leurs proportions si hautes de beaucoup, Qui s'ayderoit de ceste mesure sur vne colomne qui n'eust que quinze ou vingt pieds, ce seroit chose monstrueuse & fort difforme, toutesfois ceste-cy se monstre si belle en œure, & de si belle proportion, & bonne grace, auecques son ornement tant bien faict & elaboré, qu'il n'est aucunement possible de pouuoir rencontrer plus grande beauté pour ornement

Continuatiō des mesures de la figure cy-apres proposée.

de colomnes. Vous pouuez voir en ladicte figures les hauteurs d'vne chacune chose separément, comme la hauteur des denticules qui a palme vn minutes quatre & onces trois: la largeur des denticules, minutes vnze: & le concaue qui est entre lesdicts denticules, minutes cinq. Vous y voyez aussi les mutules ou rouleaux qui ont palme vn, minute vne, de hauteur: le cymace, minutes trois: & son filet quarré, minute vne: faisant autant ces trois parties que la hauteur des denticules, qui est palme vn, minutes quatre, onces trois: il s'en faut vne once, que les denticules ne soient si hauts que les mutules auec son cymace. Ie croy que l'Architecte

entendoit

entendoit que ce fuſt vne meſme hauteur, ainſi celle des mutules auec celle de la cyme au lieu ou vous voyez des teſtes de Lyon, qui eſt de palme vn, minute vne: & auec ſon filet quarré au deſſus, palme vn, minutes quatre, quaſi d'vne meſme hauteur que ſont les denticules: & leſdicts denticules de meſme hauteur que eſt la troiſieſme face de l'architraue, qui a palme vn & minutes cinq : pour le moins il ne s'en faut qu'vne petite once. Vous voyez auſſi la hauteur de la couronne qui eſt au deſſus des mutules, ayant palme vn, minutes deux, & ſon filet quarré au deſſus, minute vne, once vne. Ces quatre faces de ladicte corniche, ſçauoir eſt les denticules, la hauteur des mutules ou rouleaux, la hauteur de la couronne, & la hauteur du cyme, auec leur filet quarré, ſont quaſi de ſemblable hauteur. Conſiderez auſſi la ſaillie de toute ladicte corniche, qui eſt tres-grande, comme vous le pouuez cognoiſtre par les meſures, & ſignamment des mutules, qui ſe monſtrẽt fort beaux auec leurs fueillages, contenants palmes trois, minutes deux, & onces deux de longueur en leur ſaillie: & de largeur par le deuant deſdicts mutules, palme vn, minutes huict, onces deux: & entre les mutules d'vn à autre, palmes deux, minutes ſept. Ie deſcrirois plus à plain non ſeulement cecy, mais encores toutes les proportions que l'Architecte entendoit garder en vne chacune choſe, n'eſtoit que ie crains eſtre trop long, & auſſi qu'il eſt bon que les gentils eſprits, & meſmes la ieuneſſe s'eſtudie & prenne peine de chercher & inuenter, comme i'ay faict auecques vn grandiſſime labeur. Ce temps pendant ie vous laiſſeray diligemment voir & conſiderer la prochaine figure de l'architraue, frize & corniche deſdictes trois colomnes Romaines. Et ne me tenant content de cecy, ie vous bailleray encores deux autres ſortes de corniches, leſquelles i'ay meſurées & retirées des antiquitez de Rome.

Pourſuitte de ce que deſſus.

Excuſe de l'Auteur accompagnée d'exhortation.

LIVRE VI. DE L'ARCHITECTVRE

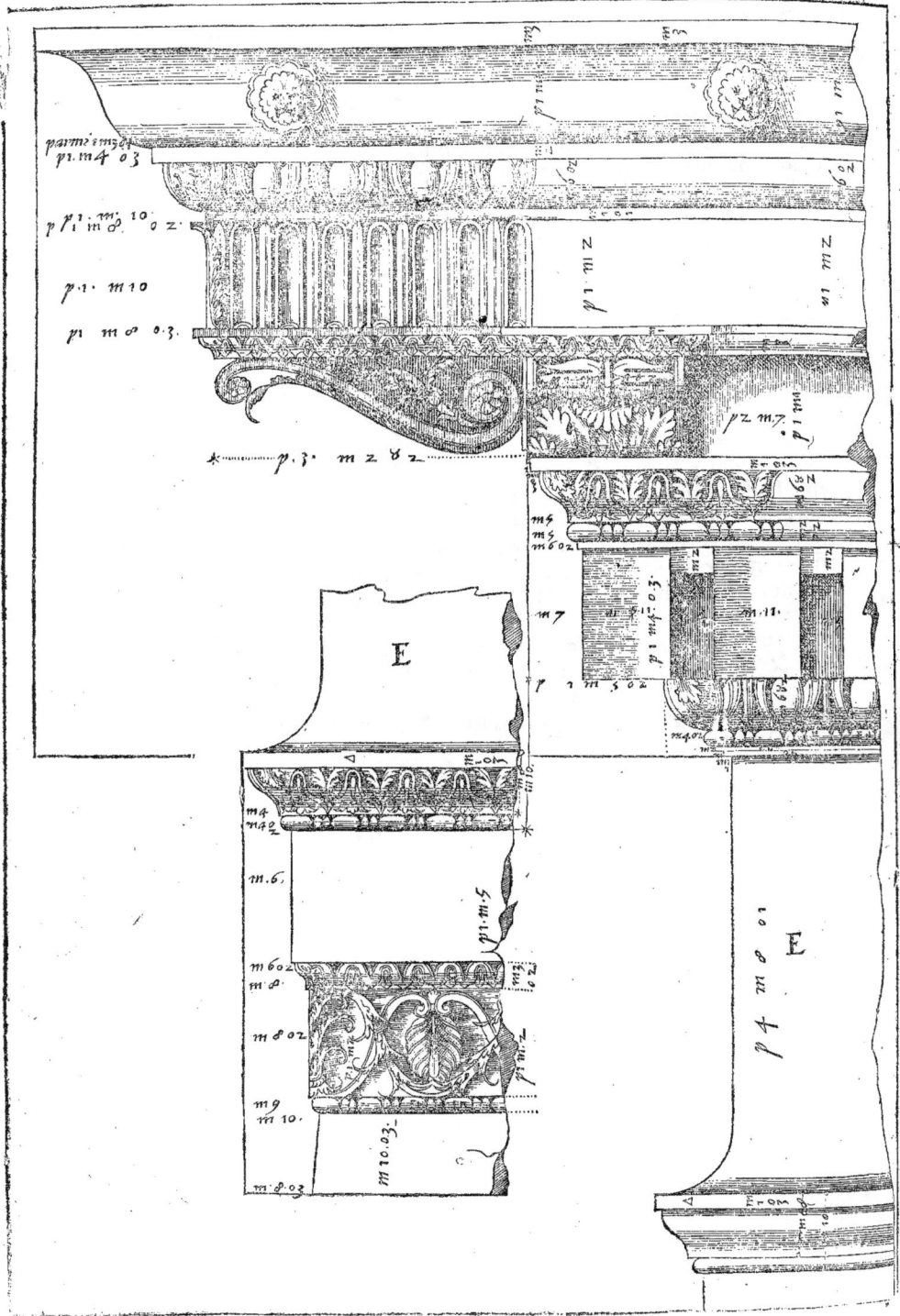

D'autre sorte de corniche Corinthiennes retirées avec leurs mesures, des antiquitez de Rome.

CHAPITRE IX.

ESTANT à Rome, en l'année mil cinq cens trente trois (comme i'ay dict cy deuant) & ne faisant autre chose que chercher & mesurer les antiquitez, ie me transportay quelque fois vers l'Amphitheatre, ou Colliset, ainsi qu'on le nomme à Rome: duquel lieu ie regarday qu'en vne vigne, tout auprés, on auoit fouillé quelques terres, & illec trouué vne caue: en laquelle i'entray, & rencontray vne corniche de marbre auec sa frize, architraue & basse, telle que vous la verrez cy-pres. Desirant doncques en tirer les mesures auec vn pied antique lequel ie portois lors auec moy, ie trouuay que l'architraue estoit de deux palmes de hauteur & trente & vne minutes: sa saillie de quarante deux minutes & demie: la premiere face de vingt minutes & demie, & son astragale de huict minutes: la seconde face de trente & vne minutes: & ainsi des autres parties, lesquelles vous pouuez voir escrites sur la figure ensuiuante. La hauteur de la frize estoit de trois palmes, deux minutes. La corniche auoit trois palmes de saillie & cinquante minutes & demie, ou cinquante onces, si vous voulez: car aucuns appellent les minutes onces, & les onces minutes, comme ie l'ay deduit cy deuant au commencement du cinquiesme liure, quand ie monstrois la difference du pied antique, palme Romain, & autres. Doncques vous voyez la difference des corniches estre si diuerse que ie proteste n'en auoir iamais peu trouuer vne de mesme proportion & mesure: ie ne diray de celles du Pantheon, ny des trois colomnes pres l'Eglise S. Cosme & S. Damian, mais aussi de toutes autres: la raison peut estre, que les œuures sont de differentes hauteurs. Ie n'y obmettray aussi celles qui sont au Temple de Paix, & dedans les arcs triumphants, soit l'arc de Constantin, ou celuy qui est auprés de saincte Marie Noüe, ou bien l'arc septiesme qui est au dessous du Capdoille, & l'arc de Quadre pareillement ces tant belles corniches qui sont aux thermes de Diocletian pres saincte Marie Maiore: & celles qui estoient dediées au Temple de Faustine: & d'autres qui sont in Foro Neruæ, au dessous de sainct Pierre ad Vincula: auecques tous les ornements du Colliset, & amphitheatre que i'ay nommé, auec les colomnes, corniches, & ornements de l'escole de Virgile deuant sainct Gregoire, & generallement de toutes autres que i'ay trouué, non seulement à Rome, mais en autres diuers lieux, desquelles ie pourrois faire vne longue escriture si

Grande diligence de l'Auteur en recherchant les antiquitez.

L'Auteur n'auoir iamais peu trouuer vne corniche de mesme proportiõ à l'autre.

Catalogue de plusieurs colõnes qui sont à Rome.

LIVRE VI. DE L'ARCHITECTVRE

ie les les voulois presentement nommer. Bref ie n'ay iamais trouué colomnes, ne ornements, qui fussent d'vne mesme proportion, voire en vn mesme ordre. Ce que ie d'y franchement, & monstre par diuers exemples apres les antiquitez, à fin que ceux qui voudront faire profession d'Architecture, ne s'appuient du tout sur les mesures des edifices antiques qu'ils auront mesurez, mais bien plustost qu'ils apprennent a cognoistre les proportions & mesures des œuures qu'ils auront à faire, selon la qualité & ordre d'vn chacun edifice. Considerez la corniche cy apres proposée, & celle que vous auez veuë cy-deuant, & vous cognoistrez que la hauteur de la cyme & couronne est quasi semblable. Il est vray que ceste-cy n'a pas des mutules & petits rouleaux comme l'autre, mais au lieu d'iceux l'Architecte y a mis vn membre rond enrichy d'œufs pour ornement, auec vne petite fueille sur le coing: lequel membre a vingt trois minutes & demie de hauteur, les denticules vingt six minutes: la couronne trente six, & le cyme trentesept & demy. Ladicte couronne & le cyme sont bien quasi semblables, mais le reste n'est à la proportion des autres: si est-ce que en quelque sorte que vous voyez la colomne auecques ses parties, c'est vn œuure tres-admirable, & bien fort bel à voir, Ie vous aduise que l'Architecte & ouuriers ont prins vne grandissime peine à bien tailler le tout, & le conduire de si bonne grace que c'est chose admirable de voir ouurages si bien faicts. Quant à la representation que ie vous en propose, le tailleur de mes planches ne m'y faict gueres d'honneur, non plus qu'à d'autres figures de ce present œuure, ainsi que plusieurs fois ie m'en suis iustement plainct. Mais pour cela vous ne lairrez y cognoistre les mesures des hauteurs & largeurs, auec leurs proportions, telles que ie les ay trouuées, auec la partie d'vne basse qui estoit rompuë & me sembloit auoir seruy aux colomnes où estoit la corniche & architraue, dont nous auons parlé. Vous vous en ayderez, & en ferez vostre proffit aux lieux qu'en pourrez auoir affaire,

Aduertissement & conseil pour les nouueaux Architectes.

L'Auteur se plainct encores que ses figures soient mal-taillées.

D'vne

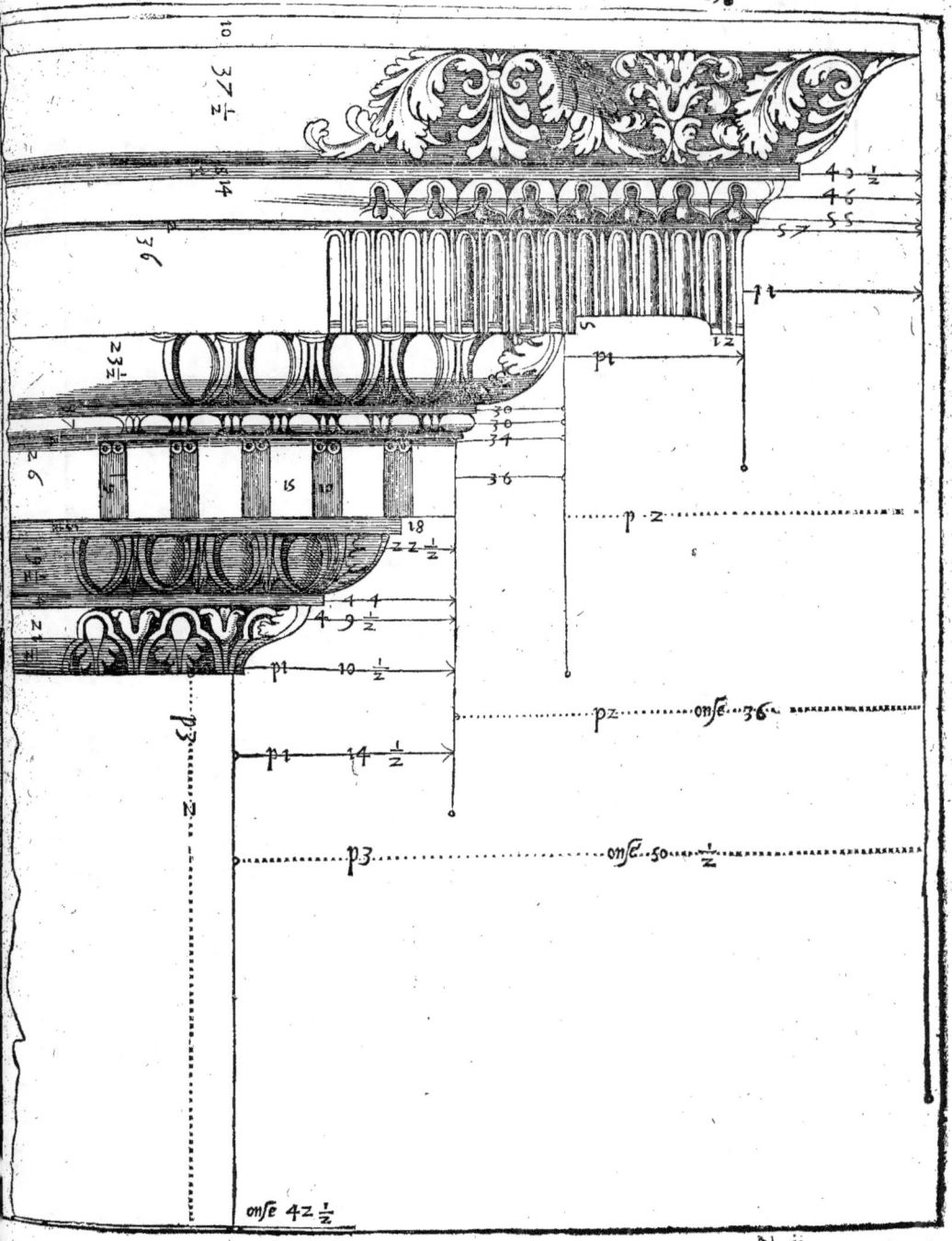

LIVRE VI. DE L'ARCHITECTVRE

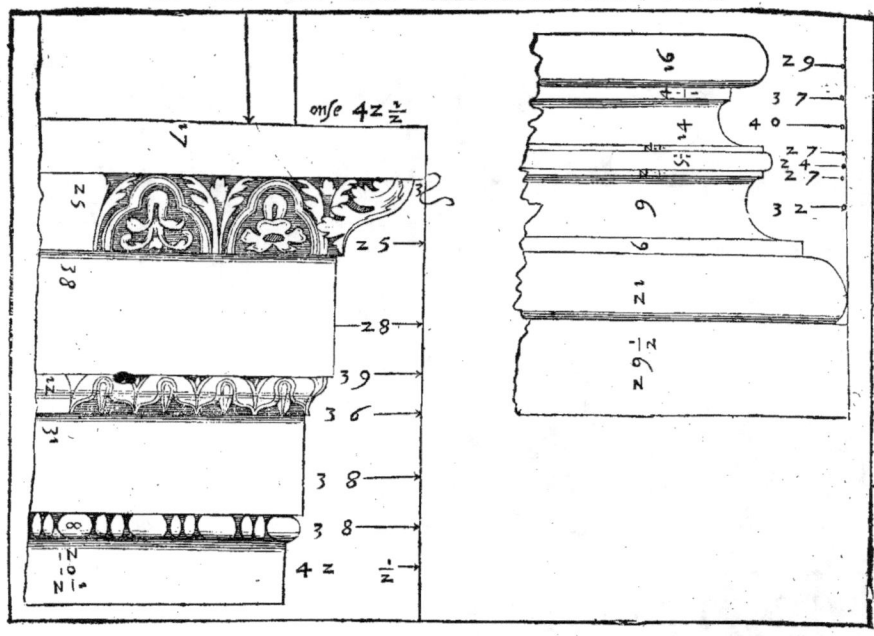

D'vne autre fort belle corniche antique, & de sa mesure tres-admirable, auec la hauteur de sa frize & dimension de l'architraue telle que vous verrez cy-apres.

CHAPITRE X.

Description des parties de la corniche cy-apres figurée & representée.

LA corniche de laquelle ie pretens escrire, a esté retirée, comme les precedétes, de quelque colône fort antique, & mesurée apres le palme Romain, ainsi que vous le pourrez bien cognoistre cy-apres par sa figure & desseing. La hauteur de son architraue a quatre palmes, neuf minutes & deux onces, & celles de sa premiere face, dix minutes, trois onces : n'estant à plomb ne perpendiculaire par le deuant, comme est le dessous pres le chapiteau, ou il y a huict minutes, trois onces, & au dessus de ladicte face pres l'astragale dix minutes depuis la ligne perpendiculaire de la saillie dudit architraue. La deuxiesme face a palme vn, minutes deux, & la troisiesme palme vn minutes cinq, estants toutes deux a plomb & perpendiculaires par le deuant, & non point en pente, comme la premiere, ainsi que nous auons dit. La saillie de l'architraue a dix minutes. Quant aux autres parties dudit architraue, vous les pouuez tant bien cognoistre par les

mesures

DE PHILIBERT DE L'ORME. 199

mesures escrites au droict d'vne chacune desdictes parties, qu'il n'est besoing d'en parler d'auantage, sinon que la frize qui est par dessus a palmes quatre, minutes huict, once vne: ce que pouuez voir en la presente figure.

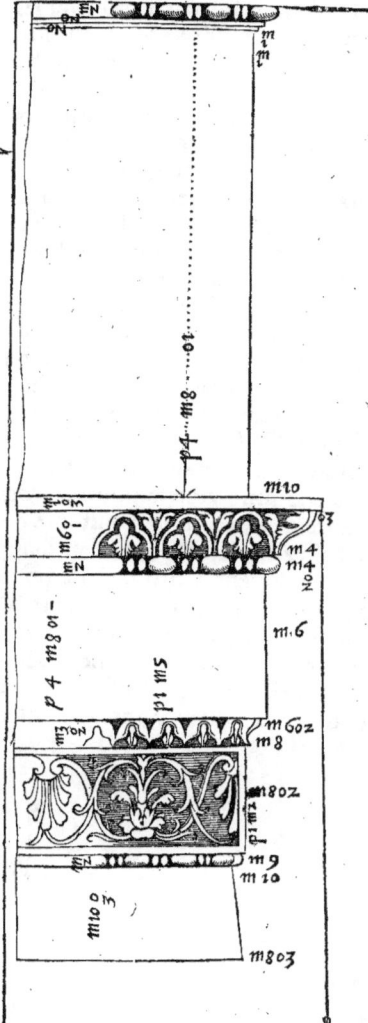

Quant à la mesure de la corniche, sa hauteur a palmes sept, minutes dix, & onces deux: ayant autāt de saillie, il ne s'en faut que deux minutes & demie, comme vous le voyez au droict du milieu de la frize, ou toute la saillie de ladicte corniche a sept palmes, minutes sept, iusques à la ligne perpendiculaire qui procede de l'extremité & saillie de ladicte corniche. La hauteur des denticules est quasi semblable à celle de la couronne, pour le moins il ne s'en faut qu'vne minute: car lesdictes denticules ont palme vn, minutes quatre, onces trois, & la couronne palme vn, minutes trois, onces trois. La hauteur des mutules ou rouleaux contient palme vn, minute vne: la cyme ou sont les testes de lyon (que les anciens y mettoient pour les vuidanges des eauës, au lieu de gargouilles) a palme vn, minute vne. Aussi on voit que les cymacions, au dessous des metules, sont semblables de hauteur à l'echine ou sont les œufs, qui sont dessous les denticules, & ont

Explication des parties de la figure ensuiuant

chacun six minutes, deux onces de hauteurs: & les mutules palme vn, minutes huict, once vne de largeur par le deuant: & d'vn mutules à autres, palme deux, minutes sept. Ie deduiray vn peu

N iij

plus au long le discours de la presente corniche, & parleray non seulement des hauteurs & saillies d'vne chacune de ses parties, mais encores des façons & ornements des moulures, dents, & concaues qui sont entre les denticules. Doncques vous pouuez voir au pourfil de ladicte corniche dessous l'astragale ou sont les patenostres, comme lon doit vuider & rendre concaue le lieu d'entre les denticules, qui est vne façon de faire qui se monstre belle estant en œuure. Ie vous parlerois volontiers de la façon des mutules & rouleaux, ensemble des volutes qui sont par les costez, n'estoit que l'Architecte ayant baillé leur largeur & longueur les designe & ordonne auec vne singuliere grace, selon le bon iugement qu'il a. Les ouurages & ornements de fueillages qui sont pour mettre aux mutules & moulures, ou ailleurs: ne se peuuent descrire mais bien se font selon la dexterité & industrie du bon tailleur de pierre. I'ay trouué en aucuns lieux, non pas à tous, que tousiours par derriere les mutules lon a faict vne petit quarré ayant peu de saillie, comme est celuy que vous voyez en la prochaine figure, qui seulement en a vne, once, & ne tombe point si bas que la hauteur de la face, contre laquelle sont lesdicts mutules, mais bien il fait vn petit filet quarré par dessous: ce qui vous est aisé a cognoistre par la figure. On faict aussi entre les cymaces qui sont tout autour des mutules, au dessous de la couronne, des roses d'assez grande saillie, comme vous le pourrez voir en vn autre lieu & endroit cy-apres: car i'ay telle coustume de faire, que quand vn chapitre n'est assez escrit ou monstré au long, ie le poursuis en vn autre, comme il vient à propos. Et pour autant qu'il est fort aisé de cognoistre les façons ornements & mesures du desseing ensuiuãt, pour estre figurez & escrits sur vne chacune partie, tant pour les hauteurs, que saillie, ie ne delibere de vous en proposer autre chose, ains plustost laisser le tout à vostre bon iugement, par le discours de la figure cy-apres descrite.

L'Architecte deuoir disposer de la façon des mutules, rouleaux & volutes, selon son bon iugement.

Les figures bien descrites supplier le defaut de longues escritures.

Par

DE PHILIBERT DE L'ORME.

LIVRE VI. DE L'ARCHITECTVRE

Par ainsi vous vous souuiendrez des mesures de l'ordre Corinthien, lesquelles ie vous ay proposé cy-deuant, & de la difference qu'elles doiuent auoir selon les hauteurs qu'on aura à faire. Lesdictes colomnes Corinthiennes sont quasi semblables aux Ioniques, sinon aux chapiteaux, qui doiuent estre plus hauts, comme vous l'auez entendu : & aussi que les corniches ont plus grande hauteur & plus grande saillie, estants beaucoup plus riches & ornées que l'ordre des colomnes Ioniques : car à cestuy cy non seulement vous pouuez enrichir les strieures des colomnes, & y adiouster des membres ronds entre les caneleures, mais aussi y mettre des sulptures ou fueillages par le dessus, ainsi que aucuns Architectes ont faict : sans y faire faute, comme l'on pourroit faire à l'ordre Dorique & Ionique, qui les voudroit ainsi enrichir. La raison est pour autant que le present ordre Corinthien, pour estre faict apres la proportion & mesure d'vne belle fille, est plus ioly & plus mignon, comme i'ay dict cy deuant, que tous autres. Par quoy il est permis d'y metre tant d'ornements que l'on veut, & enrichir toutes les parties des frizes, lesquelles aucuns Architectes ont faictes circulaires entre l'architraue & la frize, en leur donnant quelque rondeur & saillie d'auantage que n'est celle de l'architraue, pour y faire mieux voir les fueillages & ornements que les anciens Architectes y ont voulu faire tailler. Mais pour autant que de cecy nous parlerons ailleurs, ainsi qu'il viendra à propos ie ne vous feray autre discours de l'ordre Corinthien, m'asseurant que si Dieu vous faict la grace de voir & entendre toutes les œuures d'Architecture lesquelles i'espere escrire, vous n'aurez necessité de ce que vous estimez estre necessaire pour faire & parfaire toutes sortes de bastiments : soit pour Temples, palais, Chasteaux, maisons & autres edifices. Reste à entamer & poursuiure l'ordre, mesures & parties des colomnes composées.

La differēce des colomnes Corinthiennes & Ionique.

Pourquoy c'est que l'ordre Corinthien souffist plus d'ornement que les autres.

LE SEPTIESME

LE SEPTIESME LIVRE
DE L'ARCHITECTVRE DE PHILIBERT
DE L'ORME, LYONNOIS, CONSEILLER ET
Aumoſnier ordinaire du Roy, Abbé de
ſainct Eloy lez Noyon, & de
S. Serge lez Angers.

*Bref diſcours ſoubs forme de preface touchant l'inuention des
colomnes de l'ordre compoſé, & de la difference
qu'elles ont auecques les autres.*

PRES vous auoir liberalement & fidelement communiqué ce que par grand labeur, longue eſtude, difficiles voyages, & diuerſes experiences i'ay cogneu des quatre ordres des colomnes Thuſcanes, Doriques, Ioniques, & Corinthiennes, n'yomettãt tout ce que i'ay peu retirer des antiquitez & de leurs veſtiges ou reſtes, ſans y oublier les meſures & proportious, il me ſemble que pour l'accompliſſement & concluſion du diſcours & hiſtoires deſdictes colomnes, il reſte ſeulement à vous eſcrire de leur ordre compoſé, qui a eſté trouué par les Latins & Romains, ainſi qu'il ſe voit à la plus grand partie des edifices antiques à Rome, ſignamment à l'arc triomphant de Titus Vaſpaſian & en aſſez d'autres lieux d'Italie. Toutesfois noſtre Vitruue n'eſcrit aucunement de ceſte ordre, pour autant qu'il eſt faict à plaiſir, & inuenté apres les ordre Corinthien & Ionique, deſquels il participe, & de là peut prendre le nom de compoſé, comme il ſe cognoiſt par ſes chapiteaux, deſquels les volutes ſõt quaſi ſẽblables à celles des chapiteaux Ioniques, auec les ornements des œufz, & les aſtra-

L'Auteur liberalement communiquer, ce qu'il a apris auec grand labeur.

D'ou prennent leur nom les colomnes compoſées, & en quoy elles ſont differentes des autres.

O

LIVRE VII. DE L'ARCHITECTVRE

gales & fueilles de deſſous, comme auſſi l'abaque, ſemblables au chapiteau Corinthien. D'auantages l'ordre compoſé a quelque-fois ſes colomnes ſtriées, ou canelées, tout ainſi que ſont les colomnes Corinthiennes, & quelque-fois comme les Ioniques: outre ce, la corniche participe de celle de l'ordre Ionique & Corinthien: & ne ſe trouue en rien different l'ordre compoſé à ces deux, ſinon qu'on l'a faict beaucoup plus riche, & y a lon mis tant d'ornements & richeſſes qu'on a peu, ſans laiſſer vne ſeule partie en ſa corniche, cymes, aſtragale, echines, couronnes, denticules, & tous autres membres, qui ne ſoit fort enrichie & extraicte d'œuures fort bien faictes, voire iuſques à l'abaque des cha-

De l'inuention & origine de la colonne compoſée.

piteaux, auquel ils ont inſcupé des œufs & façons de frize. Qui me faict penſer que tel ordre de colomne compoſée fut trouué du temps que lon faiſoit les arcs triomphants aux Empereurs & vaillants Capitaine, apres auoir obtenu quelques grandes victoires: car outre les grands honneurs & magnifiques entrées, on leur faiſoit auſſi des arcs triomphants, les plus riches dont on ſe pouuoit aduiſer, auecques ſculpture ſur les marbres, repreſentant (cóme hiſtoire) les païs & Royaumes qu'ils auoient conqueſtez: voire iuſques à y mettre les Roys, Princes, & Capitaines, qu'ils auoient ſubiuguez & amenez priſonniers, ſous meſmes habits deſquels ils vſoient en leurs païs, afin qu'il fuſt memoire longue des triomphes de leurs victoires. Qui fut la cauſe de inuenter & faire l'ordre compoſé, lequel on appelloit l'ordre Italique, ou bien Latin & Romain. Et combien que ledit ordre auec ſes ornements

Comme ſe doiuent colloquer & diſpoſer les ordres des colomnes.

ſoit appliqué en œuure le dernier de tous les autres (car apres l'ordres Thuſcan, on met par deſſus le Dorique, & par deſſus ledit Dorique, le Ionique: & de rechef par deſſus le Ionique, le Corinthien, & apres ledict Corinthien le compoſé, qui eſt le dernier & le plus haut de tous) ſi eſt-ce qu'on voit en beaucoup de lieux, & meſmes aux arcs triomphants, qu'il a eſté mis en œuure tout ſeul, & ſans autres colomnes deſſus ny deſſous. Et pour autant que c'eſt vn ordre meſlé & compoſé des autres ordre, i'ay bien vou-

L'Auteur promet cy-apres donner des chapiteaux compoſez.

lu encores vous donner & deſcrire cy-apres des chapiteaux Doriques & Ioniques, comme auſſi des corniches compoſées & participantes de deux ou trois ordres: à fin que ceux qui s'en voudrót ayder les trouuent à propos, & les enrichiſſent comme il leur plaira.

Des

DE PHILIBERT DE L'ORME.

Des ornements des colomnes de l'ordre composé.

CHAPITRE I.

DEVANT que passer plus outre, ie vous veux parler des mesures de l'ordre composé & commencer par la colomne de l'amphitheatre Romain, situee & plantee sur les trois ordres, Dorique, Ionique, & Corinthien, ie composé y faisant le quatriesme. I'ay trouué que les colomnes composées sont aussi grosses pres du chapiteau, que par le pied au cessus de leur basse) le tout suiuant le pied antique, auecques lequel ie les ay mesureés, ainsi que vous le cognoistrez par la figure cy-apres descrite. Laquelle vous propose vne colomne composée ayant trente & vn pied & six minutes de hauteur, & de largeur par le bas en son diametre, trois pieds, cinquante cinq minutes : estant par le haut de mesme grosseur, sçauoir est de trois pieds & cinquante cinq minutes, sans aucune retraicte : mais pour la grande hauteur ou elle est situee elle se monstrent rapetissée, comme si lon y auoit faict vne contracture & retraicte tout expressément. La hauteur de son chapiteau, a trois pieds & trente quatre minutes : la hauteur de la basse, deux pieds, dix minutes : le plinthe de ladicte basse a quarante minutes de hauteur, & les deux thores auec la nancelle & filet quarré vn pied & trente minutes de haut. Vous voyez aussi en la figure les mesures particulierement en vn chacun endroit de la basse : & dessous icelle vn autre bien grand plinthe qui est posé sur la corniche du pied de stat, & a trois pieds cinquante vne minutes de hauteur. Toute la hauteur de la colomne auec ses basses, plinthes & chapiteaux contient cuarante vn pied & trente minutes. En cecy lon cognoist le bon esprit de l'Architecte qui a conduict tel œuure & monstré comme il faut rompre les mesure & leur bailler des excessiues hauteurs & largeurs pour les faire voir de mesures à ceux qui les regardent de loing, auecques toutes belles proportions & symmetries. Vous verrez cy-apres comme le pied de stat de ladicte colomne a cinq pieds, dix minutes de largeur, & sept pieds de hauteur, entre sa corniche & basse laquelle corniche dudit pied de stat, a vn pied neuf minutes & demie de hauteur. Et l'architraue qui doit estre au dessus du chapiteau a de hauteur trois pieds, seize minutes : la frize deux pieds, cinquante minutes, deux tiers de hauteur. La hauteur de sa corniche est de trois pieds, trente quatre minutes & demie. Ladicte corniche est faicte en façon d'architraue : & en la frize au droict des colomnes se trouuent des mutules en for-

Mesures de la colomne composée estant en l'amphitheatre à Rome.

Continuatiō des mesures de la colomne composée estant à Rome.

Poursuite des mesures de la figure ensuiuant.

O ij

LIVRE VII. DE L'ARCHITECTVRE

me de rouleaux ou modelons, ornez de quelques cymes & filets quarrez de fort grande saillie : au droit desquels on voit des trous à trauers les corniches, qui semblent auoir esté faicts pour mettre des pieces de bois, ou choses semblables à tenir les tentes pour couurir tout l'amphitheatre. Mais reseruant ce propos pour quelque autre lieu, ou i'escriray tres-volontiers tout ce que i'en ay apprins, ie viendray à parler de la mesure des ornements de la colomne composée : laquelle mesure ie n'ay point trouuée autre que celle de la colomne Corinthienne, & de ses ornements : mesmes quand on la faict seule, & comme d'vn premier estage, car qui la voudroit faire comme celle du susdit amphitheatre ou Coliset, au dessus d'vn ordre Corinthien, il faudroit changer les mesu-

La colomne com- res selon la hauteur de l'edifice auquel on la doit appliquer. Ie ne
posée auoir ses cognois gueres autre difference en l'ordre composé, sauf la varie-
ornements plus té des ornements qu'on y faict plus riches, & tels que l'on veut. Et
iches que toutes pour autant que vous pouuez cognoistre facilement & particu-
tutres. lierement toutes les autres mesures descrites en la figure cy-apres proposée, & signamment les hauteurs & saillies d'vn chacun endroit, ie ne vous en feray autre discours : ioinct aussi que vous pourrez y ayder des mesures lesquelles vous auez veuës par cy deuant. Ie vous mettrois bien icy deuant les yeux tout le susdit Coliset & amphitheatre auec les ordres des colomnes, ainsi que ie les ay mesurées, mais pour autant que vous le pouuez voir imprimé en plusieurs sortes, auec ses ornements, tant pour le plan que pour la montée, & aussi en perspetiue, il me semble qu'il n'est de besoing vous en donner autre desseing ou histoire : veu

Du Seigneur Se- que Messire Sebastian Serlio la faict imprimer en son liure, ainsi
bastien Serlio & qu'vn chacun le peut voir auec plusieures autres belles antiquitez
de l'opinion qu'è estant le tout en tres-bon ordre. C'est luy qui a donné le pre-
à l'Auteur. mier aux François, par ses liures & desseings la cognoissance des edifices antiques & de plusieurs fort belles inuentions estant homme de bien, ainsi que ie l'ay cogneu, & de fort bonne ame, pour auoir publié & donné de bon cœur, ce qu'il auoit mesuré, veu & retiré des antiquitez : si les mesures sont par tout vrayes & legitimes, ie men r'apporte à ceux qui en sont bons iuges pour les auoir veuës sur les lieux. Mais pour reprendre le propos de la colomne composée, ie seray tousiours d'aduis que vous luy donniez mesmes mesures que à l'ordre Corinthien, sçauoir est dix fois la

Aduis de l'Au- hauteur de son diametre auec son chapiteau, & sa base, ainsi que
teur accōpagné vous l'auez veu au liure precedent, quand nous descriuions les
de bons aduertis- colomnes Corinthiennes. Ie serois bien aussi d'aduis que si les co-
semens. lomnes composées sont constituées en lieu de grande hauteur,

comme

DE PHILIBERT DE L'ORME.

comme estants colloquées sur l'ordre Dorique, Ionique, & Corinthien, que vous leur donniez leurs proportions selon le lieu d'ou vous les pouuez voir, ainsi que nous auons dit. Quant à leur pied de stat, ie voudrois qu'il eust deux fois sa largeur pour sa hauteur: comme s'il auoit trois pieds de large, il en eust six de haut, entre la corniche & sa basse: (mesmes quand il est esleué sur les trois ou quatre ordres) & que vne des six parties fust donnée pour la hauteur de sadicte corniche, vne autre pour la basse, qui seroient huict parties, & deux autres pour les deux plinthes & quarrez qui doiuent estre dessous la basse dudit pied de stat. Ie figure ainsi deux plinthes à fin que le pied de stat soit plus esleué que la saillie de la corniche Corinthienne, sur laquelle il doit estre planté, pour n'empescher de voir les basses & pied de stat dudit ordre composé. Voila tout ce que ie vous en puis escrire pour le present. Reste cy apres à vous monstrer particulierement quelques basses de la colomne cōposée, cōme aussi des chapiteaux, architraues, frizes & corniches de diuerses sortes, lesquelles i'ay mesurées & retirées des antiquitez. Nous vous donnerons donc & monstrerons cy-apres vne basse composée, telle que les bons esprits la sçauront bien iuger & examiner. Doncques vous vous souuiendrez que l'ordre des colomnes composées doit estre faict de dix parties, compris la basse & chapiteau, ainsi que ie vous ay dit cy-dessus, & aduerty comme il se faut ayder des mesures de l'ordre Corinthien. Qui desirera cognoistre d'auantage de l'ordre composé, il en verra en diuers lieux ie ne diray en noz liures d'Architecture, mais encores aux edifices antiques, comme à l'arc de Tite Vaspasian à Rome & assez d'autres lieux: il n'y faut seulement que garder les hauteurs conuenables & autres mesures selon la longitude de la veuë & reigles de perspectiue: comme assez amplement ie vous ay aduerty. Ce pendant vous verrez les mesures de la colomne composée que i'ay retirées de l'amphitheatre ou Coliset de Rome, duquel ie vous ay escrit en ce mesme chapitre.

Approches pour les discours ensuinants

Lieux ou se voyens quelque colomnes composées.

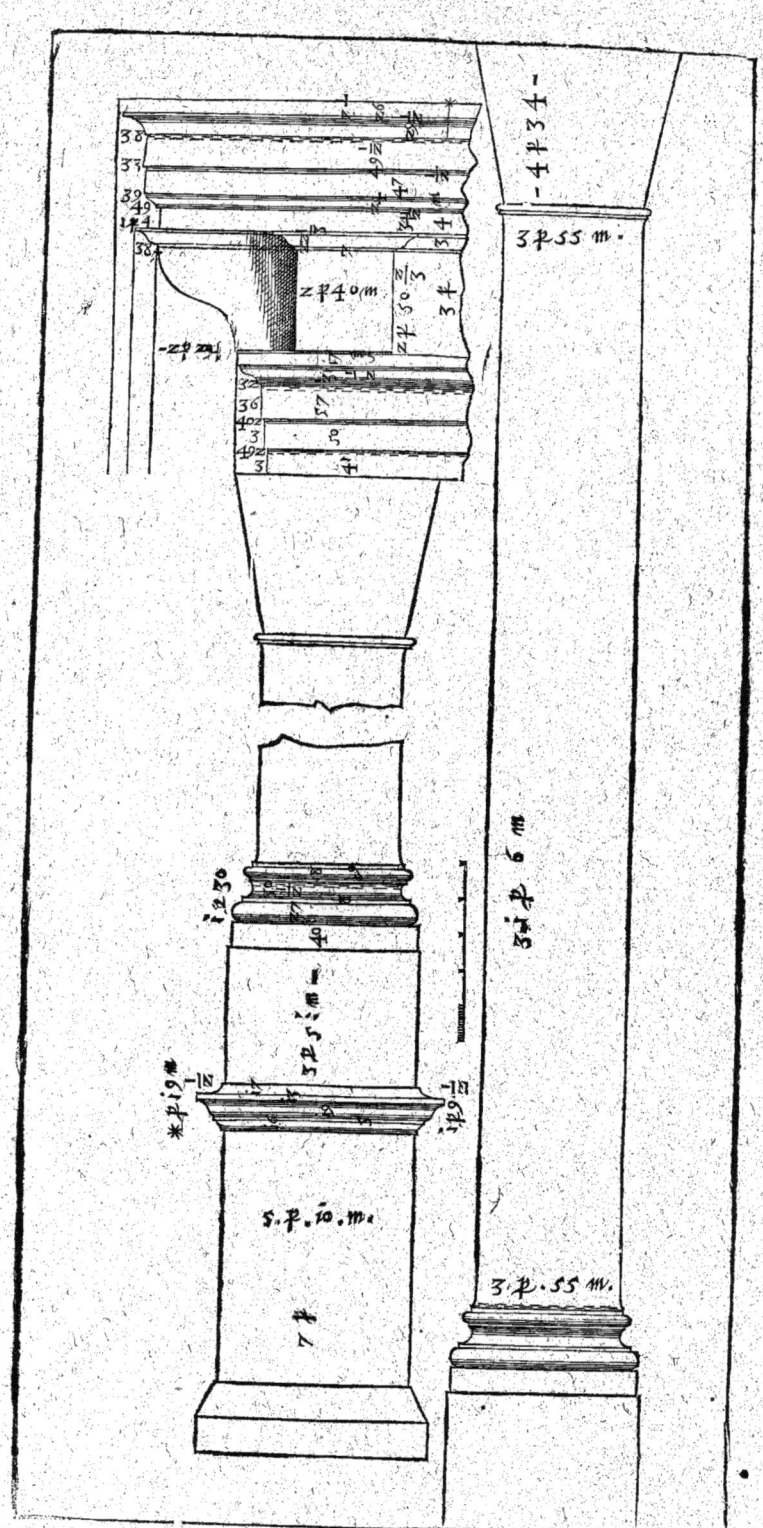

*Du pourfil & ornements d'vne basse de l'ordre composé, auec-
ques le discours du plan & montée d'vn chapiteau du
mesme ordre.*

CHAPITRE II.

IE vous propose cy apres le pourfil d'vne basse de l'ordre composé, à laquelle ie ne trouue aucune difference à sa hauteur & saillie estant confe- *En quoy est dif-* rée à celle de l'ordre Corinthien, sinon qu'elle a *ferente la basse* son ornement plus enrichy, comme il a esté dit, *de lordre com-* & vous le voyez à la prochaine figure: non seu- *posé, à celles de* lement aux thores & membres ronds enrichis de fueillages, mais *thien.* aussi à l'astragale, plinthes & autres: ainsi que vous le pouuez voir, & de là iuger de l'excellence de ladicte basse & de ses parties, qui se monstre diuinement belle en œuure, ainsi que i'ay veu, auec-ques vne taille autant exquise, qu'il est possible de voir. Et pour ce que i'ay faict la presente apres les mesures & proportions que i'y ay trouuées, & qu'il sera facile à s'en ayder, qui voudra, ie ne vous enferay autre discours.

O iiij

LIVRE VI. DE L'ARCHITECTVRE

D'vn chapiteau de l'ordre composé, & de la mesure de ses membres & parties.

CHAPITRE III.

QVANT au chapiteau composé, il est faict de mesme sorte, ainsi que i'ay dit par cy-deuant, que celuy de l'ordre Corinthien: comme ie le vous feray voir par vn lequel i'ay mesuré estant à Rome, & trouué dedans les vignes assez pres du Coliset, quasi au droit de l'arc triomphant de Constantin: c'est vn chapiteau fort plaisant & beau à merueilles, ayant de hauteur sept palmes, quatre minutes, & de largeur de l'extremité d'vne corne à l'autre, neuf palmes, huict minutes, lequel i'ay icy voulu faire expressément ainsi que i'ay faict celuy de l'ordre Corinthien, pour vous monstrer comme vous les pouuez faire tout ainsi que ceux de la Rotonde & semblables. D'abondant ie figure aussi le plan de sa colomne, laquelle vous pouuez strier & caneler comme il vous plaira: non pas que ie l'aye veuë ou trouuée, ains seulement le present chapiteau, estant seul au lieu prememoré, & sans autres ornements. Les boüillons des fueilles qui sont au milieu à l'endroit de l'abaque, ont palme vn, minutes neuf: la saillie, palme vn, minutes trois, onces deux: & la grosseur du diametre au dessous du chapiteau, palmes cinq, minutes neuf. Ce que ie vous laisse à considerer au plan cy-apres proposé, pour vous donner à cognoistre qu'il faut faire le chapiteau de l'ordre composé, comme celuy de l'ordre Corinthien.

Chapiteau de l'ordre composé mesuré à Rome par l'Auteur.

Le chapiteau de l'ordre composé n'estre different à celuy de l'ordre Corinthien.

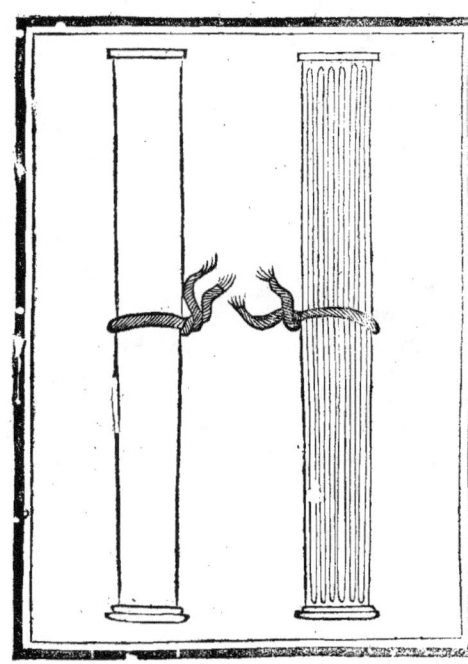

LIVRE VII. DE L'ARCHITECTVRE

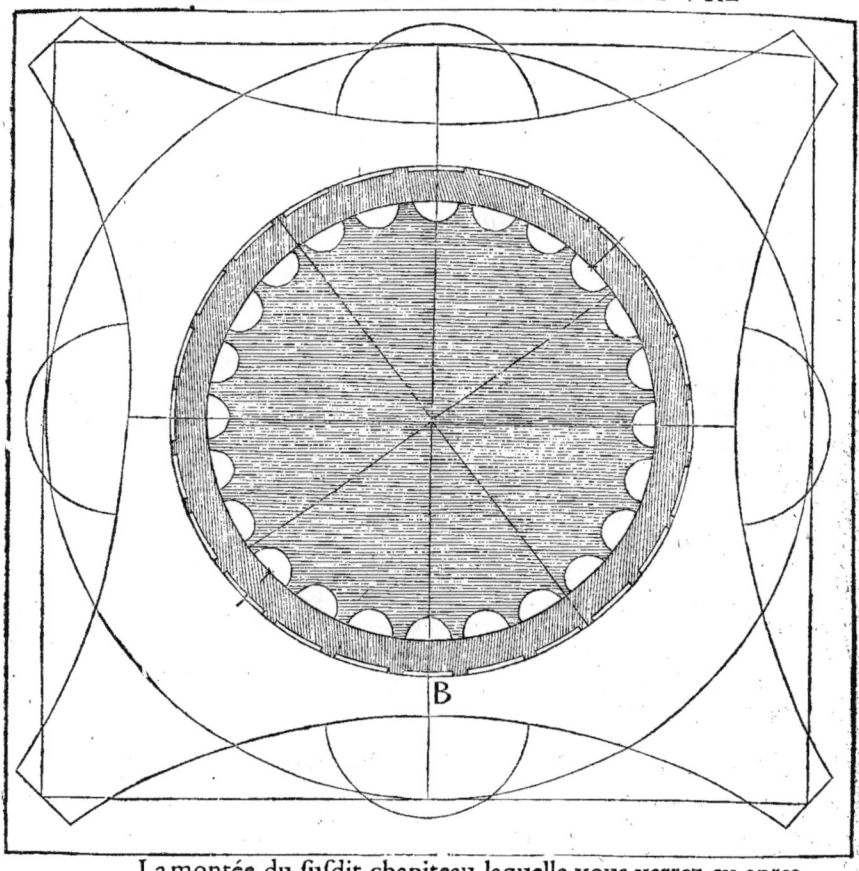

B

Les mesures de la môtée du chapiteau de l'ordre composé, & de ses parties.

La montée du susdit chapiteau laquelle vous verrez cy-apres auoir sept palmes & quatre minutes de hauteur, se trouue auoir de l'argeur par les faces du deuant de l'extremité d'vne volute à autre, six palmes, minutes dix onces trois, & la hauteur des volutes, depuis le dessous de l'abaque, iusques aux feuilles qui touchent lesdictes volutes par le dessous, a palmes deux: minutes deux, once vne, estant la largeur desdictes volutes de deux palmes. La hauteur du chapiteau, depuis le dessous dudit chapiteau pres la colomne, iusque au filet quarré qui est sous l'astragale, ou sont les patenostres, est de cinq palmes, minute deux, once 3. & demie: & ledit filet quarré a minute vne, once demie. La hauteur de l'astragale ou sont lesdictes patenostres, a minutes deux, onces trois: l'echine ou sont les œufs minutes dix, & lesdicts œufs

DE PHILIBERT DE L'ORME.

ont de largeur, minutes huict, onces trois : le dessus pour la hauteur de l'abaque, a minutes vnze, onces deux : la largeur par en-bas au droit des cornes pres des fueilles des volutes, a minutes trois, & son fillet quarré au dessous minutes dix, once & demie : la hauteur des premieres fueilles du chapiteau, a palmes deux, minutes trois, onces deux : & sa largeur, palme vn, minutes dix, onces deux. Les secondes fueilles sont de mesme largeur, & vne fois d'auantage pour leur hauteur. Ie vous deduirois bien plus particulierement toutes les autres mesures que i'ay trouuées en ce chapiteau, mais ce seroit chose trop longue : ioinct aussi que sans en faire plus long discours, les bons esprits les sçauront bien trouuer.

Poursuite & continuation de ce que dessus.

LIVRE VII. DE L'ARCHITECTVRE

Ie veux bien vous aduertir que la figure, laquelle ie vous propose cy apres, a esté descrite au V. liure precedent, quand nous parlions d'vne volute ornée de fueillages pour pouuoir seruir aux chapiteaux Ioniques : & pour autant qu'elle est aussi tres coüenable pour seruir au chapiteau composé, comme vous le pouuez iuger, ie l'ay bien de rechef voulu repeter & rapporter en ce lieu, pour y estre fort propre. Ie vous donneray encores cy apres vn chapiteau composé, & faict suyuant l'inuentió des Ioniques, ainsi que vous le iugerez : à fin de mieux vous monstrer la varieté de laquelle les anciens Architectes ont vsé en ces façons de colomnes composées.

Le chapiteau Ionique seruir pour celuy de l'ordre composé.

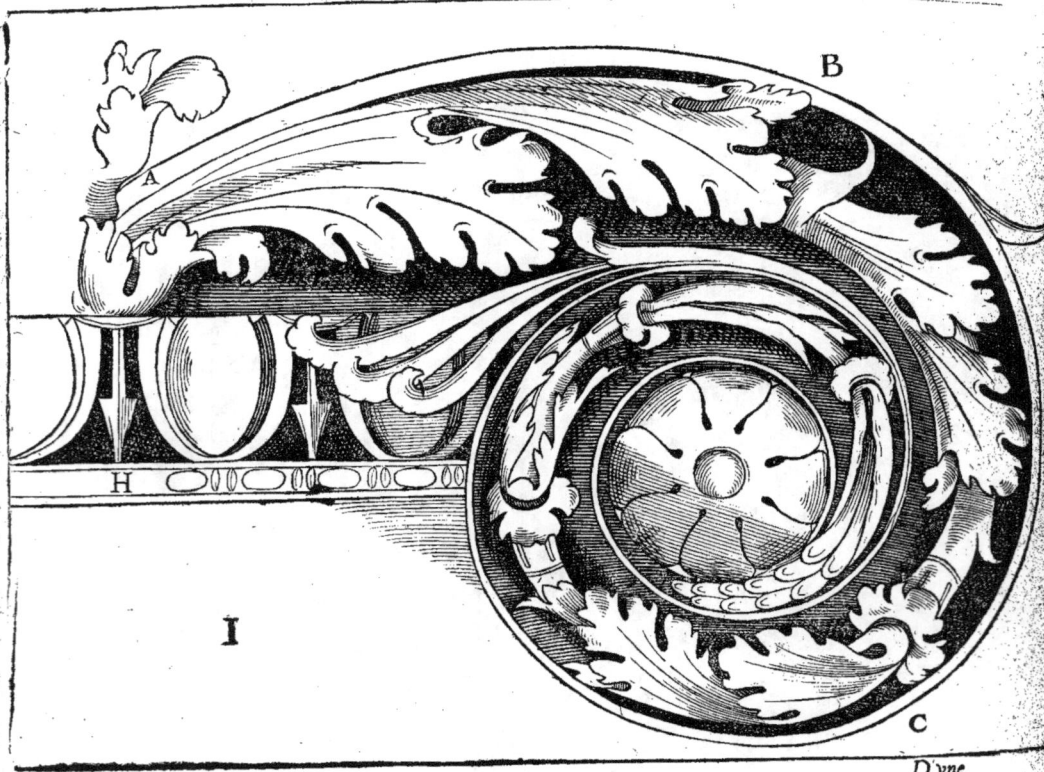

D'vne

DE PHILIBERT DE L'ORME. 207

D'vne autre sorte de chapiteau Ionique seruant à l'ordre composé, & premierement de son plan.

CHAPITRE IIII.

IE figureray encores cy-apres vne autre sorte de chapiteau composé, toutes fois en forme d'vn de l'ordre Ionique: & iaçoit qu'il ait la hauteur que l'on donne au chapiteau Corinthien & composé, si est-ce qu'il a d'autres sortes d'ouurages & ornements qu'on n'a de coustume leur donner. Ie l'ay trouué, en recherchant les antiquitez, de bien grande largeur estant sa colomne fort haute, comme vous le pouuez cognoistre par le plan de son chapiteau, lequel i'ay mis cy-apres. L'endroit ou vous voyez marqué B, monstre la saillie de l'astragale, & le lieu marqué C, le plan de l'eschine, ou sont les œufs. Considerez, ie vous prie, le deuant & face dudit chapiteau, & comme les lignes d'où procedent les volutes, sont courbes, ainsi que vous le pouuez remarquer à l'endroit signé D: qui est vne autre façon que lon n'a accoustumé de faire aux chapiteaux Ioniques. l'on voit aussi au lieu marqué E, les costez des volutes, qui est vne fort belle façon: & notez, s'il vous plaist, que tout ce chapiteau a esté mesuré suiuant le pied antique, ainsi qu'il se peut voir par escrit en aucuns lieux: mais non sur toutes les parties, pour la nonchalance, ou plustost grande haste, de mes tailleurs de figures. Toutesfois qui voudra ensuiure les proportions & mesures du plan, il trouuera que c'est vne belle œuure, comme aussi les ornements qui sont fort bien taillez sur le marbre, & se mostrent estre tres antiques: ainsi qu'en pourront iuger ceux qui le voudront considerer sur le lieu: vous aduisant qu'ils trouueront fort beau & l'œuure & l'ouurage: signamment pour estre si grands que le diametre de la colomne par le bas peut auoir plus de huict pieds de Roy, & la colomne soixante quatre pieds de hauteur, qui sont seulement huict fois son diametre. Ce que vous pouuez considerer par le plan du chapiteau, lequel ie vous propose cy-apres.

Explication du chapiteau & apres proposé, & de ses parties.

L'Auteur loüe la colomne, ou estoit le chapiteau lequel il descrit.

P

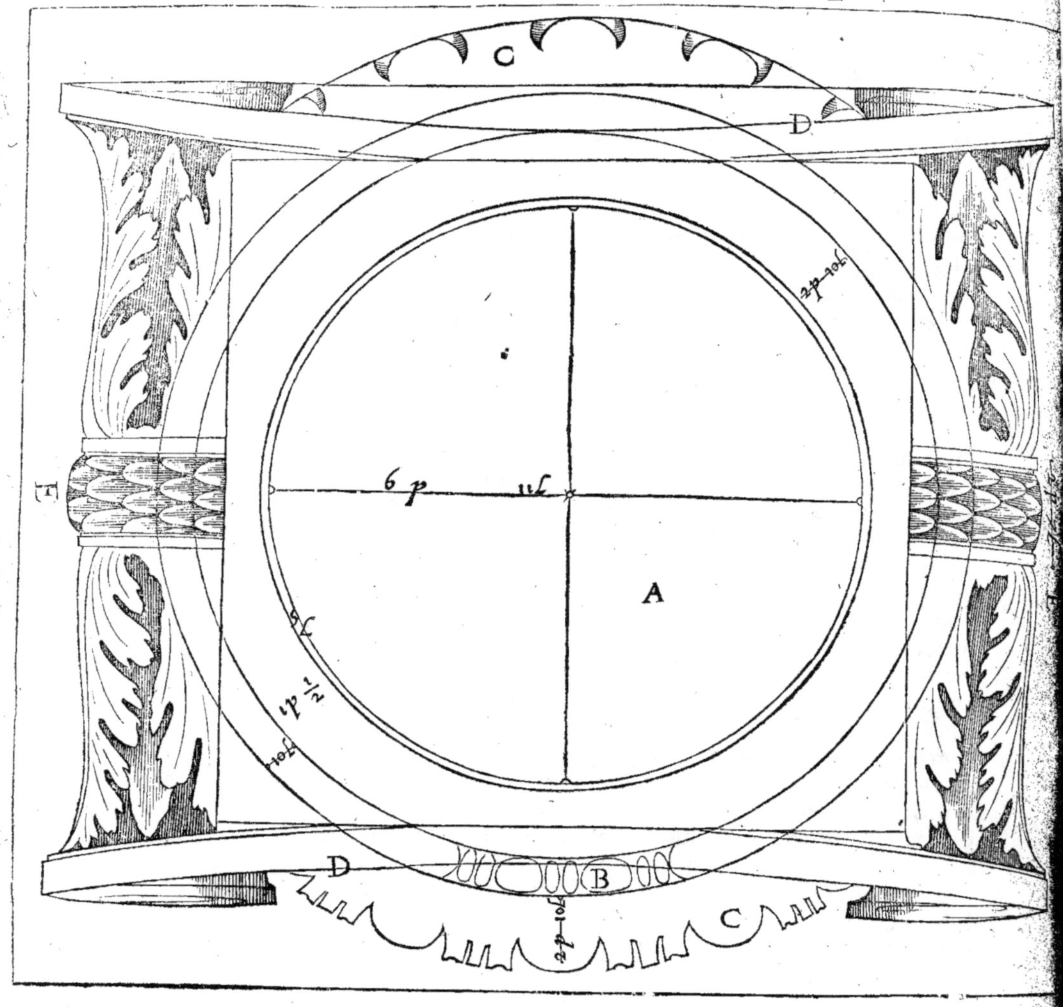

LIVRE VII. DE L'ARCHITECTVRE

De la montée dudit chapiteau.

CHAPITRE V.

*La façon du cha-
piteau ensuiuāt
n'auoir esté des-
crite par aucun
des anciens.*

 PRES le plan ie vous donneray la montée du suf-
dit chapiteau, qui est d'vne inuention fort belle,
& à laquelle nous ne sçaurions bailler autre nom,
que celuy de l'ordre composé: quoy que ce soit,
telle façon n'est de celles que Vitruue monstre,
ny tous nos autres Autheurs d'Architecture: &
Dorique

ne se voit aux edifices antiques, illustrez de colomnes des ordres Dorique, Ionique, ou Corinthié, soit à Rome, ou ailleurs, quels qu'ils soient. Bref, semblable façon dont i'aye ouy parler, n'a esté veuë à ceste-cy. Le tailloir ou abaco, lequel vous voyez marqué B, en la figure cy apres descrite, est d'vne façon fort estrage, ayāt trois palmes & vne ligne de hauteur: son filet quarré de dessus, six lignes. La volute qui est au dessus de l'echine, lequel vo9 voyez aupres de la lettre C, est contraire aux volutes Ioniques, qui se trouuent trousiours au droict de l'astragale marqué D: & ainsi la-dicte volute comprend la hauteur de l'echine & de l'abaque: la-quelle volute a cinq pieds, dix lignes de hauteur: comme vous le voyez escrit à costé. Depuis ladicte volute iusques au dessus de la colomne, au droit marqué A, se trouuent enuiron six pieds de hauteur. Il est aisé à cognoistre par telle œuure si bien faicte, & si admirable, qu'elle a esté conduicte par vn grand Architecte qui a bien sçeu donner les proportions & mesures à vne façon tant estrange & non accoustumée. Ie croy qu'il y a ainsi procedé pour la grande subiection qu'il auoit en son œuure, à fin d'esleuer d'auantage la hauteur du chapiteau de la colomne. Quant à moy, i'ay trouué l'ouurage si beau, que ie ne me suis pas contenté de l'auoir veu & designé par ses mesures vne fois, ains y suis retour-né souuent pour le reuoir & remesurer. Entre autres choses ie y obseruay que les caneleures & strieures de sa colomne estoient tout autrement que les autres pour n'auoir aucune espace entre lesdictes caneleures, sinon vne aireste visue. Ce que ie vous laisse à voir & considerer par la figure cy apres descrite & proposée. Laquelle par les ignorants & fascheux pleins d'enuie pourra estre trouuée fort estrange, & peut estre, de mauuaise grace, pour autant qu'ils n'ont accoustumé de voir la semblable, & ne peuuent louër ce qu'il ne sçauent faire & outre-passe leurs gros esprits. Mais delaissant l'ignorance aux ignorants, apres vous auoir ex-hibé le desseing du chapiteau Ionique composé (ainsi que nous l'auons descrit par le precedent discours) ie vous donneray cy-apres quelques chapiteaux Doriques, auecques leurs enrichisse-ments qui seruiront aussi pour ceux de l'ordre composé.

Mesures des parties du cha-piteau composé, estant cy-apres figuré.

Diligence de l'Auteur pour exactement mesurer & ob-seruer les anti-quitez.

Bon vouloir & diligente affe-ction de l'Au-teur.

P ij

Chapiteau

Chapiteaux composez & extraicts de l'ordre Dorique.

CHAPITRE VI.

VOVS auez veu à l'ordre Dorique cy-deuant, deux chapiteaux enrichis comme vous les voyez cy dessous, & se peuuent appeller composez, pour estre faicts & enrichis d'autre sorte d'ornements qu'à la Dorique, selon laquelle ils ont esté conduicts, & se peuuent faire encores d'autre façon, ainsi que les bons & gentils esprits des Architectes, qui sont prompts à inuenter & donner mesures, le sçauront & pourront bien entreprendre, sans y oublier les beaux ornemés & belles inuentions que nous ont laissé les Anciens, estát le tout accompagné de parfaictes mesures, suiuant lesquelles on ne peut faillir de donner tousiours vn contentement & grandissime plaisir à la veuë des spectateurs, les œuures estants bien conduictes. Ce que vous pouuez iuger par les deux figures qui vous sont cy dessous proposées, des chapiteaux Doriques composez, & faicts d'vne hauteur, comme s'ils estoient Corithiens.

Chapiteaux de l'ordre Dorique seruir à l'ordre composé.

L'Auteur aborder en figures & demonstrations.

LIVRE VII. DE L'ARCHITECTVRE

Corniche composée, participant de la Dorique, Ionique, & Corinthienne.

CHAPITRE VII.

Corniche composée de l'ordre Dorique, Ionique, & Corinthien.

POVR monstrer la varieté des œuures de l'ordre cõposé, ie descriray icy vne sorte de corniche, laquelle nous appellerons composée pource qu'elle participe de la Dorique, Ionique, & Corinthienne, comme il se voit aux mutules marquez D, qui ont des gouttes par le dessous, qui est vne façon Dorique. Le cyme qui est enrichy de sueillages & petits rouleaux, & encores la couronne marquée E, monstrent l'ordre Corinthien, & l'autre couronne marquée A, auec son cymace par le dessous, comme aussi sa frize & architraue, tesmoignent que ce sont ornements inuentez & pratiquez sur l'ordre Ionique, & Corinthien. On peut voir vne semblable corniche *in foro boario* à Rome. Mais celle dont ie parle est diuinement belle, & se monstre fort bien en œuure. Ie l'ay mesurée apres vne piece qui estoit rompuë, & exposée à la mercy des chaufourniers, qui font la

Les chaufourniers à Rome estre la ruine de l'antiquité.
chaux des restes de l'antiquité, quand ils en peuuent auoir: de sorte que la piece que vous voyez au dessous de l'architraue, au lieu marqué B, estoit desia rompuë par eux. Ie trouuay en ladicte corniche, que la couronne marquée A, auec son cymacion qui est au dessous, & la couronne notée E, comme aussi le cyme accompagné de son quarré signé C, sont diuisez en sept parties, desquelles le filet quarré marqué K, en a deux de hauteur: le petit cymacion estant au dessus de la couronne E, auec sa petite reigle ou filet quarré, est vne quarte partie de la face de ladicte couronne. Semblable hauteur est donnée aux deux filets quarrez marquez I, sur la couronne A: laquelle ie trouue estre diuisée en quatre parties: desquelles deux sont données au cymacion par dessous marqué L, & les autres deux à la face estant au lieu de A.

Poursuitte de l'explication de la figure ensuyuante.
Les mutules & gouttes qui sont en la face F, ont de hauteur la moitié de ladicte face. Les gouttes font vne quarte partie, & le petit filet quarré vne cinquiesme de la hauteur desdictes gouttes. Le chapiteau de la face estant enrichy d'œufs, est vne quarte partie de la largeur de ladicte face F. Quant aux saillies vous les pouuez cognoistre par les mesmes proportions qui sont en la figure: en laquelle i'auois aussi mis les mesures de toutes les autres parties, mais elles ont esté oubliées à tailler. Si est-ce que si vous voulez ayder de la presente corniche, elle est bien faict pour ses hauteurs & saillies vous aduisant que ie ne la vous proposerois si ce n'estoit pour vous faire cognoistre qu'elle participe & est composée de la Dorique, Ionique, & Corinthienne, ainsi que vous le pourrez iuger oculairement, s'il vous plaist la bien contempler.

D'vne

DE PHILIBERT DE L'ORME

LIVRE VII. DE L'ARCHITECTVRE

D'vne autre sorte de corniche, frize & architraue, composez des trois ordres.

CHAPITRE VIII.

Les testes de Lyon seruir de gargoüilles pour faire escouler les eaües.

JE vous donneray encores icy vne autre sorte de corniche, que vous appellerez comme il vous plaira : pour-autant qu'elle participe & est composée des trois principaux ordres, sçauoir est Dorique, Ionique, & Corinthien, ayant des testes de Lyon à la couronne marqué B : lesquelles les autres mettent tousiours au cyme signé A, pour seruir de gargoüilles à vuider & faire escouler les eaües de la pluye. Vous voyez aussi que ledit cyme A, est tiré de l'ordre Corinthien, & non point du Dorique. Aussi la couronne B, participe de la Ionique, les mutules au droit de C, sont comme les triglyphes de l'ordre Dorique ayant au dessous ses reigles & gouttes, de mesme façon que l'architraue Dorique; ainsi que vous le voyez à la face marquée D. Par dessous ladicte face vous voyez vn cymacion au lieu marqué E, auec son petit membre rond, enrichy & participant du Corinthien. Quant à l'architraue, vous le pouuez attribuer aux deux ordres Ionique & Corinthien. Lequel auecques la corniche i'ay mesuré suyuant le pied antique, comme vous le pouuez voir en

Explication de la figure ensuiuant & de ses parties.

escrit sur vne chacune partie. Ledit architraue & frize sont d'vne mesme hauteur, qui est de quatre palmes, quarante quatre minutes. La premiere face de l'architraue, a trente-huit minutes : la seconde, trente-neuf : la troisiesme, quarante deux. Vous voyez aussi particulierement (sans en faire plus long discours) toutes les mesures sur vne chacune partie, tant pour les hauteurs, que pour les saillies : mesmes sur la corniche, qui a trois pied, trente neuf minutes de saille. Mais notez que ie ne vous parle point de ses hauteurs, pour autant qu'il est facile de les cognoistre par les nombres qui y sont escrits. Comme le quarré au dessus du cyme, a sept minutes & demie de hauteur : le cyme vingt-huict & deux tiers : l'astragale qui est au dessous, où sont insculpées des patenostres, quatre & demie. Les saillies se voyent au pourfil de la corniche : comme quoy ? le cyme a vingt-cinq minutes de saillie : la couronne au droict où sont inscupées les testes de Lyon, trente quatre minutes, & de hauteur trente-six & trois quarts. Vous voyez aussi que la hauteur des mutules a cinquante minutes, & trois quarts.

Continuation auecques ampliation de ce que dessus.

Mais il vous faut considerer la façon desdicts mutules, & comme ils se trouuent par les costez d'vne sorte estrange à voir, & plus admirable à l'obseruer en œuure. On voit aussi dessus lesdicts mutules, au dessus de la couronne, vn membre rond, où sont taillez

les

les œufs, ayant quatre minutes de saillie, & sept minutes & demie de hauteur: semblablement on voit comme la face qui est au dessous desdicts mutules (ou sont les gouttes au droict des triglyphes, insculpées par le deuant des mutules) a de hauteur trente minutes. Il se cognoist aussi en ce mesme endroit, comme les mutules ont vn pied & quarante vne minutes de saillie: & le cymacion qui est au dessous, dix-huict minutes de hauteur. Vous pouuez par mesme moyen cognoistre toutes les autres mesures, sans vous en faire plus long discours. Si vous voulez bien considerer le tout, & prendre peine de conferer les autres ornements des corniches, lesquels vous auez veuz par cy-deuant, & pourrez encores voir cy-apres, vous trouuerez ce que ie vous ay dit plusieurs fois, estre veritable: c'est que de toutes les mesures que i'ay remarquées aux edifices antiques, ie n'en ay trouuée qui fussent semblables, ains tousiours differentes: & toutesfois les edifices estoient tres-beaux & admirables à la veuë. Il est vray qu'il en y a aucuns qui se trouuent auoir meilleure grace que les autres, & plus grande majesté: comme sont ceux qui approchent le plus des diuines proportions & vray mesures, ainsi que nous les deduirons quelque jour, Dieu aydant. Ie vous ay voulu proposer en ce lieu la prochaine corniche, comme estant plus conuenable pour l'ordre composé que pour autres: qui est cause que ie l'ay mise au rang & ordre des composées. Il me semble aussi qu'elles seroit propre pour seruir au chapiteau Ionique, lequel vous auez veu cy-deuant à la suitte & ordre des composez, & pour participer de la hauteur du chapiteau Corinthien, auec plusieurs autres sortes d'ornements que vous y voyez.

D'ou vient que aucuns edifices ont plus de grace que les autres.

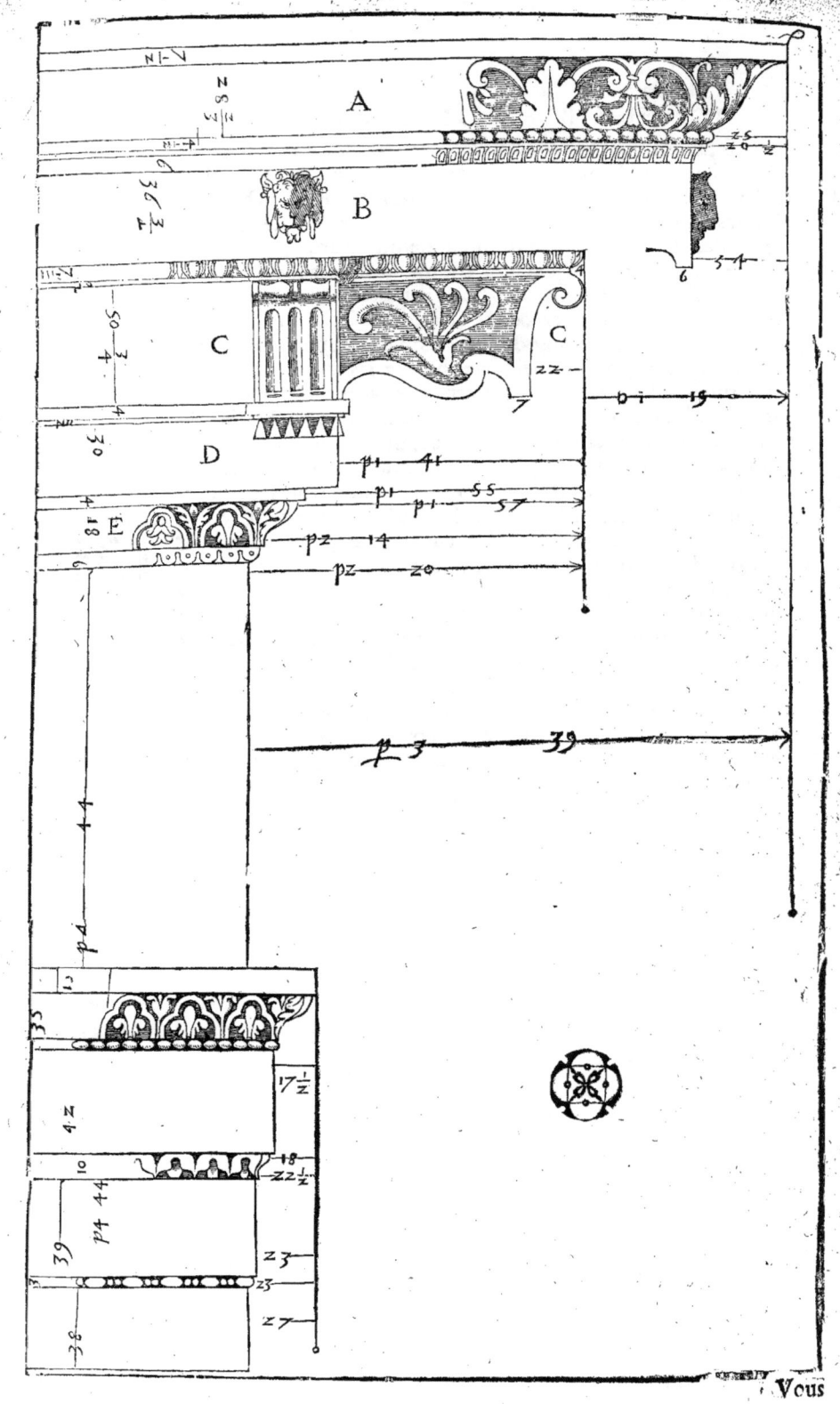

DE PHILIBERT DE L'ORME.

Vous pouuez faire aussi de beaux enrichissements aux corniches, frises, & architraue, comme vous les voyez à vn petit morceau que i'ay trouué fort antique, & monstre auoir esté Dorique par les gouttes qui sont à l'architraue, toutesfois ledit architraue ie monstre quasi semblable à l'ordre Ionique: comme aussi la frise enrichie de rouleaux, bouïllons de fueilles renuersez, & autres qui supportent la couronne de la corniche assez grosse & bien massiue, pour pouuoir seruir de quelque auancement. Toutesfois ie laisse le iugement de tout à ceux qui en seront curieux & desireront s'ayder en quelque sorte de ce que nous leur proposons. *Description breifue de la figure ensuiuant.*

Aduertissement sur les corniches qui seruent à l'ordre composé.

CHAPITRE IX.

OMBIEN que ie vous aye baillé diuerses sortes de corniches & chapiteaux composez, si est-ce que i'ay trouué celles qu'on voit à Rome aux arcs triumphants, & ailleurs, participer entierement des corniches de l'ordre Corinthien. Il est vray que les vnes n'ont point de mutules dessous leurs couronnes, & les autres en ont d'enrichis de plusieurs sortes d'ornements: ainsi que vous l'auez peu voir aux deux grandes corniches que i'ay figurées au liure precedent, en parlant des mesures & dimensions de l'ordre Corinthien. Ie proposerois icy les susdictes corniches, ou semblables que i'ay veu, n'estoit que i'ay de sia faict si grand nombre de figures, & de tant diuerses sortes, que ie

La plus part des corniches composées, participer de l'ordre Corinthien.

LIVRE VII. DE L'ARCHITECTVRE

commence à me laisser des ordres & ornements des colomnes. Et aussi qu'il me semble que i'en ay assez suffisamment traicté: & ou ie y aurois oublié quelque chose, ie ne faudray de la reprendre ainsi qu'il viendra à propos: soit en ce premier volume, ou au second. Il n'y a en c'est ordre composé chose que i'aye sçeu cognoistre, laquelle ne se puisse trouuer, par les mesures & ornements des ordres descrits par cy-deuant: sinon, comme i'ay dit plusieurs fois que les ornements de l'ordre composé, sont beaucoup plus riches & diuers que de tous autres. Et pour ces raisons i'ay bien voulu faire quelques ornements de moulures, & non point de toutes les parties, pour autant que vous trouuerez les inuentions en diuerses figures. Quoy qu'il en soit, vous verrez icy ce que les anciens ont taillé sur les cymaces, & autres parties. Ce que ie propose volontiers à fin que ceux qui apprennent les mesures des ordres, apprennent par mesme moyen à protraire & faire les ornements des corniches & molures.

L'artifice de bien protraire estre fort propre & necessaire à l'Architecte.

Des ornements des corniches, & d'autre sortes de moulures.

CHAPITRE X.

POVR autant que les ornements des colomnes cóposées doiuent estre plus riches que ceux de tous les autres ordres, tant en leurs corniches, que ailleurs, ie vous ay bien, pour ceste cause, voulu donner quelque sorte d'ornements & moulures pour enrichir les parties des colomnes dudit ordre composé, soit par fueillage, ou autrement. Et pource que ie voy que les tailleurs de mes figures & histoires ne m'ont faict les choses si nettement que ieusse bien desiré, i'ay voulu reparer la faute par multiplicité de desseings & protraicts que i'ay faict tailler: & combien qu'ils ne soient encores si bien que ie voudrois, si est-ce qu'ils se trouueront propres pour apprendre la ieunesse à protraire, & les contre-faire: comme aussi tous autres qui desireront sçauoir faire desseings. Doncques l'ornement qui vous est cy-apres proposé, a esté par moy contre-faict sur vn fort antique, & se peut appliquer au cymacion des corniches bien à propos, selon le bon esprit & dexterité de l'ouurier.

L'Auteur ne se pouuoir contenter du tailleur de ses planches & figures.

Vous

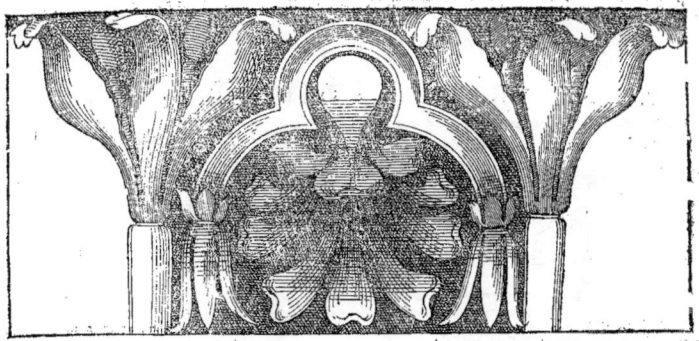

Vous pouuez appliquer aux cymes des corniches, thores, & gros membres ronds, voire encores aux frises, ou faces des couronnes, & de l'architraue, vn tel ornement que vous voyez cydessous: lequel i'ay retiré d'vn marbre antiquissime. On en peut faire de beaucoup d'autres sortes, comme les gentils esprits les sçauent bien inuenter: ainsi que sont petits bouillons de fueilles refendues, auec des fleurs: & d'autres, de fueilles sans refente: ainsi que le ieune apprentif les contre-faisant auec le crayon, ou la plume, en fait les desseings, pour trouuer de luy-mesme quelques bonnes inuentions, apres en auoir designé plusieurs: comme vous pouuez voir celuy de la figure suiuante.

Les bons & subtils esprits pouuoir inuenter plusieurs belles choses.

Pour monstrer mieux par exemple comme vous pouuez enrichir vos moulures, soit pour l'architraue, ou pied droit des portes ou fenestres, ie vous mets encores cy-apres vne autre façon d'architraue composé & fort antique: qui a esté trouué dedans terre en Ville-Adriano, pres de Tyuoly. Toutesfois il me semble que c'est vne moulure qui a seruy au pied droit d'vne porte: mais quoy qu'il en soit, ie la vous propose plus pour l'inuention des moulures & ornement, que ie ne fais pour les fueilles, qui n'y sont gueres bien faictes, ny bien refendues. Qui me fait pleindre à tous propos des Tailleurs de mes planches.

Architraue composé & trouué en Adrianopoli, pres de Tiuoly.

LIVRE VII. DE L'ARCHITECTVRE

DE PHILIBERT DE L'ORME

Pour auoir trouué plusieurs fautes aux refentes des fueilles & fueillages de la figure precedente, i'ay bien voulu faire tailler encores la planche d'vn boüillon de fueilles, lequel i'ay trouué à vne frize insculpée en marbre antique, au jardin du feu Cardinal de Gady, lors que i'estois à Rome. Lequel boüillon ie propose à nos apprentifs, à fin de le contrefaire plusieurs fois, comme aussi toutes choses qu'ils trouueront nettement faictes: pour autant que cela les aydera à faire de beaux traicts de plume, comme vous les pouuez voir à la figure prochaine. Car il faut, suyuant le conseil de Vitruue, que l'Architecte sçache non seulement les disciplines, cōme l'Arithmetique, Geometrie, Astrologie, quelques reigles de Philosophie, & perspectiue, pour entendre les mesures & proportions des ordres des colomnes, des plans & montées des edifices; mais aussi la protraicture pour designer les bastiments, faire ornements & fueillages, quelquefois requis & necessaires. Donques ce boüillon de fueilles seruira pour apprendre & donner commencement à ceux qui voudront sçauoir les refentes de fueilles & fueillages: où il faut auoir le iugement de cognoistre la nature du destour & vmbre, pour la releuer en protraicture: & aussi pour sçauoir cognoistre comme il la faut representer & tailler en pierre, imitant le naturel au mieux que faire se peut. Ceux qui auront la main subtile & delicate y seront les plus adroicts, & contreferont beaucoup mieux les choses qui seront nettement faictes & protraictes.

Les apprentifs d'Architecture se deuoir exercer à protraire bien nettement.

L'art deuoir imiter nature le plus que faire se peut.

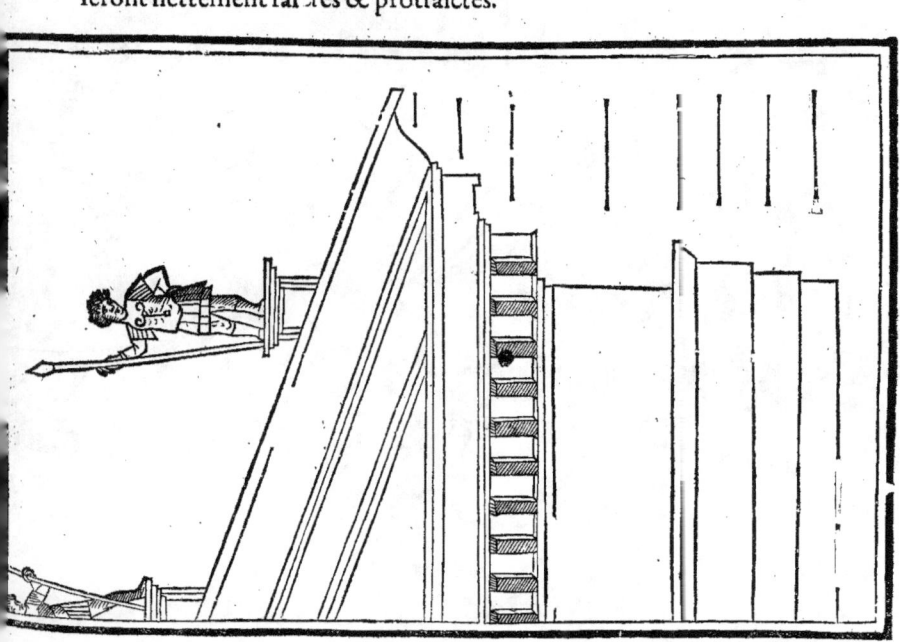

Qij

LIVRE VII DE L'ARCHITECTVRE

DE PHILIBERT DE L'ORME.

Vous noterez qu'il ne faut seulement apprendre à protraire les fueilles & fueillages pour les frises, mais aussi il les faut accompagner quelque fois de fruicts, de petits animaux, oyseaux, & choses semblables, comme vous le verrez en plusieurs desseings de ce present œuure d'Architecture, & signamment aux ornements des cheminées, portes, & autres. Il faut doncques bien apprendre à protraire toutes sortes d'animaux, & choses qui donnent plaisir & contentement à la veuë des Seigneurs & spectateurs: ainsi que vous le voyez aux edifices antiques, esquels on appliquoit des Lyons, pour seruir en certains lieux de gargoüilles, & en autres, d'autre vsage & pratique. Qui est la cause que i'ay cy-apres proposé vn Lyon, non point si bien faict que ie voudrois, & ce neantmoins tel que le ieune apprentif y trouuera quelque ruciment & commencement de mieux faire à l'aduenir.

Choses profitables aux apprentifs du noble art d'Architecture.

Bref aduertissement & discours sur les colomnes Atheniennes.

Deuant que laisser le propos & discours des colomnes composées & ornements qu'elles doiuent auoir, i'aduertiray le Lecteur que les Anciens auoient encores inuenté & trouué vne certaine sorte & façon de colom-

De l'inuention & sorte des colōnes Atheniennes ou Attiques.

Q ij

LIVRE VII. DE L'ARCHITECTVRE

nes, qu'ils appelloient Atheniennes, n'estant rondes comme les autres, mais bien quarrées, & quelquefois en façon de pilatres: aufquelles conuiennent toutes les mesures & ornements que nous auons monstrez cy-deuant. Lesdictes colomnes composées sont propres pour y appliquer l'ordre Dorique, Ionique, & autres. Ie vous certifie qu'il me faudroit entreprendre vn long discours, si ie voulois parler de toutes les sortes des colomnes, comme de celles qui sont tortuës ou torses (ainsi que lon en voit derriere le grand Autel de sainct Pierre à Rome, & aussi à sainct Iean de Latran) d'autres qui sont historiées (comme celles des Empereurs Antonin & Trajan, qui sont faictes & ornées de basse taille tout autour) & d'autres qui ont grande diuersité de mesures & proportions, quand elles ne sont que moitié, ou les deux parts pour le moins, hors du mur de la muraille, ainsi que vous le verrez & entendrez par le chapitre ensuiuant,

De diuerses sortes & façons de colomnes.

Des colomnes faictes de pieces & plusieurs assiettes, qui ne sont que la moitié, ou les deux parts, plus ou moins hors les murs: Et comme elles ont esté faictes, tant pour la decoration & ornements des murs, que pour fortifier les murailles.

CHAPITRE XI.

De quelques differentes mesures des colônes n'estants entieres.

IE veux bien d'abondant vous aduertir de quelques differentes mesures & certaines regles qui ont esté diligemment obseruées par les anciens Architectes, aux colomnes qui ne sont entieres, ains seulement contiennent les deux ou trois parts de leur grosseur, ou quelque peu plus que la moitié: le reste estant perdu dans l'espesseur du mur où elles sont colloquées, telles colomnes sont differentes, & doiuent estre d'autre sorte de mesures auec leurs ornements, que ne sont celles qui apparoissent toutes entieres, & se peuuent voir à l'entour auec toute leur circonference: ainsi que ie les ay trouuées & remarquées aux edifices antiques. Ie diray d'auantage, qu'il est raisonnable, qu'vn corps de colomne entiere, porte plus de pesanteur que celle qui n'en a que moitié, ou les deux tiers: parquoy il doit aussi porter & auoir vne autre sorte de mesure, que celuy qui est entier, pour se trouuer dans les murailles. Pour ceste cause i'ay obserué que les colomnes qui ne sont ainsi toutes rondes, ont esté faictes de plusieurs pieces & plusieurs assiettes. Telle façon de colomnes n'est seulement inuentée pour decorer les murailles, mais encores pour les rendre plus fortes, & seruir d'antes & poussées

Quelle chose a faict inuëter les colomnes de plusieurs pieces & assiettes, comme aussi d'autre forme que ronde.

pour

DE PHILIBERT DE L'ORME

pour mieux tenir en raison les voûtes qui peuuent estre dans les edifices: ou bien quand les corps d'hostel sont trop larges, & les murs trop foibles, debiles & estoits: tout ainsi que vous voyez qu'on met quelquefois des contremurs de deux & trois pieds de saillie, plus & moins, & autant de largeur, pour tenir les voûtes au lieu de piliers quarrez, qui neantmoins n'ont point si bonne grace que les colomnes. Vous y pouuez faire aussi des colomnes toutes rondes, ou quarrées, au lieu des contremurs, & de telle saillie hors des murs, que vous desirez. Mais en cela il ne faut pas faire comme les Menuisiers, ou autres qui n'entendent l'artifice, & plaquent les colomnes (qui n'ont que la moitié, ou les trois parts de leur rondeur) contre vn pilier quarré, ou contre vne piece de bois: ou contremur de maçonnerie. Cela est vne grande faute & qui en attire auec soy plusieurs autres, principalement quand on faict les troncs de colomnes d'vne piece: pour-autant que la nature de la pierre n'est forte, sinon quand elle est mise sur son lict, & non point debout: pour les raisons que ie vous ay declaré ailleurs. Mais en faisant les colomnes toutes d'assiette, & mettant les pierres sur leur lict, non seulement lesdictes colomnes en sont plus fortes, mais aussi la muraille où elles sont apposées. I'ay veu vne autre faute estre commise en cecy, c'est qu'on donne les mesmes sortes de mesures & ornements aussi bien ausdictes colomnes qui ne sont point entieres, qu'à celles qui ont toute leur rondeur & grosseur entiere. Quant à moy ie conseille à ceux qui voudront faire vraye profession d'Architecte, de ne permettre iamais aux Maistres Maçons d'appliquer les colomnes qui sont imparfaictes en leur grosseur contre les murailles, mais bien laisser faire cela aux Menuisiers qui plaquent le bois l'vn contre l'autre, & le font tenir auec colles, mortaises cheuilles, & tenons. Et encores que vous eussiez marbres, ou pierres de telle nature qu'elle peussent porter debout & soustenir les charges des chapiteaux, corniches & autres, iamais ne les mettez en œuure, si elles ne sont toutes entieres, & en longueur de la tierce ou quarte partie de leur diametre. Toutesfois s'il aduient que l'Architecte ne puisse faire ses colomnes de telle grosseur & hauteur qu'il desire, ne trouuant pierres à propos pour les longueurs qu'il luy faudroit, & aussi pour les grosseurs, ce ne luy sera des-honneur ne vitupere, mais bien profit pour l'œuure (qui en sera trop plus forte) s'il faict ses colomnes de pieces, & par assiettes, cóme ont faict les anciens Architectes: qui ont ainsi conduict lesdictes colomnes par pieces & assiettes, & de mesmes hauteurs qu'estoient les carreaux dont ils faisoient les pans des murs, où estoient les colomnes imparfaictes en leur rondeur. Sur ceste raison est fondée nostre inuention & façon des colomnes que nous appellons Françoises, & se font & conduisent par pieces & assiettes, auecques

La force des pierres estre quand elles ne sond mises debout, mais bien sur leur lict.

Quelles pierres sont propres pour faire colomnes

Façon de colõnes Françoises inuentées par l'Auteur.

Q iiij

LIVRE VII. DE L'ARCHITECTVRE

tels ornements qu'on voudra, pour cacher les commiſſures : ainſi que de preſent on en peut voir quelques vnes que i'ay faict mettre en œuure au Palais de la Maieſté de la Royne Mere, à Paris : & en verrez cy-apres des deſſeings ſous diuerſes ſortes. Vous pouuez vſer de telle façon de colomnes ſans faire ou commetre aucune faute entre tous les ordres, pourueu que vous leur donniez les meſures qu'il faut. Et pour autant que vous en auez veu des figures cy deuant & en verrez encores cy-apres, cela me fera laiſſer ce diſcours : ſinon que ie vous aduertiray, que les colomnes de quelque ordre qu'elles ſoient, eſtans faictes de pieces & imparfaictes en leurs groſſeurs ne doiuent eſtre de ſi grande hauteur que ſi elles eſtoient entieres & parfaictes : par ainſi vne colomne Dorique qui a ſept fois ſon diametre ſi elle eſt imparfaicte, ayant ſeulement la moitié du diametre de l'entiere & parfaicte, elle n'aura que ſix fois & demie ſon diametre pour ſa hauteur. Si elle

Aduertiſſemẽts fort dignes de noter aux ſectateurs d'Architecture.

a de ſaillie les trois quarts de ſa groſſeur, elle aura de hauteur les ſix fois & trois quarts de ſon diametre. Et ainſi toutes ſes parties tant du pied de ſtat, que de la baſſe, chapiteau, architraue & corniche, doiuent eſtre de moindre hauteur, & moindre ſaillie que des colomnes qui ſont toutes entieres. Doncques vous prendrez garde & aduiſerez quand vous aurez à faire telles colomnes, de leur donner les meſures ſelon ce que nous en auons eſcrit ; & obſeruer les differences qui doiuent eſtre entre celles qui n'ont que vne moitié de leur groſſeur, & celles qui ſont entieres : Car il n'eſt raiſonnable que l'arbre qui n'a ſa groſſeur entiere & parfaicte,

L'Auteur reſpõd à quelques obiectiõs qu'õ pourroit faire.

doiue tant porter que celuy qui l'a toute entiere & bien complette. Aucuns qui n'entendent ces raiſons, pourront dire que les pierres dont ſont faits les pieds de ſtat, baſſe, chapiteau, architraue, frize & corniche, ſont dans les groſſeurs des murs, où ſont erigées les colomnes, & qu'il n'en peut aduenir aucune faute : ce que ie leur accorde tres-volontiers, mais cela n'empeſche pas qu'il n'y ait difformité en l'œuure eſtant ainſi hors de ſes raiſons, & ſans meſures. Ce qui eſt ayſé à cognoiſtre en quelques colomnes qui ſont en France : mais chacun n'a le iugement accompagné de ſçauoir, pour le bien diſcerner & cognoiſtre.

D'vne

*D'vne sorte de colomnes, suiuant l'antique & premiere façon
extraicte des piles & troncs des arbres.*

CHAPITRE XII.

JE trouue que deuant l'inuention de l'ordre Dorique, & autres, on s'aydoit des piles & troncs des arbres, au lieu de colomnes, pour porter les charges & fardeaux des bastiments qu'on faisoit en ce temps là. Il me semble veritablement que telle façon & inuention n'est à reprouuer: non pas que ie vueille persuader de faire les colomnes de bois pour porter les Maçonneries, mais bien de pierres: & resembleront aux arbres, parce qu'elles y peuuent conuenir en beauté & bonne grace, aussi bien que les autres colomnes, & seroient en aucuns lieux plus à propos, pour-autant que vous leur pouuez donner mesure & beauté correspondante, auecques la symmetrie & proportion des autres colomnes, comme certainement la monstrent auoir les arbres, de leur nature estans plus deliez par le haut que par le bas, & plus gros par le pied, auecques vne retraicte de bien bonne grace: de sorte que vous leur donnerez six & sept fois, voire huict & neuf, leur diametre pour hauteur selon l'ordre que vous voudrez faire & imiter. Et si encores vous y pouuez accommoder le sexe masculin ou feminin: comme si vous desirez façonner vos colomnes, imitans les arbres, à la Dorique, vous le faictes apres la mesure de l'homme: à la Ionique, suyuant celle de la femme: & à la Corinthienne, apres celle d'vne fille ayant forme & façon plus jolie & mignarde que les autres: & pour ce faire, on trouuera des arbres faicts naturelement à propos, pour y seruir de patron & exemplaire. Il ne faut icy omettre, que les Anciens qui s'aydoient des piles d'arbres au lieu de colomnes, de peur & crainte qu'elles ne se fendissent par les deux bouts & extremitez, ils y mettoient des cercles de fer: de là les Architectes ont inuenté les ornements des colomnes, & donné mesures aux basses, en y faisant les petits thores & membres ronds, auec leur filet quarré & nancelle qu'on y voit. Lesdicts Architectes ont esté si curieux d'imiter la nature des choses, que voyants ie ne sçay quelle pourriture s'engendrer entre le cercle de fer (qui estoit au lieu de la basse) & le corps de l'arbre (qui seruoit de colomne) & que par succession de temps illec, ou bien à l'enuiron, croissoient quelques herbes qui auoient les fueilles si larges & pesantes, quelles estoient contrainctes de tomber & s'encliner contrebas: puis pour estre retenües des angles ou coings du plinthe de la basse, ou de chose semblable, se replier contremot: de là lesdicts Architectes par singuliere imitation, ainsi que nous auons dit, mirent &

L'Auteur approuuer les colomnes en façon de piles & trocs d'arbres: auec ses raisons.

L'art imiter nature, tant qu'il est possible

Pourquoy c'est que les Anciens Architectes appliquoient des cercles de fer à leurs colomnes d'arbres.

LIVRE VII. DE L'ARCHITECTVRE

employerent des fueilles larges aux angles des baſſes, & ſans aucune refente: deſquelles le departement venoit du deſſus du thore qui eſt ſur le plinthe, en faiſant vn retour ſur les angles du plinthe de la baſſe, auec fort bonne grace. Dauantage leſdits Architectes anciens, au lieu de l'hypotrachelio prés le chapiteau, mettoient vn autre cercle de fer pour tenir l'arbre en raiſon, & afin qu'il ne ſe peuſt fendre, comme i'ay dit, & le pouuez voir au lieu marqué A en la figure cy-apres propoſee. Donques s'il eſt ainſi que les premiers Architectes ayent pratiqué aux arbres, (par imitation de Nature) les trois premiers ordres des colomnes, Doriques, Ioniques & Corinthiennes, puis auec raiſons & ſymmetries conuenables, *Les modernes Architectes deuoir enſuiure les anciens.* apres icelles trouué l'ordre des Tuſcanes, des compoſees & Atheniennes, auec leurs ornemens; pourquoy, ie vous prie, ne ſera-il permis, par imitation de la meſme Nature, de nous aider de la premiere façon des colomnes, retiree des arbres, comme vous en pouuez voir vne en la figure prochaine? Conſiderez ſi vn portique periſtyle & face de maiſon, ne ſeroit pas belle ayant toutes ſes colomnes faites en forme d'arbres, & les chapiteaux comme branches couppees? Croyez qu'en leur donnant hauteurs conuenables, auec les entrecolomnemens tels qu'il faut, ce ſeroit vne fort belle choſe *Portique reſemblant à vne foreſt, auec ſa deſcriptiō fort belle & plaiſante.* à voir. Le portique, comme ie l'imagine, repreſenteroit quaſi vne petite foreſt: vray eſt que ie n'y voudrois appliquer aucuns pieds de ſtat, mais bien au lieu d'iceux, faire comme des tronces d'arbres couppees, ſans y mettre corniche ny baſſe, ains ſeulement garder les meſures & hauteurs d'vne chacune choſe, & au lieu de l'epiſtyle ou architraue, faire la forme d'vn arbre, qui porte ſur autres arbres qui font la figure des colomnes. Au lieu de la friſe, ie voudrois employer quelque façon de lierre, qui ſeroit conduit en maniere de friſe, auec vne fort bonne grace. Quant à la corniche, couronne, denticules, gueule, cymace & cymacion, aſtragales, filet quaré & autres; ie voudrois diſpoſer tout cela par liaiſons, comme ſi c'eſtoient branches d'arbres qui ſortiſſent par le dehors, les vnes de trauers, & les autres de pointe, comme ſi c'eſtoient les bouts des ſoliues qui ſeroient aux planchers; puis les autres comme ſi c'eſtoiēt ſablieres. Les aix ſeroient au lieu des filets quarrez: la couronne au lieu de l'aire qui eſt ſur les ſoliues, & les ornemens par-cy par-là ſemez de petites fueilles, & neuds d'arbres. Croyez que ſi le tout *L'Auteur auoir beaucoup de belles inuentions cachees en ſon eſprit.* eſtoit ainſi conduit que ie le figure, on pourroit faire vn bel ornement d'édifice, & fort conuenable à vn portique & periſtyle, luy donnant ſes meſures autant bien qu'à tous les autres ordres; ainſi que vous le monſtrera la prochaine figure.

Qu'il

DE PHILIBERT DE L'ORME.

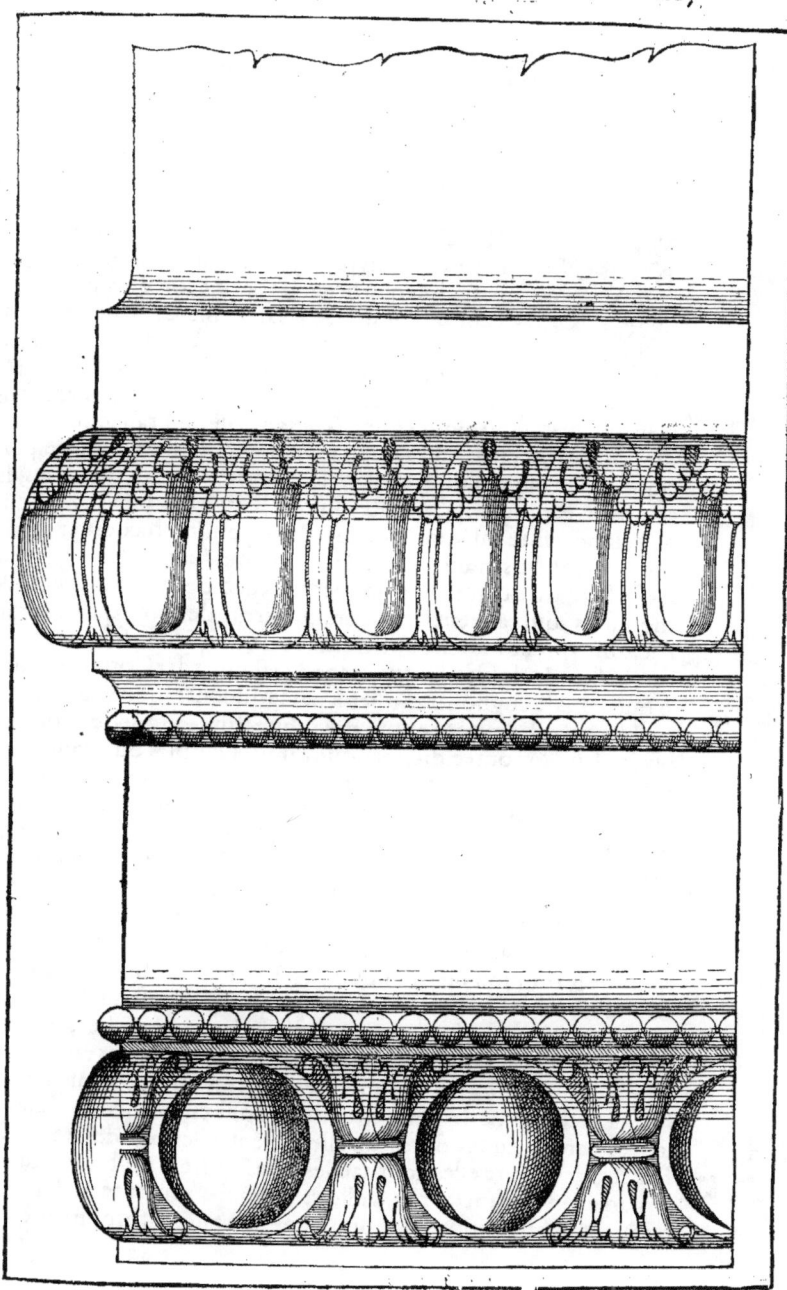

LIVRE VII. DE L'ARCHITECTVRE

Qu'il est permis à l'exemple des Anciens, d'inuenter & faire nouuelles co-
lomnes: ainsi que nous en auons faict quelques vnes, appellées
colomnes François.

CHAPITRE XIII.

Colomnes de l'inuention de l'Auteur appellées Françoises.

IL a esté permis aux anciens Architectes, en diuerses nations & pays, d'inuenter nouuelles colones, ainsi que firent les Latins & Romains la Thuscane & composée: les Atheniens l'Athenienne: & long temps deuant lesdicts Latins & Romains ceux de Dorie, la Dorique: de Ionie, la Ionique: & Corinthiens, la Corinthienne: qui empeschera que nous François n'en inuentions quelques vnes, & les appellions Françoises, comme pourroient estre celles que i'inuentay & fis faire pour le portique de la chappelle qui est dans le parc de Villiers coste-Rets, du temps & Regne de la Maiesté du feu Roy Henry? Vray est que pour la necessité où ie me trouuay, de ne pouuoir recouurer promptement, & sans grands frais, des colomnes toutes d'vne piece, ie les fis faire de quatre ou cinq pieces, auec beaux ornements & moulures, qui cachent leurs commissures: de sorte qu'à les voir il semble qu'elles soient entierement d'vne piece, se monstrants

Colomnes Françoises en la chapelle du parc de Villiers-coste-Rets.

fort belles, & de bien bonne grace. C'est vn ordre Corinthien, ainsi que vous le cognoistrez mieux par le discours que i'en feray en nostre autre Tome & œuure d'Architecture, auquel ie monstreray le plan & montée du portique dudit Temple, ou si vous voulez chappelle. Toutesfois pour vous donner ce temps pendant quelque cognoissance de nostre inuention des colomnes Françoises, i'en ay cy apres figuré vne sorte à la Dorique, estant enrichie de quelques fueillages, astragales, & commissures, comme i'ay dit. Ce que i'ay faict pour seulement donner quelque exemple de la façon, & monstrer que tel ordre de colomne Dorique, auec sa corniche se trouue auoir fort bonne grace estant ainsi en œuure. Pourueu que le tout soit bien conduit, & les mesures bien obseruées, telles colomnes se trouueront fort propres pour seruir à vn portique, auec arceaux voûtez par dessus leurs corniches, ou bien tous droicts, ainsi que l'on aura enuie de faire: mesmes en ce pays, auquel on ne peut trouuer grandes pierres qui ne soient en danger de delicter & se fendre: comme aussi en beaucoup d'autres

Les grades pierres en ce pays estre en danger de se delicter & fendre.

lieux: car quelques dures qu'elles soient, elles ont des delicts & feincts, c'est à dire elles sont faciles à se fendre d'vn bout iusques à l'autre, en passant par le milieu: & aussi que nature ne les a pas faictes fortes pour porter de bout, comme faict l'arbre, mais bien

de plat

de plat sur leur lict, ainsi que ladite Nature les a faict croistre. Par ainsi les appliquant aux colomnes, qui ont à porter de grands fardeaux & grande pesanteur, elles sont trop plus fortes estants faictes de plusieurs pieces, que d'vne seule. Telle est la nature du bon marbre, n'ayant point de lict, & pour ceste cause portant en tous sens, comme font aussi beaucoup d'autres pierres dures: mais il ne s'en trouuent gueres pour grandes colones. Apres donc auoir bien retenu les mesures que vous auez veuës par cy-deuant, le present discours seruira d'aiguillon pour éueiller les bons esprits, & les induire à inuenter d'autres sortes de colomnes Françoises, comme nous auons faict la Dorique auec sa corniche & ornements, laquelle nous vous proposons cy-apres, estant faicte de pieces. Si est-ce que quelque inuētion que le bon esprit puisse trouuer, ie cōseille tousiours d'y obseruer & garder les vrayes mesures que les Anciens & excellents Architectes nous ont donné, & trouué suiuant les vestiges de Nature, par grandes & infinies experiences, tant à l'ordre Dorique & Ionique, que Corinthien. Apres lesquels (ainsi que nous auons dit) ont esté trouuez les ordres Thuscans, composez, Atheniens, & autres: de sorte qu'en obseruant les mesures, les Architectes qui entendront bien l'art, & en auront grāde experience, pourront par leurs bons esprits & diuins entendements, trouuer vne infinité de belles inuentions, en tous lieux & Royaumes qu'ils soient: principalement quand ils voudront prendre leur subiect, apres la Nature des lieux, comme ont faict nos predecesseurs, i'entens par imitation & exemplaire des choses naturelles que Dieu a faictes & creées: soit des arbres, plantes, oyseaux, animaux, & choses terrestres ou celestes; comme aussi de leur effet, & progrez de la Nature & diferences d'vne chacune. Surquoy ie vous proposeray par exemple nostre colomne Françoise, laquelle estant faicte de pieces par certaine necessité, on la peut orner & enrichir de la Nature, des choses enuers lesquelles est plus enclin ce Royaume François, & y sont pour le plus adonnez les habitants, pour decorer non seulement le lieu des pieds de stat, basses, chapiteaux, architraues, frises, corniches, & faire autre ornemens d'edifice: lesquels on peut changer & encores enrichir de diuerses deuises propres à ce Royaume, comme Fleurs de Lys, & autres deuises particulieres aux Roys, Princes & Seigneurs. Bref le bon entendement ne demeurera à faire ses œuures par faute d'inuention d'ornemens pour l'ordre des colomnes Françoises. I'espere, s'il vient à propos, quelque fois en faire vn discours, où ie ne changeray seulement les colomnes, mais encores toutes les parties tant de corniches, que chapiteaux & autres, pour mieux parfaire tous les ordres des colomnes Françoises, en y obseruant tousiours les vrayes mesures. Ce pendant vous vous pourrez ayder de la colomne laquelle ie vous figure icy.

L'Auteur excite les bōs esprits à nouuelles inuentions.

Beaux & bons aduertissements & dignes de noter.

Bon vouloir de l'Auteur accōpagné de promesse.

R

LIVRE VII. DE L'ARCHITECTVRE

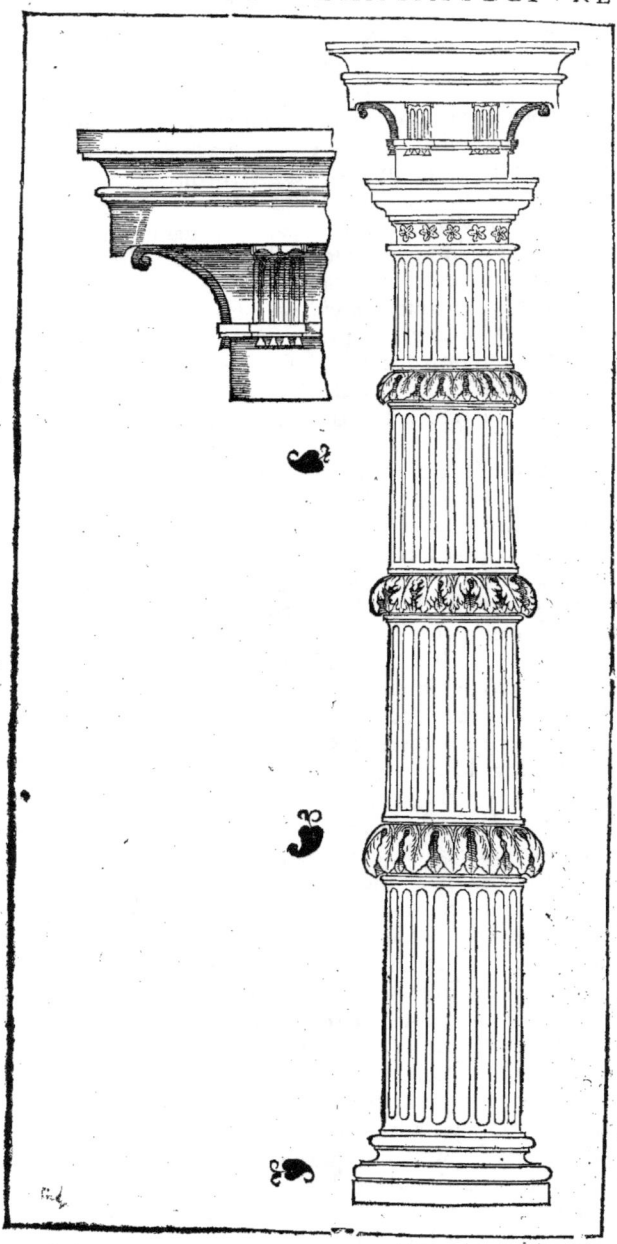

DE PHILIBERT DE L'ORME

Ie vous propose encores cy apres deux autres sortes de colomnes Doriques, pour mõstrer la difference des ornemens que vous y pouuez faire. Doncques à l'vne vous n'y mettez que des quarreaux, si vous voulez, pour cacher les commissures qui seront entre les strieures, si vous auez enuie d'y en faire mettre; ou bien si vous les voulez plus riches, vous y colloquerez des plattes bandes accompagnees de fueilles, ou d'autres sortes d'ornemens: comme vous le voyez à des plinthes quarrez, auec quelque petit astragale, & petites fueilles par dehors canelees; & les chapiteaux Doriques enrichis au dessus d'vn architraue & corniche, sans y auoir aucune frise, laquelle y est quelquefois necessaire, quand on ne veut faire monter si haut l'edifice, soit pour eriger par le dessus des arceaux, cõme vous le verrez en vne figure au prochain Liure, quand nous parlerons des portiques. Par ainsi vous prendrez telle inuention & ornement de colomnes que vous voudrez, & quelque ordre qu'il vous plaira pour les faire de pieces. On voit en plusieurs lieux des balustres qui sont enrichis de bien fort bonne grace, & sont quasi semblables à colomnes pour porter quelque chose par dessus: toutesfois ils se monstrent plus deliez, estans enrichis de fueillages & ornemens de diuerses sortes; comme de pommes de pin, & autres fruicts. Il se voit aussi chose quasi semblable aux grands chandeliers qu'on met dans les Eglises, & portent sept flambeaux. Qui empeschera donc, que de tels baleustres, en leur donnant mesures & grosseurs suffisantes suyuant leur haulteur, vous ne vous en puissiez seruir au lieu de colomnes? & s'ils sont plus deliez que ne sont les colomnes, d'en mettre deux l'vn pres de l'autre, comme gemeaux: & que les assiettes qui couuriront les commissures des colomnes prennent toutes les deux colomnes ensemble, auecques ornemens tels que des candelabres dont ie parle? D'auantage ne seroit il pas aisé de trouuer au dessus desdictes colomnes des branches qui se lient l'vne à l'autre, & façent vne forme de voulte & d'arceau? I'ay veu autresfois des ouurages faits à la mode Françoise, ou il y auoit des guimberges & mouchettes (ainsi que les ouuriers les appellent) quasi semblables à ce que ie veux dire. Lon se peult aussi ayder des figures de Gemini soit pour les frises, ou pour les amortissements des caducées & trophées de Mercure. Pour conclusion vous pouuez trouuer les inuentions propres selon les edifices que vous aurez à faire, & parfaire vne fort belle œuure Françoise. Ce temps pendant vous vous ayderez des figures cy-apres proposées.

Pour les ornemens des colõnes Doriques composees.

Baleustres pouuoir seruir de colomnes.

Ouurages à la mode Françoise & antiques.

R ij

LIV̄RE VII. DE L'ARCHITECTVRE

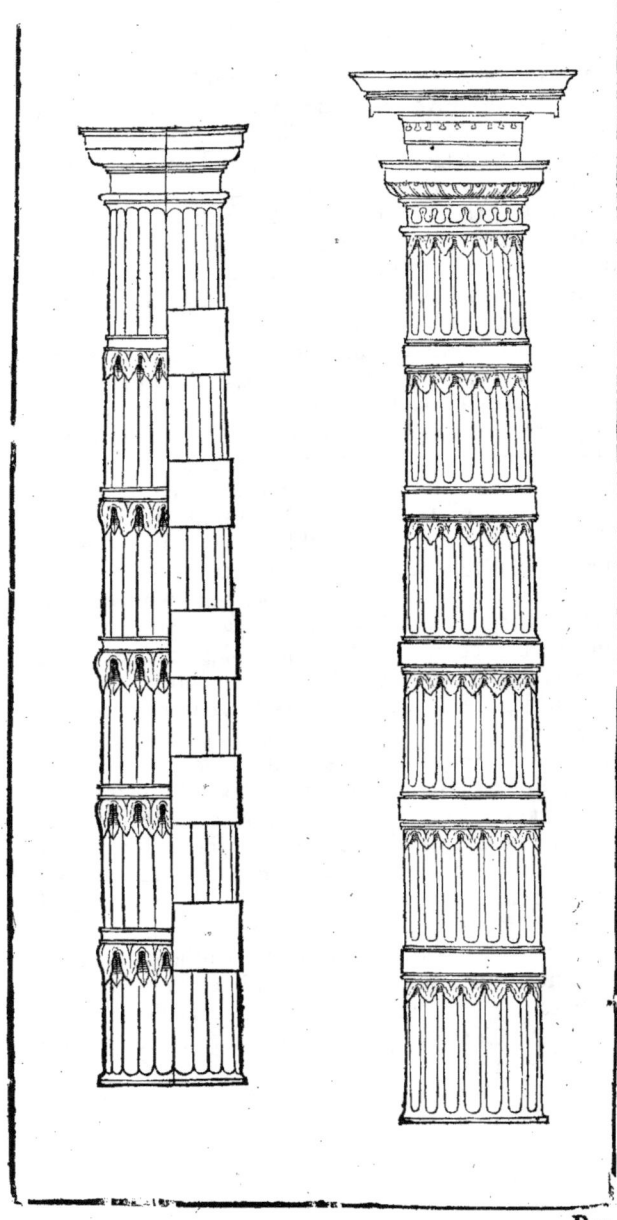

Par

DE PH. DE L'ORME.

Par les susdicts moyens vous ne ferez seulement des colomnes Doriques composées de plusieurs pieces, mais aussi des Ioniques, & de quelque autre ordre que vous voudrez: voire à la façon & imitation des arbres, ainsi que nous auons dit. Pour doncques vous donner quelque cognoissance de nostre dire, ie vous ay figuré cy aupres vne colône de l'ordre Ionique, laquelle i'auois dressée & faicte expressément pour estre appliquée au Palais de la Maiesté de la Royne Mere: mais cōme le bon vouloir luy a creu de faire son dit Palais fort magnifique, & beaucoup plus riche qu'elle n'auoit deliberé au commencement, apres auoir faict poser les basses & premieres assiettes des colomnes, il m'a fallu prendre vne autre sorte d'ornements & façon trop plus riche voire iusques à faire tailler & insculper plusieurs sortes d'ouurages & deuises (ordonnées par sa Maiesté) sur lesdictes basses & assiettes qui sont faictes de marbre: ainsi que vous le pourrez plus amplement voir & cognoistre par les figures desdictes colônes, lesquelles ie vous representeray au second Tome & volume de nostre Architecture, ou nous descrirons bien au long, Dieu aydant, ledit Palais. Ce temps pendant vous verrez la figure que ie propose cy aupres, pour monstrer comme lon doit faire de plusieurs pieces les colomnes Ioniques, & toutes autres.

R iij

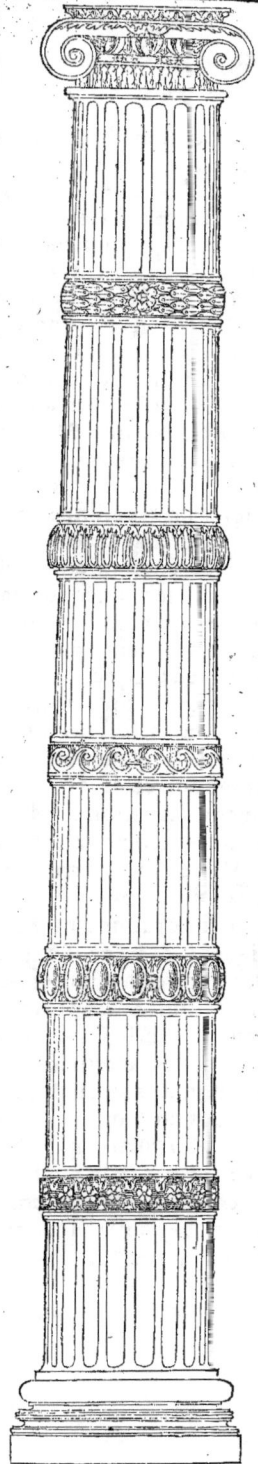

Colomne de l'ordre Ionique cōposée de plusieurs pour le Palais de la Royne Mere.

LIVRE VII. DE L'ARCHITECTVRE

Ie n'oubliray de vous aduertir qu'au lieu des colomnes, vous pouuez aussi mettre des figures qui representeront hommes ou femmes, ainsi que iadis firent les Grecs. Car apres qu'ils eurent obtenu victoire contre les Persiens, ils tournerent leur armée contre les Cariatides, qui estoient venus secourir lesdicts Persiens: & ne voulurent seulement ruiner la ville desdicts Cariatides, ains mirent tout au fil de l'espée, excepté les femmes & matrones, desquelles ils se seruoient comme d'esclaues & chambrieres, en tels habits & vestements qu'ils les auoient trouuées. Et afin qu'on eust

Belle histoire de la vengence des Grecs contre les Cariatides.

perpetuelle memoire, ie ne diray de la victoire obtenuë, mais aussi de la captiuité & seruitude desdicts Cariatides, les Architectes, qui pour lors estoiét, firent seruir aux edifices publiques, en lieu de colomnes, les images & representatiõs desdictes matrones, auecques leurs habits accoustumez: comme si elles soustenoient gros fais & fardeaux: à fin que la peine de la temerité & folle entreprise de leurs maris, fust notoire à la posterité. Autant en firent quelque autrefois les Lacedemoniens, des prisonniers & captifs de Perse, desquels apres auoir glorieusement triomphé, par l'aduis & conseil du Magistrat, il fut ordonné qu'en tesmoignage & signe d'vne tant belle victoire, les statues & representations des captifs & prisonniers de Perse, seroient auec leurs propres vestemêts & habits colloquées aux bastiments publiques, au lieu de colomnes, afin que l'orgueil des Persiens, fut vengé par telle iniure, & que les estrangers ennemis y prissent exemple accompagné de crainte: & aussi que les

Vengence des Lacedomoniens cõtre les Persiens.

citoyens

DE PHILIBERT DE L'ORME.

citoyens de Lacedemone, voyans tels trophées d'honneur, fussent excitez & prests à defendre & soustenir la liberté de leur patrie: ainsi que Vitruue l'a fort bien deduict au premier chapitre de son premier Liure d'Architecture. Il ne faut aussi obmettre, que plusieurs au lieu des colomnes ont appliqué des Termes, & les autres des Satyres, comme vous en voyez vn à la figure cy deuant, qui pourra seruir à la ieunesse apprenant à protraire. Pour conclusion, pourueu que l'art & inuention ne s'esloingne de ce que Nature a faict, & que les mesures soient diligemment gardées ainsi que l'œuure & le lieu le requerront, il est impossible qu'on ne face quelque chose digne d'honneur & loüange.

Termes & Satyres au lieu des colomnes.

Des portiques & distribution des colomnes, lesquelles on applique ensemble ausdicts portiques & peristyles, ou autres lieux, suyuant l'opinion de Vitruue, & la nostre.

CHAPITRE XIIII.

APRES auoir monstré autant facilement qu'il m'a esté possible les ordres des colomnes Thuscanes, Doriques, Ioniques, Corinthiennes, Atheniens, composées, & modernes que nous appellons Françoises, comme aussi leur origine, inuention, ornements, & mesures extraictes tant des liures d'Architecture, que des edifices antiques, ainsi que nous les auons veus & mesurez, estant le tout accompagné d'exemples & experience, pour en auoir faict mettre plusieurs en œuure, il me semble maintenant estre fort à propos d'en monstrer l'vsage, & quelles mesures il faut donner aux entre colomnements, ou bien interuales d'vne colomne à autre: quãd on les applique aux portiques vestibules, peristyles, & ornements des portes, & fassades, ou faces des maisons & Palais, auec les differences des vnes aux autres. Pour doncques entrer en matiere, ie ne veux (comme aussi ie ne dois) faillir d'alleguer Vitruue & tous autres bons Autheurs qui nous peuuent ayder à illustrer l'Architecture, & par leur authorité roborer nostre discours. Doncques ledit Vitruue en son troisiesme liure chapitre second, nous monstre quelles choses sont antes, prostyles, amphiprostyles, peripteres pseudodipteres, dipteres, & octostyles, qui sont vn ranc de huict colomnes, qu'on doit appliquer aux portiques & postiques, & aussi l'hypethre qu'ils appellent decastyle, par ce qu'il y a deux doubles rangees de colomnes en lignes droictes, ainsi qu'on faict à vn portique, qui sont sept ordres & façons pour monstrer comme l'on doit ac-

L'Auteur auoir faict mettre en œuure la plus grand part de ce qu'il escrit des colomnes.

Lieu de Vitruue touchant les rãgées & ordres des colomnes.

R iiij

LIVRE VII. DE L'ARCHITECTVRE

commoder & ordonner les piliers & colomnes au deuant & derriere des bastiments sacrez, qu'on appelle Temples, ou Eglises, & encores par les costez, comme vous le pouuez voir audit Vitruue. Qui parle aussi, au chapitre ensuiuant le susdit, de cinq especes de bastiments, & de ce qui est propre pour les portiques des Temples que les Grecs appellent pycnostyle, systyle, diastyle, aræostyles & eustyle, qui sont noms lesquels nous ne pouuons proprement tourner en nostre langage Françoises, ne encores en Latin (comme les precedents) sinon par circumlocution, tout ainsi que tetrastyle, hexastyle & decastyle, c'est à dire l'ordre de quatre colomnes, de six, de dix, & semblables. Qui est pour monstrer la difference des entrecolomnes, ou bien qu'elle lacitude & espace doit estre d'vne colomne à autre, à fin que les epityles ou architraues ne soient frangibles & en danger de rompre, estans sur les colomnes & chapiteaux, pour la charge & pesanteur que lon a accoustumé de mettre par dessus: & ainsi de la frise, corniches, tympanes ou frontispices, & autres. Mais sans en faire plus lon discours, nous nous ayderons icy de la pratique qui me semble estre propre & conuenable pour les Temples, Palais, Chasteaux, & autres edifices ausquels se peuuent appliquer & accommoder colomne. Si doncques vous faictes vn portique tetrastyle, c'est à dire de quatre colomnes, vous diuiserez toute la largeur en vnze parties & demie, sans comprendre les saillies des basses par les deux bouts, aux deux extremitez du portique. Mais si vous faictes ledit portique hexastyle, c'est à dire de six colomnes, la largeur sera diuisée en dixhuict parties. Si vous y mettez huict colomnes, toute ladicte largeur sera diuisée en vingt quatre parties & demie. Vitruue veut qu'vne de ces parties soit appellée moule, & qu'on la donne pour la grosseur des colomnes par le bas & des entrecolomnes par le milieu, c'est à dire qu'on donne d'vne colomne à autre trois espesseurs de colomnes, ou trois moules & à celles des costez, deux & vn quart. Et pourautant que ie troue ceste raison auec ses proportions autant belle qu'il est possible de penser ainsi que i'en ay eu l'experience plusieurs fois pour l'auoir faict mettre en œuure, ie n'ay voulu faillir d'en aduertir le lecteur, comme d'vn des bons passages qui soit dans Vitruue: car ainsi faisant, non seulement l'œuure se trouue tres-forte, mais encores tres-belle à voir, quand elle est bien conduicte. Ledit Vitruue escrit qu'vn nommé Hermogenes, excellent Architecte, trouua telles inuentions auec plusieurs autres, comme ie les allegueray en temps & lieu, & les pourrez voir (si bon vous semble en prendre la peine) dedans ledit Vitruue, auec de tres-belles mesures & de grande vtilité, lesquelles ie vous veux bien monstrer par dessein, à fin que vous ayez le moyen d'y prendre plaisir comme moy, & en faire vostre profit. Vous noterez doncques (s'il vous

La langue Françoise & Latine ne pouuoir representer plusieurs mots Grecs, sinon par circumlocution.

Lieu & passage de Vitruue interpreté.

Hermogenes Auteur de plusieurs inuentiōs en l'Architecture.

DE PHILIBERT DE L'ORME

vous plaist) que la susdite raison & mesure de Vitruue est fort propre, ie ne diray pour voir le departement des distributions & interuales des colomnes, mais aussi fort conuenable pour la distribution des triglyphes & metopes, que les anciens Architectes ont appliqué au lieu des frises. Lesquels triglyphes doiuent estre tousiours au milieu des colomnes, & autant larges comme est la moitié du diametre de la colomne par le pied. D'vn triglyphe à autre se mettoient les metopes, aussi larges comme hauts & tous quarrez. Par ainsi au milieu de tels portiques entre les colomnes, c'est à dire au droict de la frise, y auoit trois triglyphes pour s'y trouuer l'espace de trois diametres & grosseurs des colomnes. Et au costé où il n'y a que deux grosseurs de colomnes & vn quart, ne se pouuoiët trouuer que deux triglyphes d'vne colomne à autre. Mais cela s'entend tousiours au droict de la frise où on les colloquoit. Au dessous des triglyphes au droict de l'architraue estoient les six petites gouttes auec leur petite regle, ou filet quarré qui estoit au dessus. Ie proposerois encores icy les mesures des hauteurs & largeurs, mais les ayāt assez expliqué & descrit ailleurs, il me semble qu'il n'est de besoin d'en faire autre recit : joint aussi que vous en verrez assez amplement en diuers lieux de nos œuures d'Architecture. Si vous vous souuenez bien de tous nos discours, ils vous feront entendre assez au long la vraye raison & mesures de telles choses. Vous cognoistrez donques nostre dire par le plan des trois façons pour la distribution des colomnes, lesquelles vous voyez cy-apres, auec la sorte comme il y faut proceder, ainsi qu'il me semble.

Beaux enseignemens & fort dignes de bien noter & obseruer.

LIVRE VII. DE L'ARCHITECTVRE

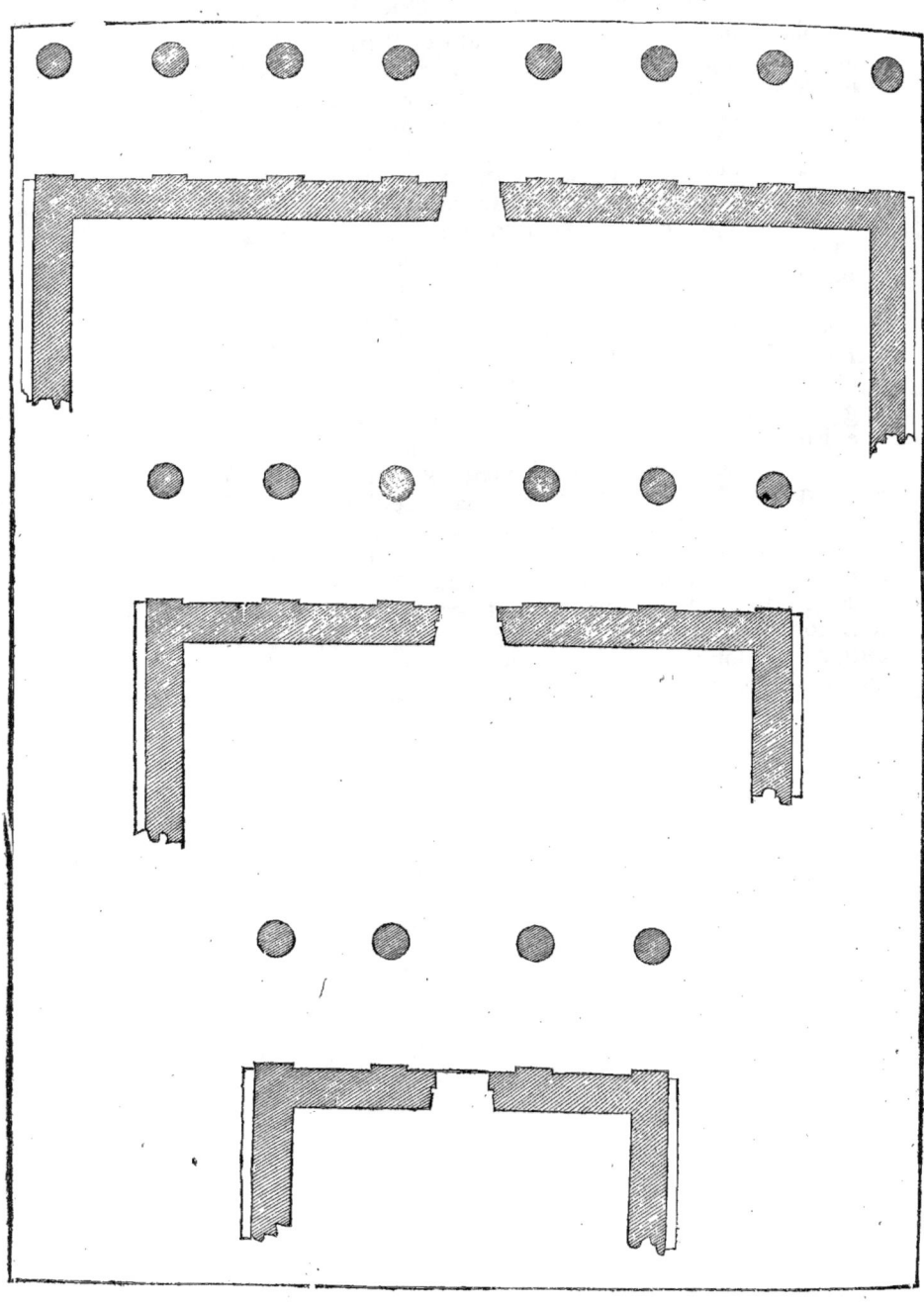

DE PHILIBERT DE L'ORME. 224

Apres auoir parlé des entrecolomnements: il faut consequemment monstrer la distance & espace, qui doit estre entre les murs de l'edifice & colomnes, c'est à dire la largeur du portique, laquelle ne doit estre autre (qui veut rendre bien fort ledit portique) que les entrecolomnements qui sont par les costez: ou bien l'espesseur de deux diametres, & vn quart de la grosseur de la colomne. Vous pouuez faire vostre portique par les costez aussi bien que par le deuant & le derriere. Mais telle façon obscurcit le dedans de l'edifice, si vous ne prenez le iour par en haut. Combien que Vitruue en monstre ses raisons, si est-ce que ie ne voy point qu'aux edifices qu'on faict de present, il soit de necessité y faire des portiques tout autour: si ce n'estoit pour les Basiliques & maisons Royales, ou bien pour les foires & marchez, à fin de mettre à couuert la multitude du peuple, quand il fait mauuais temps. Aussi telle façon est plus deuë aux Temples & maisons sacrées, qu'à autres lieux, pour estre appliquée aux portiques & postiques, ainsi que vous le pouuez cognoistre par la prochaine figure suiuante.

Portiques tout autour n'estre necessaires aux edifices qu'on faict auiourd'huy.

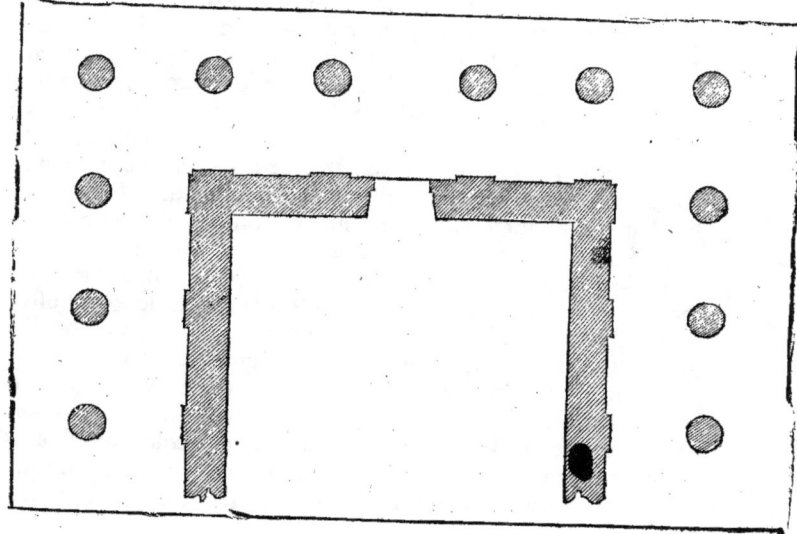

Vous pourrez faire aussi, quand vous en aurez besoing, non seulement vn portique par le deuant de vos bastiments mais encores aux edifices sacrez tout autour, voire double & triple & par rangs de colomnes, ainsi que vous le pourrez voir par la figure cy apres descrite, où vous voyez doubles portiques deuant, & aux costez d'vn edifice estant octostyle, c'est à dire de huict colomnes

Les doctes Architectes pouuoir donner des inuentions plus que admirables.

LIVRE VII. DE L'ARCHITECTVRE

par chacun rang. Et se pourroit encores faire de telle sorte, que si quelques vns vouloient fournir à la despence, on donneroit l'inuention sur ce propos d'œuure plusque admirable, principalemēt où lon pourroit recouurer de grandes colōnes d'vne piece, ayant quatre ou six pieds de diametre : voire de pieces, qui seroiēt beaucoup plus fortes, suiuant nostre inuention : Car ie trouue estre pour le mieux de faire lesdictes colomnes de pieces, pourueu qu'ō mette tousiours les pierres sur leur lict, ainsi que Nature les a crées, comme nous le monstrions nagueres, & l'auons escrit ailleurs. Pour reuenir à nostre propos, vous voyez en ladicte figure cy-apres proposée, vn double portique, auquel on faict tousiours la principale entrée du milieu, plus large que les autres, comme il est de raison : *verbi gratia*, elle aura trois moules ou trois fois la grosseur de sa colomne, & les entrecolomnements qui sont par les costez, deux & vn quart en tous sens, comme il a esté dit cy-deuant : mais ce doit estre tousiours vne mesme distance, & mesme largeur pour les entrecolomnements des costez, & non pas du milieu, ainsi qu'il a esté monstré ailleurs. Sur ce propos ie vous veux bien aduiser encores de ce que i'ay escrit en quelque autre lieu, c'est que les colomnes qui sont sur les angles doiuent estre plus grosses que les autres d'vne cinquantiesme partie de leur diametre. Aussi les entrecolomnements qui sont les plus pres des angles, ne doiuent point estre si larges que les autres, à fin de rendre l'œuure plus forte, plus belle, & plus excellente à voir. Mais sur ce propos ie vous laisseray à considerer la prochaine figure. Si est-ce que ie vous veux bien aduiser, que si vous voulez voir plus particulierement les raisons du precedent discours, il vous faut lire Vitruue & autres qui en escriuent : comme aussi les proportions & mesures des portiques antiques, mesmes de celuy du Temple de Salomon, & encores du lieu auquel il donnoit les iugements : en attendant que ie vous en escriue bien au long en nostre œuure des Diuines Proportions, lequel ie vous ay promis & allegué plusieurs fois, esperant, auecques l'ayde de Dieu d'accomplir en bref ma promesse. Vous pourrez aussi voir vn autre beau portique du Pantheon Romain, duquel ie vous ay parlé cy-deuant en escriuant de l'ordre & ornements des colomnes Corinthiennes. Pour ceste heure vous vous contenterez du portique cy apres designé, à fin de vous en monstrer encores d'vne autre sorte.

Aduertissement fort digne de noter.

DE PHILIBERT DE L'ORME.

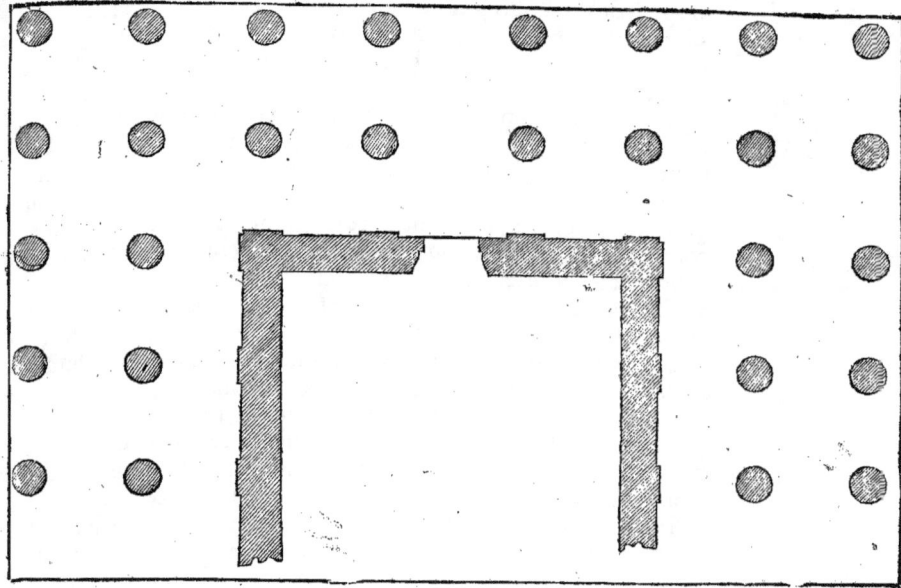

Comme il faut faire les epistyles ou architraues aux portiques
& peristyles, quand l'on est contrainct de faire plus larges
les entrecolomnements, que ne portent les mesures
qui ont esté cy-dessus proposées

CHAPITRE XV.

IL se trouue quelquefois qu'on est contrainct de faire les espaces & entrecolomnements plus larges que la raison ne veut: qui faict qu'on est aussi contrainct de chercher des pierres fort longues pour porter d'vne colomne à autre lesquelles le plus souuent ne sont assez fortes, pour soustenir le fais & pesanteur qu'il faut mettre & maçonner par le dessus, tant des frizes, que des corniches & autres. Pour ceste cause i'ay faict à la figure cy-apres proposée, vne mesure & ordre de colónes auec leurs ornements, d'autre sorte que ie ne vous ay dict par cy-deuant. Ie figure donc vn quarré parfaict, estant aussi large comme haut, (soit pour appliquer à vn portique deuant vne Eglise, ou deuant vn bastiment) lequel ie diuise en quatorze parties, & en donne vnze pour la hauteur de la colomne auec son chapiteau, basse & soubasse que ie mets pour leuer la colomne, au lieu

Quand il faut faire les entre-colomnements plus larges que de raison.

S

de pied de ſtat : puis pour la hauteur de la corniche, frize, & architraue, ie donne trois autres parties, qui ſont les quatorze parties dudit quarré parfaict, comme vous le voyez eſcrit en la figure ſuiuante. Vous y obſeruez auſſi comme pour ſa largeur ie figure quatre colomnes & au milieu des entrecolomnements ie mets quatre diametres, & trois par les coſtez, qui eſt grande largeur & grande eſtendüe pour les architraues, leſquels il ne faut faire ainſi d'vne piece, qui ne voudroit qu'ils ſe rompiſſent : mais pour les auoir forts, il les faut faire de pluſieurs pieces, auec leurs commiſſures de pente, ou joincts d'engraiſſement (ainſi que les appellent les ouuriers) au lieu ou vous voyez qu'à chacune commiſſure, au droict de l'architraue, ie fais des trous quarrez, jaçoit qu'ils reſſemblent à lozanges, ayants les points en haut & en bas. Ce que ie vous monſtre & propoſe en plus grand volume, au deſſous de ladicte figure, aux lieux marquez A, qui ſont vn architraue de pluſieurs pieces, portant ſur deux chapiteaux, auſquels lieux de A, quand les pieces ſont aſſemblées & maçonnées, on met vn dets de pierre tout à trauers dudit architraue, qui ſe maçonne auec la laictance de chaux comme le reſte. Le tout eſtant ainſi faict, & les pieces de l'architraue miſes ſur le lict, elles ſont beaucoup plus fortes que ſi elles eſtoient toutes d'vne piece. Vous voyez d'autre pieces que i'ay hachées auec le dets, auſſi marquées A, qui font cognoiſtre ſi familierement telle façon, qu'il n'eſt de beſoing d'en faire plus long diſcours : ioinct auſſi qu'il eſt treſaiſé de cognoiſtre le tout par ladicte figure, ie ne diray ſeulement pour toutes façons d'architraue, mais auſſi pour toutes plates bandes qui ont grandes ſaillies & grande eſtendüe d'vne colomne à autre : ainſi que i'ay faict au chaſteau de ſainct Maur, à la porte par ou l'on entre de la court au principal logis, & auſſi au portique du chaſteau d'Annet deuant la chappelle, ou l'on voit que entre les piliers au lieu des arcs cela eſt tout droit. Mais pour reuenir à la prochaine figure, on y voit auſſi les meſures des colónes, baſſes & chapiteaux, voire la meſure d'vne porte, qui a trois parties ſur deux de large, auec ſes ornements ainſi que vous le pouuez iuger : laquelle choſe me gardera d'en faire autre diſcours. Il eſt bien vray que i'ay trouué que en aucuns edifices antiques par deſſus les architraues au droit de la frize, l'on faiſoit des arcs ſurbaiſſez pour garder que les architraues ne ſe rompiſſent entre les colomnes. Qui ſera cauſe de me faire eſcrire d'vne autre ſorte de portique, beaucoup meilleure & plus aſſeurée, quand on veut eſleuer ſon baſtiment d'vn eſtage, ou de deux, ou trois : car il ne faut craindre qu'il en aduienne faute.

Explication fort ample de la figure enſuiuant.

Continuation de l'explication des parties de la figure prochaine.

Aduertiſſement non indigne de noter.

D'autre

DE PHILIBERT DE L'ORME

LIVRE VII. DE L'ARCHITECTVRE

D'autre sorte de portique vouté sur les colomnes.

CHAPITRE XVI.

Description & explication de la figure qui en-suyt le present chapitre.

ON auroit enuie de faire vne autre sorte de portique ou peristyle plus fort & plus asseuré que les precedents, pour porter grand fardeau, sans aucune contrainctre de reiecter la pesanteur sur les architraues : & aussi qui demanderoit auoir plus de largeur & hauteur, ie luy figure cy aprés quatre colomnes de l'ordre Dorique, faictes chacune des trois pieces, & ayant aux commissures quelques petits astragales ou membres ronds pour les cacher estants lesdictes colomnes en distance l'vne de l'autre de trois espesseurs, & vn peu plus que demie de la grosseur des colomnes, & tous les trois entrecolomnements d'vne mesme largeur. I'ay faict par dessus le chapiteau desdictes colomnes vne corniche qui sert non seulement de corniche, mais aussi d'architraue, pour sa portion de frise. Par dessus ladicte corniche ie mets trois hemicycles, ou trois arcs à demy ronds, qui seront faicts de plusieurs pieces separées par les commissures qui prouiendront du centre, d'où sont tirez lesdicts hemicycles. Au dessus vous voyez l'architraue Dorique auec gouttes, & par dessus les triglyphes & metopes accompagnez de trophées martiaux & militaires : puis tout au dessus, ses couronnes & corniches. *Telle façon de portique ne craint aucunement la charge & recharge de deux & trois estages de maçonnerie, voire tant que on en voudra eriger.* Bref, pourueu que les fondements y soient bons & bien faicts, il n'y faut rien craindre, estant l'œuure proprement conduicte comme il faut, & le pouuez voir & iuger par la figure suiuante.

Façon de portique ne craignât la charge.

Comme

Comme lon doit planter vn ordre Thuscan de quatre colomnes, soit pour vn portique d'Eglise, ou bien pour vn Palais, ou autre edifice

CHAPITRE XVII.

Ombien que i'aye parlé cy deuant des portiques pour les Temples & lieux sacrez, si est ce que mon principal but en ce present œuure tend plus à descrire & monstrer la construction de toutes sortes d'edifices & bastiments, que des Eglises & Temples, desquels ie delibere parler ailleurs. Pour doncques reprendre lesdicts bastiments, vous auez entendu comme il leur faut distribuer les ordres des colomnes, & s'en ayder : mais pour plus facile intelligence de nostre dire, par maniere d'exemple ie delibere vous proposer encores vn department &

L'Auteur ne pretendre icy descrire la construction des Temples, ains seulement des edifices & bastiments.

LIVRE VII. DE L'ARCHITECTVRE

distribution de colomnes, suiuant les nombres & proportions que vous verrez à l'autre Tome & volume de nostre Architecture. Doncques, ie presuppose icy que la face de vostre maison soit vn quarré parfaict (i'entend aussi large que haut, comme est la figure de l'homme ayant les bras estendus en forme de croix) & que ledit quarré soit diuisé en dixhuict parties en tous sens, qui sont trois cens & vingt-quatre parties, quand les deux costez sont mul-

Declaration des parties de la figure ensuiuant.

tipliez l'vn par l'autre. De ces parties vous voyez comme en là figure cy aprés proposée, deux sont données pour la grosseur de chacune colomne, & douze pour la hauteur : le plinthe de la basse a vne partie de hauteur : la basse, vne autre : le chapiteau marqué D, vne autre : l'architraue signé C, vne autre : & la frize B, auec sa corniche marquée A, chacune vne autre partie de hauteur. Les entrecolomnes, comme celle du milieu, ou vous voyez marqué H, se trouuent auoir trois parties d'vne colomne à autre, & les entrecolomnements par les costez, ainsi que aux lieux signez G, deux parties & demie. Telle façon & distribution de mesures est propre pour l'ordre Thuscan, qui doit estre fort pour porter les grandes pesanteurs, & pour n'auoir grand interualle d'vne colomne à autre : ioinct aussi qu'il est dedié pour le premier ordre, par les raisons que nous auons alleguées en parlant des mesures & ornements de la colomne Thuscane. Il est vray que cecy ne

Enquoy sont differentes les mesures inuentées par l'Auteur, à celles de Vitruue.

s'accorde auec les mesures que ie vous ay cy-deuant proposées de Vitruue, car il veut que l'entrecolomnement du milieu ait trois fois la largeur de sa colomne, & à cestuy cy nous la luy donnons seulement vne fois & demie. D'auantage ledit Vitruue veut que les entrecolomnements par les costez ayét deux diametres, & vn quart de leurs colomnes, & ceux cy n'en ont qu'vn & vn quart. Quoy qu'il en soit il ne faut craindre en telle façon que l'epistyle ou architraue lequel vous voyez à l'endroit marqué I, soit en danger de se rompre pour les charges qu'il porte (pourueu que la pierre soit bonne) pour autant qu'il n'a longue portée, & n'y a gueres de distance d'vne colomne à l'autre. Aussi la distance des passages pour entrer dans le portique entre les colomnes, comme vous les voyez à l'endroit marqué L M, n'est pas fort large. Quand les colomnes sont de trois à quatre pieds de diametre, plus ou moins, on trouue les espaces assez suffisantes pour entrer

Inuention de l'Auteur extraicte des diuines proportions & mesures de la Bible.

dans les portiques, peristyles, ou autres, Pour conclusion, si ie desirois donner à Thuscan vne belle mesure & tres-forte, ie voudrois vser de ceste cy, laquelle i'ay retirée de nos Diuines proportions, ainsi que, Dieu aydant, vous le cognoistrez quelque jour. Vous pouuez doncques colliger de la prochaine figure, non seulement les hauteurs, mais aussi les largeurs & saillies des corniches & moulures, tant des chapiteaux que des basses & encores des retraictes des colomnes.

D'vne

DE PHILIBERT DE L'ORME 228

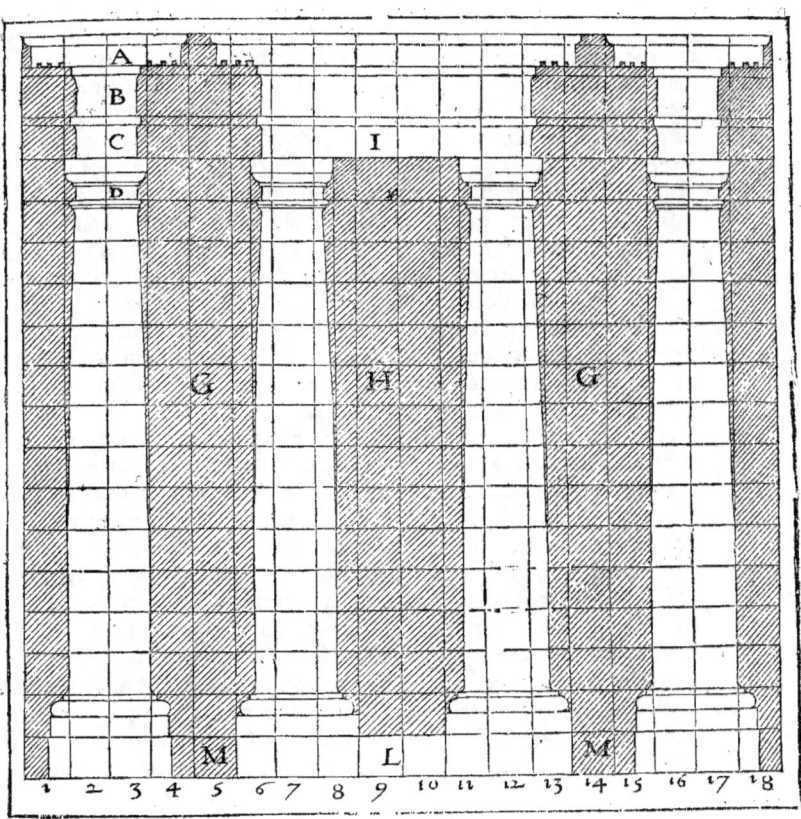

D'vne autre sorte de portique de l'ordre Corinthien.

CHAPITRE XVIII.

IE vous figure encores cy-apres vn portique de l'ordre Corinthien accompagné du nombre de six colomnes, & luy donne pour sa latitude, ou largeur, dix-huict parties, iaçoit qu'elle doit estre de vingt, pour y comprendre la saillie des corniches par les costez. Les colomnes sont faictes pour toute leur grosseur d'vne desdictes parties, & l'entreco-

Declaration du portique cy-apresfiguré & proposé.

S iiij

lomnement du milieu de trois, & ceux qui sont par les costez : de deux & vn quart. Cela est suiuant l'opinion de Vitruue, laquelle ie trouue fort bonne. La hauteur des colomnes auec leur chapiteau & basse, a dix de ses parties, & toute la hauteur ensemble, iusques au dessus de la corniche, faict douze parties. Ie descrirois le reste bien au long, n'estoit que vous le pouuez cognoistre par la prochaine figure, & aussi que ie vous en ay assez escrit en traictant de l'ordre & mesures des colomnes Corinthiennes. Vray est que ie ne vous ay point parlé encores des tympans & frontispices, ausquels ie baille pour leur hauteur deux parties & vn quart : & pour la hauteur des acrotaires qui sont par les costez, vne partie & demie. Ie sçay bien que Vitruue veut

L'Auteur n'accorder auec ques Vitruue en tout & par tout.

queledit tympan ou frontispice soit de hauteur par le milieu, d'vne neufuiesme partie de toute la largueur du portique, à prendre depuis vn des bouts, iusques à l'autre, & au droit de la derniere cymace : mais icy nous ensuiuons nos diuines proportions. Bref, le tout doit estre perpendiculairement, soit le frontispice, ou les acrotaires & amortissements, à la premiere face de l'architraue, ou bien au neud du dessus de la colomne. Il faut conduire la corniche en declinant en pente, comme l'on a accoustumé de faire les tympans & frontispices, pour donner pente & vuydange aux eaues, à fin que tombant en bas elles ne bauent & maculent les œuures, ornements, corniches & autres. Les anciens Architectes ont mis aux gueulles & cymes des corniches, des testes de Lyon, pour seruir de gargouilles & vuydanges des eaues. Mais notez qu'aux cymes qui sont ainsi faicts en pente, on donne de

Continuation de l'explication des parties de la figure suiuant le present chapitre.

hauteur & saillie la huictiesme partie de toute la hauteur de la corniche, qui est au dessous. Quant à l'acrotaire, ou pied de stat qui est sur les angles (dont i'ay parlé cy-dessus) Vitruue veut qu'il ait de hauteur autant que est la moitié de la hauteur du tympan. Les acrotaires qui sont au milieu, sur la pointe au dessus du tympan & corniche, auront vne huitiesme partie d'auantage. Pour autant que telle mesure est belle, ie l'ay bien voulu alleguer, comme ie fais toutes autres choses que ie trouue les plus necessaires & exquises. Si est ce que ie n'ay trouué semblable mesure de frontispice & tympan aux edifices antiques, ains plustost differentes ainsi que veritablement elle doit estre selon la hauteur & grandeur des œuures qu'on a à faire : comme ie le vous veux bien monstrer par l'exemple de quelques vns que i'ay trouuez aux edifices antiques, & signamment aux frontispice & tympan du portique du Pantheon, lequel portique a de largeur par le deuant, d'vn des bouts de l'extremité de la frize, à l'autre, cent octante palmes,

& sept

DE PHILIBERT DE L'ORME.

& sept minutes. Et pour vous le faire mieux entendre, ie vous repeteray encores les hauteurs de son architraue, frise, & corniche, (ainsi que ie vous l'ay monstré au sixiesme liure cy deuant fueillet 189 & 190) à fin que vous puissiez mieux cognoistre les proportions & mesures du tympan dont nous voulons parler. Doncques la hauteur de son architraue, a palmes quatre, minutes quatre onces deux : la hauteur de la frise, palmes quatre minutes cinq : la hauteur de sa corniche, palmes quatre, minutes dix : & compris le cyme qui est à la corniche, & faict le frontispice, palmes cinq, minutes huict, onces trois. Au dessus de la corniche, d'vn angle pointu à autre, se trouuent cent soixante huict palmes : & de telle corniche iusques au dessus du frontispice, (i'entend à la poincte au plus haut de la corniche, par le milieu du frotispice, car ie ne l'ay peu mesurer autrement) y a de hauteur, palmes trente quatre minutes dix, once vne & demie, & en striant la hauteur de la corniche par le plus haut au droit de la poincte & angle obtus se trouueront six palmes & enuiron six minutes. Il resteroit doncques entre les corniches pour la hauteur du tympan, vingt huict palmes, quatre minutes, once vne & demie, ou enuiron cela. Par ainsi telle hauteur de tympan n'est pas vne septiesme partie de toute la largeur du portique, mais beaucoup plus qu'vne sixiesme. Qui est bien loing de la mesure que donne Vitruue quand il veut que ledit tympan soit de la hauteur d'vne neufuiesme partie de toute la largeur du portique, ainsi que vous l'auez ouy cy dessus en ce mesme chapitre. I'en ay trouué de plusieurs autres sortes, auec fort belles mesures, & tres-admirables à voir en œuure, desquels ie vous donnerois icy bien volontiers les figures accompagnées de leurs mesures, n'estoit que les planches ne sont encors taillées : mais ie ne faudray de les vous exhiber Dieu aydant, sur la fin du huitiesme liure prochain : tant pour le frontispice du portique du susdit Pantheon, que d'autres, auec leurs ornements. Ce temps pendant ie vous ay bien voulu faire ce petit discours, comme i'ay faict des autres mesures, à fin que vous y preniez garde suiuant la hauteur & mesure des œuures que vous aurez à faire : car il y a aucuns frontispices & tympans, (comme ceux qui sont pres de la veuë, & qui sont dediez pour portiques, ou il n'y a que quatre colomnes, & aussi pour les ornements des portes) ausquels ie ne voudrois donner que la dixiesme partie de toute la longueur de leur frise, depuis vn bout de l'extremité de la frise, iusques à l'autre. Et quand il y a six colonnes, huict, ou dix, selon les hauteurs de l'œuure, il faut faire les tympans & frontispicees beaucoup plus hauts, comme de la se-

Mesures des parties du portique du Pantheon Romain.

Opinion de Vitruue debatuë & reprouuée touchant la mesure du tympan.

Aduertissement pour la cõpositiõ des tympans fors digne de noter.

LIVRE VII. DE L'ARCHITECTVRE

ptieme partie de la largeur de l'œuure, ou bien de la sixieme pour le plus: laquelle sixieme est fort propre pour les haulteurs que lon donne aussi aux pignons des edifices: auquel lieu on peult faire vne façon de frontispice sur les corniches, qui seruira pour les entablements desdicts edifices: & iaçoit que lon n'y applique aucunes colomnes par le dessous, si est-ce que cela se trouue fort beau.

Instruction pour la mesure des frontispices & tympans.
Vous pouuez donner encores autres sortes de mesures ausdicts frontispices & tympans, soit que vous les faciez tous droicts & poinctus, ou bien circulaires par le dessus. Cela se peult tirer apres vn triangle equilateral en mettant la poincte du compas à vn des angles, & estendant ledict compas sur l'autre angle, figurant vne circonference, qui vous monstre la haulteur du tympan. La chose est semblable comme quand on veult trouuer les cornes du chapiteau Corinthien, ainsi que vous l'auez peu voir au sixieme liure precedent, fueillet 180: auquel lieu vous voyez vn triangle equilateral marqué A B C, & mettant la pointe du compas sur l'angle C, puis l'estendant iusques au poinct de A, & faisant vne circonference, *verbi gratia*, A D B, elle vous monstre la haulteur & façon d'vn frontispice, soit pour le faire rond par le dessus, ou droict. Mais tels frontispices sont fort beaux quand ils sont vnis de pres: comme ceux qui sont au frontispice des portes que verrez cy apres au huitieme liure. Quand il fault faire lesdicts frontispices à

Promesse de l'autheur & renuoy au prochain liure ensuiuant.
vn edifice de grande haulteur, il fault cognoistre la raison de l'optique ou perspectiue, pour leur donner beauté & grace, à fin que lon en puisse receuoir contentement. Mais quant à ce propos sera assez, vous suppliant de vous vouloir contenter pour ceste heure, de la prochaine figure, en attendant le discours du huitieme liure ensuiuant, auquel nous vous proposerons, ainsi que ie vous ay promis, plusieurs sortes de portes accompagnées de leurs frontispices, tympans, & ornements. La prochaine figure vous monstrera comme ie voudrois conduire le tout, suiuant le discours contenu au present chapitre.

L'autheur pour suiure en ceste œuure vne methode d'Architecture nommee compositoire.
Vous auez doncques veu iusques icy aux trois liures precedents, les ordres & mesures des colomnes, tant simples que composées, auecques leurs ornements pour decorer les murs, les portiques, peristyles, vestibules, & autres lieux esquels on les veult appliquer. Cela faict, il me semble que pour continuer la suitte de nostre entreprinse, (qui est de conduire vn bastiment par compositoire methode d'Architecture, le menant & maniant depuis les premiers fondements, iusques à la couuerture) ie dois consequemment escrire des portes, fenestres, & lucarnes, qui seruent non seulement pour les ornements des murs, & necessité des veuës,

mais aussi pour ce qui est le plus requis aux edifices, sçauoir est pour les entrées, ouuertures & passages, & pour oster les subiections des membres du logis, soit pour entrer dedans les sales, chambres, & autres lieux, ou aussi pour leur donner veuë & clarté, ainsi que vne chacune chose le requiert. Mais nous n'y omettrons aussi les cheminées, auecques toutes leurs parties, ornements, tuyaux, ouuertures & manteaux: & signamment certains moiens d'empescher qu'elles ne reiectent la fumée dedans les sales, chambres & autres lieux des logis ainsi qu'il se comporteront. Ce que, Dieu aydant, nous monstrerons & figurerons si familierement, qu'vn chacun en pourra retirer quelque fruict & profit, accompagné de singulier plaisir. Le tout pour l'vtilité & vsage du bien publique, auquel nous auons tousiours estudié de pouuoir apporter quelque profit, moiennant la grace de Dieu: qui iusques icy a conduit nostre presente œuure & entreprise, & par sa saincte bonté la conduira & accompagnera iusques au bout: auquel en soit honneur & gloire eternelle.

LE HVITIESME

LE HVICTIESME LIVRE
DE L'ARCHITECTVRE DE PHILIBERT
DE L'ORME, LYONNOIS, CONSEILLER ET
Aumofnier ordinaire du Roy, Abbé de
sainct Eloy lez Noyon, & de
S. Serge lez Angers.

PROLOGVE PORTANT FORME
d'aduertissement.

POVR sommairement recoliger & reduire, quasi en epitome, ce que iusques icy nous auons prolixement discouru aux liures precedents, vous vous resouuenez (ainsi que ie croy) comme au premier liure, nous auons donné plusieurs aduertissements, tant pour ceux qui veulent faire bastir, que pour ceux qui entreprennent les œuures. Au second i'ay expliqué la façon comme l'on doit trasser les fondements, & le moyen pour les faire bons, auec la difference qu'il y a des vns aux autres: puis i'ay monstré comme il faut nyueler & trouuer toutes sortes d'angles, & cognoistre les matieres desquelles on se doit ayder pour bien bastir. Au troisiesme vous voyez la disposition, naissance, & commencement des edifices, situations des caues, & comme on les doit faire bonnes, le lieu des celiers, cuisines, gardemagers, & la pratique des traicts Geometriques pour faire voûres pour les descentes, soit en forme biaise, ou autrement, & des vousures reiglées: puis comme des vieux bastiments & maisons imparfaictes, l'on en peut faire de parfaictes, & rendre commode ce qui est incommode. On voit aussi audit liure plusieurs sortes de portes & en-

Bresue & sommaire recapitulation du contenu aux liures precedents.

T

LIVRE VIII. DE L'ARCHITECTVRE

trées des baſtiments fort eſtranges, auecques la methode de les trouuer en autant de façons qu'on en pourra auoir affaire. Au quatrieſme, vous auez d'autres ſortes de traicts Geometriques, tant pour faire trompes & ſuſpentes de pluſieurs ſortes, & le moyen de les inuenter & conduire, comme vous le porrez deſirer, qu'auſſi pour faire voûtes propres à ſeruir aux Egliſes, Temples, Palais & autres édifices: pareillement pour montees d'eſcaliers, & vis de pluſieurs ſortes. Au cinquieſme, vous auez le commencement des ordres des colomnes, comme de la Thuſcane, Dorique, & Ionique, auec la difference des ſtylobates, pieds de ſtat & autres ornemens des colomnes, retirez des antiquitez, & auſſi ſuyuant l'opinion de Vitruue & la noſtre: ſans y auoir obmis pluſieurs belles inuentions & meſures de pluſieurs ſortes. Au ſixieſme, vous trouuerez l'ordre Corinthien deſcrit en pluſieurs façons & meſures retirees ſemblablement des antiquitez, & de nos Liures, conformément à l'experience que i'en ay faict pluſieurs fois. Au ſeptieſme, nous vous auons propoſé les colomnes compoſees, auec vn petit diſcours de l'ordre Athenien, & auſſi de nos colomnes, leſquelles i'appelle Françoiſes, pour auoir eſté premierement & n'agueres pratiquées en France, par noſtre inuention, ordonnance & façon, auec pluſieurs ſortes d'ornemens de leurs corniches, friſes, chapiteaux, & autres parties, afin de les pouuoir bien appliquer en œuure, & declarer aux apprentifs, & autres qui s'en voudront ayder. Apres doncques vous auoir propoſé ce que deſſus, & auoir entendu la bonne aſſiette des fondemens, & pratique des traicts Geometriques, pour ſçauoir mettre toutes pierres en maçonnerie, ſelon les œuures qu'on aura à faire, & auſſi apres auoir cogneu tous les ordres des colomnes, pour pouuoir dreſſer tous ornemens des murs, & encores pour les diſtributions des entre-colomnemens deſquels on ſe veut aider aux portiques, periſtyles & autres, il me ſemble reſter maintenant à vous eſcrire comme l'on doit appliquer leſdites colomnes aux grands portaux, ſoient entrees de Villes, arcs triomphaux, portes de Chaſteaux & Palais ou autres, auec les ornemens des murs & faces des baſtimens: puis par meſme moyen vous monſtrer les largeurs & hauteurs des feneſtres & lucarnes, eſtans auſſi accompagnees de leurs ornemens & meſures, ſemblablement les cheminees, tant en leurs pieds droicts que manteaux, & amortiſſemens qui ſont par deſſus les couuertures: & ayant ſatisfaict à tout cela, vous parler (pour la perfection des baſtimens) des poûtres, planchers, & couuertures, ainſi que deſia vous en pouuez auoir veu quelque choſe en noſtre Nouuelle Inuention de Charpenterie. Mais delaiſſans ce diſcours, nous pourſuiurons, ou pluſtoſt entamerons

Pourſuite & continuation de ce que deſſus.

Des matieres que l'Autheur delibere traiter en ce preſent Liure VIII.

DE PHILIBERT DE L'ORME 232

merons le present liure, & monstrerons par desseins & exemples
comme les colomnes se doiuent appliquer aux grandes entrées de
villes, ou arcs triumphaux.

*D'vn arc triumphal retiré des antiquitez de Rome, pour monstrer
par exemple comme il faut distribuer les colomnes aux
ornements des grandes portes, & entrees.*

CHAPITRE I.

 A figure que vous verrez cy apres d'vn arc triumphal, laquelle i'ay mesurée estant à Rome, vous monstre que toute sa largeur a trente neuf palmes & cinq minutes, & celle du vuide, c'est à dire la largeur de la porte par ou lon passe, treize palmes, cinq minutes: les deux pieds de stat doubles qui sont par les costez, ont pour vn chacun costé de largeur, treize palmes. Il se voit comme toute ceste largeur est diuisée en trois parties, desquelles vne est pour le vague ou vuide, & les deux autres pour les deux pieds de stat qui sont par les costez & portent quatre colomnes, sçauoir est deux d'vn chacun costé de la porte. Vray est qu'il s'y trouue quelque peu de difference, comme de cinq minutes, qui faict que la porte est plus large, laquelle a de haulteur depuis le pied iusques au dessus de l'imposte, vingt-huict palmes, vnze minutes: & la voute ou hemicycle de ladicte porte, six palmes, huict minutes. On remarque icy comme les distributions des colomnes sont données, car vne chacune a trois palmes & trois minutes de largeur par son diametre, au dessus de la basse: & d'vne colomne à autre y a six palmes & six minutes, qui est pour l'entrecolomnement la largeur des deux diametres des colomnes ou deux fois leur grosseur. Les pieds droicts qui sont au costé de la porte, ont vn palme & six minutes de largeur. Si vous voulez cognoistre plus au long les mesures de la presente porte ou arc triumphal & semblables, vous les pourrez voir en la figure cy-apres proposée, en laquelle i'ay mis iustement les mesures que i'y ay trouuées: come aux pieds de stat quatre palmes, seize minutes de large. Vous y voyez aussi sa haulteur, & de la basse & corniche : semblablement du plinthe & basses des colomnes: lesquelles colomnes ont vingt six palmes, & deux minutes de haulteur, & par le dessus, deux palmes & vnze minutes, au dessous du chapiteau: la haulteur duquel a trois palmes huict minutes: celle de l'architraue, deux palmes sept minutes: de la frize, deux palmes: & de la corniche, trois palmes. Le tout se void par la figure prochaine.

Declaration & explication de la figure cy apres descrite & proposée.

Continuation de ce que dessus.

T ij

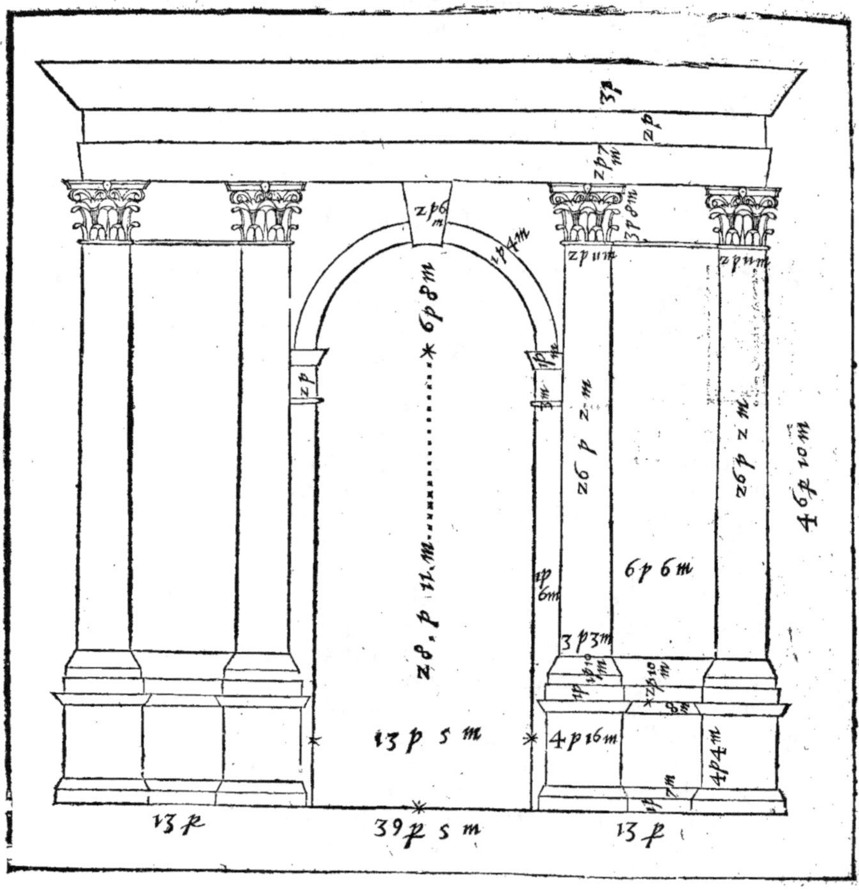

LIVRE VIII. DE L'ARCHITECTVRE

Autre inuention pour les distributions des colomnes aux grandes portes & entrees, suiuant les nombres & mesures des diuines proportions, desquelles nous nous voulons ayder, ainsi que i'ay dict plusieurs fois.

CHAPITRE II.

IE vous propose cy apres vn quarré parfaict, & le figure comme si ie voulois faire vne magnifique entrée, ou arc triumphal, ou bien quelque grande porte de ville, Chasteau, ou Palais, diuisant ledict quarré en trente parties d'vn chacun costé, sçauoir est trente de hault, & trente de large. Desquelles i'en prend dix pour le vuide de la porte, & dix pour vn chacun costé des

DE PHILIBERT DE L'ORME.

sté des fondements & pieds de stat des colomnes marquées D. Ausquels pieds de stat ie donne six parties de hauteur, en y comprenant leurs corniches & basses: & neuf pour leur largeur au dessous de leurs corniches. Puis pour la grosseur d'vne chacune colomne, ie donne deux parties, & seize de hauteur entre la basse & le chapiteau. Lequel chapiteau en a deux, & la basse vne. En apres d'vne colomne à autre, il y a quatre des susdictes trente parties, qui font deux diametres de colomnes pour l'entrecolomnement, comme vous le cognoistrez aux endroicts marquez E. Et d'vne colomne à autre par le milieu, au droict de la porte, vous trouuez douze desdictes parties, comme depuis le pied de la porte iusques au dessus de l'impost, dix huict. Toute la hauteur de la porte par le milieu au dessous de sa voûte, a vingt trois parties, ou vingt quatre, comprise l'espesseur de l'arc, ou voûte de porte. La clef de ladicte porte marquée F, a deux parties au dessus, & vne partie & demie par le dessous. La hauteur de son architraue marquée C, a vne partie de haut: la hauteur de la frise marquée B, deux: & la hauteur de la corniche signée A, deux autres. Mais telles mesures de corniches, frises, architraues & chapiteaux, qui font sept parties ensemble pour leur hauteur, se doiuent distribuer selon la hauteur de l'œuure que lon veut conduire: car quelquefois il faudra faire le chapiteau plus haut, quelquefois l'architraue suiuant les reigles & raisons que i'ay donné par cy-deuant aux ordres des colomnes. Par ainsi quãd il n'y a point d'ouurage ou taille à la frise, elle ne doit point estre si haute que l'architraue: mais quand on y faict des fueilles & ornemets, les anciens l'ont tousiours faicte plus haute que ledit architraue. Si est ce que ie me voudrois tousiours ayder de ses distributions & parties, sans en donner ne plus ne moins, & m'ayder de ces nombres & diuisions de dix, de sept, & de six, à tous propos, toutes hauteurs d'edifices & inuentions d'œuures. Si vous entendez la Theorique d'Architecture, & sçauez pratiquer la distribution des nombres que ie vous propose, il vous sera aysé de donner toutes sortes de mesures parfaictes à vos œuures, & admirables, pour le grand contentemẽt & plaisir qu'elles donneront aux spectateurs: ainsi que le peuuent considerer & pratiquer ceux qui en voudront prendre la peine.

Aduertissemẽt fort bon & digne de noter.

Mesures parfaictes & tres-admirables.

T iij

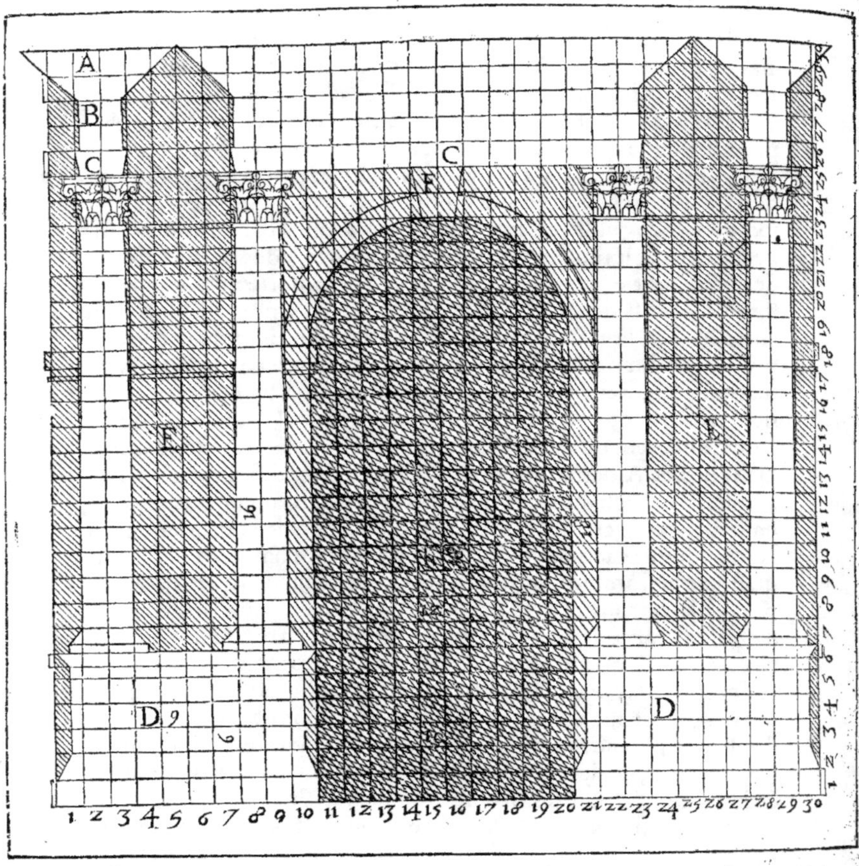

LIVRE VIII. DE L'ARCHITECTVRE

Autre sorte de mesures, non seulement pour les arcs triomphaux & grandes portes des villes mais aussi pour les principales entrées & portes des Eglises, Temples, Chasteaux, Palais, & simples maisons, esquelles on se peut ayder de plusieurs sortes de mesures, tant belles qu'on en aura affaire.

CHAPITRE III.

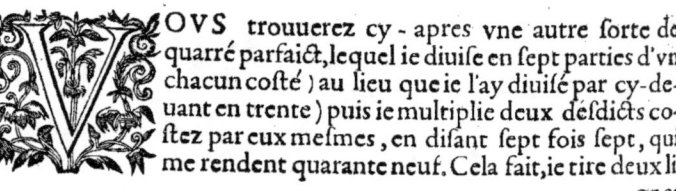

VOVS trouuerez cy-apres vne autre sorte de quarré parfaict, lequel ie diuise en sept parties d'vn chacun costé) au lieu que ie l'ay diuisé par cy-deuant en trente) puis ie multiplie deux desdicts costez par eux mesmes, en disant sept fois sept, qui me rendent quarante neuf. Cela fait, ie tire deux lignes

DE PHILIBERT DE L'ORME 234

gnes diagonales dedans ledict quarré parfaict comme, vous les voyez de I à L, & de T à K, & ou c'est qu'elles entrecoupent la ligne S C, & R Z, cela monstre la hauteur que doit auoir vne porte quarré, suiuant la ligne V X, laquelle enseigne la hauteur de la porte P S, & O R. Quant à sa largeur, elle seroit comme R S, O P, qui sont trois parties de largeur, sur cinq de hauteur. Si vous voulez que ce vague, ou vuyde, & grande hauteur de porte, serue pour voûtes & hauteurs d'vne Eglise ou d'vn arc triomphal, vous mettrez vostre compas au centre Y, & en ferez vn hemicycle, ainsi que vous le voyez, representant la voûte: puis par le dessus, au lieu marqué 4, vous faictes la hauteur du pronao, ou lanterne, qu'on met quelquefois sur les grandes voûtes des Eglises, ou d'autre sortes d'edifice. Ladicte lanterne a vne septiesme partie de largeur de tout le quarré, ainsi que vous le pourrez cognoistre par la figure prochaine. Mais si vous voulez faire des basses voûtes, vous tirez vne ligne du centre A, qui est le milieu de la porte, iusques à C, & au lieu qu'elle entrecouppe la ligne Q & G, sur la ligne M N, vous trouuerez la hauteur du dessus de l'impost des basses voûtes. Puis mettant le compas au centre H, & faisant vn hemicycle, cela vous monstre iustement à faire la hauteur de vos basses voûtes. Quant à la pente & sa couuerture ayant vne poussée & boutée suffisante contre la grande voûte, ou grande porte du milieu, vous les prenez sur la ligne horizontale qui fait la quatriesme partie de la hauteur, ainsi que vous y voyez les lignes de pente qui representent les couuertures des basses voûtes ou des petites portes qu'on peut faire par les costez des grandes. Lesdictes basses voûtes vous monstrent aussi la hauteur & largeur que vous deuez faire dedans œuure, quand vous faictes les ornements des colomnes par le deüant. Par ainsi de sept parties de toute la largeur de vostre edifice, les trois sont données pour la principale entrée du milieu, & grande porte, si vous voulez, & deux d'vn chacun costé pour les petites portes, qui ont deux parties sur trois, & enuiron vn quart de hauteur. Quand telles mesures sont tirées, il faut trouuer les grosseurs des murailles & piliers qui se font, tant pour les extremitez, que pour les separations des grandes & basses voûtes, ou grandes portes & petites. La ligne A B, vous propose vne autre sorte de mesure pour la hauteur d'vne porte, au lieu ou c'est qu'elle entrecouppe la ligne C S, pour monstrer le vague de ladicte porte, tant sur sa largeur, que sur sa hauteur, qui peut auoir quatre parties sur trois. Ladicte mesure monstre aussi la hauteur des fenestres, pour donner clarté dedans la grande voûte iusques à la lettre P, ou bien au droict de la ligne V X. Si vous desirez faire vne plus petite porte, vous pouuez prendre la largeur d'vne de ses parties, comme vous la voyez au milieu, marquée A. La hauteur sera autant

Declaration bien ample de la figure cy après proposée & de ses parties.

Continuation de ce que dessus.

Poursuitte de l'explication de la figure suyuante.

T iiij

LIVRE VIII. DE L'ARCHITECTVRE

que M E, qui se faict par vne ligne circulaire qui vient de l'angle, estant aussi longue que la diagonale, d'vne de ses quarrez. Vous serez aduertis que la prochaine figure que ie vous propose cy-apres, n'a esté faicte pour ce present œuure d'Architecture, mais bien pour nostre second Tome, auquel ie l'accommode aux proportions & mesures des Eglises, & lieux sacrez. Mais voyant que ce lieu estoit fort à propos pour l'appliquer aux mesures & demonstrations des portes & grandes entrées des Palais, Chasteaux & maisons, ie l'ay bien voulu icy produire & mettre en lumiere, à fin qu'on s'en puisse ayder, pource qu'elle monstre plusieurs sortes de mesures pour les ouuertures des portes. Par ainsi vous pouuez faire vne grande porte qui sera de trois parties sur six & demie, compris l'espesseur de la voûte: en la faisant ronde, ou bien quarrée de trois parts de large sur cinq de hauteur, ou bien de trois de large sur quatre de hauteur, quelquefois de la hauteur de la diagonale du quarré: comme celles qui sont par les costéz, de deux sur trois & vn quart, & quelque chose d'auantage. Il ne faut craindre de faire ainsi toutes ces ouuertures & hauteurs de portes, car elles se trouueront tres-belles.

Aduertissemēt de l'Auteur accōpagné de bon vouloir.

autre

DE PHILIBERT DE L'ORME 235

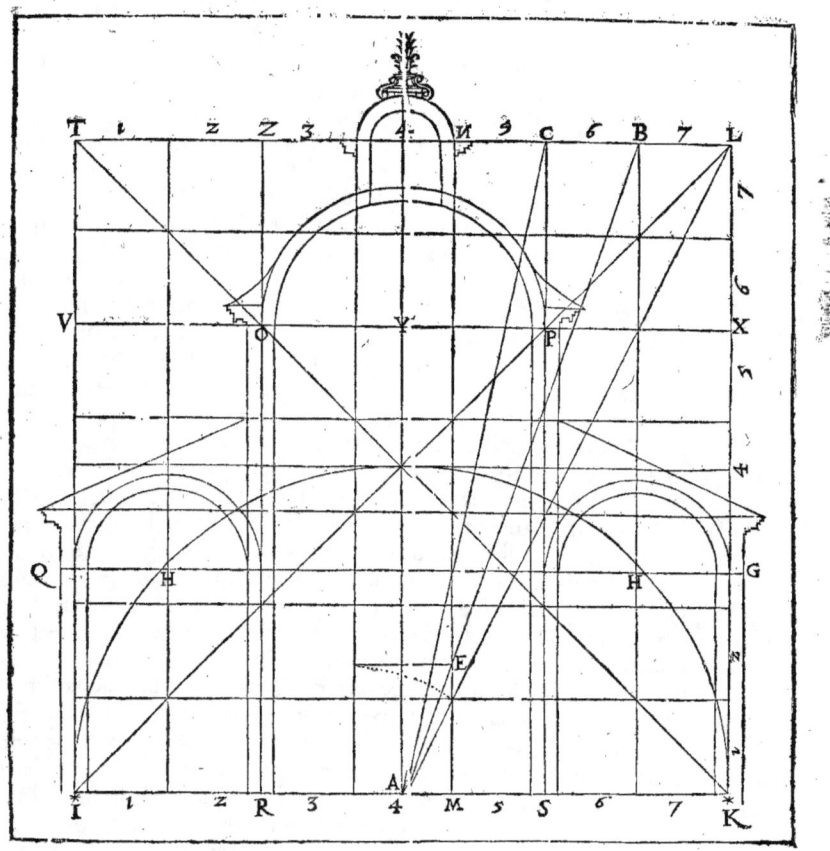

Autre sorte pour trouuer promptement les mesures d'vne porte auec les ornements de ses colomnes.

CHAPITRE IV.

QVAND vous desirez faire vne porte mediocre, c'est à dire n'estant trop riche d'ornements, il fault seulement appliquer en ses pieds droicts quelques moulures en façon d'architraue, & des mutules, & corniches, comme aussi des colomnes, auec leur basse, chapiteau, frize, & corniche. Si vous y voulez faire vn ordre Dorique, vous diuiserez toute la largeur & hauteur d'vn chacun costé en dix-huict parties, & multiplierez vn des costez par l'autre, comme dix-huict par dix-huict, & vous aurez

Pour vne porte qui n'est trop riche & superbe.

LIVRE VIII. DE L'ARCHITECTVRE

trois cens vingt quatre parties, ainsi que vous le pouuez cognoiſtre par les lignes qui ſont tirées de long & à trauers en la figure ſuiuante. Sur ce propos vous vous ſouuiendrez des nombres dont ie vous ay aduertis cy-deuant, à fin de vous en ayder, qui ſont deux, trois, ſix, ſept, & dix, leſquels nous employons icy, en donnant trois fois ſix de longueur, & autant de haulteur au proche deſſein, qui font dix-huict parties pour chacun coſté. Puis nous prenons la tierce partie de la largeur (qui eſt ſix) & la donnant à la largeur de la porte entre les pieds droicts, & la reſte des dixhuict parties, ſçauoir eſt douze pour la haulteur depuis le ſueil, ou lon marche, iuſques au deſſous de ſa couuerture. Ce faiſant il ſe trouue vne porte quarrée, qui eſt propre pour vne des principales entrées d'vn Palais, ou d'vne grande maiſon, au lieu ou lon faict vne grande entrée. Doncques s'il luy failloit ſix pieds de large, elle en aura douze de haulteur dans l'œuure. Vous donnerez en apres vne de ces parties à la largeur du pied droict pour faire la moulure & architraue, qui regnera tant deſſus la couuerture, qui eſt le ſupercile, que par leſdicts pieds droicts. Vous ferez vne frize par deſſus ladicte couuerture, qui aura de haulteur vne des ſuſdictes parties, & autant pour la corniche, qui ſera au deſſus de la frize. Et en faiſant des mutules ou rouleaux par les coſtez de la porte, ils auront par leurs coſtez vne de ces parties de largeur, & trois de haulteur, eſtants ſurpendus depuis le deſſous de la corniche, iuſques en bas. Depuis le pied droict de la porte, vous prendrez trois de ces parties, & au bout d'icelles vous erigerez vne colomne d'vn chacun coſté, ou bien vn pilier quarré de l'ordre Dorique, qui aura deux parties de largeur, & treize de haulteur: ſa baſſe, chapiteau & architraue, chacun vne partie pour leur haulteur: & autant pour la frize & corniche. Si eſt-ce que la corniche doit auoir vne quarte partie d'auantage: mais elle ſe prend ſur la haulteur de la frize: qui doit auoir moins la quarte partie que la haulteur de l'architraue, quand lon n'y fait point d'ouurages: ainſi que vous auez veu telles meſures par cy-deuant. La preſente meſure eſt auſſi fort propre quand on veult faire vne corniche qui porte ſon architraue ſans frize. Oultre ce que deſſus ie laiſſe encores vne partie aux coſtez des colomnes par les extremitez, pour ſeruir aux ſaillies des baſſes des corniches. Par ainſi vous voyez à la figure cy apres deſcrite, comme vous deuez diſtribuer ſes largeurs de dix-huict parties, ou dix-huict pieds, & autant ſes haulteurs, eſtant le tout diuiſé par trois parties, & par ſix: comme quoy? tous les coſtez & ornements de la porte ont ſix pieds de chacun coſté: la porte, ſix pieds de largeur, & douze de haulteur: & de rechef ſix pieds pour

Porte quarree pour vne principale entrée de Palais ou grande maiſon.

Continuation des meſures de la ſuſdicte porte & de ſes ornemens.

ſes

DE PHILIBERT DE L'ORME

ses ornements & corniches par le dessus. Vous noterez que vous pouuez faire telle façon tant riche, pour l'ordre Dorique, qu'il vous plaira. Bref en obseruant ces departiments & mesures vous ferez tousiours vne œuure qui sera tres-belle & fort plaisante à voir ainsi que vous le pouuez considerer par la prochaine figure, sans vous en faire plus long propos ou discours.

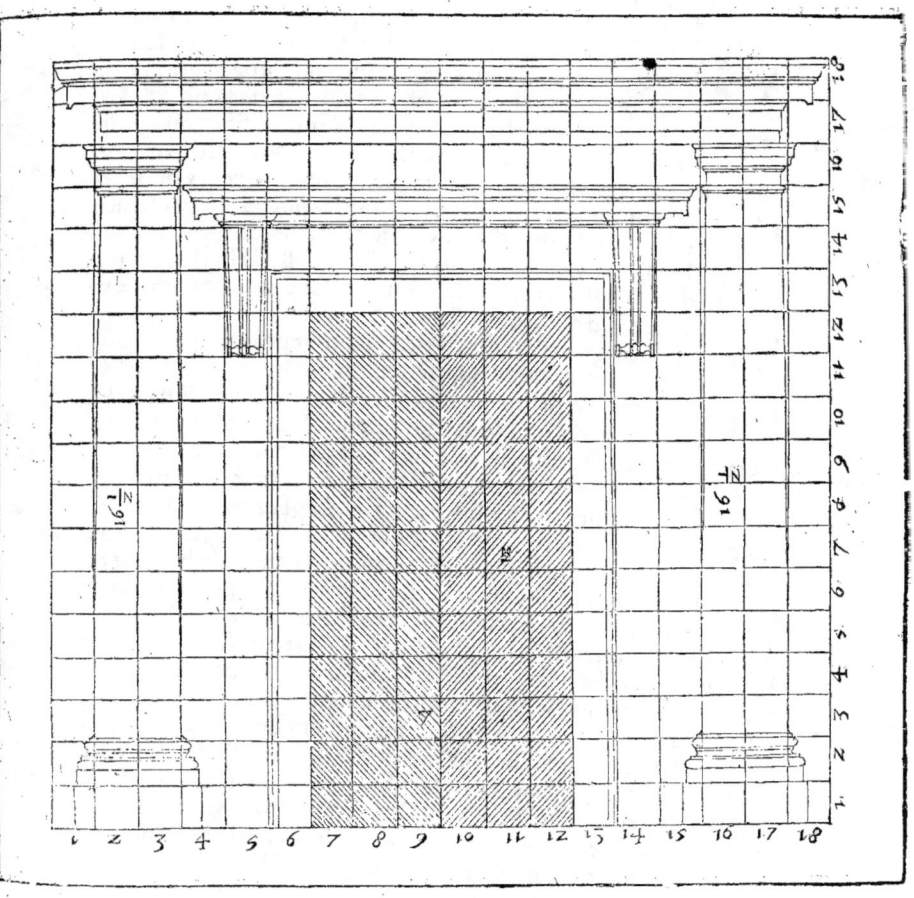

LIVRE VIII. DE L'ARCHITECTVRE

D'vne sorte de porte de l'ordre Dorique & Ionique, suiuant l'opinion de Vitruue.

CHAPITRE V.

VITRVVE en son quatriesme liure, chapitre sixiesme descriuant les portes, met diference entre portiques Doriques, Ioniques, & Atheniens, & donne le moyen de tous. Comme pour les Doriques il veut que la couronne superieure, qui se met sur le front & couuerture de la porte, cor-

Opinion de Vitruue pour les portes de l'ordre Dorique.

responde à l'allignement des architraues: & que l'edifice où lon desire eriger les portes, depuis le pané iusques aux voutes ou lacunaires, soit diuisé en trois parties & demie, & deux d'icelles données pour la reception du iour, ou ouuerture des portes. Cecy est bien conuenable pour la porte d'vn Temple ou Basilique (i'entend d'vne grande salle Royale, que nous appellons Salle de bal) mais non pour logis ordinaires, car on doit donner hauteur à vne chacune porte, selon le lieu où elle est située, & la subiection de l'estage, & des chambres, salles, ou galleries qu'on veut faire par dessus, si est ce qu'il y faut tousiours obseruer les mesures, en leur donnant vne vraye proportion & beauté de largeur, selon la hauteur, comme ie l'ay monstré cy deuant. Ledit Vitruue ayant arre-

Passage de Vitruue fort bien interpreté.

sté la hauteur de sa porte, il la diuise en douze parties, & en donne cinq & demie pour la largeur de l'entrée, qui se monstre belle. Il parle aussi des restroississements de largeur par le haut, & du pied droit des portes, qu'aucuns appellent iambages, & veut qu'ils soient de largeur d'vne douziesme partie de la hauteur de ladicte porte, & que la couuerture de la porte (appellée d'aucuns le sourcil ou fronteau, portant vne moulure de mesme sorte que le pied droict, en forme d'epistyle, ou d'architraue) soit de mesme hauteur que la largeur du pied droict par le bout d'en haut: qui est raisonnable. Ie vous escrirois encores l'opinion dudit Vitruue touchant les moulures & signamment du cymace, lequel il veut estre d'vne sixiesme partie de sa largeur, diuisant le reste en douze parties, lesquelles il distribue aux trois faces, de sorte que la premiere en a trois, la seconde quatre, & la troisiesme cinq: Mais nous laisserons telles façon de moulures, pour autant que vous les pourrez voir audit Vitruue, & aussi que par cy apres

De l'estroississement des portes par le dessus.

nous en donnerons de plusieurs sortes, tout ainsi que l'estroississement, lequel Vitruue veut qu'on donne aux portes par le plus haut de l'ouuerture. I'ay souuenance d'en auoir marqué en plusieurs lieux de semblables & fort antiques, & mesmement aux fenestres lesquelles ie trouuois plus estroictes dessus de dessous,

comme

DE PHILIBERT DE L'ORME.

comme l'on en peut voir encores à Thiuoly pres de Rome en vn temple fort antique, toutesfois affez entier, & tres-beau & admirable. Il n'eſt de grandeur notable, ains aſſez petit, eſtant accompagné d'vn portique tout à l'entour en forme ronde, le commun l'appelle le temple de la Sibyle. S'il vient à propos ie le deſcriray ailleurs, & donneray ſon deſſeing. Ie ne puis penſer autre raiſon pourquoy les anciens faiſoient les portes plus eſtroictes deſſus que deſſous, ſinon que les pieds droicts ſeruiſſent de boutée & force à ſouſtenir la grande maſſe & peſanteur qui pouuoit eſtre ſur les couuertures deſdictes portes, à fin qu'elles ne ſe peuſſent rompre: ce que aucuns pourront trouuer bon, autres non. Si iauois à faire de portes autant larges qu'on les pourroit penſer, ou deſirer, ie ne voudrois faire leurs couuertures d'vne piece, & n'aurois beſoing d'ainſi les compoſer pour ſouſtenir leſdictes couuertures: pour autant que ie les voudrois faire de pluſieurs pieces, & les ioincts par engreſſements: & encores au droict d'vn chacun ioinct ou commiſſure, ie voudrois mettre vn dets de pierre, (ainſi que vous auez veu cy-deuant) pour ſouſtenir les architraues qui ſont de pieces. Ce qu'il faut executer quand on veut faire les entrecolomnements d'exceſſiue largeur. Aux grandes couuertures des portes qui ſont fort larges, quarrées, & dreſſées en telle ſorte, il ne faut craindre que la peſanteur & charge que l'on veut mettre par deſſus, les puiſſe offenſer: ny qu'elles ſoient en danger de rompre: ainſi qu'il ſe peut voir par exemple en diuers lieux, & ſignamment au chaſteau de ſainct Maur des foſſez lez Paris, ſur la porte en entrant, au veſtibule entre les deux ſalles, ou il y a de treize à quatorze pieds de portée d'architraues, d'vne colomne à autre, & d'aſſez grande ſaillie hors du mur. Ainſi que vous le pourrez cy-apres remarquer au lieu où ie monſtre la face & montée du dedans de la court dudit chaſteau de ſainct Maur, pour enſeigner comme les feneſtres & portes s'y trouuent colloquées. I'ay bien trouué auſſi vne autre ſorte de meſure en vne porte antique, fort belle, & ſans grand ornement: eſtant en l'Egliſe de ſaincte Sabine à Rome, laquelle a de largeur pour ſon ouuerture par le bas, treize palmes & quatre minutes, & par le haut aupres de ſa couuerture, quatorze palmes, minutes deux, onces trois, auecques vingt quatre palmes de hauteur, l'architraue, ou moulure qui eſt au pied droict par le deuant, ſur la premiere marche, a de largeur deux palmes, onces trois, & au plus haut au droict de la couuerture de la porte, palmes deux minutes quatre, qui ſont trois minutes & vne once de largeur plus que par le deſſous. C'eſt vne façon toute contraire à celles que i'ay par cy-deuant propoſé, pour eſtre plus large par le deſſus, que deſſous, tant à la largeur & entrée de la porte, que à la largeur des pieds droicts. Ie trouue ceſte porte auoir eſté faicte auec grande raiſon & bon iugement

Choſes dignes de noter pour la couuerture des portes.

Porte au chaſteau de S. Maur des foſſez lez Paris.

Porte de l'Egliſe ſaincte Sabine à Rome.

V

LIVRE VIII. DE L'ARCHITECTVRE

de l'Architecte: pour autant que quand les portes qui ont grandes hauteurs sont aussi larges dessus que dessous, il semble pour la debilitation de la veuë qu'elles soient plus estroictes par le haut, que par le bas: & par mesme raison les moulures qui sont au pied droict, & à la couuerture, se monstrēt plus estroictes par dessus, que par dessous: qui ne seroit conuenable, ny beau à la veuë. Pour ceste cause l'Architecte a faict ladicte porte plus large. La grande porte du Pantheon Romain (duquel nous auons souuentesfois parlé) est quasi de telle raison, pource qu'elle a vingtsix palmes & vn tiers de large, par le dessous, & au dessus pres de sa couuerture, vingtsix palmes & deux tiers: il y a donc quelque peu de difference, pour estre vn peu plus estroicte par le dessous que par le dessus. La hauteur de ladicte porte, entre la couuerture & le sueil, a cinquante trois palmes & vn tiers. Ie vous veux bien aduertir que ladicte porte est plus-que admirable, pour auoir les pieds droicts & la couuerture toute d'vne piece: ainsi que quelque iour ie le monstreray plus appertement, si Dieu me faict la grace de pouuoir mettre en lumiere vn liure de plusieurs portes antique, auec toutes leurs mesures & ornements, ainsi que ie les ay retirées & mesurées, en voyageant par diuerses nations & pays. Mais quant à ceste façon de portes, ie n'en parleray d'auantage pour le present, ny de leurs ornements, pour autant que ie vous en proposeray cy-apres plusieurs sortes. Ce temps pendant ie vous conseille de bien retenir les bonnes mesures que Vitruue vous donne, sçauoir est, que la hauteur de vostre porte dedans œuure (quand ce sera pour la grande entrée d'vne maison) soit diuisée en douze parties, cinq d'icelles, auecques vne demie, données à sa largeur & vne autre pour l'ornement & largeur de la moulure qu'on voudra mettre au long des pieds droicts, & couuerture, ainsi qu'il a esté dict. Vitruue donne telles mesures pour les portes Doriques, & enseigne vne autre sorte de mesures pour les Ioniques, ainsi que vous le verrez au chapitre & discours ensuiuant.

Grande porte du Pantheon Romain.

L'Auteur promet vn liure de plusieurs portes antiques.

Mesures de Vitruue pour les portes Doriques.

De la porte Ionique selon Vitruue.

CHAPITRE VI.

VItruue veut que la hauteur de la porte Ionique soit diuisée en deux parties & demie, & que la largeur en contienne vne & demie : cela s'entend pour le vague ou vuide: entre les pieds droicts, le sueil, & couuerture : comme qui voudroit prendre cinq parties en hauteur, & deux & demie de large: puis il veut que le reste de la porte soit estroissi par en haut, ainsi que la Dorique. Quant à moy, ie vous ay dict cy-deuant ce que i'en ay trouué, & que (sous correction) ie ne les voudrois faire ainsi, ny moins rapetisser les pieds droicts : i'entend la moulure, ou architraue qui se faict par le deuant, ny aussi rapetisser la lumiere de la porte, mais bien faire ladicte porte toute quarrée, autant large par en haut, que par en-bas: n'estoit qu'il luy falluft donner excessiue hauteur, car lors ie la ferois plus large par le dessus, que par le dessous, tant par l'ouuerture, que par les pieds droicts suiuant les reigles de perspectiue, à fin de faire sembler à la veuë, que le dessus & dessous soit d'vne mesme largeur. Touchant les ornements des portes Ioniques, tant pour les corniches que mutules ou rouleaux, cymes & cymaces couronnes, & autres noms que Vitruue leur donne, vous les pourrez beaucoup mieux cognoistre par les figures & ornements que ie vous en proposeray cy-apres, que par longue escriture, Qui sera la cause que ie passeray outre, sans en faire plus long discours. Ceux qui seront curieux, & voudront prendre la peine d'entendre plus au long ce qu'en dit Vitruue, ils pourront apprendre de luy beaucoup de bonnes choses, pour auoir esté mis en diuerses langues : jaçoit que les figures ne soient par tout bien faictes, & le plus souuent ne correspondent à l'escriture: mais pour cela on ne lairra d'entendre les belles mesures qu'il propose, pour s'en s'ayder quãd il sera de besoing & necessité.

De la hauteur & largeur de la porte Ionique.

L'Auteur ne conuenir auecques Vitruue, en tout & par tout.

L'Auteur excite les professeurs d'Architecture à la leçon de Vitruue.

V ij

LIVRE VIII. DE L'ARCHITECTVRE

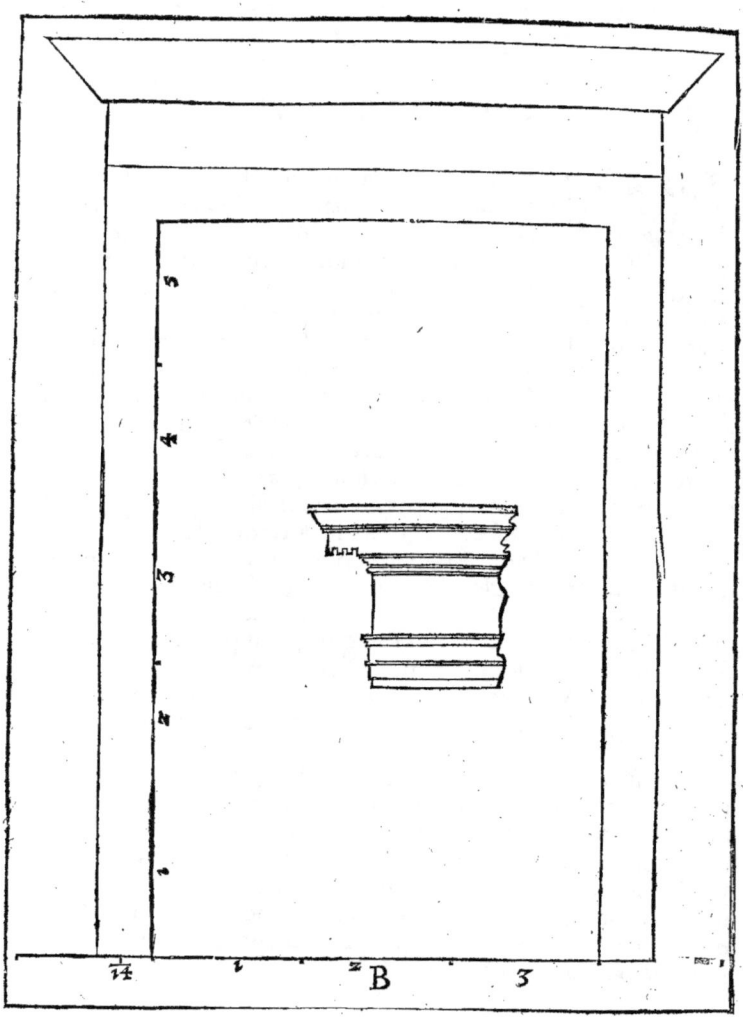

D'vne porte de l'ordre Thuscan & façon rustique,
portant vn balchon par le dessus

CHAPITRE VI.

DE PHILIBERT DE L'ORME.

 IE vous descry cy-apres vne sorte de porte Thuscane, ayant deux colomnes par les costez, faictes de pieces & façons rustiques: les bases, chapiteaux & corniches, sont gros, massifs, & vn peu lourds plus tost que delicats, comme d'vne façon robuste pour porter vne grande pesanteur, sous forme ronde, & non point droicte par sa couuerture, ainsi que l'a escrit Vitruue. Ie figure comme les commissures & ioincts des pierres de sa voûte doiuent estre longues ie dy tant que faire se peut: ainsi que vous le voyez aux clefs qui donnent iusques au dessous de la corniche, & trauersent l'epistyle, ou frize: laquelle chose rend vne force grande à merueilles. Par dessus i'ay figuré vne petite terrasse ou balchon à la mode d'Italie, ainsi qu'il se voit en plusieurs palais à Rome, Venise, & autres Villes, ou lon sort du logis au droict des fenestres, pour entrer en tel balchon ou forme de petite terrasse, pour mieux receuoir l'air & prendre le plaisir de ce qui est autour. Vous trouuerez la porte de belle mesure & grande force pour soustenir telle pesanteur de maçonnerie que vous voudrez mettre & imposer par dessus. Le balchon aura de saillie hors l'allignement du mur, autant que sera la grosseur des colomnes, & quelque largeur qu'ait la porte, il ne faut craindre que la terrasse & balchon ne s'y puisse asseurément porter, estant l'oeuure massiue, & les corniches tres fortes: & aussi que la clef de la voûte de la porte, auec les deux pieces qui sont aupres de ladicte clef, sont si hautes qu'elles portent la couronne de la corniche, qui monstre vne façon rustique, tres-forte & tres asseurée. Quand on seroit contrainct de mettre des balchons par dessus les portes, & qu'il n'y eust aucunes colomnes, estant l'oeuure toute vnie & hors de façon rustique, vous y pourrez faire des mutules striez à la mode Dorique, ou autrement: ainsi que vous les sçaurez bien inuenter: & auront telle saillie que vous la desirez à vostre balchon. Qui est la cause que i'ay faict encores vne petite figure apres la porte que vous verrez cy-apres: pour vous aduiser non seulement des ornements des portes, mais encores des terrasses, & balchon lequel on peut mettre dessus lesdictes portes,

Description & explication de la figure de la porte ensuyuant le present chapitre.

Porte de grande force & soustenement.

Aduertissement fort bon & digne de noter.

V iiij

Des portes Doriques.

CHAPITRE VII.

O N peut faire les portes Doriques quasi d'vne mesme sorte, & ainsi massiues que les Thuscanes, pour estre fort proches de leurs mesures & quasi de mesmes façons. Tous ces deux ordres sont propres pour les façons rustiques, il est vray qu'il y a difference des mesures, & aussi qu'on peut faire (qui veut) plus larges les portes Doriques, & plus hautes, que les Thuscanes. Si est-ce que les figures que ie vous en propose cyapres sont plus pour l'inuention, façons, & ornements desdictes portes, que pour leurs propres dimensions: desquelles ie ne delibere escrire, pour autant que toutes les mesures dont i'ay parlé cy-deuant, vous donneront intelligence non seulement des portes, mais encores de toutes fassades que vous aurez à faire: comme aussi d'autres choses. Ie donne pour la grosseur de tous les piliers qui sont par les costez auec leurs colomnes, moitié de la largeur & ouuerture de la porte: comme si toute la face de la porte, & ses ornements, estoient diuisez en quatre, les deux seront pour la largeur & entrée de la porte, & des deux autres, vne pour vn chacun costé des piliers & colomnes qui font l'ornement de la porte. Doncques la porte Dorique, laquelle ie vous figure cyapres, est faicte comme s'il y auoit des marches pour y monter: desquelles la premiere contient, ou doit contenir, toute la largeur de la porte, auec les colomnes & pieds droicts, qui sont par les costez, la seconde est faict pour pouuoir gaigner quelque lumiere, ou clarté dans les celiers ou caues, au lieu que vous voyez pour marque vne façon de fenestre longue sous ladicte marche:

Les portes Doriques approcher des Thuscanes.

Les mesures precedentes donner intelligence des portes & fassades.

Des marches de la porte Dorique.

V iiij

LIVRE VIII. DE L'ARCHITECTVRE

la basse des colomnes est figurée comme si c'estoit vne Thuscane auec peu d'œuure, pour-autant que au lieu ou elle est, les pages & laquais qui sont indiscrets & malicieux rompent ordinairement tout ce qu'ils y peuuent toucher à la main : ou pour le moins ils le barbouillent & difforment. Parquoy il me semble qu'en ces basses la, on doit mettre le moins d'œuure qu'on peut. Ie figure tout le reste de la porte, comme si elle estoit faicte de brique & pierre de taille, qui est vne façon pour espargner la pierre aux lieux, ou lon n'en peut recouurer qu'auec grāde despense. Si est ce que quand telle œuure est bien conduicte, elle se monstre estre bien forte, pour les assiettes de pierre de taille qui lient & tiennent en ordre & raison la maçonnerie faicte de brique : laquelle se peut encores mieux conseruer pour l'auancement desdictes assiettes qui excedent, & sortent au dehors du perpendicule du pied droict en façon rustique, ou bien des pieces toutes vnies, & aussi de la voûte de la porte : tout ainsi que vous le voulez, comme d'vn pouce, de deux, ou de trois de saillie. I'ay orné la porte que ie vous represente cy-apres, d'vne corniche auec sa frize sans aucun epistyle : ou d'vn tympan par le dessus auec ses acroteres : laquelle chose peut seruir d'appuy à vne petite terrasse qu'on voudroit mettre par dessus vne porte, sans y appliquer balustres, ny pierres de taille, sinon l'appuy, ou forme d'vn plinthe : & le reste de brique. Par ainsi voila vne autre sorte de balchon, comme vous le pouuez voir cy-apres auecques toute la figure de la porte Dorique, sans en faire plus long discours.

Poursuite de la description de la porte Dorique cy-apres proposée.

Des ornements de la porte Dorique.

LIVRE VIII. DE L'ARCHITECTVRE

*Des portes composées, ou de deux ornements
de portes en vne seule.*

CHAPITRE VIII.

Des ornements de la porte composée.

IE vous donneray encores icy deux autres sortes de portes qui peuuent seruir à vne seule & separément l'vne apres l'autre, & les pourrez appeller aussi tost Doriques, que autrement: mais beaucoup plus proprement, portes composées, ou deux ornements de portes en vne seule. Car l'ornement du milieu auec ses pieds droicts, corniche & tympan, qui est par dessus la couuerture de la porte, pour estre auec peu d'ouurage, a esté nommé Dorique, pour-autant que l'ordre Dorique ne veut auoir gueres d'ornements, ainsi que nous auons dit. Si est-ce que pour estre faicte d'vne porportion delicate & allegre, vous le pourrez aussi appliquer & adapter à vne porte Ionique, & l'enrichir cōme vous voudrez. L'autre ornemēt qui est par les costez des pieds droicts de la porte, ou lon voit des mutules & gouttes au dessous (ainsi qu'à l'epistyle Dorique) & encores d'autres sortes de mutules qui portent la corniche d'enhaut, auec vne vieille & decharnée teste de beuf par le milieu, & quelques gouttes au dessous, pour estre modeste & mediocre auec ses ornements, & vn tympan, ou lon voit des festons, & encores vne teste de bœuf seiche par le milieu, cela monstre estre vne autre inuention faicte

La largeur de la porte denoir estre proportiō-née à la hauteur

apres la Dorique, ou bien à son imitation, ainsi que tous bons esprits le peuuent iuger: & y pourront aussi adiouster quelques autres ornements à leur plaisir. La principale industrie est, qu'ils sçachent donner à toute la porte hauteur & largeur conuenable & agreable à la veuë: & aussi que le iour, par la largeur d'entre les pieds droicts, soit bien proportionné à la hauteur. Vous pouuez voir par la figure prochaine le contenu au discours du present chapitre, à fin que ie ne vous sois trop prolixe & moleste,

LIVRE VIII. DE L'ARCHITECTVRE

Porte quarrée & droicte par sa couuerture, d'vne inuention tres-belle.

CHAPITRE IX.

Porte quarrée & droicte par sa couuerture.

IE vous figure cy apres vne autre façon de porte estant quarrée & droicte par sa couuerture, & ayant des piliers par les costez, ou lon ne voit que le plinthe de leurs basses au dessus desdicts piliers, qui sont plus larges par le haut que par le bas. Qui est le contraire des colomnes & piliers qui sont fais par mesures, & doiuent estre plus estroicts par en haut que par en bas. Mais telle inuention est trouuée selon l'aduis & fantaisie qui se presente, ainsi que plusieurs autres: lesquelles pourueu que les mesures y soient bien obseruées se trouuēt tousiours auoir bonne grace, qui est chose aisée de faire à ceux qui ont l'experience & vsage d'Architecture. Vous voyez comme au dessein cy-apres representé, ie figure au lieu de chapiteaux des mutules en forme de rouleaux, qui portent le plat fond d'vn tympan ou frontispice, estant couppé, comme il se voit, & ayant ses corniches par le dessus, & ornements aux acroteres, ainsi qu'il se peut cognoistre en la figure auec tous les autres ornements & pieces entaillées qui sont par dessus la couuerture de la porte & par dessus vne table d'attente en façon d'amortissement accompagné d'vn autre tympan, & autre ornement. Si ie voulois tout descrire par le menu, seroit chose trop longue: ioinct que vous le pouuez facilement comprendre par le dessein cy-apres proposé: qui est d'vne porte Dorique ayant trois marches, qui la font bien monstrer, ainsi que les autres portes, quand elles sont releuées plus haut que l'aire des terres.

La bonne figure, porte tousiours son escriture.

DE PHILIBERT DE L'ORME. 243

Vous voyez cy-apres vne autre figure de porte, laquelle i'ay *Porte des oren-* faict mettre en œuure à l'entrée du lieu des aurengiers au chasteau *giers du chasteau* d'Annet, auec les deuis des croissants, comme ie faisois en plusieurs *d'Annet.* autres lieux par le commandement qui m'en estoit faict. Ie ne vous en proposeray guères de mesures, ne proportions pour autant que ceux qui se voudront ayder de telle inuention, prenant le compas retireront incontinent la hauteur, largeur, & ornemens qui y sont. Ladicte porte se monstre beaucoup mieux en œuure, qu'elle ne faict au present dessein, par la faute des tailleurs qui n'ont ensuiuy les traicts, ainsi qu'en plusieurs autres pieces, comme i'ay dict souuentesfois. Si est ce que pour telles fautes par eux lourdement commises, les bons esprits ne lairront de s'en seruir, & y adiouster ou diminuer, comme bon leur semblera. Telle porte a enuiron quatre pieds de largeur sur neuf pieds de hauteur. Les pieds droicts au lieu ou est la moulure de l'architraue ont sept pouces de largeur: & regne ledict architraue tout autour, & à la couuerture de la porte: laquelle i'ay faict de plus grande hauteur, pour y trouuer vne façon d'entrelais, comme ie l'ay veu à quelques portes antiques. Au costé des pieds droicts, i'ay ordonné & faict mettre quelques façons de piliers sans basse ne chapiteaux, portans seulement au dessus de la saillie de la frise, autant que contient vne façon de rouleau & mutules quarriez par le dessous, auec tel ornement que vous le *Plusieurs choses* voyez: auquel ie ne puis donner noms propres, mais bien dire *estre laissées à* que c'est vne inuention telle qui m'est venuë à la fantaisie: tout *l'inuention &* ainsi qu'en la frise, car comme l'on m'y faisoit faire des arcs Tur- *fantaisie de l'Ar-* quois, i'en fais aussi au frontispice auec vn carquois à tenir les fles- *chitecte expert.* ches, & des croissants entrelassez. Et à fin que cela fust mieux veu estre à propos i'ay entrecouppé & osté les moulures de la corniche du tympan, & faict monstrer seulement vne saillie de la couronne & quelque petit filet quarré, & par les extremitez quelque goutteron & ornement de corniche qu'on peut mettre aux cymes. Tel ornement de porte n'empeschera point que vous n'en faisies d'autre à vostre volonté, & quand vous en aurez enuie à fin de dresser quelque belle porte, par les moiens que nous vous donnons, ou autres tels qu'il vous plaira les inuenter, ou chercher ailleurs.

X

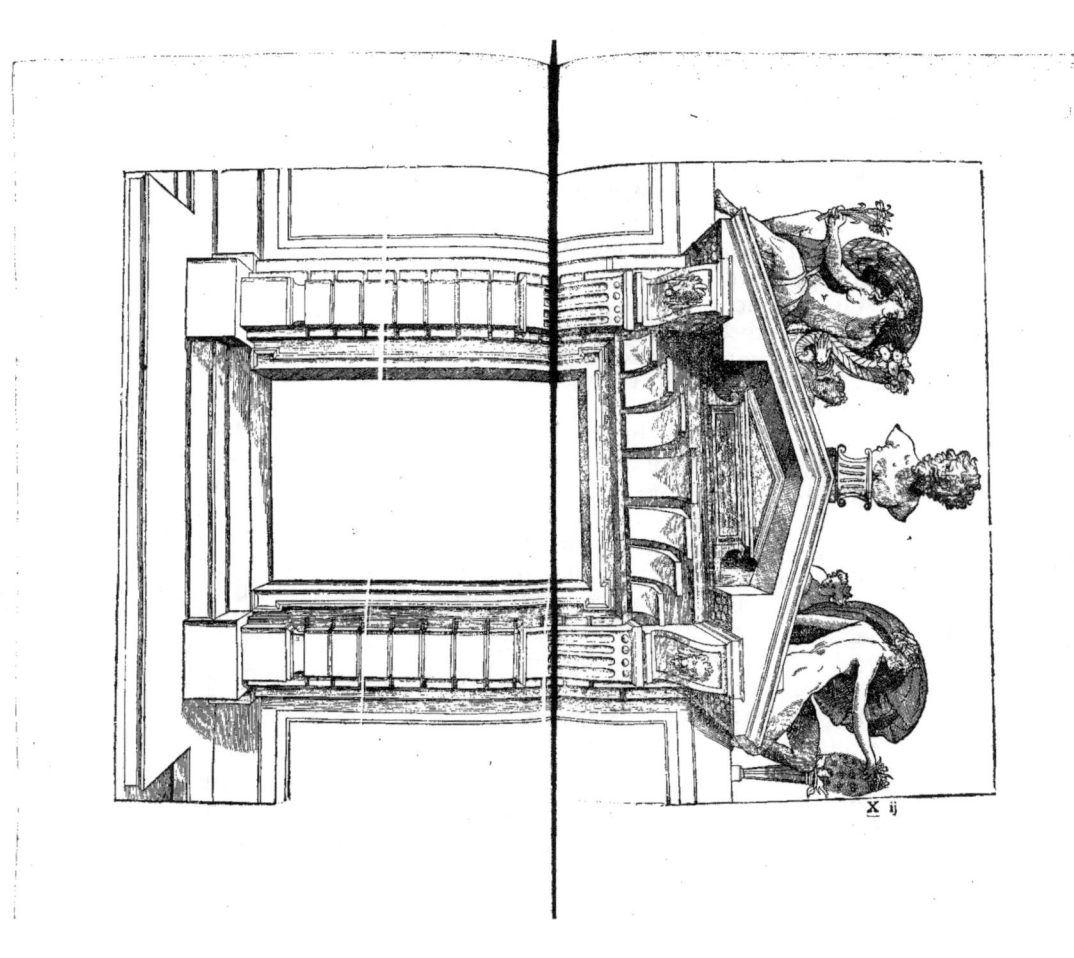

LIVRE VIII. DE L'ARCHITECTVRE

D'vne porte Corinthienne.

CHAPITRE XI.

Porte Corinthienne auec sa hauteur & largeur.

OVS figurerons cy-apres vne autre sorte de porte, que nous appellerons Corinthienne, ou de l'ordre composé, & luy donnerons deux fois sa largeur pour sa hauteur, & quelque chose d'auantage. Qui la voudroit faire belle & de bonne grace, ainsi que i'ay dict & en ay veu plusieurs, il luy faudroit donner par les costez autant de largeur qu'est toute l'ouuerture de sa lumiere. Comme quoy? vous prendrez toute la largeur ou vous voulez faire vostre portail, ou grande porte, & la diuiserez en trois parties, desquelles vous en donnerez vne à la largeur de la lumiere de la porte, & les deux autres à vne chacune partie par les costez. Si vous voulez faire vne chose bien conuenable & belle, faictes que tout l'ornement de la porte ne soit point plus haut depuis le dessus de la corniche iusques à l'aire, que toute la largeur de la porte auec ses ornements. Il faut que cela soit d'vn quarré parfaict. Par les costez vous pourrez eriger des colonnes, piliers striez & cannelez, ou autrement: & entre iceux faire des niches, telles que ie veux monstrer par l'exemple d'vne grande porte accompagnée de ses ornements: laquelle ie fis faire par commandement (il y a huict ans passez) pour seruir à quelque sale de triomphe: mais, helas, ce triomphe peu apres fut conuer-*Triomphe de petite durée & peu apres conuerty en grande desolation.* ty en grandissime desolation & desastre, duquel nous nous ressentons encores. Quant à l'explication & sens moral des histoires de ladicte porte, nous n'en parlerons en ce lieu, esperant les produire ailleurs, & beaucoup plus à propos. Ie reprendray donques nostre porte Corinthienne, & diray franchement qu'elle se peut faire beaucoup plus riche que les Doriques, ou Ioniques: car elle est propre & bien à propos pour y mettre plusieurs ornements & deuises, tant aux frizes, que acroteres & amortissements, ainsi que vous le pouuez iuger par la figure qui vous en est proposée cy-apres.

De la porte & entrée du chapiteau d'Annet.

CHAPITRE XII

IE vous veux propofer encores le deſſeing de la principale porte & entrée du chaſteau d'Annet, pour monſtrer les differences des portes & varietez de leurs ornements, ainſi qu'ils ſe voyent en ceſte cy, qui eſt de l'ordre Dorique, eſtant ornée de quatre colomnes fondées ſur les talus & pentes du mur du foſſé Ladicte porte eſt accompagnée de deux autres petites portes par les coſtez, comme de poternes, & tout le portail faict de pierre de Vernon, enrichie de marbres, porphyres, ſerpentins, & de bronſe ſignamment ſur les portes, & aux tables d'attente. Les metopes qui ſont entre les triglyphes, & tous les triglyphes, meſmes ceux qui ſont ſur l'arceau de la porte, ſont de marbre noir: tous les bouillons de fueilles & fruicts ſe voyent de bronſe entre les triglyphes, eſtants fort bien faicts. La Diane auec les cerfs ſangliers & autres animaux, que vous voyez au deſſus de la porte, ſont de cuiure & bronſe, elabourez d'vn ouurage & ſculpture fort excellente & tres-bien faicte. Aux coſtez par le deſſus des petites portes, ſont terraſſes enrichies à l'entour de tables d'attete, eſtants de marbre noir auec leurs entrelas, au lieu de baluſtres qu'on a accouſtumé des mettre aux terraſſes pour ſeruir d'appuis. Vous voyez par le deſſus de la grande porte au plus haut, vn ornement tout faict de belle pierre blache de Vernon, & de marbre noir aux tables d'attente. En ce lieu meſme ſe voit vne monſtre d'horloge pour marquer & repreſenter les heures par le dehors du chaſteau, & auſſi par le dedans: ou il y a d'auantage vne face & figure d'Aſtralabe & planiſphere auecques ſon Zodiaque, eſtant accompagné des douze ſignes, & du mouuement iournel de la Lune par iceux, comme auſſi des Eſtoilles errantes, ou Planetes. Outre les deux monſtres des heures, il y a ſonnerie laquelle precedét aux heures, demies heures, & quarts d'heures, les abbois de quatre limiers au lieu d'appeaux, qui ſemblent abbaier contre vn cerf eſtant eſleué par deſſus les monſtres dudit horloge. Et pour autant que la nature du cerf eſt de frapper du pied quand il entend l'abboy des chiens, on a faict qu'apres que leſdicts chiens ont faict les appeaux des heures, le cerf les frappe du pied, & fait ouir les heures. Mais ſans vous faire plus long diſcours de la porte & principale entrée du chaſteau d'Annet (qui toutefois meriteroit beaucoup plus grande eſcritute) ie vous renuoiray à la figure & deſſeing que ie vous en propoſe cy-apres.

Des portes

LIVRE VIII. DE L'ARCHITECTVRE

D'vne porte de l'ordre Ionique.

CHAPITRE X.

Porte de l'ordre Ionique, auec ses parties & ornemens.

IE vous figureray encores vne autre porte qui sera de l'ordre Ionique, comme il se monstre par les colomnes qui sont à ses costez, garnies de leurs basses & d'vn plinthe quarré par le dessous (au lieu de pied de stat) & de leurs chapiteaux Ioniques, auec volutes, architraue, frise & corniche, lesquels ladicte porte represente, estant toute comme de marbre figuré, principalement les pieds droicts & couuerture d'icelles, auec ses colomnes, architraues, & frizes. Au milieu ie erige vne table d'attente, ou compartiment quarré, lequel deux enfants tiennent par les costez. Et par le dessus, d'autres corniches & frizes pour seruir d'amortissement à la porte. I'ay faict ainsi tel compartiment pour y insculper quelques armoiries, deuises & histoires, selon la volonté des Seigneurs qui font edifier. Ceste façon de porte Ionique est fort conuenable pour cela, ainsi que vous le voyez par la figure cy-apres proposée. Laquelle si ie ne descris bien au long, comme elle meriteroit, les mesures des portes & ornemens Ioniques, que i'ay descrit cy-deuant, suffiront pour luy donner mesures & aux autres qu'aurez à faire, & sçaurez inuenter. Deuant que mettre fin au propos des portes Ioniques, ie vous aduertiray qu'il s'en faict à present trois de mon ordonnance au Palais de la Majesté de la Royne mere, qui se trouueront fort belles. L'vne est du costé du jardin, l'autre du costé de la court, & la troisiesme dans la gallerie, desquelles ie vous feray participants, de bien bon cœur, apres qu'elles seront faictes & parfaictes, ainsi que ie feray de toutes mes œuures. Ce temps pendant vous vous contenterez de la presente porte Ionique, laquelle ie trouue de bonne grace & grande beauté.

DE PHILIBERT DE L'ORME 247

Des portes du dedans des logis, pour entrer aux salles, chambres, garderobbes, galleries & autres lieux.

CHAPITRE XIII.

 ES portes qu'on faict pour entrer dans les salles, doiuent estre differentes selon les grandeurs desdictes salles, & lieux ausquels on les veut faire seruir. Car la porte d'vne grande salle de bal pour vn Roy, où vn Prince, ou quelque grād Seigneur, doit estre plus large & plus haute, que celle que

Les portes des salles denoir estre differentes.

LIVRE VIII. DE L'ARCHITECTVRE

on a accoustumé de faire aux sales qui seruent pour habiter ordinairement. Pour autant que quand il faut faire quelques triomphes, ou grands festins aux sales Royales, il y entre quelquefois plusieurs sortes de masques à cheual, ou autrement. Et aussi que les halebardiers qui sont pour la garde des Roys, & portent leurs halebardes sur l'espaule, y doiuent entrer ayfément. Parquoy il faut donner aux portes de telles salles cinq pieds de largeur, pour le plus: & quatre, pour le moins: & à celles qui sont petites & seruent pour manger ordinairement, on ne leur peut aussi moins donner de trois pieds de largeur dans œuure, auec hauteurs conuenables, & bien proportionnées ausdictes largeurs. Les portes

Portes de sales communes, chābres, garderobes, & cabinets.

des chābres auront deux pieds & demy de largeur, pour le moins: & deux pieds, dix pouces, pour le plus: celles des garderobes, deux pieds & vn quart: pour autant qu'il faut quelles soient vn peu larges, pour les coffres & bahus qui en sortent, & y entrent bien souuent: celles des cabinets ne doiuent estre si larges. Mais sur tout il faut considerer diligemment les hauteurs qui leur sont couenables, à fin que vn chacun y entre sans heurter. La hauteur de l'homme bien proportionné est communement de cinq pieds de Roy, & iaçoit qu'elle se trouue en aucuns de six pieds, ou bien pres, il n'en faut pour cela faire reigle ordinaire, pour autant qu'il s'en voit bien peu. Si est-ce qu'ils ne doiuent heurter de la teste en entrant dans le logis: parquoy il faut que les moindres portes soient tout au moins six pieds de hauteur, pour le moins: les autres de six pieds & demy, & de sept dedans œu-

De la hauteur des portes des sales des Roys, des simples gentils-hommes, & autres: comme aussi des chābres & garderobes.

ure. Mais aux grandes portes des sales, & principalement celles qui ont cinq pieds de largeur, en doiuent auoir huict, & dix de hauteur, selon quelles sont. La porte de la sale d'vn simple gentil-homme, ou de ceux qui n'ont les grand logis, se doit contenter d'auoir deux pieds & demy de large: celle des chambres, deux: & de celle des garderobes, vingt, ou vingt deux pouces dans œuure, entre les batans des portes. Il ne faut oublier de faire tousiours les hauteurs conuenables, ainsi que nous auons dit. En cela il ne conuient pas tousiours regarder, que s'il a tant de largeur, il y doit auoir tant de hauteur: mais bien considerer premierement l'aisance du lieu, & commodité des hommes qui y ont à passer, soient chargez, ou autrement: & aussi le froid, ou les vents qui en peuuent venir. Veritablement il faut que l'Archite-

N'estre petit artifice de bien planter vne porte.

cte ait bon iugement en cela, & qu'il sçache bien planter lesdictes portes au lieu ou il faut: à fin qu'elles ne soient point cause d'attirer la fumée aux sales & chambres. Il faut aussi qu'il leur sçache donner l'entablement, à fin qu'elles soient raisonnables, & non plus larges que l'huisserie faicte de bois, à fin que quand elles s'ouuriront, elles se puissent bien coucher au long du mur, sans donner empeschement à la salle, ny aux chambres. Quant à y

faire

DE PHILIBERT DE L'ORME. 249

y faire ornements, moulures ou corniches, ie n'en serois point d'aduis, ains plustost ie les voudrois faire toutes plaines, vnies & sans ouurage: pour autant que cela n'est que argent perdu, & aussi que lesdicts ornements ne se voient à cause de la tapisserie, qui est tousiours deuant vne porte si ce n'estoit aux portiques qui sont proches des vestibules, ou escaliers: encores serois ie d'aduis, qu'en ces lieux là on feist le moins de parade & d'ornements que faire se peut: pour autant qu'ils sont suiects aux torches, & à la mercy des pages & laquais, comme aussi aux crochets, des halebardes des gardes des Roys. Voila ce que presentement ie vous puis escrire des portes, deliberant n'en parler dauantage ny de la façon de les dresser, pour autant qu'au troisiesme liure du present œuure, quãd nous escriuons des traicts Geometriques, vous auez peu voir la façon & description de plusieurs portes, voire des plus difficiles. Il se pourra faire que nous tomberons en quelque lieu à propos pour parler des huisseries qu'on faict de bois, & aussi des serrures qui se peuuent faire en diuerses sortes: car d'en parler icy il ne m'est aucunement loisible pour le present.

L'Auteur n'estre d'auis que aucuns ornements soient faicts aux portes du dedãs des logis.

Promesse de l'Auteur digne d'execution.

Des fenestres croisées pour les salles & chambres, & aussi des lucarnes.

CHAPITRE XIIII.

IL faut faire les fenestres croisées, selon la grandeur des salles, chambres, & garderobbes que vous aurez à faire: tellement que le lieu qui n'a que vingt, ou vingt & vn pied de large dans œuure, ne doit auoir ses fenestres plus larges que de cinq pieds entre les deux tableaux, ou pieds droicts: & celuy qui a vingt quatre pieds, faut que ses croisées en ayent cinq & demy d'ouuerture. Pour celuy qui a de vingtsept pieds iusques à trente, ie trouue que ses vrayes mesures doiuent estre de six pieds de iour, ou d'ouuerture. Quant à la hauteur, i'ay tousiours cogneu par experience que pour rendre vn logis fort plaisant, la hauteur des fenestres croisées doit estre en arriere-voussure fort pres des planchers, ou soliues, comme d'vn demy pied, ou enuiron: autrement si le derriere des fenestres demeure beaucoup plus bas que les soliues, comme de deux pieds, de trois, de six, ou plus, ainsi qu'il se voit au chasteau du Vergier, & à assez d'autres lieux, cela rend les salles melancholiques, Pource est il qu'on doit tenir lesdictes fenestres les plus hautes que faire se peut, si l'on veut que les lieux soient plaisants. Vous pouuez voir presque tel discours en l'vnziesme chapitre du second liure de no-

De la grandeur & largeur des fenestres croisées.

Fenestres pour rendre vn logis plaisant.

Y

LIVRE VIII. DE L'ARCHITECTVRE

stre nouuelle inuention, ou ie parle des fenestres croisées pour appliquer auecques la charpenterie nouuelle. Car au lieu ou c'est qu'on en voudra vser, il faut tousiours tenir les fenestres plus hautes que l'arrachement ou commencement des poutres: & faire que leurs appuis ne soient plus hauts que de trois pieds, ne plus larges que de dix pouces: car cela donne vne grande aysance de s'appuyer & mettre à la fenestre, pour voir iusques au pied d'vn mur, & prendre plus de plaisir à descouurir le pays qui se peut voir. Il faut aussi tenir les meneaux ou crossillons des fenestres (ainsi que les appellent les ouuriers) deliez, & de peu d'espesseur, comme de quatre à cinq pouces, & en largeur de neuf à dix, comme on verra que sera l'appuy des fenestres. Les choses estants ainsi conduictes, vous auez la clarté & lumiere du logis, comme vous la desirez. Si vous faictes les appuis plus hauts que de trois pieds, & de largeur autant grande que est celle de l'espesseur du mur, ainsi que plusieurs ont faict, cela se trouuera de mauuuaise grace, & sans vous en pouuoir ayder aucunement. Quant aux fueillures des fenestres, il les faut faire de deux à trois pouces de large, & selon la grandeur que seront lesdictes fenestres: à fin que les chassis de bois que porte la menuiserie pour fermer les fenestres puissent estre forts & larges, sans empescher beaucoup du iour. Faut aussi que le derriere des pieds droicts des fenestres, que les ouuriers appellēt escoinssons, soient fort ambrasez, à fin que la fenestre de menuiserie se puisse ioindre contre le mur, & qu'elle n'empesche à donner la clarté & receuoir tant de lumiere que faire se pourra. Touchant les ornements qu'on voudra faire par le dehors, & tout à l'entour desdictes fenestres croisées, cela depend du bon & gentil esprit de l'Architecte. Toutesfois pour le contentement de quelques vns ie figureray cy apres certaines parties & faces de quelques bastiments, & signamment la moitié de la largeur du dedans de la court du chasteau de sainct Maur des fossez, pres Paris: par laquelle vous pourrez voir comme l'ordre des colomnes, portes & fenestres est accommodé aux mesures que i'ay descrites cy-dessus, & tout ainsi que i'ay faict faire l'œuure autrefois. La porte du milieu de ladicte court estant entre les deux salles, se trouue au droict de la lettre H, accompagnée de tel ornement & niche que vous pouuez voir: & combien que ie vous y figure des degrez, si est ce qu'ils ne sont encores faicts, & si ie continue de faire acheuer ledit chasteau par le commandement de la maiesté de la Royne mere, ie les feray faire autrement: ioinct aussi que on y faict vne terrasse de la hauteur des corniches du pied de stat tout autour de la court. Le lieu que vous voyez marqué C, est vne table d'attente en marbre ou il y a escrit.

De la hauteur & largeur des fenestres.

Pour les fueillures des fenestres.

Des ornements des fenestres par dehors.

Hunc

DE PHILIBERT DE L'ORME.

Hunc tibi, FRANCISCE, *assertas ob Palladis arteis,*
Secessum, vitas si fortè palatia, gratæ
Diana, & Charites, & sacrauere Camœnæ.

Ce qui auoit esté faict inuenté d'vn tres-bon esprit & fort bonne grace, par feu Monsieur le Cardinal du Bellay, lors Euesque de Paris. Le lieu signé B, est vne basse taille de figure, ou sont insculpées les Charites, ou (si vous voulez) les trois Graces, & Diane, auecques les neuf Muses: qui dedient & presentent le susdit lieu de S. Maur des fossez, à la Majesté du Roy FRANCOIS premier de ce nom, ainsi que les vers le monstrent & proposent. Le lieu marqué A, est vne teste de bronze & pectoral dudit Roy au plus pres du naturel. Les endroicts marquez D, entre les deux corniches, estoient painctures à fraize qui sont quasi effacées. Mais ce discours delaissé, nous reuiendrons à nos fenestres, lesquelles vous pouuez voir à la prochaine figure, estre colloquées auec leurs appuis & couuertures entre les ordres des colomnes Corinthiennes, qui me semblent estre d'assez bonne grace. La colomne marquée F, represente l'angle & vn des coings de la court. Et pour-autant que vous pourrez mieux iuger de tout par la figure, que par longue escriture, ie ne vous en feray autre discours, si non que ie vous aduertiray, que vous y pouuez voir comme l'on doit assembler les ordres des colomnes auec les portes & fenestres: qui est la cause pourquoy ie exhibe la figure suiuante.

Le Cardinal du Bellay homme de bon sçauoir & grand esprit.

Continuation de ce que dessus.

Y ij

LIVRE VIII. DE L'ARCHITECTVRE

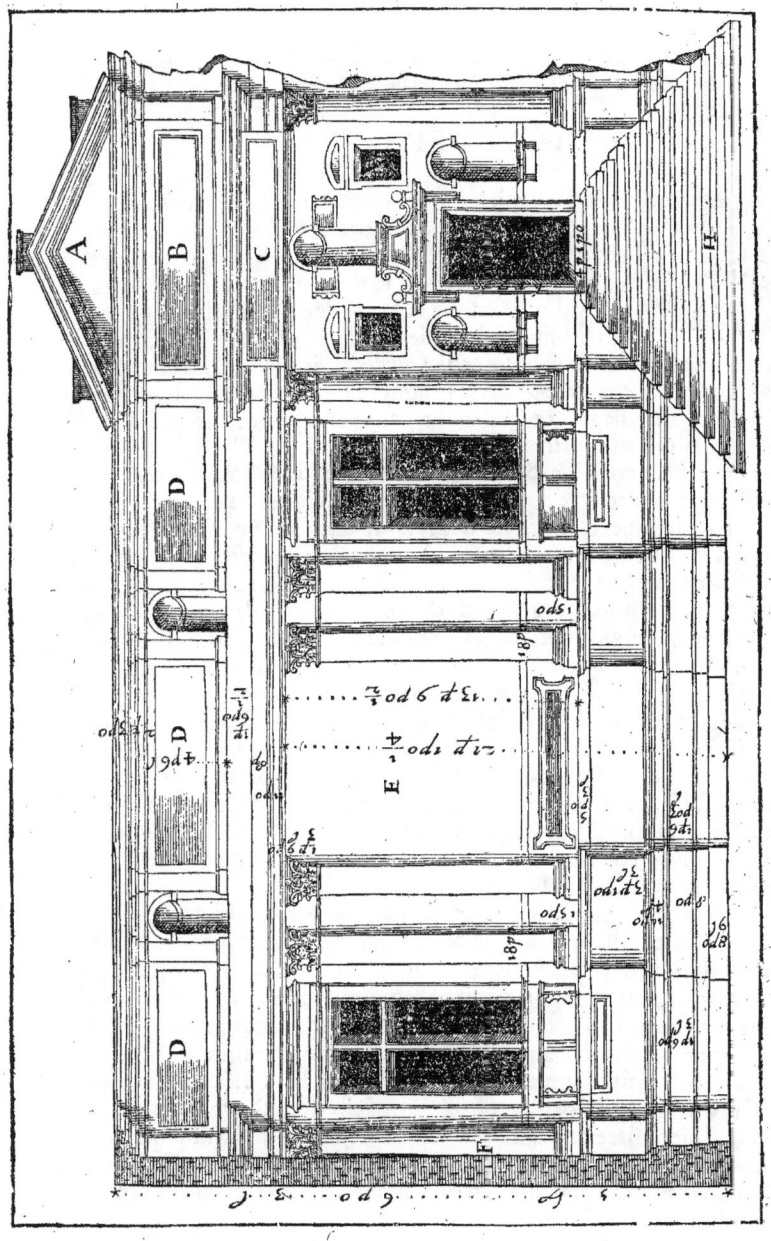

Encores d'vne face de maison, laquelle i'auois faicte autrefois pour appliquer par le dehors du susdict chasteau de sainct Maur des fossez.

CHAPITRE XV.

OVR mieux vous monstrer & faire entendre, comme lon doit accommoder les fenestres, portes & ornemens des murailles, par le moyen des ordres des colomnes, ie vous ay cy-apres encores mis pour exemple la face du deuant du bastiment du susdit chasteau de S. Maur, laquelle i'auois designé du temps de feu monsieur le Cardinal du Bellay, en esperant d'ainsi paracheuer le logis. A la premiere face & principale entrée du costé du vilage, regardant en partie la region Occidentale & Septentrionale, (où sont figurez les deux corps d'hostel qui sont par les costez en saillie, & forme de pauillon) ie faisois vne terrasse aussi large que tout le deuant du bastiment, à laquelle on eust monté auec quelque nombre de degrez de sept ou dix marches. La grande porte se trouuoit au milieu, comme il faut, estant accompagnée de colomnes & pilastres, auec leurs ornemens, ainsi que telle chose le requiert. Au dessous des pieds ds stats des soubasses, & entre les piliers ie figurois les fenestres croisées, tout ainsi que vous les voyez à la figure cy apres proposée, auec les talus, lesquels ie deliberois faire en terrasse. Les pauillons se monstrent plus hauts, pour cacher les couuertures des logis, en ce qui s'y voit estre faict auiourd'huy. Mais à present ledit chasteau est bien conduit d'autre sorte : & non sans iuste cause. Car tout ainsi qu'il estoit faict, ou plustost commencé pour vn Cardinal & Euesque de Paris, auiourd'huy la maiesté de la Royne le faict paracheuer pour le Roy son fils, auec vne grande & magnifique excellence: estant ledit lieu appellé de la Maiesté du Roy, la cassine de son chasteau du bois de Vincennes. La situation & assiette du bastiment a esté diuinement bien choisie, comme quelque fois, Dieu aydant, ie le descriray plus au long, pour faire mieux entendre la nature du lieu, & façon dudit bastiment. Ce temps pendant si vo⁹ en desirez voir le plan, vous aurez recours au XVII. fueillet de ce present œuure, & par là vous cognoistrez comme ledict sieur Cardinal auoit faict planter & commencer le lieu : lequel auiourd'huy se continue & acheue par la maiesté de la Royne Mere, d'vne façon bien autre & beaucoup plus riche & logeable, ainsi que nous auons dict, qu'il n'auoit esté commencé & ordonné. Ce pendãt vous entendrez par la figure prochaine, comme il faut accommoder les fenestrs & ornemens des murailles.

Pour accommoder fenestres, portes & ornemẽts de murailles, par le moyen des ordres des colomnes.

Declaration bien ample de la figure suiuant le present discours.

Le chasteau de S. Maur se paracheuer plus magnifiquement qu'il n'auoit esté commencé

Y iij

LIVRE VIII. DE L'ARCHITECTVRE

D'vne autre sorte de façade de bastiment, pour voir comme les fenestres s'y peuuent appliquer.

CHAPITRE XVI.

D'vne façon de bastimēt à deux estages, & du mauuais ordre que plusieurs y tiennent.

LES faces du bastiment de S. Maur, lesquelles ie vous proposois cy deuant, n'ont esté faictes qu'en esperance d'y faire vn estage seulement: ainsi que vous le pouuez cognoistre par les desseings qui vous en ont esté donnez. Maintenant ie desirerois vous monstrer vne façon de bastiment à deux estages, & sous vn ordre Corinthien, iaçoit qu'ils se puissent faire aussi auecques tous ordres. Qui est pour monstrer le contraire de ce qu'on faict ordinairement : c'est qu'à la hauteur du premier estage lon met vn ordre Tuscan, ou Dorique : & au second, vn Corinthien. Ce que ie ne veux reprendre ne despriser, mais les faces des logis auroient beaucoup plus de maiesté, & plus d'apparence & beauté, si au lieu des deux estages, ou lon faict deux ordres comme le Dorique, & Ionique, vous n'en faisiez qu'vn, voir de tel ordre de colomne que vous voudriez : ainsi que ie le monstre à la figure descrite cy-apres, ou ie fais seulement vn ordre Corinthien contenant la hauteur de trois estages, en y comprenant les celiers, cuisines & offices qui peuuent estre au
dessous

DE PHILIBERT DE L'ORME.

deſſous, ſans les chambres & logis des galetas. Ie voudrois monſtrer le premier eſtage, comme ſi c'eſtoit la hauteur des pieds de ſtat, qui fuſſent en façon ruſtique & ainſi que rochers. Par deſſus leſdicts pieds de ſtat, la hauteur des colomnes, ou piliers, auec leurs baſſes & chapiteaux, eſt autant comme la hauteur de deux eſtages, ainſi que vous le voyez aux deux feneſtres qui ſont croiſées l'vne ſur l'autre. La hauteur de l'architraue, friſe & corniche ſert d'entablement & appuis pour les logis qu'on voudroit faire aux galetas, ainſi que vous le voyez aux feneſtres quarrées qui ſont au deſſus deſdictes corniches, qui ſeruent d'acroteres ou amortiſſements ſur toute la face du logis, qui auroit bonne grace eſtant ainſi. Vous voyez comme aux coſtez, entre les pieds de ſtat, les feneſtres baſſes ſont erigées pour les cuiſines & offices, auec la forme qu'il faut tenir pour ferrer leurs treillis quand ils ſont ainſi bas. Leſdictes feneſtres baſſes doiuent touſiours eſtre auſſi larges, comme les feneſtres croiſées qui ſont par deſſus, aux deux eſtages, l'vne ſur l'autre. Au coſté des feneſtres croiſées entre les piliers, vous pouuez faire des compartiments & ornements tels que vous les voyez en la prochaine figure. Au milieu de telle face vous voyez deux portes pour aller aux offices ſeparément, qui voudra: & par les coſtez vne attente d'y faire vn perron pour monter aux deux portes qui ſont au deſſus pour aller aux ſalles & chambres, leſquelles vous pouuez remarquer au ſecond eſtage, & premiere croiſée. Il vous ſera libre de faire vn eſchalier par le milieu, dedans le logis au droict des feneſtres qui ſont en forme de portes rondes, & aller de fond en comble. Vous pourrez accompagner tel logis de pauillons ſur les coings, tout ainſi que vous en aurez affaire, ou bien vous conduirez voſtre logis de plus grande longueur, comme il vous plaira: eſtant orné de meſmes ordres de colomnes & feneſtres. Ce que ie vous monſtre icy à fin de cognoiſtre les faces des logis, & ordres des feneſtres croiſées, & autres entre les ordres & ornements des colonnes. Toutesfois ie vous monſtreray cy apres comme vous pouuez orner vos maiſons ſans aucune contrainct d'y mettre colomnes & piliers, pour ceux qui veulent faire mediocre & petite deſpenſe.

Declaration de la figure cy-apres descrite & proposée.

Continuation de ce que dessus.

Approches pour le chapitre en-suiuant.

LIVRE VIII. DE L'ARCHITECTVRE

Autre face de maison monstrant comme lon y peut appliquer des fenestres & portes, sans aucunes colomnes, & piliers, ou bien leurs corniches & ornements.

CHAPITRE XVII.

L'Auteur respōd & satisfaict à l'opinion & pensemēt d'aucuns.

AVCVNS pourront penser, apres auoir leu ce que i'ay escrit des faces des bastiments, pour monstrer la disposition des fenestres, que ie les voudrois cōtraindre, ou bien assuiectir, de mettre des colomnes & piliers aux faces des maisons, ce que ie ne pretens aucunement : car tous ceux qui veulent faire petites despenses, n'ont besoing de si grande curiosité & enrichissement de face de maison, pour autant que leurs facultez ne pourroient soustenir si grands frais : mais il est bien vray que ie voudrois, que la constitution & ordre des fenestres qui
doiuent

DE PHILIBERT DE L'ORME 253

doiuent estre plantées aux faces des logis, fust par telles proportions & mesures gardé, que & que lon voit d'vn costé, se peust voir de l'autre, voire sans colomnes ou piliers, qui ainsi le voudra, & le pouuez clairement voir en la prochaine figure suiuant: en laquelle ie mets, au premier estage, des fenestres croisées simplement: & au second ie monstre comme vous pouuez faire entre lesdictes croisées, des chaines de pierre, sans forme de piliers, chapiteaux, & autres: & encores mettre aux couuertures des fenestres croisées, si vous voulez, de la pierre de taille, en forme rustique, ou bien toute vnie, comme aussi par les angles du bastiment. Vous voyez aussi qu'à l'entablement de tout le logis, sur lequel est plantée la charpenterie & les lucarnes, au lieu que aucuns y font des corniches, i'y ay faict des mutules en forme de rouleau, pour decorer & faire monstrer plus beau le logis. Ie vous propose aussi en ladicte figure des piliers quarrez, & de l'vn à l'autre voûtez, pour faire par le dessous vne façon de peristyle, & au dessus, vne galerie, le tout sans forme de colomnes, ny moins de pieds de stats, chapiteaux & corniches: pour seulement monstrer comme le docte & expert Architecte peut faire vn bastiment de bonne grace, & sans excessiue despense, lequel se monstrera autant bien faict que d'autres qui sont beaucoup plus riches: ainsi que vous pouuez voir & iuger par la figure prochaine.

Explication de la figure ensuiuant & de ses parties.

Le docte & expert Architecte, pouuoir auecques petis frais faire vn beau bastiment.

Puis que ie suis sur ce propos, i'acheueray de vous monstrer l'autre face du logis precedent: laquelle est d'vn costé du jardin. Doncques ie luy ay faict par le milieu vne forme de tour toute ronde, de laquelle le premier estage sert de chappelle, accompagné d'vne gallerie par le deuant, auecques des ouuertures & fenestres d'autre sorte que les autres: car elles sont rondes, & n'ont point la hauteur suiuant leur largeur: mais ie leur ay baillé ainsi grande ouuerture de largeur, pour donner plus de plaisir à ladicte gallerie: laquelle toutesfois se trouue de bonne grace & grande beauté, ainsi qu'elle est: mais beaucoup plus estant en œuure, que par le desseing que vous en verrez cy-apres. Au second estage de ladicte tour, est vn cabinet tres fort, pour estre voûté de pierre de taille dessus & dessous, & bien ferré. Aux costez sont autres cabinets & terrasses: & par le derriere est le corps d'hostel principal: estant le tout tant aux fenestres, que entablements & lucarnes, faict (ainsi que vous voyez le desseing) de bien bonne matiere auecques vne grande aisance, tant pour les caues, que autres lieux. Vous aduisant que le tout à esté faict comme pour moy, estant mon propre logis, tel que vous le voyez au precedent & proche desseings.

Declaration de l'Auteur face du logis.

Logis fort & aisé appartenant à l'Auteur.

LIVRE VIII. DE L'ARCHITECTVRE

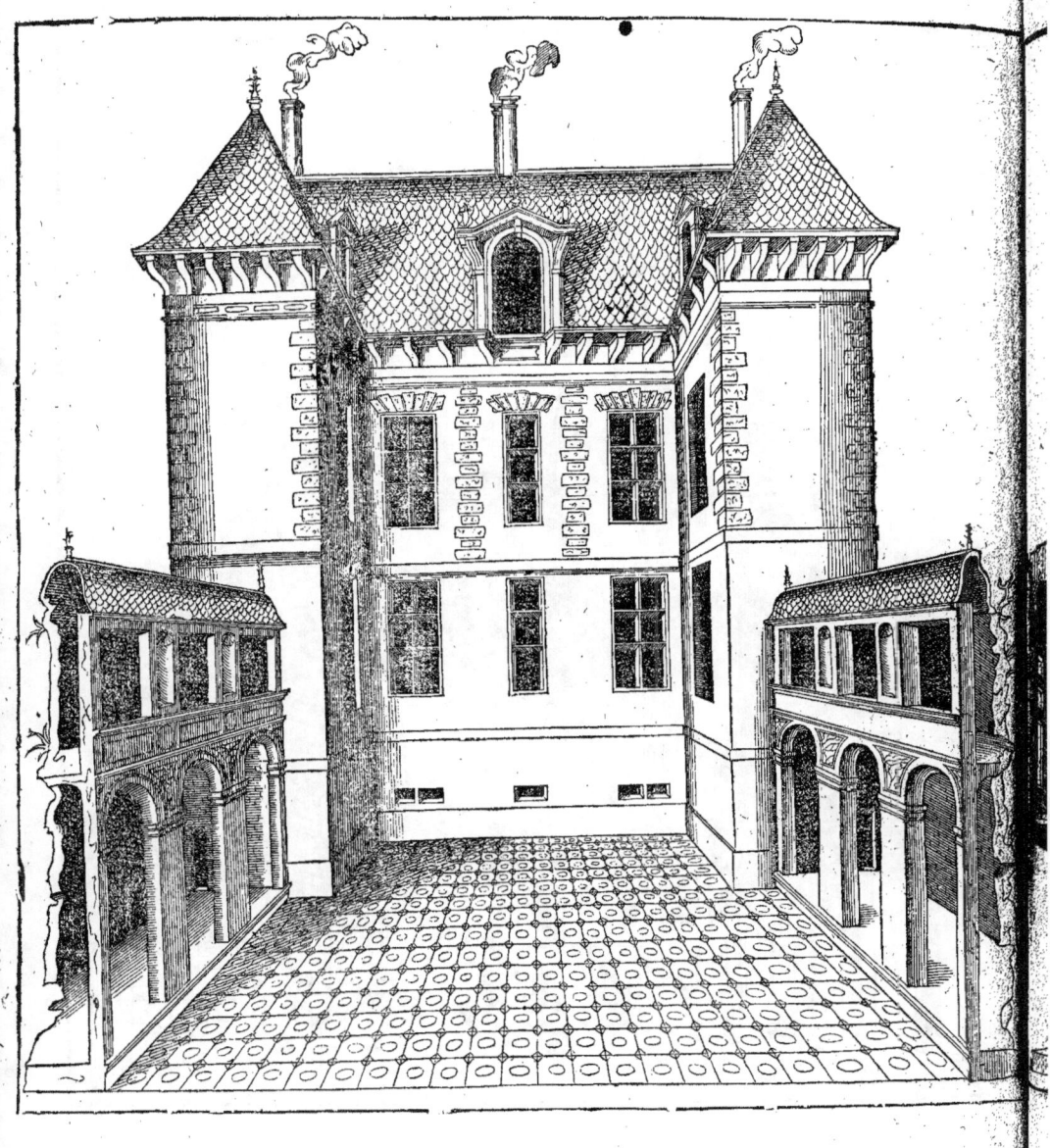

DE PHILIBERT DE L'ORME. 254

LIVRE VIII. DE L'ARCHITECTVRE

Situation & lieu d'vn logis propre à l'Auteur.

Iaçoit que toute la maison cy-deuant mentionnée, ne soit encores accompagnée d'vn corps d'hostel que i'auois deliberé faire par le deuant sur la ruë de la Cerisaye pres les Celestins à Paris, si est-ce que ie ne lairray de vous mettre la face dudit corps de logis, que i'auois enuie d'y faire bastir, & l'eusse faict long temps a, si Dieu m'eust presté mon tres souuerain Prince & bon maistre le feu Roy Henry, de qui Dieu ait l'ame. Ie vous presenteray donc la face dudit corps d'hostel, à fin que vous cognoissiez mieux la disposition & ordre des portes & fenestres, comme aussi des enrichissements qu'on leur peut donner, sans y faire grand ouurage ne grand ordre de colomnes, auec leurs ornements. Estant
sur

DE PHILIBERT DE L'ORME 255

sur ces propos, volontiers ie monstrerois tout d'vne venuë les mesures & departiments du dedans des logis comme ils doiuent estre, mais ie me detournerois de ma deliberation, qui ne tend icy à autre fin, sinon de vous monstrer, apres les portes, la constitution & ordonnance des fenestres & lucarnes : ainsi que ie feray, Dieu aydant, & reserueray le reste pour le second Tome de nostre Architecture, auquel ie vous donneray non seulement ce logis que i'ay faict faire pour moy à Paris, mais encores plusieurs autres de diuerses sortes soient pour les grands, ou pour les petits, auec leurs plans & ce qui sera requis pour les cognoistre.

Promesse de l'Auteur touchãt le second Tome de son Architecture.

Z

LIVRE VIII. DE L'ARCHITECTVRE

*Des fenestres appellées lucarnes, qu'on applique au dernier estage;
comme aux chambres & logis que l'on faict aux galetas.*

CHAPITRE XVIII.

Le lieu & assiette des fenestres appellées lucarnes.

LEs fenestres qu'on appelle lucarnes, lesquelles on a accoustumé mettre par dessus les entablemets des logis pour donner lumiere aux chābres des galetas, doiuent estre par dessus lesdicts entablements, sçauoir est trois pieds par dessus les planchers qui sera la hauteur de l'appuy: & les faut faire de mesmes largeurs que les fenestres croisées qui seront au dessous. Bref vous les pourrez faire de mesmes mesures & proportions que les fenestres croisées: toutesfois si vous auez quelque subjection des planchers qui se trouuent dans la couuerture ou lambris, cela vous doit monstrer qu'elle hauteur doiuent auoir vos lucarnes: comme celle que ie vous figure cy apres, supposant que l'entablement du logis soit la corniche au dessous de H, qui seruira d'appuy à ladicte fenestre

Explication de la figure cy-apres descrite.

lucarne: sur lequel entablement, ses pieds droicts ne sont seulement posez, mais aussi sa moulure, en forme d'architraue, qui fait mōstrer l'ouuerture de ladicte lucarne toute quarrée. Vous voyez d'auantage par les costez vn chapiteau Ionique, & forme de piliers par dessous qui descendent en s'eslargissant par en-bas, en façon d'amortissement, qui donne grande force à ladicte lucarne. Puis par dessus ledit chapiteau vous auez la frize qui tombe sur iceluy en façon de mutule, & au dessus de la corniche & amortissement vn arc Turquois & carquan auecques ses fleches. Qui est vne inuention conforme aux deuises de la maison.

Autre sorte de lucarne ronde, ou bien faicte en arceau.

CHAPITRE XIX.

APres vous auoir figuré vne lucarne ayant sa couuerture quarrée ou droicte, ie vous en propose cy-apres vne ronde par sa couuerture, laquelle il faut planter, comme i'ay dict cy-deuant, au droit des fenestres qui sont au dessous, & mesme largeur, si vous desirez que vostre œuure se

Les ornements des lucarnes deuoir estre suiuāt la disposition de l'Architecte.

monstre bien. Quant aux inuentions de ses ornements, cela gist à la disposition & ordōnance du conducteur de l'œuure, qui les sçaura inuenter de bonne grace, sans que vous soyez contraincts de les faire d'vne sorte plus que d'autre: pourueu que vous sachez biē donner les mesures à la hauteur, suiuant sa largeur, vous n'y sçauriez faillir. Sur tout il se faut souuenir de ce que vous auez veu

cy-deuant pour les mesures des ouuertures des portes, & aussi sçauoir donner vne largeur suffisante a la grosseurs des pieds droicts & piliers qui sont par les costez, pour soustenir la voure de la lucarne, corniche, & tympan. Ceste façon se monstre gaye & allegre, & les rouleaux qui sont par les deux costez & portent la corniche, de bonne grace, auec la petite corniche & chapiteau Dorique, qui sont au dessous desdits rouleaux au lieu d'imposte. Quãd vous aurez enuie de donner clarté au dedans des couuertures par le dessus des chambres & galetas, vous pourrez faire vne ou-

Z ij

LIVRE VIII. DE L'ARCHITECTVRE

Pour la clarté du dedans des couuertures.

uerture au frontispice & tympan en forme ronde, ou autrement, comme pourroit estre la prochaine : qui donnera bonne grace à vostre œuure, & la decorera grandement : ainsi que vous le pourrez cognoistre par la figure de lucarne qui vous est proposée en la page suiuante.

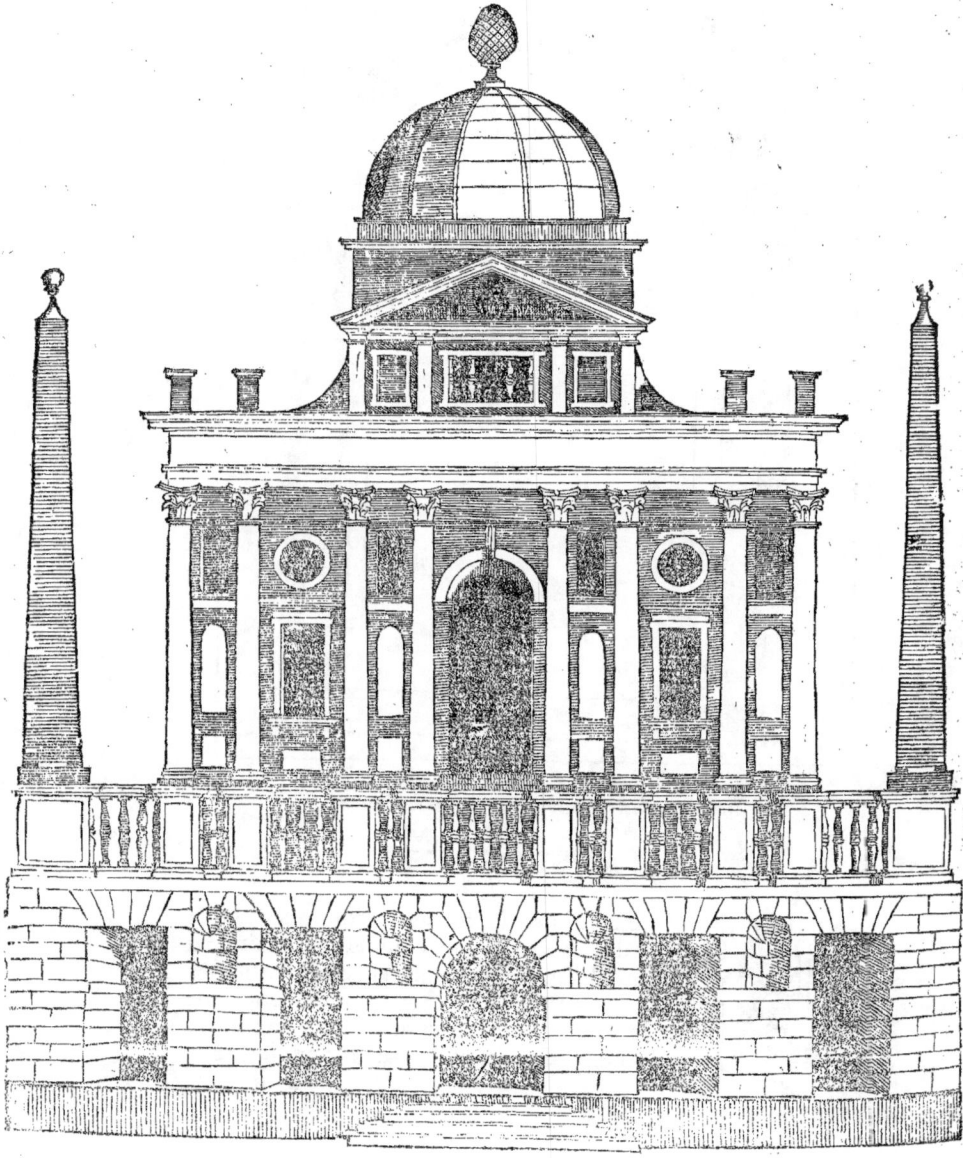

DE PHILIBERT DE L'ORME. 287

Singulier aduertissement sur les façons des lucarnes.

CHAPITRE XX.

E ne veux oublier de vous aduertir, que selon la hauteur des lucarnes que vous aurez à faire par dessus l'entablement, les differences se troueront grandes, comme des logis qui n'ont que trois estages, à ceux de quatre: & encores plus à ceux de cinq. Car selon la hauteur que les lucar-

Z iij

LIVRE VIII. DE L'ARCHITECTVRE

La hauteur des lucarnes emporter differentes mesures.

nes doiuent estre plantées, il y doit auoir difference de mesures: pour autant que celles qui sont dressées sur la hauteur de douze ou quinze toises, ne doiuent raisonnablemét auoir les mesmes mesures que celles qui sont sur l'entablement, qui n'a de hauteur que huict ou dix toises: mais il faut entendre telles mesures par les reigles de perspectiue. Voila qui faict cognoistre l'erreur de ceux qui mettent & appliquent des colomnes, auecques leurs ornements, aux lucarnes: lesquelles colomnes, estants petites, & posées loing de la veuë, se monstrent estre hors de toutes mesures, raison & proportion, iaçoit qu'elles y soient bien obseruées: mais la distance de la veuë faict qu'on ne les peut discerner, ny iustement examiner. Doncques il est expedient que a tous ornements de lucarnes, & autres qui se font au plus haut des edifices, lon ait bon iugement & experience, pour sçauoir cognoistre & donner les mesures qu'il leur faut. Qui est la cause que ie vous

Les ornements qui se font au plus haut des edifices, requerir bon iugement & experience.

ay faict cy-apres vne autre disposition de lucarne, pour sçauoir choisir celle qui vous plaira entre plusieurs, ou bien pour vous aduiser d'en inuenter à vostre plaisir. Si ie vous en voulois donner d'autant de sortes, que i'en ay faict mettre en œuure en diuers lieux, il s'en pourroit faire vn assez gros liure, mais vous vous contenterez s'il vous plaist, de ce que ie vous en propose & escry le plus briefuement que ie puis: pour satis-faire à nostre entreprise, qui est de monstrer la methode de faire bastiments de toutes les sortes qu'on sçauroit desirer.

On peut

On peut faire encores des lucarnes doubles, auecques tels ornements & telle hauteur & largeur qu'on voudra, i'entend vne lucarne sur l'autre, comme l'vne sur l'entablement du logis, & l'autre dans les couuertures. Ce qu'on doit faire quand les couuertures des galetas sont d'excessiue hauteur: ainsi qu'aux grands pauillons, qui ont quelquefois dix, douze, & quinze toises de largeur: & ont la charpenterie si haute, qu'elle est suffisante de receuoir par le dedans deux estages de logis, l'vne sur l'autre, depuis l'entablement iusques au faiste. Il y a en tels pauillons ainsi grands, des passages & façons d'allées, ou bien galleries, pour oster la subiection des chambres, auecques murailles qui montent iusques aux couuertures, & font les separations desdictes allées & cham-

Des doubles lu-carnes, & quãd on les doit faire, & en quels lieux.

LIVRE VIII. DE L'ARCHITECTVRE

bres: sur lesquelles murailles il est facile de faire d'autres lucarnes (soient de pierre de taille, ou d'autre matiere) qui se trouuent plus hautes que celles qui sont sur l'entablement des logis tout à l'endroit, ou bien à costé, ainsi qu'on cognoist qu'il les faut. Telles secondes lucarnes seruent pour donner clarté au second estage qui se trouue dans les couuertures: & est vn lieu propre pour tenir les meubles, ou bien pour y loger, si lon veut. Vous pouuez faire aussi d'autres sortes de lucarnes, comme celles qui sont à la grande gallerie du chasteau d'Annet deuant la chappelle, là où i'ay faict faire les tuyaux de cheminées en forme de lucarnes pour plus grande decoration de la face du logis. Ie vous aduertiray que quelquefois il ne se faut point ayder de lucarnes, ny de tels ornements, principalement quand on veut rendre vn logis en terrasse, & sans couuerture de charpenterie, quoy faisant vous mettrez sur les entablements & niueau des terrasses, (au droict des fenestres qui seront au dessous) des petits balchons, ainsi qu'on les appelle en Italie, qui sont petites saillies qui se proiectent hors des murs en terrasse, accompagnées de baleustres & appuis, auecques tel ornement que lon veut. Tels lieux sont propres pour prendre le plaisir des belles veuës qui sont autour des logis, & y mettre les trompettes & cornets, ou autre sorte d'instruments de musique, auecques chantres: & y faire feuz d'artifice, & colloquer flambeaux és iours de resiouissance: ainsi qu'on faict à Rome au chasteau sainct Ange, aux Palais des Cardinaux, des Seigneurs, & ailleurs, és festes solemnelles. Voila doncques comme lon peut decorer les bastiments par dessus les entablements.

A quoy seruent les secondes lucarnes.

Quand c'est qu'il ne se faut ayder de lucarnes.

Des balcons, ainsi appellez par les Italiens, & de leur vsage & lieux.

Vous vous contenterez doncques des lucarnes cy-dessus proposées & descrites. Il est vray que ie ne vous en ay figuré que trois à part, pour autant qu'il vous sera aysé d'en trouuer & faire d'autre sorte, suyuant les ornements que vous auez veu par cy-deuant, tant aux faces des bastiments, que ailleurs, & pourrez voir encores cy-apres. Nous entrerons doncques au neufuiesme liure, pour monstrer les cheminées tant des salles, que des chambres & garderobbes, comme aussi leurs ornements & amortissements par dessus les couuertures, auec plusieurs inuentions & moyens pour garder que la fumée ne soit moleste aux chambres & logis, sans y omettre les causes dont elle procede: ainsi qu'en pourront bien iuger ceux qui en voudront voir & lire le discours.

Approche & preparation de matiere pour le liure ensuiuant.

LE NEVFIESME

Ces figures icy se mettent apres le huictiesme Liure.

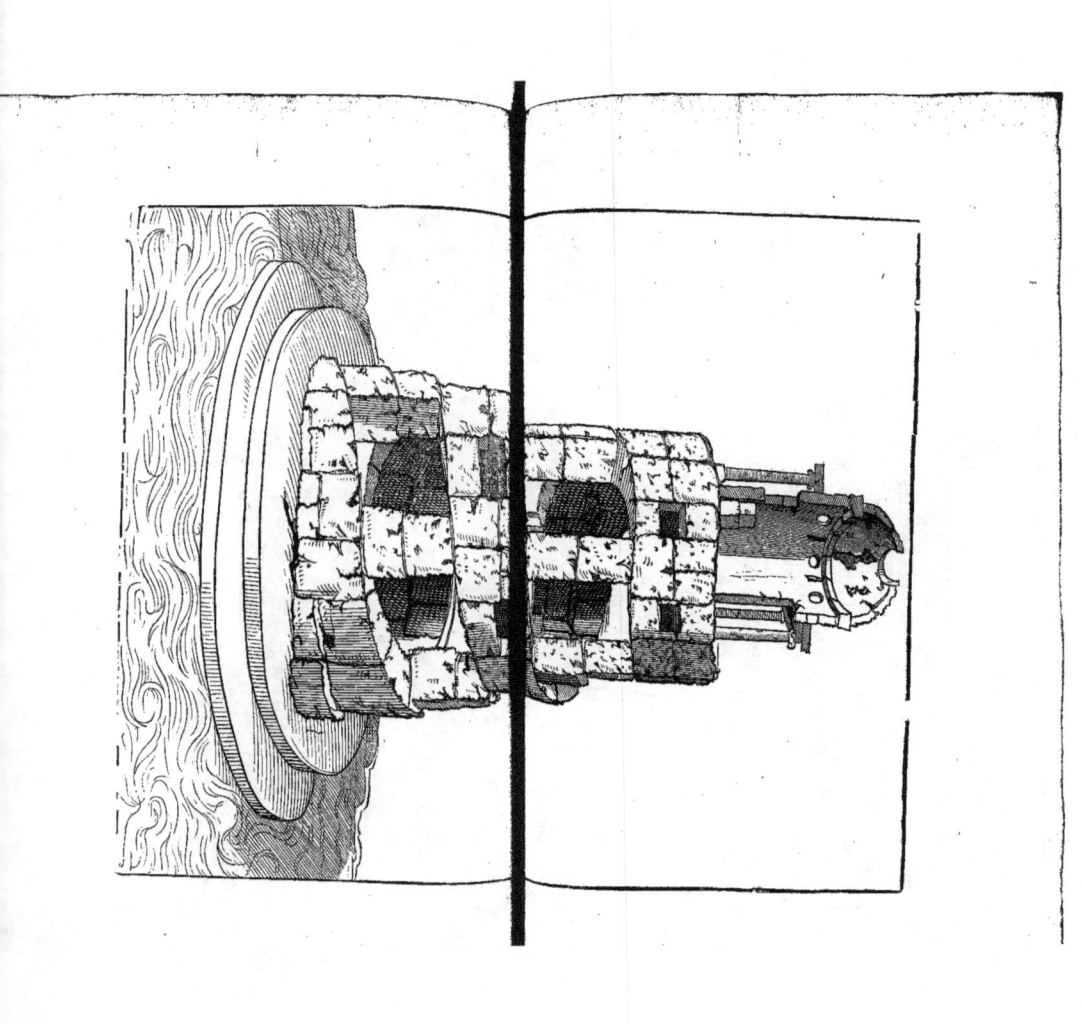

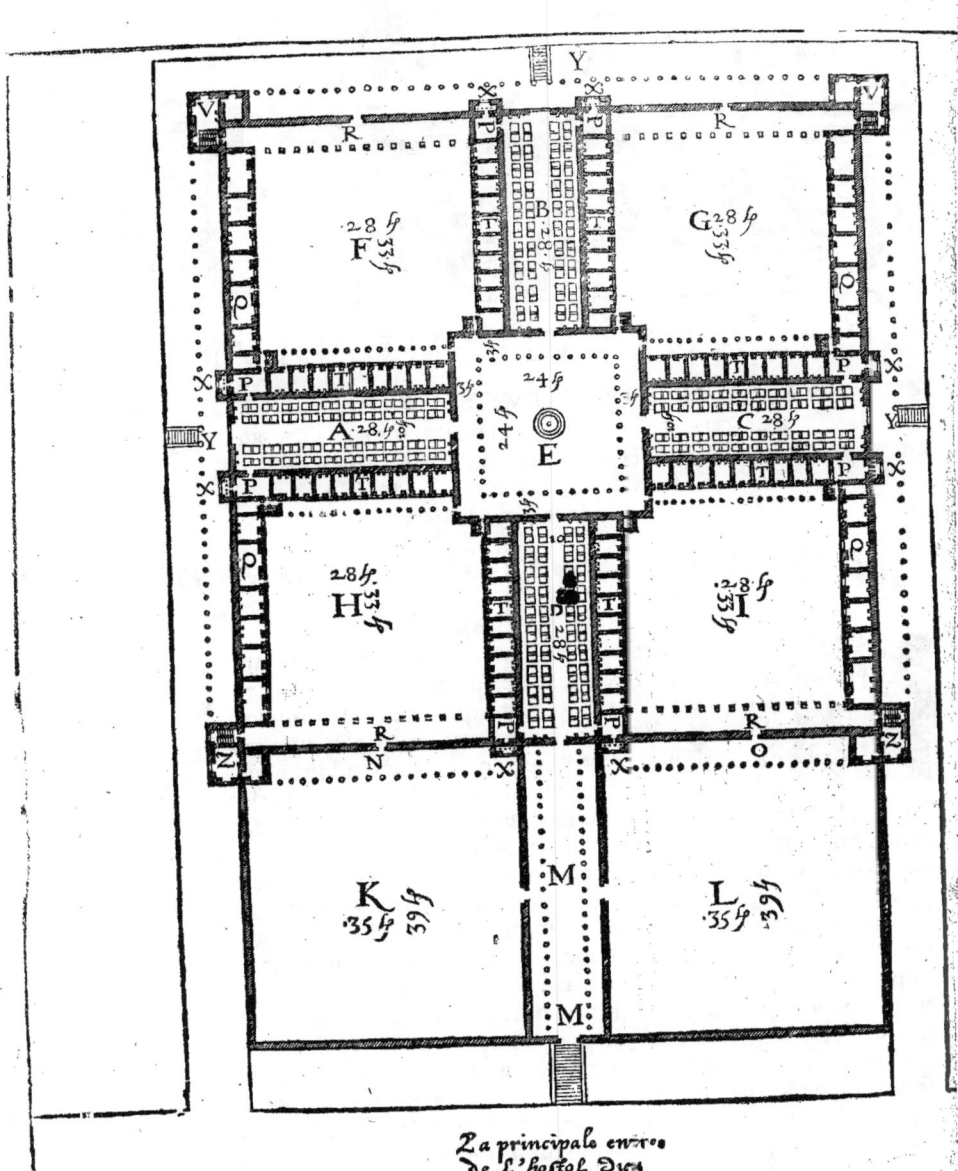

La principale entrée
de L'hostel Dieu

LE NEVFVIESME LIVRE
DE L'ARCHITECTVRE DE PHILIBERT
DE L'ORME, LYONNOIS, CONSEILLER ET
Aumofnier ordinaire du Roy, Abbé de
sainct Eloy lez Noyon, & de
S. Serge lez Angers.

PROLOGVE PORTANT ADVERTISSEMENT.

'AVOIS deliberé de dõner fin à ce premier Tome & volume d'Architecture, au huitiesme liure precedent, apres y auoir adioufté quelquechofe pour les cheminées & leurs ornements, mais plusieurs de mes amis ne l'ont trouué bon, & m'ont inftamment folicité de faire encores vn neufuiesme liure pour la façon des cheminées, & de leurs manteaux, ouuertures tuyaux & ornements tant interieurs, que exterieurs: fans y obmettre la pratique de pouuoir tellemẽt dreffer & construire les cheminées, que elles ne foient fubiectes à rendre fumée dedans les maifons. Et outre ce de vouloir auffi monftrer les moiens & remedes d'en pouuoir garentir celles qui y font fubiectes comme chofe fort defirée de plufieurs, ie ne diray pour l'vfage & aifance de leurs maifons, mais auffi pour plus facilement les vendre ou loüer, fi bon leur femble. Voila le propos tenu, & inftance faicte par mes amis, à laquelle ie n'ay peu, ne fceu refifter, quelque remonftrance que ie leur fiffe de la peine & fatigue que i'ay fouftenu l'efpace de fix ans continuels, & plus, tant pour l'inuention & protraicts des figures du prefent œuure, que pour leurs demonftrations & explications: laquelle peine & trauail d'efprit incroiable demande quelque

L'Auteur confentir volontiers au confeil de fes amis, doctes & de bon iugements.

Aaa

LIVRE IX. DE L'ARCHITECTVRE

repos. D'auantage ie leur proposois, que à la fin du septiesme liure i'ay promis que apres auoir escrit au huitiesme des portes, fenestres, lucarnes & cheminées, ie ferois fin à ce premier Tome & volume d'Architecture, comme ayant conduict nos bastiments, depuis les fondements iusques aux couuertures: desquelles, comme aussi de la charpenterie, pour autant que iauois faict imprimer deux liures, il y a enuiron six ans, vne nouuelle façon & inuention, ie ne deliberois icy parler, ny moins accompagner le present œuure des liures susdits, iusques à ce que ie les eusse reueuz & augmentez d'vn liure & figures. N'ayant doncques peu faire condescendre à ma deliberation mes susdicts amis, ie me suis resoult de vous donner encores ce neufuiesme liure, qui sera tout entierement employé tant pour la description, ordonnance & ornements des cheminées, que aussi pour leurs ouuertures & tuyaux: sans y obmettre les ornements qui se voyent par dessus les couuertures. Estant le tout accompagné de plusieurs moiens pour garder que l'esdictes cheminées n'incommodent les logis par fumées, molestes & deplaisantes aux habitants, Quoy faisant nous n'oublierons les causes & origine desdictes fumées, n'aussi plusieurs secrets, aides & remedes pour garentir de telles incommoditez les logis & cheminées ia basties, soient vieilles ou neuuelles. Pour laquelle chose, i'ay esté prié tant de fois, & en ay donné tant de moiens & remedes, que cela m'y fera plus trauailler que ie n'eusse faict, pour donner contentement à ceux qui en auront affaire. Vous aduisant que telle matiere est vn secret de plus grande excellence & necessité, qu'il ne semble: estant (pour les raisons proposées cy deuant, & autres) plustost deu à vn bon Philosophe qui cognoist les causes de nature, & est homme de grande experience, que à toutes autres personnes, pour les grandes difficultez de cognoistre ce que nature en cela peut faire: veu que en vn endroit opere d'vne sorte, & en vn autre, tout autrement. Parquoy celuy qui la cognoist ne peut faire que bien, car elle est tresbonne guyde de toutes choses & s'approprie par tout, differemment ou commodément, ainsi qu'il vient à propos. Et notez ie vous prie, que si ce secret de nature est difficile, il est encores plus beau, excellent, necessaire & rare: car comme dit Ciceron, *Omnia preclara rara: nec quicquam difficilius, quàm reperire quod sit omni ex parte in suo genere perfectum.* C'est à dire, toutes choses excellentes sont rares, & n'y a rien plus difficile, que trouuer chose qui soit en son genre entierement parfaicte. Mais ce n'est assez de escrire secrets & remedes si lon n'en donne l'interpretation & raison par experience, grande & asseurée maistresse de toutes choses, toutes sciences & tous arts, ainsi que le susdit Ciceron le tesmoigne en telles parolles, *Nulla ars, literis sine interprete, & sine aliqua exercitatione, precipi potest:* C'est à dire, nul art ne se peut

Pourquoy c'est que en ce present Tome & volume d'Architecture l'Auteur ne parle des couuertures & charpenterie.

N'est re petite chose de cognoistre les effects de nature.

DE PHILIBERT DE L'ORME

peut comprendre par lettres, sans interprete, & sans quelque exercitation & experience. Par ainsi auec les aduertissements & enseignements que ie vous puis escrire, & escriray cy-apres, il vous est necessaire de les mettre en œuure & effect, par frequente exercitation & experience, à fin de cognoistre toutes les perfections des œuures que vous entreprendrez. Qui est la cause que i'escry le plus facilement qu'il se peut faire, & plus intelligiblement, ou, si vous voulez, populairement, pour les ouuriers & artisans. Et pour autant que la matiere d'Architecture est de soy assez empeschée & difficile, i'ay esté contrainct d'escrire plus prolixement que breuement: ioinct aussi que breueté à communement pour côpagne, obscurité: parquoy disoit bien Horace, *breuis esse laboro, obscurus fio*: c'est à dire, quand ie me parforce d'estre bref, ie deuiens obscur & difficile. Ie adiousteray de Quintilian, que, *Prima virtus orationis est perspicuitas*: la premiere vertu d'vne oraison, harengue ou discours, est perspicuité & facilité. Mais de ce propos sera assez, à fin d'entrer en matiere pour ce neufuiesme & dernier liure.

Pourquoy c'est que l'Auteur escrit plus tost prolixement, que breuement.

Des cheminées pour les salles, chambres & garderobbes en general.

CHAPITRE I.

ES cheminées des salles, chambres & garderobbes se font de diuers ornements, & diuerses façons, suyuant la volonté & industrie des Archetectes, ou maistres Maçons qui les dressent & conduisent. Ie diray sans iactance, que i'ay veu peu de personnes qui les sceussent bien dresser, & accompagner de leurs mesures & cognoistre l'endroit ou il les faut assoir. De sorte que vn chacun les met selon sa fantasie, & pour le regard de l'assiette du lict. Car aucuns le desirent estre au costé droict, (comme c'est le meilleur) les autres ne s'en soucient. Quoy qu'il en soit, il ne peut tousiours bien venir à propos de mettre les licts du costé droict, & qui s'y voudroit trop rendre subject, il pourroit faire grande erreur & faute, quand on viendroit à perser les fenestres, ou bien pour mettre les cheminées en lieu mal à propos. Toutesfois ie trouue bon que les licts soient du costé droit & quand ils ne le seront, on ne laissera de bien faire. Les premieres cheminées qui ont esté faictes en France auec mesures & quelques raisons, ont esté celles que i'ay faict faire au chasteau de S. Maur des fossez pres Paris: qui sera dit sans aucune iactance. Vous en verrez cy-aprez vne semblable, seulement par ses pieds droicts & manteau, ainsi qu'on le nomme. Mais pour entrer en matie-

Peu de personnes sçauoir bien dresser & colloquer les cheminées.

L'Auteur auoir faict le premier cheminées en France, par mesure.

Aaa ij

LIVRE IX. DE L'ARCHITECTVRE

re, ie vous aduertiray tout premierement, qu'il faut prendre les largeurs qu'on doit donner aux cheminées, suiuant la grandeur des lieux aufquels on les veut mettre: & notez, s'il vous plaift, que pour vne falle il les faut toufiours eriger au milieu: i'entend au milieu du pignon & muraille qui faict la feparation des falles & chambres. Si vous eftes contrainct de les mettre fur la longueur de la falle par les coftez, faictes qu'elles foient au milieu entre les croifées, ou entre les portes s'il s'y en trouue deux: pour autant qu'il n'y a rien fi laid, ne fi mal plaifant à voir quand on entre dans vne falle, que vne cheminée eftant à cofté ou pres d'vn angle, ou bien d'vne fenestre, ou fur vn cofté plus haut que l'autre. Au contraire il ne faut eriger les cheminées des chambres au milieu des faces defdictes chambres: mais bien les tirer plus à cofté, pour donner efpace & largeur fuffifante à la place du lict, & de la chaire qui doit eftre auprés, & vne autre petite efpace pour la ruelle. Telle largeur doit eftre communement de neuf pieds pour le moins aux chambres moyennes, qui ont de vingt à vingt deux pieds de large & dix pieds à celles de 24. Et encores ie voudrois que le cofté ou font plantées les cheminées, fuft plus large que l'autre, à fin d'y pouuoir trouuer plus grande ayfance pour la place du lict, & cheminée: & auffi pour y planter vne porte, laquelle bien fouuent fe trouue au cofté pres la cheminée. Par ainfi aux chambres qui ont vingt quatre pieds de large, le cofté de la cheminée, en aura vingt cinq. Quand à celles qui ont vingt fept & trente pieds en tous fens elles fe trouuent toufiours fort belles eftant toutes quarrées, c'eft à dire, autant larges d'vn cofté que d'autre. A telles & femblables, on peut donner XII. pieds pour la place du lict, depuis le pied droict de la cheminée iufques au coing de la chambre: mais telles mefures de cheminées & places de lict fe doiuent faire felon les lieux, & la fituation des chambres, foit pour l'efté, ou pour l'hyuer, & auffi felon la qualité du Seigneur pour lequel on faict le baftiment. Bref, il faut befongner felon les logis & qualitez de ceux pour qui on les faict, foient pour Roys, Princes, ou autres Seigneurs: car aux licts des Roys & Princes on met communement tout a l'entour, de petits baleuftes, ou autres ornements en façon d'appuy: qui font de trois pieds de hauteur, & deux ou trois autres loing du lict, à fin que lon n'en puiffe approcher. Ce qui doit eftre à propos du ode qu'on met par deffus le lict Royal, auquel on accommode quelquefois des feconds rideaux de toille d'or, ou d'autre matiere, ainfi que leur maiefté le requiert. Mais ce lieu n'eft à propos pour parler des mefures des chambres, & dedans des logis, ny moins des meubles & ornements des falles & chambres des Roys & grands feigneurs, veu que telle matiere eft affez fuffifante pour en faire vn liure à part, qui ne feroit mal à propos: veu qu'on trouue peu de perfonnes qui fçachent

bien

De la largeur des cheminées & en quel lieu il les faut eriger.

Cheminées des chambres auec leurs largeurs.

Ornement & façon d'vn lict Royal.

DE PHILIBERT DE L'ORME.

bien orner & decorer les logis des Roys & Princes, ausquels veritablement on met de fort beaux meubles, & autant riches qu'il est possible d'excogiter, mais le plus souuent tres-mal ordonnez. Delaissant donc ce propos nous parlerons des cheminées propres pour les mediocres logis, qui ne sont ne trop grands, ne trop petits: comme pourroit estre celuy de sainct Maur des fossez (dont nous auons souuent parlé) auquel les salles se trouuent auoir vingt quatre pieds de large sur quarante de longueur. Ie desirerois qu'en tels logis l'ouuerture des cheminées ne fust que de six pieds, entre les pieds droicts dans œuure: & de quatre & demy de hauteur iusques au manteau: & trois pour le plus de saillie, depuis le contrecueur de la cheminée, iusques au deuant du pied droict. Quand aux cheminées qu'on voudroit faire au deuxiesme, troisiesme, & quatriesme estages des logis, ainsi qu'on les faict en diuers lieux, si vous y estes contraincts, vous mettrez la premiere dans l'espesseur du mur, le plus auant que vous pourrez, à fin qu'elle ne soit tant en saillie & hors du mur: & luy donnerez pour sa saillie depuis le contrecueur iusques au deuant des pieds droicts, deux pieds & demy: & à la deuxiesme qui est au dessus, deux pieds & vn quart: puis à la troisiesme, deux pieds. Telles mesures se doiuent donner selon les logis, & grandeurs d'iceux. Pour faire bien bonnes lesdictes cheminées, i'ay cogneu par experience qu'elles veulent estre aussi larges par le dehors des couuertures, comme en bas: de sorte que si elles ont six pieds de large dedans œuure par en-bas, il faut qu'elles en ayent autant par en-haut: & ne faut qu'elles se restroississent par les costez, mais bien que le tout soit à plomb & perpendiculairement. Il faut aussi que la pente du dedans de la cheminée (laquelle aucuns appellent la hotte) commence depuis le manteau de ladicte cheminée, iusques au droict de son plancher: & qu'en ce lieu, la largeur de l'ouuerture par ou doit passer la fumée, n'ayt que de huict à neuf pouces, & que le tout aille en estroississant, iusques au plus haut, n'ayant que de cinq à six pouces d'ouuerture, sur la largeur de six pieds, ou longueur de la fente de la cheminée. Le dedans se doit conduire le plus poliment, plus vniment, & droictement que faire se peut, car quand il se trouue raboteux, ou mal droict, cela est souuent cause de faire fumer dedans les logis. Ie vous ay figuré cy-dessous vn manteau & pieds droicts de cheminée semblable à celuy qui est aux salles du chasteau de S. Maur des fossez, & en verrez d'autres cy-apres.

Des cheminées du deuxiesme, troisiesme & quatriesme estages d'vn logis.

Façon pour rendre les cheminées bien bonnes.

Du dedans des cheminées pour les rendre bonnes.

Aaa iij

LIVRE IX. DE L'ARCHITECTVRE

De certaines mesures des cheminées, tant pour leurs manteaux corniches, frise, &
architraue, que pour les pieds droicts.

CHAPITRE II.

E vous ay parlé cy deuant des largeurs, hauteurs,
& ouuertures des cheminées, maintenant ie defi-
re vous escrire plus particulierement des mesures & ornements d'icelles, & monstrer la difference qui se trouue, quand on y veut proceder
suiuant & imitant les ordres des colomnes. Car
vous pouuez faire vne cheminée Dorique, l'autre Ionique, &
ainsi consequemment des autres ordres selon vostre volonté: non
pas qu'il soit de besoing d'y obseruer les mesures & proportions
des ordres des colomnes, & telles que vous les auez veuës par cy-
deuant, car il y a grande difference entre ce qui est dehors & à descouuert ayant grande hauteur & largeur, auecques ce qui est au
dedans

DE PHILIBERT DE L'ORME

dedans, & se voit de pres, en petite espace, dont la veuë peut mieux iuger & discerner les mesures qui y sont. Pource est-il qu'on doit faire les ornements des cheminées plus delicats, & les œuures plus proprement tailliées, & bien faictes. Par ainsi il faut que les largeurs & ouuertures des cheminées soient bien proportionnées selon la grandeur de la chambre ou salle ou vous les appliquerez. Comme, par exemple, pourroit estre vne cheminée laquelle ie vous figure cy apres pour vne salle, ou bien pour vne gallerie: laquelle ie suppose auoir six pieds de large entre les pieds droicts, & quatre pieds, dix pouces de hauteur, & cinq pieds pour le plus, depuis l'aire iusques au dessous du manteau, qui est six pieds de largeur, sur cinq de hauteur pour l'ouuerture. Vous donnerez pour la largeur du pied droict, ou architraue du deuant de la cheminée vne septiesme partie de la hauteur, & autant pour la hauteur de la frise: la hauteur de la corniche, sera vne sixiesme partie de la largeur de la cheminée, qui est vn pied: la largeur du modelon ou rouleau qui est au dessous de la corniche, sera vn pied: mais au dessous sur sa basse il sera autant large que l'architraue, & ainsi adoucy & canelé, comme vous le voyez en la figure cy-apres proposée. Telle sorte de mesure se trouuera belle, ainsi que vous le pourrez iuger. Quant aux cheminées qui n'ont que quatre pieds & demy de hauteur depuis l'aire iusques au manteau, vous leur donnerez vn pied pour le front & largeur du pied droit: ou bien si elles ont cinq pieds de hauteur, vous mettrez lesdicts cinq pieds en quatre partie, & en donnerez vne d'icelles, qui sont quinze pouces, à la largeur dudit pied droit de cheminée. Puis de telle largeur vous en prendrez la moitié, qui sont sept pouces & demy, pour faire la largeur de l'architraue & moulure qui tourne à l'entour de l'ouuerture de la cheminée. Suiuant ledit architraue, vous trouuerez la hauteur de la frise, qui a vne sixiesme partie de hauteur, plus que luy, & là vous ferez la hauteur de sa corniche autant que est ladicte frise. Qui voudroit tout specifier, & descrire particulierement toutes les mesures & ornements des cheminées, & y faire distinction des ordres Doriques, Ioniques, & autres, tant pour celles des salles & chambres, que des cabinets, galleries & garderobbes, seroit chose bien fort longue, & suffisante pour en faire vn liure à part. Toutesfois outre ce que ie vous en escriray en ce neufuiesme liure, ie vous en donneray aussi d'autres sortes & plus particulieres, en nostre second Tome d'Architecture, lesquelles nous retirerons & trouuerons apres les belles proportions diuines, dont ie vous ay souuent parlé. Ce temps pendant vous pourrez vous ayder de la figure cy-dessous proposée.

Les ouuertures des cheminées deuoir estre reproportionnées à la grandeur des chambres.

D'autres mesurés de cheminées, & de leurs ornements.

Vouloir specifier particulierement toutes mesures & ornements des cheminées estre chose fort longue.

Aaa iiij

LIVRE IX. DE L'ARCHITECTVRE

DE PHILIBERT DE L'ORME

D'vn ornement de cheminée qu'on pourroit faire en vne grande salle Royale, ou autre de quelque grand Prince & Seigneur.

CHAPITRE III.

Epuis quelque temps la coustume est venuë, que non seulement les Majestez, Princes & grands Seigneurs desirent auoir fort riches les ornements des cheminées qui sont en leurs salles & chambres, mais aussi plusieurs autres voulans contrefaire les Roys & Princes par representation & imitation de ce qu'ils voyent estre beau en leurs chasteaux & palays, de sortes qu'ils s'estudient d'auoir le semblable, ie ne diray en richesse de taille, de sculpture, & autres ouurages, mais aussi d'incrustation de marbre. En quoy veritablement il me semble qu'ils s'oublient, comme en assez d'autres choses, lesquelles ils font outre leurs qualitez, sans se bien cognoistre ny mesurer : dont il leur en prend mal le plus souuent. Toutesfois pour cela ie ne lairray de mettre cy-apres l'ornement d'vne cheminée, soit pour vne grande salle ou chambre, estant assez aysé à faire, & tant richement qu'il vous plaira : en tous les pieds droicts, & māteau, iusques aux frizes & corniches de marbre : voire le quadre qui est derriere la figure oüale, & le reste de quelque belle pierre, ainsi qu'on voudra : ou bien de marbre blanc, auecques sculpture pour les belles figures, & petits enfants, fruicts, fueillages, & autres ornements que vous pouuez faire en ce beau compartiment que vous voyez cy apres : estant faict de telle sorte qu'il vous est facile d'y trouuer trois façons d'ornements de cheminées differentes les vnes des autres pour les faire separément quand vous voudrez, & encores les faire plus riches, ou moins, que ceste cy : comme d'estuc, ou pierre du pays auquel vous serez, pour ceux qui n'auront la commodité de le faire de marbre. Doncques vous obseruerez & considererez la belle structure & inuention de la prochaine cheminée.

Plusieurs vouloir imiter, à leur dommage, les singularitez des maisons des Roys & Princes.

Pour faire cheminées plus riches, ou moins.

DE PHILIBERT DE L'ORME. 264

Des cheminées pour les chambres, en particulier & par le menu.

CHAPITRE IIII.

Es cheminées des chambres qui ont vingt-quatre pieds en quarré ne doiuent auoir que cinq pieds & demy dans œuure pour la largeur d'entre les pieds droicts, & quatre pieds de hauteur, iusques au manteau d'icelles, & deux pieds & demi de saillie depuis le contrecœur, iusques au deuant des pieds droicts dedans œuure: montant tousiours perpendiculairemēt iusques au plus haut des tuyaux des cheminées, cōme nous auons dit par cy-deuant. Il faut que la pente du dedans des cheminées depuis le manteau iusques au droit du premier plancher, soit dressée ainsi que nous auons nagueres enseigné. Quant aux ornemens desdictes cheminées, le tout gist à la volonté & ordonnance de celuy qui a la conduicte du bastiment, & du Seigneur aussi pour les deuises & enrichissements. Mais sur tout il faut que le conducteur sçache bien donner les proportions aux corniches, moulures & autres parties, pour estre chose d'importance, ie dy plus grande, qu'il ne semble, car l'ornement peut estre tel, qu'il ayde à retenir la fumée dans les chambres: & quelquefois, au contraire. Ie suis tousiours d'aduis que le deuant de la cheminée dedans la salle, chambre & autres lieux, soit tousiours à plomb & perpendicule auec les pieds droicts, & non point renuersé & en pente, suiuant la hotte, comme aucuns ont faict. Vous le conduirez donc ainsi que vous le pouuez voir en la figure cy-apres proposée, auecques le plan des moulures des pieds droicts, au lieu ou i'ay esquiché grossement le tout, pour faire cognoistre comme lon doit faire les moulures à tailler les pierres, & figure seulement la frise, corniche, & le dessus, ainsi que vous le pouuez cognoistre par la figure, sans en faire plus long discours, sinon que vous y vouluissiez faire la despence, ou que ce fust pour les grands Seigneurs, qui eussent le vouloir de mettre force ornements depuis la corniche du manteau de la cheminée, iusques au plancher, ainsi que vous en verrez apres ce chapitre quelque desseing & figure.

Mesures des cheminées pour chambres.

Des deuises & enrichissements des cheminées.

Description de la figure cy-apres proposée.

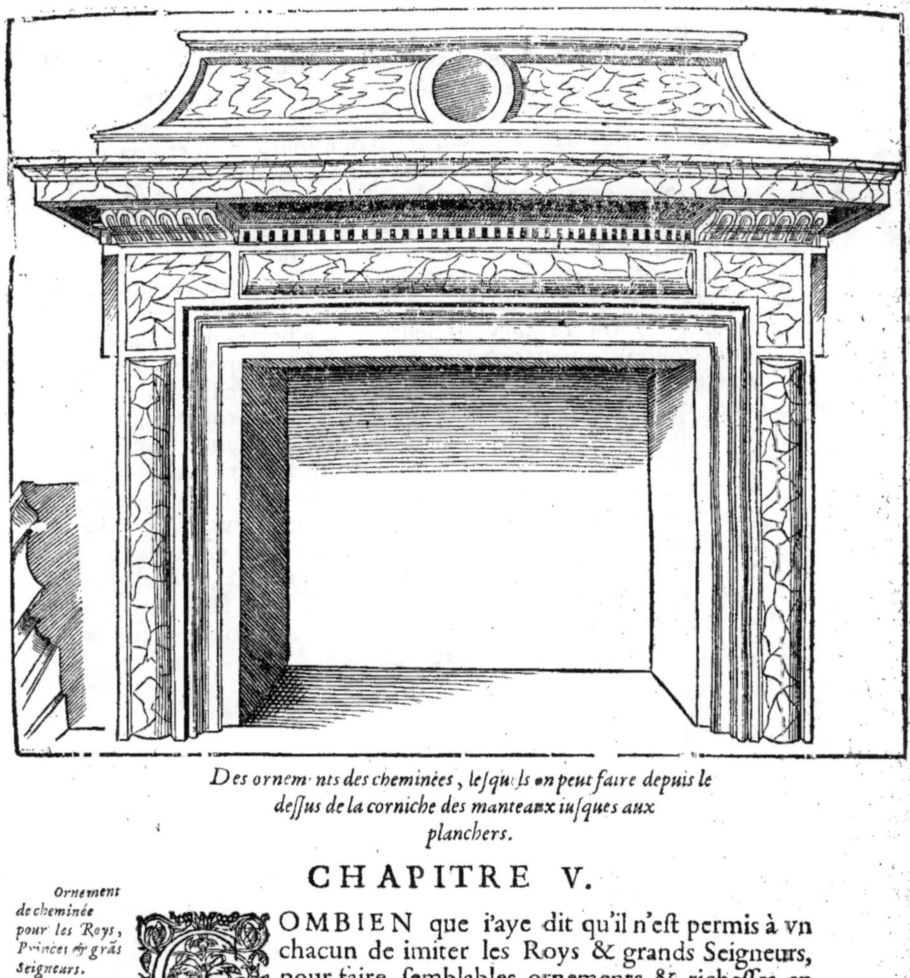

LIVRE IX. DE L'ARCHITECTVRE

Des ornemnts des cheminées, lesquels on peut faire depuis le
dessus de la corniche des manteaux iusques aux
planchers.

CHAPITRE V.

Ornement de cheminée pour les Roys, Princes & grās Seigneurs.

COMBIEN que i'aye dit qu'il n'est permis à vn chacun de imiter les Roys & grands Seigneurs, pour faire semblables ornements & richesses en leurs bastiments (comme aucuns le font, sans se sçauoir mesurer) si est-ce que ie ne veux pour cela faillir de monstrer quelque bel ornement pour decorer & enrichir les cheminées depuis leur manteau iusques au plus haut pres du plancher, pour les chambres des Roys, Princes & grands Seigneurs, qui meritent choses de plaisir, & de grande magnificence, soit en tableaux, peincture, basse taille de marbre, ou autre, auec quelque ornement tout à l'entour, riche &

beau

DE PHILIBERT DE L'ORME

beau pour accompagner l'excellence du tableau, ou histoire qui doit estre bien faicte. Outre la bordure que vous y voyez au desseing cy-apres proposé ie figure vn ornement de termes (au lieu de colomnes) masculins & feminins, & au costé de la cheminée sous mesmes proportions desdicts termes, ie figure des pilliers & chapiteaux de l'ordre Dorique, ainsi que vous le pouuez voir par le pourfil de l'ornemēt. Toutesfois quād vous desirerez mieux accompagner l'ornement, & le faire plus riche, au lieu desdicts pilliers & chapiteaux Doriques, vous pourrez mettre des termes, aussi bien par les costez comme par le deuant: car vostre œuure s'en monstrera beaucoup plus riche. Et quand vous n'y voudrez faire figures de termes ou satyres, vous y pourrez mettre des colomnes de tel ordre que vous desirerez qui porteront des mutules ou rouleaux, ainsi qu'en la figure cy-apres proposée: laquelle, outre ce que dict est, vous represente aussi au dessus des corniches, quelques petits enfans & animaux, estant le tout faict à plaisir, & pour monstrer seulement l'inuention des ouurages qu'on y peut faire, selon les deuises & volonté du Seigneur, & aussi de l'Architecte. Le dessous du quarré (au lieu ou se voit la masque) peut seruir de frize, corniche & manteau de cheminée, ou bien appliquer le tout (comme le feston des fueilles qui est au dessous) par dessus la corniche, & manteau de cheminée, tel que celuy est que ie vous ay figuré cy-deuant, ou bien d'autre sorte ainsi que vous voudrez. Le reste vous sera monstré par la prochaine figure, & ornement du deuant d'vne cheminée.

Explication des parties de la figure prochaine.

Continuation de ce que dessus.

Bbb

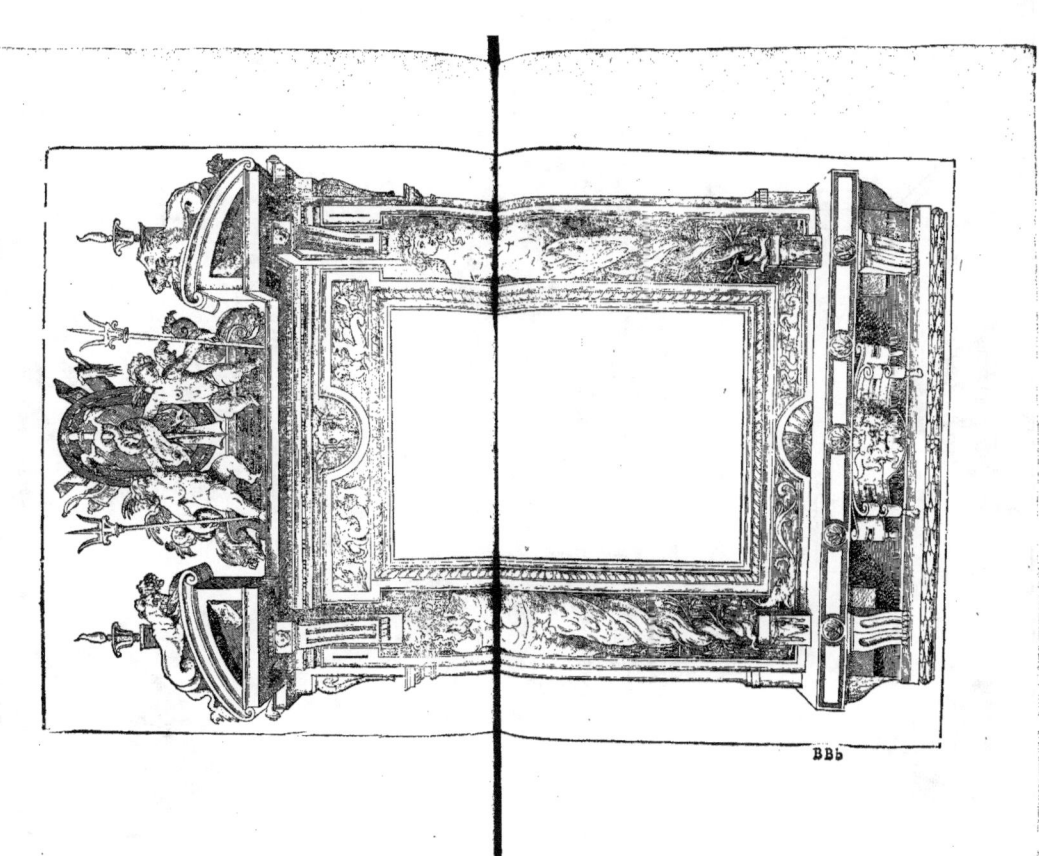

Ie vous aduertiray que l'inuention & l'ornement de la cheminée que ie vous ay donné cy-deuant est propre pour estre aussi appliqué à plusieurs autres choses, que parements & ornements des cheminées des salles, & chambres, comme à faire les ornements d'vn grand tableau quon met aux galeries ou bien à faire quelque ornement d'vn grand miroir, faire compartiments & ornements des menuyseries, ou bien pour fenestres d'vn cabinet, soit le tout pour estre faict de marbre, d'estuc de boys, voire d'argent & orfeuerie. Par telle inuention il s'en peut trouuer plusieurs autres: pour le moins la figure precedente, & encores l'autre que ie vous propose cy-apres seruiront pour aduiser l'Architecte, d'y adiouster, ou diminuer ou bien donner quelque autre inuention, comme il en aura volonté, & que son bō esprit l'aduertira. Doncques quant aux ornements & faces des cheminées, qu'on doit appliquer depuis le dessus du manteau, iusques à la corniche qui est pres le plancher, vous les ferez ainsi qu'ils sont en la figure cy-apres descrite: ou bien si vous voulez, vous osterez tous les trophées & banieres qui font l'amortissement, aux lieux marquez F, G, voire iusques à la corniche qui est portée sur les modelons, en façon de rouleaux: laquelle vous pourrez faire seruir à porter les sablieres & soliues du plancher. Si est ce que quand vous voudrez faire vn amortissement semblable à cestuy cy, ou bien d'autre sorte, il faut tousiours appliquer vne corniche au plus haut de l'amortissement: car tout en sera plus beau & meilleur, à fin de porter les sablieres & soliues, tant par le deuant de la cheminée que par les costez. Ladicte corniche ne seruira seulement pour la beauté & decoration de l'œuure, mais aussi pour ayder à porter l'encheuestrure, sur laquelle est le foyer, (ainsi que aucuns l'appellent) de la seconde cheminée, laquelle lon pourroit faire au dessus du plancher, comme pour seruir à vn secōd estage. Et pour autant qu'il me semble que cecy suffira pour l'intelligence du present discours & cognoissance du desseing cy-apres figuré pour les faces & ornements des cheminées, vous me permettrez s'il vous plaist, de passer outre, & parler des cheminées pour les garderobbes.

Vne inuention en amener & faire trouuer plusieurs autres.

Du foyer & cheminée du second estage du logis.

Bbb ij

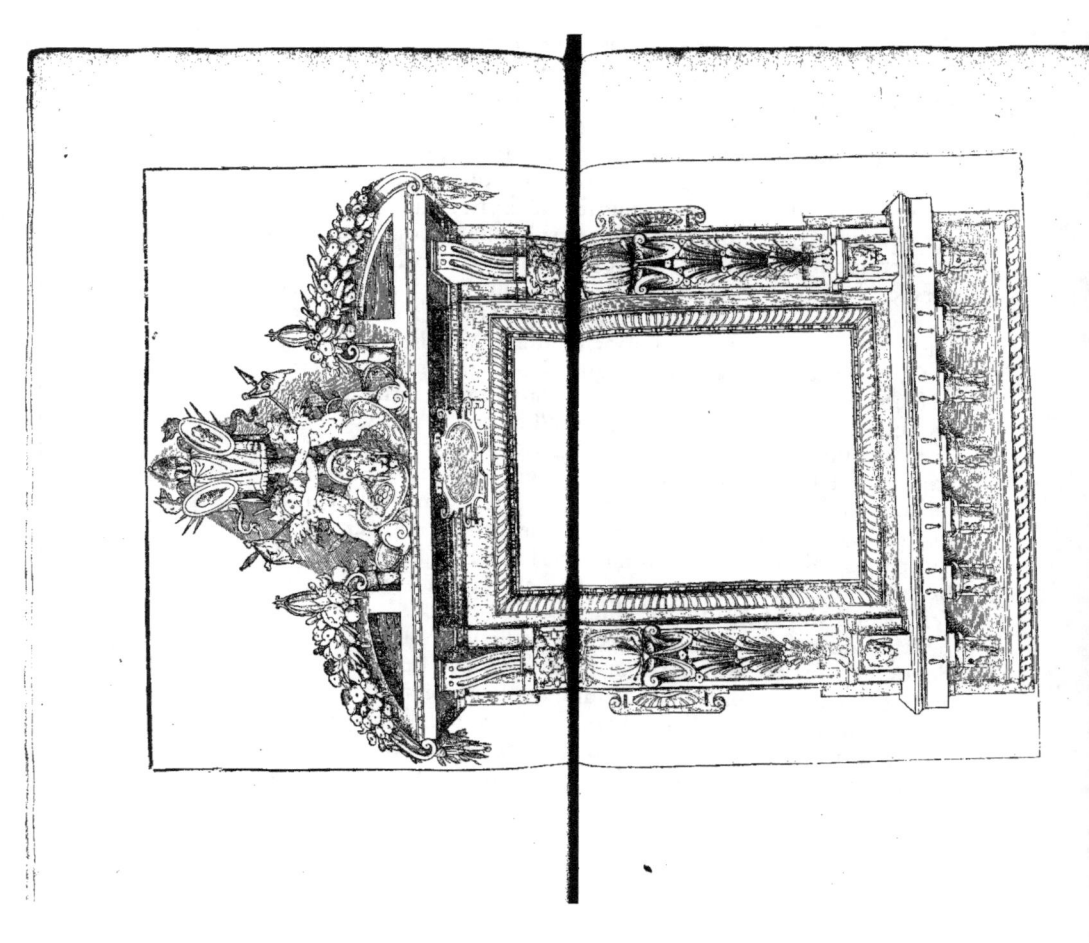

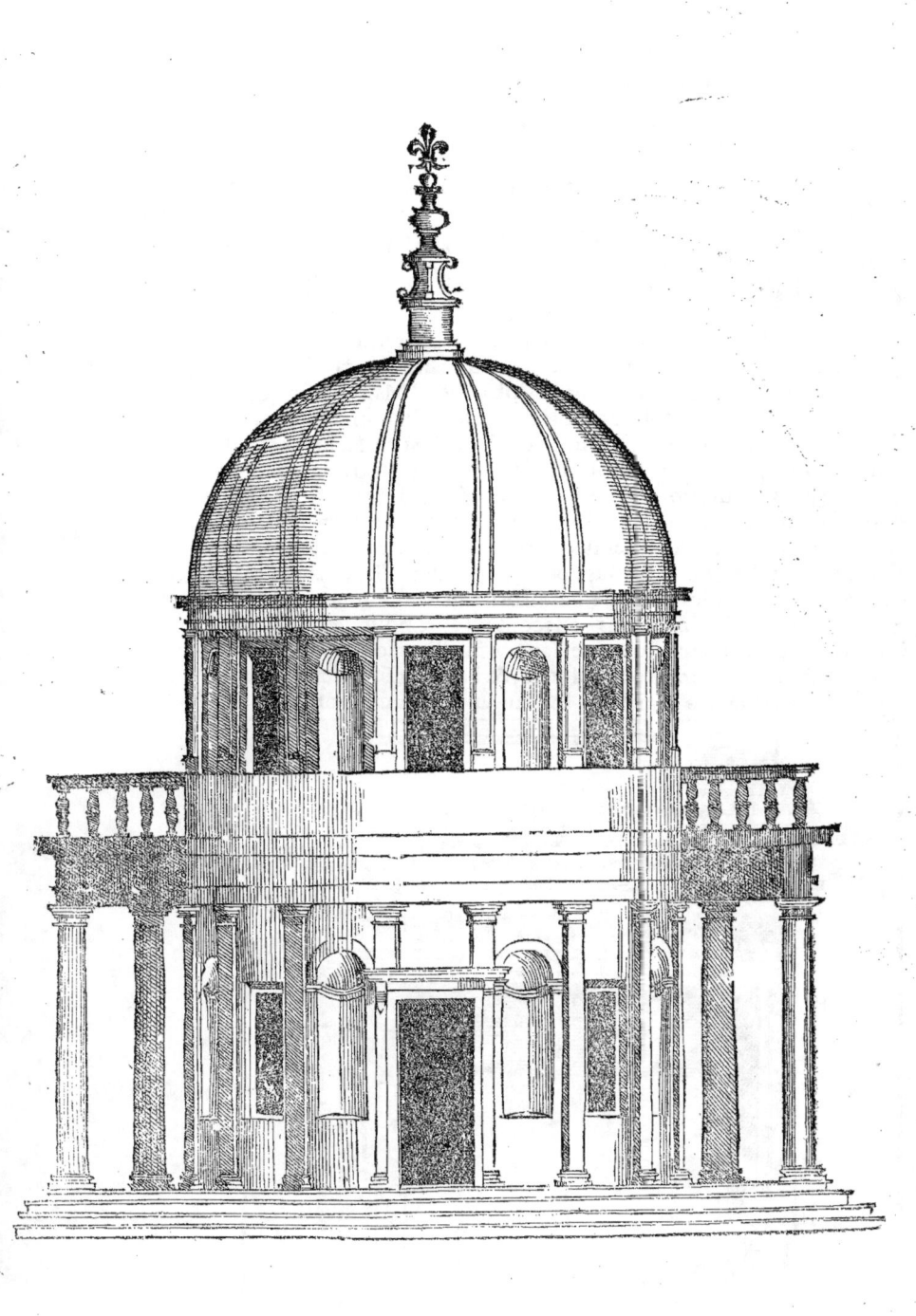

DE PHILIBERT DE L'ORME 267
Des cheminées pour les garderobbes.
CHAPITRE VI.

QVant aux cheminées qu'on doit faire pour les gar- *Les cheminées*
derobbes, elles ne doiuent estre fort grandes: par- *des garderobbes*
quoy il suffist qu'elles ayent quatre pieds & demy *ne denoir estre*
de largeur, ou quatre pieds neuf pouces pour le *trop grandes.*
plus, & trois pieds & demy de hauteur iusques à
leur mâteau, & deux pieds vn quart de saillie pour
les pieds droicts: qui doiuent tousiours estre à plõb iusques au plus
haut des cheminées, ainsi qu'il a esté dit: puis faire la hotte de mesme, & en pente iusques au droit des planchers. Mais il faut que
par le dedãs de la garderobbe tout le deuãt de la cheminée soit tousiours à plomb, & perpendiculairemẽt: & autant en saillie, cõme
sont les iambages, & pieds droicts de la cheminée. Vous voyez en
la figure cy-dessous proposée les pieds droicts, manteau, frize &
corniches, figurez cõme s'ils estoient de marbre, auec fort petites
& legeres moulures: & au dessus des corniches, quand c'est pour
Roys & grãds Seigneurs si vous voulez appliquer telles cheminées *Declaration de*
aux cabinets vous les ferez de pareil ornement & autant riches *la figure sui-*
qu'il vous plaira. Et de ce vous vous contenterez pour le presẽt, *uante.*
iusques à quelque autrefois que i'auray meilleur loisir, & vous
pourray donner plusieurs autres sortes, & façons: cõme celles que
i'ay faict faire pour les Maiestez, & aussi au chasteau d'Annet.

Bbb iiij

LIVRE IX. DE L'ARCHITECTVRE

Apres que ie vous ay suffisamment aduertis des ornement & façons des cheminées pour les salles, chambres, & garderobbes, (qui se peuuent aussi appliquer aux cabinets) il reste maintenant, parler des fumées faictes & causées par plusieurs cheminées au dedans des logis, & du moyen de s'en sçauoir preseruer. Qui est chose requise de plusieurs, pour auoir l'vsage & aisance de leurs maisons, & aussi pour les rendre plus agreables à ceux qui les voudroient loüer, ou achepter.

Approches pour le chapitre suyuant.

Singuliers moiens pour empescher que les cheminées ne rendent fumée dedans les maisons

CHAPITRE VII.

Pour empescher les cheminées de fumer dedans le logis.

I'AY experimenté vne chose estre fort bonne pour garder qu'il ne fume en vne salle, ou chambre, c'est de mettre les cheminées dedans le mur tant auant que faire se peut. Qui est aussi chose forte à propos, pour faire que les cheminées ne donnent empeschement dans les salles. Ie trouue d'auantage qu'en faisant bas les manteaux des cheminées, cela sert qu'elles ne soient suiettes à fumée, & que le visage ne soit offensé en se chauffant. Outre ce elles rendent ainsi plus de chaleur dans le logis, pour auoir les pieds droicts aussi auancez que le māteau: lesquels ie desirois estre quarrez par le deuant, & faicts parpendiculairement & à plomb, iusqu'au dessous de leurs corniches, cōme il a esté dit cy-deuant. Aucuns le font au cōtraire, c'est que le māteau de la cheminée à plus de saillie, que non pas les pieds droicts, en raçon d'vn rouleau, comme vous le pouuez auoir veu figuré par les costez de l'ornement de la cheminée de salle cy-deuant proposée. Mais cela ne se doit faire sinon quand il y a contraincte, ou qu'on veut gaigner place n'estant le lieu assez spacieux. Si est ce que par telle façon il aduient souuent que le vents des portes ou fenestres qui sont aux costez des cheminées, causent plustost fumées dedans le logis, qu'autrement. Ie puis dire que ce n'est petite chose de sçauoir bien colloquer & dresser vne cheminée pour la commodité d'vn logis lequel souuent on voit estre abandonné, & ne se pouuoir loüer ou vendre, pour l'incommodité des cheminées fumeuses. Quand les petits lieux, comme garderobbes & cabinets, sont si bien serrez & clos que le vent n'y peult entrer, indubitablement ils sont suiects à fumées, auxquelles il est fort difficile de pouuoir remedier, pour autant que tels lieux sont semblables à vn vase spherique (ou de quelque autre forme ronde) n'ayāt que vne ouuerture. Lequel si vous remplissez tout d'eaue, &

Sçauoir bien dresser & loger vne cheminée n'estre petite chose.

Belle similitude & fort propre.

ren-

renuersez contre bas le trou par ou vous l'auez remply, iamais il ne s'euacuera, si vous ne luy donnez air par quelque costé. Ainsi est il des cheminées qui sont aux petits lieux, estants si bien clos & fermez que le vent & air n'y peut aucunement entrer: car combien que l'ouuerture de leurs tuyaux soit ample & spacieuse, cõme il faut, ce neantmoins la fumée n'en peut sortir qu'à grande peine, pour n'auoir contrepoussement d'aire par le dedans, ou dehors. Qui faict qu'on est contrainct d'ouurir quelque porte ou fenestre, si aucune s'y trouue. La raison de cela est apparente: car la flamme n'est autre chose que vn air allumé & suauement agité ou esuenté: si doncques il n'y a quelque mouuement & douce agitation d'air, il n'y aura point de flamme: & s'il n'y a point de flamme, il y aura suffocation & fumée: ergo, la difflation y est requise & necessaire. Mais delaissons tous ces ergotismes, pour venir aux aydes & remedes. Quelquefois on faict au costé des cheminées certains trous qui passent à trauers le plancher, où le sueil & l'aire de l'encheuestrure de la cheminée, au long de ses pieds droicts: combien qu'ils seroit beaucoup meilleur que fust par dedans le pied droict, & conduire lesdicts trous par vn petit tuyau iusques au droict de la retraicte de la hotte de la cheminée: car ainsi faisant ils ne se verroient point, & se pratiqueroit dedans ledit tuyau vn petit vent qui chasseroit la fumée iusques au dehors. Il faut aussi noter que ladicte fumée est quelquefois causée quand ses vents s'entonnent dans les tuyaux des cheminées: laquelle chose aduient le plus souuent quand les tuyaux sont en droicte ligne & regardent les parties Occidantales, ou bien le Midy: car ainsi que le vent souffle sur la longueur de la fente, il rabat facilement la fumée, & faict qu'elle ne peut sortir. Le remede est de faire vne separation par le milieu du tuyau de la cheminée, qui soit de la largeur de l'ouuerture, & plus deliée, auecques moins d'espesseur que faire se peut. Mais il la faut commencer & faire mettre depuis le bout de la hotte, ou pente de cheminée, qui est à l'endroit du plancher de la premiere chambre, ou elle est plantée, iusques au plus haut du tuyau, & qu'elle excede vn pied ou deux plus haut, que ledit tuyau. Cela faict que quand les vents soufflent, ils ne peuuent rabatre la fumée, sinon qu'à la moitié du dedans de la cheminée, de sorte que si peu de feu qu'on y face il sera suffisant pour repouser la fumée par le costé qui est couuert contre le vent. Lequel vent pour auoir moins d'espace dedans le tuyau, perdra sa force incontinent qu'il entrera dedans la cheminée par la languette & separation faicte au milieu de ladicte cheminée. Quelquefois telle façon & ayde ne sert de rien, ou de bien peu:

Certaines choses qui font fumer les cheminées, auecques les remedes.

Moyens fondez en raisons Philosophiques.

LIVRE IX. DE L'ARCHITECTVRE

sinon à quelque vent, & non à tous, pour-autant que le remede qui est bon à vn n'est tousiours profitable à l'autre, pour la diuersité des natures & indisposition des corps. Ainsi est il des logis & de leurs cheminées, car pour estre mal disposez, situez & plantez, les aydes communes & propres aux autres, ne leur seruent de rien. En quoy il ne faut aussi omettre certains vents peculiers à certains païs: de sorte que i'ay experimenté qu'aux parties de la France Septentrionale & Occidentale, les fumées le plus souuent sont causées des vents Occidentaux: comme au Dauphiné, Prouence, Languedoc, & lieux voisins des meridionaux. Aucunes cheminées veulent auoir tous leurs tuyaux couuerts en façon de frontispice, ou mitre, pourueu qu'on leur laisse quelques ouuertures aux costez, pour faire euacuer la fumée: ainsi qu'on le peut voir à celles du chasteau de Boulongne pres Paris, auquel ie fis faire du temps de la Majesté du feu Roy Henry (de qui Dieu ait l'ame) les estages de dessus au costé ou il n'y a point de terre cuitte emaillée de laquelle ie ne voulus faire vser comme lon auoit faict auparauant, pour-autant qu'il me semble qu'elle n'est conuenable auec les maçonneries, principalement quand on l'applique par dehors œuure. Toutesfois qui aura enuie d'en vser, elle sera propre pour les ornements des cheminées qui sont dans les salles, chambres, & cabinets, pourueu que l'email soit bien faict, & la terre bien cuitte. Mais reuenons s'il vous plaist à parler des tuyaux des cheminées qui sont au susdit chasteau de Boulongne, auquel on y en voit de fort bien pratiquez (comme aussi en assez d'autres lieux) auec les separations, par le dedans, qui doiuent estre accompagnées de retraictes, quasi comme denteleures de sye, pour retenir ou plustost repouser les fumées, ainsi quelles veulent descendre, & le pouuez conceuoir par le desseing que ie vous ay cy-apres proposé, representant la fumée, & monstrant comme doit estre le dedans du tuyau, ainsi que aucuns l'ont faict.

Certains vents estre peculiers à certain païs.

L'vsage de la terre cuitte emaillée.

Petite

DE PHILIBERT DE L'ORME 269

Petite digreßion pour plusieurs cheminées ensemblement accumulées.

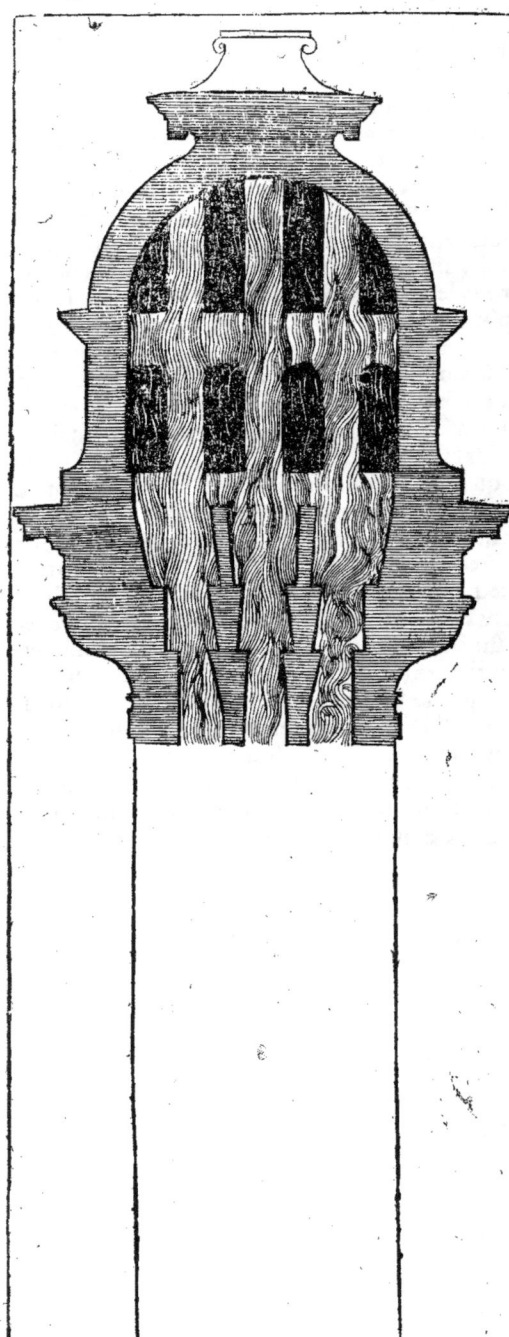

APres vous auoir monstré comme doit estre le dedans des tuyaux des cheminées, ie vous veux monstrer cy apres par desseing, figure & escriture, côme doit estre par dehors l'ornemēt des cheminées, lequel on voit par dessus les couuertures. Vous cognoistrez par la prochaine figure côme les fumées peuuent autant bien sortir par les costez des tuyaux côme par le des', & auec tel nôbre de tuyaux, que vous aurez à faire de cheminées: ainsi que à cestecy, ou vous en voyez iusques au nombre de six, pour seruir à six cheminées, Mais là ou c'est qu'il faut faire vne si grosse masse, (i'entēd plusieurs cheminées, ensēble il faut que le mur soit de grande espesseur pour les porter, autremēt

Des cheminées accompagnées de plusieurs tuyaux.

Ccc

LIVRE IX. DE L'ARCHITECTVRE

l'espace & quantité des tuyaux, feroit vn grand empeschemēt aux chambres qui se trouueroient les plus hautes. D'autre part, quand les pieds droicts des cheminées sont trop eminents par le dehors des murailles, ce n'est pas bonne maçonnerie, quelque grande liaison que l'on y face. Aucuns les font porter sur les soliues & planchers, mais cela ne vaut rien, pour autant que ainsi que le bois diminue, ou se pourrist la maçonnerie se corompt, & les cheminées ne peuuent durer. Ceux doncques qui desireront d'y bien proceder, il faut pour remedier à cela, qu'ils facent des arcs de pente, par le dessous: ce sont petits traicts, desquels ie n'ay parlé, pour autant qu'ils se font tout ainsi que la porte de descente de caue estāt droicte par le deuant: comme nous l'auons escrit & monstré au commencement du troisiesme liure, quand nous parlions des traicts pour les descentes des caues. Aucuns y appliquent des corbeaux & grandes pierres d'auancement, pour ayder à porter la saillie des pieds droicts des cheminées: mais les bons ouuriers y sçauent bien donner ordre, les autres non. Doncques il faut que les cheminées soient bien liées ensemblément auec les gros murs, lesquelles vous pourrez orner par le dessus, de corniches, moulures, & autres ornements tels qu'ils peuuent estre si vous voulez, à celle que ie vous propose cy apres: ou bien autrement, ainsi qu'il vous viendra à plaisir, & les bons maistres le sçauront bien inuenter. Mais telle façon de cheminées & ouuertures ne sont pas tousiours bonnes par tout, ainsi que vous en auez peu entendre les raisons, & entendrez encores cy-apres, Dieu aydant. Qui sera la cause que ie ne m'y amuseray, à fin de reprendre le repos que nous auons entremis & rompu, qui estoit des moyens, aides & façons de resister & obuier aux fumées, & bastir si proprement les cheminées, qu'elles n'y soient subiectes.

Les cheminées deuoir estre bien liées auec les gros murs.

Autres façons & inuentions pour garder de fumer dans les logis.

CHAPITRE VIII.

Remede pour preseruer vn logis de fumée.

I'AY trouué quelquefois des maisons plantées & basties si mal à propos, que lon ne pouuoit inuenter aucun moyen pour les preseruer & deffendre des fumées, quelque ouuerture & façon de cheminées qu'on y eust peu faire. Si vous rencontrez de tels logis & habitations, vous y pourrez remedier en mettant au plus haut de la cheminée vn enseigne ou girouette qui tournera selon les vents, estant accompagnée d'vn grand chauderon tout debout en forme de demye sphere, par les extremitez duquel penetrera le fer & tige de ladicte girouette, qui fera tousiours tourner contre le vent e cul du chauderon qui se mouuera tout autour de la cheminée ainsi que ledit vent tournera, & couurira le tuyau de sorte que les bouffées de vent ne s'y pourront entonner. Telle façon de faire est fort bonne & seroit encores meilleure aux cheminées qui ont les tuyaux ronds cõme flutes, ainsi que les Anciens les faisoient. Mais notez ie vous prie, qu'elle n'est propre qu'à vne cheminée seule, qui ne voudroit rendre quarrées les fentes par le dedans, & toutes circulaires par le dehors. Quelques vns pour singulier remede appliquent des moulinets au droict de la hotte, par le dedans de la cheminée, à fin que la fumée les face tourner, & que par ce tournoyement & mouuement, ils chassent & poussent la mesme fumée au dehors.

Autre remede & inuention cõtre les fumées

Par autre inuention il seroit tres bon de prendre vne pomme de cuivre, ou deux, de la grosseur de cinq ou six pouces de diametre, ou plus qui voudra, & ayant faict vn petit trou par le dessus, les remplir d'eau, puis les mettre dans la cheminée à la hauteur de quatre ou cinq pieds, ou enuiron (selon le feu qu'on y voudra faire) à fin qu'elles se puissent eschauffer quand la chaleur du feu paruiendra iusques à elles, & par l'euaporation de l'eau causera vn tel vent qu'il n'y a si grande fumée qui n'en soit chassée par le dessus. Ladicte chose aydera aussi à faire flamber & allumer le bois estant au feu, ainsi que Vitruue le monstre au VI. Chapitre de son premier liure, parlant de la generation & nature des vents, laquelle il confere auec ce que les Grecs nomment Æolipyles, qui ne sont autre chose que globes ou boules d'airain (ou d'autre matiere) pour seruir de soufflets contre vn feu. Elles sont creuses, & ont vn trou fort estroit, par lequel on les emplist d'eau, puis on les met deuant le feu pour faire eschauffer ladicte eau: laquelle aussi tost que la chaleur l'a atteinte & penetrée, rend

Description des Æolipyles & souffleuents selon Vitruue.

vn

DE PHILIBERT DE L'ORME.

vn vent impetueux & puiſſant à merueilles. Voila comme par vne petite experience & ſimilitude, on peut comprendre les grandes & exceſſiues violences des vents: ainſi que preſques de mot à mot l'a deſcrit ledit Vitruue, & l'ay bien voulu icy repeter comme choſe neceſſaire aux petites chambres, leſquelles on voit, pour eſtre biē fermées, & n'y pouuoir entrer air ny vent exterieur, eſtre ſubiectes à fumées & malaiſé d'y remedier, ſi ce n'eſt par le moyē de ces Æolipyles, ou boules compoſées comme dit eſt. Quelques vns pourroient dire qu'elles ne ſçauroient long temps faire vent: à quoy ie reſpond, que plus elles ſeront grandes, plus le vent y durera: comme auſſi en leur donnant vne chaleur temperée par le deſſous. Et plus il y aura grand feu à les eſchauffer, plus elles ſouffleront vehementement & de grande force, mais auſſi l'eau en ſera pluſtoſt euaporée: parquoy il ſera bon d'en auoir deux ou trois, & plus qui voudra, à fin que l'vn ne ſoufflant plus, lon en remette en ſon lieu vne autre. Et pour-autant que chacun n'a le moyen, ou la patience de mettre peu de l'eau dedans les ſuſdictes Æolipyles ou boules: ce leur ſera aiſé en les chauffant, & en apres mettant dans vn ſeau d'eau, car elle y entrera incontinent. Et à fin que vous cognoiſſiez mieux comme elles ſe doiuēt appliquer aux cheminées, i'en ay faict vne figure cy apres, tant pour le deuant d'vne cheminée, que du dedans, à fin qu'il vous ſoit facile de cognoiſtre comme il les faut colloquer & eſchauffer: & auſſi cōme elles chaſſent la fumée. Mais de ce propos ſera aſſez pour donner fin au preſent chapitre, ce que nous ferons incontinent apres vous auoir aduertis que cōmunémēt & le plus ſouuent, tout bois verd en multitude de flamme rempliſt les chambres de fumée, laquelle eſt repouſſée par les vents, ou bien retenuë par l'anguſtie de la cheminée qui empeſche ſa ſortie & iſſuë, ou bien que la cheminée eſt ſi eſtroicte en bas qu'elle ne peut receuoir & diſtribuer la fumée: mais la plus grande cauſe procede des vēts pour-autant que la fumée touſiours mōtant en haut, eſt touſiours rabatuë & repouſſée qui faict que pour ſa legereté elle retourne en arriere quand elle les rencontre, & principalement quand il y a abondance de bois verd qui engendre groſſe & eſpeſſe fumée. En la cheminée qui à des pertuis & ouuertures vers les quatre parties du monde, la fumée n'eſt empeſchée ou repouſſée de tous vents, pour-autant qu'elle eſt patente & ouuerte de toutes parts & endroicts. Qui ſera pour concluſion du preſent chapitre & diſcours.

L'Auteur reſpond à quelque obiection

Des cauſes qui retiennent ou repouſſent la fumée aux chambres.

Ccc iij

LIVRE IX. DE L'ARCHITECTVRE

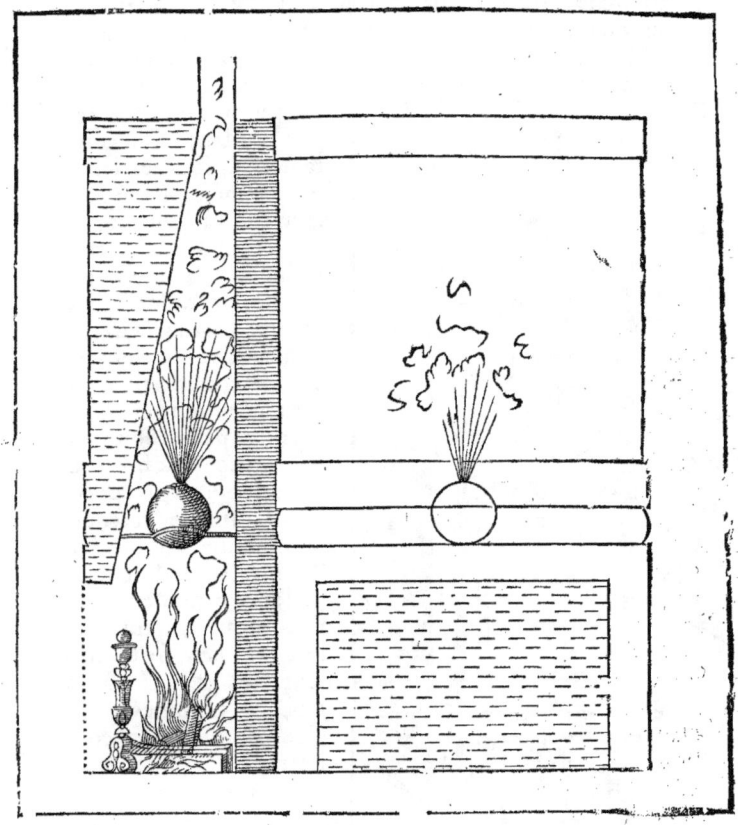

De quelque sorte d'ornements des cheminées par dessus les cou-
uertures des maisons, auec plusieurs remedes contre
la fumée, autres que les precedents.

CHAPITRE IX.

E vous mettray encores cy-apres deux autres sortes de cheminées, lesquelles on peut couurir contre les vents, qui bien souuent repoussent la fumée dans les logis si desordonnément, qu'on ne s'en peut deffendre, sinon par le moyen & aide de ceux qui par longue experience cognoissent le naturel des lieux. Laquelle chose aduient principalement quand les tuyaux des cheminées sont voisins & proche de quelque haut edifice, ou quand les logis auec leur cheminées sont en lieu bas &
dessous

DE PHILIBERT DE L'ORME 272

deſſous vn clocher, ou bien pres d'iceluy, ou d'vne grande tour, ou pauillon, eſtans plus hauts eſleuez que le corps du logis: ou bien quand les maiſons ſont ſituées en yne crouppe de montaigne, ou en vne vallée. Car les vents eſtants là retenuz, & y trou- *Diuerſes cauſes du repouſement des fumées dans les logis.*

uants empeſchemés auecques, reſiſtance, ſont contraincts s'enfourner dedãs les cheminées, ou biẽ voltiger tout à l'entour, & ſouffler par deſſus qui empeſche que la fumée ne peut librement ſortir des tuyaux. En tels lieux & tels accidens, il eſt neceſſaire de couurir toute la cheminée, voire encores les coſtez par où doit ſortir la fumée. Et à fin que cela ait bonne grace, & que la fumée retenuë ne noirciſſe les pierres, l'Architecte y doit faire quelque ornement exquis, pour autant que c'eſt vn lieu fort eminent, & expoſé à la veuë des hommes, pour eſtre par deſſus les couuertures.

C'eſt pourquoy ie vous ay voulu donner icy le deſſein que vous voyez, auec le plan du deſſous de la montée, à fin que vous cognoiſſiez par où doit ſortir la fumée, qui eſt au droict des contremurs, qui ſont en ſaillie ſuſpendus, & fondez ſur des mutules & rouleaux qui portẽt la ſuſpẽte: de ſorte que quand la *Pourquoy c'eſt que l'Auteur propoſe icy ce deſſeing de cheminée.*

fumée veut deſcendre, elle paſſe entre leſdicts rouleaux, comme elle faict auſſi par le deſſus. Cela ſe cognoiſt autant bien par le plan que par la montée. Par ainſi les petits murs qui ſont au de-

Ccc iiij

LIVRE IX. DE L'ARCHITECTVRE

uant, donnent tel empeschement au vent qu'il ne peut souffler dans le tuyau, & soufflant dessus iceluy ou dessous, ils font que la fumée sorte dehors, sans retourner ou s'arrester dans ledit tuyau, ainsi que vous le pouuez cognoistre par la figure cy-deuant proposée.

Autre inuention & engin contre les fumées.

CHAPITRE X.

Inuention du Seigneur Cardan contre les fumées.

JE vous veux encores icy donner vne inuention & ayde contre les fumées extraicte du liure des subtilitez du Seigneur Hierosme Cardan, Philosophe & Medecin tres-docte. C'est qu'à chacune face des cheminées fumeuses il coloque deux tuyaux de terre opposites l'vn à l'autre, de sorte que l'vn tend en haut, & l'autre en bas. Car ainsi qu'il dict, & est chose veritable, il est impossible que huict vents, quatre tendans en bas, & quatre en haut, soufflent des quatres principales regions du ciel. Et si ce ne peut estre faict, la fumée ne peut retourner en arriere : & dit que par experience cela a esté exactement approuué. Ce qui est aisé à croire, & facile de faire, signamment quand il n'y a qu'vn seul tuyau de cheminée. Mais si c'est vne masse de cheminées qui ont trois ou quatre tuyaux ensemble, cela ne se peut si bien faire, pour autant que aux cheminées qui sont par le milieu,

L'Auteur reigle & reforme l'inuention de Cardan, sans aucune reprehension.

on ne peut mettre tels tuyaux de terre, que par les deux costez, & aux tuyaux de celles qui sont aux extremitez, par trois. Si est-ce que pour cela ie ne veux rien reprendre de l'inuention dudit Seigneur Cardan, car elle est diuinement bonne. Il escrit encores quasi chose semblable à ce que i'ay dict cy deuant en parlant des hottes des cheminées, ou lon est grandement aydé par la largeur des gueules, ou, si vous voulez, des commencements de la hotte, à fin que la fumée departant de la flamme du feu, se puisse bien enfourner dans le tuyau de la cheminée. Quoy que ce

Opinion de l'Auteur touchant vne autre inuention.

soit, le plus seur de tous les tuyaux, est celuy qui est enuironné d'vn fourreau, ou d'vn petit mur qui ne touche point à la couuerture, & est esleué comme petites tournelles rondes, & suspenduës à la masse de la cheminée, ainsi que vous le pourrez voir à la figure cy-apres proposée : non pas que lesdictes tournelles soient ainsi que ledit Seigneur Cardan descrit ses tuyaux, mais bien d'vne autre sorte, laquelle ie figure persée de toutes les quatre parts, chacune en deux lieux, pour faire que la fumée puisse sortir librement, & que le vent ne la puisse repousser. Ie figure telles tournelles sur le deuant pour resister contre le vent, & que la

DE PHILIBERT DE L'ORME. 273

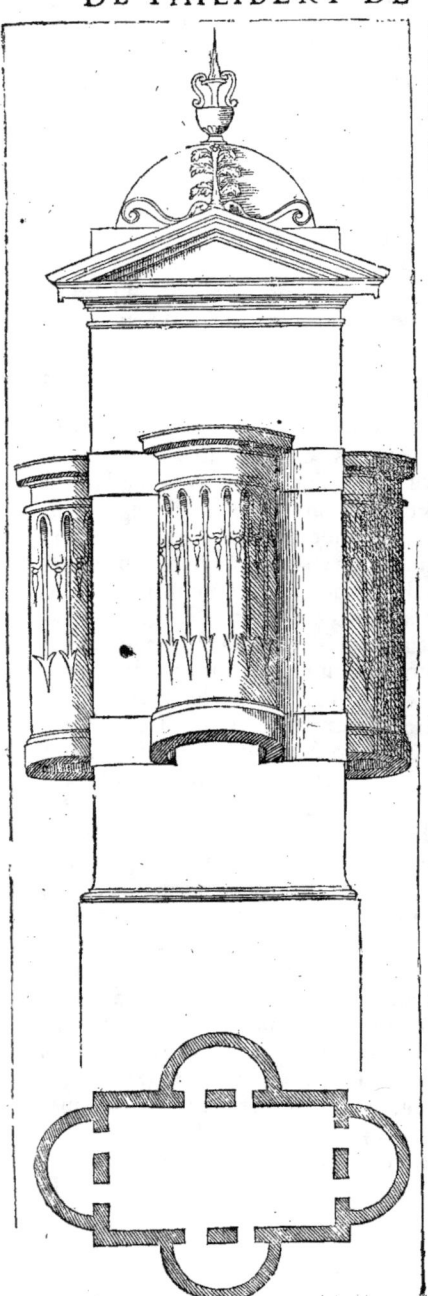

fumee puisse sortir aisément par dessus & dessous elles, ainsi qu'il vous sera aisé de le cognoistre par le plan & montée des tuyaux que vous voyez en la presente figure.

Aduertissement.

Il y a des cheminées qui sont non seulemēt si mal plantées & situées dās les chambres & salles, mais encores si malfaites, que quelque remede qu'on y puisse chercher, on ne les peut amender sans les refaire. Ie vo9 prieray de ne trouuer long ce discours, lequel ie poursuis ainsi prolixement, pour autāt que ie voy beaucoup de personnes estre en peine, pour l'incommodité des fumées: vous asseurāt que qui voudroit bien escrire les causes de la suiection où en sont plusieurs logis auec le moyen d'y remedier à tous propos, il faudroit en faire vn liure entier. On trouue assez de gens prompts à dire, il faut faire cecy, il faut faire cela, mais peu sçauent mettre la main, cōme lō dit, à la paste, & proposer la cause de tel incōuenient. Qui a faict que i'ay escrit au premier liure que l'Architecte doit biē entēdre les reigles de phi-

Plusieurs cheminées, pour leu mauuaise façon ne se pouuoir amender contre la fumée.

LIVRE IX. DE L'ARCHITECTVRE

L'Architecte de-uoir cognoistre les reigles de Philosophie.

losophie, & cognoistre la nature des lieux, pour bien tourner les bastiments, selon que la situation & disposition des vents & du ciel le requerra. Car lors il pourra non seulement preseruer des fumées toutes sortes d'habitations, mais aussi maintenir en santé les habitans d'icelles, en tant que la nature du lieu le pourra permettre. Mais laissant ces propos, nous vous aduertirons qu'il y a assez d'autres inuentions pour empescher de fumer dans les logis, voire quand les cheminées seroient mal composées, & qu'on ne les voudroit refaire, pour la despense ou incommodité qui s'y trouue. Si l'Architecte est hôme sçauant en son estat & sçait choisir, comme nous auons dit, lieux propres pour faire habitations d'Esté, dH'yuer, & autres par mesme moyen & raison qu'il fera côduire l'edifice, les cheminées y seront aussi plantées de telle sorte, qu'elles ne reietteront aucunes fumées dans les logis. Mais ledit Architecte ne doit ignorer qu'il les faut faire quelquefois toutes

Les cheminées n'estre toutes d'vne forme.

rondes, quelquefois triangulaires, autrefois hemisphericques, & en aucuns lieux quarrées. Le tout ainsi que la nature des lieux le requerra & le conducteur de l'œuure le cognoistra & ordonnera.

Vne sorte de cheminée estant accompagnée de fours, & propre pour les maisons ausquelles on faict grande cuisine.

CHAPITRE XI.

Our-autant que aux riches maisons, où il y a grand peuple à nourrir, on est contraict de bastir grandes cuisines, & par consequent grandes cheminées auecques leurs fours, ie vous en ay voulu cy-apres figurer vne laquelle i'ay rapporté d'Italie, & illec pris son desseing, pour la beauté des ornemens qu'elle me sembloit auoir par le dessus: & aussi pour la

Cheminée auec ses fours prise par l'Auteur en Italie.

comodité des fours à cuire le pain, & la patisserie. Le feu & âtre, (appellé d'aucuns foyer) où lon rotissoit & se faisoient les potages, estoit au milieu de la cuisine à l'endroit marqué A. Les broches pour rostir se mettoient aux quatre faces, & les pots des potages au droict des quatre petits murs marquez B. Il y auoit vne petite muraille au lieu C, qui n'estoit que de huict pieds de hauteur, ou enuiron, & faisoit vne separation de la cuisine, & des fours à cuire le pain, comme vous voyez aux lieux marquez D. Le tout estoit fort à propos, & se rapportoit à vn tuyau de cheminée. Vous voyez par le plan comme telle chose seroit aisée & bien commode, car on pourroit faire des allées & passages aux lieux de E, pour aller au fournier, sans entrer dans le compartiment,

ment où est la cuisine, laquelle peut estre fermée de quatre petites *Cuisine fort com-*
murailles tout autour, sans que les Cuisiniers en soient aucunemẽt *mode & propre.*
discommodez ny empeschez de leurs affaires: pouuants sortir par
le deuant, au lieu de G, pour faire les lauements de la chair & poissons. Bref on pourroit accommoder ceste inuention non seulemẽt
pour habiller le manger de quarre ou cinq cens hommes, mais aussi
pour trois ou quatre mille, qui voudroit, estant le tout sous vne
couuerture & mesme tuyau de cheminée, & les fours de mesme,
pour y faire les pains necessaires. A quoy i'adiousteray qu'encores lon pourroit faire les potages, le pain & rotisserie par le moyen
d'vn mesme feu. Lon voit bien en ceste ville de Paris la façon de *Maniere de fai-*
faire boüillir & cuire la chair, & autres viandes, en deux & trois *re cuire la chair*
grandes marmittes, auecques petit feu, qui est tres-bonne inuention: mais qui auroit enuie d'y mieux proceder, il est aisé, voire
de faire encores plus que ie n'ay dict cy dessus: comme vous le verrez plus au long à vn discours de cheminée, laquelle ie descry
apres la prochaine, qui sert pour vne grande cuisine, estant accompagnée de fours pour les pains, patisseries, & autres telles choses.

Autres

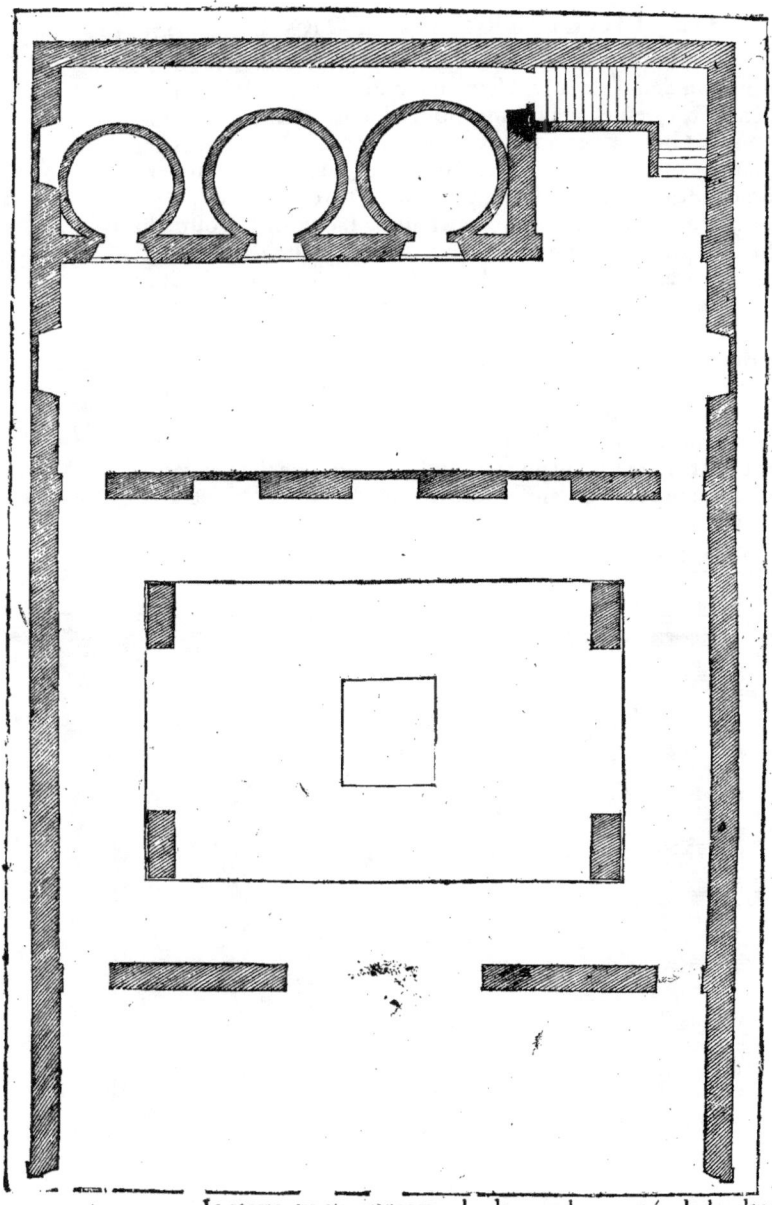

De la montée de la cheminée precedente.
Ie vous ay cy-apres voulu donner la montée de la cheminée precedente, pour vous faire cognoistre la face du costé ou sont les fours, & voir comme il faut composer les gueules d'iceux auecques les fenestres qui sont au dessous pour mettre les brasiers. Mais en

DE PHILIBERT DE L'ORME 275

Mais en cela il faudroit d'auantage faire, c'est que deuant la gueule du four, au dessus de la fenestre, il y eust vne fente aussi large que est ladicte gueule, ayant cinq pouces d'ouuerture, à fin que le fournier & boulanger puissent tirer aisément la braise hors du four, sans se mettre en danger de faire mal quand elle tombera en la fenestre qui est au dessous, par l'ouuerture & fente qui est deuant la gueule dudit four. Touchant la façon de la voûte du four, il faut que ce soit vne voûte susbaissée & faite de tuilleaux: mais pour-autant que plusieurs sçauent faire telle chose, & aussi que les boulangers cognoissent par experience ce qu'il faut pour bien cuire le pain ie ne vous en feray autre discours, sinon de vous aduertir, que aux fours qui ont les ouuertures du costé de Septentrion, iamais le pain ne se cuist bien, qu'auec grande despense de bois: parquoy les fours & cuisines doiuent tousiours auoir leurs ouuertures vers les parties Occidentales, ou entre l'Occident & le Midy: ou, au pis aller, qu'elles regardent les parties de Midy si faire se peut: car ainsi toutes choses s'y cuiront mieux, & à moindre quantité de bois. Quant au present discours sera assez pour lequel nous vous proposons la figure presente.

Lieu propre pour les ouuertures & gueules des fours.

Ddd

LIVRE IX. DE L'ARCHITECTVRE

Description & explication de la figure suiuāt le present discours.

Pour paracheuer nostre grande cuisine, ie vous figure encores cy apres la montée, pour vous faire cognoistre comme ie l'ay trouuée auec les ouuertures de ses portes, fenestres, & passages pour aller aux fours, auec le grand tuyau de la cheminée, lequel vous pouuez voir cy apres esleué sur le plan, qui vous represente aussi les portes ou passages qui sont au costé, pour passer à l'allée qui est derriere la cuisine, où sont les fours separez par le derriere, ainsi que vous l'auez veu par le plan precedent. Vous voyez aussi en la figure prochaine trois fenestres pour regarder du costé des fours. Toute la cuisine est enfermée de quatre murailles, qui ont de hauteur enuiron dix ou douze pieds tout autour, & sont perpendiculaires & bien à plomb, puis s'en vont en pente, ou talus, comme vous le voudrez appeller, pour trouuer la lanterne ou tuyau de cheminée, estant tout quarré & porté sur quatre murailles perpendiculairement fondées par dessus le talus, lesquelles ont enuiron vne quarte partie de toute la largeur de la cuisine : & sont fenduës & ouuertes à chacune face, en trois fenestres longues & estroictes, par où peut aisément sortir la fumée.

Continuation & poursuitte de ce que dessus.

Et afin que le vent n'y donne, & que ladicte fumée en puisse sortir librement, il y a par le deuant vne petite muraille ou contremur de huict pouces ou enuiron, estant suspendu & porté sur des corbeaux ou mutules, qui ont quelque peu d'auantage de hauteur que les refentes qui sont aux quatre pans de mur du tuyau de la cheminée. Ledit contremur est orné d'vne petite corniche ou moulure, ainsi qu'on fait les appuis ou gardefols des galeries. Il y a au dessus des susdictes quatre murailles ainsi persées, vne petite voûte faicte en berceau, & susbaissée & persée par le milieu d'vne assez grande ouuerture. Et par dessus, la cheminée est couuerte d'vne autre sorte de voûte faicte en croupée, quasi comme vne voûte de four, qui est aussi persée par petites fenestres longues & estroictes, pour donner issue à la fumée. Mais sans vous en tenir

Les figures sont comme peincture des escritures.

plus longs propos, vous aurez recours à la prochaine figure, qui vous monstrera à l'œil, non seulement ce que ie vous ay escrit & proposé, mais encores beaucoup d'auantage.

Autre

Ddd ij

Autre sorte de grande cheminée, auec le moyen de faire euacuer les fumées par le deſſus des couuertures quand elles ſont fort grandes pour la quātité des feuz & marmittes dont lon pourroit auoir affaire, pour nourrir vn grād nombre d'hommes.

CHAPITRE XII.

Cheminée pour faire cuire viāde pour deux ou trois mille perſonnes.

Qvand vous aurez affaire d'vn fort grand & ſpacieux lieu pour y faire vne cuiſine, ou pluſieurs enſemble, ou bien toutes ſeparées & ſous vne meſme couuerture & tuyau de cheminée, pour y habiller & faire cuire viandes, pour deux, ou trois milles perſōnes, (s'il eſt de beſoing, & peut aduenir aux cuiſines des Roys, Roynes, Princes, & grands Seigneurs, & conduire le tout en telle ſorte que les cheminées ne ſoient ſuiectes à donner fumée dedans les cuiſines ; vous choiſirez vn lieu de telle grandeur que vous en aurez affaire ſoit en forme rōde, quarrée, ou oblongue, c'eſt à dire plus lōgue que large (toutesfois les cuiſines rondes, ou exactement quarrées ſeroiēt les meilleures) & regarderez que l'eſpace ſoit de grande largeur comme de ſix, ſept, dix, ou douze toiſes par ſon diametre, ainſi que vous en pourrez auoir affaire. Si vous deſirez auoir cuiſine oblongue, i'entend de telle longueur que vous verrez eſtre bon, vous ferez dedans la ſuſdicte largeur & eſpace vne allée, ou paſſage tout autour, & de telle longueur que vous voudrez comme de ſix, ou ſept pieds de large. Puis en la muraille qui faict la ſepara-

Atres & foyers pour diuerſes cheminées de cuiſines.

tion de ladicte allée & des cuiſines, vous y erigerez les côtrecœurs & manteaux de cheminées & âtres en tel nombre qu'il vous plaira, & qu'aurez affaire de cuiſines, âtres & foyers : ou bien ſi voſtre place eſt plus longue que large, vous diuiſerez la lōgueur en trois parties egales, & plus ſi vous auez eſpace ſuffiſante : & aux deux murs qui font trois ſeparations, vous trouuerez quatre façons de cheminées, ſçauoir eſt deux à vne chacune ſeparation, l'vne d'vn coſté, & l'autre de l'autre. Mais il ne faut que telle ſeparation de mur ait plus de ſix pieds de hauteur, ſans y mettre ny manteau, ny tuyau de cheminée, veu que ce n'eſt que pour le contrecœur, & pour y faire le feu. Quant aux fours pour les patiſſeries, & autres choſes, on les pourra appliquer aux murailles des extremitez qui ferment tout le lieu. Le nombre des cuiſines ſera ſelon la capacité & grandeur de la place. Mais notez qu'en faiſant pluſieurs feuz, il y aura diuerſité de flammes, & par conſequent grandes fumées : & ſi vous verrez encores que les cuiſines qui regar-

Quelles cuiſines ſont les meilleures, pour promptement y preparer les viandes.

deront les parties de Midy & d'Occident, ſeront plus faciles à habiller le manger, & promptement le preparer, que celles qui regarderont les parties Septentrionales & Orientales : & ſi le bois y flambera mieux, & ne rendra point tant de fumée qu'aux cheminées Septentrionales, voire quand elles ſeroient fermées tout

autour

autour de murailles, comme i'ay dit: si est-ce qu'il se trouuera en cela vne grande Philosophie, pour discourir sur les causes & raisons de la varieté, à fin d'y sçauoir remedier quand les lieux seront suiects à fumée. Pour ce faict doncques, il faut obseruer sur toutes choses de ne faire les ouuertures des portes & fenestres aux cuisines, que du costé d'Occident & Midy: ou bien entre le Midy & l'Occident, & non ailleurs. Mais notez que lesdictes fenestres doiuent estre tout au contraire des autres, c'est qu'elles ny seront point droictes par leurs ouuertures ny par le bas, au droit de l'appuy, & qu'au lieu qu'on les faict embrasés par le dedans en pente (ainsi qu'il se voit aux soupiraux des caues, & logis qui sont dans les terres) il leur faudra faire la pente par le dehors. Et quant à leur arriere vousure & couuerture, elle doit aussi estre au contraire des autres: car il faut qu'elle soit esleuée par le dedans, comme vne façon de trompe, & tant hautement que lon peut. Telle façon ayde fort à repousser la fumée au dessus des tuyaux des cheminées: mais en cecy il faut cognoistre la nature du lieu, & sçauoir donner la hauteur suiuant la largeur, laquelle hauteur doit estre autant large que sera la place: comme si elle auoit six toises de largeur, elle en aura pareillement six de hauteur, iusques au plus haut de l'œuure. Il faut aussi que le lieu soit voûté sphériquement, sans y mettre corniche, ny imposte, ny aucun empeschement: & doiuent estre toutes les murailles bien lissées & vnies auecques doubles voûtes. Si le lieu est quarré, & non point rond, il faut eriger quatre trompes aux quatre coings, qui seront en leur pleine montée, ou, si vous voulez, fort esleuées par le deuant. La sorte du traict à faire telles trompes se nomme, le traict de la trompe sur l'angle, creuse par le deuant, & à sa pleine montée: lequel nous auons monstré au quatriesme liure chapitre septiesme, au lieu où vous trouuez escrit, le traict de la trompe rempante, creuse & concaue par le deuant. Mais ceste cy que ie propose pour nos cuisines, ne doit estre surbaissée ny rempante, mais bien à sa pleine montée, & porter par le deuant vn lict d'engressement, pour faire par le dessus vne voûte toute ronde, comme la voûte du four, toutesfois plus haute que l'hemycicle, & poinctuë, comme à tiers poinct, ainsi que l'appellent les ouuriers, qui est plus que l'hemicycle. Il faut d'auantage que telle voûte soit faicte par branches deliées & assez menuës, quasi ainsi que on a accoustumé faire les ogiues: & que celles qui sont circulaires comme la voûte, soient de droicte ligne, assemblées à la clef de la voûte, & de deux pieds en deux pieds sur le commencement de la voûte & qu'elles aillent finir au centre de la clef: laquelle clef ie desirerois estre fort large, & les branches toutes dénuées sans y mettre pendentif portant vne aireste visue par le dessous, à fin que la fumée se diuise & passe entre les banches aysement, des-

Du lieu & façon des portes & fenestres des cuisines.

Choses dignes d'estre bien notées & bien pratiquées.

Quelles doiuent estre les trompes qu'on appliquera aux grandes cuisines.

Belle instructiõ pour les maistres Maçons & ouuriers.

LIVRE IX. DE L'ARCHITECTVRE

quelles l'espace sera assez grande. Puis par dessus y aura vne seconde voûte qui sera fort pointuë, sur la forme d'vn triangle equilateral, & sera autant haute en sa montee, comme elle est large en son diametre. En apres au milieu d'icelle voûte sera faicte vne grãde ouuerture qui aura la quatriesme ou cinquiesme partie pour le plus, de son diametre pour largeur. Cela estant ainsi conduict, vous ferez, comme aux lanternes, vn mur tout autour pour garder que l'issuë de la fumee ne soit empeschee des vents par dessus la voûte. Vous pouuez encores couurir le tout, si vous voulez, en y laissant des ouuertures pour les fumees. Telle façon faict que quand le vent pourroit encore pousser la fumee dedans la grande cheminee, la clef de la premiere voûte qui est au dessous, sera tant large & grande, estant soustenuë des petites branches, qu'elle empeschera que la fumee ne se pourra abbatre & abbaisser dans les cuisines, & que l'aspiration d'en-bas ne la pourra attirer: mais plustost aura tousiours vn vent entre les branches d'ogiues de la premiere voûte, qui chassera & poussera non seulement la fumee qui a coustume de monter, mais aussi celle qui voudroit descendre. Mais pour reuenir à nos grandes cuisines, iaçoit qu'elles ne soient auiourd'huy en vsage, si est-ce qu'il m'est venu à fantaisie de vous en faire ce discours, pour-autant qu'il me semble qu'on peut & pourra-t'on auoir affaire de leur structure & façon, ie ne diray pour éuiter les fumees, mais aussi pour épargner vne grande quantité de bois, & faire qu'vne chartee seruira plus que dix. Ie diray d'auantage, qu'on pourra par ceste façon dresser vne cuisine si à propos qu'elle sera tousiours nette, & hors de la subiection des immondicitez & puanteurs des lauages & tripailles qu'on y iette ordinairement, & s'y feront les gardemangers pour la conseruation des viandes, comme aussi les offices, & salles du commun, fort proprement en vn lieu separé, sans que les Seigneurs entendent le bruict, & soient molestez des fumees, ny encores moins des mauuaises senteurs qui procedent des cuisines. Cela seroit autant necessaire & profitable que chose que ie cognoisse estre desiree & vtile aux maisons des Princes & des grands Seigneurs: car les susdictes incommoditez sont le plus souuent cause qu'ils ne peuuent gueres demeurer en leurs Palais & maisons, de peur d'estre en danger de receuoir plusieurs mauuaises senteurs & infections, nourrices de maintes maladies. Si i'eusse eu le temps & loisir, ie vous eusse fait les figures des plans & montees de quelques belles cuisines estans ainsi grandes, mais ie laisseray ce traict de description aux bons espits, qui s'en ayderont & le conduiront à leur volonté, ou bien trouueront autre inuention à leur contentement. Cecy donques suffira pour les auiser de mieux faire s'ils peuuent, ou bien de prendre en gré nostre Inuention & present discours. Si est-ce qu'il me semble qu'aux maisons des Roys & Grands Seigneurs,

Choses belles & dignes de noter.

Façon de cuisine accompagnee de grand vsage & profit.

L'Auteur excite les bons esprits à nouuelles inuentions.

DE PHILIBERT DE L'ORME. 278

gneurs, où l'on faict plusieurs cuisines accompagnées de leurs offices, (signamment aux basses cours de leurs Palais & Chasteaux) la presente inuention sera fort vtile, soit pour faire plusieurs cuisines conioinctes, ou separées les vnes des autres, auecques leurs offices, & sous vne mesme couuerture, où il ne faudroit tant de maçonnerie, ne tant de charpenterie qu'on a accoustumé de faire, estant le tout fort aisé à entretenir, auecque vne grandissime espargne de bois à brusler, pour pouuoir faire commodémét plusieurs sortes de foyers ou atres voutez, & quasi semblables aux marmites du Conuent des Cordeliers à Paris. Laquelle chose me faict asseurer que qui auroit vne cuisine, ainsi que ie la figure, il pourroit espargner tous les ans la moitié du bois qu'il despend, outre la grande commodité qu'il auroit de toutes choses: les bons esprits s'en ayderont, ou trouueront mieux. *La cuisine des Cordeliers de Paris*

Autre meilleur moyen pour garder de fumer dedans les logis toutes sortes de cheminées, auec vne petite digression accompagnée de bons aduertissements.

CHAPITRE XIII.

AYANT veu en ce Royaume, & diuers lieux où i'ay esté, la peine & fascherie en laquelle sont plusieurs pour les fumées, cela faict que ie ne me puis retirer de ce discours & Philosophie, si ainsi faut parler, pour le grand vouloir & desir que i'ay de donner aide, & faire profit & plaisir à tous. Ie vous aduertiray doncques d'vne regle generale & fort bien experimentee aux maisons nouuellement faites & basties. C'est que si vous voulez empescher que les cheminees ne fument, ie ne diray aux salles, chambres, garderobbes & cabinets, mais encores aux cuisines, fourniers, buanderies, poisles & estuues, il faut, comme ie vous ay dict, apprendre premierement à cognoistre la nature du lieu, & comme lon doit tourner les bastimens, ainsi que ie l'ay monstré au premier liure de ce present œuure, Chapitres sixiesme & septiesme, où vous auez esté aduertis comme c'est qu'il faut tourner les bastimens selon les vents, veu que les vns veulent estre persez & ouuerts d'vne sorte, & les autres d'vne autre: ainsi que ie l'ay monstré aux susdicts lieux par experience, figures, & escritures. Si vous voulez prendre peine d'entendre ce discours, & lire ce que nous en auons proposé, vous trouuerez les lieux si à propos pour planter les cheminées, qu'en leur donnant les propres mesures qu'elles doiuent auoir, ainsi que ie les vous ay descrites & monstrées par figures en ce neufiesme liure, vous n'aurez que faire de chercher d'artifice ny d'autres inuentions pour les gar-

L'Auteur se parforcer de faire profit & plaisir à tous.

Deux chapitres du 1 liure de ce present œuure pour l'accomplissement de ce discours.

LIVRE XI· DE L'ARCHITECTVRE

der fumer. Mais sans en faire long discours, ie vous aduertiray que celuy qui les sçaura bien accommoder, & appliquer vne chacune chose en son endroit, il les pourra facilement faire bonnes, ie d'y toutes en general: n'estoit qu'il eust affaire à vn Seigneur du chalybe & naturel de plusieurs, qui en bastissant & edifiant, contraignent les maistres & ouuriers de perser les salles, chambres, & autres parties des logis à leur fantaisie, & par ce moyen les faire hors de mesure. Vray est que c'est chose raisonnable de les seruir à leur volonté, mais aussi les dommages & incommoditez, si aucuns y sont, demeurent sur eux & les leurs, pour ne s'estre voulu fier à ceux qui l'entendent, comme bien souuent ie l'ay veu aduenir. Mais le pis que i'y puisse voir, c'est que quand les Seigneurs & maistres des maisons cognoissent les fautes, ils ne veulent iamais confesser les auoir faict faire: & s'il y a quelque bien & honneur, ils le veulent tout receuoir, comme veritablement il leur appartient, veu qu'ils en font les frais & la despense. Au contre, s'il y a quelque mal ils, remettent tout sur l'Architecte, ou conducteur de l'œuure, disants qu'ils se fioient en luy, & qu'ils ne font point de l'estat, & que iamais ils n'entendirent les choses deuoir estre ainsi faictes: mais quand bien ils l'eussent dict, voulu, & entendu, il ne les failloit pas croire, ains plustost faire ainsi qu'il appartient, & que l'art le requiert. Voila comme les Seigneurs ont tousiours bonne excuse, & sont priuilegez de dire ce qui leur plaist, & auctorisez de se faire entendre sans vouloir estre contredicts, au grand detriment, dommage, & deshonneur de l'Architecte, s'il n'est muny & accompagné de bon sçauoir, singulieres inuentions & grandes experiences, pour trouuer promptemét les remedes, & pouuoir dextrement seruir & complaire à la volonté des Seigneurs. Desquels iaçoit que bien souuent le commandement soit mal à propos & pour tout gaster, sans y auoir, ordre ou raison, si est ce qu'il leur faut obtemperer auecques subtils moyens, & inuentions conformes, ou proches de ce qu'ils demandent ou pretendent, qui n'est peu de chose, ne de petit labeur, & trauaild'esprit. Quoy qu'il en soit, quand cela aduient, il les faut prendre à part & sagement leur remonstrer le tout, & faire cognoistre la raison & nature d'vne chacune chose: laquelle nature a tant de force, qu'elle se faict faire place par tout: & si nous la suiuions comme guide (ainsi qu'escrit Ciceron) nous ne nous deuoyerons iamais. Pour-ce est-il requis à l'Architecte d'estudier & apprendre plusieurs reigles de Philosophie, pour cognoistre ladite nature auec ses causes, & d'où elles procedent, comme aussi les raisons d'icelles, pour les sçauoir bien adapter & accommoder auecques l'art. L'Architecte doncques estāt asseuré de la nature & proprieté des lieux à bien gra̅de peine pourra fouruoyer & faillir de bien asseoir ses bastiments, maisons & cheminées. Mais quant à ce discours sera assez pour le present. LE PREMIER

Beau discours & bien pratiqué en ce temps par plusieurs.

Comme c'est que l'Architecte obtēperera aux grands Seigneurs.

LE PREMIER ET DIXIESME
LIVRE DES OEVVRES ET NOVVELles inuentions pour bien baſtir & à petits frais, trouuees n'agueres par M. Philibert de l'Orme Lyonnois, Architecte, Conſeiller & Aumoſnier ordinaire du feu Roy Henry, & Abbé de ſainct Eloy lez Noyon.

LVSIEVRS ont accouſtumé d'vſer au commencement de leurs liures, de quelque Preface, contenant les loüanges, excellence & commoditez de l'art ou ſcience de laquelle ils deliberent eſcrire. Ce que ie ferois icy tres-volontiers, ſelon la petite capacité de mon eſprit, n'eſtoit que ie pretend, auec l'ayde de Dieu (duquel toutes graces procedent) mettre de brief en lumiere vn œuure qui comprendra tout ce qui eſt neceſſaire pour la perfection d'Architecture. Où ie n'oublieray choſe, de laquelle ie me pourray ſouuenir, qui ſerue & ſoit propre pour illuſtrer ladicte architecture: la pourſuiuant d'vn bout en autre de grande gayeté de cœur, pourueu que i'aperçoiue ce premier vol de mes eſcrits auoir trouué lieu agreable enuers les Doctes & vertueux. Qui ſera cauſe, qu'icy retranchant tous preambules accouſtumez, i'entreray de droict fil en matiere, & deuant toutes choſes eſcriray le plus briefuement & facilement qu'il me ſera poſſible, comme il faut cognoiſtre & choiſir les bons arbres pour s'en ſçauoir ayder aux nouuelles inuentions, leſquelles ie delibere icy familierement deſcouurir, & proprement enſeigner, comme pluſieurs autres choſes, Dieu aydant.

Prologues accouſtumez aux commencement des liures.

Briefueté auec facilité eſtre agreable aux Lecteurs.

Pour cognoiſtre les bons arbres en la foreſt, & comme il les faut ſçauoir choiſir.

CHAPITRE I.

LIVRE X. DES NOVVELLES

Cognoissance des quatre angles du Ciel estre necessaire à vn Architecte.

EN premier lieu il faut cognoistre les quatre angles du Ciel, autrement, les quatre parties du Monde, sçauoir est, Orient, Occident, Midy, & Septentrion: qui se peut faire par vn Quadrant solaire, ayant vne esguille aimantée, ou autrement. Et en-

Les bois regardant l'Occident mauuais.

trant en la forest ne faut aller du costé d'Occident, car de ceste part le bois y est le pire, & se trouue communément tortu, cõme abortif, suiect à rõpre, à s'eschauffer, à iarsures, à porter plus d'Aubours que les autres, & plustost estre gasté & pourry que celuy qui est pris es parties de Midy, Orient, & Septentrion.

Probation de la mauuaisié du bois regardant l'Occident.

Conclusion, ie n'ay iamais veu en France prendre bois de ce costé, qui coustumierement vaille gueres à la charpenterie, & moins à la menuiserie, pour estre si subiect à se gaster, Et se cognoist, par ce qu'il a le fil du bois tortu, allant d'vne part & d'autre: tellement qu'il se rend frangible. Ce qu'on void à l'escorce qui est tousiours pleine de crasse, & va de trauers toute raboteuse. Ie ne dy pas qu'il ne s'en puisse trouuer quelques vns bons, çà & là, pour

Choses trouuées du costé d'Occident rien valables, ou bien peu.

estre couuerts de quelque colline, ou autrement. Si est-ce que ce costé est generalement le pire de la Forest ou buisson. Et vous diray d'auantage, que i'ay veu beaucoup de fois par experience en diuers lieux, que tout ce que ie pouuois trouuer du costé d'Occident, tant bois, pierres, eau de fontaine ou de puis, que terre

Promesse de l'Auteur.

à faire brique ou tuille, tout n'en valloit iamais rien, ou bien peu, au pris de ce qu'on trouue de la partie Orientale & Septentrionale. Principalement quand c'est au pied, ou contre vne montagne ou colline qui couure le Septentrion & l'Orient.

Nature des bois situez du costé de Midy.

Faut noter que du costé de Midy les arbres sont de meilleure nature que du costé d'Occident: toutefois pour estre situez & parties chaudes, ils peuuent auoir l'humeur tant deseiché, qu'ils ne sont iamais de si belle venuë que ceux du costé d'Orient & Septentriõ, ou il se faut dresser pour auoir des meilleurs. Car les parties froides,

Arbres regardans la partie Septentrionale fort bons.

comme sont celles du costé Septentrional, conseruët la nourriture des bois en plus grande abondance, & y sont les humeurs des arbres mieux distribuez, cuits & nigeres, Ce qu'on void euidemment, parce qu'ils croyssent plus gros, & d'vn fil droit ayants l'escorce quasi vnie auec peu d'Aubours: mais ils sont subiects à se

Arbres Septentrionaux, subiects à iarser & fendre.

iarser & fendre, si on ne les debite & met en piece incontinët, pour la grande humidité qui est en eux. Et quand ils se fendent si tost, les charpentiers disent que c'est la force du bois & sa bonté, & que les meilleurs arbres font ainsi. Ce qui est veritable: mais ceux qui les couppent n'entendent leur nature, ne quand ils les faut coupper. Pour obuier donc à telles choses i'en parleray cy-apres. Les

Arbres du costé d'Orient meilleurs de tous.

arbres du costé d'Orient sont meilleurs que de toutes autres partie lesquels il faut tousiours choisir dudit costé, comme aussi de Septentrion, & par le milieu de la Forest & buissons, ou autres

lieux

INVENTIONS POVR BIEN BASTIR.

lieux, soient montaignes, collines ou vallées: prenant tousiours le plus de ceux qui ont regard aux parties Orientales & Septentrionales, ou bien qui sont en plaine forest couuerte de grãde quantité d'arbres des parties de Midy, & le plus d'Occident. Et pour les coupper generalement, le temps est au mois de Nouembre, Decembre, & Ianuier: pource qu'en ce temps là ils ont moins de seue dedans, & sont trop plus sains que tout le reste de l'annee. Et me semble qu'en ce temps, ie leur trouue tousiours par le milieu de l'arbre vne chaleur plus temperee qu'à la circonference, entre l'escorce & l'Aubour, où elle est peu humide pour la seue qui en est tombée. Ce qu'aussi lon obserue quand la Lune est en decours pource que toutes choses en ce temps là ont moins d'humidité. Aussi ne faut que le vent d'Occident souffle quand on les abbat, car cela leur faict grand offense pour entrer dans les pores, qui les faict fendre, & tous corrompre. Autres choses faudroit obseruer plus propres & meilleures qui voudroit imiter & ensuiure les enseignemens & preceptes des Mathematiciens & autres. Mais ie ne veux parler pour ceste heure, sinon de ce dont i'ay faict faire l'experience. Quand i'auois affaire d'arbres pour la charpenterie, ie commandois aux charpentiers, és mois dessus nommez, coupper par le pied les arbres tout autour, & si fort auant, qu'il n'en restoit que bien peu pour les soustenir: les laissant ainsi couppez, iusques à ce que ie veisse qu'il ne descendoit plus d'eau du tronc de l'arbre, qui estoit quelquesfois si grande, qu'elle ressembloit vn petit ruisseau qui passoit là; principalement quand les Charpentiers couppoient lesdits arbres plustost, & en autres mois que ie ne leur auois dit. Ie les trouuois encores mieux à propos, quand du commencement lon couppoit toutes les branches iusqu'au plus hault du trõc, pource qu'il n'y auoit pas tant d'humeur qui descendist par la grosse tige ou tronc; & par ce moyen estoit l'arbre plustost prest d'acheuer de coupper. Mais incontinent faut couurir celle tige par le haut, de terre d'argille, afin qu'elle ne prenne vent, iusques à ce que tout l'humeur en soit descendu par le pied entaillé: autrement toutes les pieces se fendroient par le bout quand on les debiteroit. Quand il ne descend plus d'humidité, faut acheuer d'abbatre ledit arbre. Mais si vous voulez qu'il serue pour menuiserie, il ne le faut si tost équarrer; & quãd il le sera, faut qu'il ne touche la terre: apres vous le debiterez quand vous en aurez affaire. Lors que vous l'empilerez, mettez y de petits bastons entre-deux, comme bouts de latte, afin que le vent puisse passer par tout: & estant à couuert, il seichera incontinent sans se fendre, haler ou iarser. Me suffit pour cet heure faire entédre ce que i'ay cogneu par espreuue estre bon pour nostre Inuention Nouuelle, & plus requis pour le Royaume de France. Aucuns ont voulu dire qu'il falloit enterrer les arbres quand ils estoient abbattus, & que cela les rend plus solides, & es-

Comme il faut choisir les bons arbres.

Temps à coupper les arbres pour bastir.

Choses qu'il faut obseruer quand on couppe le bois

Les Mathematiques necessaires à un Architecte.

Choses dignes de noter & obseruer.

Obseruation de l'Autheur pour la couppe des bois.

Preceptes pour le bois de menuiserie.

Ce qu'il faut faire quand les arbres sont abbatus.

LIVRE X. DES NOVVELLES

pais à merueilles. Plusieurs aussi attestent qu'il aduient à tout arbre, que si on l'enfoüit en lieu humide, estant encore en sa verdeur, cela luy rend vne duree perpetuelle. Mais soit qu'on l'enfoüisse ou autremēt, le faut garder dans la forest, & n'y toucher de trois mois tous entiers: car en moins de temps ne peut acquerir fermeté telle qu'il est requis pour le mettre en œuure. La raison veut qu'on luy donne tēps pour se consolider. Mais quand il est en ce point preparé, il le faut mettre hors, puis faire seicher au Soleil, estant la Lune en son decours, & ce notāment apres Midy: mesmes quatre jours apres que ladite Lune aura commencé à descroistre. Toutesfois si durant ce temps le vent de Midy tiroit, & principalement celuy d'Occident, qui est le pire: Plusieurs ne sont de tel aduis, ains defendent expressément qu'on ne mette le bois à l'air. Si le temps se monstre propre à le tirer, faut prendre garde seulement qu'il ne touche la rosee, s'il est possible; & sur tout qu'il ne tombe pas dessus quelque gelee blanche. Ce qui s'entend quand il est debité, ou qu'il est par trop sec dedans & dehors: car lors il ne le faut scier ny charpēter en aucune maniere, que le temps ne soit propre & beau, d'autant qu'il se pourroit gaster bien tost. Toutesfois, suiuant nostre Nouuelle Inuention, il ne faut auoir telle curiosité, ains seulement coupper les arbres comme i'ay dict cy-deuant. Surquoy i'ay bien voulu amplement escrire, & donner aucuns preceptes & enseignemens, partie experimentez & diligemmēt par moy esprouuez, partie aussi pris de nos liures d'Architecture: mais qui voudroit icy tout rediger, on en pourroit faire vn gros volume. Parquoy ie m'en tais pour ceste heure, pource que chacun a moyen de voir lesdits liures par le menu, quand il en aura enuie. Ie ne dis pas, quand on voudra faire quelque chose de curiosité & quelque excellent ouurage de menuiserie, qu'il ne soit bon d'obseruer tout ce que lon peut pour auoir des bois à propos. Mais pour les bois de nostredite Inuention, ne faut estre si curieux: car tous ceux qui ne pouuoient seruir par cy-deuant, & qu'on estimoit ne rien valoir qu'à brusler, seront desormais tous bons: ainsi que ie le deduiray cy-apres, Dieu aidant. Ie diray dauantage, que vous les pouuez coupper quand vous voudrez, pourueu que ce soit depuis le mois d'Octobre jusques en Auril: sans obseruer les elections que les Mathematiciens & Architectes nous monstrent. Car pour estre de si petites pieces que nous dirons, ils en sont moins subjets à se fendre & gaster. Pour laquelle chose éuiter les Anciens prenoient elections, lesquelles seroit tres-bon icy pouuoir bien obseruer.

Obseruation de la Lune tres-necessaire à l'Architecte, comme aussi des vents.

Rosee & gelee blanche, domageable au bois pour bastir.

Curiosité de bois estre propre en menuiserie, plus qu'en charpenterie.

Elections & obseruatiōs Astronomiques, necessaires à vn bon Architecte.

Quels

INVENTIONS POVR BIEN BASTIR. 281

Quels arbres sont commodes pour nostre Inuention, & desquels on se pourra aider desormais en diuerses sortes pour edifices.

CHAPITRE II.

VOVS n'auez plus affaire de grands arbres pour faire des panes, chevrons, jambes de force, & autres grosses pieces; mais seulement d'aiz desquels on se sert à faire portes & fenestres, & ne sont bons à mettre en œuure, qu'ils n'ayent pour le moins trois ans passez. A ceste heure comme ils viendront de la forest, seront bons à employer à telles façons que verrez cy-apres: pour autant que le bois debout ne se r'apetisse point, & pour sa largeur & espesseur, qu'il se retire tant qu'il voudra, cela ne peut porter dommage. Ie ne dis pas que quand les bois seront secs, qu'ils ne soient tousiours meilleurs: mais icy vous les mettrez en œuure comme les aurez, quand serez pressez de besongner. Et au lieux qu'on ne trouuera du chesne, qu'on y mette du estre, du rouure, du peuplier, du til, du fresne, de l'aune, du pin, & des sapins qui sont meilleurs, & chastiniers tresbons. Aussi pour la Prouence & Languedoc, & ailleurs où il y a faute de bois, qu'on y mette de l'oliuier sauuage ou domestique, du noyer & d'autres, comme il s'en trouue assez selon la commodité des païs: & pourautant que chacun de tous ces arbres est de nature diuerse, pource doit-on aussi appliquer à telles charpenteries diuerses ligatures (comme tous gentils esprits pourront considerer, selon la nature des bois) & faire les pieces plus courtes, plus larges ou plus espesses: & cognoistre ce que nature peut faire à telles œuures qu'aurez à faire de diuerses ligatures. Ie monstrerois encores d'autres sortes de bois, n'estoit qu'ils ne sont en ce Royaume & si deduirois leur nature: mais sur ce, voyez Vitruue, Leon Baptiste, Theophraste, Caton, Pline, & autres qui en traictent bien amplement. C'est que tous arbres qui sont courts & cambres, sont plus durs à tailler que ceux qui sont hauts & droicts. Et les bois blancs sont moins massifs, plus legers, plus traictables, & plus aisez à tailler, & s'assemblent mieux que tous les autres: mais aussi sont-ils tous frangibles, au moins plus que nuls autres. Tous les plus poisants ont plus d'espaisseur, aussi sont-ils plus difficiles à tailler que les legers, pour tenir plus de corps en soy, & auoir vne masse plus serree. Car tant plus vne masse poise, tant moins est elle frangible, & tant plus vous voyez vn arbre madré, plus est il restreinct en soy. Aussi les arbres ausquels Nature a donné long temps à viure, se gardent de corruption.

Bois bons à employer aux bastimens.

Pour les pays qui n'ont toutes sortes de bois.

Auteurs d'Architecture & Agriculture.

Pour cognoistre & choisir bons arbres.

Arbres moins suiets à corruption.

Eee

LIVRE X DES NOVVELLES

ption plus longuement que les autres mis en œuure. Et quand j'ay faict coupper vn arbre tout autour du pied, comme i'ay dict cy deſſus qu'il faut faire, i'ay trouué que celuy qui rendoit moins de ſéue eſtoit plus vigoureux & puiſſant pour porter charge, que ceux qui rendoient grand humeur. La pire choſe que i'aye trouué en vn bois, eſt ce que les Latins appellent *Alburnom*, & nous, Aubour. Car delà vient que les bois ſe vermine & met en poudre pour les vers qui s'y engendrent: & ne gaſte ſeulement ſa partie, mais l'autre bois à qui il touche. Et pource en quelque ſorte d'ouurage que ce ſoit, il faut touſiours oſter tout l'Aubour, & n'endurer que les ouuriers l'employent en quelque façon qu'ils pourroiẽt faire. I'ay auſſi trouué que le cœur & milieu de l'arbre eſt plus fort que les coſtez, pareillement plus ſubiect à ſe fendre & non rompre. Et pour cognoiſtre quand vn arbre eſt abbatu, ſi dedans & au cœur il eſt bien ſain, apres en auoir couppé les bouts faut prendre vn marteau & frapper par l'vn d'iceux & ſi quelqu'vn mettant l'oreille contre l'autre bout, entend le ſon ſour & caſſe, c'eſt ſigne que le corps de l'arbre eſt dedans vicieux par pourriture, ou autrement. Mais ſi le ſon eſt clair & bien reſonant à l'oreille, c'eſt ſigne qu'il eſt fort bon, ſain, & entier. Ie produirois aſſez d'autres experiences que i'ay veuës, mais comme les choſes ſe preſenterõt pour bien faire entendre noſtre œuure, ie ne les oublieray point. Car le plus grand deſir que pourrois auoir, eſt de faire choſe agreable à mon Souuerain Prince, & vtile à tous ceux qui ſont pres de ſa Majeſté, & auſſi profitable à toute la Republique.

La pire choſe d'vn bois eſtre l'Aubour.

Pour cognoiſtre ſi vn arbre eſt ſain au dedans.

Faire ſeruice aux Princes, choſe loüable & profitable.

Comme il faut proceder à faire la charpenterie de noſtre Inuention, auec aduertiſſemens des fautes qu'on fait aux baſtimens, tant pour le fer qu'on y employe, que pour les pierres mal-miſes en œuure.

CHAPITRE IIII.

PREMIEREMENT vous conſidererez les murs où voudrez faire voſtre couuerture, & le lieu, s'il eſt quarré, rond, oblong, triangulaire, octogone, hexagone (que les ouuriers appelle pan couppé) ou biaiſe, ou d'autre forme & figure. Par-autant que telles œuures ſe peuuent faire aiſement de quelque forme que ſoit le lieu & les murs où la voudrez faire. Et quant leſdicts murs ne ſeroient gueres forts, pour n'auoir grand eſpaiſſeur, il ſuffit qu'ils ſoient de bonne matiere, pour n'eſtre gueres chargez, ny pouſez en dehors, cõme il ſe faict par toutes les charpenteries accouſtumees. Et quand vous ferez leſdicts murs de neuf, il n'eſt point de beſoing de faire d'eſpaiſſeur plus de deux pieds pour vn grand

Quels doiuent eſtre les murs de ceſte Nouuelle Inuention.

INVENTIONS POVR BIEN BASTIR. 282

grand bastiment: & pour les moindres, quand sont dans les villes, d'vn pied & demy, ou vingt pouces. Si ce n'estoit quelque grand Palais ou Chasteau, auquel y eust plus de trois estages. En quoy faut que l'Architecte aye iugement de luy donner trois & quatre pieds d'espaisseur selon l'œuure qu'il en aura affaire. Mais deuāt que passer outre, il me semble icy estre profitable proposer aucunes fautes qui se commettent aux bastiments, principalement à Paris & autour. Ainsi doncques ie conseille aux maistres Maçons, ne faire comme aucuns font audict Paris & lieux voisins, bastissants de telle sorte, que les poûtres soustiennent les murs. Au contraire de ce qui doit estre: car les murs doiuent soustenir les poûtres, ou bien les porter. Et sans les poutres souuent lesdicts murs tomberoient, qui sont retenuz par grandes barres de fer, & grādes clefz qu'ils mettent sur lesdictes poutres à trauers des murailles au droit des cheines de pierre de taille, à fin que les murs ne reculent. En cela y à vn grand abus que les ouuriers font. Car si on leur auoit baillé l'œuure à la charge de n'y mettre du fer, ils seroient contraincts de faire mieux les murailles & de plus grande grosseur & force qu'ils ne font. Les ligatures de pierre de taille seroient plus longues, & la maçonnerie de moellon mieux maçonnée. Car soubs ombre du fer & du plastre, ils ont esperance que leur ourage tiendra trop. I'ay veu aduenir vn autre grand mal aux bastiments pour mettre du fer dans les maçonneries & auec les pierres de taille: car le fer s'enroüille, & s'enroüillant il s'enfle & faict rōpre les pierres & murs qui ne peuuent durer longuement. De ce nous prendrons par exemple, le Liarre duquel les racines liées & prinses dans les murs attirent & rongent la substance du mortier, & comme elles deuiennent grosses, se font faire place, recullāt les pierres qui n'ont plus de mortier, & par ainsi les rendent prestes de tomber. Quoy voyant aucuns en ont faict ceste diuise, (*Inimica amicitia*,) qui est à dire, ennemie amitié: ou, ce qui m'aime me ruine. Ainsi est-il du fer, lequel les meschantes maçonneries ayme de peur qu'elles ne tombent, mais à la fin il les ronge & ruine. Faisant tout ainsi que ledict liarre, lequel apres auoir acheué de ruiner la muraille, & l'auoir mise par terre, n'ayant aucune chose pour se soustenir, est contrainct de tomber sur le chemin. Auquel, apres auoir marché dessus, est couppé, pour les empeschemens qu'il peut faire: & par ainsi il meurt comme il a faict mourir le mur. Chose semblable aduient à aucuns hommes, qui soubs ombre d'amitié, appuis ou alliance auecques autres, ils en tirent leur substance, & les font mourir d'ennuits & pauureté, pensants y gaigner beaucoup: mais apres auoir succé & attiré d'eux iusques au sang, ils trebuchent & sont mis à neant par le vouloir de Dieu, qui ne veut le mal demeurer impuny. Et pour retourner à mō dire, outre la grande faute laquelle font les Maçons mettans du fer aux

Grande faute aux bastiments de Paris.

Inconuenient qui aduiennent pour mettre du fer à la maçonnerie.

Nature du fer auec les maçonneries.

Faute que font les maçons

Eee ij

LIVRE X. DES NOVVELLES

vsans de fer aux baſtiments. baſtiments, ils en fonte vne autre, quand ils mettent les pierres en œuure en toutes ſortes, tant de bout que de plat : dont il eſt aduenu quelquefois de grands dommages, aux edifices. Car la pierre pour eſtre forte en œuure, il la faut maçonnner ſur ſon lict, & de plat, ainſi qu'elles croiſt és quarrieres. Comme le bois, lequel quand il eſt mis en œuure pour porter quelque grande poiſanteur, & qu'il eſt d'vn bois de bout ainſi qu'il croiſt, il n'y a rien plus fort : mais s'il eſt de plat il ployera de ſoy meſme, ou rompra s'il eſt chargé. Ainſi eſt-il des pierres, car n'en faut quelquefois qu'vne pour faire fendre ou rompre tout le baſtiment, par faute de l'auoir maçonnée ſur ſon lict, comme elle croiſt en ſa quarriere :

Comme ſe doiuent appliquer les pierres en maçonnerie. ainſi que i'ay veu pluſieurs fois, & ne ſe cognoiſt gueres la faute. Quelques vns penſent que ſoit du fondement, les autres d'ailleurs. Mais ce n'eſt pas icy mon inuention, de vouloir parler de la maçonnerie pour les baſtimens, ains ſeulement de ceſte Inuention nouuelle, pour laquelle quand on fera faire murailles, faut que ce ſoit à la charge qu'il n'y ayt point de fer ny ferrures. Or venons à noſtredicte charpenterie. Si vne poûtre eſt pourrie, qu'elle ruine & retenuë du mur faut-il faire ? & quelle deſpenſe pour en remettre vne autre. Ce qui n'eſt aucunement neceſſaire à noſtre dicte nouuelle inuetion Et ſur ce propos ie diray ce mot. Ie ſçay vne maiſon du Roy où les poûtres ne vallent rien, & par deſſus y a ſi grandes

Grandes ferrures dangereuſes en vn logis. ferrures qui trauerſent les murs & retiennent les portiques ou galleries qui ſont par les coſtez, que s'il y faut remettre d'autres poutres, en grand danger ſeront leſdictes galleries qu'elles ne tombent, ou qu'elles ne ſe dementent, pour le moins, & y conuiendra faire deſpenſe exceſſiue. Et ſi celuy qui en aura la charge n'eſt diligent, & n'entend bien ſon eſtat, qu'en peut-il aduenir ? Il faudra tout refaire de neuf : & qui pis eſt, qui le voudra refaire ainſi qu'il eſt commencé, ne durera non plus de temps qu'il à duré. I'ay voulu dire cecy pour le profit de ceux qui font baſtir : parquoy y prendra garde qui voudra. Ie reprens noſtre propos. Quand vous ſerez au plus haut eſtage où il faut faire la couuerture, vous leuerez voſtre mur par deſſus le plancher de trois pieds de hauteur qui

Comme il faut leuer les murs pour ceſte nouuelle inuention. ſera a propos de la hauteur des appuiz des feneſtres, ſi vous en voulez faire par les coſtez, ou bien les ferez aux pignons. Et cela eſtant arreſté, vous ferez encores de la maçonnerie deux ou trois pieds de hauteur d'auantage, pour faire l'entablement & porter les Coiaux de la charpenterie : ainſi que cognoiſtrez par les deſeins cy-apres monſtrez. Et ne prendrez pour ce faire que la moitié du mur par le dehors comme voyez marqué B, à la premiere figure cy-apres, l'autre moitié de l'eſpaiſſeur du mur demeurera baſſe de trois pieds plus que l'autre, ſigné C, où ſera miſe vne plate

Quelles doiuent eſtre les mortaiſes forme de bois ayant largeur d'vn pied ou dix pouces, & d'eſpaiſſeur huict ou neuf pouces. Laquelle aura pluſieurs mortaiſes fai-

ctes

INVENTIONS POVR BIEN BASTIR. 283

étes de deux pieds en deux pieds, comme pourrez voir aux lieux marquez D, de largeur de deux pouces, profondeur de trois, & longueur de demy pied. Et les mortaises qui sont aux angles & par le milieu, comme se voit aux lieux marquez E, seront plus larges & plus longues, quand vous y voudrez faire la couuerture en crouppe. De sorte qu'au lieu de deux pouces de largeur, elle en auront trois, & de longueur neuf ou dix, à fin que les courbes qui seront en ces angles, & par le milieu, soyent plus espaisses les deux ensemble d'vn pouce, que les autres, pource qu'elles portent plus de charge, pour les autres courbes qui s'appuyent dessus, comme vous cognoistrez mieux cy-apres quand nous parlerons des crouppes. Ie ne veux oublier icy vous aduertir que ne deuez prendre aucun ennuy, si de premiere face en lisant ne comprenez nostre œuure & inuention: laquelle ne depend d'vn ou deux chapitres & figures, ains de plusieurs, bien reprises & conferees ensemble. Parquoy qui nous voudra bien entendre, faut qu'auecques patience il lise & discoure diligemment le tout, n'obliant rien. Ce temps pendant vous pourrez iuger quelque chose de ce que nous auons escript cy dessus, par le plan de ceste figure.

taises en ceste inuention.

Bonne deduction & fort familiere.

Cognoissance de la presente inuention depend de la lecture de tout le liure.

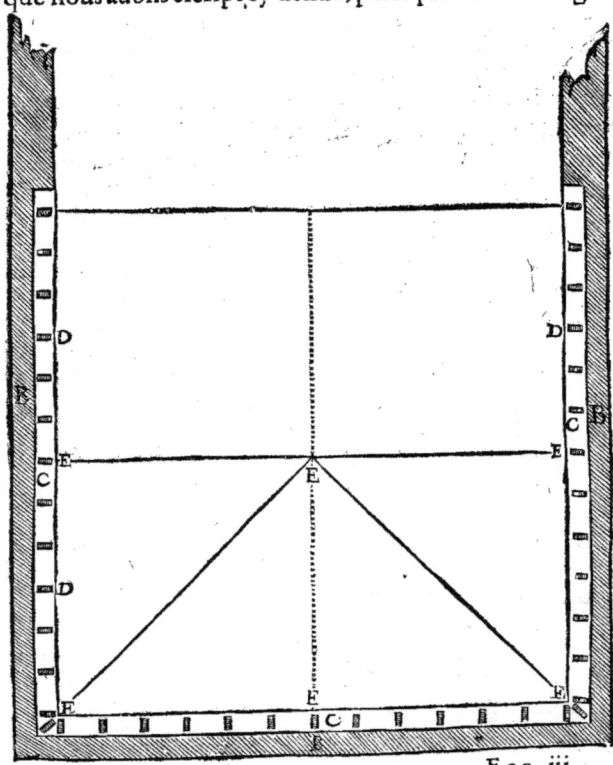

Eee iij

LIVRE X DES NOVVELLES

*Comme les courbes & Hemicycles pour faire les Combles, se commencent
à assembler sur les murs.*

CHAPITRE V.

*Hemicycles pla-
tes formes &
leurs pieces.*

*Aix de charbon-
niers propres à
ceste nouuelle
inuention.*

*Enseignement
pour bien em-
ployer bois.*

*Profit de la pre-
sente Inuention
nouuelle.*

OVS pouuez voir comme nostre nouuelle Inuention se commence à mettre en œuure. Et pour continuer, vous recognoissez en la figure suiuante comme les hemicycles commencez & signez G, sont fondez sur les plates formes marquées H, & les pieces dequoy est faict l'hemicycle, n'auoir que quatre pieds de long, huict pouces de large, comme voyez aux lieux marquez F, & vn pouce d'espaisseur, lesquelles vous pouuez prendre ainsi en acheptant vostre bois, s'il ne vous vient à propos de les faire d'aix, dont vsent les menuisiers pour faire portes, ou d'aix de charbonniers, comme sont ceux que lon apporte à Paris aux basteaux pour tenir le charbon, dont lon ne tient grand compte à mettre en œuure : principalement pour chose exquise, & tels aix sont fort bons. Et quand ils auront douze pieds, de long, vous en ferez trois pieces, desquelles chacune aura quatre pieds. Et s'ils ont six pieds, les deux pieds qni resteront seront pour faire la petite piece de courbe, qui commencera sur le fondement d'vn costé. Pour ce qu'ainsi que les aix sont assemblez les vns contre les autres, vne piece n'aura que deux pieds, & l'autre quatre. Par ce moyen les commissures iront en liaisons : & ne se trouueront l'vne contre l'autre, comme il faut qu'elles soient pour faire mieux les ligatures : & aussi pour auoir meilleur moyen de les oster, & remettre autres pieces, quand lon voudra : pour autant qu'auec le temps elles se peuuent gaster & pourrir, mesmes si on les laisses descouuertes, comme font quelquefois les mauuais mesnagers. Il est fort facile & aisé de les entretenir. Ce que vous pouuez bien cognoistre par la presente figure, & autres qui ensuiueront. Car l'vne enseignera & aydera à l'autre.

La façon

INVENTIONS POVR BIEN BASTIR. 288

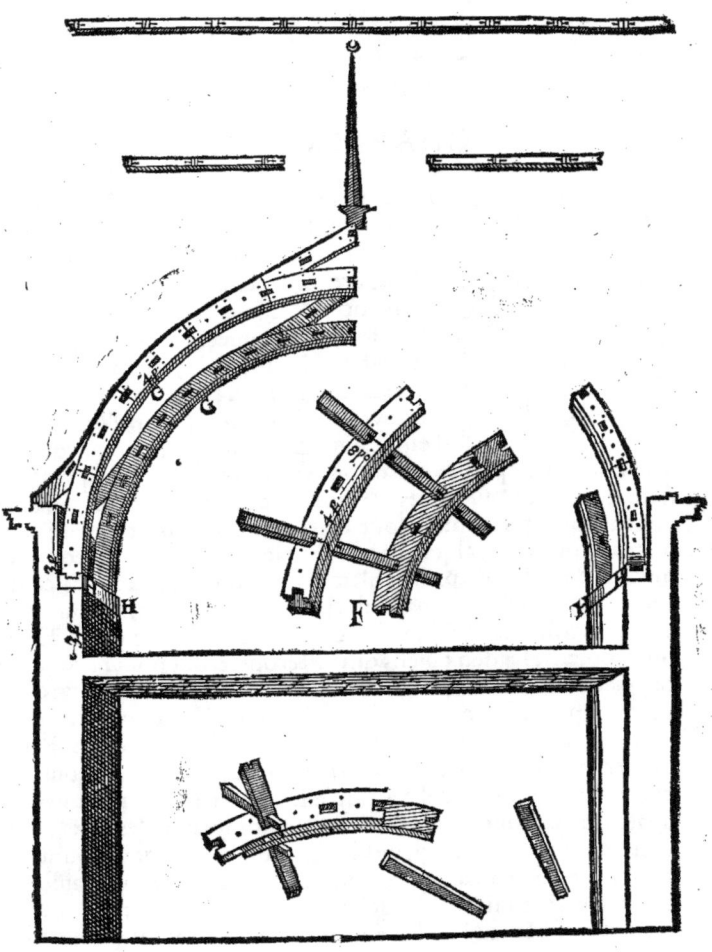

La façon de cognoistre plus facilement les pieces comme elles se doiuuent tailler & assembler pour faire l'hemicycle & courbes de nostre nouuelle Inuention.

CHAPITRE VI.

'AY mis cy apres les pieces plus grandes, à fin que l'on puisse mieux cognoistre comme elles doiuent assembler les vnes auec les autres. Lesquelles sont percees tout a trauers par le milieu & aux deux bouts de l'extremité, en façon de mortaise. Comme vous voyez aux lieux signez K, & endroicts semblables. Et telles perceures ont de longeur quatre pouces, & vn peu plus d'vn pouce de largeur, pour seruir & passer à trauers les Liernes qui lient & tiennent en raison lesdicts aix pour faire les hemicycles. Lesquelles Liernes seront de telle longueur que vous voudrez, & comme trouuerez les bois à propos. Quant à moy ie ne les voudrois trouuer qu'aux aix dequoy on fait les courbes, & les faire scier de long, ayant vn pouce d'espaisseur comme lesdicts aix, & quatre de largeur : & s'il y a quelque petit bout de bois de reste, seruira pour faire les clefs & cheuilles. Ie d'y cecy pour faire cognoistre que qui voudra penser à faire bien debiter le bois, il n'y sçaura rien perdre : & n'y a si petite piece qui ne serue. Il faut percer lesdictes Liernes si dextrement pour mettre les clefs, que les mortaises se trouuent au droict de chacune courbe par les costez, quand elles seront posées par les pertuis ou mortaises signées K. Et aux costez faut mettre lesdictes clefs, qui auront deux pouces & demy de largeur, & vn d'espaisseur. Et la longueur sera autant qu'est la largeur de la courbe de l'hemicycle. Ainsi que vous pouuez voir en ceste figure aux lieux marquez L, & T, qui sont les clefs & mortaises à les mettre. Et faut qu'elles soient fort chassées à grands coups de marteau, à fin de tenir les pieces en telle raison, qu'elles ne se puissent desassembler, n'aller ny ça ny là, auec vne force incroyable, qui y est. Et porteront cent fois plus que n'auez affaire quelles portent. Il ne faut craindre que les vents leur sçache faire offence, ne qu'elles se puisse deffaire d'elles mesmes. Et quant à la tierce parties des courbes ou hemicycles par cy par là seroit ostée, ou bien pourrie & rompuë, ce qui resteroit sera encores assez fort, & pour durer plus que la charpenterie que lon à accoustumé de faire. Ie dy d'auantage, quand tous les aix seroiēt fendus tout à trauers en deux ou trois parts de toute leur longueur, selon le fil du bois, ils seroient encores assez forts & plus qu'il ne faut, pour porter ce qu'ils ont à porter decouuertures, soient d'ardoises ou de tuilles, & encores de pierres de taille, qui voudra : pource qu'ils portent de bois debout. Telle façon est trop plus forte qu'il ne seroit de besoin, & s'ē passeroit-on bien à moins,

Que sont Liernes, & de leur longueur.

Comme se doiuent percer les Liernes, & de la longueur & espaisseur des clefs.

Grande asseurance de la presente Inuention.

toutes-

INVENTIONS POVR BIEN BASTIR. 285

toutesfois c'est la meilleure. Car vn œuure ne peut estre trop bonne, non plus qu'vn homme ne peut estre trop vertueux. Ce que
vous pouuez iuger par la figure de la force des pieces, laquelle
vous voyez cy-dessoubz.

Fort belle senté ce & digne de noter.

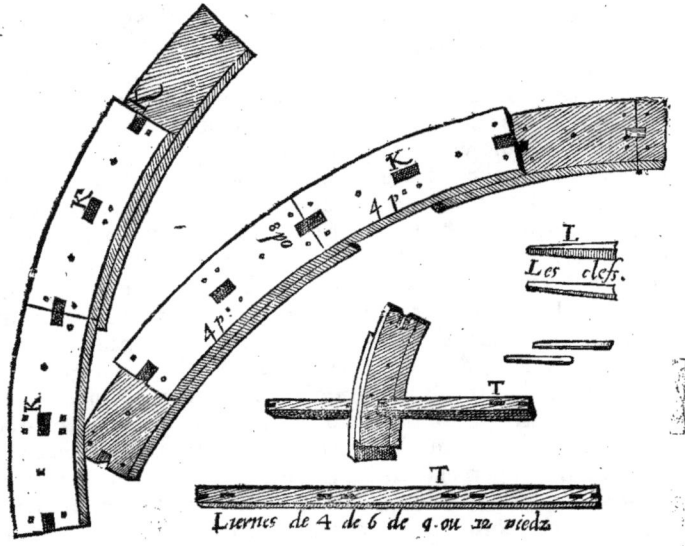

*Comme les pieces des Courbes se monstrent quand elles sont toutes
assemblées en leur hemicycle auec leurs liernes.*

CHAPITRE VII.

LA figure la plus parfaicte & la plus capable de toutes est la ronde, dont est prise ceste Inuention, cóme vous pouuez cósiderer, par la figure ensuiuāt.
Laquelle i'ay representée sur les murs des entablemens, sans la mettre quasi entre les murs, comme
i'ay monstré par cy deuant en la figure du quatriesme chapitre. Vous pouuez mettre les hemicycles sur les murs
si voulez, sans les mettre entre lesdicts murs par la force qui est en
eux. Car estans ainsi assemblez auec leurs Liernes, ils ne peuuent
pousser ça ne là, ou bien peu, principalement quand l'edifice n'est
de grande largeur: parautant que leur poisanteur tombe à plomb
sur les murs sans pousser par dehors. Ie ne dy pas que si lesdicts
hemicycles estoient de pierre de taille, qu'il faudroit charger &
maçonner leurs espaules: mais estans de bois, les liernes tiennent
tout en raison sans pousser. Et ainsi vous pouuez voir comme tou-

Figure ronde parfaicte entre toutes les autres.

Enseignemens dignes de noter.

Grande harmo-nie de la presen-te Inuention.

LIVRE X. DES NOVVELLES

tes les pieces des courbes sont assemblées, & parfont l'hemicycle auec leurs Liernes & clefs qui les tiennent en raison. Comme vous pouuez facilement iuger par la sequente figure: en laquelle vous voyez les endroits marquez P, qui sont pour mettre les cheuilles à tenir les pieces des courbes, iusques à ce qu'elles soient mises en œuure. Ie ne veux oublier, combien que plusieurs le sçachent, que toutes les commissures & assemblages de l'hemicycle, sont tirez de la ligne qui procedent du centre duquel est faict ledit hemicycle. Et ainsi toutes autres commissures & ioinéts, lesquels conuiét estre tousiours tirez du centre duquel est faite la circonference: autrement ils ne seroient bien: ce que vous cognoistrez tant par la presente figure, qu'autres cy-apres.

Commissures & ioinéts tirez du centre.

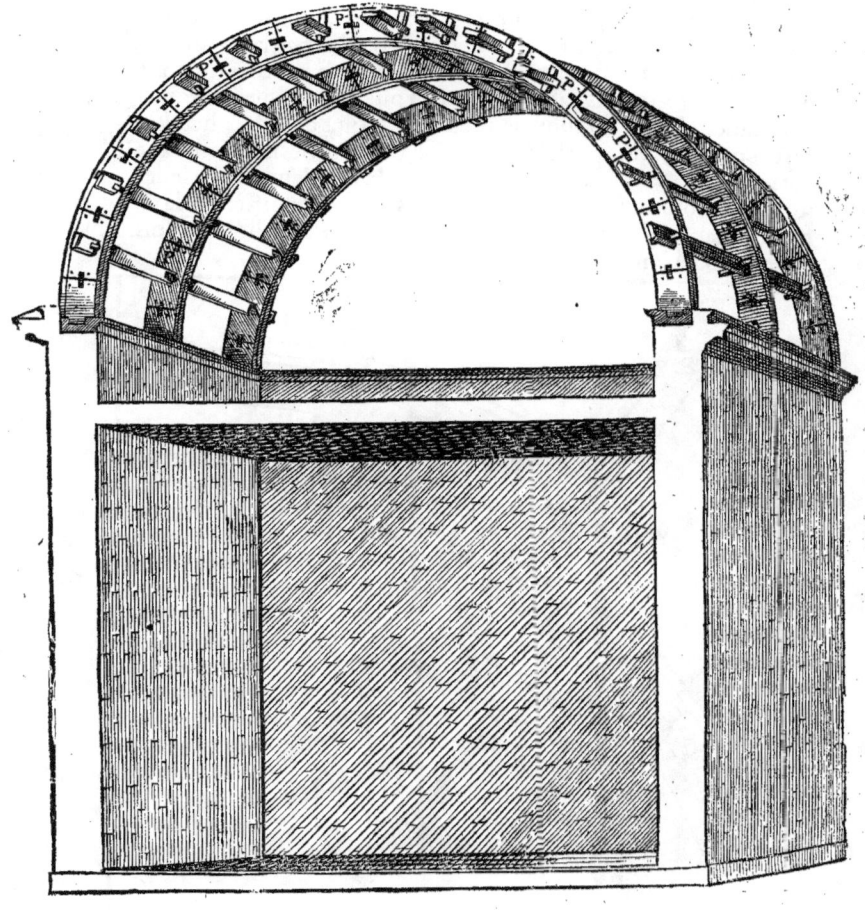

INVENTIONS POVR BIEN BASTIR. 286

Quand vous assemblez vos courbes pour faire les hemicycles, comme i'ay dict cy dessus, il vous faut cheuiller vne piece contre l'autre. Mais il conuient que ce soit par fort petites cheuilles, & que les trous soient comme le bout du petit doigt. Et ne les y conuient mettre par grande force, afin qu'elles n'empeschent que le joint & commissures des courbes ne puissent joüer l'vn sur l'autre de leur longueur & largeur, du bout des pieces. Ie n'en voudrois point mettre n'estoit que cela aide fort à les bien assembler & mettre en œuure. Apres que le tout est posé, ie serois content que lesdictes cheuilles fussent dehors : toutesfois cela ne nuit ny aide, si ce n'est quand il faut changer quelque piece qui est pourrie ou gastee : car cela entretient l'œuure iusqu'à ce qu'on y aye mis vne autre neufue. I'ay monstré par cy-deuant qu'aux lieux marquez P, aux endroits esquels y a de petits poincts, faut mettre lesdictes cheuilles. Ce que vous pourrez encores mieux cognoistre par la figure cy-apres mise en la mesme marque P, aux pieces des courbes qui sont figurees plus grandes, afin que lon en puisse auoir meilleure cognoissance. Il sera fort bon de mettre le moins de telles cheuilles qu'on pourra, afin que lesdictes pieces des courbes ne soient tant corrompuës, & qu'elles puissent joüer plus facilement sur leurs joincts & commissures. Ce qui est plus aisé à cognoistre par la figure suiuante que par trop grande escriture, de laquelle ie me suis retenu pour n'en estre besoin.

Grande facilité & diligence sert à bien enseigner.

A quoy seruent les cheuilles en ceste nouuelle façon.

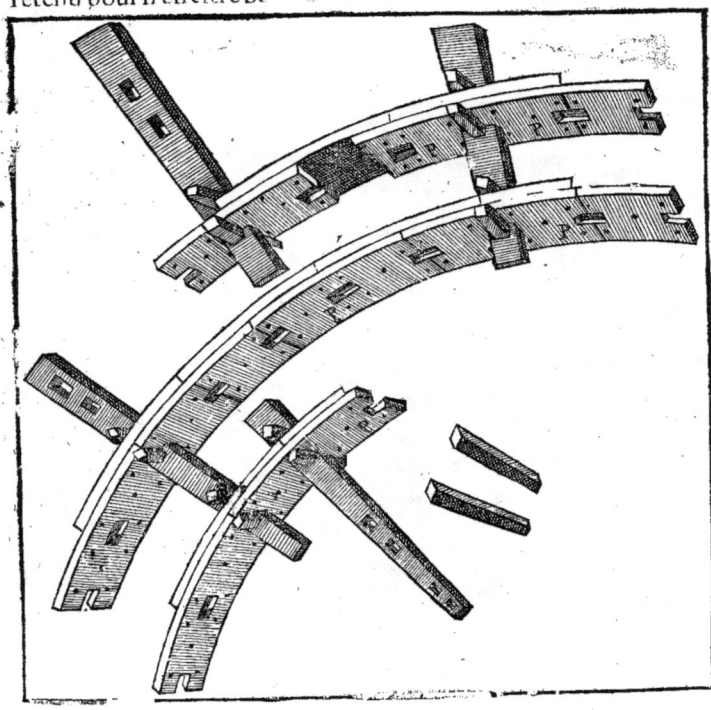

LIVRE X. DES NOVVELLES

Comme les Hemicycles, Liernes & Diagonales, quand on veut faire des Croupes aux couuertures, se monstrent en leur plan entre les murs.

CHAPITRE VIII.

Façon de plusieurs outrecuidez.

POVR-autant qu'aucuns se pourroient trouuer qui voudroient faire telle couuerture qu'ils n'entendroient pas, sçauoir est r'allonger les courbes des angles, à celle fin qu'ils ne trouuent rien difficile, ie leur mettray icy la façon comme ils le doiuent faire. Premierement deuant qu'entendre telles courbes r'allongees, il faut cognoistre le plan de toute l'œuure, pour considerer la montee qui en doit estre. Comme en ceste figure vous pouuez voir, en laquelle les lignes qui sont de toute la largeur de O P, font en leur montee le demy cercle ou hemicycle qui est marqué O Q P. Et cela sert pour faire tous hemicycles & courbes, qui se posent équidistamment par lignes paralleles (desquelles les separations sont aussi larges par vn bout qu'à l'autre) & sont fondez d'vne mesme hauteur au niueau. Et toutes les courbes qui doiuent estre aux endroits marquez R, combien qu'elles ne soient que partie du demy cercle ou hemicycle pour finir contre la diagonale, qui est N & V, elles se feront de l'hemycicle sans faire autre traict. Et pourueu que ce soit vne mesme distance de N à P. & N à T, les courbes du demy cercle O Q P, seruiront pour celles qui sont signees R, comme nous auons dit. Mais depuis N iusqu'à V, qui est la ligne diagonale, y a beaucoup plus de longueur que de N à P, pource l'hemicycle O Q P n'y pourroit seruir, & ne se pourroit faire tout d'vne venuë auec le compas: parquoy il le faut faire ainsi que ie monstreray en la figure suiuant ceste-cy. Et notez bien le plan de la presente figure, afin que vous entendiez mieux en l'œuure comme les liernes passent à trauers les courbes & hemicycles. De sorte que quand ils voudroient pousser l'œuure d'vne part ou d'autre, ils poussent tousiours sur la force du bois debout: quasi ainsi que font les courbes, soit en la montee des hemicycles, ou de trauers comme vont les liernes. Le bois n'endure peine, sinon que sur la force dudict bois debout: ce que vous pouuez voir aux liernes qui sont marquees X, en la figure ensuiuant.

Declaration de la figure ensuyuant.

Quelles sont lignes paralleles.

Demonstration de la presente matiere.

Nature des liernes, auec les courbes & hemicycles.

Chose digne de noter.

Pour

INVENTIONS POVR BIEN BASTIR. 287

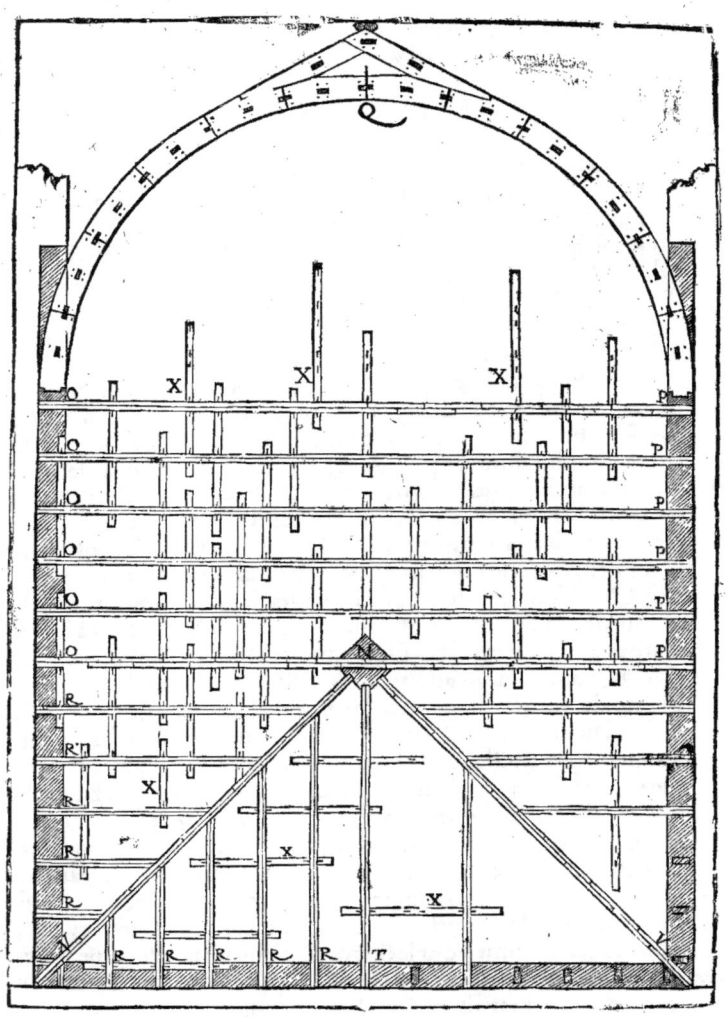

Fff

LIVRE X DES NOVVELLES

Pour cognoistre comme il faut faire les Courbes sur le coing,
& toutes les Cherches r'alongees pour faire les
Croupes des couuertures.

CHAPITRE IX.

Felicité de demonstrer conioincte auec felicité, n'est à tous donnée.

OVS pouuez considerer à la figure suiuant, que la ligne A B, qui contient la moitié de la largeur de l'edifice dedans œuure, n'est si longue que la diagonale A C; laquelle ne peut faire du compas tout d'vne venuë l'hemicycle B D E: autrement elle seroit plus haute que ledict hemicycle, & d'autre sorte de circonference: & ne se pourroit accorder pour faire les couuertures vnies: car en vn lieu elles seroient basses, & en l'autre plus hautes, qui seroit chose tres mal à propos, & encores de plus mauuaise grace à voir. Mais pour faire que tous les hemi-

pour rendre les cherches & courbes accordantes.

cycles & courbes soient accordans, & qu'ils soient à droicte ligne & au niueau par le milieu au plus haut du faiste, vous ferez que le cercle de courbes qui est depuis B D E, sera diuisé en tant de parties que vous voudrez, ou aussi long comme porteront les pieces de bois que vous aurez pour les faire de trois pieds, & de quatre, ou ainsi qu'il vous sera à propos. Comme vous pouuez voir que i'ay diuisé tout ledict hemicycle & courbes en neuf parties egales, desquelles la moitié se voit marquee B F G H I. Et des

Maniere de trouuer & faire les cherches ralongées.

poincts où sont lesdictes lettres vous tirerez des lignes à plomb perpendiculairement sur la ligne E B, les continuant iusques sur la diagonale A C, dont il est question de faire la cherche r'alongee. Apres cela vous tirerez les couppes & commissures venans du centre marqué A, qui seront comme I K, H L : G M, & F N. Puis vous ferez le semblable qu'auez faict, quand les tiriez à plomb perpendiculairement sur la ligne E B: continuant iusques sur la ligne diagonale A C: comme auez faict des autres où sont marquées les perpendiculaires de mesmes lettres que les courbes de l'hemicycles, comme I K, H L, G M, F N. Cela faict vous tirerez vne ligne en telle part que vous voudrez. Mais à fin que plus faci-

Deduction de la figure par le mesme.

lement vous l'entendiez, nous nous aiderons de la ligne E B, sur laquelle vous tirerez vos perpendiculaires de telle sorte qu'elles soyent en angle bien droict & parallele, ou si voulez que ie parle comme les ouuriers, bien à l'equierre & iauge: puis de la longueur de la diagonale A C, vous mettrez les espaces & interualles comme ils sont marquez en la figure. Premierement doncques

vous

vous prendrez auec le compas l'espace qui est de A, iusques à I, & la raporterez à EO, car elle sera la distance & longueur. Côme aussi de AK, à EP, de AH, à EQ de AL àER, de AG, à ES, de AM, à ET, de AF, à EV, de AN, à EX, & de A☉, à EY. Et tout cela estant rapporté bien iustement auec le compas, vous viendrez prendre la hauteur depuis la ligne droicte, sur quoy à esté fait l'hemicycle qui est B D E, de toutes les pieces des courbes, tant par la ligne de l'hemicycle de dessoubs que celle de dessus. Comme quoy, vous porterez la hauteur de ßF, à Vα: puis de BN, à xΣ. Semblablement vous rapporterez l'autre ioinct qui est de G M, comme auez faict cy-deuant, sçauoir est de εG, à πS: de ϖM, à TZ: apres vous prendrez l'autre hauteur de H L, & la raporterez a δφ. Vous pouuez le tout ainsi conduire, pourueu que les lignes soient bien equidistantes & paralleles à la ligne F B. Et par ainsi vous raporterez I K, au poinct Δ & Γ puis vous tirerez vn traict du poinct de Γ, à celuy de Δ, pour faire les commissures: & du poinct de ϕ, à celuy de δ, & de ϖ, à z: & de α à Σ. Apres cela vous regarderez les poincts x α ϖ ϕ Γ, & les chercherez auec le compas, & en prendrez trois poincts à la fois, comme de x α π, & ainsi des autres: & les ferez si dextrement, que tout ce puisse bien adoucir. Et plus vous ferez des lignes perpendiculaires sur la diagonale (comme celles qu'auez faict par cy-deuant) plus vous sera aisé à conduire vniment ladicte cherche r'alongee sans qu'il y ayt iarret. Chose semblable vous faut faire par le dessus pour trouuer les poincts ΥΣz δΔ & Λ. Et ainsi conuiendra tailler les pieces qu'il faudra pour faire la cherche r'alongee pour construire les crouppes de la sorte que se trouue ladicte cherche r'alongee, tant par ses commissures qu'autres. Et pour ce faire faut leuer les paneaux comme le premier, qui se monstre par XYαΣ. Et le deuxiesme, par αΣzϖ, & ainsi des autres. Par ces paneaux vous trasserez vos pieces pour les tailler, & par ce moyen ne sçauriez faillir que ne faisiez les combles des couuertures & crouppes bien vnies qui s'accommoderont de bonne grace comme il faut. Le tout se peut facilement voir par la figure suiuant.

Declaration de la figure fort particuliere.

Figure & desseing selon toutes ses parties & interpretatiôs.

Demonstration fort bien poursuiuie.

Comme se doiuent tailler les pieces pour la cherche r'alongee.

Combles de couuertures bien vnis

Fff ij

LIVRE X DES NOVVELLES

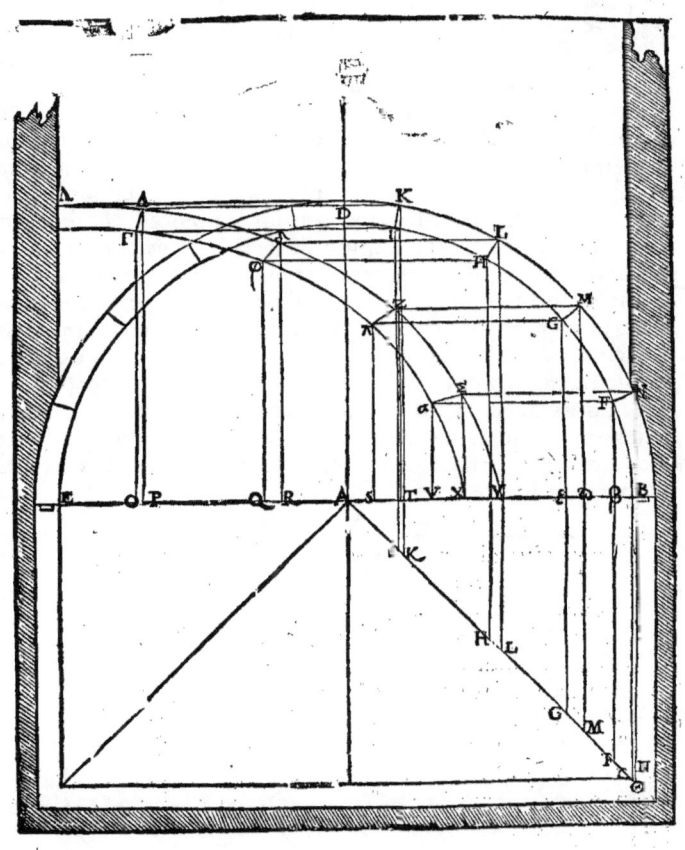

Maniere de trouuer les trois poincts perduz pous s'en aider à faire les cherches r'alongees.

CHAPITRE X.

Parautant

INVENTIONS POVR BIEN BASTIR. 289

AR AVTANT que c'eſt grande peine de trouuer les poinꜩ des cherches r'alongées, ie les veux icy monſtrer facilement. Il y faut doncques proceder comme quand on cherche les trois poinꜩ perdus, en ceſte maniere vous diſpoſerez trois poinꜩ comme pourroient eſtre A B C, en telle ſorte que vous voudrez, pourueu qu'ils ne ſoient en droiꜩe ligne. Puis prendrez vn compas, duquel vous mettrez vn des pieds ſur le poinꜩ A, & de l'autre vous ferez deux petites lignes, comme celles que vous voyez D F, remeſtant vne Iambe dudit compas ſur le poinꜩ B, & faiſant trois lignes comme celles de G H I. Cela faiꜩ, le remettrez ſur le poinꜩ C, & ferez encores deux autres lignes comme celle de K L, puis tirerez vne ligne des entrecouppemens, comme vous voyez des poinꜩ M N, & vne autre du poinꜩ O à P, & là où s'entrecoupperont leſdiꜩes lignes (verbigratia) à la marque Q, ſera le centre pour faire la circonference à trouuer les trois poinꜩ perdus. Mettant donc vn des pieds dudit compas audit centre marqué Q, & l'autre produiſant iuſques au poinꜩ de A faiſant vne circonference, il paſſera ſur les poinꜩ que vous cherchez A B C. Et ainſi vous faut il chercher ceux de la cherche r'alongee, comme pourrez mieux cognoiſtre par ceſte figure.

Façon & maniere de trouuer les trois poinꜩs perdus.

Enſeignement digne de noter tant à Architeꜩes, qu'à tous autres artiſans.

Familiere demonſtration.

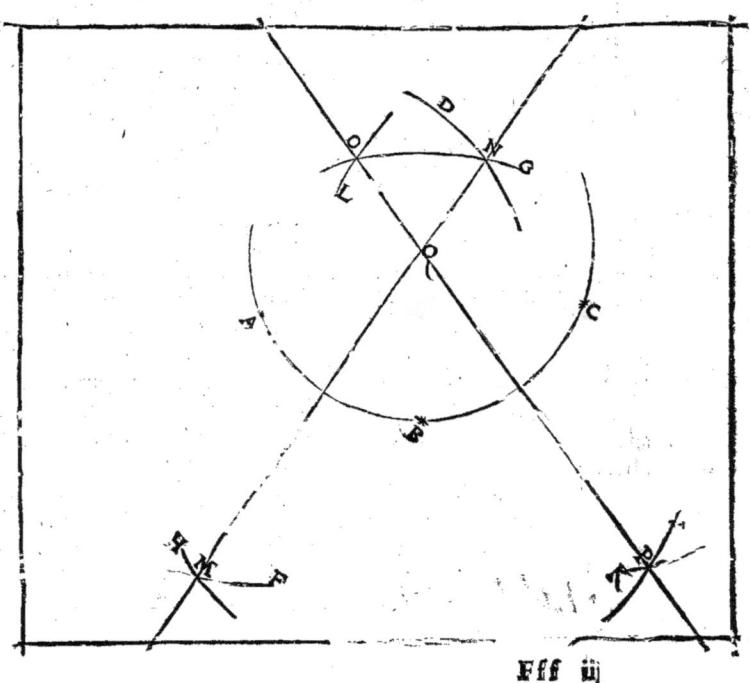

Fff iij

LIVRE X. DES NOVVELLES

La façon pour trouuer les Courbes & Cherches ralongées par autre stile & moyen.

CHAPITRE XI.

Autre façon de trouuer courbes & cherches r'alongées.

ELLES courbes & cherches ralongées se peuuent faire en autre sorte que n'auons dict, comme vous pouuez voir par la figure suiuante. Doncques apres que vous aurez faict le demy cercle ou hemicycle E C B, vous diuiserez la moitié du diametre qui est A B, en tant de parties egales que vous voudrez : pourueu que l'vne soit aussi large que l'autre : ainsi comme il se voit que ie les ay mises en huict parties. Puis vous tirerez à plomb & perpendiculairement lesdictes lignes, comme voyez D E F G H I K, iusques à ce qu'elles touchent le demy cercle B C, & qu'elles facent bien les angles droicts sur la ligne A B. Apres cela vous prendrez la longueur de la ligne diagonale A L, où il faut faire dessus la courbe & cherche r'alongée, pour ce qu'elle se trouue plus longue que la moitié du cercle qui est sur la ligne A B, comme auons dict cy deuant. En apres vous tirerez les lignes perpendiculaires de telle sorte qu'elles facent angle droict sur la ligne A L : & les diuiserez comme celles de dessus en parties egales sur ladicte ligne A L. Ausquelles vous r'apporterez toutes les hauteurs de celles qui sont au demy cercle, comme celles de A C, à

Continuation de la demonstratio & enseignement precedent.

celles de A M : & de N O, à X Y : & de P Q, à Z & : ainsi des autres. Et tant plus vous en ferez de parties comme de huit en faire seize, ou trente deux, plus vous sera aisé de faire ladicte cherche r'alongée, & en sera sa circoference plus adoucie. Apres auoir faict

Fort bon precepte & digne d'obseruation.

tout cela, vous regarderez les trois poincts M Y Z, & les trouuerez auec le compas, & ainsi des autres. Lesquels vous prendrez de trois poincts en trois poincts, iusques à ce qu'il soit faict comme ie vous ay monstré cy deuant. Et cela paracheué vous en ferez autant par le dessus au cercle signé ♪ pour trouuer l'espaisseur des courbes. En apres, vous ferez les ioincts ou commissures pour les assembler, venants du centre du compas quand il à faict sa circon-

Empeschements des lieux estre cause du changement de charpenterie & maçonnerie.

ference, & les diuiserez en telle longueur que vous aurez le bois propre, ou de telle sorte que les voudrez faire. Si vo' aymez mieux la façon que vous ay mis cy-deuant, vous le ferez : & ainsi toutes cherches ralongées que pourrez auoir affaire, trouuerez par ceste voye : si ce n'estoit que le lieu auquel vous bastirez fut biais ou rempant, ou bien subiect à quelque lucarne ou fenestre : car lors pourroit estre qu'il seroit plus difficile, & faudroit faire autrement Mais il se trouuera assez de gentils esprits qui y sçauront donner bon ordre : qui ne l'entendra, faut qu'il demande conseil. Ainsi
que les

INVENTIONS POVR BIEN BASTIR. 290

que les choses se presenteront, ie monstreray comme il les faudra faire, esperant que tous ouuriers, quelque peu d'esprit qu'ils ayent, m'entendront incontinent pour s'en bien sçauoir ayder. Apres doncques vous auoir monstré à faire vos courbes r'alongées, & le moyen de les bien conduire, reste cy-apres vous enseigner par exéple comme lon peut faire plusieurs sortes de combles & couuertures. Cy dessous vous voyez la figure declaratiue de ce que nous auons escrit au present chapitre.

preparatif pour le suiuant cha-pitre.

Exemple pris des Combles & Courbes ralongées appliquées aux Croupes des pauillions qui sont sur la chappelle & escalier du chasteau de la Muette de sainct Germain en Laye.

CHAPITRE XII.

Fff iiij

LIVRE X. DES NOVVELLES

FIN que lon cognoisse mieux comme il faut mettre en œuure les courbes & cherches r'alongées, i'ay mis par exemple les figure suiuantes, par lesquelles vous verrez comme sont appliquées les courbes r'alongées aux combles & couuertures des crouppes des pauillons que i'ay faict faire, entre autres au chasteau de la Muette de sainct Germain en Laye, au pauillion de l'escalier & celuy de la chappelle. Vous voyez comme lesdictes courbes marquées A B, se trouuent r'alongées, & ayants plus de peine & charges en œuure que toutes les autres, pour plusieurs autres courbes qui s'y vont assembler, comme celles de C D F: qui ne sont sur les angles, comme celles que i'ay dict cy deuant, qui se fondent sur le coin d'vne place quarrée par le bout d'vn corps d'hostel, mais celles icy sont en œuure sur le plan, comme la moitié d'vn octogone, que les ouuriers appellent vulgairement, à pan couppé, combien que le pan ou face du milieu soit plus grand que celuy des costez. Mais quelques crouppes que ce soient, elles se font de mesme raison comme i'ay declaré cy-deuant. Car en prenant toutes les hauteurs des commissures, & trouuant les lignes perpendiculaires dessus la diagonale du pan de l'œuure, sera tousiours facile la cognoissance de les faire. Ce que pouuez voir par la montée de la crouppe de charpenterie aux deux figures cy-apres descriptes. Cela faict, il est tres facile de iuger & cognoistre comme telles choses sont mises aux angles, ainsi que i'ay dict cy-deuant. Et me semble que cecy suffit quant aux cherches r'alongées, sans plus longue escripture, laquelle ne seruiroit que pour donner peine aux bons entendements, & aussi qu'il y a plusieurs gentils esprits qui en pourront faire à leur fantaisie, & trouuer parauenture autres inuentions, dont i'en seray tres-aise. Et croy qu'ils diront que ie les auray aduisez de telle façon, de laquelle ils pourront bien faire leur profit.

Pratique & exēple du precedent chapitre

Enseignemēts de prendre toutes sortes de crouppes.

Prolixité engendre ennuy.

Faut cognoistre ceux de qui on apprend.

Pour

INVENTIONS POVR BIEN BASTIR.

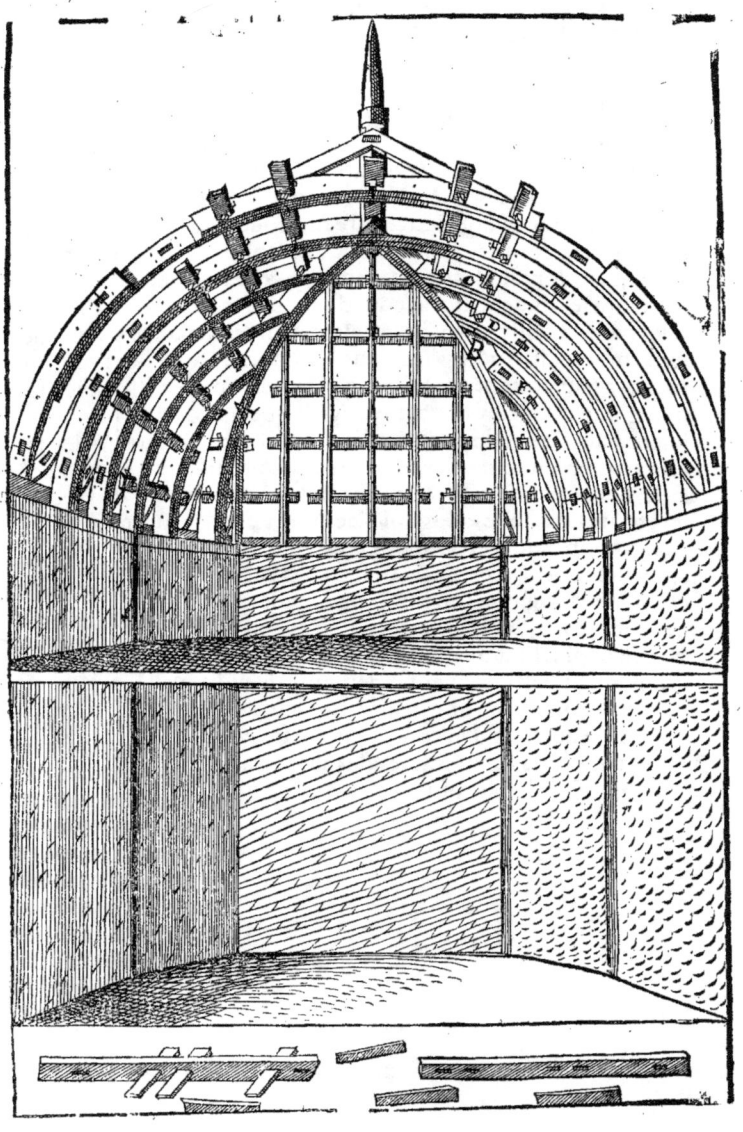

LIVRE X DES NOVVELLES

Aduertissemēt & enseignement digne de noter.

OVR ne rien oublier à vous dire, ie vous veux aduertir que quand vous faictes ainsi la charpenterie où se trouuent telles crouppes ou cherches r'alongees il faut mettre au plus haut de la crouppe vne piece de bois de trois ou quatre pieds de longueur, & de six, sept, ou huict pouces de grosseur, taillee à pan, ou ainsi que verrez qu'aurez affaire: & quelle soit entaillee au bout par le milieu aussi profond que la courbe marquee B, est large. Et à la moitié de ladicte piece, qui est du costé de la crouppe, vous ferez plusieurs mortaises pour y assembler toutes les courbes r'alongees, & autre comme vous voyez à l'endroit de C. Ce qui vous sera facile à cognoistre par la figure cy apres mise. Et le surplus de telle piece de bois marquees F, seruira à faire vn poinçon pour mettre au plus haut vne baniere, vase, ou telle decoration que lon voudra. Aussi cela sert pour y assembler les coiaux marquez G, pour faire la pente & vidange des eaux, & assembler les faistes ou soubfaistes, comme vous voyez à la mortaise marquée I, pour continuer la charpenterie de la longueur du bastiment qu'aurez à faire. Et le pourrez mieux cognoistre par la suiuante figure.

Vsage des poinçons que lon met au plus haut des bastiments. Pour la vidange des eaux.

Pour

INVENTIONS POVR BIEN BASTIR. 90

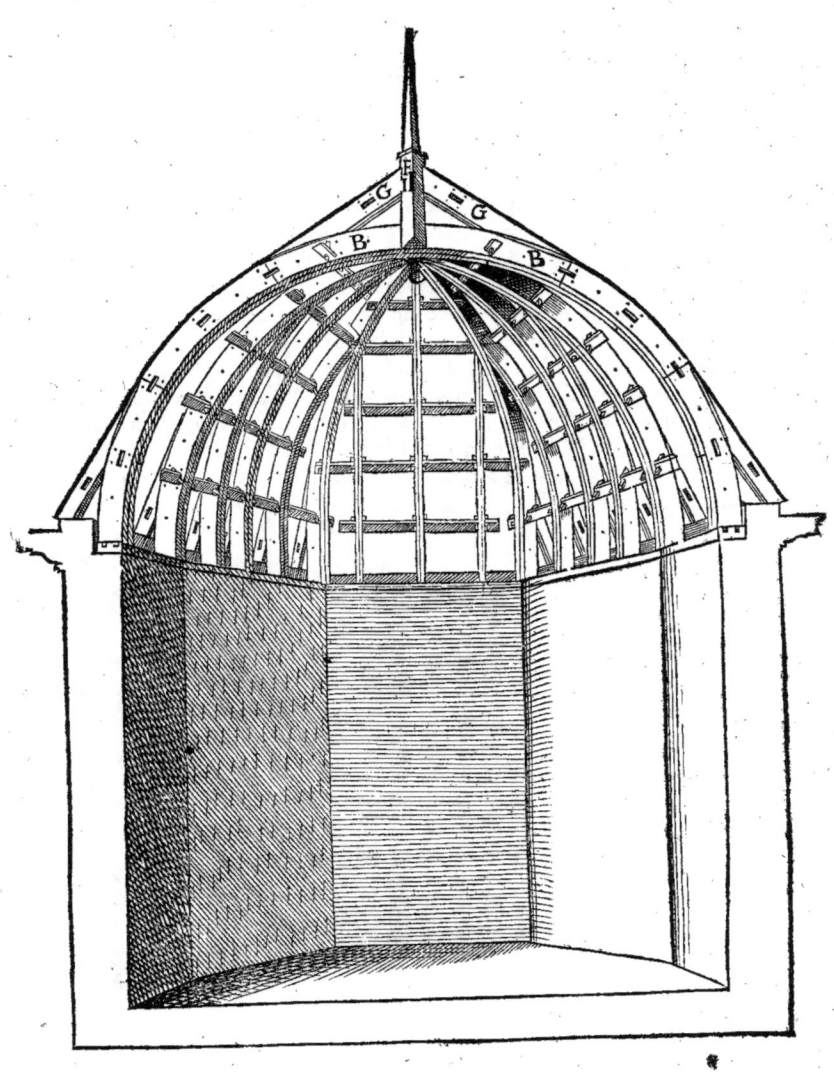

LIVRE X. DES NOVVELLES

Pour cognoiſtre plus facilement comme les pieces des Courbes ſe
doiuent aſſembler auec les Clefs, Liernes, & Coiaux
qui ſont ſur les entablemens des murs.

CHAPITRE XIII.

Pour la groſſeur & largeur des courbes.

'AY voulu repreſenter à la figure ſuiuante les pieces à faire les courbes de plus grand volume que celles qui ſont par cy-deuant : à fin que plus facilement lon puiſſe entendre tant leur groſſeur & largeur, que leur aſſemblage auec les liernes & façons de coiaux que lon met ſur les murs, pour mieux faire eſcouler la vuidange des eaux, ſans qu'elle puiſſe rien gaſter, ne pourrir leſdicts murs. Combien que i'aye parlé quaſi de choſe ſemblable parcy deuant, mais elle m'a ſemblé n'eſtre aſſez intelligible, & auſſi que lon n'y voit pas la forme deſdicts coiaux. Et pour la bien entendre, eſtimez que la muraille marquées K, ſoit de deux pieds & neuf pouces de large, comme il eſt eſcript : dont vous en prenez treze pouces pour mettre la platte-forme de la charpenterie, comme ſe voit ſigné L. Le reſte de la muraille eſt d'vn pied & ſix pouces, comme ſe voit eſcript. Et ſur la platte-forme de la charpenterie marquée N, qui eſt plus baſſe que l'entablement de la muraille marquée M, le premier aix ou la premier piece, aura trois pieds de longueur, ou deux ſi vous voulez (en cela il n'y a point de ſubiection, car ſera ſelon la commodité du bois que vous aurez) & vn pied de largeur : & ſi voulez le deſſous ſera tout droit, ſans l'arrondir ne cintrer. Ce qu'n'eſt point de beſoing, ſi vous ne voulez faire voſtre couuerture pour y faire lambris, & vous en ſeruir de chambre, ainſi que pouuez voir N O. Apres vous mettrez l'autre piece enſuiuant, qui eſt O P, & doit eſtre deux fois plus longue que celles de O N, & ainſi des autres, comme vous auez veu par cy-deuant. Les coiaux marquez Q, ſont aſſemblez auec telles pieces comme vous voyez par ce protraict : & ſuffit qu'ils ſoient de ſept ou huit pouces de large. mais faut qu'ils ſoient tous de meſme eſpoiſſeur que les pieces dequoy ſont faictes les courbes à fin que les clefs qui paſſent à trauers les liernes les puiſſent mieux ſerrer & ioindre enſemble. Et tels coiaux auront leur longueur ſi à propos, & leurs liaiſons ſi bien faictes, que les commiſſures & aſſemblages, ne ſeront point l'vn endroict de l'autre : & ſi ſeront leſdicts coiaux aſſiz ſur la muraille auec vne petite retenuë faicte en l'entablement, qui donnera vne grande force à l'œuure. Comme pouuez voir au lieu marqué R. Et au plus haut, contre les courbes, vne autre retenuë marquée S. Et cela ſert encores à entretenir la charpenterie, & à

Declaration & demonſtration de la figure enſuiuante.

Applicatiõ des coiaux & leur nature.

Continuation des parties de la figure.

luy

INVENTIONS POVR BIEN BASTIR. 291

luy donner plus de force. Par le milieu des coiaux vous y metterez
vn court de liernes qui soit au droict de ceux des Courbes, à fin
qu'vne mesme clef puisse seruir & serrer les deux ensemble: &
tiendra lesdicts coiaux si estroictement, qu'ils ne pourront aller
ny çà ny là, comme pouuez voir aux lettres V & T. Et quant aux *Quelles doiuent*
grosseurs des liernes, elles se font tousiours selon la grandeur de *estre les grosseurs*
l'œuure, & en proportion de la grandeur des pieces des courbes. *des liernes.*
Et faut qu'elles ayent quatre pouces de largeur, & vn pouce &
demy d'espoisseur : & les clefs vn pouce & demy de grosseur, &
de largeur, trois pouces. La longeur sera tousiours autant qu'est
la largeur des pieces des courbes. Au droict de coiaux, aux lieux
marquez V, faut que lesdictes clefs soient mises bien au droict des *Choses dignes de*
commissures & ioincts d'assemblage, & de force à coups de mar- *noter.*
teau, à fin que les pieces des courbes ne se puissent ietter, & mettre hors leur lieu. Comme pourrez mieux cognoistre par la presente figure,

LIVRE X DES NOVVELLES

Comme faut faire les pieces des Courbes & assemblage quand on veut eaifier vn Comble de grande largeur, comme celuy de la Muette de sainct Germain en Laye, ou plus large.

CHAPITRE XIIII.

Pour faire vn comble de grandissime largeur par le moyen de ceste inuention.

SI vous voulez faire vn comble de grande largeur, comme celuy du milieu du chasteau de la Muette que i'ay faict faire, qui a enuiron dix toises de large dans œuure, ou plus: ou bien vn plus grand de 15, de 20, de 30, ou de 50, toise de large: il se peut faire, Mais il ne se faut côtenter d'vne seule lierne par le milieu, comme à ceux que i'ay descrit cy deuant, ains la faut mettre double, & qu'elle soit entaillée d'vn demy pouce, & la courbe autant par son extremité, au droict des ioincts ou commissures, de sorte qu'ils entrent l'vn dans l'autre. Comme pourrez cognoi-

Declaration de la figure.

stre à la figure cy-apres au lieu marqué A B. Et entre iceux vous mettrez autres cours de lierne par le milieu des courbes, comme ceux que i'ay descript par cy-deuant, ainsi que vous pourrez voir en ladicte figure au lieu marqué C. Ils tiendront les coiaux dessus

Enseignement pour grandes couuertures.

les murs, à telle raison, que ceux qu'auons descripts cy deuant. Et ainsi que vous aurez à faire de plus grandes couuertures, il vous faut tenir vos bois de plus grande grosseur & plus grande largeur, cōme de 15 pouces ou 18: Et à ces grandes pieces ie voudrois que les doubles liernes, comme celles que voyez marquées A B, fussent à trauers les courbes & passasēt par vne mortaise, ainsi que celles qui sont marquées C, pource que i'ay cogneu par experience, qu'elles

Pour couuertures & combles des maisons ordinaires.

seroient trop plus fortes que d'estre aux extremitez comme sont celles de AB. Mais pour les couuertures & combles des pauillős, & maisons que lon faict ordinairerement, qui ont enuiron quatre toise de largeur dans œuure, il suffit que les aix à faire les courbes, ayēt vn pouce de grosseur & quatre pieds de longueur. Et aux corps d'hostels qui auront six toises de largeur, faut que lesdictes pieces à faire les courbes, ayent vn pouce & demy d'espoisseur. Derechef à ceux

Largeurs & longueurs des pieces à faire courbes.

qui auront de largeur 10. toises, les faut de deux pouces: à ceux de 15. deux pouces & demy. Et aux bastimens qui auront 18. toises de largeur, les pieces aurōt 3. pouces d'espoisseur. Quant aux largeurs desdicts aix, vous les donnerez selon l'edifice qu'aurez à faire. Aux longueurs ie ne vous propose point de mesure, sinon que plus courtes vous ferez vos pieces, plus l'œuure sera forte: le tout gist au iugement du conducteur, & à la nature du bois dont il s'aidera, & à la grādeur de l'œuure. Aussi par mesmes moyē il fera les liernes & clefs en grosseur & largeur, selon l'entreprise des œuures qu'il faict. Le

principal

INVENTIONS POVR BIEN BASTIR.

principal est de cognoistre la nature du bois. Le Sapin, le Chesne, le Charme, le Peuple, l'Arable, l'Aune, le Noïer, l'Oliuier sauuage & domestique, le Chastaignier, y sont tous bons, comme nous auons dict au commencement du present liure: voire les Saux, en necessité & faute d'autre bois. Bref selon la nature des bois faut faire l'espoisseur des aix à faire les courbes & leurs longueurs & largeurs, comme ie vous ay dict cy dessus. Vous n'y sçauriez faillir, pourueu que vous teniez vos pieces les plus courtes que pourrez; signamment au bois lequel cognoistrez estre plus fragile & frangible. Le tout pouuez voir & iuger par la figure qui s'ensuit.

Aduertissement digne de noter.

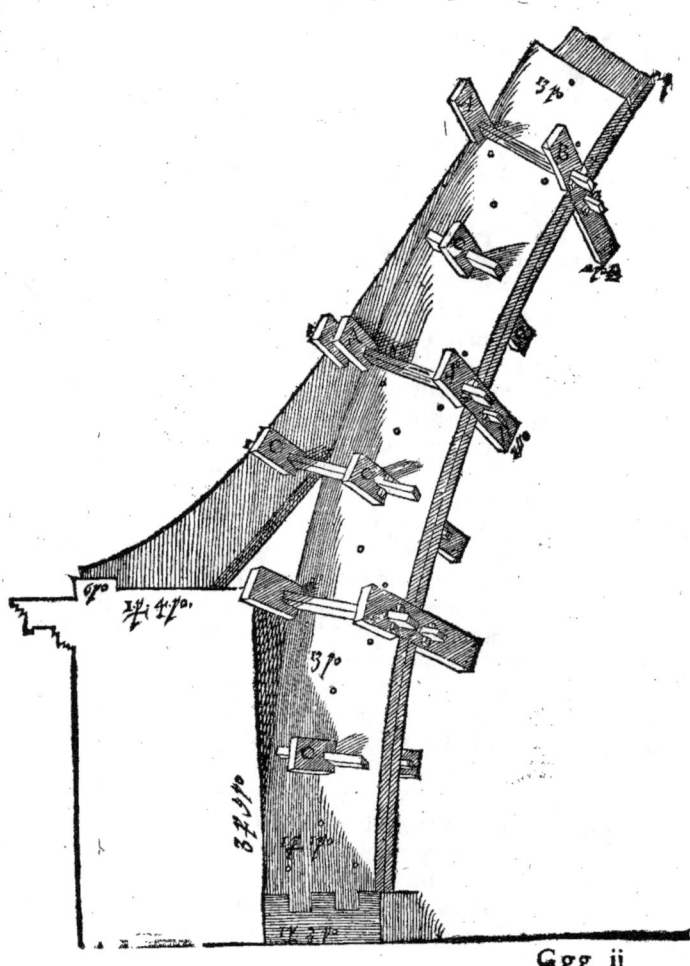

Ggg ij

LIVRE X. DES NOVVELLES

Grand comble du chasteau de la Muette.

ET pour mieux entendre telle matiere, i'ay encores voulu faire la figure cy-apres proposée: qui est la sorte comme le grand comble du chasteau de la Muette est faict, dont vous ay parlé cy-deuant, qui a dix toise de l'arge dans œuure: & semblera que ce soit vne redite, mais il vient à propos pour en auoir mieux l'intelligence. Aussi ie veux monstrer comme au dessus de telle couuerture, & par le milieu au plus haut y a vne terrasse en façon de galerie auec ses appuis: dont en voyez la moitié à ce

Vsage de la terrasse de la Muette.

deseing au lieu marqué B, pour voir la forest & la chasse: duquel lieu se prend grand plaisir à voir courir le cerf, & entendre l'abboy des chiens. Tel assemblage de charpenterie s'est faict à double lierne dessus & dessoubs, entaillé dans les pieces qui font les courbes: comme se peut voir en celle cy, que i'ay figuré plus grandes, à fin qu'on les puisse mieux conceuoir aux lieux marquez S, & aux liernes marquées T. Ie n'ay regardé de les faire d'vne mesme grandeur, pour estre conuenable que telle grosseur de lierne, que i'ay figuré, sceust seruir aux courbes: ie tend seulement à faire intelligible l'œuure à chacun. Quand les liernes sont en taillez par

Grande vertu, se pouuoir rendre intelligible.

la moitié, & les courbes aussi, ainsi que voyez au lieu marqué S, ils se mettent si dextrement l'vn d'ans l'autre, qu'ils ne peuuent aller ny çà ny là, ne hausser ny abbaisser, pourueu que les espaules tiennent bien, & qu'ils ne viennent faute du fondement ny des murs qui les portent. Et les clefs, & doubles clefs, mises aux liernes par les deux bouts, se tiennent si fortes ainsi assemblées que rien plus, comme ie vous en laisse à iuger, & le pouuez voir à l'endroit de la figure cy dessoubs, où est marqué D. Et encores entre telles doubles liernes il s'en met d'autres comme aux combles communs

Force inestimable des combles de ceste nouuelle Inuention.

ainsi que les voyez aux lieux marquez V, à l'endroit des mortaises, comme auez entendu par cy deuant. Et me semble que c'est chose si forte, que non seulement elle, est suffisante pour porter ardoise, mais pour estre couuerte de pierre de taille, ou de grosse maçonnerie, qui voudra. Et pourueu que les murailles soient bonnes, & l'espoisseur suffisante pour faire espaulettes, qui les retiennent bien par les costez, vous pouuez faire telle façon de charpenterie, plate-forme au plus haut des couuertures, ou au niueau de la hauteur de la maçonnerie de telles tours que voudrez, soient rondes ou quarrées. Et se pourra aussi faire façon de trasse pour y tirer l'artil-

Plates formes rondes ou quarrees. Commencements en toutes choses difficiles.

lerie. Ce que tous bons esprits peuuent bien considerer. Et si l'arouis à faire choses semblables que i'ay faict faire à ladicte Muette, elles se pourroient encores trop mieux conduire qu'il n'a esté faict: par ce que les ouuriers, pour n'en auoir iamais ouy parler, aussi qu'ils faisoient grand doute que telle façon fust bonne, ne m'ont si bien

Experience maistresse des choses.

seruy, ne si bien taillé le bois, comme ie desirois: ce qu'ils feroient à ceste heure trop mieux, pour l'experience qu'ils en ont veuë.

Comme

INVENTIONS POVR BIEN BASTIR.

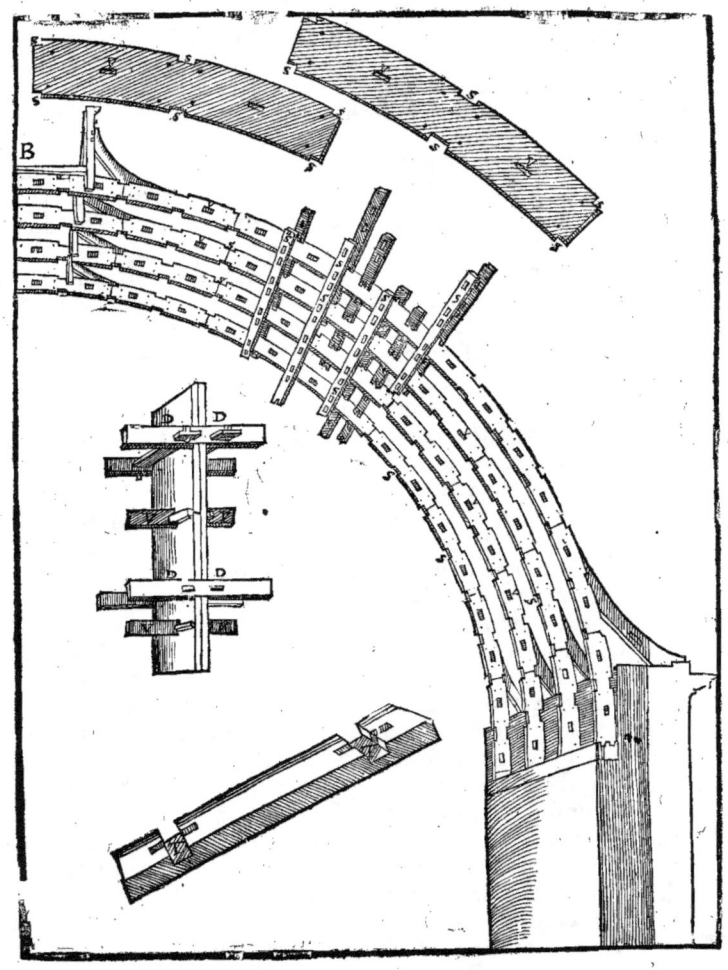

Ggg iij

LIVRE X. DES NOVVELLES

Comme l'on peut faire couuertures de diuerses momtees, tant de l'hemicycle que du tiers poinct, & autres. Et sera aussi facile d'y mettre tuille ou ardoise, qu'à celles qu'on a acoustumé de faire, laquelle s'assemblera & ioindra autant bi'n que toutes autres que l'on sçauroit faire.

CHAPITRE XV.

Faute d'aucuns voulans entreprendre ceste nouuelle Inuention.

E vous veux encores aduertir, que ie sçay qu'aucuns se trompent faisans couuertures par ceste nouuelle Inuention, mesmes aux logis qui n'ont grande largeur. De laquelle la charpenterie, pour estre ronde tant par dessus que par dessoubs, quand ils la veullent couurir de tuille ou d'ardoise qui est longue, ne se peut ioindre & bien coucher, ains entrebaille, faisant ouuerture par le dessous, dont est facile que le vent y porte pluie ou neige, qui est la cause qu'aucuns ont voulu mespriser

Responce à aucuns voulans mespriser ceste nouuelle Inuention.

telle Inuention: mais en cela y a plusieurs remedes. Car le dessus de tels petits combles se peut faire quasi droict: de sorte que la tuille ou ardoise se couchera si bien, & ioindra tellement, que le vent n'y pourra faire offense. Et aussi, qui voudroit vser d'espargne, faudroit faire seruir toutes les pieces d'ardoise qui sont rompües, voire quand elles n'auroient que la moitié de longueur, car elles seront fort bonnes pour cela. Quant à la tuille la petite y sera fort propre, iaçoit qu'elle ne soit la meilleure. Seroit toutefois le plus expedient, en faire mouler expressément. Et qui ne se voudra mettre en peine de ce, faudroit commander faire les charpenteries comme vous voirrez à la figure cy-apres laquelle comprend & monstre trois façons d'y proceder. Ausquelles vous pour-

Bon conseil & digne de noter à bons esprits & ingenieux.

rez seruir de tuille & d'ardoise des longueurs accoustumees, sans qu'elle entrebaille ou fasse ouuerture par le dessous. Et seront lesdictes couuertures aussi droictes que celles qu'on faict à present. Qui voudra ne faut que tirer la montee au lieu d'vn hemicycle ou demy rond, & la faire en tiers poinct ainsi que vous voyez les formes des vitres aux Eglises modernes. Comme quoy, au lieu que l'hemicycle se prend d'vn centre, ces façons icy se prennent de deux: ainsi que pouuez cognoistre par la figure ensuiuante, en laquelle le lieu marqué C de toute sa largeur, se diuise en trois parties egales, desquelles faut prendre les deux, & mettre la poincte du compas sur vn des centres, & l'autre sur l'extremité de la largeur, & en faire la circonference. Apres vous remuerez ledict

compas

INVENTIONS POVR BIEN BASTIR.

compas & le mettrez en l'autre centre, & en ferez autant pour *Vsage du compas en ceste Inuention.* l'autre cofté, & verrez la montee qui se fera beaucoup plus haute que le demy rond. Mais il faudroit auoir deux centres (ainsi que nous auons dict) pour changer la poincte dudict cōpas à faire telle circonference des deux costez, comme vous voyez en ladicte figure suiuante. Si voulez les couuertures plus hautes, & que le *Pour toutes sortes de couuertures.* comble soit plus droict, il ne faut que diuiser la largeur de l'œuure en quatre pars, & en prendre les trois pour tirer la montee, comme voyez à la marque D. Ou si vous voulez encores faire vostre œuure d'aussi grande hauteur, comme ont de coustume aucuns *Dexterité de conduire le compas en ceste Inuention.* charpentiers, ainsi le pouuez faire. Faut prendre auec le compas la largeur de tout le bastiment, comme vous verrez par la marque E, en ladicte figure, & mettre vne poincte d'iceluy au lieu de H, & l'estendre iusques au poinct de G, & faire la circonference iusques au poinct F, qui est le plus haut du comble, puis remuer le compas & faire autant de l'autre costé de H à F, & vous verrez la forme d'vne haute couuerture, qui est aussi large que haute par ses courbes: & seroit vn triangle équilateral, qui le voudroit tirer à ligne droicte par les costez. Et pour prendre les largeurs des courbes faudroit mettre le compas sur A & B, & faire comme *Tous lieux ne sont propres pour ceste nouuelle Inuention.* deuant. Sur toutes ces sortes de comble, la tuille & ardoise y seruiront, & se coucheront aussi bien que sur ceux qu'on à accoustumé de faire. Il sera bon d'en vser en aucuns lieux, & d'autres non, selon les vents & autres suiections lesquelles y peuuent estre. Si voulez vous ne laisserez à mettre par le dessoubs vn hemicycle, soit pour seruir de lambris ou pour faire chambres, ou pour garder qu'il n'y ayt si grande chaleur ou froidure. Ainsi que pouuez cognoistre en la presente figure à l'endroict marqué K, & de tout auoir meilleur iugement.

Ggg iiij

LIVRE X DES NOVVELLES

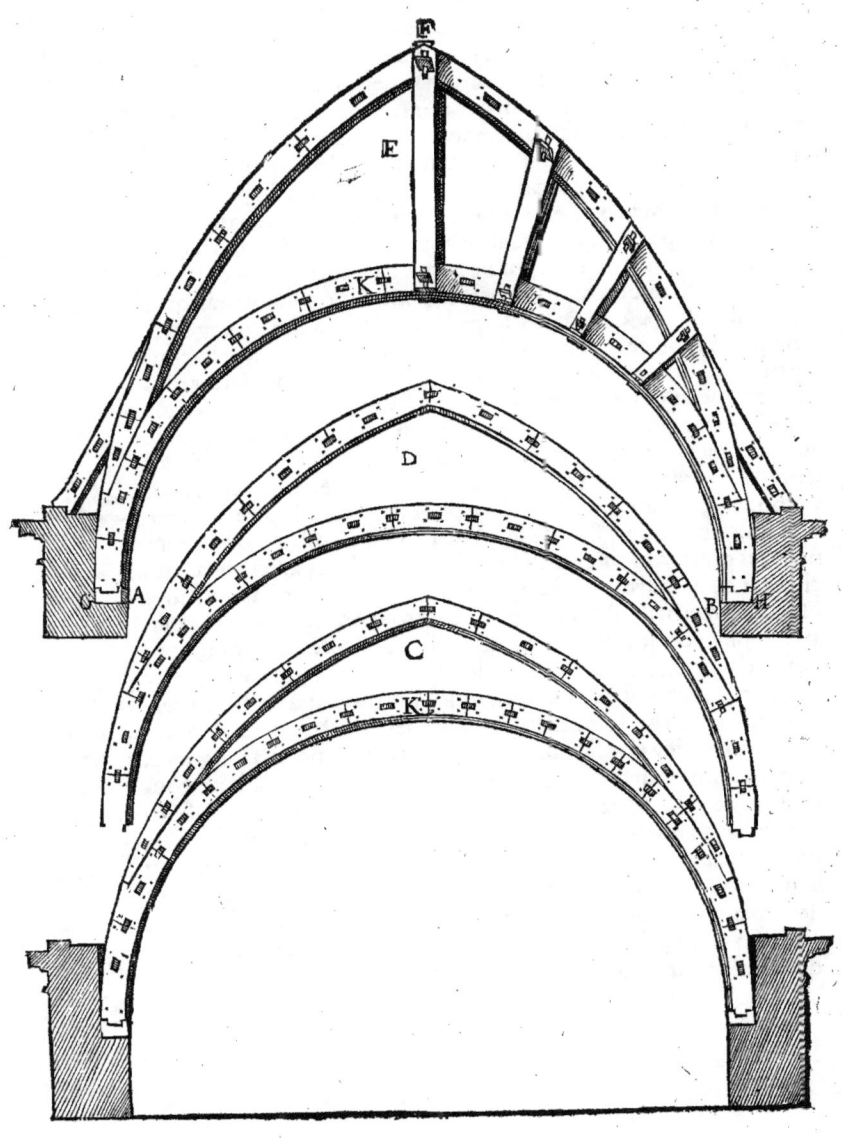

ſay

INVENTIONS POVR BIEN BASTIR.

'AY sur ce propos icy descrit vne autre figure auecques quatre rancs de courbes, à fin que vous ayez meilleur iugement comme telle couuerture de nostre presente Inuention se peut faire si droicte que lon veut. Les coiaux qui sont sur l'entablement des murs, assemblez auec les courbes monstrent qu'il est facile faire l'œuure de telle hauteur & roideur que voudrez. En laquelle vous ne sçauriez mettre ardoise ou tuille, qui ne se couche autant bien qu'il est possible, sans aucun entrebaillement ou ouuerture par le dessous. Qui se voudroit ayder de telles façons ainsi hautes seroit fort à propos de faire vn hemicycle par dessous, ou vn arc soubaissé en anse de panier, pour y pouuoir pratiquer vn dernier estage qu'aucuns appellent galetas à fin d'y loger & tenir meuble ou ce qu'on voudroit. Il se trouueroit entre la couuerture & l'hemicycle signé K, ou l'anse de panier, qui seroit plus à propos pour ce faire comme i'ay dict. Vous y pourrez cognoistre & remarquer vn lieu ample & spacieux pour en tirer grande aisance: par le dessous au commencement des courbes, dessus leur plate-forme, entre icelles, faisāt les lambris de menuiserie, vous y trouuerez commodement place pour faire des armoires de toute la longueur de vostre edifice par les deux costez, qui seront propres pour y tenir confitures, eaux distillées, papier ou autres choses: & viendront fort à propos pour s'en seruir à tenir liures & y faire vne belle Bibliotheque. On trouuera encores cela plus aisé & plus commode, par ce que telles armoires ne donneront point d'empeschement dedans le logis, soit que vous en seruiez pour salle, chambre, Bibliotheque, ou thresor à tenir tiltres, pour estre ainsi sur la muraille, & entre les courbes de la couuerture. Ie pense icy vne façon que ie ne puis escrire pour la longueur, c'est que lon pourroit accommoder le lieu en faisant ladicte couuerture de telle sorte, qu'on y pourroit tenir quelque chose en secret, sans auoir crainte du feu, quand bien on le mettroit à la couuerture. Vous pouuez cognoistre par la figure cy-apres, au lieu marqué B, où ie voudrois faire telles armoires qui auroient deux pieds de largeur: la hauteur seroit de l'entablemēt des murs. Vous les ferez plus spacieuses si vous voulez. Ce sera selon la grandeur de l'œuure que vous entreprendrez.

Pour faire couuertures de ceste Inuention tant hautes & droictes que lon voudra.

Pour vn dernier estage ou galetas, comme lon dict.

Place pour faire armoires de grande lōgueur.

Infinis commoditez & aisances de ceste Inuention.

Lieu fort commode & propre.

LIVRE X. DES NOVVELLES

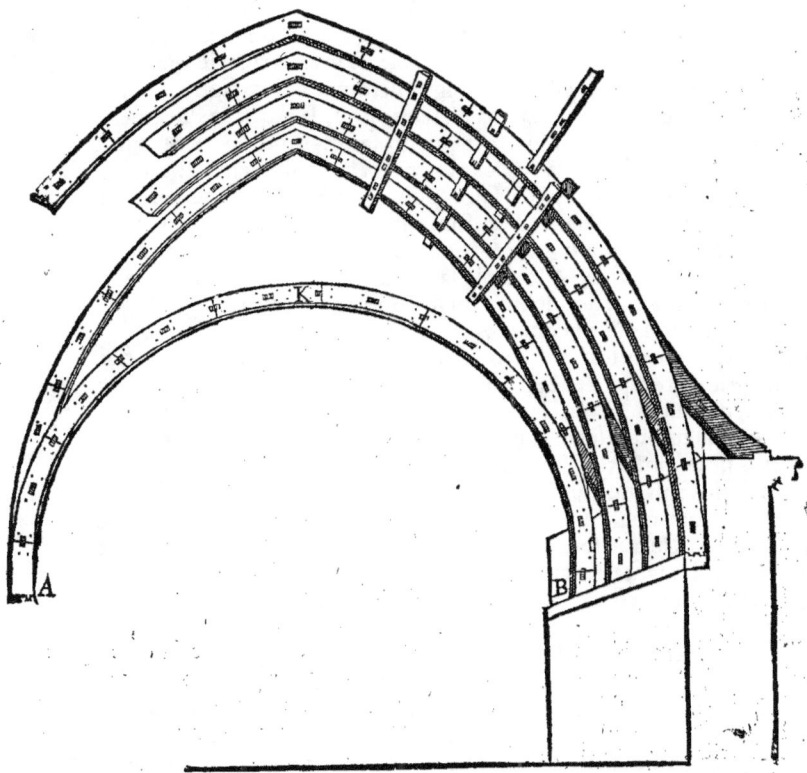

Comme l'on peut faire vn double plancher en anse de panier dessoubs les combles, quand les couuertures se trouuent trop hautes, pour mieux s'en seruir de chambres, salles, ou ce qu'on voudra.

CHAPITRE XVI.

Pour faire vn plancher en anse de panier soubs le comble.

ENCORES vous ay-ie figuré cy-après vne autre façon de couuerture, où vous pouuez faire par dessoubs le comble vn plancher en anse de panier, comme vous voyez à la figure suiuante, à la marque A: à fin que s'il se trouue que la montée de la chambre ou salle que voudrez faire, ne fust si haute que le lambris qui seroit à la couuerture, vous luy puissiez donner la hauteur que ses mesures requerront par le moyen de telle anse de panier, que vous
hausserez

INVENTIONS POVR BIEN BASTIR. 296

hausserez & abbaisserez comme il vous plaira. Et viendra de la naissance des courbes de la couuerture & sur vne mesme plate-forme faicte par liaisons & ligatures ensemble, comme tel cas le requiert ainsi que pourrez facilement cognoistre par ladicte figure. Telle façon de faire se trouuera fort plaisante pour la clarté des lucarnes, qui donneront iour plus facilement dans les planchers & lambris. Ce que i'ay veu par experience en choses semblables à la charpenterie que i'ay fait faire pour Madame la Duchesse de Valentinois à son chasteau de Limours, en vne salle qui a quatorze toises de longueur sur trente vn pied de largeur: qui est vne chose fort belle à voir & fort plaisante. Iaçoit que les ouuriers, pour estre chose à eux nouuelle & qu'ils n'auoient accoustumé de faire, n'ont si bien faict en certaines choses comme i'eusse bien voulu. Mais quoy que soit, c'est vn œuure qui se monstre tres-belle & qui dure long temps si elle est entretenuë: ie dy tant que les murailles sont murailles. Et qui l'eust voulu faire ainsi que l'on a accoustumé, il eust fallu leuer les murailles plus hautes & trouuer de grādes poutres pour y mettre. Et ne faut oublier que le côble qui eust esté par le dessus eust monté si haut, qu'il eust rendu la court de tout le chateau melancholique, pour luy oster le iour de tout le deuant du logis. Ce que l'on ne voit estant faict de telle sorte qu'il est. Et non seulement il se rend plaisant par le dedans de la salle, mais aussi par le dehors est tres-aggreable & beau à voir. Ie diray encores vn mot sur cecy pour monstrer le profit & bon mesnage qu'on peut faire par ceste nouuelle Inuention. Toute la charpenterie & couuerture de telle salle estoit faicte & taillée à poinct de poser & mettre en œuure, & coustoit trois mille tant de liures. Considerant donc les grandes poutres de bois qui chargent si fort les murailles, & la largeur qui estoit excessiue, sçauoir est de trente vn pied dans œuure, ie cogneus que cela ne pouuoit demourer long temps sans s'affaisser, & aussi que telle hauteur osteroit la beauté du deuant du chasteau, & rendroit la court mal plaisante, comme i'ay dict. Parquoy ie fis prendre la quarte partie de telle charpenterie du plus petit bois, & le fis mettre en piece & en aix. De sorte que donnant six cents francs à vn charpentier, il refit telle charpenterie selon nostre inuention nouuelle. Et fut le tout si bien cōduict, que ce qui coustoit trois mil francs, tant bois que façon, n'est reuenu à mil. Doncques qui sçaura bien conduire & entendre le mesnage de nostre inuention, & aymera son maistre, il luy rendra vn tres-grand profit & plaisir.

Comme se doit pratiquer l'anse de panier en ceste Inuention.

Chasteau de Limours & sa salle.

Empeschement deuenu chose dōmageable à vn logis.

Grande espargne & profit venant de la presente Inuention nouuelle.

Cecy doiuent noter les riches & espargnans.

LIVRE X DES NOVVELLES

*Comme l'on peut faire les couuertures droictes par le dessus, sans y auoir
rondeur, auec plusieurs petits bords de plomberies
qui donneront fort bonne grace*

CHAPI-

INVENTIONS POVR BIEN BASTIR
CHAPITRE XVII.

VOVS pouuez faire encores vos couuerture droictes par le deſſus, autant que porteront de longueur vos pieces dequoy ſont faictes les courbes, ſoient de trois, de quatre & ſix pieds, comme elles ſe trouueront, pour plus facilement coucher l'ardoiſe ou tuille. Au droict des commiſſures & aſſemblage des pieces marquees D, par-autant qu'il s'y faict vn petit angle obtus, la tuille & l'ardoiſe ne ſe pourront aiſément coucher. Parquoy en ce lieu là faudroit mettre vne petite bande de plomb de quatre ou ſix pouces de large, & cela regnant tout autour, donne vne fort bonne grace & beauté. Comme il ſe peut voir aux deux derniers pauillons de la Muette de ſainct Germain en Laye, qu'ay faict faire ſur les angles du coſté de la Routte en venant de ſainct Germain à ladicte Muette. Et s'y feuſt encores mieux monſtré le tout, ſi les pieces deſquelles ſont faictes les courbes, euſſent eſté plus petites. Ie m'apperçois de iour en iour eſtre pour le mieux de ne les faire gueres longues, ainſi que l'ay dict cy deuant. Et telle façon que celle cy eſt plus conuenable aux couuertures qui ont peu de largeur: pource qu'aux petites rondeurs & circonference, l'ardoiſe ou tuille ne ſe couche ſi bien comme aux grands edifices, qui pour eſtre fort larges la circonference eſt ſi grande aux combles, que la longueur de l'ardoiſe ou tuille, ne ſe cognoiſt auoir rondeur pour le peu d'eſpaſe qu'elle tient: & s'y accommode ſi bien, que ſi le comble eſtoit droict comme l'on a accouſtumé de faire, elle n'y ſçauroit eſtre mieux.

Couuertures droictes par le deſſus.

Petites bandes de plomb donnent fort bonne grace aux couuertures de ceſte inuention.

Obſeruation de l'Autheur.

Choſe digne de noter pour les couuertures.

Hhh

LIVRE X DES NOVVELLES

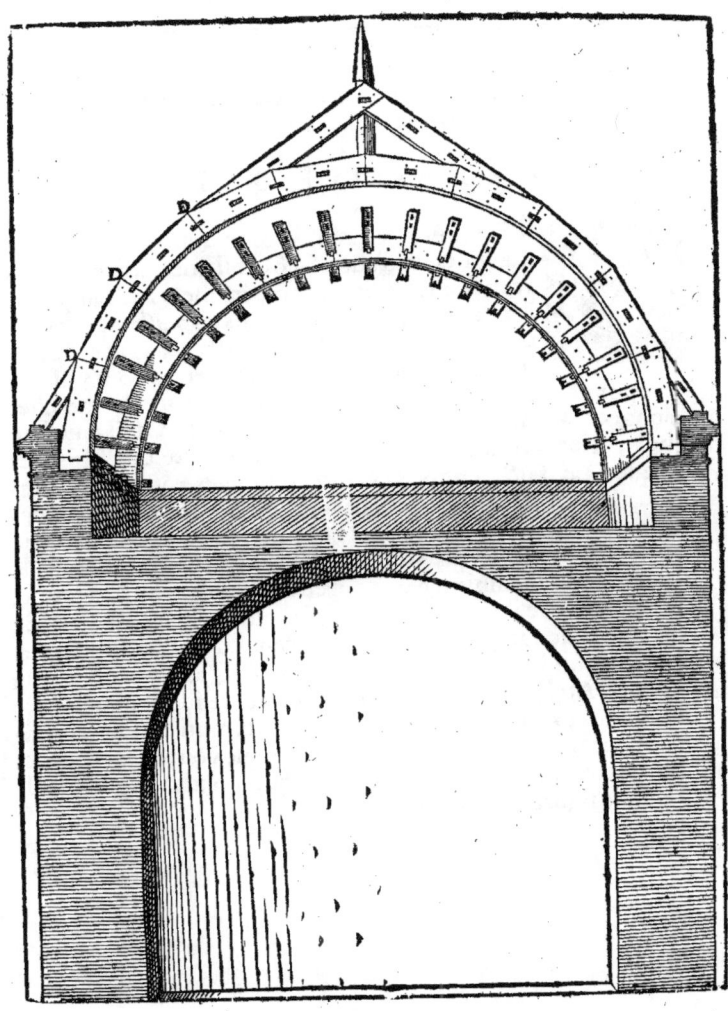

Comme

INVENTIONS POVR BIEN BASTIR.

Comme lon se pourra seruir de ceste Inuention à voûter vne Chambre Chapplle ou Eglise d'vne croisee d'augiues, ou autrement somme on faict à la maçonnerie.

CHAPITRE XVIII.

SI se voudroit seruir de ceste Inuentiou à croisée d'augiues ou d'autre façõ (ainsi que lon faict en pierres de taille) soit par compartiments ou rampants, il n'y a œuure ne façon qui ne s'en puisse faire, pourueu que lon entende les traicts, & qu'on sçache donner les montees pour trouuer les commissures à propos, & gaucher le bois selon son fil, & faire les cherches r'alongees & rampantes comme le cas le requiert. Car il faut que le bois, selon sa nature se conduise en autre sorte que la pierre. Surquoy i'ay faict la figure cy-apres d'augiues entre deux doubleaux (que les maçons appellent ainsi) qui sont les deux hemicycles comme AB, ou se trouuent deux augiues, qui font la moitié d'vne croisée, ainsi que vous voyez par ladicte figure soubs la marque CD, s'assemblent par le milieu du doubleau ou hemicycle. Laquelle figure i'eusse fait plus ample, plus riche & illustree de plus long discours, n'eust esté que ie crains d'estre trop prolixe. Il suffit qu'on l'entende auec peu de paroles, sans y faire si long discours. A tel œuure quil vous plaira entreprendre pouuez faire des lambris par dessoubs ou par dessus, comme si c'estoit vn pendentif de voûte, & les liernes & courbes que voirrez par dessous, n'auront point mauuaise grace: ce que pouuez iuger par la premiere figure ensuiuante.

L'inuention presente appli cable à plusieu façons.

Le bois secon duire autremẽt que la pierre.

Excuse de l'Autheur.

Lambris se pou uoir faire par dessus & par dessoubs.

E ij

LIVRE X DES NOVVELLES

Chose

INVENTIONS POVR BIEN BASTIR. 199

HOSE semblable vous pouuez faire pour voûter vne salle, vne chambre, ou vne chappelle, & non seulement vous y mettrez des augiues, mais encores des formerets & clefs suspenduës, & autres sortes de rampants: tout ainsi que les maçons font aux voûtes de pierre de taille pour Eglises & chappelles qu'on faict auiourd'huy. Et à fin que mieux ayez l'intelligence de cecy ie vous ay figuré cy apres comme l'on faict vne voûte à croisees d'augiues, lesquelles vous voyez marquees A B, portant vne clef suspendüe marquée C, & accompagnee de quatre courbes qui s'assemblent ausdictes augiues, comme voyez au lieu marqué D, & de deux hemicycles sous la marque de E, que les maçons appellent Arcs doubleaux. Et par les costez au long des murs sont les formerets, aux lieux marquez F, qui sont quelquefois hemicycles, quelque autre fois faicts au tiers poinct, selon la montée de la voûte que l'on faict. Et par dessus telles augiues, doubleaux, & formerets, l'on faict le pendentif qui est le reste de la voûte. Au lieu que les maçons font cela de brique ou de pendentif de pierre de taille, ils le peuuent faire de bois. Vous y pouuez encores mettre plusieurs courbes, ie dy tant que voudrez. Et tant plus y en aura, plus l'œuure sera forte. Pareillement vous pourrez faire vos augiues & doubleaux de telle espoisseur & largeur que voudrez, soient de deux ou trois rancs de courbes pour auoir demy pied, vn pied, deux pieds, comme voirrez bon estre, selon la grandeur de l'œuure qu'aurez à faire. Par ainsi vous en pourrez seruir à faire toutes sortes de voûtes. La figure ensuiuante vous mettra le tout deuant les yeux.

Pour voûter salles, chambres ou chappelles.

Aduertissement non inutile.

Bon enseignement pour toutes façons de voûtes de la presente Inuention.

Hhh iij

LIVRE X. DES NOVVELLES

l'ay faict

INVENTIONS POVR BIEN BASTIR. 300

Deux autres façons de couuertures, desquelles lon se pourra ayder pour la decoration & ornement de quelque petite galerie, ou de ce que lon voudra.

CHAPITRE XIX.

VOICY vne autre façon de couuerture toute *Façon de cou-* ronde en hemicycle : & par le deſſus au lieu *uerture, ronde* figuré P, s'y pourra faire vne terraſſe cou- *auec vne terraſ-* uerte de plomberie en façon d'vne petite *ſe.* allee pour ſe pourmener & voir autour du lieu & de ſoy. Mais faut en ſe faiſant prendre garde qu'il y ayt bonne vuidange des eaux, & ordonner faire tuyaux pour les eſcouler hors de ladicte terraſſe : auſſi faire que le plomb ne ſoit iamais ſoudé, pour ce que la ſoudure ſe fend & caſſe aux gelees & grandes chaleurs. Faudra auſſi qu'il ſoit replié l'vn dans l'autre, & coudé ainſi que *Quel doit eſtre* l'appellent les Plombeurs. Choſe ſemblable à telle plomberie i'ay *le plomb pour* faict faire en diuers lieux, & meſmes au deſſus de la chappelle du *couuertures.* Roy au chaſteau de Fontainebleau, pour garder qu'il n'y pleuſt plus, comme il ſouloit, pour les mauuaiſe façons de ladicte chapelle, & auſſi que l'eau paſſoit par les commiſſures & à trauers la pierre de grais, de laquelle la voûte eſt faicte. Et telles petite- *Pauillons au* couuertures comme eſt le deſeing ſuiuant, i'ay faict faire au cha- *parc du chaſteau* ſteau d'Annet pour Madame la Ducheſſe de Valentinois, aux *d'Annet.* deux petits pauillons qui ſont au parc ſur la riuiere, où ſe pouuoiét mettre les ioüeurs de cornets & de trompettes, & autres inſtruments pour donner plaiſir au Roy & Princes, quand ils eſtoient *Pourquoy c'eſt* dans ledict parc. Choſe fort à propos pour rendre vne grande *que l'Auteur* melodie dans les allees dudict parc, & en tant de diuerſes ſortes *allegue pluſieurs exemples.* de cabinets qu'il y a. Icy i'allegue pour exéple les œuures leſquelles i'ay faict faire & croy qu'on ne le trouuera mauuais, car ie ne le fais par iactance, ny pour les auoir faict faire, mais à fin que ceux qui ſeront curieux de mieux entendre puiſſent voir leſdictes œuures.

Hhh iiij

LIVRE X DES NOVVELLES

Autre façon de comble pour seruir à gallerie ou pauillon,

Aduertissement de l'Auteur.

I'AY faict encores cy-apres vne autre petite figure de comble qui n'est hemicycle ny à tiers poinct, & ne sera telle façon moins forte qu'vne autre pour seruir à quelque gallerie ou pauillon, pour decorer le lieu. Et pource que nous auons assez descrit telles mesures & façons de faire, vous entendrez facilement la presente figure sans autre demonstration. Il me semble que toutes les figures & discours que i'ay fait iusques icy, sont suffisans pour entendre la façon de toutes sortes de courbes & couuertures, soient pour Eglises, Palais, Chasteaux, & autres sortes de maisons.

Des

INVENTIONS POVR BIEN BASTIR. 301

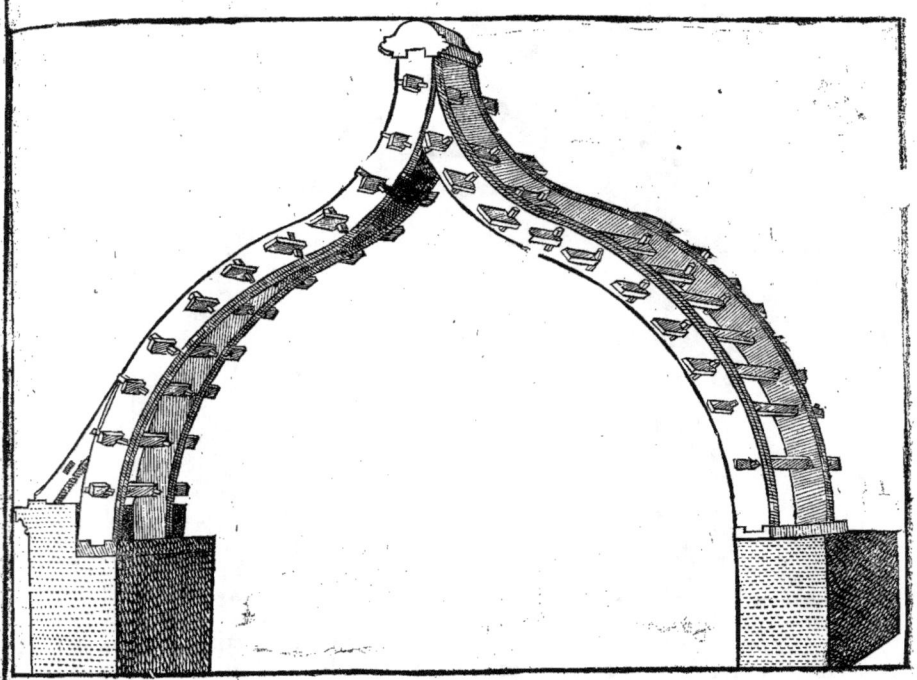

Des œuures selon ladicte Inuention nouuelle, qui ont esté faictes au Casteau d'Annet.

CHAPITRE XX.

JE reuiens encores à propos de ce que i'ay faict faire au Chasteau d'Annet, concernant nostre presente Inuention seulement: car ie delibere parler ailleurs de son architecture & artifice en accomplissant le corps entier de l'œuure que i'ay presentement entrepris & commencé, duquel cestuy-cy est partie. Vous voirrez doncques audit lieu assez d'autres experiences des couuertures de telle façon que i'ay descrit cy-deuant, tant à la salle deuant, les Baigneries pres les galeries du grand partere du iardain, qu'aussi en l'Hostel-Dieu que ladicte Dame fait faire au bout de son parc pres le pont d'Annet, où il y a vne salle pour metre les licts des pauures, qui est fort large & belle à voir, acompagnée des logis & chappelle qu'il y faut. I'ay aussi faict faire vne autre couuerture sur les caues dudit chasteau, qui a enuiron trente huit

Diuerses experience de couuertures, commandées par l'Auteur.

L'Hostel-Dieu d'Annet.

LIVRE X. DES NOVVELLES

Grande commodité que apportent les couuertures de ceste Inuention.

pieds de large, & vingt toifes de long dans œuure, laquelle on faifoit à fin que le lieu eftant fur lefdictes caues peuft feruir de cellier, ou garnier, comme on euft voulu. Mais fi toft que telle couuerture fut faicte, elle fut trouuée fi belle & fi grande, qu'on deliberera faire dudict lieu pluftoft vn lieu de paume, ou place pour faire feftins & donner paffe-temps, que s'en feruir de cellier. Et quand il faict pluies ou grandes chaleurs, le lieu eft propre pour s'y retirer, & iouer, baller, ou faire autres chofe de paifir.

La façon d'vne grande falle comme vne bafilique, ou lieu Royal, accompagnée de pauillons aux quatre coins & galleries, comme fi ceftoient Portiques. Et fe peut faire à petis frais, veu la grandeur de l'œuure.

CHAPITRE XXI.

Pour faire vn grand edifice de quelque forme & figure que ce foit.

ESTANT fur ce propos ie me fuis aduifé, qu'il eft aifé de faire vn bien grand edifice, ou grande falle, foit quarrée longue ou ronde, ou trigone, ou hexagone, de quelque figure que lon voudra penfer, & fans y faire grande maçonnerie. Ie dy que feulement il n'y faudroit que les fondements par les coftez, fur lefquels fera affife la plate forme de la charpenterie. Et qui voudra pour mieux tenir les courbes en raifon, lon pourra maçonner autant de hauteur qu'il femble que les courbes fe monftrent eftre à plomb du commmencement fur la platte forme. Et tant plus l'edifice aura de largeur, plus fe monftreront les premieres courbes droictes, comme fi elles eftoient à plomb en leurdicte couuerture, de forte qu'elle fe pourront maçonner par les coftez de douze ou quinze pieds de hauteur & plus large. comme l'œure fera plus Et telle maçonnerie fe fera comme muraille commune, ce qui feroit bon & bien propre pour tenir le lieu en plus grande feureté. Qui voudroit, pourroit faire par les coftez tels logis qu'il fçauroit defirer à vn eftages de hauteur de maçonnerie de quinze pieds, & ainfi fe trouueroient deux eftages au baftiment qui fe feroit, par le dehors de ladicte falle, l'vn de la hauteur de la maçonnerie, & l'autre dans

Logis dedans le comble & couuertures.

le comble & couuertures, ou fe feroient plus belles falles & chambres que deffoubs. Mais en fe faifant faudroit auoir la dexterité de dóner clarté par tout, tant au gránd corps, qu'au logis que feriez fur les quatre angles, ou par les coftez, ce qui eft fort facile. I'en ay fait icy vn defeing à plaifir, par lequel vous pouuez confiderer qu'elle inuention ce feroit. Voyez y doncques le plan d'vne falle qui a quarante toifes de longueur & vingt cinq de largeur dans œuure. Aux quatre coins ie figure quatre pauillons, à vn chacun defquels y a falle, chambre & garderobbe. Dans l'efcalier, ou fur les angles vous pouuez eriger cabinets fi voulez. Et ferez lefdictes falles, chambres & cabinets, de telle longueur & largeur que voudrez

Defeing & figure d'vn logis magnifique & royal.

fans

INVENTIONS POVR BIEN BASTIR. 302

sans aucune subiection. Aussi vous tournerez les pauillons & salle de tel aduancement qu'il vous plaira : comme i'ay faict differents de saillies lesdites pauillós, d'vne sorte les vns, & d'autre les autres, les saillies estants tournées differemment. Cela se peut faire selon le deuis & œuure que desirez faire : & aussi la subiection que vous aurez à tourner vostre bastiment. Vous pourrez semblablement faire galleries pour aller d'vn pauillon à l'autre, ainsi que les pourrez voir marquées A B C. Et sur le deuant, où est la principale entree, seroit vne petite terrasse auec des appuis, & vn petit perron : comme pouuez voir à l'endroit figuré D. Ie ne veux entrer en propos de descrire icy les ceintures de l'Architecture dudit logis, car il me suffit seulement parler de son inuention & composition admirable, & digne d'vn grand Prince. Laquelle pourroit estre bien tost faicte & à peu de despense. De sorte que dans vn an ou deux, le Prince ou Seigneur qui voudroit y employer argent en prendroit plaisir. Et est la chose si commode, qu'il me sēble qu'il n'y a rien plus, pour y estre logé fort particulierement en priué, & en public, cōme lon veut. Et aussi qu'à vn des pauillons, comme en celuy qui regarderoit l'Orient equinoctial marqué E, seroit facile faire salles & chambres fraiches pour l'Esté. Et en celuy marqué F, chaudes pour l'hyuer. En l'autre marqué G, seroit la vraye habitation au temps des grandes froidures, & lieu propre pour y faire estuues & baigneries. Le quatriesme marqué H, seroit tres bon pour y loger aux grandes chaleurs, & s'y pourroient faire bōnes caues au dessoubs, & par le dessus bibliotheques, & lieux pour tenir tableaux. Qui voudroit faire des galleries d'vn pauillon à autre, & les couurir pour second estage, seroit encores lieu conuenable pour euiter la chaleur & froidure, comme celle qui seroit au lieu marqué A, n'y auroit rien si frais en temps d'esté. Le dessoubs seroit propre pour faire vn Cryptoportique, l'autre costé marqué B, seroit propre à vne galerie pour l'hyuer : car il seroit chaud & tres bō pour loger les Aurengiers par dessoubs, pour regarder les parties Meridionales & Occidētales. Celle qui est entre les pauillons E F, marquée C, seroit temperee en tous temps, car en hyuer seroit chaude au matin, & en esté fraiche sur le soir. Ainsi me semble que ce seroit vne braue salle de largeur & longueur, voire des plus qu'on ait ouy parler : belle à faire festins, & autres passetemps, estant accompagnee de quatre singuliers pauillons & telles galleries sans aucune subiection, comme apert par la figure ensuiuante.

Description de la figure ensuiuant.

Lieux propres & commodes pour les quatre saisons de l'annee.

Cryptoportique & lieu pour loger Aurengiers.

Salle en largeur & longueur braue & excellente.

LIVRE X DES NOVVELLES

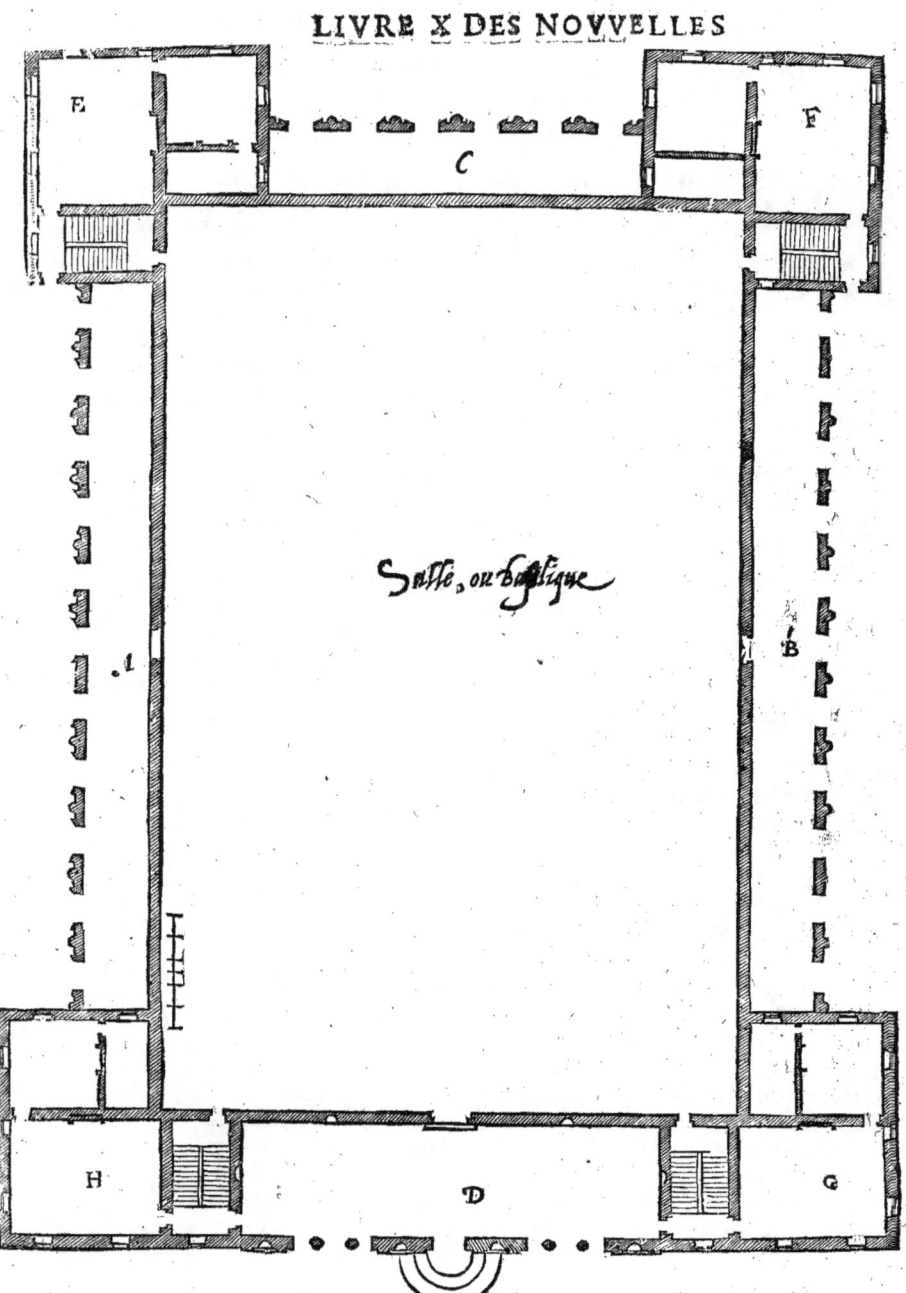

INVENTIONS POVR BIEN BASTIR. 303

De la montée & face de ladicte Salle & basilique, qui se voit par le pignon, & par les costez, en perspectiue

CHAPITRE XXII.

LADICTE Salle sera fort claire comme vous pourrez cognoistre par la figure cy apres mise, qui est de la montee de tout l'edifice: en laquelle vous voyez les fenestres & lumieres estre au pignon. Semblablement autres fenestres, comme lucarnes aux costez, & endroicts marquez K. Aussi vous y pouuez recognoistre les galleries, qui vont d'vn pauillon à autre: comme la forme desdicts pauillons qui n'ont qu'vn estage de hauteur de maçonnerie. Et dans les combles se trouue le deuxiesme estage, comme pouuez voir aux endroicts marquez L M N. Qui voudroit encores faire les pauillons d'vn estage plus haut, ils seroient beaucoup plus rares & de plus belles monstre. Et encores dedans lesdicts combles, ainsi qu'ils sont faicts, par leur grande largeur se trouuera hauteur suffisante pour y faire deux estages l'vn sur l'autre: & par ainsi seroient trois, compris celuy de maçonnerie. Ce neantmoins ie ne les ay icy figurez, ny faict les fenestres, ny acheué les couuertures comme elles doiuent estre pour la vuidange des eaux. Il m'a suffit de faire vn dicours d'vne œuure qui est plus belle qu'aucuns ne sçauroient penser. Vne autre chose y a qui se trouuera aussi fort belle, c'est que au plus haut de la couuerture de ladicte grande salle vous pouuez faire vne gallerie, qui sera couuerte & bien fermee, & de la longueur de quarante toises sur trois de largeur: ainsi que voyez au lieu marqué O. En laquelle pourrez monter facilement par l'endroict des escaliers au long des pignons, comme vous voyez au lieux marquez PQR. Et ne faut point craindre que telle charpenterie se puisse iamais affaisser, quelque charge qu'elle puisse auoir par le milieu de telle gallerie qui est au plus haut, pour estre bien retenüe des pauillons & appuyee des galleries qui vont d'vn pauillon à autre. Ie ne parle point des offices, iardins, court, & basse court, qui seroient trop plus aisez à ordonner que cecy, & les disposer aux lieux & costez que leur nature requiert. Pourueu qu'on aye places & terres à propos. Le tout se peut facilement voir par la figure prochaine. Sur ceste mesme Inuention i'ay trouué plusieurs autres façons qui sont incroyables à plusieurs, pour-autant qu'il pensent qu'elles ne se puissent faire, & se feront aussi facilement & & promptement que iamais fut faicte œuure. Ie protecte n'en auoir iamais ouy parler, ne trouué en mes liures chose semblable. C'est de la grace de Dieu, qui donne les aduisemens & Inuentions, quand il luy plaist, & à qui bon luy semble.

Lumieres & clartez de la Salle Royale cy apres figurée.

Gallerie au plus haut de la couuerture.

Grande facilité & aisance de logis par le moyen de ceste Inuention.

Ceste Inuention apporter choses incroyables.

Iii

LIVRE X. DES NOVVELLES

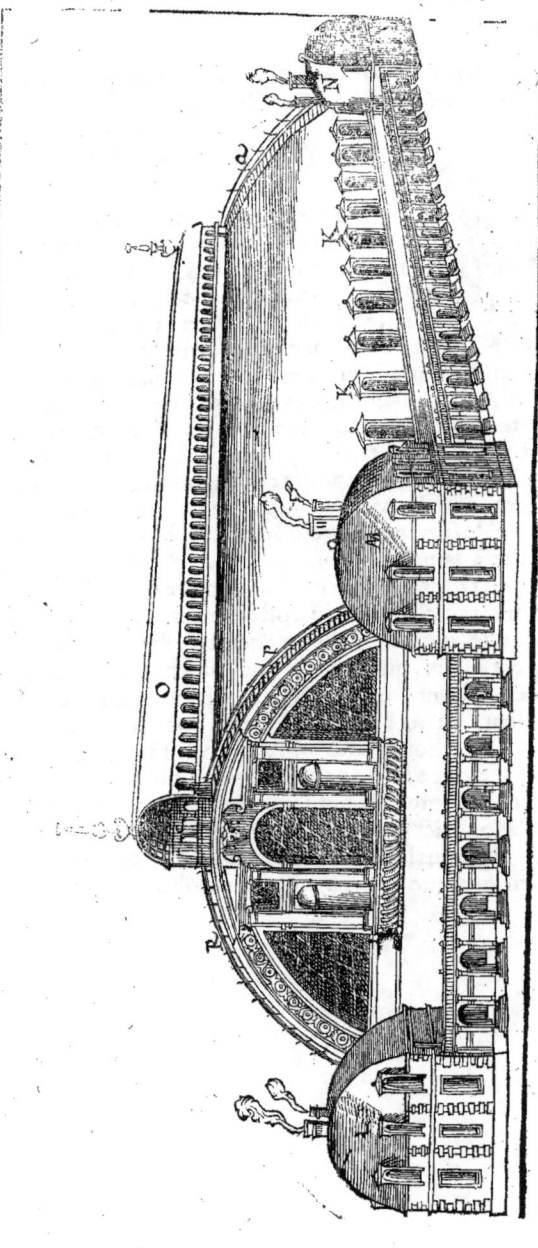

Autres

INVENTIONS POVR BIEN BASTIR.

Autres Inuentions rares que l'Auteur auoit trouuees pour le seruice des Maiestez de feu Roy Henry, & Royne mere.

CHAPITRE XXIII.

ICY ie me souuiens d'autres Inuentions qui sont trop plus rares & de plus grande importance, que celles que nous voyons auiourd'huy. Desquelles i'ay faict deseings par le commandement de la Maiesté de la Royne Mere, y a cinq ou six ans, tant pour vn edifice sur la forme d'vn triangle equilateral, que aussi pour vne grande salle accompagnee d'aucuns pauillons. Mais la largeur estoit si excessiue, que ie me deliberois mettre au premier estage vne muraille par le milieu qui eust esté pour seruir à deux galleries, desquelles l'vne eust esté chaude pour l'hyuer & l'autre fraiche pour l'esté: à raison des parties qu'elle regardoient, vne le Midy, l'autre Septentrion. Et le dessus eust esté chose de si grande largeur, qu'on eust voulu. I'auois deliberé ainsi faire à sainct Germain en Laye, à la grande gallerie que la Maiesté du feu Roy Henry auoit commandé faire, pour aller du pont qui est au chasteau du costé du parc à la maison du Theatre & baignerie, que i'auois commencé à edifier de neuf, regardant sur le port au Pec; qui eust esté vne œuure fort rare & incognuë à peu de personnes. Ie remets la description de ladicte Inuention & plusieurs autres, au liure que ie donneray cy apres (Dieu aydant) des choses rares en Architecture. Icy pour monstrer l'excellence de ce qu'on peut faire par le moyen de ceste nouuelle Inuention, ie me suis souuenu vous donner encores vn deuis, lequel i'auois faict pour les Religieuses de Montmartre pres Paris, pensant que vous le trouuerez tel & si rare, que vous en pourrez seruir en quelque lieu, ainsi que cognoistrez estre bon & profitable.

Ordonnances pour la Royne mere prises de ceste Inuention.

Maison du Theatre & baigneries commécez à S. Germain en Laye, par le commendement du Roy Henry.

Excellence de la presente Inuention nouuelle.

I ii ij

LIVRE X DES NOVVELLES

Deuis d'vn Dortoir & Cellules, que la Maiesté du feu Roy Henry vouloit estre faicts par aumosne aux Religieuses de Montmartre, pres Paris.

CHAPITRE XXIIII.

Dortoir pour les Religieuses de Montmartre lés Paris.

'AVOIS pensé encores assez d'autres Inuentions, & faict plusieurs deseings & deuis prests à mettre en œuure. Et entre autres pour faire vn Dortoir aux Religieuses de Montmartre pres Paris: lequel mon tres-souuerain Prince & bon Maistre vouloit estre faict par aumosne audictes Religieuses de Mō-

Salle de triomphe dedans le parc des Tournelles, à Paris.

martre, au lieu de celuy qui auoit esté brulé. Et deliberois de le construire des restes des bois de la salle de triomphe qui auoit esté faicte dedans le parc des Tournelles à Paris, lequel sa Maiesté leur auoit donné. Mais le malheur qui en ce temps suruint, n'a seulement destourné ceste bonne entreprise, ains aussi beaucoup d'autres, au tres-grand dommage & regret de plusieurs. Ledict Dortoir eust esté si grand & si large qu'il eust couuert; non seu-

Dortoir d'excellente Inuention en grandeur & largeur.

lement lesdictes cellules des Religieuses, mais encores tout le Cloistre. Et eust esté tout rond, & entourné de portiques par le dedans, & par le dessus de doubles allees, l'vne sur l'autre, pour seruir de passage à aller aux chambres ou cellules des Dames, qui se fussent trouuees en grand nombre, selon les sortes & façons qu'ō a accoustumé faire pour les Religieuses, sans le logis de l'Abbesse qui eust esté plus grand. Et de la porte d'vne desdictes cellules, on eust veu toutes les autres: qui eussent pris veuë par le dehors dudict edifice. Par le dedans la lumiere fust venuë par le milieu du plus haut du cōble, quasi ainsi qu'est le Pantheon de Rome. Mais ledict comble eust donné encores beaucoup plus de lumiere, que celuy du Pantheon ne faict. Tout l'œuure eust contenu de 25 a 30 toises de diametre en forme spherique, laquelle il eust faict fort bon voir sur ladicte montaigne de Montmartre. Car elle eust representé à ceux de Paris vn globe terrestre ou celeste, qui eust esté tres beau, & encores plus admirable, si par curiosité on y eust marqué les heures du iour, par l'ombre du Soleil, ou quelque Geographie que lon eust peu discerner sur la couuerture. Ce que ie pretendois faire pour ledict dortoir, n'estoit de tant grande despense, que grande admiration. Ie diray ce mot, quand on vou-

Pouuoir couurir tout vn chasteau & sa court par ceste Inuention.

droit couurir tout vn chasteau & la court qui seroit à son milieu, on le pourroit faire facilement par ceste Inuention: pourueu que celuy qui en auroit la charge entendist ce que nature peut faire & ayder en cela. C'est vne chose incroyable de ce qu'on peut faire par tel moyen. Icy vous cognoistrez par le plan de la presente figure, & celuy de la montee, de quelle entreprise estoit ledict dortoir accompagné de ces parties.

De la

INVENTIONS POVR BIEN BASTIR. 305

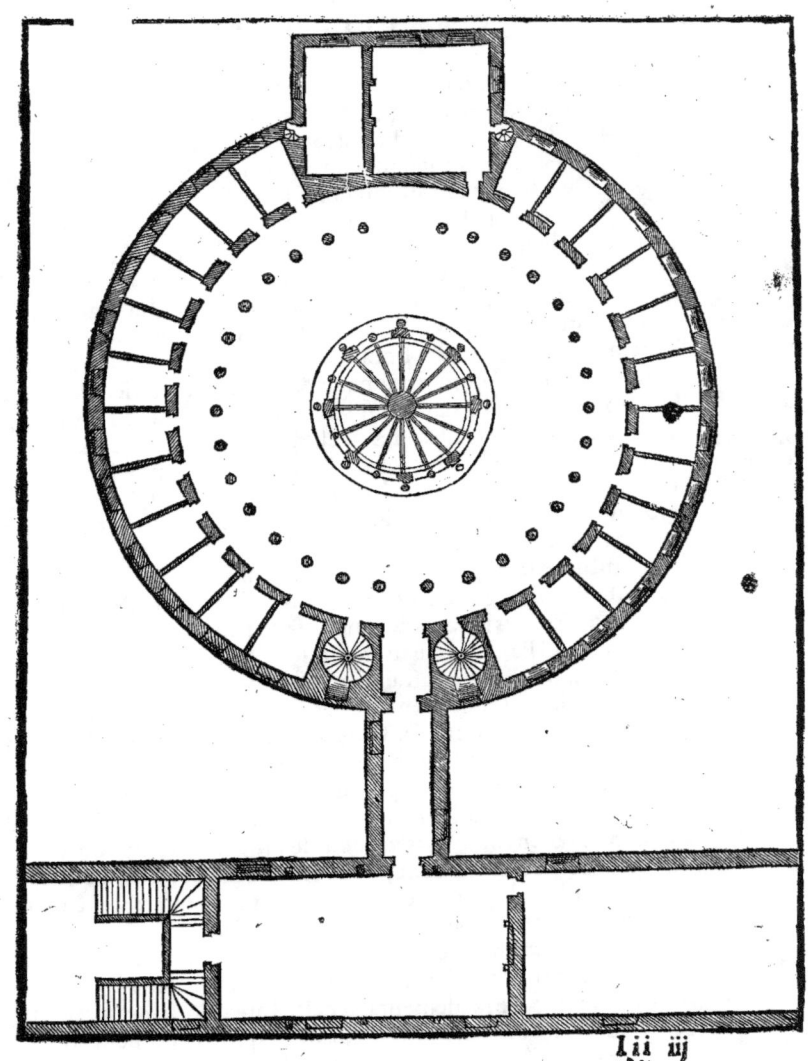

L.ii iij

LIVRE X. DES NOVVELLES

De la montee du dedans de l'edifice du dortoir cy deuant descripte, ainsi qu'il euſt eſté.

CHAPITRE XXV.

Cloiſtre accompagné de ſes perfections & beautez.

VOVS pouuez cognoiſtre par le deſeing cy-apres figuré comme le Periſtile, ou Cloiſtre, ainſi que vulgairement on le nomme, euſt eſté erigé au premier eſtage, au raiz de chauſſee, entourné de colomnes auec leurs pieds d'eſtats ou xilobaſtes, & chapiteaux de l'ordre Ionique, accompagnez d'vne architraue, phrize & corniche. Et par les coſtez dudict Periſtyle, au deſſoubs des cellules des Religieuſes, euſſent eſté pluſieurs lieux dediez les vns pour buchiers, d'autres pour celliers, & par conſequent pour autres leurs commoditez, qui ſeroient longues à d'eſcrire. Au deſſus dudict Periſtyle euſt eſté vne petite

Lieu deſſus le Periſtyle ou cloiſtre,

allee autant large que le deſſous, qui euſt continué, ſuiuant la circonference, pour aller aux chambres où cellules des Religieuſes ornée de petites colomnes ayants leur architraue & corniche comme le deſſoubs, & erigee perpendiculairement ſur leſdictes colomnes du Periſtyle, qui euſſent porté vne autre plat-fond & plá-

Cellules à deux eſtages.

cher, pour aller ainſi tout autour, comme deſſous aux chambres des Religieuſes. Ainſi qu'il ſe peut voir facilemét par l'édroict des portes deſdictes cellules, qui ſe fuſſent trouuees à deux eſtages l'vn ſur l'autre: comme le pouuez voir par le deſeing cy-apres. La plus haute allee qui conduit aux cellules n'euſt eu autre ornement que vn appuy ou garde fol, comme on l'appelle, de deux

Couuerture ſpherique ou ronde.

ou trois pieds de hauteur ou enuiron. Et par deſſus les dernieres cellules ie deliberois faire vne corniche, tant par dedans que dehors qui euſt ſeruy d'entablements, ſur leſquels i'euſſe faict eriger la couuerture compoſee ſpheriquement ou en rondeur, accompagnee de ſes coiaux qui l'euſſent ſouſtenu & ſeruy de pouſſee, comme pouuez cognoiſtre par ledit deſeing. Au plus haut euſt eſté

Liure de la perfection d'Architecture.

faicte vne couuerture toute ronde, ainſi qu'à la Rotonde de Rome, ou vn pronau en façon de lanterne, comme vous monſtre ledict deſeing, & euſt eſté faict de petites pieces ſelon noſtre Inuention nouuelle. Lequel on euſt peu lambriſſer comme vous en voyez la moitié, & l'autre moitié auec ſes courbes & liernes. Ie ferois plus long diſcours de la preſente figure, & en deſcrirois les meſures, n'eſtoit que ie la vois ſi mal taillee & repreſentee, que ie remets l'entiere deſcription au liure, lequel cy-deuant i'ay promis, de la perfection d'Architecture.

Diſcours

INVENTIONS POVR BIEN BASTIR 306

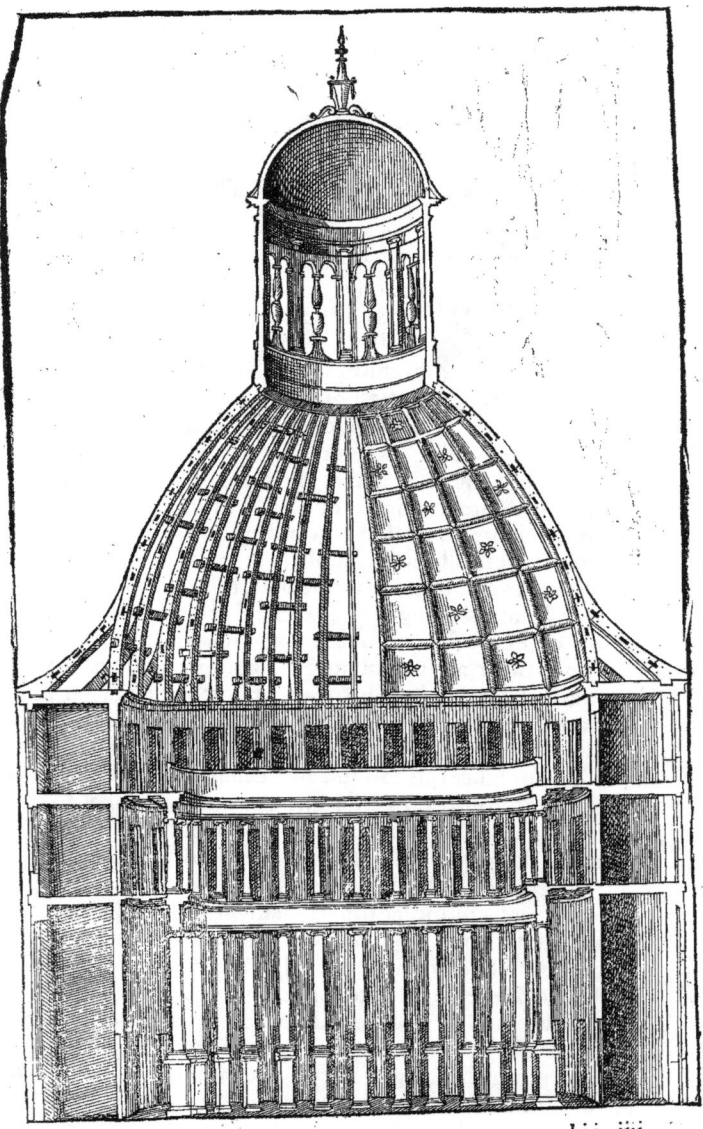

lii iiij

LIVRE X. DES NOVVELLES

Discours de plusieurs choses, auecques la conclusion du premier liure.

CHAPITRE XXVI.

Theatres & amphitheatres des Romains.

Amphiteatre de Sancta Maria Nouo.

Grande diligence des Anciens en proportions & mesures.

Les Anciens n'auoir cogneu la presente Inuention.

LES anciens Romains & autres, comme ie croy, eussent prins grand plaisir de pouuoir ainsi couurir leurs Theatres ou Amphiteatres, lesquels ils couuroient, quand ils vouloient, de toiles, au autres choses comme encores il se cognoist de plusieurs trous qui sont aux plus hautes corniches des restes d'iceux, où ils mettoient vne piece de bois qui desfendoit iusques sur les mutules ou corbeaux qui estoient tout autour. Ce que vous pouuez voir encores à l'Amphitheatre qui est à Rome pres (Sancta Maria Nouo,) nommé le Coliset vulgairemement. Et cela estoit pour mettre les pieces de bois où estoient attachees les cordes & polies à tirer, & soustenir les toilles, & autres matieres, desquelles estoit couuert ledict Amphiteatre, à fin que le soleil n'offensast le peuple. Semblablement ils s'en fussent aidez en aucuns lieux dans les thermes, aux grandes places descouuertes, où le peuple alloit pour prendre plaisir à diuerses choses, & s'exercer en plusieurs manieres. Et estoit l'edifice de si grande structure, & despense tant admirable, soit en proportions, symmetrie & obseruations, de nature, que c'est vne chose incroyable. Comme aussi la diligence faicte & gardee aux mesures qu'ils y ont obseruees, ainsi que nous pouuons voir. Lesquelles ie nommerois & descrirois volontiers pour les auoir toutes mesurees, deseignees & retraictes par leurs proportions (comme autres antiquitez qui sont à Rome, & autour, & en plusieurs autres lieux) n'estoit que ie crains estre trop prolixe: & aussi que c'est vne si grande matiere, que i'en pourrois faire vn bien gros liure. Toutefois à mes autres liures d'Architecture se presentant l'occasion ie ne faudray d'en proposer plusieurs auecques ample demonstration. Et diray hardiment que ie croy qu'il y a cent ans que François n'en a plus apporté & recouuert que moy: pour la commodité & curiosité grande que i'ay euë de visiter telles antiquitez. Ce que ie dy, non pour iactance d'Architecture, mais comme venant à propos. Ie reuiens à nostre nouuelle Inuention, admonestant le lecteur, que si les Anciens en eussent eu aucune cognoissance, volontiers ils en eussent vsé en quelque lieu d'excessiue grandeur. Ce qui n'est cogneu par aucuns vestiges d'antiquité: ioinct aussi que nos liures d'Architecteur n'en font aucune mention, que ie sçache, & si les ay fueilletez tant que i'ay peu. Telle Inuention doncques leur eust esté fort propre pour faire grands arcs & voûtes longues pour conduire les eaux qu'ils faisoient

INVENTIONS POVR BIEN BASTIR. 307

soient venir d'aupres de Naples aux thermes, où ils n'ont point espargné à telle conduicte frais inestimables, & ont faict œuures admirables, en obseruant de bien grandes choses, non seulement en symmetries & mesures, mais aussi en artifices fort ingenieux, qui ne se peuuent entendre sans auoir beaucoup leu, & auoir eu l'experience de plusieurs sciences. Il me semble que l'Inuention que nous donnons icy eust peu estre autant estimée, que celle de C. Curio quand il fit conduire deux fort grands Theatres de bois l'vn auprès de l'autre, estans chacun d'iceux suspendus sur vn seul piuot: & se tournoient auec vne telle dexterité par certain contrepois, artifice, & conduicte, que les ieux qu'on faisoit deuant Midy, tournoient le dos l'vn à l'autre, à fin que les ioüeurs ne fissent bruit & empeschement les vns aux autres. Et tournoient les deux Theatres soudainement, mais de telle maniere qu'ils demeuroient contraires sur la fin du iour, cheminants les bois si dextrement, que les cornes & bouts desdicts Theatres se ioignoient ensemble, & faisoient les deux vn Amphiteatre, & alors s'en seruoient pour le passe-temps des Gladiateurs, & pour y faire venir les furieuses bestes. Telle chose est tres-aisée, ainsi que i'en ay faict l'experience à Rome par modelles assez grands, à la requeste d'vn gentil-homme Romain nommé Misser Vincent Rotelant, homme tresdocte tant en Architecture, qu'aux lettres. Mais faire de si grandes couuertures & autres œuures incroyables par le moyen de telle Inuention comme nous descriuons icy, ou grandes voutes de maçonnerie, les Architectes anciens ne s'en sont aduisez, ainsi que ie pense: pour le moins nous n'en trouuons rien en tous nos liures d'Architecture, n'autres aussi, comme i'ay dict n'encores à ceux qui ont escript de l'art militaire, & ont donné plusieurs sortes d'engins, instruments & autres machines Pour reuenir à mon premier propos, Si les Anciens eussent pensé à ceste Inuention, de laquelle il a pleu à Dieu m'aduiser & donner la cognoissance, n'eussent-ils pas faict leurs voutes & couuertures tant grandes qu'ils eussent voulu, où ils les ont tenu estroictes? Qui n'a leu les grandes despenses qu'ils ont faictes, tant aux thermes de Diocletiã qu'autres vestiges, qui se peuuẽt encores voir? Qui ne sçait leur grandeur de cœur, richesses & admirable sçauoir? Il faut croire s'ils s'en fussent aduisez qu'ils eussẽt faict de plus grandes Basiliques, & lieux plus spacieux qu'ils n'ont. Mais ce qui les a peu garder qu'ils n'ayent faict si grandes voutes en lieu si spacieux, est que quand il est necessaire assembler deux ou trois arbres de bout à bout, pour faire cintres à porter vne grande voûte, il faut autre grande quantité de bois pour faire les liaisons à tenir les courbes, & en peupler ainsi toute la largeur de l'arc de quatre pieds en quatre pieds, dont la despense est incontinent plus grande que la maçonnerie, sans l'incommodité qu'il y a de trou-

Les anciens Romains prodigues en frais d'Architecture.

Inuention de C. Curio fort ingenieuse.

Grande dexterité de C. Curie.

Misser Vincent Rotelant Gentil-homme Romain.

LIVRE DES NOVVELLES

uer si grands arbres, & aussi qu'ils ne se peuuent bien assembler depuis qu'ils excedent douze ou quinze toises de longueur. A quoy vous obuiez par ceste Inuention. Car vous ferez vos voutes & couuertures si larges que vous voudrez. Ce que ie dy non pour reprendre nos Anciens, qui sont dignes de toute louäge pour auoir faict choses incroyables & incomprehensibles aux hommes, voire plus grandes & trop plus admirables que nostre presente Inuention: mais plustost pour monstrer que le temps qui descouure toutes choses, nous apporte de iour en iour nouuelle cognoissances & inuentions, non seulement en Architecture, mais aussi en tous arts & sciences. Car comme le prouerbe dict, (*Postremi dies sapientissimi,*) Les derniers iours sont les plus sages, c'est à dire: Plus on vit plus on apprend. Ce que ie cognois en moy, qui de iour en iour experimente, trouue & excogite nouuelles inuentions, m'estant employé & addonné dés ma premiere ieunesse à tousiours chercher les plus doctes en Geometrie, & autres sciences requises à l'Architecture, qui fussent en Europe: & visitant les excellentes antiquitez, & d'icelles prenant extraicts, mesures & proportions, pour l'illustration de l'Architecture. En quoy par la grace de Dieu i'ay tant bien procedé, & prosperé, que i'ay ordonné & ay faict construire Temples, Chasteaux, Palais, & maisons par vray art d'Architecture en diuers lieux, tant pour Roys, Princes Cardinaux, qu'autres, voire dés l'aage de quinze ans, auquel temps ie commençay auoir charge & commander tous les iours à plus de trois cents hommes. Certes si Iule Cesar, Empereur, si docte, si sage & si heureux en toutes ses entreprises, eust sceu telle Inuention, il luy eust esté fort aisé & facile à faire les ponts qu'il descrit en ses Commentaires. Lesquels plusieurs estiment estre fort grandes choses & les admirent, comme n'ayants rien veu ou conceu plus grand & admirable. Ils seroient beaucoup plus esbais s'ils voyoient vn pont qui fust faict de cent ou deux cents toises de large, à tout vne arche seulement, sur vne grande & furieuse riuiere. Qui seroit trop plus facile, & de plus grande duree, pour n'auoir à faire à l'impetuosité de l'eau, & n'y planter pieux par le milieu de la riuiere, ny faire autre fondements que par les deux bouts. Ce qu'à plusieurs semblera estre chose monstrueuse & quasi incroyable, laquelle neantmoins ie monstreray quelque iour, auec plusieurs autres belles inuentions que i'ay trouuees, s'il plaist à Dieu me donner l'esprit plus libre, & me mettre hors de tous ennuis & trauerses que l'on m'a donné depuis le trepas du feu Roy Henry, mon tres souuerain Seigneur & bon maistre. Pour reuenir à ces grandes couuertures d'ont i'ay parlé, quelqu'vn pourroit dire qu'il y faudroit vn grand nombre de bois, lequel cousteroit beaucoup. I'accorde que quand les œuures sont conduictes par ceux qui ne sont experts, leur ignorance faict tousiours faire beaucoup

Grands frais estre euitez par la presente Inuention.

Grande diligence de l'Auteur dés son ieune aage.

Pont de cent ou de deux cents toises de large à tout vne arche.

L'Auteur vexé par aucuns malicieux & enuieux.

plus

INVENTIONS POVR BIEN BASTIR 308

plus de despense qu'il n'est de besoing. Ce qui n'est faict par ceux qui sont experts & bien entendus: car outre leur diligence & bonne façon, ils feront tousiours vne grande espargne. Et quand au bois, il se peut faire de grosses buches de moule, qui se vendent à Paris pour bruler, ou de semblables qui n'ont que quatre pieds & huict pouces de grosseur, & s'en peut tirer trois ou quatre piece de chacune buche: & ne faut de plus gros bois, quand seroit vne couuerture de cinquante toises de large. Voyla que i'ay deliberé escrire pour le premier liure, lequel si ie voulois enrichir & illustrer de toutes ses parties, il seroit par trop long & prolixe. Les bons entendemens, & bons esprits, qui ont iugement tel qu'il faut, y pourront adiouster beaucoup d'autres sortes, façons & inuentions ainsi que Dieu distribue ses dons & graces où il luy plaist, & bon luy semble. Ce temps pendant si aucun doute sur quelque chose, ou desire en sçauoir d'auantage, s'en vienne à moy, & ie luy diray de bon cœur ce que i'en pourray penser. Reste venir au second liure, auquel ie descriray vne nouuelle inuention & façon de faire les poutres & soliues, pour bastir. Laquelle ne sera trouuee estre moins vtile & profitable que celle des couuertures.

Quel peut estre le bois pour seruir à ceste nouuelle Inuention.

Approches au second liure & fin au premier.

LE SECOND ET ONSIESME
LIVRE DES OEVVRES ET NOVVELles inuentions pour bien baſtir & à petits frais, trouuees n'agueres par M. Philibert de l'Orme Lyonnois, Architecte, Conſeiller & Aumoſnier ordinaire du feu Roy Henry, & Abbé de ſainct Eloy lez Noyon.

Certain diſcours de l'Auteur, accompagné d'aucuns aduertiſſemens en general.

CHAPITRE I.

Au 4. Aphoriſ-me de ſes ſentences.

TOLOMEE au commencement de son Centiloque dit que (*Anima ad cognitionem apta, veri plus aſſequitur, quàm qui ſupremum in modum ſe in ſcientia exercuit.*) c'est à dire, que l'homme diſposé ou enclin à cognoiſtre quelque choſe, en a beaucoup plus de vraye intelligence, que celuy qui s'eſt extremement exercé pour la cognoiſtre, sans y auoir eſté appellé ou nay. Ce qui peut eſtre accommodé à toutes ſciences & tous arts. Car aucuns ſe trouuent ſans grande eſtude & labeur eſtre plus aptes pour faire vn œuure ou entendre vne diſcipline, qu'autres qui y ont long temps trauaillé & eſtudié. Et combien qu'ils ſoient tres-ſçauants, ſi ne ſont ils pourtant ſi heureux à mettre la main en œuure & l'executer ſi dextrement, que celuy qui y eſt apte & nay, voire auecques vne mediocre cognoiſſance & ſçauoir. Qui

Nature bien ſouuet ſurpaſſer eſtude. eſt la cauſe qu'on trouue vne infinité de gentils eſprits, qui tout incontinent conçoiuent vne ſcience, vn art, vne inuention ou
quelque

INVENTIONS POVR BIEN BASTIR. 309

quelque façon de faire, sans grādes estudes, trauail ou labeur d'entendement. D'autres qui se tourmentent à y penser & resuer, sans y pouuoir paruenir, ou faire chose qui soit au contentement des hōmes. Qui se fait selon les graces qu'il plaist à Dieu donner aux personnes; à l'vne d'vne sorte, à l'autre de l'autre; car comme dit sainct Paul: *Diuisiones gratiarum sunt, idem autem spiritus: & diuisiones ministeriorum, idem autem Dominus: & diuisiones operationum, idem verò Deus qui operatur omnia in omnibus.* C'est à dire: Il y a diuisiōs de graces, mais c'est vn mesme esprit qui les confere; distributiōs de seruices, mais c'est vn mesme Seigneur; & diuisions d'operations & œuures, mais c'est vn mesme Dieu qui fait & ordonne toutes choses en tous. Ainsi entre les hommes, les vns se trouuent bons à vne chose, & les autres à l'autre; comme i'ay dict. Ce que nous pourrons accommoder à nostre presente Inuention nouuelle. Pour laquelle conceuoir les vns seront fort capables, & la pourront tres-bien entēdre, & trop mieux s'en aider que les autres qui pour ne la pouuoir comprēdre, ou par mauuaise volonté la blasmeront. Comme pourront estre ceux qui n'entendront les traicts de Geometrie, desquels doiuent estre munis ceux qui veulent faire profession d'Architecture, autrement tout ce qu'ils feront & entreprendront, sera à l'aduenture; & ne pourront discerner ny cognoistre si les ouuriers font bien ou mal, tant en liaisons & commissures, que mettre pierres & bois en œuure. Ce que facilement on cognoistra par leurs œuures, quelque asseurance qu'ils ayent, ou promesses qu'ils facent de leur sçauoir, capacité, & choses requises à l'art. Tels deuroient auoir la sentence de sainct Paul deuant les yeux, qui dict: *Si quis se existimat scire aliquid, nondum cognouit quemadmodum oporteat eum scire.* qui signifie: Si aucun s'estime sçauoir quelque chose, il n'a encores cogneu ce qu'il luy conuient sçauoir. Ie diray sur le propos des traicts de Geometrie encores vn mot; C'est que si l'Architecte ou Superieur, qui commande aux maistres Maçons & autres ouuriers, n'est bien muny & n'entend promptement leur theorique & pratique, non seulemēt tout ce qu'il cōmandera faire, ou qu'il entreprendra le plus du temps, sera difforme & ridicule, mais aussi luy reputé cōme esclaue du maistre Maçon, ou quelque ouurier qui luy fera entendre ce qu'il voudra, & ne le pourra reprendre de ce qu'il fera mal, pour la grande ignorance qui est en luy; au grand détriment & deshonneur, ie ne diray de luy, ains de ceux qui font bastir. Ce qu'on void clairement en plusieurs edifices faits par l'ordonnance de certains Architectes, conduits des maistres Maçons & ouuriers qui estoiēt dessous eux, & en sçauoient beaucoup plus qu'eux; qui est bien peu si on regarde tout ce qui est requis à l'art. Au contraire & rebours de ce qui doit estre; car l'Architecte doit dresser & conduire les maistres & ouuriers, & n'estre dressé ou conduit d'eux. Icy ie diray vne autre chose que i'ay cogneu, c'est qu'aucuns de ceux qui se vantent estre

Kkk

Chapitre 12. de la 1. Epist. aux Corinthiens.

Traicts de Geometrie estre necessaires à vn Architecte.

Belle sentence de sainct Paul.

Aucuns Architectes escoliers des maistres Maçons.

Architectes, ne sçaunt iamais la fin de ce qu'ils veulent faire: la poursuiuant plustost à l'aduenture, quautrement. Ce que ie dy, non pour porter enuie ou dommage à personne, n'y moins pour vouloir nommer, ou marquer aucuns, & detraire à leur honneur sçachant tres-bien que nous sommes tous à reprendre, de sorte que si ie ne fais faute en vn endroict, ie puis faillir à l'autre. Quoy que soit, les œuures monstrent quels sont les ouuriers, ainsi qu'il est *Sentence belle & fort propre.* escrit. (*Ab operibus eorum cognoscetis eos.*) & ailleurs, (*Finis coronat opus.*) C'est à dire: La fin couronne & manifeste l'œuure. I'ameine tels propos pour exciter tous bons esprits qui veulent faire profession d'Architecture, à la cognoissance de leur estat, à fin qu'ils pouruoyent d'heure à tout ce qui est necessaire. Les exhortans vouloir de toutes choses demander conseil & aide à Dieu, principalement quand ils commencent quelque œuure, qui est de trop plus grande importance qu'onne pourroit penser: & ce pour les dis-graces, & infelicitez qui peuuent aduenir, tant aux ouuriers *Necessité en France de bois à bastir.* qu'aux maisons. Voyla le but, la fin & intention de mes labeurs. Ie ne veux oublier aussi, que la grande necessité de bois pour bastir laquelle nous voyons venir en France (ainsi qn'ailleurs i'ay dict) m'a faict chercher telle Inuention, pour le profit de tout: n'ayant auiourd'huy autre chose en deliberation que cheminer en ma simplicité & me cacher le plus que ie puis des hommes, pour auoir mieux la commodité de poursuiure mes estudes d'Architecture.

La façon & maniere comme lon doit proceder à faire les Poutres de plusieurs pieces.

CHAPITRE II.

APres auoir entendu par le discours du premier liure la façon de faire toutes sortes de couuertures pour les grands logis qu'auiourd'huy les Roys, & Princes desirent auoir (comme grandes salles & chambres larges *Necessité de recouurer bois pour faire poutres.* de plus de trente pieds) la necessité qui se presente de recouurer bois pour y faire poutres, m'a faict penser ceste Inuention nouuelle pour les faire de deux cents & de trois cents pieces, & plus qui voudra: ainsi que la Maiesté du feu Roy Henry a veu par experience en mon logis pres les Tournelles à Paris. Auquel i'auois faict faire deux poûtres, l'vne de deux cents vingt-cinq pieces, & l'autre *Grande force & resistance des poutres de ceste Inuention.* de deux cens soixante trois, sans comprendre les cheuilles, qui ne seruent que pour l'entretenemét, iusques à ce que les poutres soiét posees. Elles furent esprouuees auec deux verins en la presence de sadicte Maiesté & d'autres Princes & Seigneurs: estans lesdictes poutres pressees de telle sorte qu'on souleuoit toute la couuerture, & enfondroit-on les murs du bastiment où elles estoient. Et quelque presse & force de verins qu'on y sceust faire (encores que depuis ie me sois voulu efforcer de les rôpre) iamais on ne les peut faire

INVENTIONS POVR BIEN BASTIR. 310

faire baisser de demy doigt. Il me semble veritablement que si en leur lieu y en eust eu quatre ensemble des plus grosses que lon a accoustumé de mettre en œuure, qu'elle se fussent peu rompre, pour endurer vne si grande force & presse; ou pour le moins, eussent plié si fort contre bas, qu'elles eussent semblé plustost estre bonnes à faire arches, que poutres à mettre en œuure pour bastimens. Ie les auois commandé faire de telle sorte que pourrez voir par les desseings cy-apres. Qui sont de quatorze pieds dedans œuure, & peuuent seruir à vn logis de vingtcinq pieds de large; pource que i'y voudrois mettre des corbeaux sur lesquels elles porteroient demy pied, & autant dedans la muraille, & non plus. Qui se faict afin que quand aucunes pieces viendront à se pourrir, par succession de temps ou autrement, qu'il soit facile à les oster & en remettre de neufue, sans rompre les murs ny rien demolir, comme lon a de coustume faire quand on veut remettre vne poutre de l'ancienne façon. Car il faut ruiner au droit du port de ladite poutre, les murailles & planchers, & faire autre grand desordre. Premier que de passer outre, ie ne suis d'aduis que lon vse des poutres & façon qu'-icy nous descrirons, pour les logis cõmuns qui n'ont que dixhuict ou vingt pieds de large, pource qu'il est facile de trouuer bois pour les faire. Mais pour ceux qui commencent auoir de vingt & quatre pieds iusques à trente, quarante & cinquante, ou tant que lon voudra, telle façon sera fort vtile, de grand profit & plus grande espargne; donnant moyen de faire chose possible qui sembloit par cy-deuant impossible. Ne faut oublier que les salles & chambres qui ont bien grande largeur, doiuent auoir les hauteurs à propos, & suyuant les mesures qui y sont requises. Par ainsi il ne sera pas laid quànd les poutres seront en anse de panier, ou auront quelque cintre & partie d'vne circonference (lesquelles ie trouue plus belles ainsi que toutes droictes) car elles se monstreront fort bien en œuure. Tant plus lesdites salles seront larges & hautes, tant plus auront de majesté & beauté. Ceste inuention donc est pour la necessité des lieux, ausquels ne se peut trouuer bois pour faire telles poutres que de coustume. Et afin qu'on ne faille à bien faire les nostres, i'ay mis cy apres quelle montee & hauteur elles doiuẽt auoir. Ce que i'ay veu par exẽple & experience à celles que i'ay fait faire; desquelles la 6. partie de leur longueur a esté conuenable pour la hauteur du milieu. Par ainsi si la poutre a 24. pieds de longueur dãs œuure, elle en aura quatre de montee par toute la hauteur de son cintre. Comme vous voyez escrit au milieu d'vne demie poutre que i'ay figuree, à laquelle y a trois rancs de courbes, deux aux extremitez, & le tiers au milieu, qui n'est encores parfaict. Si la poutre a trente pieds de longueur, elle en aura cinq de hauteur : & si elle en a trente six, en aura six : & ainsi des autres, pour les faire à ceste proportion de montee. Si voulez vous luy baillerez encores

Grande commodité des poutres de ceste inuention.

Poutres en anse de panier.

Pratique pour les Charpentiers & autres ouuriers.

Kkk ij

LIVRE XI. DES NOVVELLES

Plus a de montee vne poutre plus est forte.

moins de hauteur pour sa montee, comme au lieu de la sixiesme partie, vous ferez la septiesme ou huictiesme, si voulez. Et tant plus elle aura de montee, moins elle poussera par les costez, & sera plus forte, comme vous pouuez considerer. Si vous y mettez aussi plus de deux lambourdes par dessus (comme i'en ay figuré à ceste cy trois, marquees ABC) la poutre en sera moins chargee. Ce que vous pourrez faire, si vous n'auiez bois qui fut bien à propos pour faire les pieces des courbes à composer les poutres, lors vous y pourrez mettre trois & quatre rancs de lambourdes, car il est facile de trouuer petits arbres pour ce faire. Si est ce que ie ne me voudrois point ayder de telle façon de faire, ains me voudrois asseurer sur la force de ma poutre, & mettre seulement deux petites lambourdes pour tenir en raison les soliues, ainsi que vous cognoistrez mieux par le chapitre suiuant. Obseruez seulement que

Mesure des pieces à faire poutres.

les pieces à faire lesdictes poutres signees D, n'ayent que deux pieds de longueur, & celles qui font anse de panier, vn pied & demy auecques vn pouce & demy d'espoisseur, ou deux pour le plus. Telles mesures seront conuenables aux poutres qui n'auront

Grande facilité de l'Auteur pour bien enseigner.

que vingt & quatre pieds de longueur dans œuure. Et comme l'on sera contrainct en faire de plus longues, il faudra que les pieces dequoy on faict les courbes, soient plus espoisses & plus larges. Ainsi que vous cognoistrez beaucoup plus facilement au chapitre suiuant, qui me gardera de faire plus long discours pour le present.

Difference

INVENTIONS POVR BIEN BASTIR.

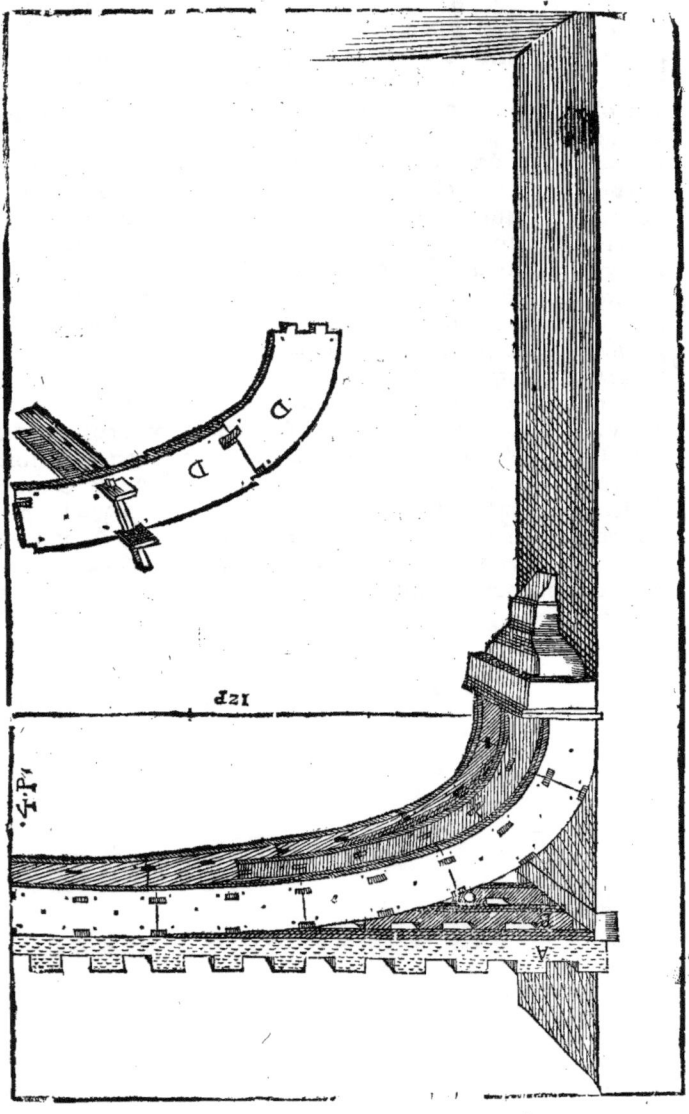

LIVRE XI. DES NOVVELLES

Difference des mesures des Poutres selon leurs longueurs & la façon d'y assembler les lambourdes qui portent les solines.

CHAPITRE III.

Venons à entendre comme les choses susdictes s'assemblent. Il vous faut considerer l'espoisseur de vos murailles, qui peuuent auoir enuiron deux pieds ou plus, & comme les corbeaux sont mis dans les murs, par dessus lesquels faut faire vne petite plate-forme de bois, pour conseruer que les poutres, au moins les pieces d'icelles, ne se pourrissent si tost: comme pouuez voir és lieux marquez B. Lesdictes pieces auront la longueur de deux pieds ou d'vn & demy, suiuant la largeur du bastiment, & la longueur de vos poutres, comme cognoistrez qu'il faudra, & sera requis donner grosseur ausdictes poutres, de deux pieds, trois pieds, ou d'vn pied & demy de large. Cela se doit considerer & cognoistre par l'edifice qu'aurez à faire. A toutes poutres qui n'auront longueur que de vingt-quatre à trente pieds, ie ne voudrois que trois rancs de courbes, telles que vous voyez marquees D E F. Et à celles qui ont longueur de trente à quarante pieds, ie mettrois quatre rancs desdictes courbes. Si elles sont plus longues, faut que chacune courbe qui est faicte de deux pieces l'vne contre l'autre, soit de trois, & que les pieces dequoy sont faictes lesdictes courbes, ayent de deux à trois, pouces de grosseur. Si vous voulez faire poutre de cinquante pieds de longueur, il faut que toutes les courbes soient de trois pieces, & chacune d'icelles, de trois pouces de grosseur, & de largeur d'vn pied & demy. Si vous n'auez le bois si large, vous les pouuez faire de deux pieces l'vne sur l'autre, pourueu qu'elles soient liees comme tel cas le requiert. Vous pouuez faire telles pieces de quatre, cinq, ou six pieds de longueur pour le plus: & la grosseur de toute la poutre sera la quinziesme partie de sa longueur. Suffira que les courbes soient pres l'vne de l'autre de demy pied, ou de sept à neuf pouces pour le plus. Les bons ingements cognoistront cela des longueurs qu'ils auront à faire. Faudra aussi considerer la nature des bois, desquels vous faictes lesdictes poutres, & n'oublier mettre dessus la plate-forme qui est erigee sur les corbeaux (où est le commencement des poutres au lieu marqué B) vne piece de bois de bout, comme vn pousteau, ainsi que l'appellent les charpentiers, au droict des extremitez d'vne chacune lambourde: qui aura de grosseur de cinq à six pouces, & sera en mortaise, assemblee sur ladicte plate-forme, & au bout de ladicte lambourde, comme vous pouuez voir en G, & H. à laquelle piece s'assemblent les liens marquez I, pour soustenir ladicte lambourde marquee N, qui est foible de soy, pour n'auoir que demy pied de largeur, & vn pied ou dix pouces de hauteur, & n'a point de for-

Enseignement digne de grande consideration.

Rancs de courbes pour les poutres.

Grosseur de toute la poutre.

Lambourde foible pour si petite largeur & hauteur.

ce ou

INVENTIONS POVR BIEN BASTIR.

ce ou bien peu, pour les places & entailles que l'on y faict à mettre les foliues, comme pouuez voir au lieu marqué K. Auſſi elle eſt ſouſtenuë ſur leſdicts liens marquez I, & deſſus la poutre aſſemblee auec les courbes, qui font ladicte poutre, faut que la courbe du milieu marquee E, ſoit plus haute en ſa largeur (principalement par le milieu) afin qu'elle ſe puiſſe trouuer entre les deux lambourdes: & qu'en mettant vn gouion de fer, pour aller d'vne lambourde à autre, il puiſſe paſſer à trauers de ladicte courbe du milieu. Iaçoit-que la figure ne le monſtre, le faut toutesfois ainſi faire. Si voulez, au lieu dudict gouion de fer ne faut qu'vne cheuille de bois d'vn bon pouce de groſſeur, ſans y mettre fer, & en pourrez appliquer en trois lieux ſemblables: l'vne au droict du milieu de la poutre, les autres à coſté à deux ou trois pieds pres du milieu, comme pouuez voir és endroits marquez P Q R. Par ainſi telles lambourdes & foliues, & autres choſes que voudrez mettre par deſſus, poiſeront également ſur ladicte poutre. Et ſi elle veut pouſſer par les coſtez comme elle feroit, à raiſon de ſa charge, elle ne le ſçauroit faire, n'auſſi reculer: voir quand n'y auroit point de muraille, pour raiſon des liernes qui paſſent à trauers les courbes & lieux marquez L. Ioinct que les pouſteaux ſont aſſemblez deſſus les plate-formes & aux lambourdes tant dextrement qu'elle ne ſçauroit reculer ny varier. Ne faut oublier quand les poutres ſont bien grandes de mettre deux gouions de cuiure, de groſſeur & longueur ſuffiſante, qui tiendront auſdictes plate-formes, & aux corbeaux qui les portent, comme i'ay dict cy-deuant. Ainſi les plates formes ne pourront reculer, car les lambourdes les tiennent en ordre par deſſus, comme vne corde: de ſorte qu'elles ne peuuēt aller ne çà ne là, quelque charge qu'on leur ſçache donner, & n'y a rien ſi fort. Vous pouuez mettre encores autre ſorte de liens qui pouſſent contre les reins de l'anſe de panier de la poutre qui eſt aſſemblee aux pouſteaux, & aux liens qui ſouſtiennent leſdictes lambourdes, ainſi que pouuez voir aux endroicts marquez M. Les liernes marquees L, ſeruent de tenir en raiſon les courbes de la poutre: & les fais mettre en œuure quaſi ſemblables à celles qu'auez veu au premier liure, pour les couuertures: vray eſt qu'au lieu quelles ſont au milieu des courbes, ie les fais mettre vn peu plus bas, & la lierne de deſſus à l'extremité de la courbe, eſtant taillee par la moitié, & la courbe par l'autre moitié. Et s'aſſemblent ainſi les liernes auec les courbes, comme le pourrez aiſément voir par la figure ſuiuante. I'ay icy voulu monſtrer la poutre imparfaicte, à fin que vous cognoiſſiez & voyez mieux comme s'aſſemblent les courbes auec leurs liernes, clefs, plate-formes, pouſteaux, liens & lambourdes. Vous verrez cy-apres vn autre figure de poutre, toute parfaicte & entiere, monſtrant comme les foliues doiuent eſtre.

Au lieu de goüion de fer cheuilles de bois.

Conſeil & aduis de l'Auteur touchant les liernes.

Pourquoy c'eſt que l'Auteur monſtre icy la poutres imparfaicte.

LIVRE XI. DES NOUVELLES

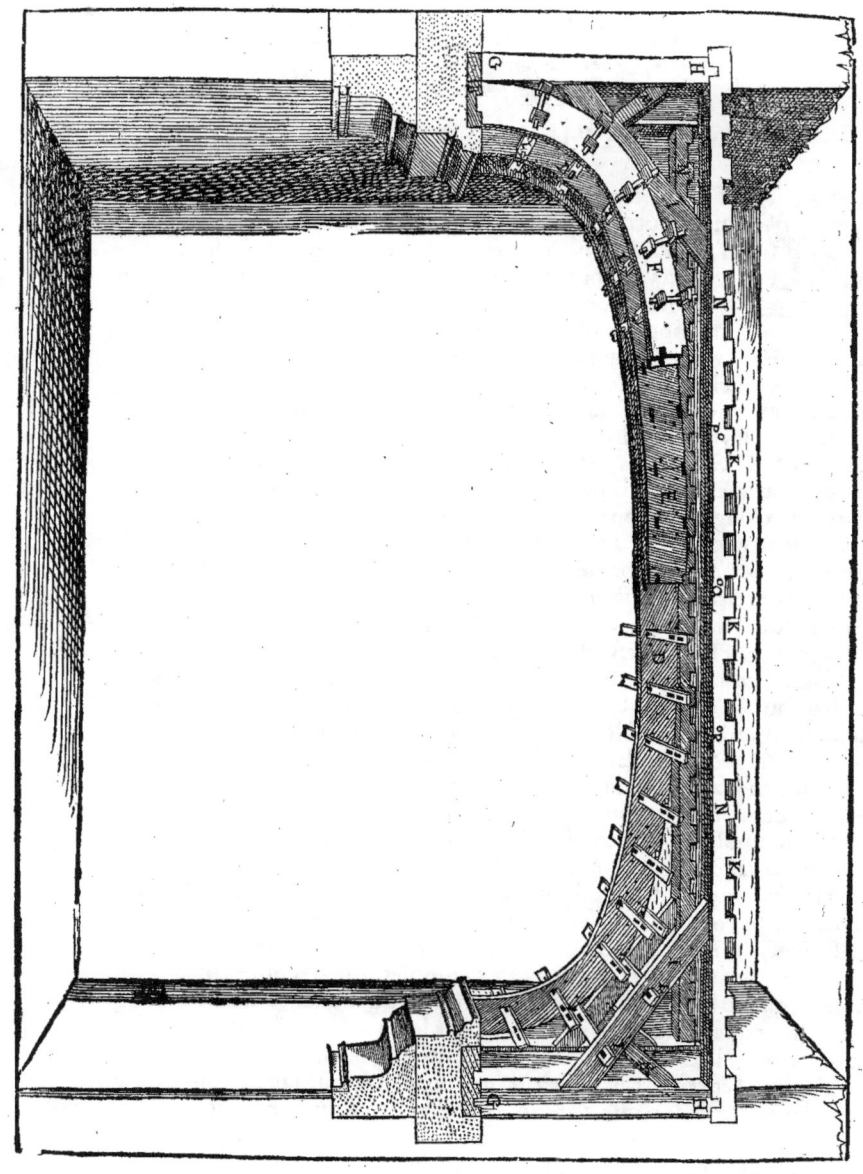

La ma-

INVENTIONS POVR BIEN BASTIR. 313

La maniere comme lon se doit conduire pour assembler les poutres, & de quelle sorte de bois doit estre faict l'anse de panier

CHAPITRE IIII.

 Fin qu'on puisse entendre parfaictement la façon de nos poutres, ie feray quasi vne redicte de ce que i'ay monstré par cy-deuant. Vous voyez que ie figure à vne chacune poutre, trois rancs de courbes (comme se peut cognoistre du pourtraict cy-apres mis pour la poutre qui est parfaicte au lieu marqué ABC) faictes vne chacune de deux espoisseurs d'aix l'vn contre l'autre. Lesquelles ie voudrois faire de trois, quand il faut que les poutres excedent vingt-quatre pieds ou trente de longueur, & signamment les deux courbes qui sont en l'extremité, comme celles de A & C. Si vous les faictes plus longues, faudra que les pieces des courbes soyent de plus grandes espoisseurs, & plus larges. Quant aux longueurs, on fera plustost faute de les faire trop longues que trop courtes. Et où lesdictes poutres commencent à faire la montee & l'anse de panier, du lieu marqué D, iusques à E, si telles pieces estoient longues, la poussee & charge les pourroient faire fendre par le dessus, à cause que le bois se retire tousiours en sa largeur, & espoisseur. Cela faict, ouurir les commissures par le dessoubs, comme au droict de F: & serre d'auantage au dessus, ainsi qu'au lieu marqué G. Parquoy faut que les ouuriers y prennent bien garde, & qu'ils tiennent les pieces plus courtes, & les commissures & assemblages de dessous plus forts que dessus. Toutefois il n'en sçauroit venir faute, voire quand le dessous seroit ouuert de demy doigt, pour les liaisons des pieces. Et aussi que lesdictes commissures sont tousiours au droict du milieu des pieces qui font la liaison. Comme quoy, si la commissure est au lieu de H, à la piece qui est deuant, l'autre qui est au pres sera au droict de I, par l'autre costé, & ainsi des autres. Il y a doncques si bonne liaison qu'il ne faut rien craindre: principalement quand les courbes seroient de trois espoisseurs. Et combien que l'œuure fust bonne, quand les commissures ouuriroient par le dessous, ce neantmoins faut que les ouuriers ne delaissent à les bien faire, & que les œuures soient le plus proprement que faire se pourra, à fin qu'il n'y ait rien à reprendre. Il seroit encores meilleur pour faire lesdictes pieces d'anse de panier (comme depuis D, iusques à E) quelles fussent prises des bois qui sont tortus ou courbes de nature, desquelz on ne faict grand cas, sinon à mettre en pieces pour bruler,

Recapitulation d'aucunes choses touchât la composition des poutres.

Le bois se retire tousiours en sa largeur & espoisseur.

Rien icy n'estre à craindre pour les bonnes liaisons

LIVRE XI. DES NOVVELLES

ou bien faire les gabors pour les nauires, ou courbes pour les bateaux. Lesdict bois tortu est meilleur à faire lesdictes anses de panier des poutres, que le droict, parautant que le fil du bois ne va droictement, mais se tourne comme la courbe & anse de panier. Estant ainsi il sera plus fort & meilleur pour resister contre la charge, & ne se sçauroit fendre comme pourroient faire les pieces qui sont de fil droict. D'ailleurs il faut prendre garde que toutes les pieces soient d'vne mesme grosseur & espoisseur: & qu'elles soient bien dégauchees, afin qu'elles se trouuent bien droictes par les costez, & qu'elles se puissēt bien fort ioindre enseble. Par ainsi elles seront plus aisees à serrer & s'entretenir sur leursdictes cōmissures à droicte ligne. Il faut aussi prendre garde à autre chose, c'est quand vous mettrez des cheuilles pour entretenir les pieces ensemble, que les trous soient fort petits, à fin que vous ne corrompiez vos pieces de bois. Car si faisiez vosdictes cheuilles trop grosses, pour cinq ou six qu'il faut à vne chacune piece, sans les mortaises qui sont par le milieu, ou passent les liernes, vous offenseriez grandement vos courbes, de sorte qu'elle se pourroient fendre plus facilement. Faut d'auantage quand vous y mettrez lesdictes cheuilles, qu'elles ne soient mises à force, bien qu'elles soient lasches: à fin qu'elles n'empeschent quand vostre poutre sera assemblee qu'elle ne puisse porter entierement sur toutes les commissures, tant dessus que dessous. Il suffit que lesdictes petites cheuilles seruent à poser l'œuure seulement. Quant tout est assemblé, ie voudrois qu'elles fussent toutes dehors. Ie croy que vous entendrez qu'il faut quatre pousteaux, deux deuant & deux derriere, cōme ceux que voyez marquez L M, qui seruent à porter les lambourdes, & aussi que la poutre ne peut reculer. Suffira qu'ils soient six ou sept pouces en quarré pour le plus, & seront assemblez à la plate-forme de la poutre, & au bout des lambourdes, comme i'ay dict cy-dessus, ne faut oublier mettre tousiours des liens ainsi que les voyez marquez N, pour seruir à soustenir lesdictes lambourdes, qui sont fort foibles, pour le peu de grosseur qu'elles ont (comme auez entendu au chapitre precedent (& pour les tailles qu'il y a pour asseoir les soliues, ainsi que voyez marquez P, en aucuns lieux. Quand tout cela est faict & assemblé, la poutre & plancher sont plus aisez à enrichir, tant de dorures, qu'autres ornements de lambriz, que ceux que lon a accoustumé de faire. Ie voy vn grand bien en cecy, & où lon peut euiter grands perils, qui ne se cognoissent aux lambris, accoustumez de faire tant aux poutres, que planchers, ausquels ils sont soustenus auec grosse vis, crampons, & grands clous de fer. De sorte que si la poutre vient à pourrir, ou a s'affaisser, ou se fendre & iarser, si les clous, ou vis faillent, & tels lambris tombent, vne infinité d'hommes y sont attrapez. Parquoy ie trouue que c'est vne chose fort dangereuse. I'en ay faict

Nature du bois tortu.

Quelles doiuent estre les cheuilles & leurs trous.

A quoy doiuēt seruir les cheuilles.

Liens pour soustenir les lambourdes.

faire

INVENTIONS POVR BIEN BASTIR. 314

faire ainsi plusieurs, & en diuers lieux (comme on m'auoit com- *Les lambris ac-*
mandé) où i'ay esté autant soigneux que m'a esté possible, pour les *coustumez estre*
bien faire arrester. Si est ce que cela m'a tousiours donné peine en *fort dangereux*
l'esprit, & ne m'en pouuois bien contenter, pour estre à la mercy
d'vn Menuisier paresseux, ou autrement, qui pouuoit cloüer telles
choses legerement. Bref, ie ne me puis asseurer de telle façon.
Ceste cy est seure, excellemment belle & fort propre pour enri- *Le lambris de*
chir comme on voudra, sans qu'il y puisse auoir danger. Et n'en *ceste Inuention*
sçauroit aduenir faute par quelque lambris, ou ornement, que *estre sans aucun*
vous y voudriez mettre. Par-autant que toutes les commissures & *danger.*
assemblage de bois, vont par engressement suiuant la montee &
circonference des poutres, & autre montee que vous pourrez
faire. Qui voudroit cacher le bout des liernes, & toutes les pieces,
tant du dedans de la poutre que du dehors, faire le pourroit, &
de tels ornements qu'il voudroit, à fin que lon ne voye les lambourdes, pousteaux, & liens. Il seroit tres-beau les enrichir en telle maniere que vous verrez au chapitre suiuant.

LIVRE XI. DES NOVVELLES

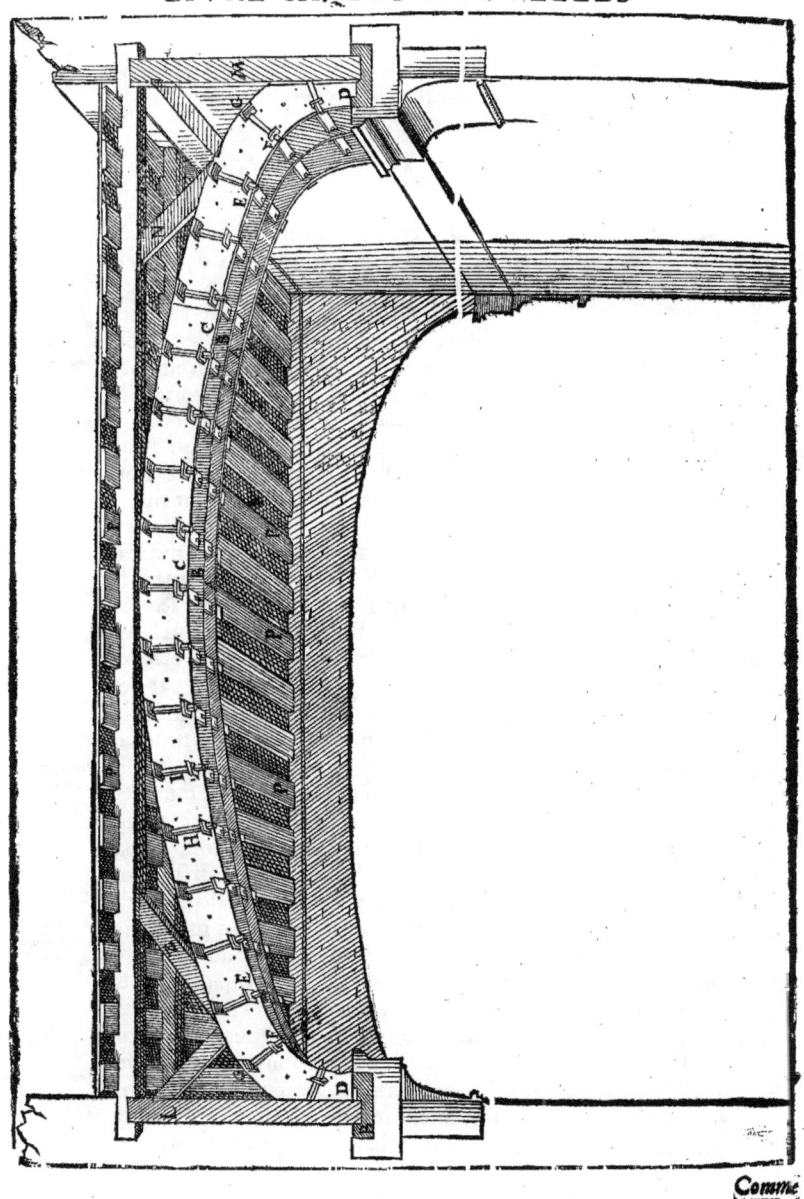

Comme

INVENTIONS POVR BIEN BASTIR. 315

Comme lon peut enrichir les poutres apres qu'elles font faictes, soit de Lambriz, de menuiserie ou de quelque composition d'Estuc, ou autre matiere.

CHAPITRE V.

QVAND toutes les poutres sont parfaictes & assemblées, comme ie vous ay descript cy-deuant, si elles sont pour seruir à vne salle ou chambre, aucuns ne trouueront beau de voir les liernes, clefs, cheuilles, pousteaux & liens estre ainsi creux par le milieu de la poutre, & voudront dire que sera vn amas d'ordures, & nichees d'araignees, qui pourroit estre vray. Mais pour y obuier il faut enrichir lesdictes poutres de quelques Lambris dorez, ou autres ornements, tant riches que voudrez, y faisant si peu de despense qu'il vous plaira. Vous y pourrez doncques proceder en deux ou trois sortes comme ie vous diray apres auoir quelque peu parlé de l'ornement que ie fis faire à vne des poutres qui furent esprouuees (comme i'ay escript) & trouuees fort bonnes par le feu Roy Henry, de qui Dieu ait l'ame. Tous les bouts des liernes & clefs estoient couuertes de mutules en façon de rouleau, ayants vne petite moulure par dessus, enrichie de fueillages & canelees. Et entre lesdictes mutules ie faisois mettre en taille de relief, deux petits enfans comme gemeaux. A d'autres vne masque d'vn visage ayant des ailes en la teste comme vn Mercure, & autres ornements qui se peuuent faire. Par dessus lesdictes mutules & ornements, i'ordonnois vne petite moulure qui regnoit comme le cintre de la poutre & anse de panier. Ce qu'aussi ie commandois faire par le dessoubs desdictes mutules, qui monstroit auoir fort bonne grace. Au dessoubs de la poutre ie faisois faire des compartiments quarrez & au milieu des boüillons & feüillages qui sont comme roses. Puis au dessus de l'anse de panier, par les deux bouts pour trouuer la quadrature & niueau du plancher de dessus, ie fis faire des figures en basse taille de demy relief, comme Victoires, ainsi que les Anciens ont mis quelquefois au costez des Voussures des arcs triomphans, par les faces au dessoubs de l'Epistyle, ou architraue, ainsi que les vulgaires l'appellent. Au droict de la lambourde ie faisois mettre vne corniche pour la cacher, laquelle faisant les bastimens, ie voudrois faire regner tout autour des murs. Car elle donneroit fort bonne grace aux soliues qui sont posees par dessus. Ainsi que vous pouuez fa-

Pour obuier qu'aucuns creux ne se voyent aux œuures de ceste presente Inuention.

Bel ornement de poutre & fort singulier.

Ornement pour le dessoubs de la poutre.

Ornement pour la lambourde.

L ll

LIVRE XI. DES NOVVELLES

cilement iuger par le deseing cy apres. Tel ornement de poutres est fort à propos pour y faire vn ordre, comme lon faict sur les colomnes Doriques. Au lieu où i'ay figuré des mutules qui cachent le bout des liernes des poutres, vous pourrez faire des Triglyphes & entre iceux des Metopes comme on faict aux frizes Doriques. I'en escrirois plus au long, & d'autres ornemens à ce propos, mais ie remets telle matiere aux ordres & ornemens des colomnes, les-

Promesse de l'auteur pour illustrer l'architecture.

quels ie vous declareray au liure que i'ay en main pour paracheuer l'illustration de nostre Architecture. Lequel vous verrez bien tost, s'il plaist à Dieu m'en donner la grace. Vous pouuez faire tels lambris & ornemens de poutre, si vous voulez, de menuiserie enrichies de moulures dorees, ou vernies. Mais ie voudrois qu'en ce faisant, les commissures & assemblage, fussent faicts suiuant le traict de la poutre, à fin que le lambris ne puisse iamais tomber de soy & qu'il se tiennent de soy mesme par engreffement. Quant aux Tri-

Tous ornemens doiuent estre faciles à oster & remettre.

glyphes qui sont sur les bouts des liernes, ie voudrois qu'il fust facile de les oster & mettre, comme aussi les Metopes (qui sont les ornemens entre-deux) & que tout ne tint qu'auec petites cheuilles, à fin qu'on les peut oster & remettre pour voir par le dedans du corps de ladicte poutre, & sçauoir comme elle se porte, & s'il y a rien qui se deperise. Semblablement au droict des deux bouts, au dessus de l'anse de panier où sont les Victoires, ie voudrois aussi qu'elles se peussent oster & remetre facilement quand on voudroit sans rien gaster. Ce faisant quand il se trouuera quelque piece qui sera pourrie, il sera facile de l'oster & en remettre vne autre sans

Grande facilité & espargne prouenant de la presente Inuention.

rien abbatre ne demolir. Par ainsi on pourra entretenir par longues annees telles poutres. Il ne faut icy oublier qu'il est fort bon que les lambris ayent plusieurs petits pertuis, à fin que le vent puisse passer & penetrer iusques au corps de la poutre, qui gardera que le bois ne s'eschauffe l'vn contre l'autre. Il sera facile de faire lesdicts pertuis dedans les yeux des masques, figurettes, fueillages, & autres lieux, de sorte qu'ō ne les pourra apperceuoir. Et faut qu'ils soient les plus petis que faire se pourra, car il suffit qu'il y ait vn peu d'air Si vous ne voulez faire la despense d'enrichir telles poutres de bois & lambris de menuiserie, vous le pouuez faire de papier batu & moulé dedans le creux, ayant tels ornemens qu'il vous plaira, tout ainsi qu'on faict les masques. Apres vous le plaquerez & attacherez

Moyen d'enrichir & couurir les poutres autrement que le bois de menuiserie.

dessus l'œuure auec des petis cloux, & le tout peindrez & dorerez comme il vous semblera. Vous pouuez faire en telle sorte par tout auec du papier battu ou papier de carte, tant par le dessoubs de ladicte poutre, que par les costez, & durera tres long temps, principalemēt quād il sera verny. Si cela ne vous plaist le pouuez faire d'autre façon, cóme si c'estoit estuc d'vne paste que vous moulerez sur

Belle façon & fort ingenieuse.

des creux, où y aura tel deuis & ouurage qu'il vous plaira. Comme on voit estre faict à plusieurs compositiōs de senteurs, oyselets de Cypre, miroirs venans du Leuant & Constantinople. Ausquels

pays

INVENTIONS POVR BIEN BASTIR. 316

pays, ainsi que i'ay entendu, ils enrichissent tous les planchers de leurs chambres & cabinets de telles façons & compositions, desquelles i'ay veu la maniere qui est aisee, tres-belle, & de petite despense. Ainsi vous pouuez orner & enrichir vne poutre comme il vous plaira: & telles façons auront autre grace & beauté que les lambris que l'on a accoustumé de faire. Aucuns voudront dire que telles poutes auront trop d'empeschement pour estre ainsi voutees, & que celles qui sont toutes droictes sont plus belles. Ie leur respons & dy, que necessité a esté cause de ceste Inuention; car aux chambres & logis que les Princes desirent faire en ce têps, qui sont de trente, & trente cinq pieds de large, vous ne sçauriez trouuer bois pour y accommoder poutres, principalement de chesne: duquel on est contrainct se seruir en ce pays Septentrional de France, pour n'auoir gueres d'autre bois. Et quand il s'en pourroit trouuer autant qu'il faudroit, les poutres faictes d'iceluy ne sçauroient guers durer, si elles ne sont soustenues ausdicts logis par le milieu: comme lon a faict en aucuns lieux, qui gaste l'estage de dessus. En baillant quatre ou cinq pieds de voussure à nos poutres, elles ne se monstrent de mauuaise graces, principalement aux grandes chambres qui ont vingt pieds, & quelque fois vingt-cinq de hauteur. Et outre ce que lesdictes poutres ne poussent les murailles & ne les chargent au pris des autres qui sont toutes droictes, elles durent vne infinité de temps, voire tant que les murailles sont murailles, principalemêt si elles ont à faire à vn bon mesnager. A fin qu'il ne reste quelque chose à redire, i'ay escrit cy apres plus particulierement que deuant, la façon des corbeaux ou mutules qui portent les poutres, à fin qu'on n'y puisse faire faute, & que tout soit au contentement des Seigneurs, pour lesquels on bastit.

Lambrissemens autres que les anciens.

Poutres longues ne pouuoir gueres durer sans par le milieu estre soustenuës.

Vtilité des poutres de ceste Inuention.

LIl ij

LIVRE XI. DES NOVVELLES

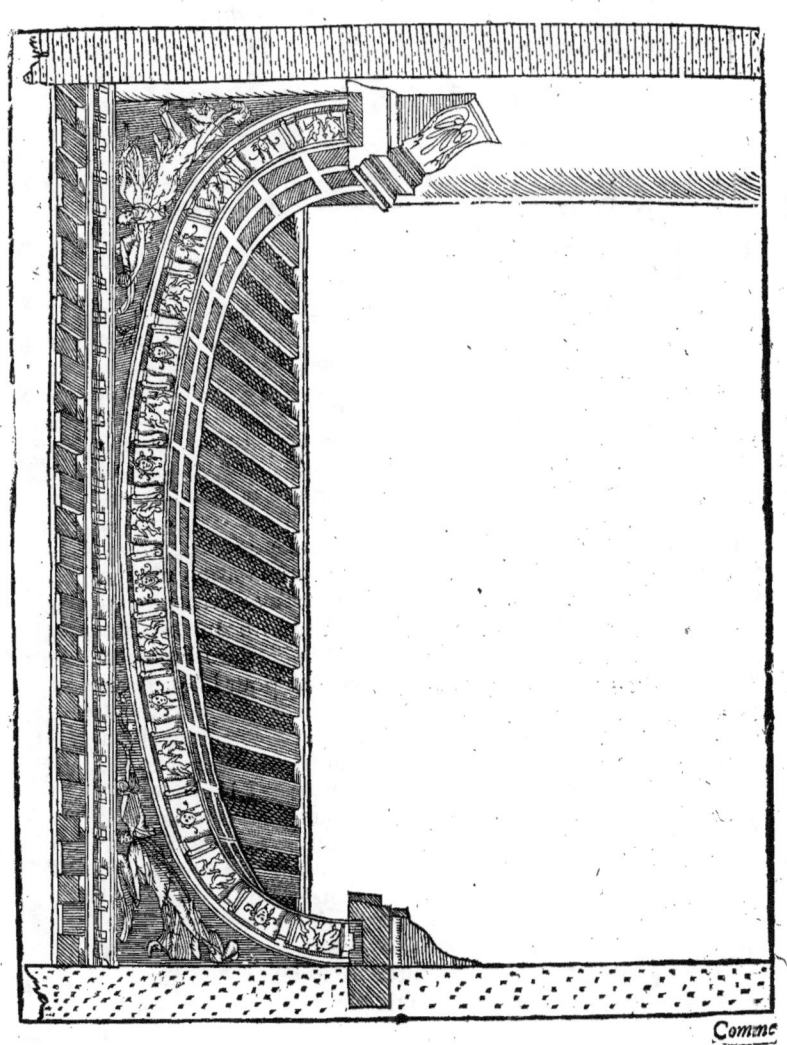

Comme

INVENTIONS POVR BIEN BASTIR. 317

Comme on doit faire les corbeaux, mutules, ou rouleaux à porter les poutres, & de leurs assiettes & commencement des soliues faites de petites pieces.

CHAPITRE VI.

POVR n'auoir descrit assez amplement à mon gré la façon des mutules, ou corbeaux à porter les poutres, i'en veux faire encore vn petit discours, pourautant que c'est vne chose d'importance, & le fondement desdites poutres erigees sur leurs corbeaux ; qui seront tousiours faits de trois assiettes de pierre de taille pour le moins, & la meilleure & plus dure que vous trouuerés au païs pour bastir. Il faut que la premiere assiette ait de saillie quelque peu, selon l'ornement que vous ferés audit corbeau, & qu'elle ait deux pieds de largeur, & de longueur autant que contient l'espoisseur de tout le mur. La seconde sera de mesme largeur, ayant d'auantage de longueur, pourautant qu'elle prendra encores plus de saillie que celle de dessous. Si vous ne pouués trouuer pierre si grande, il ne sera pas mauuais de la faire de deux pieces, & tenir la commissure en bonne liaison, & que lesdites pieces contiennent tousiours autant de longueur qu'est la grosseur du mur, si faire se peut. La troisiesme assiette sur laquelle sera assise la plate-forme de ladite poutre, sera tout d'vne piece, s'il est possible, & aussi longue que toute l'espoisseur du mur, auec la saillie qui portera la poutre de l'ornement. Il sera bon qu'elle ait pour le moins trois pieds & demy de longueur, deux dans le mur, & vn de saillie pour l'assiette de ladite poutre, & demy pour son ornement ou corniche, qui regnera tout autour dudit corbeau, & de la largeur de la poutre. Laquelle si vous trouuez auoir deux pieds de large, il faut qne telle assiette de pierre en ait trois, afin qu'il y ait demy pied par les costez pour l'ornement de sadite corniche, ou autre decoration que lon y voudra mettre. Mais faites qu'icelle assiette de pierre soit toute d'vne piece, & de l'espoisseur d'vn pied pour le moins, ou plus, suyuant la commodité que vous aurez des quarrieres. Ie serois d'auis que toutes les trois assiettes continssent trois pieds de hauteur. Ce sera à la discretion de l'ouurier, qui en pourra bien juger selon la nature des pierres, & de l'ornement qu'il voudra faire ausdits corbeaux ou mutules, & aussi suyuant la grandeur & longueur de la poutre, de laquelle il aura necessité. Ainsi l'assiette de ladite poutre sera fort bien & tres-as-

Discours accōpagné de facilité familiere à l'Auteur.

Assiette de corbeau & de ses mesures.

Autre assiette.

3. assiette.

Conference de la poutre auec son assiette.

Discretion de l'ouurier pouuoir beaucoup aider à l'œuure.

LLl iij

LIVRE XI. DES NOVVELLES

seuree. Il sera tousiours aisé d'oster les pieces de ladite poutre, & en remettre quand elles se trouuerét gastees, sans rompre les murs; pourautant qu'elle ne porte que d'vne petite partie dans lesdits murs, & sans estre maçonnés autour. Car ie ne veux qu'elle touche la muraille, ny moins le mortier. Aucuns pourroient dire que tels corbeaux n'auront bonne grace, & qu'ils donnent empeschement à mettre les tapisseries. Ie responds, que les lieux esquels on doit asseoir telles poutres, sont grands logis qui ont de vingt-quatre à trente pieds ou plus de largeur. Et pour auoir grande longueur & largeur, il faut que les hauteurs soient de mesme: de sorte qu'il ne se trouue coustumierement tapisserie si haute qu'il y faudroit. Ie voudrois volontiers qu'on fist d'vn corbeau à l'autre, des ornemens de frise, ou autre chose de peinture ou sculpture, au plaisir du Seigneur de la maison; & par le dessous des corbeaux,

Ornemens de frizes entre les corbeaux. qu'on mist au niueau des traines pour tenir la tapisserie, laquelle vous trouuerés plus conuenable & à propos pour decorer le lieu. I'ay faict à la figure suyuante les corbeaux & fondemens des poutres aux lieux marqués 1. 2. 3. en façon d'vne corniche, & vn peu plus lourds; mais c'est afin de mieux conceuoir comme ils doiuent estre. A la figure qui viendra apres, vous les trouués de meilleure

Soliues de plusieurs pieces ainsi que les poutres. grace. Aussi ie commence à monstrer en ceste presente figure, la façon comme on peut faire les soliues de plusieurs pieces, ainsi que les poutres, qui seront fondees à l'alignement du mur, & n'auront point de saillie comme les poutres. Ce que vous pouués voir par la ligne qui va de A à B, & aussi comme les poutres marquees C, sortent d'auantage sur les corbeaux ou mutules faits en façon de

Soliues en anse de panier comme les poutres. corniche. Les commencemens des soliues faites en anse de panier comme les poutres, se voyent à la marque D. Et me semble que lesdites soliues auront tres-bonne grace estans faictes ainsi de pieces; comme vous cognoistrés mieux par le Chapitre ensuiuant, & par la figure cy-apres mise.

Comme

INVENTIONS POVR BIEN BASTIR. 318

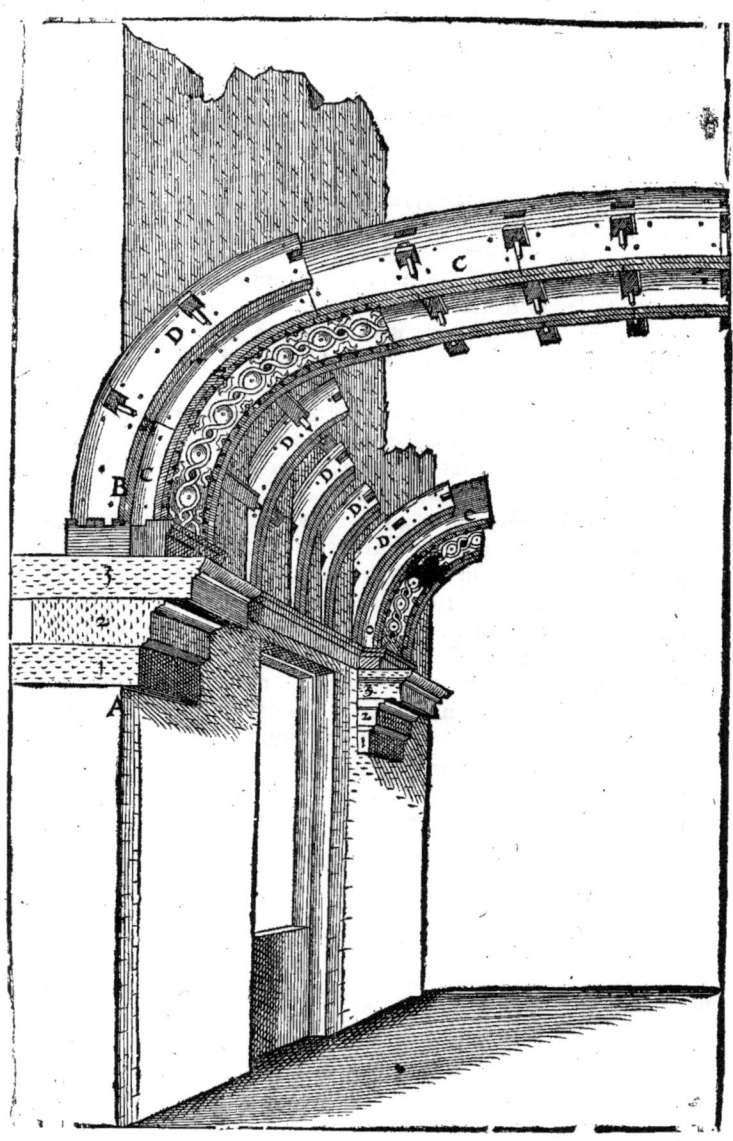

L11 iiij

LIVRE XI. DES NOVVELLES

Comme lon doit tirer les commissures des poutres des trois centres.

CHAPITRE VII.

Plusieurs esprits prompts & ingenieux.

IE vous ay monstré tout ce qui m'a semblé meilleur pour la construction des poutres, à fin d'auoir entiere intelligence de nostre nouuelle Inuention. De sorte qu'il me semble que vous en pourrez faire vostre profit, sans plus long discours. Toutesfois pource qu'ils se trouuent plusieurs gentils esprits, lesquels combien qu'ils ne facent profession d'Architecture, si est-ce qu'ils sont curieux de l'entendre, soit pour en deuiser, commander aux ouuriers, qui bastissent pour eux, la sorte & façon de laquelle ils veulent estre seruis, ou autrement: pour ceste cause, &

L'Auteur escrire tant pour les maistres que pour les aprentifs.

à fin que nostre œuure soit aussi propre pour eux que pour aprentifs & maistres, ie ne veux faillir icy monstrer tout ce dont ie me pourray souuenir: voire iusques à escrire quelquefois choses si legeres, qu'il me semble que c'est quasi moquerie de les mettre en lumiere. Ce que i'ay faict à fin que lon ne die que i'escry trop obscurement, & que ie ne veux estre entendu. Qui est cause que ie fais mes discours les plus familiers & plus intelligibles que ie puis. Si n'estoit l'empeschement qui seroit au liure, ie figurerois autre poutre de deux ou trois pieds de longueur: mais repliant tant vn papier, comme il faudroit, outre la facherie qu'il donne, il s'vse

Quelles doiuent estre les pieces, desquelles sont faictes les courbes pour les poutres.

& rend le liure difforme. Ie vous veux icy aduertir seulement de prendre garde sur tout, que les pieces dequoy vous ferez les courbes des poutres ayent toutes les commissures & ioincts tirez (vn chacun en son endroict) des poincts venants des centres d'où sont prises les montees & anse de panier, ou circonference d'icelles. Car ils se trouuent trois centres, comme vous pouuez cognoistre, vn par le milieu qui vient de loing, & deux aux extremitez qui font l'anse de panier, & commencement de la naissance de la poutre. Les trois ensemble s'adoucissent, & conduisent le cintre de ladicte poutre si dextrement (ainsi que vous pouuez cognoistre) qu'elle se monstre de bonne grace, & donne contentement à la veuë. Ie dy d'auantage, que les poutres estants tirees de tels centres, & assemblees par telles commissures qui en procedent, se trouuent d'vne force incroyable, quand elles sont construictes comme celles que i'ay descrites cy-deuant. Telles commissures & assemblages ne se voyent point pour les ornements des mutules, qui sont faicts quasi en façon de Triglyphes, & mis au droict desdictes commissures, comme vous pouuez voir & cognoistre par ladicte figure cy-deuant mise.

Inuention

INVENTIONS POVR BIEN BASTIR 319

Inuention de faire vne autre sorte de poutre de plusieurs pieces, & toute droicte par le dessous, qui se trouuera tres-forte & fort bonne.

CHAPITRE VIII.

E me suis aduisé en relisant ce present chapitre d'vne autre Inuention, à fin de satisfaire à ceux qui qui n'ont accoustumé voir poutres en anse de panier, ou ayant aucune circonference & montee: qui pourroit estre cause qu'ils ne trouueront bónes nos poutres, pour n'estre droictes, comme ils ont de coustume voir. Par ainsi ie veux monstrer comme on pourra faire vne poutre de plusieurs pieces toute droicte, & d'aussi grande longueur que voudrez, & que pourrez auoir affaire. Vray est que telles poutres sont de plus grande despense, & de plus grands cousts que celles que nous auons descrit & figuré cy-deuant. Et faut que les murs soyent bien forts & de bonne grosseur pour les porter, au prix de ceux desquels nous auons ia parlé. I'en figurerois volontiers vne, & en donnerois icy son deseing, n'estoit que le protraict ne seroit pres pour l'imprimer : par-autant que nostre œuure est ia sur la presse, & de iour en iour s'auance. Ceux qui entendent les traicts de Geometrie en comprendront aisément la façon, & noteront ce que ie veux dire, s'il leur plaist. Prenez le cas que lon vueille faire vne arriere vousure, ainsi que appellent les Maçons (qui est vne voûte toute droicte par le deuant, i'entends par le dessous, & par l'autre costé vn peu ronde, comme la quarte partie d'vne Sphere en sa circonference entiere) ainsi la poutre dont ie parle, seroit toute droicte par le dessous, & par le milieu, & au plus haut d'icelle estant faicte de plusieurs pieces. Les cómissures & assemblages seroient tirez comme si elles estoient rondes, ou ayants aucune circonference : toutefois le dessous demeure tousiours droict. Et tant plus la poutre sera longue, plus il y faudra de grosseur & de hauteur, & sera plus aisee de ce faire. Aussi entre les commissures il faudra faire aucuns trous, de deux à trois pouces en quarré, en forme de dez, pour y mettre des pieces de bois, mais il faut qu'elles soient couppees & soient mises de bois de long, comme de bois de bout contre le bois de bout, car il ne se trouueroit bien autrement, pource qu'il se retire. Et aussi par-dessus la poutre faut au lieu des charges que lon y met pour la soustenir, ainsi que les ouuriers ont de coustume les mettre en œuure, comme si c'estoit vn petit arc soubaissé de plusieurs pieces, & que les commissures viennent du centre dont sera faicte la circonference dudict arc soubaissé, qui sera fondé sur le bout des poutres : & par le milieu & aux costez dudict arc soubaissé y aura des clefs & liernes qui soustiendront les pieces de ladicte poutre, de sorte qu'elle ne sçauroit aucunement tomber, tant pour estre soustenue de son artifice & façon de traicts que pour lesdictes charges & arcs sou-

Pour faire poutre de plusieurs pieces.

Traicts de Geometrie necessaires à vn Architecte.

Continuation de ladicte poutre.

LIVRE XI. DES NOVVELLES

baiſſez. Elle peut ainſi porter vne bien grande poiſanteur, & ſe maintenir longuement en œuure, pourueu que les murailles ſoyẽt bonnes & fortes comme nous auons dict. S'il vient à propos en aucuns autres de nos liures d'Architecture, i'en feray vn deſſeing bien au long: duquel vous l'entendrez facilement, & trouuerez vne belle Inuention, non touteſfois ſi bonne que des poutres que i'ay deſcriptes cy-deuant, ny de ſi longue duree, n'a ſi petis fraiz. Et encores le principal eſt, qu'elles ſe peuuent entretenir & durer bien longuement, car on y peut pour les cauſes alleguees & produictes cy-deuant (leſquelles ne peuuent auoir icy lieu) remettre vne piece quand elle ſe trouuera gaſtee. Ce qui ne peut eſtre faict à la poutre droicte. Car ſi elle eſt pourrie par vn bout, ou aucunement gaſtee, il la faut toute abbatre, pour la refaire, qui eſt vne grande incommodité, de laquelle en tout & par tout eſt exempte la poutre que nous auons deſcripte cy-deuant.

D'vn corbeau ou mutule faict en plus grand volume que ceux que nous auons deſcrit cy-deuant. Enſemble vn diſcours comme lon ſe peut aider des buches de mouleà faire poutres, & du bois de coſterez (ainſi qu'on parle à Paris) pour faire les combles & couuertures de ceſte Inuention.

CHAPITRE IX.

Corbeaux ou mutules de grãd volume.

I'AY voulu deſcrire encores vne autre ſorte de corbeaux ou mutules à porter les poutres, & en plus grand volume que les precedents, afin que lon en puiſſe auoir meilleur jugement. Et en ay deſſeigné deux pour ſeruir à vne meſme choſe, à celle fin que vous en voyez de front; comme il ſe voit à celuy qui eſt marqué A, au droit de ſa corniche, & au deſſus eſt le cõmencement de la poutre: l'autre qui eſt aupres marqué D, eſt le coſté dudit corbeau qui ſe voit en profile, comme les ouuriers ont de couſtume parler. Vous voyez cõme il ſera aiſé d'en faire les trois aſſiettes de pierre l'vne ſur l'autre, comme i'ay dit cy-deuant qu'il les faut faire. La corniche marquee D, ſera pour vne,

Conſeil & aduertiſſement de l'Auteur.

& le rouleau qui eſt au deſſous ſe fera de deux aſſiettes, ayant vne cõmiſſure au milieu. Ie voudrois que le deſſus de la corniche de ce qui eſt de ſaillie plus que les groſſeurs de la poutre fuſt en pente & non point en niueau, afin que lon puiſſe mieux voir ladite poutre, & auſſi il ne ſera ſi facile à amaſſer poudre, comme il ſeroit ſi ladite corniche eſtoit droicte. Qui voudroit deſcrire toutes les parties de ſa corniche, les rouleaux, moulure & caneleure, ou ſtrieure, ſeroit choſes lõgue: au liure, que ie dõneray des ornemés des colõnes ie feray tãt de ſortes de corniches & autres ornemẽts (leſquels ie mon-

Briefue declaration de la figure enſuiuante.

ſtreray à l'œil auec leurs proportions & meſures) qu'ils aduiſeront tous bõs eſprits d'en pouuoir inuenter d'autres ſortes, tant de corbeaux qu'autres façõs de corniches. Pource il me ſemble, qu'il n'eſt de beſoin d'en faire plus grand diſcours, attendu que le pouuez bien cognoiſtre par la figure cy apres: non ſeulemẽt des corbeaux, mais

encores

INVENTIONS POVR BIEN BASTIR. 320

encores comme doit estre la plate-forme de la poutre qui est sur ledict corbeau, & faict le commencement d'vne poutre signé F, auec son pousteau, liens & l'abourdes ensemble, dont ie ne vous en feray plus long discours, pource que vous aurez le tout entendu par cy deuant: auquel lieu ie crains d'auoir plustost trop escript que peu. Ie vous descrirois volontiers encores autres façõs de poutres, qui feroient aussi fortes & aisees que celles icy, mais ie veux attendre & cognoistre comme lon receura ce mien premier labeur: duquel si i'aperçois qu'on sçache tirer fruict, & que lon s'en contente, ie prendray grandissime plaisir de faire cy apres chose qui soit aggreable à ma Patrie, & à toutes personnes de bon esprit: leur dõnant de bon cœur tout ce que ie me pourray aduiser estre necessaire à l'Architecture. Ie dy vne infinité de choses recouuertes en mõ temps, & d'autres inuentées par moy, desquelles ie n'auois iamais ouy parler. Et pour le grandissime profit & plaisir quelles apportoient à la Posterité ie ne les voudrois enseuelir auec moy, ains plustost les faire viure apres moy. Or entrons à propos, s'il vous plaist. Pour les sortes des poutres que ie veux parler, il ne faudroit de plus grand bois pour les faire que de buches de moule, desquelles lon vse ordinairement à Paris pour bruler, qui n'ont que quatre pieds de longueur, & enuiron huit pouces de largeur, voire les plus grosses. Lesquelles il faudroit mettre encores en trois ou quatre pieces, pour en pouuoir tirer du bois qui seroit suffisant à faire poutres de la longueur de six, huit, ou dix toises, ou plus qui voudra. Pour faire les combles des couuertures, à la necessité où ne se trouueroit bois à propos, il n'en faut point d'autre que celuy qu'on pourroit choisir aux costerets que lon vêd à Paris pour bruler, qui n'ont enuiron que deux pieds de longueur: car il suffit que les pieces pour lesdicts combles soient de telle longueur, accõpagnee de deux pouces de diametre ou largeur. Et iaçoit que ledict bois fust quarré soubs la mesme largeur de deux pouces, ou tout rond, ou arondy, ou comme vous voudrez, en vn besoin auec l'escorce, ainsi qu'il vient de la forest, sans y faire autre chose (sinon coupper les bouts par engressement, suiuant la montee & rondeur que voudrez donner à la couuerture & comble que vous desirez faire) il sera tres bon, & n'y faudra autre bois, sinon quelque petits aix de six pieds en six pieds, pour tenir l'œuure de charpenterie en raison iusques à ce qu'elle soit assemblée. Car apres ce, vous pouuez oster lesdicts aix, si vous voulez, & le couurir, ie ne diray d'ardoise ou de tuilles, mais de pierre de taille si vous voulez, tant est forte & asseuree ceste Inuention. Et si l'œuure est bonne, encores est elle plus belle à voir: principalement si ces petites pieces sont toutes tournées autour pour les entrelassements & assemblages qu'il y a. Et ce suffira quant au present propos & chapitre.

Buches de moule propres à faire poutres de ceste nouuelle Inuention.

Bois de costerets propres à faire les combles des couuertures.

Grande facilité d'enseigner & monstrer.

Combles de la presente Inuention forts à merueilles.

LIVRE XI. DES NOVVELLES

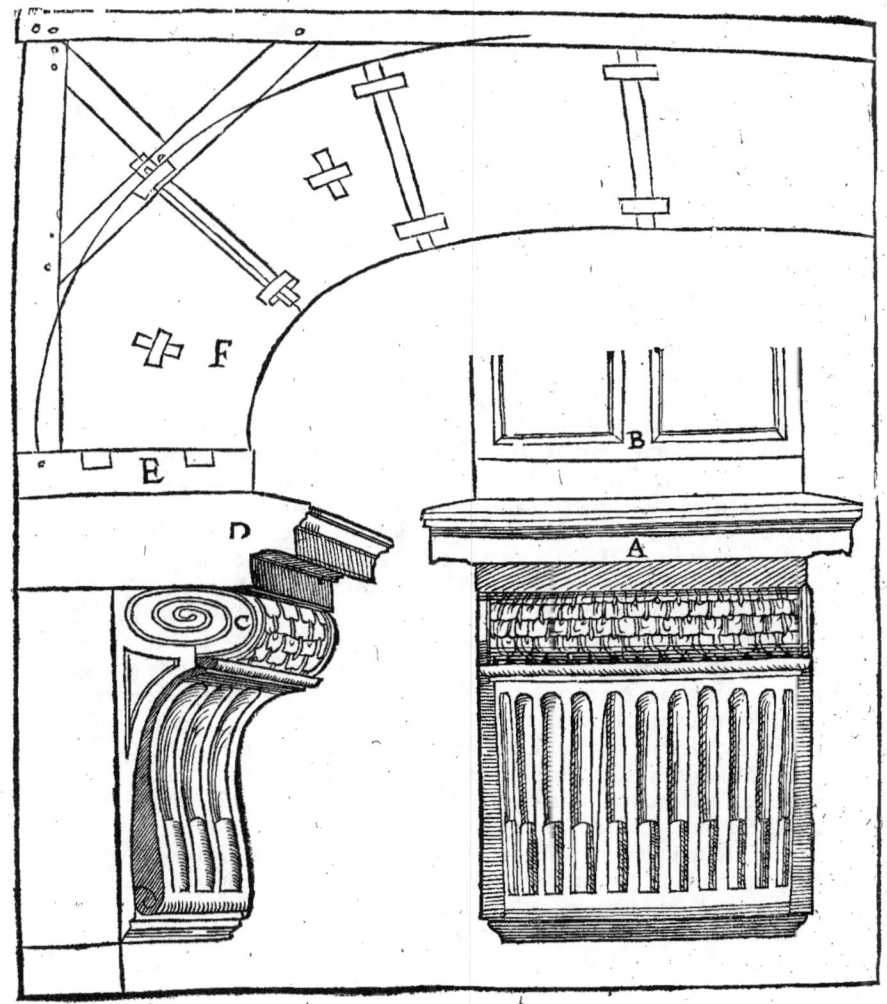

Pour faire

INVENTIONS POVR BIEN BASTIR 321

Pour faire Soliues de toutes petites pieces d'aix, & seront en Anse de panier, ainsi que les Poutres. CHAPITRE X.

CEVX qui ne pourront trouuer bois à propos pour faire soliues, les pourront faire de petites pieces, comme les poutres ou combles des couuertures, en telle façon: Apres que les corbeaux sont faicts, & leur corniche ou moulure (qui à enuiron demy pied, ou cinq pouces de hauteur & autant de saillie) il faut qu'elle regne d'vn corbeau à autre, & tout au long des murs & au niueau, comme pouuez voir à la figure aux lieux marquez A B C. Par dessus vous erigerez de deux pieds en deux pieds les courbes qui seront faictes de pieces de trois pieds de longueur, & enuiron vn pouce d'espoisseur, & huict ou neuf pouces de largeur, comme voyez marqué D E F G. Et auront leurs liernes au droict de la deuxiesme des plus hautes qui sont aux poutres, ainsi que voyez aux lieux marquez H: à fin que lesdictes poutres se puissent monstrer de saillie d'auantage plus que le plancher & soliues, & autant qu'elles ont de saillies sur les corbeaux. Mais il faut prendre garde que les pieces desquelles seront faictes les soliues, soient conuenables & sortables à celles des poutres, à fin que toutes les mortaises desdictes poutres & soliues soient à ligne droicte, & que les liernes y puissēt passer sans contraincte: car cela donnera à l'œuure fort bonne grace. Toutes les soliues seront erigees à l'alignement du mur, & au droict de chacune courbe par le dessoubs, vous pourrez mettre vne petite moulure cloüee, ou en rongneure (ainsi que les Menuisiers l'appellent en ce pays) qui seruira à porter vn petit lambriz de bois, ou autre matiere entre les courbes des soliues: cōme vo⁹ voyez aux lieux marquez K. En tels compartimens & lambriz, vous pourrez mettre des petites moulures enrichies, lesquelles pourrez faire peindre, dorer, vernir, ou illustrer d'autre sorte d'ornement que voudrez: qui cachera tous les assamblages des courbes, & se pourra faire à bien peu de frais. Vous pouuez aussi faire des moules creux, esquels sera engrauee ou taillee telle figure, ou tels fueillages & animaux que voudrez: ainsi que nous auons escrit cy deuant, quand nous parlions de l'ornement & enrichissemēt des poutres. Ie vous en dōnerois plusieurs autres façons, si ie ne craignois estre trop long, & entrer hors de propos. Ie vous puis bien asseurer qu'on ne verroit chose plus belle, ne plus riche pour plancher, ainsi que ie la descrirois, & tiendroit sur le bois tant qu'il seroit bois, ne chargeant aucunement le plancher, qui seroit pour ceste cause moins en danger de tomber que ceux qui se font ordinairement, ainsi que i'ay dict cy deuant. Qui voudra, y pourra faire & appliquer de de beaux tableaux à huile, enrichis par les bords de telle composition que i'ay parlé. Ce seroient choses rares, & de plus grande loüange encores, pour les pouuoir oster & mettre, comme on voudroit. Et quand il aduiendroit qu'on vouust reuoir

Soliues faictes de petites pieces comme poutres & combles.

Comme doiuent estres erigees les soliues.

Decoration des lambris & compartimens.

Decoration du plancher fort belle & riche.

Ouurage de charpenterie facile à oster & remettre.

Mmm

LIVRE XI. DES NOVVELLES

la charpenterie, & la visiter pour y mettre quelques pieces; on pourroit oster tous les ornements & peinctures, & les remettre sans rien gaster, & n'estre en danger de iamais tomber.

INVENTIONS POVR BIEN BASTIR. 322

Comme on doit faire les fenestres croisees plus hautes que la naissance des poutres, à fin de donner meilleure clarté ou plus de iour dedans les lambris.

CHAPITRE XI.

PARAVTANT que les salles & chambres se trouueroient melancholiques si les fenestres croisées, ou autre, n'excedoient qu'enuiron le plus haut des corbeaux ou mutules (où est fondee la naissance des poutres, comme vous voyez à la figure cy deuant marquee L) pour ceste cause ie conseille faire lesdictes fenestres plus hautes de trois ou quatre pieds, quasi autant que la montée des poutres, afin que la clarté puisse donner dedans les lambris: Ainsi que i'ay figuré au deseing cy-apres, où vous voyez que les dernieres fenestres sont dedans les lambris, au droict des soliues faictes en courbes. Ie suis aussi d'auis quand vous aurez mis telle croisee au droict d'vne trauee entre deux poutres, qu'à l'autre qui est aupres n'y en ayt point, mais bien à l'autre costé de la salle en ce mesme endroit. Il sera plus conuenable & plus beau que les croisees ne soient point au droict l'vne de l'autre : car si les fenestres sont à l'oposite l'vne de l'autre : y a tousiours ombre & obscurité, par les costez entre lesdictes fenestres: laquelle rend ordinairement les lieux melancholiques. Qui veut voir cela par experience, le peut cognoistre au bastiment que ie fis faire à sainct Maur des fossez prez Paris: lequel a esté le premier en France, faict pour monstrer comme l'on doit obseruer les proportions & mesures d'Architecture, en ce qu'il peut contenir. Aussi il se peut voir à la salle & gallerie du chasteau d'Annet: & à la grande gallerie que i'ay faict construire de neuf au chasteau de sainct Legier, en la forest de Montfort, qui est tres-belle à voir, estant accompagnee de deux pauillons & vne chapelle au milieu. Il y a assez d'autres lieux esquels i'ay ordonné tellement faire. On peut commander mettre ainsi les croisees, qui auront bonne grace. Le deuxiesme croisillon marqué G, se pourroit accommoder à la hauteur d'vne petite corniche que lon feroit aux mutules & corbeaux qui portent les poutres & regneroient tout autour de la salle, & au niueau dudict croisillon marqué G, comme si c'estoit vn plinthe ou corniche syncopee. Ie pense assez d'autres decorations que lon peut faire dans les logis, lesquellesie laisse à la discretion du Seigneur, & de son Architecte, qui en ordonneront se-

Chambres & salles melancholiques par faute de clarté.

Fenestres ne doiuoir estre opposees l'vne à l'autre.

Chasteau d'Annet & S. Legier.

Mmm ij

LIVRE XI. DES NOVVELLES

lon leur volonté, & bon esprit. Me suffit vous monstrer seulement comme les croisees doiuent monter plus haut dans les lambris des foliues, ainsi que voyez que lesdictes foliues sont cómencees par les costez marquez I, cótinuans & passans outre: lesquels on couurira de lambris de menuiserie, ou autre matiere, ainsi que vous voyez cómencé aux endroits marquez C D E F. Ie ne vous escris cóme il faut par le dessus dresser le plancher pour le mettre au niueau, à faire l'aire des chambres ou salles, qui serót au second ou troisiesme estage: pource qu'il sera tres facile à tous qui font professió de cest art (tát peu de iugement sçauroient ils auoir) à les faire de telles pieces de courbes, comme i'ay descript les foliues, qui iront contre les costez des murs pour dresser l'aire, comme si c'estoient autres foliues droictes. Si ainsi ne le voulez faire, vous pourrez mettre au long des murs quelques foliues, comme si c'estoient sablieres par dessus les poutres pour y accommoder les aix, desquels sera dressé le plancher, sur lequel sera mise l'aire faicte de plastre, ou de carreau de terre cuitte, ou de lambris de menuiserie, ainsi qu'il plaira au Seigneur. Cela estant tres-aisé, me donne occasion ne plus rien dire pour ceste heure des poutres & foliues. Vous pourrez cognoistre par la figure mise cy-apres, le discours du present chapitre.

Comment doiuēt monter les croisees.

Plusieurs choses se peuuēt laisser au iugement des bons esprits.

Briefueté fort familiere à l'Autheur.

Aduertissement

INVENTIONS POVR BIEN BASTIR.

LIVRE XI. DES NOVVELLES

Aduertissement des dangers qui peuuent aduenir, à cause de la façon des planchers quarrez, pour les lambriz que les Seigneurs y font mettre. Et de l'experience que i'en ay euë, au grand danger des Princes, Seigneurs & autres.

CHAPITRE XII.

Perils & dangers pour la façon des planchers quarrez.

E ne veux icy faillir d'aduertir vn chacun des perils & dangers qui aduiennent aux bastiments à cause de la façon des planchers quarrez, ainsi que i'en fis faire à Annet malgré moy, pource qu'il m'estoit commandé. Pareillement à la chambre du Roy qui est au pauillon sur l'estang à Fontaine-bleau: où i'ay faict faire aussi vn petit cabinet tout auprès sur la terrasse, qui à fort bonne grace. Mais ie ne me trouueray iamais sous planchers quarrez ou droicts, auquel y ait lambris de menuiserie, que ie n'aie peur, pour le grand danger & l'experience que i'en ay veu. Car

Inconuenients venants des lambris, & les causes.

outres la grande charge & poisanteur qu'il y a, & la peine que lesdicts lambris donnent aux poutres & soliues, pour la grande multitude des pieces qu'il y faut, lesqu'elles ne se montrent en œuure sous telle quantité, quelles font estans desassemblees, ils font tout incontinent aroner & affaisser lesdictes poutres, & sont soudain corrompües, pour estre entaillees par le milieu & aux costez, à fin d'y assembler & tenir tels lambris. Outre ce il aduient quelquefois que les crampons & vis de fer qui les tiennent, se rencontrent sur quelque neud de bois, ou quelque piece qui est eschauffee, fendüe ou ayant beaucoup d'aubours ou pourritures, qui est cause que le lambris n'est asseuré. Autres inconuenients peuuent aduenir

Autres causes d'où viennent inconuenients par lambris.

pour le bois qui aura esté mis verd en œuure, ou pour n'auoir point d'air, qui faict qu'il se pourroit eschauffer de soy mesme incontinent: ou bien pour auoir esté abreué d'eau, qui auroit pourry le dedans de la poutre, ou pour autres incommodité qui y peut suruenir & s'y rencontrer. Come i'ay veu par experience en diuers lieux: & entre autres audict pauillon de Fontaine bleau, qui est sur l'estang, comme i'ay auerty cy deuant, &n'ay crainte d'en faire reditte pour la grand'importance que c'est, à fin de se garder d'inconuenient. Et aussi aux poutres qui estoient en la salle, couuerte de tels lambris. lesquelles se trouuerent toutes pourries sans qu'on le peust cognoistre, pour estre cachees desdicts lambris. De sorte qu'aucunes fussent tombees sans les moulures d'Estuc qui faisoient quelques ornements au long des murailles, & les entretenoient,

estants

INVENTIONS POVR BIEN BASTIR 324

eſtants ſi fort gaſtees, que quand il les failloit deſcendre, elles ne pouuoient ſi bien tenir au cable de l'engin, qu'elles ne tombaſſent par pieces. Ie m'aſſeure que ſi elles fuſſent tombees d'elles meſmes elles euſſent mis le pauillon par terre, pour le grand branle & coup qu'elle luy euſſent donné. Ioinct que la maçonnerie dudict pauillon ne vaut gueres. I'ay bien voulu declarer tout cecy pour le grand danger qui eſt à tels lambris quarrez, venants d'vne tres-mauuaiſe inuention. Et auſſi que lon prenne garde qu'il n'en aduienne mal aux perſonnes: & que ceux qui en voudront faire deſormais y penſent. I'ay veu ſouuent les Princes & Seigneurs en tres-grands perils par choſes ſemblables: & n'euſt eſté la diligence que i'y prenois, ils l'euſſent peu aperceuoir.

Pauillon de Fontaine-bleau.

Des maladies qui aduiennent au bois qu'on met en œuure. Auſſi quelle choſe on doit faire pour longuement conſeruer les poutres & ſoliues faictes de pieces, comme tout autre bois, à fin qu'il ne ſe pourriſſe ſoudain.

CHAPITRE XIII.

AFIN qu'vn chacun ouurier face bien ſon deuoir, & ſerue les Seigneurs tres-fidelement, ie ne veux faillir icy monſtrer tout ce dont ie me pourray aduiſer pour l'vtilité & profit de tous. Et pour autant qu'il faut cognoiſtre la maladie & ſes cauſes, deuant qu'y donner les remedes, i'eſcriray tout premierement les cauſes des maladies & corruptions du bois, afin de plus facilement y trouuer & ordonner remedes propres & idoines. Tous bois ſe gaſtent, encore qu'ils ſoient de bône nature, s'ils ne ſont coupez en la ſaiſon qu'il faut, comme i'ay eſcrit au premier & ſecond chapitres du liure precedent. Il aduient ſouuent que les marchands les font couper incontinent qu'ils les ont acheptez, à leur commodité & à l'aduenture, n'ayans autre regard qu'en tirer l'argent qu'ils deſirent. Et pource aduient quelquefois que le bois eſt debité par les ouuriers eſtant encores tout verd, ou abreué d'eau, ou bien ayāt quelques neuds pareillement abreuuez, voire iuſques au cœur, qui gaſte les pieces qui en ſont miſes en œuure. Il ſe cognoiſt auſſi eſtre malade par dedans pour les rongnes ou mouſſes qui iette par dehors, comme ſi c'eſtoient champignons ou mouſſerons. Il a auſſi vn autre mal pour eſtre eſchauffé, & lors il deuient comme tout poüilleux, ayant pluſieurs petites taches blanches, noires ou rouſſes, ainſi que pourritures. D'ailleurs luy aduient vn certain mal & corruption de l'aubour, principalement quand il eſt aſſemblé contre vn autre. Il ſe gaſte auſſi, & ſe fend tout au trauers pour le haſle

Bonne choſe de vouloir aider au profit plublic.

Cauſes de la corruption du bois.

Mmm iiij

& faict force jarsures. Et souuétesfois quand on achepte ledit bois, soit en grandes ou petites pieces, cela ne se móstre point, mais bien incontinent apres qu'il est mis en œuure, faute d'estre employé cóme il doit. Quant aux remedes pour les conseruer en œuure, apres auoir choisi le meilleur (car se seroit grande folie, le cognoissant mauuais, de le vouloir employer) il seroit profitable qu'entre les aix, ou pieces qui sont l'vne contre l'autre, y eust de petites lattes entre-deux, afin que le vent & l'air y puissent passer, tant peu que ce soit sera assez: car ie crains que lesdicts aiz ou pieces, estans l'vn côtre l'autre, pour n'estre encores bien seiches, n'ayét quelque humidité, qui seroit cause de les eschauffer, s'il n'y a difflation ou euentement, dont pourroit suruenir pourriture & corruption : jaçoit que ie n'aye veu encores cela aduenir, si est-il fort à craindre. De

Propos philosophique & digne de noter.

sorte que i'ay tousiours commandé aux ouuriers d'ainsi faire, & y prendre bien garde, combien qu'ils ne l'ayent fait par tout; car faudroit tousiours estre prés d'eux. Quand ils auront veu l'experience du mal qui en aduient, ils seront plus soigneux de bien seruir & d y

Experiëce maistresse des sols & ignorans.

entendre plus curieusement. Il seroit encores beaucoup meilleur, qui voudroit auoir la curiosité de bien faire, mettre entre lesdicts aiz ou pieces de bois, audroit des cheuilles qui les entretiennét, de petites buches ou annelets de cuiure, quasi cóme ceux des rideaux de licts, pour y faire quelque separation, afin que le vent y puisse penetrer. Seroit assez quand ladite separation & entr'ouuertures, auroit l'epoisseur d'vn teston, ou moins, iamais le bois ne s'eschaufferoit, & se conserueroit longues années. Aussi il faut qu'à vos poutres & soliues, estans lambrisées de quelques ornemens, cómevous pouuez voir en la figure cy-deuant, aux endroits marquez A B C D E F, vous laissiez quelques petits trous par cy par là, qui ne se mó-

Petits trous aux poutres & soliues lambrissees.

streront point du gros d'vn petit poix, afin que le vét aille par tout le dedans des poutres, & lambris des soliues. Le bois qui sera de bonne nature, bien assaisonné & sans aucune humidité, estát bien sec, n'a que faire de tant grande obseruation & curiosité si est-ce que meilleur est le faire ainsi; car il ne se sçauroit eschauffer ny endommager estant en œuure. D'ailleurs regardez sur tout quand vous mettrez vos plattes formes, poutres & autres sortes de bois, qu'elles ne touchent le mortier ny le plastre; car cela fait échauffer le bois & le pourrist. Il les vous faut donc maçóner tout autour de terre d'argille auec des tuilleaux ou brique, & qu'il s'en faille demy pied qu'elles ne touchent la maçonerie faite de mortier de chaux. Qui ne pourra treuuer d'argille, tuilleaux ou brique, il faut mettre autour du bois & des fueilles de fougere en quantité, cela cóserue fort le bois & le deffend de pourriture. Sera aussi fort bon de faire au bout des poutres dedans le mur, vne petite espace ou voute toute vuide & creuse, tout ainsi cóme vn petit trou où se mettent les pigeons entrás par le dehors dedans les murs, & au droict de ladite

INVENTIONS POVR BIEN BASTIR. 325

dite espace ou voûte faire vn petit trou du gros d'vn pois, où entrera vn air ou petit vent, qui rafrechira le bois, & entretiendra la poutre & le lambris, de sorte qu'ils ne se pourriront ne gasteront de longues annees, comme le bois lambrissé, qu'on a accoustumé faire qui par faute d'air s'eschauffe, dont apres vient pourriture. Si vous obseruez ce que dessus, & donez ainsi air, principalement par le plat, & par les costez de vostre bois (car de bout en bout n'y a point de danger pour la force naturelle qu'il a en soy) il se conseruera tres-longuement. Par ainsi vous voyez que ceste nouuelle façon & inuention a vn tres-grand aduantage & profit, au pris de l'ancienne. Car si quelque piece de bois se gaste ou se pourrist, vous la pouuez oster & remettre tout incontinent s'il vous plaist, sans rien abbatre ne demolir, comme il se faict aux autres charpenteries. Et encores quand le maistre de la maison seroit paresseux d'y prendre garde, s'il y a de pourry & gasté la quarte partie, ou la tierce, il ne faut craindre qu'il en vienne faute pour les liaisons & assemblages qui sont les vns auec les autres. Si est ce que ie conseilleray tousiours n'attendre iamais telle necessité, & ne laisser rien deperir ne gaster, ains refaire incontinent ce qui sera interessé. Car pour vn grand blanc qu'il vous cousteroit auiourd'huy, d'icy à vn an il vous en coustera trois. De sorte que plus attendrez plus y despendrez. Sera doncques tres bon que de six ans en six ans, ou de dix ans en dix ans, faisiez visiter vostre maison, si plus souuent ne le voulez faire, comme font les bons mesnagers. Ce sera la iournee d'vn homme, qui auec vne eschelle pourra oster & remetre les panneaux, ou pieces pour voir le dedans des charpenteries, sans faire eschauffer ny auoir engin pour y besongner, à cause des pieces qui sont fort legeres & aisees à manier.

Esuentement & difflation tres-vtile.

La presente Inuention auoir plus de profit que l'ancienne façon.

Dilation & attente perilleuse aux bastimens.

Comme on se peut seruir en diuerses sortes de ceste Inuention nouuelle, & de la commodité, profit, & grande espargne qui en peut reuenir, auec vn sommaire & recapitulation de plusieurs choses reprinses de tout ce present œuure.

CHAPITRE XIIII.

E trouue vne infinité de profits, espargnes & commoditez, lesquelles prouiendront de ceste nouuelle Inuention. Le premier profit est, qu'il ne sera plus besoing de bastir les murailles si grosses comme aucuns ont coustume de faire: laquelle chose rendra les logis fort plaisants, beaux & agreables. Qui ne void, ie vous prie, les maisons où sont murailles de grande espois-

Premier profit prouenant de ceste nouuelle Inuention.

feur, estre si melancholiques, outre la despense qui y est superfluë, qu'elles semblent plustost prisons que maisons pour habiter, & conseruer sa santé. Veritablement telles habitations ne sont si saines, que celles qui seront faictes de grosseurs de murs, dont i'ay parlé cy-deuant, & escriray plus au long quelque jour, si Dieu me le veut permettre.

Secōd profit venant de la presente Inuentiō. Le second profit de ceste Inuention est, qu'il ne faudra plus mettre de fer, ou ferrures aux charpenteries comme lon a de coustume; qui emporte vne despense tres-excessiue ainsi que i'ay veu, principalement quand les œuures sont conduites par hommes qui ne sont naiz à commander, & le plus souuent ne sçauent la fin de ce qu'ils font, se confians par trop à la force des ferrures.

Le troisiesme profit est, qu'il ne faudra plus qu'achepter bois de toutes sortes de petites pieces, sans s'ayder de grandes pannes, sablieres poutres, chevrons, pousteaux, & autres sortes, pour lesquelles il faut employer de grands arbres, qui sont en ce païs fort rares, & n'en auons à faire en nostre presente Inuention: parquoy elle est d'vne tres grande espargne, & telle que tant plus l'œuure sera de grande entreprise, tant plus y sera l'espargne cogneuë, au regard de ce qu'on faict maintenant. Le tout selon la commodité du païs où lon bastist. Ce que i'ay cogneu par exprience au grand comble du chasteau de la Muette de S. Germain en Laye, dont i'ay parlé cy-deuant, qui a soixante pieds de large dedans œuure, ainsi que i'ay dict. Car qui l'eust faict comme lon a de coustume, il y eust esté plus employé de bois dix fois qu'il n'y a.

Quatriesme profit de ceste Inuention. Le quatriesme profit est en l'espargne des grandes voitures, cordages engins eschaffauts, & beaucoup de temps qu'il faut par necessité perdre, pour le recouurement de tant grandes pieces qu'il est besoing de recouurer pour la vieille façon. Ie dy d'auantage qu'au lieu où lon met vn an à faire la charpenterie commune, celle de nostre Inuention pourra estre faicte en six sepmaines ou deux mois pour le plus, estant le bois tout prest.

Cinquiesme profit de la presente Inuention. La cinquiesme commodité & espargne, prouenant de nostredite Inuention, est aux ferrures & ferremens, desquels elle n'a besoin comme les grands bastimens du jourd'huy. Lesquels si vous considerez diligemment, combien y trouuerez-vous de sortes d'anchres & barreaux de fer pour retenir les murailles? cōbien de ferrures, de gauions, & grandes cheuilles de fer, accōpagnees de plusieurs grandes barres pour soustenir & entretenir les charpenteries? Ie croy veritablement que telles ferrures aux grands bastimens ne sont gueres de moindre despense & fraiz que tout le bois de nostre nouuelle Inuention, à laquelle il ne faut pas seulement vn clou.

Sixiesme profit de nostre Inuention. La sixiesme commodité est en l'espargne de l'ardoise, parautāt que dessus nos couuertures rondes, il n'entre pas quasi la moirié
de

INVENTIONS POVR BIEN BASTIR.

de ce qu'il faut aux grandes couuertures anciennes, poinctuës & piramidales. Il est bien vray que la façon de mettre ladicte ardoise en œuure coustera d'auantage, pource qu'au lieu où communement on ne met qu'vn clou à chacune ardoise, ie voudrois qu'on en mist trois, car la couuerture en est beaucoup meilleure & de plus grande duree. Ie ne sçay homme de bon entendement qui ne iuge qu'vn bastiment couuert par nostre façon & Inuention, durera plustost cinq cens ans, que celuy qui est couuert à la façon accoustumee cent, pour n'estre tant agité des vents à causes de sa forme & figure, & aussi pour les murailles qui ne sont trop chargees n'y poussees en dehors, comme celles des grands combles du iourd'huy, qui le plus souuent iettent les murs par terre, s'ils ne sont retenus à force de liaisons de fer auec la charpenterie. Ie diray d'auantage, c'est qu'aux lieux où l'on ne trouueroit tuille, ou ardoise pour faire les couuertures de nostre Inuention, elle est si propre & si forte qu'on la peut couurir de pierre platte, cōme liaiz ou seblable: sans qu'il faille craindre qu'il en vienne faute. Ie ne veux oublier icy escrire, que celuy qui sçaura bien donner les proportions & mesures & entendra les symmetries d'Architectures, commençant par nostre Inuention vn bastiment neuf, il luy donnera plus de beauté, de commodité, de grace & decoration vne infinité de fois, qu'il n'y a à ceux qui se font auiourd'huy, & n'est possible, se me semble, pouuoir exprimer le grand profit qu'il en aduiendra & plaisir qu'il y aura, au pris de ceux qu'on voit à present.

Grande diuersité & espargne entre les couuertures de ceste Inuention & les anciennes.

Couuertures de pierre platte.

La septiesme commodité & espargne venant de nostredicte Inuention, est aux poutres. Lesquelles on pourra faire, non de gros bois & grands arbres comme on faict, ains de trois, quatre, ou cinq cens pieces de petit bois, ainsi que nous auons escript cy-deuant. Encores vn bon mesnage se fera, c'est qu'aux chasteaux & vieilles maisons, où les poutres & soliues sont en partie rōpües, en partie pourries, & pour ce delaissees à refaire, comme aussi pour la grande depense qu'il y faudroit, ou bien par faute de ne pouuoir recouurer pieces de bois autant grandes qu'il est requis, aisément & facilement pourront estre refaites par ceste nouuelle Inuention, pourueu qu'on y puisse prendre ou trouuer seulement la tierce partie du bois qui soit bonne & valable: car la mettant par petites pieces en œuure, comme i'ay enseigné cy-deuant, on refera tout de neuf lesdictes poutres & soliues auec peu de despense. Et dureront, peut estre, beaucoup plus que celles qui premierement auoiēt seruy. Autant pourra l'on faire de l'ardoise ou tuille: car s'il s'en trouue la moitié de reste qui soit bonne, il y en aura assez pour satisfaire à recouurir de neuf l'edifice gasté. Qui pourroit aussi estre tel qu'on y trouueroit assez de fer & ferrures pour payer la façon de tout, ou bien la plus grande partie, selon nostredicte Inuention nouuelle.

Septiesme commodité & espargne.

LIVRE XI. DES NOVVELLES

Huictiefme cõ-modité, profit & efpargne.
Laquelle peut auſſi apporter pour ſa huictieſme commodité vn grandiſſime profit, & eſpargne indicible à la conſtruction d'vn grand Temple, Auditoire, Maiſon de ville, Palais, halle, Hoſpital, ou baſtiment ſemblable. Lequel doit eſtre autant ample & ſpacieux, qu'vne Baſilique, pour la multitude du peuple quis'y doit aſſembler. Pour leſquels baſtiments lon n'aura plus que faire de

Piliers & arcs-boutans n'eſtre icy neceſſaires.
dreſſer ſi groſſes murailles, ny faire ſi grands piliers & arcs-boutans pour ſouſtenir les hauteurs des grands murs, & poiſanteur de la charpenterie, laquelle on à accouſtumé dy mettre, ſi grande & exceſſiue qu'elle ſemble à voir vne foreſt, ou grand bois, pluſtoſt qu'autre choſe. Ce qui n'aduient, & n'eſt auſſi neceſſaire ou requis à noſtre preſente Inuention: pour laquelle ne faut tant de choſes, ne ſi grandes hauteurs de murs. Et ne faut oublier que la charpenterie y eſtant fort legere, portera ſon lambris, tout d'vne venüe, auec peu de deſpenſe, & ſans aucunes ferrures, comme i'ay dict.

Neufieſme profit & vtilité de ceſte Inuention.
Le neufieſme profit, qu'on tirera, eſt tant pour l'entretenement des ponts, que pour faire les cintres à porter la maçonnerie pour les reparer & edifier de neuf. Car les fraiz & deſpenſes n'y ſeront ſi exceſſiues qu'elles ſont de preſent, & ont eſté. Comme on voit, tant à ceux de Paris que d'autres lieux en France, au grand dommage & deſpenſe exceſſiue du Roy, & de ſon peuple. Et pour autres cauſes qui ſeroient fort longues, ſi ie les voulois eſcrire, ainſi que ie les ay cogneües. Qu'on regarde ſeulemẽt cõbien cou-

Grandes deſpenſes eſtre faictes pour les ponts.
ſtent les cintres à porter les arcs de maçonnerie que lon faict pour les põts, où ſe mettent tãt de poutres & groſſes pieces de bois à trauers çà & là, pour faire les liaiſõs, que i'ay veu quelquefois quand la riuiere croiſſoit, qu'il failloit qu'elle paſſaſt ailleurs, pour l'épeſchement de l'arche qui eſtoit toute plaine de cintres, & alloit de ſi grande vehemence qu'elle ébranloit quaſi toutes les maçonneries qui auoient eſté faictes de neuf. Laquelle choſe on pourra euiter par ceſte Inuention & faire autrement, ſans oſter le cours de l'eau,

Ponts faciles à faire par ceſte Inuention & auec peu de fraiz.
& n'vſant de ſi grand amas de long & gros bois. Car il ne faudra point de plus grandes pieces que de cinq ou ſix pieds de longueur & de deux ou trois pieces d'eſpoiſſeur. Deſquelles ſe faict vne arche qui ſe peut aiſément oſter quand la maçonerie eſt faite, ſans en rien gaſter le bois, qui ſera bon pour ſeruir ailleurs à choſes ſemblables. Et où lon n'en auroit plus à faire pour ſeruir de cintres, on le pourroit accommoder à couurir maiſons, ou faire poutres, en retaillant les ioincts & leur rondeur. Bref icy ne ſe perd aucun bois, comme il ſe faict aux autres charpenteries, pour les grandes mortaiſes & entail qu'on à accouſtumé d'y faire.

Dixieſme profit & vtilité de ceſte Inuention.
La dixieſme cõmodité eſt que celuy qui voudroit faire baſtir vne maiſon à deux eſtages, n'auroit beſoing de faire ſes murailles que de la hauteur d'vn eſtage, & enuiron trois pieds par deſſus la hauteur du premier plancher. Pource que dedans le comble & couuerture

INVENTIONS POVR BIEN BASTIR 327

uerture se trouueront de fort belles chambres ou salles, voire beaucoup plus que celles de dessoubs. Il peut bien estre qu'aucuns diront que l'estage de dessus seroit trop chaud ou trop froid, selon la saison, pour estre si pres de l'ardoise. Pour y obuier & remedier, il ne le faut que l'ambrisser de plastre, ou de terre, ou bien de menuiserie, qui est fort aisé. Quoy que soit, le dedans des combles sert fort commodement à plusieurs choses, ce que ne font tous les autres accoustumez. On peut de ceste Inuention tirer de grands profits en autres plusieurs sortes, lesquelles pour le present ie n'escriray, car aussi n'en est il besoing Et laisseray à monstrer plusieurs autres façons dependantes de ladicte Inuention, comme pour faire ponts tous d'vne arche, s'il est besoing, de la largeur d'vne grande riuiere ayant cent toises de large plus ou moins, faire moulins, instruments à monter l'eau, escaliers, & vis pour bastiments, où il y auroit necessité de pierres, & plusieurs autres choses vtiles, tant pour l'Architecture, que pour l'art militaire, soit pour conseruer places, ou bien pour les battre, prendre ou gaigner. Mais voirement ie m'aduise que donnant & publiant ceste mienne nouuelle Inuention, qui est seulement vne petite partie de ce grandissime & excellentissime corps d'Architecture, ie seray du tout veu semblable à vn Orateur, lequel voulant decorer & publier les singularitez & excellences de quelque grand Royaume, pour la decoration d'iceluy, seulemét il celebre & d'escrit vne de ses villes qui est vne fort petite chose au regard de tout le corps dudict Royaume, autrement parfaict, grand, & bien accompagné de toutes ses perfectiós & excellences. Les causes & raisons qui m'ont incité & presque contrainct d'ainsi faire & commencer, ont esté proposées à l'Epistre au Lecteur, & certains autres lieux du preset œuure. Qui me donnera occasion de ne m'en excuser icy autrement, à fin que ie ne sois par trop prolixe, & vsant de frequente repetition trop moleste à ceux qui iusques icy m'ont attentiuemét & de leur bonté gratieusement escouté : Lesquels ie prie vouloir receuoir ce mien present labeur, d'autant bon cœur que ie le presente & communique. Ce faisant ils me donneront courage de brief accomplir ma promesse : qui est de mettre en lumiere le vray art d'Architecture, accompagné & illustré de toutes ses parties, ainsi que le Seigneur Dieu m'en donnera la grace. Qui est l'Auteur de toutes choses & sçait distribuer les sciences ainsi qu'il luy plaist: parquoy à luy seul en soit tout honneur & loüange

Obiection accompagnee de sa responce fort propre.

Choses qui se peuuent faire par ceste Inuention.

Belle similitude & fort bien accommodee.

Frequente repetition engendre ennuy.

Nnn

CONCLVSION DV PRESENT OEVVRE, AVECQVES
certaines instructions sur l'entreprise & faict des bastiments.

POVR autant qu'il me semble n'estre assez d'auoir monstré iusques icy comme il faut faire toutes sortes de bastiments, & les conduire depuis le pied des fondements iusques au plus haut des edfices, si pareillement ie ne monstre comme les Architectes, Commissaires, Controolleurs, & autres qui ont charge sur les bastiments, doiuent sçauoir bien faire leur estat, & s'accorder tous ensemble, de peur qu'il n'en aduienne beaucoup d'erreurs accompagnées de despense perdüe, auecques vne derision & repentance insupportable. Pource est-il que desirant aduertir bien au long vn chacun de ce qu'il doit faire, & mesmes le Seigneur, à fin qu'il ne se trompe, & que son œuure se parface bien & deuëment à sa volonté, ie delibere pour la fin & conclusion du present œuure, monstrer & figurer l'vnion & intelligence qui doit estre entre le Seigneur, l'Architecte, les maistres des œuures, Controolleurs, & autres: semblablement l'obeissance laquelle doit porter l'Architecte au Seigneur, & tous les ouuriers, Côtroolleurs & Officiers audit Architecte, pour faire proprement ce qui leur sera commandé par luy, & ordonné par la legitime construction des œuures. Ie me suis doncques deliberé d'escrire encores le present discours pour mieux monstrer comme le Seigneur doit sçauoir choisir & employer les hommes en l'estat auquel ils sont appellez: car autrement seroit chose ridicule & dangereuse que l'vn faict l'estat de l'autre, sans l'auoir appris, & aussi pour faire cognoistre, que quand l'Architecte a ordonné de toutes choses qui se doiuent journellement faire, tant par les maistres Maçons que autres ouuriers, (soit qu'il trauaillent à iournée, ou à pris faict) qu'il est necessaire, principalement aux grands edifices, d'y commettre vn Controolleur pour tenir les rolles, registres, & marchez par escrit. Lequel Controolleur devra auoir quelque cognoissance & intelligence de l'art de maçonnerie & œuures qui se font, s'il est possible, car autrement il ne pourra Controoller & obseruer ny les ouuriers ny les œuures, ny la bonté ou mauuaistié des matieres, & nature d'icelles: ny aussi de la menuiserie, & autres, & moins la façon de les mettre en œuure. Et, qui plus est, il ne pourra cognoistre si les ouuriers qui trauaillent font bien, n'y aussi receuoir les œuures, soit par toisée ou par prisée. D'auantage, il ne pourra auoir iugement

des

DV PRESENT OEVVRE.

des valeurs, ny faire amender les œuures quand il s'y trouuera faute. De sorte que l'estat de Controolleur est icy de grande importance & tres necessaire pour faire vn bon mesnage & espargne à son Seigneur, auquel il doit rapporter & garder toute fidelité, & se rendre obeissant aux commandements de l'Architecte : autrement il ne sçaura faire estat de Controolleur profitable à son maistre & Seigneur, ny moins y acquerir honneur. Car s'il ne prend conseil de l'Architecte, & qu'il face comme il luy semblera, vne infinité de fautes l'accompagneront, ainsi que ie l'ay veu souuent aduenir auec insupportables frais à la bourse du maistre & Seigneur : estant le tout hors de la cognoissance de l'Architecte, qui quelquefois n'en ose rien dire, ny faire semblant de le cognoistre, pour crainte qu'il a de desplaire à quelques vns : peut estre aussi qu'on ne luy en sçauroit gueres de gré. Parquoy ie conseille à l'Architecte qu'il soit du tout attentif à sa charge & qu'il ne se mesle d'autre. Il y a quelque fois aux grandes entreprises quelques Commissaires par dessus l'Architecte ausquels il faut obeir comme aux Seigneurs, pour autant qu'ils ont toute puissance d'ordonner les deniers : qui est la cause qu'on leur doit dire ce qui se faict, & est à faire, à fin qu'ils prennent la peine de recouurer argent pour les œuures qu'on veut faire. Il faut aussi que le Commissaire soit comme l'Architecte par tout attentif, à fin que les maistres & ouuriers ne soient rançonnez ne pillez des Controolleurs, ou bien de leurs commis, comme ie l'ay veu faire : car si par fortune quelque marché se faict, il faut donner à monsieur le Controolleur sa propine deuant que ledit marché soit arresté, ou bien apres, autrement les pauures ouuriers seront trauaillez & calomniez en diuerses sortes. Puis quand lon vient aux toisements ils s'en font tres-bien payer, pour les certifier, & y mettre leurs seings. Il y a autres infinitez d'auarices, lesquelles i'ayme mieux dissimuler que escrire. Ie ne dy pas que tous ayent faict ainsi, car i'en ay cogneu & cognois quelques vns gens de bien. Il faut aussi que le Seigneur ait certains personnages pour faire traiuailler les ouuriers, comme sont Chassauants, & autres, qui pareillement feront venir & conduiront les matieres. Aux grandes entreprises qui se font pour les Roys, Princes, & grands Seigneurs il n'y a iamais faute d'hommes & seruiteurs, mais le plus souuent peu fideles : de sorte que la plus grande part de ceux qu'on y voit, promettent sçauoir tout faire, & estre les meilleurs mesnagers qu'il est possible de penser, mais le plus souuent ils n'y entendent comme rien. Veritablement tels ressemblent à la figure d'vn homme, lequel ie vous propose cy-apres habillé ainsi que vn sage, toutesfois fort eschauffé & hasté comme s'il couroit à grande peine, & trouuoit quelques testes de bœuf seiches en son chemin (qui signifiet gros & lourd esprit) auecques plusieurs pierres qui le font chopper,

CONCLVSION

& buiſſons qui le retiennent & deſchirent ſa robbe. Ledit homme n'a point de mains, pour monſtrer que ceux qu'il repreſente ne ſçauroient rien faire. Il n'a auſſi aucuns yeux en la teſte, pour voir & cognoiſtre les bonnes entrepriſes : ny oreilles, pour oüir & entendre les Sages : ny auſſi gueres de nez, pour n'auoir ſentiment des bonnes choſes. Bref, il a ſeulement vne bouche pour bien babiller & meſdire, & vn bonnet de Sage, auecques l'habit de meſmes, pour contrefaire vn grand Docteur, & tenir bonne mine, à fin que lon penſe que c'eſt quelque grande choſe de luy, & qu'il entre en quelque reputation & bonne opinion enuers les hommes. Croyez, & vous aſſeurez que telles perſonnes haïſſent ordinairement & de leur naturel, non ſeulement les doctes Architectes, mais auſſi tous les vertueux, & la vertu meſme. Et pour crainte qu'ils ont d'eſtre repris & chaſſez pour les fautes qu'ils cōmettent, ils ne ceſſent de meſdire des Architectes enuers les Seigneurs, à fin qu'ils ſe fient pluſtoſt à eux que auſdicts Architectes, ou autres qui aurōt la ſuperintendence de l'œuure : leſquels ils deſcrient & mettent en ſoupçon le plus qu'ils peuuent. De ſorte que cela a eſté ſouuent cauſe, comme ie l'ay cogneu, d'vn tres grand dōmage, qui ne tombe pas ſeulement ſur l'Architecte, mais bien ſur les Seigneurs & leurs baſtiments : pour les raiſons qu'on pourra cognoiſtre par le diſcours du premier liure de ce preſent œuure ; auquel i'ay bien voulu eſcrire ce que i'en ay aperceu, à fin que lon y prenne garde à l'aduenir, & que lon ſçache choiſir les perſonnes qui peuuent faire leur eſtat fidelement chacune en ſa charge : perſonnes, dy ie, qui ſoient doctes faciles, beneuoles, & capables de l'eſtat auquel on les voudra employer : comme il s'en trouue, & en cognois beaucoup, qui touteſfois ne ſont touſiours employez ny cogneus. Mais à fin d'y pouuoir aucunement remedier, & faire que les œuures ne ſoient retardées, & auſſi que toutes entrepriſes, tant grandes que petites ſe puiſſent paracheuer, i'ay bien voulu encores adiouſter le diſcours enſuiuant apres la prochaine figure, partie pour aduertir les Seigneurs, partie auſſi pour inſtruire l'Architecte de ſe garder des perſonnes qui ne ſçauent bien faire, ny voir ce qui eſt bon de faire, ny ouyr ce qu'on doit entendre, ny moins auoir ſentiment de ce qui eſt vtile & profitable ainſi qu'il vous eſt repreſenté par la prochaine figure.

DV PRESENT OEVVRE. 329

Nnn iij

CONCLVSION

Pour continuer le discours & propos cy-deuant encommencé, nous dirons que l'Architecte est fort suiect à ouyr & receuoir plusieurs calomnies & faux rapports qui se disent de luy: parquoy il faut qu'il s'asseure, que tant plus il sera vertueux & sçauant, plus il sera enuié & trauaillé par mauuais rapports des ignorants & malicieux: & plus l'œuure s'auancera & augmentera en beauté, plus il sera calomnié & despeché en diuerses sortes. Car si on ne le peut reprendre en l'excellence de l'œuure, l'on dira qu'il faict chose n'estant aucunement vsitée, ny accoustumée de voir, & qu'elle sera suiette à ruine, ou bien qu'elle n'est pas de la pierre qu'il faudroit, ou qu'elle couste trop, & qu'il a intelligence auecques les ouuriers; & vne infinité d'autres propos mis en auant auec peu de iugement, & moins de raison. Bref, l'Architecte ne demeurera point à faute d'estre depesché & calomnié autant qu'il sera possible, auec vne infinité de mensonges, ainsi que ie l'ay souuent apperceu à mon grand desauantage: voire iusques à estre de telle sorte rendu suspect, comme si ie deroberois les deniers, & faisois mon profit de toutes choses. Mais ie ne m'en suis pas beaucoup soucié, m'asseurant qu'il ne m'en pourroit venir aucun dommage, pour n'auoir iamais manié aucuns deniers, sinon ceux qu'il a pleu à Dieu me donner: & aussi cognoissant que tel trauail m'aduenoit par la permission de Dieu, & pour les offenses que ie fais iournellement contre sa saincte diuinité, qui me suscite des ministres pour me trauailler, & me faict confesser souuent que ie n'ay point de plus grand ennemy que moy mesme, & de qui ie me doiue plus plaindre & douloir, dont i'ay plus d'occasion de prendre & faire vengeance de moy, que de tous autres, pour estre ennemy de moy mesmes. Qui me faict conseiller à nos Architectes de s'efforcer d'estre gens de bien tant que faire se pourra, & de telle qualité que ie la descriray cy apres, ou meilleure s'il leur est possible. Mais laissons tels propos, & remettons le tout à la volonté de Dieu, qui fait cognoistre la verité de toutes choses en temps & lieu. Doncques nous reprendrons nostre Architecte, lequel ie desire estre si aduisé, qu'il apprenne à se cognoistre & sçauoir quel il est, auec ses capacitez & suffisances: & s'il cognoist qu'aucune chose luy defaille, ie luy conseille d'estre diligent de la demander à Dieu: ainsi que sainct Iacques le nous monstre quand il dict: *Si quis vestrum indiget sapientia, postulet à Deo.* Et apres auoir ordonné ce qui est necessaire pour faire les œuures de sa charge, qu'il se retire & se tienne solitairement en son estude, cabinet, chambre, librairie, ou iardin, ainsi qu'il en aura la commodité, & le pouuez voir estre representé en la figure cy apres descrite: laquelle vous met deuant les yeux vn homme sage estant en vn iardin deuant le temple d'oraison, & ayant trois yeux. L'vn pour admirer & adorer la saincte diuinité de

Dieu,

Dieu, & contempler ses œuures tant admirables, & aussi pour remarquer le temps passé. L'autre pour obseruer & mesurer le temps present, & donner ordre à bien conduire & diriger ce qui se presente. Le troisiesme pour preuoir le futur & téps à venir, à fin de se premunir & armer contre tant d'assauts, iniures, calamitez, & grandes miseres de ce miserable monde, auquel on est suiect à receuoir tant de calomnies, tant de peines & trauaux, qu'il est impossible de les reciter. Ie luy figure aussi quatre oreilles, monstrant qu'il faut beaucoup plus ouyr que parler, ainsi que le commande sainct Iacques au premier chapitre de sa premiere Epistre canonique, en ces mots : *Sit autem omnis homo velox ad audiendum, tardus ad loquendum, & tardus ad iram,* C'est à dire, tout homme soit hastif à oüyr, tardif à parler, & tardif à se courroucer. Doncques l'Architecte doit estre prompt à ouyr les doctes & sages, & diligent à voir beaucoup de choses, soit en voyageant, ou lisant. Car il n'y a art ny science, quelle que ce soit, où tousiours il n'y ait plus à apprendre, qu'on n'y a appris. De sorte qu'il n'y a que le seul Seigneur Dieu qui soit parfaict en tout & par tout, à la sapience & science duquel rien ne se peut adiouster ne diminuer: car en luy, ainsi qu'escrit l'Apostre, sont cachez tous les tresors de sapience & science, lesquels il distribue où il luy plaist, & quand bon luy semble. Ce qui est au contraire en nous, car estans en ce monde nous n'auons cognoissance des arts & sciences, sinon que par petits l'oppins & morceaux, tellement que nostre sçauoir n'est autre chose qu'vn continuel apprentissage, qui ne prend ou trouue iamais fin. Mais pour reuenir à nostre Sage, representant l'Architecte, ie luy figure d'abondant quatre mains, pour monstrer qu'il a à faire & manier beaucoup de choses en son temps, s'il veut paruenir aux sciences qui luy sont requises. D'auantage il tient vn memoire & instructió en ses mains, pour enseigner & apprédre ceux qui l'en requerront, auecques vne grande diligence & sedulité representée par les ailes qu'il a aux pieds, qui demonstrent aussi qu'il ne veut qu'on soit lasche & paresseux en ses affaires & entreprises. Il monstre outre ce, qu'à tous ceux qui le visiteront ou iront voir à son iardin, il ne celera ses beaux tresors de vertu, ses cornucopies remplis de beaux fruicts, ses vases pleins de grádes richesses & secrets, les ruisseaux & fontaines de sciences, ny ses beaux arbres, vignes & plátes qui fleurissent & portent fruicts, en tous temps. Vous voyez aussi en ladicte figure plusieurs beaux commencemens d'edifices, palais & temples, desquels le susdit sage & docte Architecte, monstrera & enseignera la structure, auec bone & parfaicte methode, ainsi qu'il est manifesté par ladicte figure : en laquelle aussi vous remarquez vn adolescent aprentif, representant ieunesse, qui doit chercher les sages & doctes, pour estre instruicte tant verbalement que par memoires, escritures, desseings, & modelles: ainsi qu'il

Nnn iiij

CONCLVSION

Vous est figuré par le memoire mis en la main de l'adolescent docile, & cupide d'apprendre & cognoistre l'Architecture. Si vous n'estes contents de ce discours & aduertissement, ie vous conseille d'en demander à Salomon son aduis, & il vous aduertira qu'il n'y a rien à l'homme plus vtile, profitable & salutaire, que sage & meur conseil, ainsi qu'il escrit en ses Prouerbes sous ces propres mots: *Beatus homo cui affluit prudentia, melior est acquisitio eius, negotiatione auri & argenti.* Bien heureux est celuy qui a trouué sapience, & qui abonde en prudence, beaucoup meilleure que toute acquisition, negotion & possession d'or & d'argent. Si ceste sentence ne vous satisfaict, oyez ie vous prie la Sapience ou sagesse, laquelle ledit Salomon faict parler en ces propres mots: *Ego Sapientia habito in consilio, & eruditis intersum cogitationibus.* I'habite (dict Sapience) en bon & salutaire conseil, & assiste aux doctes & sages cogitationsI. l la faut doncques chercher, & l'ayant trouuée mettre peine de la bien retenir, à fin de s'en ayder en temps & lieu. La figure suiuante vous mettra deuant les yeux le discours proposé.

Ie crains

DV PRESENT OEVVRE. 341

CONCLVSION

Ie crains meruelleusement d'auoir esté trop prolixe à l'explication des deux figures precedentes, qui est la cause que ie feray fin, non seulement à leurs discours, mais aussi au present œuure, & premier volume de nostre Architecture, suppliant tres-humblement & affectionnément les Lecteurs d'iceluy, vouloir prendre en gré le tout: & si par fortune il s'y trouue quelque chose mal couchée, escrite, figurée ou demonstrée, m'en vouloir amiablement aduertir, & penser que me recognoissant homme, ie me recognois aussi estre subiect à faillir & pecher. Si ie puis entendre & apperceuoir que nostre present labeur (qui certes n'a esté petit) soit bien receu, ie seray de plus en plus excité de mettre bien tost en lumiere nostre second Tome & volume d'Architecture, accompagné de discours fort exquis & singuliers. Ce que ie feray de bon cœur, moyennant la grace de Dieu qui iusques icy nous a conduicts & dirigez, parquoy à luy seul en soit honneur & gloire.

TABLE

TABLE, OV EXTRAICT,
ET RECVEIL DES PRINCIPALES MATIERES CONTENVES EN VN CHAcun Chapitre & discours de tous les liures du present œuure. La lettre a, signifie page premiere, & b, seconde.

PREMIER LIVRE.

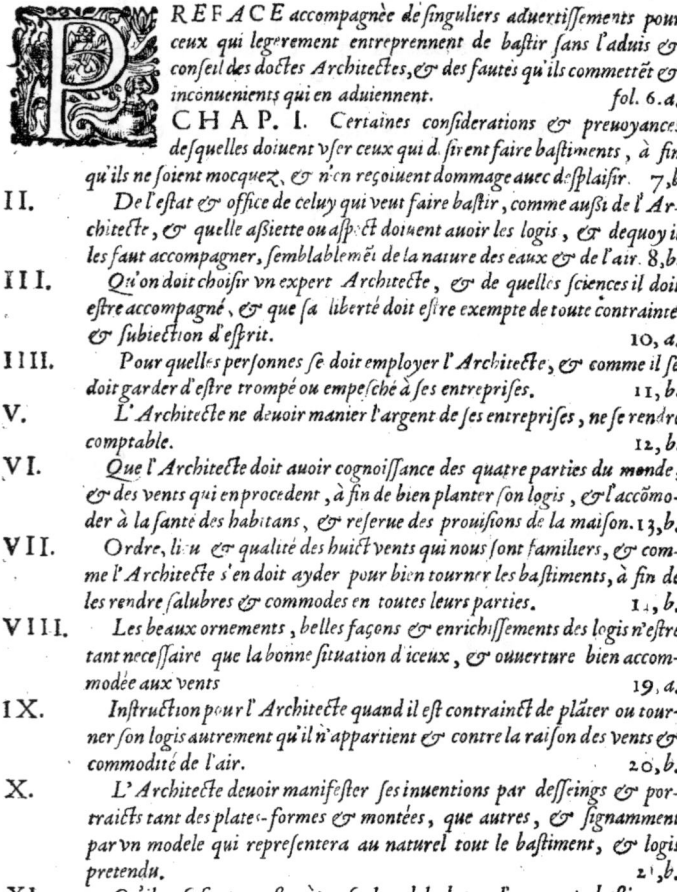

PREFACE accompagnée de singuliers aduertissements pour ceux qui legerement entreprennent de bastir sans l'aduis & conseil des doctes Architectes, & des fautes qu'ils commettēt & inconuenients qui en aduiennent. fol. 6. a.

CHAP. I. Certaines considerations & preuoyances desquelles doiuent vser ceux qui d sirent faire bastiments, à fin qu'ils ne soient mocquez, & n'en reçoiuent dommage auec desplaisir. 7, b

II. De l'estat & office de celuy qui veut faire bastir, comme aussi de l'Architecte, & quelle assiette ou aspect doiuent auoir les logis, & dequoy il les faut accompagner, semblablemēt de la nature des eaux & de l'air. 8, b.

III. Qu'on doit choisir vn expert Architecte, & de quelles sciences il doit estre accompagné, & que sa liberté doit estre exempte de toute contrainte & subiection d'esprit. 10, a.

IIII. Pour quelles personnes se doit employer l'Architecte, & comme il se doit garder d'estre trompé ou empesché à ses entreprises. 11, b.

V. L'Architecte ne deuoir manier l'argent de ses entreprises, ne se rendre comptable. 12, b.

VI. Que l'Architecte doit auoir cognoissance des quatre parties du monde, & des vents qui en procedent, à fin de bien planter son logis, & l'accōmoder à la santé des habitans, & reserue des prouisions de la maison. 13, b.

VII. Ordre, lieu & qualité des huict vents qui nous sont familiers, & comme l'Architecte s'en doit ayder pour bien tourner les bastiments, à fin de les rendre salubres & commodes en toutes leurs parties. 14, b.

VIII. Les beaux ornements, belles façons & enrichissements des logis n'estre tant necessaire que la bonne situation d'iceux, & ouuerture bien accommodée aux vents 19, a

IX. Instruction pour l'Architecte quand il est contraint de plāter ou tourner son logis autrement qu'il n'appartient & contre la raison des vents & commodité de l'air. 20, b.

X. L'Architecte deuoir manifester ses inuentions par desseings & portraicts tant des plates-formes & montées, que autres, & signamment par vn modele qui representera au naturel tout le bastiment, & logis pretendu. 21, b.

XI. Qu'il ne se faut arrester à vn seul modele de tout l'œuure & bastiment, mais bien en faire plusieurs concernans toutes les principales parties de l'œ-

TABLE DES MATIERES

difice, & des grandes commoditez qui en prouiendront. 22, b.

XII. Pour cognoistre combien pourra couster l'edifice que vous voudrez faire bastir, & ce par le moyen d'vn modele qui en sera legitimemēt fait. 24, b.

XIII. Qu'il conuient faire bonnes prouisions de toutes sortes de matieres necessaires, premier que de commencer à bastir : à fin que l'edifice se paracheue sans discontinuation. 24, b.

XIIII. En quel temps il faut faire prouisions de pierres, & les tirer des carrieres : semblablement comme il les faut choisir & mettre en œuure, & aussi pour cognoistre leur bonté. 25, a.

XV. Des pierres de marbre qui se trouuent en France fort bonnes, sans en faire venir des pays estranges. 26, b.

XVI. De la chaux, & pierres propres pour la faire, & de quel sable & eau il faut vser pour preparer les mortiers, auecques la difference & nature desdicts sables. 27, b.

XVII. Maniere de bien destremper la chaux, tant pour durer long temps en œuure, que pour estre longuement & seurement gardée, & de l'vsage d'icelle pour les peintres. 28, b.

XVIII. Des prouisions de boys, tant pour la charpenterie que menuyserie, & des terres pour la brique, carreaux, tuilles & autres : semblablement des serrures clefs & ferrures. 29, b.

XIX. Du vitrier, plombeur, couureur, & autres artisants necessaires pour fournir les matieres de leur estat pour l'accomplissement du logis. 30, a.

DEVXIESME LIVRE.

Prologue en forme d'aduertissement, où il est traicté de la premiere figure de Geometrie, qui sont deux lignes s'entrecroisants & faisants angles droicts en forme du charactere de la croix, qui est le commencemēt pour faire toutes œuures quelles qu'elles soient, & sans lequel charactere on ne sçauroit rien faire. 31 & 32.

I. Comme lon peut trasser les fondements d'vn bastiment par le moyen d'vn perpendicule au bout d'vne ligne droicte. 35, a

II. La maniere d'examiner & amender vne equierre. 36, a.

III. Comme deux lignes perpendiculaires estant tirées sur les bouts d'vne droicte au contraire l'vne de l'autre, & si vous voulez l'vne dessus, & l'autre dessous, monstrent à diuiser toute ligne de longueur en tant de parties égales que vous voudrez par nombres impairs. 38, b.

IIII. La forme d'vn nyueau sur la figure d'vn triangle equilateral, & comme il s'en faut ayder pour dresser les plans des edifices qu'on voudra bastir, & cognoistre les pantes d'vn pays, ou amasser les eaux pour s'en sçauoir ayder, ou garder qu'elles ne nuysent. 39, b.

V. L'vsage & pratique du precedent nyueau triangulaire, auec l'explication de ses parties. 40, b.

VI. La composition & vsage d'vn triangle équilateral, duquel on se peut ayder pour prendre tous destours & toutes sortes d'angles, soient droicts, pointus, obtus, ou de quelque façon que ce soit : comme aussi pour mesurer

juste-

TABLE DES MATIERES.

iustement vne ville, chasteau, ou autre place, auec ses destours à fin d'en pouuoir representer sur papier, ou parchemin, la vraye forme & figure, auec ses mesures. 41, b.

VII. Quelles largeurs & espesseurs sont requises aux fondements selon les grosseurs & hauteurs des murs qu'on aura à faire, auecques l'ordre & façon qu'on y doit garder pour l'asseurance du logis & des habitans. 44, a.

VIII. Pour cognoistre la fermeté d'vn fondement, & des terres qui sont bonnes à fonder. 45, a.

IX. La façon d'amender vn fondement quand on ne trouue terre ferme pour le bien asseurer. 45, b.

X. Belle inuention pour cognoistre si vn fondement sera meilleur estant creusé & fouillé d'auantage. 46, b.

XI. Comme c'est que à faute de grandes pierres on doit remplir les fondements pour edifier, soit pour ponts sur riuieres, pour ports de mer, pour construire sur paluds & autres lieux aquatiques. 48, a.

XII. Maniere de remplir les fondements d'vn edifice, ne se presentant commodité de trouuer cailloux, ou grauois de riuiere pour y proceder comme dessus: & des incommoditez qui suruiennent pour ny auoir assis les pierres proprement, & ainsi qu'il appartient. 49, a.

TROISIEME LIVRE.

Prologue en forme d'aduertissement touchant la prudence qui doit estre aux Architectes, & les qualitez qui leur sont rqeuises. 50, & 51.

I. Des parties & membres des logis qui se doiuent faire dedans les terres entre les fondements: comme sont caues, celiers, & autres: ensemble quelles ouuertures & veuës on leur doit donner. 52, a.

II. Qu'il faut pour la santé & conseruation des habitans (pendant qu'on est encores bien pres des fondements) preparer lieux pour faire escouler la vuydange des cuisines, priuez, cloaques baigneries, & autres lieux immondes, à fin que les excrements ne demeurent & croupissent aux maisons. 52, b.

III. De la façon, disposition & situation des caues, & comme il faut faire leurs voûtes pour y garder les vins seurement & sainement, semblablement les huyles, les lards, les formages, & toutes autres prouisions de maison. 53, a.

IIII. Declaration d'aucuns instruments desquels les ouuriers s'aydent, à fin qu'en lisant les Chapitres & discours des traicts Geometriques on les puisse mieux entendre. 54, b.

V. Des traicts Geometriques qui monstrent comme il faut tailler & coupper les pierres pour faires les portes & descétes des caues & estages qui sōt dedans les terres, comme cuisines, estuues, baigneries, & semblables, où lon ne peut aller à nyueau, & y faut descendre. 58, a.

VI. Des traicts pour la descente biaise & droicte par le deuant des caues, où lon voit comme il faut leuer les paneaux, tant pour trasser les doyles, ioincts & commissures, que pour ceux de la voûte de toute la caue, auec

Ooo

TABLE DES CHAPITRE

ques les doyles & voûtes de la descente. 60, a.

VII. Des soûspiraux & fenestres des caues, celiers, priuez, cuisines, garde-manger, estuues & baigneries: & en ce mesme chapitre se voient les traits de deux vousures reiglées, droittes par le deuant, & voûtes susbaissées par le dedans. 63, a.

VIII. L'artifice des traicts Geometriques, seruir quand on veut faire d'vne maison, ou de deux mal commencées ou imparfaictes, (soit vieil logis, ou autrement) vne belle & parfaicte maison, en accommodant tous les membres & parties du vieil edifice auec le neuf. 65, a.

IX. L'artifice des traicts Geometriques seruir pour faire vne porte, laquelle sera biaise par moitié ou du tout, qui voudra: pareillement pour faire vne voûte qui s'accommodera à vn grand passage d'vn logis ou à quelque pont. 67, b.

X. D'vne porte biaise & quarrée par les deux costez. 69, b.

XI. Pour faire vne porte biaise par teste, ou quelque voûte qu'on auroit à faire, droicte sur le deuant, & erigée sur vne muraille qui va obliquement, auec belle artifice. 71, a.

XII. De la porte & voûte sur le coing qui se peut faire sur vne angle de bastiment, soit droit ou obtus, comme il vient à propos. 72, b.

XIII. Pour faire le traict d'vne porte qui sera ronde par le deuant, creuse par le dedans, & ronde par le dessous, pour l'ouuerture d'vne maison, ou d'vne voûte faicte sur la muraille d'vne tour ronde. 74, b.

XIIII. Pour faire porte ou voûte sur vne tour ronde biaise. 77, b.

XV. De la porte sur la tour ronde & voûte qui se peut faire en talus, & en diuerses autres sortes. 78, b.

XVI. Le traict d'vne porte sur vn angle obtus, ronde d'vn costé, & creuse en dedans, l'autre moitié droicte sur la ligne oblique, & biaise des deux costez. 80, b.

XVII. Comme l'on peut faire deux portes, ou deux passages & entrées en vne seule, dans vne forme ronde par le dedans, & quarrée par le deuant, pour oster les subiections & imperfections d'vn logis. 82, a.

XVIII. Comme l'on peut faire en autre sorte sur la forme d'vn triangle equilateral, trois entrées ou trois portes, estants leurs voûtes reduictes en vne seule porte. 84, b.

QVATRIESME LIVRE.

Prologue accompagné de plusieurs bons aduertissements, auquel on voit comme la cognoissance de Geometrie & Arithmetique est tres-necessaire à l'Architecte. 86 & 87.

I. De la voûte & trompe que i'ay ordonnée & faict faire au chasteau d'Annet, pour porter vn cabinet, à fin de l'accommoder à la chambre où logeoit ordinairement la maiesté du feu Roy Henry. 88, a.

II. Le plan de la trompe & saillie du susdict cabinet du Roy, estant suspendu en l'air, & comme il faut faire voûtes & trompes semblables. 89, b.

III. La façon par laquelle on pourra entendre le traict de la trompe du
Chasteau

TABLE DES CHAPITRE

chasteau d'Annet, & leuer les paneaux pour coupper les pierres applicables en œuure, quand il viendra à propos. 92, a.

IIII. Autre figure & demonstration du plan, & traict de la trompe du chasteau d'Annet, auec les lignes de pente, lignes ralongées, & paneaux de doile, où vous auez la façon comme il faut faire & trouuer tous les panaux de doile, de teste & de ioincts, auec vn abregé bien intelligible pour coupper les pierres d'vne trompe semblable à celle qui est au chasteau d'Annet. 96, a.

V. Comme lon doit proceder à faire la trompe quarré sur vn angle droict, pointu ou obtus, appellée des ouuriers: La trompe sur le coing. Sur laquelle on peut eriger & planter par le dessus vn cabinet, voire vne chambre, ou garderobbe, ou ce qu'on voudra, en forme quarrée, ou biē oblongue & tãt large & longue qu'on desirera, estant toute suspenduë en l'air 100, a.

VI. Description de la trompe qui aura vn angle obtus par le deuant, & sera la moitié ronde, & l'autre moitié droicte. 103, b.

VII. Le traict de la trompe rempante, creuse & concaue par le deuant, estant plus haute d'vn costé que d'autre, & aussi susbaissée. 105, b.

VIII. Des voûtes modernes, que les maistres Maçons ont accoustumé de faire aux Eglises & logis des grands Seigneurs. 107, a.

IX. D'vne autre sorte de voûte moderne pour vne Eglise, laquelle est faicte au droit du grand Autel, vugairement appellée trouppe, ou bien chœur d'Eglise. 109, a.

X. D'vne voûte à croisée d'ogiues ayant vne clef suspenduë. 110, a.

XI. D'autres sortes de voûtes pour appliquer aux Eglises, ou autres lieux qu'on voudra: & premierement de celle qui est pratiquée & faicte sur la forme spherique. 111, b.

XII. De la voûte de four quarrée sous forme de pēdentif, estant d'autre sorte que la precedente. 113, b.

XIII. Encores d'vne sorte de voûte spherique qui sera oblongue, & non point quarrée (comme celle de cy-deuant) c'est à dire plus longue que large, & toutefois faicte en pendentif. 114, b.

XIIII. De la voûte spherique & à four sous la forme d'vn triāgle equilateral. 116, a.

XV. Le trait & figure d'vne voûte toute rōde & susbaissée en façō de four. 117.

XVI. La façon d'vne voûte pour couurir vne tour ronde, ou le dessus d'vne vis en forme d'vne coquille de limaçon. 119, a.

XVII. Des montées de vis pour seruir aux estages des sales, chambres, & galetas des bastiments, & mesmes d'vn quartier de vis suspendu. 120, a.

XVIII. De la montée & vis double ayant chacune marche faicte de plusieurs pieces pour satisfaire au lieu où ne se trouuent point de pierres longues pour faire chacune marche d'vne pierre ou de deux. 122, a.

XIX. Autre sorte de vis & montée qui peut estre voûtée entre le noyau & les murailles qui ferment la vis, & sera vne voûte tout droicte qui voudra, ainsi que lon faict la voûte sur le noyau au plus haut de la vis, ou bien rempante pour porter les marches, comme est la vis sainct Gilles, ainsi qu'on la nomme. 123, b.

XX. Le traict d'vne autre sorte de vis & montée rempante, en façon de la

TABLE DES CHAPITRES

	vis sainct Gilles.	126, a.
VII.	Le traict d'vne montee & escalier, ou vis quarrée faicte en forme de la vis sainct Gilles.	127, a.

CINQVIESME LIVRE.

	Prologue contenant l'inuention, ordre, parties, mesures, & noms des colomnes : & comme lon s'en seruoit ancinnemet : & des premiers qui les ont apportées à Rome, selon Pline.	129, a.
I.	Des mesures desquelles nous auons vsé, & nous sommes aydez en mesurant & recherchant les antiquitez en diuers pays, & premierement du pied antique & palme Romain.	131, a.
II.	Des mesures des Grecs, Geometriens, & aussi de plusieurs autres.	132, b.
III.	De certaines marques & characteres des mesures lesquelles nous employons & faisons seruir en ce present œuure d'Architecture.	133, b.
IIII.	De la colomne Thuscane, & de ses parties, ornemets, & mesures.	134, a.
V.	De la baze (ainsi que parlent les ouuriers) de la colomne Thuscane.	136, a
VI.	Du chapiteau Thuscan, & ornement de ses parties.	136, b.
VII.	De l'epistyle, frise, corniche, & architraue de la colône Thuscane.	137, a
VIII.	Encores de la colomne Thuscane, & de ses mesures selon nostre aduis, & comme lon y doit proceder.	137, b.
IX	Du chapiteau de la colomne Thuscane.	139, b.
X.	De l'architraue, frise, & corniche Thuscane.	140, a.
XI.	De la colomne Dorique, & de ses mesures, ornements, & parties.	142, a.
XII.	D'vne sorte de stylobate, ou pied de stat Dorique.	143, b.
XIII.	Encores d'vne autre sorte de pied de stat Dorique.	144, a.
XIIII.	Du chapiteau Dorique, & de la mesure de ses parties.	144, a.
XV.	De l'epistyle Dorique, comme aussi de ses parties & trigliphes.	145, b.
XVI.	D'vne autre sorte de pied de stat retiré des antiquitez.	146, a.
XVII.	Encores du chapiteau, epistyle, metopes, trigliphes, & couronne de l'ordre Dorique. Le tout mesuré & descrit apres les antiquitez du theatre de Marcel à Rome.	147, b.
XVIII.	De l'epistyle, trigliphes & couronnes de l'ordre Dorique trouuez aux colomnes du Theatre de Marcel à Rome.	148, b.
XIX.	D'autres parties de la colomne Dorique du Theatre de Marcel, & de son chapiteau, racourcy en perspectiue estât accôpagné d'architraue.	150, a
XX.	Autre sorte de chapiteau Dorique.	151, b.
XXI.	D'vne sorte de corniche Dorique retirée d'vn marbre fort antique.	152, b.
XXII.	Encores d'autres ornements de la corniche Dorique.	153, b.
XXIII.	De l'ordre & mesure des colomnes Ioniques & de leurs ornemens.	154, b.
	Aduertissement sous forme d'vne petite digression, où il est parlé des colônes du Palais de la Maiesté de la Royne mere, faictes à l'ordre Ionique, & la raison pourquoy	155, b.
XXIIII.	Comme doiuent estre faictes les bazes Ioniques, & de leurs mesures	156, b.
XXV.	Des mesures & proportions du stylobate, ou pied de stat Ionique,	157, b.
XXVI.	D'vne sorte de pied de stat Ionique, retiré & mesuré apres vn antique, auec la basse de sa colomne,	160, a
XXVII.	Des mesures du chapiteau Ionique, & la façon de faire ses volutes.	162, a

Aduer-

TALBE DES CHAPITRES

	Aduertissement fort digne de noter pour les façons des volutes & ornements appliquez aux chapiteaux Ioniques.	164, a
XXVIII	*Figure & desseing de la moitié d'vne volute qu'on doit faire par les costez des chapiteaux Ioniques.*	165, a
XXIX	*Autre sorte de volute fort belle & elegante.*	165, b
XXX	*De l'ordre & mesure de l'epistyle, frise & corniche de la colomne Ionique, suiuant nostre inuention, extraicte des anciennes & diuines mesures, & proportions de l'Escriture saincte.*	166, b
XXXI	*D'vne autre sorte de chapiteau, architraue, frise, & corniche, mesurez apres les edifices antiques, sans grands ouurages.*	170, a

SIXIESME LIVRE

	Preface accompagnée de singuliers aduertissements.	173, a
I.	*De l'iuentiõ & origine de la colõne Corinthiëne, & de son chapiteau.*	175, a
II.	*Des mesures de la colomne Corinthienne, tant en son corps, que membres & parties.*	175, b
III.	*Du chapiteau Corinthien,*	179, a
IIII.	*Particulieres descriptions de quelques colomnes & ornements antiques, & en premier lieu des colomnes du Pantheon de Rome.*	180, b
V.	*Des colomnes & ornements qui sont aux tabernacles & petites chappelles du susdit Pãtheon, appellé à Rome nostre Dame de la Rotõde.*	184, a
VI.	*Mesures des colomnes du portique Pantheon, comme aussi de leurs basses, chapiteau, architraue, frise & corniche.*	186, b
VII.	*D'autre sorte de colomnes Corinthiennes, pour monstrer la difference de leurs mesures & proportions.*	190, b
VIII.	*Des trois colomnes que lon voit à Rome pres l'Eglise de S. Cosme & S. Damian, auec leurs ornements de l'ordre Corinthien.*	192, a
	Petite digression accompagnée de quelque aduertissement.	194, b
IX	*De l'Architraue, frise & corniche des susdictes trois colomnes qui sont pres de sainct Cosme & de sainct Damian à Rome.*	195, a
X.	*D'autre sorte de corniche Corinthienne, retirée auec ses mesures, des antiquitez de Rome, & notez que le chapitre doit estre signé X.*	197, a
XI.	*D'vne autre fort belle corniche antique, & de sa mesure tres-admirable, auec la hauteur de sa frise, & dimension de l'architraue telle que vous verrez. Et notez que le chapitre doit estre signé XI.*	198, b

SEPTIESME LIVRE.

	Bref discours sous forme de Preface touchant l'inuention des colomnes de l'ordre composé, & de la difference qu'elles ont auec les autres.	201, a
I.	*Des ornements des colomnes de l'ordre composé.*	201, a
II.	*Du pourfil & ornement d'vne baze de l'ordre composé, auec le discours du plan & montée d'vn chapiteau du mesme ordre.*	204, a
III.	*D'vn chapiteau de l'ordre cõposé, & la mesure de ses mẽbres & parties*	205
IIII.	*D'vne autre sorte de chapiteau Ionique, seruant à l'ordre composé, & premierement de son plan.*	207, a
V.	*De la montée dudit chapiteau.*	207, b
VI.	*Chapiteaux composez & extraicts de l'ordre Dorique.*	209, a
VII.	*Corniche cõposée participãt de la Dorique, Ionique & Corinthiëne.*	209

Ooo iij

TABLE DES CHAPITRES

VIII. D'vne autre sorte de corniche & architraue, cõposee des trois ordres .210

IX. Aduertissement sur les corniches qui seruent à l'ordre composé. 212, a.

X. Des ornements des corniches, & d'autres sortes de moulures. 212, b.

Bref aduertissement & discours sur les colomnes Atheniennes. 215, a.

XI. Des colomnes faictes de pieces & plusieurs assiettes, qui ne sont que la moitié, ou les deux parts, plus ou moins, hors les murs, & comme elles ont esté faictes tant pour la decoration & ornement des murs, que pour fortifier les murailles. 215, b.

XII. D'vne sorte de colomnes suyuant l'antique & premiere façon, extraicte des troncs des arbres. 217, a.

XIII. Qu'il est permis, à l'exẽple des Anciens, d'inuẽter & faire nouuelles colõnes ainsi qu'en auons fait quelques vnes, appellées colomnes Françoises. 218, b.

XIIII. Des portiques & distributions des colomnes lesquelles on applique ensemblément ausdicts portiques & peristyles, ou autres lieux suiuant l'opinion de Vitruue, & la nostre. 22;a.

XV. Comme il faut faire les epistyles, ou architraues, aux portiques & peristyles, quand lon est contrainct de faire plus larges les entrecolomnemẽts, que ne portent les mesures qui ont esté cy-deuant proposées. 225, a.

XVI. D'autre sorte de portique voûté sur les colomnes. 226, b.

XVII. Comme lon doit planter vne ordre Thuscan de quatre colomnes, soit pour vn portique d'Eglise, ou bien pour vn Palais, ou autre edifice. 227, a.

XVIII. D'vne sorte de portique de l'ordre Corinthen. 228, a.

HVICTIESME LIVRE.

Prologue portant forme d'aduertissement. 231, a.

I. D'vn arc triomphal retiré des antiquitez de Rome, pour monstrer par exemple comme il faut distribuer les colomnes aux ornements des grandes portes & entrées. 232, a.

II. Autre inuention pour les distributions des colomnes aux grandes portes & entrées, suiuant les nombres & mesures des Diuines Proportions, aesquelles nous nous voulons ayder, ainsi que i'ay dit plusieurs fois. 232, b.

III. Autre sorte de mesures, non seulemẽt pour les arcs triõphaux & grãdes portes de villes, mais aussi pour les principales entrées & portes des Eglises, Temples, Chasteaux, Palais, & simples maisons, esquelles on se peut ayder de plusieurs sortes de mesures, tant belles que lon en aura affaire. 233, b.

IIII. Autre moyen pour trouuer promptement les mesures d'vne porte, auec les ornements de ses colomnes. 235, a.

V. D'vne sorte de porte de l'ordre Dorique, & Ionique, suiuant l'opinion de Vitruue. 236, b.

VI. De la porte Ionique selon Vitruue. 238, a.

VI. D'vne porte de l'ordre Thuscan & façon rustique, portant vn balcõon par le dessus. 238, b.

VII. Des portes Doriques. 240, a.

VIII. D'vne porte cõposée, ou de deux ornemẽts de portes en vne seule. 241, b.

IX. Porte quarrée & droite par sa couuerture, d'vne inuẽtion tre-belle. 242, b

En

TABLE DES CHAPITRES

En enfuiuant il y a encores vne autre belle porte qui fut faicte pour l'entrées des orengers d'Annet.

X. *D'vne porte de l'ordre Ionique.*
XI. *D'vne porte Corinthienne.*
XII. *De la grande porte & principale entrée du chasteau d'Annet.*
XIII. *Des portes que lon doit faire au dedans des logis pour entrer aux sales, chambres, garderobbes, galleries, & autres lieux.* 247, a.
XIIII. *Des fenestres croisées pour les sales & chabres, & aussi des lucarnes.* 249.
En ce chapitre vous trouuerez la moitié d'vne face du logis de S. Maur des fossez, du dedans de la court, ainsi qu'elle fut faicte du temps de feu Monsieur le Cardinal du Bellay
XV. *Encores d'vne face de maison laquelle auoit esté faicte autrefois par l'Auteur, pour appliquer par le dehors du susdit chasteau de sainct Maur des fossez.* 251, a.
XVI. *D'vne sorte de fassade de bastiment, pour voir comme les fenestres se peuuent appliquer.* 251, b.
XVII. *Autre face de maison monstrant comme lon y peut appliquer les fenestres & portes, sans aucunes colomnes & piliers, ouy bien leurs corniches & ornements pour les entablements.* 252, b.
En ce mesme chapitre l'Auteur descrit & monstre les deux faces d'vne maison qu'il a fait edifier pour soy: l'vne du costé de la court, & l'autre du costé des iardins. Et encores vne autre face troisiesme pour vn corps d'Hostel qu'il deliberoit faire sur le deuant de la ruë de la Cerisaye à Paris: estant le tout proposé par maniere d'exemple, & pour monstrer comme lon doit appliquer les fenestres & portes.
XVIII. *Des fenestres appellées lucarnes, que lon applique au dernier estage, comme aux chambres & logis, que lon faict aux galetas.* 255, b.
XIX. *Autre sorte de lucarnes rondes, ou bien faictes en arceau.* 256, a.
XX. *Singulier aduertissement sur les façons des lucarnes.* 257, a.

NEVFIESME LIVRE

Prologue portant aduertissement pour remedier aux cheminées qui fument dans les logis, & la cause pourquoy elles fument. 259, a.
I. *Des cheminées pour les sales, chambres & garderobbe en general.* 260, a.
II. *De certaines mesures des cheminées tant pour leurs manteaux, corniches, frise & architraue, que pour les pieds droicts.* 261, b.
III. *D'vn ornement de cheminée qu'on pourroit faire en vne grande sale Royale, ou autre de quelque grand Prince, & Seigneur.* 263, a.
IIII. *Des cheminées pour les chambres en particulier, & par le menu.* 264, a.
V. *Des ornements des cheminées lesquels on peut faire depuis le dessus de la corniche des manteaux, iusques au plancher.* 264, b.
VI. *Des cheminées pour les garderobbes.* 267, a.
VII. *Singulier moyen pour empescher que les cheminées ne rendent fumée dedans les maisons.* 267, b.
Petite digression pour plusieurs cheminées ensemblémét accumulées 269, a

Ooo iiij

TABLE DES CHAPITRES

VIII. *Autre façon & inuention pour garder de fumer dans les logis.* 270, b.

XI. *De quelques sortes d'ornements de cheminées par dessus les couuertures des maisons, auec plusieurs remedes contre la fumée, autres que les precedents* 271, b.

X. *Autre inuention & engin contre les fumées* 272, b.
Aduertissement pour ce mesme effet. 273, a.

XI. *Vne sorte de cheminée estant accompagnée de fours, & propre pour les maisons ausquelles on faict grandes cuisine.* 273, b

XII. *Autre sorte de grande cheminée, auec le moyen de faire euacuer les fumees par le dessus des couuertures, quand elles sont fort grandes, pour la quantité des feuz & marmites dont lon pourroit auoir affaire pour nourrir vn grand nombre d'hommes.* 275, b.

XIII. *Autre meilleur moyen pour garder de fumer dedans les logis toutes sortes de cheminées auecques vne petite digression accompagnée de bons aduertissements.* 278, a.

Conclusion du present œuure, auecques certaines instructions sur l'antreprise & faict des bastiments. Le tout accompagné de belles histoires & figures morales. 279, b.

DIXIESME LIVRE

POur cognoistre les bons arbres en la forest, & comme il les faut sçauoir choisir 280

Quels arbres sont commodes pour ceste Inuention: & desquels on se pourra ayder desormais en diuerses sortes pour edifices. 281

Comme il faut proceder à faire la charpenterie de ceste Inuention, auecques aduertissemens des fautes qu'on faict aux bastiments, tant pour le fer que lon y employe, que pour les pierres mal mises en œuure. 281, b.

La figure & demonstration est 283

Comme les courbes & hemicycles pour faire les combles se commencent à assembler sur les murs. 283, b.

La figure de ce. 284

La façon de cognoistre plus facilement les pieces comme elles se doiuent tailler & assembler pour faire l'hemicycle & courbe de ceste nouuelle Inuention. 284, b.

La figure & demonstration. 285

Comme les pieces des courbes se monstrent quand elles sont toutes assemblees en leur hemicycle, auec leurs liernes. 285

Les figures & demonstrations. 285 & 286

Comme les hemicycle, liernes, & diagonales, quand on veut faire des croupes aux couuertures, se monstrent en leur plan entre les murs. 286

La figure & demonstration. 287

Pour cognoistre comme il faut faire les courbes sur le coing, & toutes les cherches r'alongees pour faire les croupes des couuertures. 287, b.

La figure & demonstration. 288, b.

Maniere

TABLE DES CHAPITRES

Maniere de trouuer les trois poincts perdus pour s'en ayder à faire les cherches r'alongees. 289
La figure & demonstration 289
La façon pour trouuer les courbes & cherches r'alongees par autre stile & moyen. 289, b.
La figure & demonstration. 209
Exemple pris des combles & courbes r'alongees, appliquees aux croupes des pauillons qui sont sur la Chappelle & escalier du chasteau de la Muette de sainct Germain en Laye. 290,
Les figures & demonstrations. 291.
Pour cognoistre plus facilement comme les pieces des courbes se doiuent assembler auec les clefs, liernes, & coiaux qui sont sur les antablemens des murs. page 292
La figure & demonstration. 292
Comme il faut faire les pieces des courbes & assemblage quand on veut edifier vn comble de grande largeur, comme celuy de la Muette de sainct Germain en Laye, ou plus large. 292
Les figures & demonstrations. 292
Comme lon peut faire couuertures de diuerses montees, tant de l'hemicycle que du tiers poinct, & autre. Et sera aussi facile d'y mettre tuille ou ardoise, qu'à celles qu'on a accoustumé de faire, laquelle s'assemblera & ioindra autant bien que toutes autres que lon sçauroit faire. 293
Les figures & demonstrations. 293
Comme lon peut faire vn double plancher en anse de panier dessous les combles, quand les couuertures se trouuent trop hautes pour mieux s'en seruir de chambres, salles, ou ce qu'on voudra. 295
La figure & demonstration. 296
Comme lon peut faire les couuertures droictes par le dessus sans y auoir rondeur, auec plusieurs petits bords de plomberies qui donneront fort bonne grace. 296
La figure & demonstration. 296 b.
Comme lon se pourra seruir de ceste Inuention à voûter vne chambre, chappelle ou Eglise d'vne croisee d'augiues, ou autrement: comme lon faict à la maçonnerie. 298
Les figures & demonstrations. 298 & 299 b.
Deux autres façons de couuertures desquelles lon se pourra aider pour la decoration & ornement de quelque petite gallerie, ou de ce qu'on voudra, 300
Les figures & demonstrations. 300, b.
Des œuures selon ladicte Inuention nouuelle, qui ont esté faictes au chasteau d'Annet. page 301
La façon d'vne grande salle, comme Basilique, ou lieu Royal, accompagnee de pauillons aux quatre coins & galleries, comme si c'estoient portiques. Et se peut faire à petits fraiz, veu la grandeur de l'œuure. 301 b.
La figure & demonstration. 301 b.
De la montee & face de ladicte salle & Basilique, qui se voit par le pignon, & par les costez en perspectiue. 305
La figure & demonstration. 305

TABLE DES CHAPITRE

Autres Inuentions rares que l'Auteur auoit trouuees pour le seruice des maiestez du feu Roy, & Royne mere. page. 305, b.
Deuis d'vn dortoir, & cellules que la Maiesté du feu Roy Henry vouloit estre faicts par aumosne aux Religieuses de Montmartre pres Paris. page. 304, b.
La figure & demonstration. page. 305
De la montee du dedans de l'edifice du dortoir cy-deuant descript, ainsi qu'il eust esté. page. 306
La figure & demonstration. page. 306
Discours de plusieurs choses, auecque la conclusion du premier liure. page 306. b.

ONZIESME LIVRE.

Certain discours de l'Auteur, accompagné d'aucuns aduertissemens en general. page 309
La façon & maniere comme lon doit proceder à faire les poutres de plusieurs pieces. page 310
La figure & demonstration. page 311
Difference des mesures des poutres selon leurs longueurs, & la façon d'y assembler les lambourdes qui portent les soliues. page 311, b.
La figure & demonstration. page 312
La maniere comme lon se doit conduire pour assembler les poutres, & de quelle sorte de bois doit estre faicte l'anse de panier. page 313
La figure & demonstration. page 314, b.
Comme lon peut enrichir les poutres apres qu'elles sont faictes, soit de lambris de menuiseris, ou de quelque composition d'estuc, ou d'autre matiere. page 315
La figure & demonstration. page 317
Comme on doit faire les corbeaux, mutules ou rouleaux à porter les poutres, & de leurs assiettes, & commencement de soliues faites de petites pieces. page 317
La figure & demonstration. page 318
Comme lon doit tirer les commissures des poutres des trois centres. page 318
Inuention de faire vne autre sorte de poutre de plusieurs pieces & toute droicte par le dessoubz qui se trouuera tres-forte & fort bonne page 319
D'vn corbeau, ou mutule faict en plus grand volume que ceux que nous auons descripts cy-deuant. Qui semble vn discours comme lon se peut ayder des busches de moule à faire poutres: & du bois de costerets (ainsi qu'on appelle à Paris) pour faire combles & couuertures. page 320
La figure & demonstration. page 320
Pour faire soliues de toutes petites pieces d'aix, & seront en anse de panier ainsi que les poutres. page 321
La figure & demonstrarion. page 321
Comme on doit faire les fenestres croisees plus hautes que la naissance des poutres, à fin de donner meilleure clarté dedans les lambris. page 322
La figure & demonstration. page 323
Aduertissement des dangers qui peuuent aduenir à cause de la façon des planchers quarrez, pour les lambris que les Seigneurs y font mettre. Et de l'experience que i'en ay eüe au grand danger des Princes, Seigneurs & autres. page 323, b.

De

TABLE DES MATIERES.

Des maladies du bois qu'on met en œuure: auſsi quelle choſe on doit faire pour lon-guement conſeruer les pouʳtres & ſoliues faictes des pieces, comme tout autre bois, à fin qu il ne ſe pourriſſe ſoudain. page 324

Comme on ſe peut ſeruir en diuerſes ſortes de ceſte Inuention nouuelle: & de la commodité, profit, & grand aſpargne qui en peut reuenir, auec vn ſommaire & recapitulation de pluſieurs choſes repriſes du preſent œuure. page 325

Concluſion du preſent œuure, auecques certaines inſtructions ſur l'entrepriſe & faict des baſtiments le tout accompagné de belles Hiſtoires & figures morales fol. 328.

FIN DE LA TABLE.

Zoile, si quid habes melius, vel rectius, eia,
Candidus imperti: si minùs, ista feras.
Hoc lex, hoc pietas hoc vult Deus, omnia non dâs
Omnibus, insigni pro bonitate sua.

A. Μοναε,ζόμδυος.

www.ingramcontent.com/pod-product-compliance
Lightning Source LLC
Chambersburg PA
CBHW050320020526
44117CB00031B/1305